全国金融专业学位研究生教育指导委员会组织编写

教育部研究生教育创新计划资助项目

全国金融硕士核心课程系列教材

金融理论与政策

第二版

吴晓求　王广谦 / 主编

中国人民大学出版社

· 北京 ·

总　　序

金融硕士专业学位是我国目前40种专业学位中的一种，2010年开始设立。随着中国金融业的不断发展和经济金融化程度的不断提高，社会对金融专业人才的需求日益增多，发展空间很大，发展前景广阔。从目前情况看，如何发展金融硕士（MF），提升金融专业学位的品牌价值和社会影响力，培养既具有扎实专业知识和技能，又具有广阔国际视野和卓越实践能力的金融专业人才，是我们面临的重要任务。

一、发展金融硕士的经济金融背景

无论是从国际还是从国内经济发展角度看，发展金融硕士都是具有战略意义的。从国际方面看，经济与金融之间的关系越来越复杂、越来越紧密，金融对经济的作用日益增强，金融以杠杆化的功能推动实体经济的结构性调整、重组和成长。在国际经济舞台上，一国金融的竞争力是经济竞争力的重要体现，现代金融成为大国经济博弈的重要平台。经济与金融的关系已经由过去的简单依附演变成现在的相互依存、相互促进，金融不再是经济的外壳，已经从经济外壳演变成经济内核。金融是现代经济的核心。金融成为未来大国博弈的重要平台，因为随着经济的发展，经济资源越来越金融化、证券化，金融成为转移风险的重要机制。我们常常说市场是资源配置的重要机制或者基础机制，在现代经济结构下，市场主要就是金融市场，因为经济资源已经金融化，金融已经证券化，这个方向非常清楚。全球经济资源的博弈离不开金融市场，因为经济资源已经金融化，现在无论是石油、煤炭还是贵金属，其配置实际上均主要是通过金融市场完成的，金融已然成为大国之间的重要博弈平台。

现代金融也已成为转移风险的重要机制。从金融危机可以看到，美国如果没有现在的金融体系和金融结构，那么它面临的困难就要大得多。美国具有非常成熟的、开放式的金融市场，能把风险转移出去，使其经济和金融大体上处于较安全的状态。所以，金融成为大国博弈的重要平台，从资源配置和风险转移角度看，这一点非常清楚。而一国金融竞争力的核心又是什么？是制度和人才。制度造就平台，人才造就演员，两者缺一不可。这是从国际上经济与金融的关系来分析培养金融专业人才的重要性。

从金融内部演变看，现代金融结构正在发生深刻变革，催生出对金融专业人才的需求。金融结构发生深刻变革的起因就是金融市场的发展。基于市场不断发展的金融结构变革，构成了现代金融的基本形式。在任何国家和地区，金融结构的变革如果离开了金融市场的发展都很难完成。基于市场的金融结构的调整，意味着金融功能的升级。所以，以市场为基本平台的结构调整正推动金融功能发生重大变革：由单一走向多元，即由单一融资功能走向融资与投资并重、风险分散等多种功能并存的现代金融体系。这实际上对今天的金融专业人才培养提出了新的全方位要求。为此，我们要进行理念创新，要理解现代金融结构变革的深刻含义，否则我们培养的学生一毕业就会落伍。

现代金融的基本趋势性特征是：金融机构越来越市场化，金融资产越来越证券化，金融体系越来越呈现出高流动性。“金融的历史起点是融资，发展动力是投资，未来方向是基于财富管理的风险配置”，主要是指金融正在向新的方向发展，金融已经由相对单一的融资功能进入到融资功能与投资功能并重且投资功能日益凸显的时代。在金融的功能中资源配置是基础，风险配置是趋势。金融硕士的培养要顺应金融的这种变革和发展趋势。

我国金融硕士发展的深厚根基是中国金融改革、开放和发展的需要。中国的金融改革和发展迫切需要一批高质量、具有卓越能力的金融专业人才。对于中国金融的发展模式，虽然学者们有不同理解或存在争议，但金融结构的市场化、资产的证券化、金融机构的多元化、金融体系的国际化应是基本共识。金融结构市场化的核心基点是大力发展金融市场，推动中国金融体系的市场化改革。大力发展金融市场特别要关注发展资本市场。资产证券化是中国金融创新的重点，亦是金融市场发展和金融体系现代化的基石。没有资产证券化，金融体系现代化就找不到基石，也很难推动金融市场发展。金融机构具有多元化的特性，但基于财富管理的金融机构可能是未来发展的趋势。金融体系国际化是指构建与中国经济相匹配的大国金融和新世纪的国际金融中心。中国的金融专业人才应该具有国际化视野，要具备在东西方两个平台自由行走的能力。我们培养的金融专业人才既要了解国际经济金融的基本规则，也要深入了解中国的国情。所以，无论是从国际经济金融背景的角度看，还是从金融自身的演变趋势和中国金融改革、开放与发展的角度看，加快培养现代金融专业人才都具有战略意义，其中当然包括金融硕士的培养。

二、金融硕士的发展理念、使命和目标

要发展好我国金融硕士，还必须明确我国金融硕士的发展理念、使命和目标。理念、使命关系到金融硕士的定位，涉及我们要设计什么样的培养方案、编写什么样的教材、使用什么样的教学方法等问题。

1. 理念

在金融硕士的发展理念中，我们认为，首先要具有扎实的、系统的现代经济金融知识，同时要具有卓越的实践能力。系统的专业知识和卓越的实践能力的结合就是“知行合一”。金融硕士的发展理念就是要培养知行合一的专业人才。其次，要具有全球化视野，熟知我国经济金融的改革方向和基本特征。这就是“中西融合”。离开我国经济金融的土壤，简单演绎一些西方金融理论不是我国金融硕士的培养目标。所以，中西融合、知行合一是我国金融硕士的发展理念。

2. 使命

我国金融硕士的使命是为中国金融改革、创新和发展提供高质量的专业人才支撑。

3. 目标

全国金融专业学位研究生教育指导委员会（简称“金融教指委”）颁布的《金融硕士专业学位培养方案》对培养目标的描述是：培养具有扎实的经济、金融学领域理论和技能，良好的职业道德，积极的进取和创新精神，较强的从事金融分析、金融风险管理和金融机构管理等业务能力的高层次应用型金融专业人才。这个培养目标如果要用一句话来概括，那就是金融硕士要具有卓越的实践能力。具有解决实际问题的卓越能力是金融硕士培养最核心的目标。金融硕士培养旨在为社会提供具有卓越实践能力的金融专业人才，包括金融分析师、风险（财富）管理师、产品设计师和金融企业领导者等。或者说，金融硕士培养的目标是金融家而不是金融学家。

在这一目标下，金融硕士应该具有四种意识。首先，要有较强的创新意识，因为金融的灵魂就是创新。其次，要有强烈的市场意识，市场意识意味着我们培养的人才必须时刻了解客户需要什么。所有的金融创新都要高质量地服务客户。再次，要有根植于心的服务意识。金融业是一个服务行业，没有服务意识，金融业就很难发展。最后，要有国际意识。金融业的很多规则都是全球通用的，发展规律也相同，国际意识实际上就是要善于学习、善于借鉴。所以，创新意识、市场意识、服务意识和国际意识是金融硕士具备卓越实践能力的四大要素。

在新的历史时期，对金融专业人才的培养还有六点要求，即明学理、懂实践、会模型、知 AI、守底线、遵法律。

三、金融硕士的知识节点

与“卓越的实践能力”相适应，金融硕士应该掌握哪些知识节点呢？这是编写教材所必须明确的。这里有一个与科学学位相比较的问题。概括来说，金融科学学位是要走“求

真之路”，使命是探索真理；金融专业学位可能是寻“求解之道”，目的是拿出方案，解决问题。科学学位和专业学位的重点是有差别的，一个是“求真之路”，一个是“求解之道”。科学学位和专业学位可能都会问“为什么”，但金融科学学位的“为什么”可能是想探索事情的逻辑过程以及问题背后的客观规律，而金融专业学位的“为什么”则是要了解事情的缘由，由此找到解决问题的办法。所以，金融硕士要有自己独特的教学重点和知识节点。金融科学学位可能更注重理论逻辑和知识体系，也就是勾画“山脉”；金融专业学位可能通常更多地关注理论逻辑和知识体系中的重要节点，也就是关注“山峰”。要找到“山峰”，必先找到“山脉”，不知道“山脉”也就找不到“山峰”。所以，从这个意义上说，金融专业学位的教学要求更高。

以下试图用几个例子来说明金融科学学位与金融专业学位的联系与区别：

第一个例子。金融科学学位在研究货币结构时，可能更多地关注货币结构的演进过程及其原因，从 M0 到 M1、M2、M3 等，研究为什么会呈现出这样的层次，研究其逻辑演进过程。金融专业学位可能更多地关注货币结构的变化对市场的影响，以及 M0、M1、M2、M3 等之间的相互转换给市场带来的影响。这可能就是它们在教学中的差别。

第二个例子。在研究金融危机时，金融科学学位可能更多地关注“为什么会发生金融危机”，金融专业学位可能更多地思考“如何应对这场金融危机”。

第三个例子。金融科学学位可能更多地关注“过程”，金融专业学位可能更多地关注“结果”。

第四个例子。金融科学学位关注宏观可能甚于关注微观。宏观指的是制度、经济、社会、环境等。金融专业学位可能更关注微观，包括市场结构、产品、风险、机构、流程等，它关注微观甚于关注宏观。

举这些例子是想说明我们首先要弄清楚金融科学学位与金融专业学位的特点和知识节点，进而突出教材特色，找到教学重点，体现金融硕士的培养特点。

四、金融硕士的培养模式

在确定理念和目标之后，我们就必须思考从现在到未来目标如何实现，这里的核心任务是培养模式的创新。金融硕士培养模式的基本要点是：课堂教学与实践能力训练相结合；课程学习与案例分析相结合；学院派师资与实践型师资相结合；基础必修课与专业选修课相结合；一般标准与培养单位特色相结合。

1. 教学方式

在教学方式上要采用课堂教学与实践能力训练相结合，要整合传统资源，建立系统的实践实验教学体系；组建一批目标清晰、制度健全、管理有序、实效明显的教学实践基地，为金融硕士走上职业化道路提供过渡性平台。目前，在实践能力训练方面我们还有所欠缺，我们要建立实践能力训练基地以便为金融硕士走上职业化道路提供一个适应性平台，要保障实践教学时间，注重教学实践内容设计、教师聘任、实践过程管理。要对实践计划、实践工作日志、实践总结报告和实践过程产生的新知识、新方法、新方案、新产品等进行质量评价。

2. 教学方法

我们主张教师讲授、案例讨论、团队作业相结合的教学方法。强调课程学习与案例分析相结合，其中，案例分析应占相当大的比重；提倡团队作业，而不是师傅带徒弟的传统方式。我们要逐步形成具有金融硕士培养特点的案例分析集。

3. 教学内容

我们主张基础必修课与专业选修课相结合，其中专业选修课应占较大比重。专业选修课根据培养方向的不同和各培养单位的特点可形成不同模块或“课程组合包”。金融领域非常庞大，案例分析可按不同模块进行，有的侧重于商业银行，有的侧重于证券市场，有的侧重于财富管理，有的侧重于风险管理，等等。每一个培养单位的特点均不同，所以，要根据不同的培养方向和各个培养单位的不同特点形成多个不同模块和“课程组合包”，以实现金融硕士培养的多元模式。我们提倡比较、竞争，不要搞一元化的东西，通过多元化的相互比较发挥各自的优势和特点。

在教学内容上，要注意国际性与中国元素的结合。我们不赞成两个极端：一个极端是全盘照抄、照搬美国、欧洲的课程；另一个极端是仅仅讲授我们本土的东西。我们需要学习发达国家的经验，要学习现代金融学知识体系和理论范式，但全盘照抄、照搬不行。我们反对仅仅介绍本土东西的传统，只讲一些传统、不够成熟的知识、理论和方法，排斥现代金融学中成熟的理论和方法，要把两者很好地结合起来，最终是要解决中国的问题。

4. 教师（导师）的双轨制或“双师制”

我们倡导聘请高校全职教师与实践部门具有良好理论素养和丰富实践经验的专业人士为共同导师，实行“双师制”。面对金融硕士的教学要求，高校全职教师实际上面临着挑战，要防止金融硕士与金融学硕士同质化的倾向。

5. 国际化与中国元素的结合

我们鼓励引进国际课程、双语教学、海外游学、国际暑期课程、国际学生交流。鼓励在海外金融机构建立实习实践基地。鼓励主动参与国际人才培养市场的竞争，努力造就一批国际知名的教师队伍、精品课程，培养一批国际知名的金融精英。在提升国际化程度时，要注意与中国元素特别是中国金融元素的结合，要讲清楚中国金融的现状、面临的问题、发展的方向，不了解中国金融体系的现状及未来变革的方向则难以说教学过程是成功的。

五、金融硕士的教材建设

教材建设是人才培养的基础环节。2012 年 6 月 17 日召开的全国金融专业学位研究生教育指导委员会会议经过充分讨论，决定组织相关领域的专家学者撰写供各培养单位选用的金融硕士系列教材，教材编写范围侧重于金融硕士的专业基础课和专业主干课，包括《金融理论与政策》《投资学》《公司金融》《财务报表分析》《金融市场与金融机构》《衍生金融工具》等六部教材，其中《金融理论与政策》是金融硕士的专业基础课教材。

金融的外延在不断拓展，内涵也在不断延伸，金融结构越来越复杂，与此相对应，金融理论和知识体系也愈加庞杂，金融文献浩如烟海。编写出一套既有别于本科教育、又有别于现有学术型研究生教育的适合金融硕士的教材，的确是一件很困难的事。在编写过程中，我们力图使教材不包罗万象，不过分追求逻辑体系，但要尽可能地突出相应领域的知识节点，凸显知识体系中的“山峰”，展现金融学研究领域的最新进展。同时，在专业主干课教材中，要尽可能体现案例教学的特点。总体要求是：不求全面，但求特点鲜明；隐含“山脉”，突出“山峰”；不求严密的理论逻辑，但求个性化的案例分析。

当然，这套教材能否体现这些特点，还要由实际的教学效果来验证。我们会根据教学实践定期加以修正。

全国金融硕士教材编委会

目　　录

导　论

金融理论的发展及演变

学习目标

1. 掌握金融理论发展的逻辑脉络。
2. 了解现代金融学面临的挑战。
3. 知悉金融理论的发展方向。

一、早期金融学的理论脉络：从货币、信用到银行与利率

早期金融理论的演变和研究重心变化，根据不同的标准，有不同的理解和概括，但围绕价格决定及其波动因素的研究，无疑是金融理论研究的重点之一，也是推动金融理论演变的重要因素。实际上，在市场化金融结构出现之前，金融学研究演变的轴心是从关注商品价格波动即通货膨胀规律逐渐过渡到研究资金价格即利率确定的影响因素。出于对商品价格的关注，早期金融学重点研究了货币职能和货币数量，从商品数量与货币数量对比的角度得出了价格变动规律。对资金价格即利率的关注使早期金融学开始分析货币需求和货币供给机制，并最终形成了中央银行通过调控货币供给进行宏观调控的政策分析框架。

早期金融学脱胎于古典经济学家对货币问题的分析，尤其是货币本质与货币数量的问题。从被称作“英国政治经济学之父”的威廉·配第（William Petty）到亚当·斯密（Adam Smith）和大卫·李嘉图（David Ricardo），他们都对货币本质和起源、货币职能、货币流通规律展开了深入探讨，理论探讨的成果最终形成了古典的“货币数量论”[①]。在古典学派货币理论的基础上，马克思科学、系统地论证了货币产生的必然性、货币本质、货

① 关于流通中的货币数量，大卫·休谟（David Hume）、大卫·李嘉图和弗朗索瓦·魁奈（Francois Quesnay）在各自的著作中均有不同表述。

币职能，以及流通中的货币必要量。

早期金融学的形成始于货币、信用与银行之间的关系变得紧密及其对物价、利率和经济运行产生重大影响之时。在古典经济学家的视野中，货币主要以金属铸币的形态存在，货币与信用仍然保持着相互独立的状态。随着银行券的广泛使用，货币与信用的联系日益紧密。到 20 世纪 30 年代，发达资本主义国家先后实施了彻底不兑现的银行券流通制度，货币流通与信用活动变成了同一过程，由此形成了一个新的范畴——金融学。约翰·梅纳德·凯恩斯（John Maynard Keynes）纳入投机动机的货币需求理论和以米尔顿·弗里德曼（Milton Friedman）为代表的货币主义货币需求函数都是早期金融理论的重要内容。早期金融学的研究核心是基于银行体系的信用货币创造机制。信用货币创造数量的多少相应引起商品价格变动即通货膨胀形成过程，同时也会影响货币价格即利率的确定。因此，早期金融学通过研究货币供求的均衡关系进而研究货币对经济的作用（亦即对货币政策进行探讨）。

早期金融学研究的核心机制是信用货币创造机制，集中体现为双层次的存款货币创造。对这一机制的理论研究始于切斯特·A. 菲利普斯（Chester A. Phillips）1920 年出版的《银行信用》[①] 一书。该书首次提出了原始存款和派生存款的概念，并对货币乘数机制进行了详细分析。1934 年詹姆斯·E. 米德（James E. Meade）在《货币数量与银行体系》[②] 一文中用正式的货币供给模型对货币供给机制和银行系统的货币创造进行了系统性研究。中央银行通过投入通货及扩大信贷创造了基础货币，基础货币及其数量的增减变化直接决定存款货币银行准备金的增减，从而决定存款货币银行创造存款货币的能量。众多存款货币银行通过自我约束机制分散决策，根据安全、流动、盈利的准则，判断在多大程度上满足客户的货币需求。

在早期金融学的理论研究中，人们最先关注的是商品价格决定及其波动的影响因素，在考虑了信用货币创造机制后，货币供给和货币需求的对比在一定程度上决定了通货膨胀的高低。大约从 19 世纪末期开始，人们对商品价格形成原因的研究逐渐减少，进而转向研究利率的确定。如果说对商品价格的研究是对有形商品价格的研究，那么对利率的研究实际上就是对资金价格的研究。慢慢地，早期金融学开始全面、系统地研究利率，试图找到是什么因素决定了利率的形成以及利率的高低，研究利率在经济运行及经济均衡中起什么样的作用。这一时期的经典著作是欧文·费雪（Irving Fisher）于 1930 年出版的《利息理论》。费雪系统阐述了有关现值、利率和投资的理论，提出了定量的货币理论，被誉为中央银行货币规则的创始人。显然，从经济发展的阶段性来看，从主要研究商品价格到逐步转向主要研究资金价格即利率，是金融理论研究的一种深化，同时，也似乎表明经济活动开始出现某些虚拟化的倾向。经济的虚拟化实质上是经济体系的进步。

早期金融学关于货币对经济的作用以及货币政策调控的分析集中反映在 *IS*-*LM* 模型上。[③] *LM* 曲线包括了所有满足货币需求等于货币供给这一均衡条件的点，因此，货币供

---

① Phillips, C. A. (1980), *Bank Credit: A Study of the Principles and Factors Underlying Advances Made by Banks to Borrowers*, Arno Press (first published, 1920).

② Meade, J. E. (1934), "The Amount of Money and the Banking System," *Economic Journal*, 44 (173), 77-83.

③ Hicks, J. R. (1937), "Mr. Keynes and the 'Classics': A Suggested Interpretation," *Econometrica*, 5 (2), 147-159.

给的变动或者货币需求的自主性变动都会导致 LM 曲线的移动，相应地引起利率水平和总产出水平的变化。货币当局的货币政策操作正是基于这一机制通过调控准备金率、再贴现率以及公开市场操作影响货币供给，从而影响经济的总需求及总产出。

二、资本市场发展与现代金融学的理论演进

（一）资本市场发展对早期金融学的影响

20 世纪 50 年代后，作为一种较为古老的金融中介，以经营传统信贷业务为主的商业银行在经济生活中虽然仍然发挥着重要的作用，但是有迹象表明，其传统的核心功能似有衰退的迹象。这从当时金融结构的市场化变革就可以略见端倪。金融结构市场化变革的推动力量来自资本市场的蓬勃发展。也正是从 20 世纪 50 年代开始，经济学家开始越来越多地研究资本市场问题，特别是资产或风险的定价、风险管理技术以及高度市场化状态中的公司资本结构问题。资本市场的内容非常广泛，它不仅仅是股票市场的问题，更不只是股票价格的波动。股票市场及股票价格波动只是资本市场理论研究的一个重要组成部分。金融结构的市场化导致金融理论发生了根本性的变化。从实体经济运行的角度来看，资本市场构造了经济运行的新基础、新平台。这个新基础、新平台的出现，意味着经济活动的行为准则和运行轨迹都将发生重大变化。如果我们不随之进行调整，那就意味着会被新的规则所抛弃。在没有资本市场的情况下，经济活动是相对规则化的，经济活动的规律性相对清楚，经济变量之间的关系在理论上也存在着相对的稳定性，它们之间的逻辑关系是清楚的。在资本市场不断发展特别是在资本市场成为全社会经济运行的基础之后，很多经济变量之间的关系就变得不那么直接甚至不那么稳定了，它们之间需要有转换变量。也就是说，资本市场的发展使得全社会经济运行的规则发生了根本性的调整。在传统商业银行主导金融结构的时代，商业银行制定的所有规则构成了社会的基本规则。如果不与它对接，就无法获得银行体系的资金支持。在金融制度相对单一的时代，没有银行体系的支持就不可能有持续的发展，从而也就不可能有竞争力。在资本市场蓬勃发展之后，资本市场的规则亦成为社会经济活动的重要规则。①

资本市场的发展首先使货币的度量变得困难。在资本市场发展以前，货币供给的计量标准主要指存款货币银行的存款货币和经济体系中流通的现金通货。但是随着资本市场的发展和金融创新的开展，区分货币与非货币变得越来越困难，货币层次之间的界限也变得模糊了。以货币市场共同基金为例，这类基金把资产投向货币市场，在很大程度上与存款货币银行的存款资产存在竞争性替代关系，在一些国家如美国被计入广义货币供应量(M2)，在中国则尚未被计入货币供应量。② 再如，日本央行公布了四个口径的货币供应量指标——M1、M2、M3 和 L，其中 L 口径的货币供应量包括投资信托、银行债券、金融

① 吴晓求. 金融的过去、今天和未来. 中国人民大学学报，2003 (1)：104 - 111；吴晓求. 梦想之路：吴晓求资本市场研究文集. 北京，中国金融出版社，2007：257 - 275.

② 尽管中国人民银行尚未把货币市场基金纳入货币供应量统计口径，但近年来逐渐考虑金融市场发展的影响。例如自 2001 年起，把证券公司客户保证金纳入广义货币供应量，自 2011 年 10 月起，货币供应量包括住房公积金中心存款和非存款类金融机构在存款类金融机构的存款。

机构发行的融资券和政府债券、外国债券。[1] 韩国央行于 2006 年 6 月调整了广义货币供应量 M3 的结构，并采用金融机构总体流动性（Lf）作为新的广义流动性指标。[2]

资本市场的发展同时也使货币需求变得不再稳定，难以有效估计。这是由于资本市场的发展带来了一系列的金融创新，大量证券化金融资产的涌现使得这些金融资产和货币之间的替代性大大增强。20 世纪 70 年代金融体系出现了“脱媒”现象，即大量资金从商业银行体系转入资本市场。在货币估计的经验研究中也出现了“失踪货币”之谜（Goldfeld et al.，1976），即根据传统货币需求方程对货币需求进行的估计结果明显大于实际的货币余额。

资本市场的发展给货币政策及宏观调控带来的最严峻的挑战是货币政策的传导机制甚至货币政策的目标函数在发生变化。在金融结构的市场化变革之前，凯恩斯学派的观点认为，货币政策通过利率途径对经济活动产生影响，这一机制通过 *IS*－*LM* 模型来表达，强调资金价格——利率在货币政策传导中的作用。然而，随着资本市场的深化和发展，金融资产价格的变动使得货币政策传导机制变得更加复杂。艾伦·格林斯潘（Alan Greenspan，1999）指出，美联储的货币政策应更多地考虑股票市场的因素。资本市场中种类丰富的金融资产价格变动可能通过托宾 *Q* 效应、财富效应以及资产负债表效应传导至中央银行的货币政策，这一传导的结果是使货币政策的传导链条更加复杂，同时也削弱了货币供应量作为货币政策中介指标的效力。因此，一些发达国家放弃了将货币供应量作为货币政策中介指标，而是实施泰勒规则以利率为中介指标。关于货币政策是否应对金融资产价格变动做出反应尚存在争论。部分学者如古德哈特（Goodhart，1995）认为，金融资产价格变动能够准确反映未来消费物价的变化，中央银行货币政策不应只把目标限定在通货膨胀上，而应当构建包括房地产价格、股票价格在内的广义通货膨胀指标。本·伯南克等（Ben Bernanke et al.，1999，2001）的研究则表明，货币政策没有必要对金融资产价格的变动做出反应。在中国，亦存在类似的争议和分歧。

（二）现代金融学的理论演进

随着资本市场发展所推动的金融结构的市场化变革趋势的到来，现代金融学研究的轴心从资金价格逐渐过渡到金融资产价格，从股票、债券等基础资产的定价理论逐渐发展到期货、期权、互换等衍生品的定价理论。

20 世纪 50 年代后，经济结构特别是金融结构发生了重大的变化，利率虽然仍是人们所关注的问题，但慢慢地不再被经济学界的主流所重视。人们开始逐渐将视野转向更加复杂的价格理论，即资本市场资产价格的决定及变化。经济学家对这个问题的研究与当时的经济结构特别是金融结构正在发生重大变化有着密切的关系。20 世纪 50 年代以来，金融对经济活动的作用急剧增大。如果说人们着力研究利率理论意味着货币对经济的推动作用日益明显，那么价格理论的研究重心从较为虚拟化的资金价格即利率转向更加虚拟化的资产价格，则表明以市场化金融结构为特征的现代金融已逐步成为现代经济的核心。马克思

---

① 根据日本央行网站对货币供应量口径的说明。

② The Bank of Korea（2008），*Monetary Policy in Korea*（Second Edition），Seoul：Jung Moon Printing Co.，Ltd.

认为货币是经济运行的第一推动力。延伸到今天，似乎也可以概括为，建立在金融结构市场化基础上的“现代金融是现代经济的发动机”。

现代金融学始于哈里·马科维茨（Harry Markowitz）1952年在《金融学杂志》上发表的《证券组合选择》一文。该文彻底改变了传统金融学用描述性语言表达金融思想的方法①，把研究重点放在资本市场数以万计的证券资产的组合选择上，分别以均值和方差衡量收益和风险，提出了期望均值-方差理论，即投资者对证券资产的选择不仅取决于资产的收益均值，还取决于资产的收益方差。然而，当投资者面临选择的证券数量增加时，为了计算各种证券可能构成的证券组合，计算量呈几何级数增加。威廉·夏普（William Sharpe）1964年发表于《金融学杂志》上的《资本资产定价模型：风险状态下的市场均衡理论》一文建立在马科维茨的资产选择理论基础上，研究资本市场均衡条件下资产收益的确定，在一系列严格的假设下，推导出均衡状态下投资者将只从无风险证券和市场证券组合中进行选择，即“资本资产定价模型”（CAPM），也被称为“单因子模型”。林特纳（Lintner）和莫辛（Mossin）也分别于1965年和1966年独立提出了CAPM。

1958年米勒（Miller）和莫迪利亚尼（Modigliani）在共同发表的论文《资本成本、公司金融和投资理论》中提出了著名的MM定理，即在完全市场条件下，公司资本结构不会影响公司价值。这一理论奠定了公司金融这门学科的基础，并且该研究首次明确运用了无套利分析方法。布莱克和斯科尔斯（Black & Scholes，1973）同样使用了无套利分析方法，对股票价格变动模型进行连续动态化，得到期权价格与股票价格之间的偏微分方程，并最终得出布莱克-斯科尔斯期权定价模型。布莱克-斯科尔斯期权定价模型后来由罗伯特·默顿做了一系列重要扩展，这些扩展后来被总结在《连续时间金融》（Merton，1990）一书中。同样使用无套利定价方法，罗斯（Ross，1976）提出了在一定程度上克服CAPM不可检测问题的“套利定价理论”（APT）。APT实际上是一个多因子定价模型，揭示了均衡价格形成的套利驱动机制和均衡价格的决定因子。

尤金·法马（Eugene F. Fama）于1965年在其博士学位论文中正式提出的有效市场假说（EMH）理论②，在一定程度上对资本市场资产价格确定的效率问题进行了总结。按照有效市场假说，资本市场具有根据新信息迅速调整证券价格的能力，因此，高度有效的资本市场可以迅速传递所有相关的真实信息，使价格反映内在价值。法马在其博士学位论文中关于股票收益率时间序列特征的讨论成为最早检验有效市场的实证研究，后续研究（Fama，1973）的开创性工作成为实证资产定价的基本方法③，实证资产定价也逐步成为金融经济学的研究热点。1993年，法马和法兰奇（Fama & French，1993）提出了著名的Fama-French三因子模型，拉开了多因子定价模型实证研究的序幕。此后，诸如Carhart

① 根据伯恩斯坦（Bernstein，1992），在马科维茨（1952）的论文发表之前发表在《金融学杂志》上的论文主要讨论的主题包括“联邦储备政策、货币增减对物价与企业活动的影响”等传统金融学的研究主题，1959年之前的论文几乎都是叙述性的，“毫无数学公式的推演”。与此形成鲜明对比的是，今天的《金融学杂志》几乎整页整页都是数学公式的推导，而文字表达所占的篇幅已经很小。

② EMH理论的正式发表是在1970年，参见Fama，E. F.（1970），“Efficient Capital Markets：A Review of Theory and Empirical Work，” *The Journal of Finance*，25（2），383－417。

③ 这个基本方法指的是Fama-MacBeth回归。它是一种两步截面回归检验方法，排除了残差在截面上的相关性对标准误的影响。

四因子（Carhart，1997）、Novy-Marx 四因子（Novy-Marx，2013）、Fama-French 五因子（Fama & French，2015）、q-factor（Hou et al.，2015）等定价模型层出不穷。目前来看，这场因子模型之争毫无终结的迹象，并将在机器学习等方法运用的推动下不断演变。

现代金融学的理论殿堂对 20 世纪 50 年代之后的金融实践产生了根本性甚至是革命性的影响。金融资产尤其是金融衍生品精确定价技术的发展，直接导致金融产品尤其是金融衍生品的交易规模呈爆炸式增长。公司金融理论的研究进展以及金融契约理论的发展，导致各种规模的公司在金融市场上的筹资和融资活动变得更加频繁。资产组合理论的发展和资产组合业绩的科学评估，导致基金公司、保险公司和养老金等大型机构投资者积极参与资本市场投资活动，这导致资本市场规模的空前膨胀。与此同时，原本提供专门化金融服务的金融机构掀起了一波又一波的并购浪潮，致使提供一站式金融服务的巨无霸式金融机构规模空前扩张，银行和非银行金融机构的界限变得模糊。金融活动跨越了国界，金融全球化不仅仅是经济全球化的一部分，更直接推动了经济全球化。

在现代金融理论彻底改变了金融实践的同时，现代金融学的创立者也几乎都获得了举世瞩目的诺贝尔经济学奖①，并且不同于早期金融理论的研究者长期坐守书斋，其理论贡献对金融市场投融资活动的影响有限，现代金融理论例如 MM 定理、CAPM、布莱克-斯科尔斯期权定价模型等，在所有金融市场的参与者那里都耳熟能详，并有重要的影响力。这决定了现代金融理论的研究者在金融市场和金融机构普遍拥有很高的声誉，他们也几乎都投身金融市场，实践由他们所创立的金融理论。当然，这其中既有成功的案例，也有失败的教训。②

三、现代金融学面临的挑战与新金融经济学的探索

（一）现代金融学面临的挑战

现代金融学辉煌的理论殿堂构建在“新古典经济学”的基础之上，其理论推导的前提假设之一是市场是完美的因而并不存在交易成本，前提假设之二是市场参与者都是理性的，并且拥有完全的信息。因此，现代金融理论属于“新古典金融学”的范畴，是在新古典经济学基础上建立起来的研究资本市场在不确定环境下对金融资产进行准确定价从而对资源和风险进行跨期最优配置的理论体系。在方法上，现代金融学借助了新古典经济学的优化分析和均衡分析等基本方法，同时也最大限度地使用了随机过程等现代数学工具。

然而，真实的金融世界和现代金融学的理论殿堂是有差异的。一方面，市场并不是完

① 均值-方差理论的创立者马科维茨和 CAPM 的创立者夏普以及 MM 定理的创立者米勒共同获得 1990 年诺贝尔经济学奖；MM 定理的另一位创立者莫迪利亚尼获得 1985 年诺贝尔经济学奖；期权定价模型的创立者斯科尔斯和默顿获得 1997 年诺贝尔经济学奖（布莱克于 1995 年逝世）。

② 根据伯恩斯坦（1992，2011），马科维茨 1968 年即加入了套利资产管理公司并创建了第一只通过计算机运行的套利对冲基金；夏普则于 1998 年创办了成功的硅谷风险投资公司——财务引擎公司来为客户提供资产组合规划服务；在斯科尔斯和默顿担任合伙人的对冲基金公司长期资本管理公司破产后，斯科尔斯于 1999 年创办了对冲基金管理公司白金木林（Platinum Grove）并获得成功，默顿则为高盛等公司提供风险管理咨询。

美的，而是受到各种交易成本摩擦的影响。政治架构、税收制度、监管体系、法律制度、新闻媒体、文化渊源甚至信仰和习惯都会影响金融体系的效率。新制度经济学在现代金融理论的模型基础上开始考察种种制度因素对金融活动的影响，形成了“新制度金融学”（Merton & Bodie，2005）系列研究。目前，这一方向的探索已经涌现出对金融研究影响深远的两类研究成果：一类是从比较金融视角开展的对商业银行主导和资本市场主导的比较金融体系研究（Allen & Gale，1995），另一类是从法律视角探索金融市场建立、运行和发展的制度基础的研究（La Porta，Lopez-de-Silanes，Shleifer & Vishny，简称 LLSV，1997，1998）。

另一方面，市场参与者也并不是完全理性的，因而在进行金融投融资决策时存在系统性偏差。第一，现代金融理论的分析基础即经济主体决策基于理性预期、风险回避和效用函数最大化等假设存在问题，例如投资者具有倾向于过分自信和乐观的心理特征。此外，投资者有回避损失和存在心理账户的系统性偏差。第二，无套利均衡是现代金融理论分析的基础，即使市场存在非理性投资者，理性投资者的套利行为也会使资产价格回到均衡水平。然而，由于存在基本面风险和执行成本以及噪声交易者风险（De Long et al.，1990；Shleifer & Vishny，1997），投资者只能进行有限套利。因此，现代金融理论在面对一系列金融异象的实证证据时并不能提供有力的理论解释。这些金融异象包括：公司规模效应、日历效应、市场过度反应、股价过度波动、股票收益的均值回归以及新信息在股票价格中的反映不足等。

（二）新金融经济学的探索

尽管现代金融理论遭遇来自新制度金融学和行为金融学的挑战，但这些挑战最多算是一种探索，还不足以构成一个新的金融经济学的理论体系。正如默顿和博迪（Merton & Bodie，2005）所说，新制度金融学和行为金融学的理论探索只能是在现代金融理论基础上的一种修订，他们解释得更多的是金融资产价格为何会出现对现代金融理论模型预测的偏离。因此，现代金融理论仍然为资本市场的资产定价和公司金融决策提供了基础模型，类似于解释了变量的一阶效应，新制度金融学和行为金融学这些新金融经济学的探索则类似于解释的是二阶乃至更高阶效应。

默顿和博迪（2005）对新制度金融学理论贡献的解释是，现代金融学把不同金融体系内部的特殊制度结构和组织形式视为外生给定的，由于不存在交易成本，不同金融制度和组织结构的选择并不重要。新制度金融学的核心思想是，只有金融活动的特定功能才是外生的，金融制度结构和组织形式则是内生形成的，因此，在特定的经济金融发展背景下，金融制度的选择就显得至关重要。当然，默顿和博迪（2005）也承认，新制度金融学的发展并不是要替代现代金融理论，而仅仅是建立在现代金融理论基础上的修订，在发展良好的金融体系中，现代金融理论关于资产定价和公司金融的主要结论都是毋庸置疑的。一般而言，现代金融体系有两种基本形态：一是以市场为主导的金融体系；二是以银行为主导的金融体系。从经济发展路径的角度来分析发现，虽然市场主导和银行主导的金融体系在金融资源配置上都很成功，但是市场主导型国家可能在创新技术、新兴产业上更成功，比如英国和美国，而银行主导型国家在学习和推广成熟技术产业方面效率更高，比如日本和德国。中国要构建现代金融体系，一方面必然要顺应金融“脱媒”的趋势，充分发挥市场配置资源的效率优势和财富管理功能；另一方面中国的社会融资模式长期高度依赖银行体系，仍需要有效地发挥信贷资金的规模优势。因此，中国正在探索资本市场发展的第三种模式，是基于市场与银行“双峰”主导型金融体系下的新模式。[①]

新金融经济学在另一方向上的探索——行为金融学的理论基础是有限套利理论和投资者的非理性行为，投资者的非理性行为又表现为非财富最大化行为和启发式偏见以及定式心理误会。行为金融学的探索同时还渗透到资产定价和公司金融这两大金融研究的核心领域。行为金融学的研究者针对 CAPM 提出了行为资产定价理论（Shefrin & Statman，1994）。他们提出，市场上存在 CAPM 中的信息交易者，也存在认知有偏差并具有不同风险偏好的噪声交易者，因此，当前者主导市场交易时，市场是有效的，而当噪声交易者主导市场交易时，市场是无效的。此外，斯坦（Stein，1996）研究了投资者非理性而公司管理层理性情况下的公司融资行为。舍夫林（Shefrin，2001）的分析发现，公司管理者的认知不理性和情感影响容易导致决策失误，公司外部投资者和分析师的认知偏差则使公司股票偏离其基本价值。尽管行为金融学在最近十多年里发展迅速，亦有行为金融学家获得诺贝尔经济学奖[②]，但是行为金融学尚未发展出被普遍接受的完整理论框架。

四、功能视角下的金融理论演进逻辑

（一）金融的基本功能

近一个世纪以来迅猛发展的百家争鸣的金融理论内容异常丰富，而这些理论内在的冲突和争论更是令人眼花缭乱、无所适从。置身于金融理论争论中难免让人顾此失彼，唯有跳出金融理论争论的圈子，立足于现代经济发展对金融的核心需求，即从金融的核心功能出发，才有可能对金融理论的演进逻辑做出准确的梳理。金融的核心功能是什么？有人认为，金融就是资金融通。也有人说，金融是创造信用的一种机制。对金融的概括涉及对金融内涵的理解。不同发展阶段的金融，核心功能是不同的。这样可能更有助于理解金融结构的演进逻辑。传统金融更多的是一种资源配置机制，现代金融则更多的是一种分散风险、转移风险进而配置风险的机制。金融发展到今天，其核心功能是为经济体系创造一种动态化的风险传递机能。博迪、默顿和克利顿在《金融学》中对金融做了六大功能的概括。[③] 其中有一个功能与上面所说的很接近。他们所概括的其他五个功能相对来说都是次要的，比如说清算与支付结算功能。现代金融最本质的内涵是转移风险。[④] 任何对金融的理解如果离开了转移风险这一点，可能也有它的道理，却未把握其灵魂。

---

① 吴晓求，何青，方明浩. 中国资本市场：第三种模式. 财贸经济，2022，43（5）：19－35.

② 例如 2002 年诺贝尔经济学奖被授予美国普林斯顿大学的丹尼尔·卡尼曼（Daniel Kahneman）和美国乔治梅森大学的弗农·史密斯（Vernon Smith），以表彰他们在行为经济学及行为金融学领域的开创性贡献。此外，诺贝尔经济学奖的 2013 年得主罗伯特·希勒（Robert Shiller）和 2017 年得主理查德·塞勒（Richard Thaler）都在行为经济学和行为金融学领域有突出贡献。

③ 这六大功能是：跨越时间和空间转移资源；管理风险；清算与支付结算；归集资源和分割股份；提供信息；解决激励问题。参见博迪，默顿，克利顿. 金融学：第 2 版. 北京：中国人民大学出版社，2013.

④ 现代金融理论的开创者马科维茨（1952）的核心贡献就在于强调重视风险：一是“在考虑收益的同时一定要考虑风险”，二是“不要把鸡蛋都放在同一个篮子里”（Bernstein，1992）。

金融经过了从融通资金到创造信用，再到转移风险的发展过程。虽然现代金融仍有融通资金、创造信用的功能，但最核心的功能还是转移风险或配置风险。尽管当今社会的产业体系仍然是以农业、现代工业、不断升级的服务业以及后工业化社会的新型产业（以信息技术和生物工程为基础）为主体构成的，但现代社会最具生命力的产业无疑是以信息技术和生物工程为基础的后工业化产业（新经济产业），这种概括丝毫不否认农业在整个产业链中的重要性。

以这种理解为参照系，如果一个国家经济体系中的金融体系缺少转移风险的功能，那么这种金融体系是非常危险的，或者是没有效率的。根据金融功能视角，我们对传统金融向现代金融的演进逻辑就能看得更加清楚。

任何经济活动都是有风险的。无论是在以商业银行为主体的金融体系，还是在以资本市场为核心的金融体系，经济体系中的风险都会通过各种渠道转变为金融风险，这些风险最终都有可能蔓延到金融体系，所以，金融机构都把防范风险当成头等大事。在商业银行占主体的金融体系中，商业银行和中央银行等试图把风险堵在金融体系之外。堵的结果是有时候会出现一种极端的形态——经济的严重衰退或所谓的经济危机。堵风险的理论前提是，传统金融体系中只有资源配置机制而缺乏风险配置机制，早期金融理论中的利率确定本质上是一个通过资金定价从而对资金进行配置的机制。现代金融理论则不同，分散风险进而配置风险是现代金融的核心功能。而配置风险的前提是，风险能流动并能对其定价。风险流动的前提是资产证券化。所以，资产证券化是现代金融形成的基石。对风险进行度量则是配置风险的另一重要条件。马科维茨的“均值-方差理论”的核心贡献是第一次对风险进行了科学而系统的度量，其最有名的观点是“在考虑收益的同时一定要考虑风险”。现代金融理论的这一常识在1952年是划时代的创新。CAPM的贡献则是改用更易计算的贝塔值度量风险，并且能明确推导出资产的预期回报是贝塔系数即系统性风险的函数。MM定理则指出，决定公司价值的变量只有公司商业活动的收益和风险，公司的资本结构只是改变收益与风险在不同主体之间的分配。布莱克-斯科尔斯期权定价公式则直接研究如何针对风险进行动态套期保值。因此，现代金融理论的每一个模型，“都是关于如何管理各种变量的风险”[①]。现代金融理论的重要推动者默顿更是指出，所有现代金融理论都将风险作为核心，“它贯穿于思维的整个主体”。因此，在现代金融理论的指导下，金融机构才有可能对风险进行准确的度量，在度量的基础上对其有能力承担的风险进行锁定，对超出其能力的风险实施对冲交易，使风险流动并有效转移。这就是配置风险的全过程。

如前所述，现代金融是一种转移风险的机制，而转移风险的技术前提是风险始终处于流动状态。换句话说，如果一种金融体系能够使经济体系中的风险流量化而不是存量化，那么这种金融体系就是安全的、健康的、有效率的。存量化的风险有可能侵蚀金融体系的机体，从而严重恶化金融体系的功能。现代金融最核心的功能就是要创造出一种能够使风险流量化的机制。打个比方，现代金融从功能上看应该更像浩浩荡荡的长江，而不是特大型水库。“水库”型的金融，是传统金融。历史上，我们曾把金融比作“蓄水池”。在今天，作为指导原则，我们不能再按照“蓄水池”的理论来构建金融体系，因为“蓄水池”

---

① Bernstein, P. L. (2011), *Capital Ideas Evolving*, New York: John Wiley & Sons.

式的金融体系无法转移风险，而只能使风险沉淀。任何经济活动都要通过转移风险来分散风险，而不要把风险集中在一个特定的重要部位。

如果基于中国金融的发展与变革，分析现代金融体系将如何发挥各项功能，其中最重要的三个视角应该是：分散风险或财富管理、支付与清算、聚集和分配资源。[①] 首先，现代金融体系把财富管理作为一项内生的核心功能。随着中国金融的发展与变革，尤其是中国经济的持续增长，市场配置金融资源的比例在不断增大，金融功能开始出现升级、复合的特征。虽然在现阶段中国证券化资产与一些发达国家还有差距，但变革的趋势是一致的：中国金融正由单一的融资功能过渡到财富管理与融资功能并重的阶段。其次，安全、便捷的支付体系有助于整个经济降低交易成本、提高运行效率，这是建设现代金融体系的必备要件。在传统的金融架构下主要由商业银行来承担全社会的支付清算任务。随着金融科技的广泛推进，到2018年中国金融就在支付功能上完成了科技革命。最后，金融资产（风险）的跨时空配置在当代愈发重要，特别是与科技创新的耦合。一方面，随着知识经济时代的来临，科技创新在现代产业发展中居于重要地位，产业快速升级与迭代使资金供给方的投资收益不确定性上升，对风险分散金融服务的需求增加。另一方面，随着实体经济需求的多样化和金融产品与工具的复杂化，金融机构之间、金融市场之间的关联性不断加强。事实上，金融只能分散、转移风险，并不能消灭风险。这些客观变化都要求金融体系具有更强的风险流量化功能与机制，在有效配置资源的同时将藏身于体系内的风险分散化。

（二）金融活动的基本原则

沿着现代金融是一种分散风险、转移风险和配置风险的机制这个思路出发，我们可以得出现代金融活动的两个很重要的基本原则。

第一个原则是金融体系和金融活动必须体现流动性和效率平衡的原则。金融结构的改革和金融产品的设计都要很好地体现流动性和效率之间的平衡。金融机构与产品之间的衔接以及金融机构内部业务的交叉、内部防火墙的设计，都需要比较好地处理流动性与效率的平衡问题。这就需要有一个成熟的、敏感的、有效率的资本市场。当然，仅有资本市场是不够的，难以实现金融体系在流动性与效率之间的平衡。资本市场只提供了实现流动性与效率平衡的基础，只是金融体系演进的发动机或者引擎，而不是现代金融的全部。除了要有一个流畅、高效的资本市场外，还要有一个具有良好风险过滤机制的银行体系。对中国而言，在效率和流动性之间，效率应受到更多的关注，因为中国的金融体系从整体上看效率不高。流动性似乎还可以，因为我国商业银行有着庞大的“盈余”资金。

第二个原则是风险与收益相对称的原则。如果说第一个原则是金融结构设计的原则，那么第二个原则就是金融产品设计的原则。在这里，风险对冲是很重要的。我们把现代金融定义为转移风险的机制绝不意味着只是单一地转移风险。实际上，在转移风险的同时，还必须转移与之相匹配的收益。在金融市场特别是资本市场活动中，风险与收益的匹配性是一个前提。不同的投资者对市场中可交易的产品会有不同的风险与收益预期。不同的预期是市场存在的条件。市场之所以有交易行为，是因为无论是买方还是卖方都认为交易价

---

① 吴晓求，许荣，孙思栋.现代金融体系：基本特征与功能结构.中国人民大学学报，2020，34（1）：60-73.

格体现了收益与风险的匹配性。所以说风险和收益相对称的原则对金融产品的设计至关重要。在资本市场发达的前提下，任何金融产品的交易都要通过市场来实现。

有了金融制度以后，融通资金的功能就客观存在，过去的金融只具有融通资金的功能。金融融通资金的功能对实现生产的社会化和经济的规模化起了重要的推动作用。后来，由于现代商业银行制度的建立，特别是中央银行的出现，金融体系具备了创造信用的功能，所谓的“货币乘数”就是这一功能的概括。从融通资金到创造信用，再到转移风险，这是金融功能发展的三个阶段。金融功能的这种变化是金融结构和金融功能不断升级的过程。

（三）推动金融功能不断升级的主要因素①

金融功能的不断升级，源于经济结构的升级变动和人们不断变化的金融需求。概括来说，主要包括以下几个基本因素：

第一，经济规模及发展水平对金融制度的深刻影响。一国经济规模及发展水平对一国金融制度和金融结构的形成具有决定性的作用。人类社会进入工业化时代以后，在市场机制的作用下，经济规模迅速扩大，经济发展水平不断提高，客观上要求新的金融制度帮助实现经济的规模化，满足其对资金的巨大需求，商业银行这种金融制度则应运而生，以商业银行为特征的金融寡头出现了。这种金融结构所具有的信用创造能力，以及资金可以跨区域和跨期配置，使人类能够在一定时期内集中甚至超规模地配置资源，这显然满足了现代工业对资金规模的要求。

第二，产业周期的缩短、产业升级的加速和技术含量的提高，对资本形成和风险分散提出了新的要求，从而对金融制度和金融结构产生了新的重要影响。20 世纪 70 年代后，现代工业社会开始从资本密集型转向科技主导型，产业的生命周期有缩短的趋势。在技术的推动下和在竞争的压力下，产业升级速度明显加快，新技术转化成新的主导产业的时间在缩短。与此同时，越来越多的资源和财富开始通过不同的金融产品来体现，资源和财富越来越金融化、越来越证券化。工业化后期的产业体系的这种结构性特征以及资源、财富的金融化、证券化意味着什么呢？意味着不确定性在增加。这客观上不仅要求金融体系有有效配置资源的功能和机制，而且迫切要求金融体系具有分散风险的功能，使原来藏身于金融体系内的不断存量化的风险流量化，从而创造一种风险流动机制。此功能只有资本市场这种有别于传统商业银行的金融制度才具有。一种可以使风险流量化的金融制度或金融体系是富有弹性的。我们认为，金融体系的脆弱性或弹性的首要评判标准就是风险的流动能力或者释放能力。包括风险投资在内的资本市场在 20 世纪 70 年代后之所以蓬勃发展，分散风险的功能可能是一个重要的内在原动力。

第三，收入水平以及受收入水平影响的资产选择偏好，也从根本上对金融制度和金融结构产生了重要影响。在收入水平较低时，包括居民（或投资者）在内的所有经济主体的金融需求结构还处在一个较低的水平上，静态意义上的资产安全性是其对金融中介或金融机构提供金融服务最基本的核心要求。在收入达到一定水平后，人们对金融服务的要求就会超越静态意义上的资产安全性，就会希望金融中介或金融机构提供增值、避险、组合和

① 吴晓求，赵锡军，瞿强，等. 市场主导与银行主导：金融体系在中国的一种比较研究. 北京：中国人民大学出版社，2006：4-7.

一体化金融服务。

第四，信息技术的进步及在金融市场的广泛运用，也深刻影响金融结构向着市场主导型方向演变。信息技术的迅速发展大大提高了金融市场的交易效率，使得各类金融市场包括货币市场、资本市场、外汇市场、衍生品市场等在区域和期限上不再处在分割的状态，跨期、跨品种和跨区域的套利机制不断趋于成熟和完善。

第五，文化和法律制度对金融体系的演变也产生了不可忽视的重要影响。

上述几个方面的原因推动了现代金融的形成，推动了金融产品的不断创新，从而推动了金融功能的升级，并最终促使以转移风险为核心功能的现代金融的出现。

五、金融危机与金融学的未来

（一）百年不遇的金融危机对现代金融理论的挑战

金融理论和金融市场在过去一百年里的迅猛发展令人震撼，以至金融学已经成为社会科学皇冠上最璀璨夺目的明珠，成为社会科学领域当之无愧的无冕之王。正当金融学者陶醉于美妙壮观的金融理论殿堂，金融从业者享受着其他行业羡慕的高额股票期权收入时，从2008年开始，一场“百年不遇”的起始于美国次贷、发端于华尔街的全球性金融危机终于爆发了。它对世界经济和全球金融体系产生了巨大冲击和深远影响。这场全球性金融危机同时也对现代金融理论形成了极大的挑战，引发了金融研究者的深思。

在金融危机发生后，大家首先想到的是金融市场是否存在过度的扩张。有人认为，20世纪90年代美国新自由主义经济政策主导下的低利率和放松管制所带来的金融市场的大规模扩张，导致金融资产特别是证券化金融资产的迅速膨胀，从而使金融市场特别是资本市场的快速发展开始脱离实体经济。这种金融资产的膨胀导致的虚拟经济脱离实体经济基础的现象，使金融危机的出现成为某种必然。

统计资料显示，从1990年开始，美国资本市场的资产规模以很快的速度增长，这一速度大大超过了同期GDP的增长速度。1990年初，美国的金融资产（股票和债券）规模和GDP的比值大体维持在1.6：1的水平上，危机爆发的2008年前则维持在3.2：1的水平上。金融资产规模的快速扩张是不是背离了实体经济的要求？这需要深入分析。但在做这种分析时，实际上必须思考这样一个很重要的问题——实体经济与现代金融的关系：谁主沉浮？“谁主沉浮”这个提法包含了两方面的含义：一方面，现代金融（主要是资本市场）的发展从最终意义上说必须受制于实体经济，没有实体经济的增长，现代金融（主要是资本市场）的快速发展就会失去基石。如果这种快速发展达到了“泡沫化”的程度，则势必对金融体系和实体经济产生严重损害。另一方面，以资本市场为核心的现代金融并不完全依附于实体经济，并不是实体经济的附庸。金融发展到今天，实体经济与现代金融并不是一种主宰与附庸的关系，它们之间实际上是相互推动、相互促进的关系。从一定意义上说，现代金融对实体经济正起着越来越明显的主动推动作用。我们常说的金融是现代经济的核心，道理就在这里。我们不能因2008年全球金融危机的出现就否认现代金融对实体经济的积极推动作用，否认金融是现代经济的核心和发动机的地位。虽然从根本上说，现代金融（虚拟经济）的发展最终要取决于实体经济，但绝不能看轻现代金融对实体经济的积极推动作用。我们曾就实体经济和现代金融（虚拟经济）之间的关系做过一些研究，得出的基本结论是：资本市场资产价格变动与实体经济成长之间会呈现出阶段性的发散关系，这种阶段性的发散关系表明了现代金融在经济运行中的独特作用。不过，尽管存在资本市场资产价格与实体经济成长的阶段性发散关系，但在一个经济长周期结束时，资产价格会不同程度地向实体经济收敛。这种收敛的现实表现形式就是金融波动或金融危机。①

由于现代金融对实体经济作用的主导性不断增强，如果出现金融危机，一般不会从实体经济开始，而可能是先从金融体系和资本市场开始。危机的逻辑过程会不同于20世纪30年代的那场金融危机。大萧条始于1929年的一次相当正常的衰退，但到1930年却发展成了一场银行业危机。银行数量在三年内减半，其中许多是由银行挤兑导致的。伯南克（Bernanke，1983）认为，银行倒闭是经济衰退发展为严重和长期萧条的决定性因素。在此之前，人们普遍认为银行业危机是经济衰退的结果，而不是原因。银行是金融体系稳定的压舱石。戴蒙德和迪布维格（Diamond & Dybvig，1983）开发了理论模型来解释银行存在的原因，它们在社会中的角色如何使其容易受到有关它们即将倒闭的谣言的影响，以及社会如何能够减轻这种脆弱性。这些见解说明了运作良好的银行监管的重要性，也是2008—2009年金融危机期间经济政策关键要素背后的原因。② 当然，今天我们可以很清楚地看到，2008年金融危机的确起始于资本市场和金融体系，然后再感染和影响实体经济，从而导致实体经济的衰退。从这个意义上说，是现代金融主导实体经济的沉浮。

由于金融的结构变化和功能转型，资本市场与实体经济的关系正在发生微妙的变化，表现为依附→相关→游离→收敛的变化过程。目前的金融危机是实体经济与现代金融（虚拟经济）过度发散关系的收敛过程。这种收敛过程实际上也是能量积聚过程，目的是为下一轮更大程度的游离创造条件。收敛过程既可以以金融危机的形式表现，又可以以金融波动的形式显示。不断的收敛就是波动，突然的大幅度收敛就是危机。游离的过程是金融资产膨胀的过程。金融波动或金融危机既是金融风险释放的过程，又是金融体系调整的过程。每一次金融危机都将促进金融制度的变革，推动金融体系的结构性调整和升级。

至此，我们想说明这样一个道理：在金融结构和金融功能发生巨大变化的今天，我们既不能陷入实体经济决定一切的认知，因此否认现代金融对经济发展的巨大推动作用，又不能得出现代金融（虚拟经济）的发展可以天马行空、无所约束的结论，从而忽视实体经济的最终制约作用。真可谓“道在中庸两字间”③。

（二）新冠大流行对金融稳定的挑战

2019年底暴发的新冠大流行，迅速对社会稳定和经济福祉造成严重破坏，成为一场影响广泛且深远的全球危机。这场大流行代表了一种新形式的全球危机。这场危机既由现代世界的相互关联性造成，又因其而加剧。一个世纪前的西班牙大流感并不属于这种危机。这种危机的共同点是，需要的解决方案是任何单个政府都无法独自提供的。因此，不能用经济制裁、双边外交、威慑或军事态势等对策来抗击全球性传染病。

---

① 吴晓求. 实体经济与资产价格变动的相关性分析. 中国社会科学，2006（6）：55-64+204.

② 2022年诺贝尔经济学奖被颁给本·伯南克、道格拉斯·戴蒙德（Douglas Diamond）和菲利普·迪布维格（Philip Dybvig），以表彰他们对银行和金融危机的研究贡献。

③ 吴晓求，等. 金融危机启示录. 北京：中国人民大学出版社，2009.

新冠大流行对经济和金融活动的冲击是巨大的、超预期的。从全球经济活动来看，大流行导致正常的生产和流通环节发生停摆的情况，严重威胁了全球供应链和分工体系的稳定，引发了各国经济的衰退。面对这样的大流行，未来产生极大的不确定性，导致人们无法形成一致的、准确的预期，进而引发金融市场的剧烈波动。2020 年 3 月，美国股市出现了 4 次熔断。从历史来看，美国股市总共就只发生过 5 次熔断，第一次熔断发生在 1997 年。同年，美国 10 年期国债收益率与 30 年期国债收益率屡创历史新低。

各国政府对经济衰退和金融市场的波动反应十分迅速，因为它们都对金融危机的破坏性记忆犹新，害怕金融系统的不稳定造成更严重的衰退。为此，各国政府推出了一系列政策，包括一些超常规的货币政策。以美国为例，美联储在大流行暴发以后，采取了超常规的量化宽松政策，以稳住金融市场的信心。与美联储此前实施过的量化宽松政策不同的是，此次资产购买计划强调了“无限量”，使得美国金融市场的流动性压力得到明显缓解。从 2020 年 4 月到 2022 年 2 月，美国联邦基金利率月度均值为 0.08%。在此期间，美国股市整体保持稳步上升态势，整个金融市场也没有爆发危机。直到 2022 年 3 月，美联储在大流行之后首次宣布加息 25 个基点，这意味着实施了大约两年的零利率政策宣告结束。

短期的刺激政策对经济复苏是有效的，但也是有成本的，最主要的就是通胀问题。大流行的多次反复，与俄乌冲突、自然灾害等冲击形成叠加效应，导致部分国家的通胀问题越来越严重，解决通胀问题成为迫在眉睫的经济任务。例如，美国 CPI 从 2020 年 4 月开始持续上涨，到 2022 年 6 月达到 9.1%，处于 1982 年以来的最高水平。为应对通胀问题，美联储从 2021 年 11 月开始缩减资产购买规模，采取逐步退出量化宽松的政策即 Taper。美联储Taper 正式落地，意味着持续了将近一年半的超常规的货币政策开始向正常化转变。2022 年，美联储共加息 7 次，联邦基金利率目标区间维持在 4.25～4.5%。[①]

这些政策的出台与以往应对金融危机等情形不同，而且政策的力度和速度也是前所未有的。总的来说，美联储的一系列货币政策达到了预期目的，促进了美国经济的复苏和金融的稳定，但由于美元是一种全球性货币，对各国政策的实施和预期效果产生了溢出效应。例如，美联储实施量化宽松政策导致美元贬值，他国货币相对升值，引发该国出口压力加大、外汇资产价值缩水、资本流入减少等问题。美联储加息导致美元升值，他国货币相对贬值，引发该国资本流向美国。美元的强势地位决定了，美国联邦基金利率和美元币值的波动会对全球金融市场、大宗商品市场等产生影响，甚至影响别国货币政策的独立性。随着美联储持续加息，中美政策性利率和国债收益率出现了“倒挂”的现象，严重影响了中国金融市场的稳定。

因此，新冠大流行对经济和金融的冲击，深化了各国对货币政策和金融稳定的认识，引致各国更好地运用一揽子政策来应对不可预期的巨大外部冲击。目前来看，这次全球危机还没有引发金融危机，导致更严重的衰退。当中，一些超常规的货币政策发挥了一定的作用，维持了金融的稳定，避免了金融体系的崩溃。这些经验值得深入研究和总结，既有理论价值，又有政策借鉴意义。

① 美联储在 2022 年 3、5、6、7、9、11、12 月分别加息 25、50、75、75、75、75、50 个基点。

（三）金融学的未来

气象学家洛伦兹（Lorenz）1963 年提出了著名的“蝴蝶效应”①，称“南美洲亚马孙河流域热带雨林中的一只蝴蝶偶尔扇动几下翅膀，可以在两周以后引起美国得克萨斯州的一场龙卷风”。回顾金融史，公元 994 年前后，宋朝四川商人发行私人纸币“交子”时绝没有想到，数百年后纸币会在全世界完全替代金属货币。② 而在 1973 年布莱克和斯科尔斯也没有想到，他们对期权定价的研究③会像飓风一样引发百万亿美元的衍生品交易，彻底改变了随后的金融实践和金融理论的研究方向。展望未来的金融学研究，引发未来金融实践“龙卷风”事件的曲折微妙的“蝴蝶翅膀”机制将在新一代金融学者手中如何飞舞呢?

首先，建立在新古典经济学基础上的现代金融理论体系仍将在相当长的时期内“大致有效”。因此，在对任何金融现实问题的分析上，现代金融理论都将为金融学者提供一个好的出发点而不是终点，考虑各个经济体独特的制度因素和经济主体自身的理性局限，将为未来的金融体系演进提供预测。可以预见，现代金融理论和新制度金融学以及行为金融学将在理论互补的基础上发展演进，暂时还不会出现一个全新的金融理论范式。正如博迪和默顿（2005）所说，现代金融理论将在资产定价、资源配置和风险管理上大致正确，新制度金融学和行为金融学则将在金融制度演进、金融机构组织和金融工具开发等领域提供理论指导。

其次，金融功能视角，尤其是以风险管理为核心的金融功能观，将在很大程度上指导未来的金融实践和金融研究。从金融功能视角出发，金融制度设计、金融机构和金融市场的定位以及金融产品的创新开发都将是内生决定的，都是为了更好地满足企业和投资者的特定金融需求而发展出来的。因此，金融机构和金融市场将处于静态竞争和动态合作的创新螺旋之中。一般而言，这一创新螺旋表现为金融机构创新开发出新产品，一旦新产品拥有广泛的市场，将迅速在资本市场获得推广，资产证券化就是一个典型范例。

再次，现代金融体系一定要充分利用科技的力量。可以预见，科技对金融的渗透未来将在更广泛的领域以更快的速度展开。大数据、区块链、人工智能等技术具备提高数据真实性和分析效率的能力，其带来的市场信息非对称性的改善甚至可以颠覆信用评价的准则与内涵。同时，金融与科技融合形成的第三种金融业态将更具效率地识别风险、更全面地覆盖长尾客户，从而使传统金融进一步摆脱时空约束。没有证据表明新金融业态的风险会比传统业态更严重，不能认为科技融入金融后风险就会增大，也不可能使新金融业态回到传统金融业态。例如，第三方支付作为金融与科技相结合的创新产物，灵活地满足了经济个体的需求，在效率层面实现了支付功能的历史性跨越，而且没有出现比传统金融支付工具更大的风险。与此同时，资本市场与科技进步之间存在密切的耦合关系，在促进科技创

---

① Lorenz, E. N. (1963), “Deterministic Nonperiodic Flow,” *Journal of the Atmospheric Sciences*, 20 (2), 130-141.

② 参见戈兹曼，罗文霍斯特. 价值起源. 沈阳：万卷出版公司，2010。迄今为止，还没有有力的证据来证实或证伪 14 世纪欧洲早期货币市场的发展应归功于中国早期的纸币模式。

③ Black, F., and Scholes, M. S. (1973), “The Pricing of Options and Corporate Liabilities,” *Journal of Political Economy*, 81 (3), 637-654.

新发展的同时，资本市场借助科技的进步和企业的成长推动自身的繁荣。[1] 因此，构建现代金融体系需要顺应科技进步的方向。

最后，无论是从现代金融理论演进的逻辑出发，还是从当前中国金融改革的实践出发，都要把金融机构的市场化作为影响中国未来经济增长和稳定的至关重要的战略目标，而金融机构市场化的主要推动力来源于金融市场特别是资本市场的大发展。存量资源调整、风险流动和分散、经济增长的财富分享机制是资本市场具有深厚生命力和强大竞争力的三大原动力，也是近几十年来资本市场蓬勃发展的内在动力，是现代金融体系核心功能的体现。不能因为金融危机的出现而否认以资本市场为主导的金融体系的制度创新意义。无论是风险分散还是资源配置，无论是增量资金需求还是存量资产流动，离开了资本市场其效率都将大打折扣。纵观美国、日本、中国的经济发展史，任何一个经济体从小到大的迅速成长过程无不体现资本市场这个存量资源配置和风险配置平台的重要作用。以市场为主导的金融体系，强调的是通过有效的风险流动和释放机制，避免风险不断积聚并对经济体系产生巨大的破坏力。银行体系在推广成熟技术产业方面效率更高，具有明显的规模优势，但银行不擅长分散风险和转移风险，甚至会造成系统性风险的累积。从社会融资规模来看，中国的金融体系现在仍是银行主导，但是资本市场正在从传统金融体系的“外围”逐渐成为现代金融体系的“内核”，逐步形成市场与银行“双峰”主导型金融体系。[2]

本章小结

金融理论的发展经历了脱胎于古典经济学的早期金融学、建立在新古典经济学框架上的现代金融学和当前正在探索中的以新制度金融学和行为金融学为代表的新金融经济学这三个阶段。早期金融学的研究重点从商品价格的波动规律即通货膨胀研究过渡到资金价格即利率的确定。现代金融学重点关注资产价格的决定及波动规律，建立了以均值-方差理论、CAPM、MM定理、有效市场假说以及布莱克-斯科尔斯期权定价模型为核心的资产定价和公司金融理论体系。新金融经济学的探索则以现代金融理论为出发点，试图纳入交易成本与经济主体存在系统性偏差等因素来考察对均衡资产价格的偏离。

现代金融的核心功能是转移风险，亦即创造出一种使风险流量化的机制。从这个机制出发，可以得出现代金融活动的两个基本原则：一是金融体系和金融活动必须体现流动性和效率平衡的原则；二是风险与收益相对称的原则。从发展的视角看，经济规模、产业周期、收入水平、信息技术以及文化和法律制度等因素都会对金融功能的升级产生重要影响。

在金融结构与金融功能发生巨大变化的今天，要辩证地看待实体经济与现代金融之间相互推动、相互促进的关系，正确理解金融危机带给我们的启示。可以预见的是，金融学未来将在现代金融理论、新制度金融学以及行为金融学的互补中不断完善，而实践中，树立以风险管理为核心的金融功能观与确立以市场为基础的现代金融体系的战略目标则是决定中国未来金融改革和发展的关键。

---

① 吴晓求，等.资本市场成长的逻辑：金融创新与高科技企业的耦合.北京：中国人民大学出版社，2023：1-28.

② 吴晓求，等.中国资本市场：第三种模式.北京：中国人民大学出版社，2022：1-15.

问题与应用

1. 如何正确理解金融理论演变的内在逻辑？
2. 如何正确认识资本市场发展与现代金融理论形成的关系？
3. 2008 年全球金融危机对现代金融理论提出了什么样的挑战？
4. 如何正确判断和把握金融理论的未来发展趋势？

推荐阅读材料、网站

[1] 吴晓求，等. 金融危机启示录. 北京：中国人民大学出版社，2009.

[2] 吴晓求，等. 中国资本市场：第三种模式. 北京：中国人民大学出版社，2022.

[3] 吴晓求，等. 资本市场成长的逻辑：金融创新与高科技企业的耦合. 北京：中国人民大学出版社，2023.

[4] 吴晓求，赵锡军，瞿强，等. 市场主导与银行主导：金融体系在中国的一种比较研究. 北京：中国人民大学出版社，2006.

[5] Bernstein, P. L. (1992), *Capital Ideas: The Remarkable Origins of Modern Wall Street*, New York: Free Press.

[6] Bernstein, P. L. (1996), *Against the Gods: The Remarkable Story of Risk*, New York: John Wiley & Sons.

[7] Merton, R. C., and Bodie Z. (2005), "Design of Financial Systems: Toward a Synthesis of Form and Structure," *Journal of Investment Management*, 3 (1), 1-25.

参考文献

[1] 博迪，默顿，克利顿. 金融学：第 2 版. 北京：中国人民大学出版社，2013.

[2] 菲歇尔. 利息理论. 上海：上海人民出版社，1999.

[3] 戈兹曼，罗文霍斯特. 价值起源. 沈阳：万卷出版公司，2010.

[4] 黄达，张杰. 金融学. 5 版. 北京：中国人民大学出版社，2020.

[5] 科特尔. 金融经济学. 北京：中国金融出版社，2005.

[6] 吴晓求，等. 金融危机启示录. 北京：中国人民大学出版社，2009.

[7] 吴晓求，等. 中国资本市场：第三种模式. 北京：中国人民大学出版社，2022.

[8] 吴晓求，赵锡军，瞿强，等. 市场主导与银行主导：金融体系在中国的一种比较研究. 北京：中国人民大学出版社，2006.

[9] 吴晓求. 金融的过去、今天和未来. 中国人民大学学报，2003 (1)：104-111.

[10] 吴晓求. 梦想之路：吴晓求资本市场研究文集. 北京：中国金融出版社，2007.

[11] 吴晓求. 实体经济与资产价格变动的相关性分析. 中国社会科学，2006 (6)：55-64+204.

[12] Allen, F., and Gale D. (1995), *Comparing Financial Systems*, Cambridge: MIT Press.

[13] Bernanke, B. S. (1983), "Non-monetary Effects of the Financial Crisis in the

Propagation of the Great Depression," *The American Economic Review*, 73 (3), 257 - 276.

[14] Bernanke, B. S., Gertler, M., and Gilchrist, S. (1999), "The Financial Accelerator in a Quantitative Business Cycle Framework," in: Taylor J. and Woodford M. (eds.), *Handbook of Macroeconomics*, Vol. 1C, 1341 - 1393.

[15] Bernanke, B. S., and Gertler, M. (2001), "Should Central Banks Respond to Movements in Asset Prices?" *The American Economic Review*, 91 (2), 253 - 257.

[16] Bernstein, P. L. (1992), *Capital Ideas: The Remarkable Origins of Modern Wall Street*, New York: Free Press.

[17] Bernstein, P. L. (2011), *Capital Ideas Evolving*, New York: John Wiley & Sons.

[18] Black, F., and Scholes, M. S. (1973), "The Pricing of Options and Corporate Liabilities," *Journal of Political Economy*, 81 (3), 637 - 654.

[19] Carhart, M. M. (1997), "On Persistence in Mutual Fund Performance," *The Journal of Finance*, 52 (1), 57 - 82.

[20] De Long, J. B., Shleifer, A., Summers, L. H., and Waldmann, R. J. (1990), "Noise Trader Risk in Financial Markets," *Journal of Political Economy*, 98 (4), 703 - 738.

[21] Diamond, D., and Dybvig, P. (1983), "Bank Runs, Deposit Insurance and Liquidity," *Journal of Political Economy*, 91 (3), 401 - 419.

[22] Fama, E. F. (1970), "Efficient Capital Markets: A Review of Theory and Empirical Work," *The Journal of Finance*, 25 (2), 383 - 417.

[23] Fama, E. F., and French, K. R. (1993), "Common Risk Factors in the Returns on Stocks and Bonds," *Journal of Financial Economics*, 33 (1), 3 - 56.

[24] Fama, E. F., and French, K. R. (2015), "A Five-factor Asset Pricing Model," *Journal of Financial Economics*, 116 (1), 1 - 22.

[25] Fama, E. F., and MacBeth, J. D. (1973), "Risk, Return, and Equilibrium: Empirical Tests," *Journal of Political Economy*, 81 (3), 607 - 636.

[26] Goldfeld, S. M. (1976), "The Case of the Missing Money," *Brookings Papers on Economic Activity*, 7 (3), 683 - 740.

[27] Goodhart, C. (1995), *The Central Bank and the Financial System*. New York: Springer.

[28] Greenspan, A. (1999), "New Challenges for Monetary Policy," *Vital Speeches of the Day*, 65 (23), 706.

[29] Hicks, J. R. (1937), "Mr. Keynes and the Classics: A Suggested Interpretation," *Econometrica*, 5 (2), 147 - 159.

[30] Hou, K., Xue, C., and Zhang, L. (2015), "Digesting Anomalies: An Investment Approach," *Review of Financial Studies*, 28 (3), 650 - 705.

[31] La Porta, R., Lopez-de-Silanes, F., Shleifer, A., and Vishny, R. W. (1997), "Legal Determinants of External Finance," *The Journal of Finance*, 52 (3), 1131 - 1150.

[32] La Porta, R., Lopez-de-Silanes, F., Shleifer, A., and Vishny, R. W. (1998), "Law and Finance," *Journal of Political Economy*, 106 (6), 1113 - 1155.

[33] Lorenz, E. N. (1963), "Deterministic Nonperiodic Flow," *Journal of the Atmospheric Sciences*, 20 (2), 130 - 141.

[34] Markowitz, H. (1952), "Portfolio Selection," *The Journal of Finance*, 7 (1), 77 - 91.

[35] Meade, J. E. (1934), "The Amount of Money and the Banking System," *Economic Journal*, 44 (173), 77 - 83.

[36] Merton, R. C. (1990), *Continuous-Time Finance*, Oxford: Basil Blackwell.

[37] Merton, R. C., and Bodie, Z. (2005). "Design of Financial Systems: Toward a Synthesis of Form and Structure," *Journal of Investment Management*, 3 (1), 1 - 25.

[38] Modigliani, F., and Miller, M. H. (1958), "The Cost of Capital, Corporation Finance and the Theory of Investment," *The American Economic Review*, 48 (3), 261 - 297.

[39] Novy-Marx, R. (2013), "The Other Side of Value: The Gross Profitability Premium," *Journal of Financial Economics*, 108 (1), 1 - 28.

[40] Phillips, C. A. (1980), *Bank Credit: A Study of the Principles and Factors Underlying Advances Made by Banks to Borrowers*, Arno Press (first published, 1920).

[41] Ross, S. A. (1976), "The Arbitrage Theory of Capital Asset Pricing," *Journal of Economic Theory*, 13 (3), 341 - 360.

[42] Sharpe, W. (1964), "Capital Asset Prices: A Theory of Market Equilibrium under Conditions of Risk," *The Journal of Finance*, 19 (3), 425 - 442.

[43] Shefrin, H., and Statman, M. (1994), "Behavioral Capital Asset Pricing Theory," *Journal of Financial and Quantitative Analysis*, 29 (3), 323 - 349.

[44] Shefrin, H. (2001), "Behavioral Corporate Finance," *Journal of Applied Corporate Finance*, 14 (3), 113 - 126.

[45] Shleifer, A., and Vishny, R. W. (1997), "The Limits of Arbitrage," *The Journal of Finance*, 52 (1), 35 - 55.

[46] Stein, E. (1996), *Without Good Reason: The Rationality Debate in Philosophy and Cognitive Science*, Oxford: Clarendon Press.

第一篇　货币理论与政策

第一章

货币供求及其均衡

学习目标

1. 理解货币供求及其均衡的内涵。
2. 掌握西方货币供求理论、货币均衡理论的发展脉络。
3. 结合理论，联系实际，对中国货币供求及其均衡问题进行分析。

第一节　货币需求的理论与问题研究

货币需求属于宏观货币问题，与货币政策息息相关。“关于货币对经济活动的重要性的问题，主要同货币需求函数的具体形式和稳定有关”（Gibson & Kaufman，1971）。也正因如此，货币需求理论历来为经济学者所重视，成为货币金融理论最核心的内容之一。经济学者研究货币需求理论的主要目的在于：通过探讨货币需求的决定因素与货币需求函数的特点，认清货币政策的传导机制，为中央银行的货币政策目标选择和调控行为提供依据。在我国的宏观经济分析和货币政策操作中，货币需求发挥着重要的作用，在 2018 年以前较长的一段时间内，我国政府每年都设定广义货币供应量（M2）的预期增长目标，并由全国人大会议审议，该目标的制定依据就是货币需求。2018 年之后我国政府虽然不再设定具体的 M2 年度增长率，但政府工作报告通常明确提出“广义货币 M2 和社会融资规模增速要与国内生产总值名义增速相匹配，以更好满足经济运行保持在合理区间的需要”。

一、货币需求的内涵与研究思路

职能产生需求。货币是交换媒介，是人类财富的一般代表，因而任何一个经济主体，乃至整个社会的经济运行都会对货币产生一定的需求。总结中外经济学者的文献资料，会发现货币需求被分为两类：一类是商品流通所产生的货币需求，这是实物经济运动对货币作为交换媒介的数量要求；另一类是人们因贮藏财富而产生的货币需求，即资产需求，这是作为微观经济主体的个人和企业为争取最大收益而决定的货币需求。这两类货币需求都是货币总需求的客观构成。基于此，可以将货币需求的内涵界定为：在一定的资源（如财富拥有额、收入、国民生产总值等）制约条件下，微观经济主体或宏观经济运行需要多少货币来执行货币的相关职能。

从货币需求理论的发展史看，经济学者对货币需求的分析存在宏观总体与微观个体两种不同的视角。宏观视角的货币需求分析主要从一个国家的社会总体出发，强调货币作为交换媒介的职能，在分析市场供求、收入及财富指标变化的基础上，探讨一个国家在一定时期内的经济发展与商品流通所需的货币量。微观视角的货币需求分析则是从社会经济主体出发，分析个人、家庭、企业等的持币动机和持币行为，研究一个经济单位在既定的收入水平、利率水平和其他经济条件下所需的货币量。大体来说，20 世纪以前的经济学者主要从宏观视角对货币需求问题进行研究与探讨，侧重于分析货币数量与物价水平之间的关系；进入 20 世纪之后，当现实经济生活中出现货币数量与物价水平之间的关系和传统的宏观货币需求分析不一致时，西方经济学者开始转向微观视角，在把货币看成交换媒介的同时，更把货币看作一种资产，关注人们的心理因素对货币需求的影响，进而对传统的宏观货币需求理论进行修正与发展。

二、西方货币需求理论的发展与评述

（一）早期货币需求理论的发展与评述

西方货币需求理论在古代思想家的著作里早已有许多论述，比较系统的论述至少可以追溯到 16 世纪法国早期的重商主义者让·波丹（Jean Bodin），可谓源远流长。此后，约翰·洛克（John Locke）、大卫·休谟、大卫·李嘉图、约翰·斯图亚特·穆勒（John Stuart Mill）等众多学者从货币数量与商品价格的关系视角，不断丰富并发展了早期的货币需求理论。

1911 年，欧文·费雪以一个简洁的交易方程式总结了早期的宏观货币需求理论：$MV=PT$。其含义是流通中的通货存量（M）乘以货币流通速度（V）等于物价水平（P）乘以交易总量（T）。费雪对这个方程式做出了古典经济学的解释：首先，货币流通速度 V 是由诸如银行及信用机构的组织结构和效率、工业集中程度、人们的货币支出习惯等制度因素决定的，这些因素变动缓慢，故在短期内可视为不变。其次，由于假定供给能够自动创造需求，因而实际产量全部进入流通，实际交易数量就是产量或充分就业产量，在短期内，交易数量也是不变的。最后，货币仅是方便交易的工具。因此，所有货币不是用于消费，就是通过储蓄自动转化为投资，全部进入流通领域充当交换媒介，而且货币是外生变量，居于主动地位。这样，费雪交易方程式又可表示为：$P=MV/T$。在这个表达式中，由于 V、T 是常量，故货币数量的变动直接引起物价水平以正比例变动。这是非常典型的货币数量理论。

将交易方程式进行一定的变形，就可得到费雪的货币需求方程式：$M_d=PT/V$。此公式表明，决定一定时期名义货币需求的因素主要是这一时期全社会一定价格水平下的交易总量与同期的货币流通速度。

费雪交易方程式的缺陷在于：首先，仅考虑货币的交换媒介职能，未考虑货币的资产职能；其次，假定经济经常处于充分就业状态，T 在短期内不变，与经济现实不符；最后，没有考虑公众心理因素对式中各项特别是对 V 的影响，假设 V 在短期内不变，与现实不符。例如，当人们预期物价要上涨时，他们会用货币抢购实物，从而导致 V 增大，使 M_d 的增长同 P 的涨幅不成比例。

早期宏观视角货币需求理论存在的这些缺陷促使一批经济学者另辟蹊径，开始将微观经济主体的持币动机纳入考察范围，侧重于研究个人、家庭、企业等微观经济主体对货币的需求，从而使货币需求理论产生了质的变化。

开创微观货币需求分析先河的经济学者是英国剑桥大学的经济学教授阿尔弗雷德·马歇尔（Alfred Marshall）和亚瑟·C. 庇古（Arthur C. Pigou）。20 世纪20 年代，他们提出现金余额数量说，指出在一般情况下人们总会把自己收入和财富的一部分以货币的形式保存起来，而另一部分以非货币的形式（实物形态或直接消费）保存。一国公民以货币形式保有的收入和财富，成为备用购买力，形成一国通货的总价值。从公众的角度来看，如果以货币形式保存起来的财富过多，就必然遭受损失，因此，人们常常将保有货币所得到的收益与所遭受的损失加以权衡，从而决定应该保有的货币量，即应保有的备用购买力数量。从整个社会来看，公众保有货币数量的多少对货币价值和物价水平有决定性作用。庇古将现金余额理论用数学方程式的形式予以解释，给出了经典的剑桥方程式：$M_d=kPY$。式中，Y 代表真实收入，P 代表价格水平，k 代表以货币形式保有的收入占名义总收入的比例，M_d 为名义货币需求。

与费雪交易方程式相比，剑桥方程式的创新性在于：第一，在考虑货币交换媒介职能的基础上，开始关注货币的价值贮藏职能——人们选择以货币形式来保存其一部分名义收入，并非仅用于满足商品交易需求，也可以是出于价值贮藏的目的；第二，公众心理因素影响 k 的大小——公众通过权衡持有货币的利弊得失决定以货币形式保有的收入占名义总收入的比例，而 k 实际上是 V 的倒数。

总体来说，剑桥方程式的基本思想还是认为 M 和 P 之间的关系非常紧密，二者等比变化的趋势最明显。恰如马歇尔所说：从整个社会来看，公众保有货币数量的多少对货币价值和物价水平有决定性作用。也正因如此，剑桥方程式通常被认为属于传统的货币数量说。

（二）当代货币需求理论的发展与评述

1. 凯恩斯学派的货币需求理论

1929—1933 年的经济大危机否定了传统经济学关于市场经济能够自动实现均衡的理论，危机后各国普遍采取的扩张性货币政策也没有使 P 与 M 同比例上升，传统的货币需求理论无法解释新的经济现象。在此背景下，凯恩斯提出了其货币需求理论——流动性偏好理论。

在 1936 年出版的《就业、利息和货币通论》中，凯恩斯提出，人们之所以需要货币，是因为货币是一种流动性最强而且面值固定不变的资产，即既没有资本升值又没有资本贬值的资产。人们需要货币这种资产，是出于交易、预防和投机三个动机。交易动机形成交易性货币需求，主要受收入的影响；预防动机形成预防性货币需求，这类货币需求仍然主要作为交易的准备金，只不过是扩大了的准备金。所以，就实质来说，预防动机与交易动机可以归入一个范畴之内，由这两个动机所引起的货币需求与收入水平存在着稳定的关系，都是收入的递增函数。投机动机是凯恩斯货币需求理论中最具创新性的部分。凯恩斯认为，人们持有货币除了是为了满足交易需求和应对意外支出，还可能是为了储存价值或财富。凯恩斯把用于贮藏财富的资产分为两大类：货币和债券。对现行利率水平的估计成为人们在货币和债券两种资产间进行选择的关键。如果人们确信现行利率水平高于正常值，这就意味着他们预期利率水平将会下降，从而债券价格将会上升，人们就必然会多持有债券；反之，他们则会倾向于多持有货币。可见，投机性货币需求最主要受利率影响，是利率的递减函数。

用公式表示，凯恩斯的货币需求函数为：

$$M=M_1+M_2=L_1(Y)+L_2(i)=L(Y,i) \tag{1.1}$$

式中，M_1 代表满足交易动机和预防动机所需的货币量，Y 代表收入；M_2 代表满足投机动机所需的货币量，i 代表利率。由式（1.1）可以看出，凯恩斯把利率视为货币需求函数中与 Y 具有同等意义的自变量，这是凯恩斯之前的经济学者所没有达到的。

市场利率的多变性导致了货币需求的不稳定性。同时，当利率成为决定货币需求的重要因素时，费雪交易方程式关于货币流通速度 V 短期内固定不变的假设也不再成立。原因如下：

由凯恩斯的实际货币需求函数 $M_d/P=f(y, i)$ 变形可得：

$$\frac{P}{M_d}=\frac{1}{f(y,i)} \tag{1.2}$$

将等式（1.2）两边各乘以 y，并考虑货币市场达到均衡时，M_d 就是实有的货币存量 M，于是有：

$$\frac{Py}{M}=\frac{y}{f(y,i)} \tag{1.3}$$

等式左边 Py/M 是货币流通速度 V。式（1.3）表明，货币需求 $f(y, i)$ 是影响货币流通速度的一个重要变量。当货币需求随着利率的上升而减少时，货币流通速度将加快；反之，当货币需求随着利率的下降而增加时，货币流通速度将减慢。由此可知，货币流通速度不是固定不变的，它会受到利率变动的影响，并与利率呈正向变动关系。在现实经济周期中，货币流通速度在经济高涨时呈加快趋势，而此时市场利率水平也因投资需求的旺盛而上升；反之亦然。理论推导与实际相符。

由此，可以解释危机后 M 与 P 不同比例上升的经济现象：危机时利率水平很低，投机性货币需求很大，此时中央银行增加货币供给难以降低已经处于很低水平的利率，在不能刺激投资增加的同时，货币流通速度的减慢又部分抵消了货币供给的增加，从而未能引致物价的上升和真实收入的增加（陈观烈，2000）。

凯恩斯之后，美国经济学者威廉·鲍莫尔（William Baumol，1952）、爱德华·惠伦（Edward Whalen，1966）、詹姆斯·托宾（James Tobin，1958）等人对凯恩斯的货币需求理论进行了修正与发展，进一步强化了利率对货币需求的影响。

鲍莫尔运用管理科学中的最适度存货控制技术研究交易性货币需求的影响因素，提出平方根公式来对凯恩斯的货币需求理论进行修正。公式为：

$$M=\frac{1}{2}\sqrt{\frac{2bY}{r}} \tag{1.4}$$

式中，M 为交易性货币需求，Y 为交易量，b 为变现手续费，r 为利率。

鲍莫尔认为，任何企业或个人的经济行为都以收益的最大化为目标，因此在货币收入取得和货币收入支用之间的时间差内，没有必要让所有用于交易的货币都以现金形式存在。由于现金不会给持有者带来收益，所以应将暂时不用的现金转化为生息资产，待需要支用时再变现，只要利息收入超过变现手续费就有利可图。一般情况下利率越高，收益越大，生息资产的吸引力也越强，人们就会把现金的持有额减少到最低限度。但若利率较低，利息收入不足以覆盖变现手续费，那么人们宁愿持有全部的交易性现金。因此，交易性货币需求不但与利率有关，而且关系极大，凯恩斯忽视利率对交易性货币需求的影响并不符合实际。一般来说，交易性货币需求的变化与交易量 Y、变现手续费 b 和利率 r 呈平方根关系；最适度的现金存量对交易量的弹性为 0.5，对利率的弹性为－0.5。

惠伦研究了预防性货币需求与利率变动的关系，发现预防性货币需求也受利率的影响，并提出立方根定律来论证二者呈反方向变动。立方根定律的公式为：

$$M=\sqrt[3]{\frac{2S^2C}{r}} \tag{1.5}$$

式（1.5）表明，人们的预防性货币需求也有一个最佳的量，其确定的依据是收入和支出的状况以及持币的机会成本。一般来说，预防性货币需求与净支出分布的方差 S、转换为现金的手续费 C 和以利率 r 表示的持币机会成本呈立方根变化关系。最佳的预防性货币需求对收入和支出的弹性为 1/3；对利率的弹性为－1/3。对此，惠伦的解释是：预防性货币需求来自事物的不确定性。由于一个人无法保证他在某一时期内的货币收入和货币支出完全一致，不能排除实际生活中发生不测之事时突然需要货币的可能，因此，为稳妥起见，他实际持有的货币量总是大于预计的净支出需要量，超出部分即为预防性货币需求。决定预防性货币需求大小的因素主要有两个：一个是持币的机会成本，另一个是收入和支出的状况。持币的机会成本由转换手续费和利息损失两部分构成。当个人的净支出（支出－收入）超过他所持有的预防性现金余额时，便需要将非货币性资产转化为货币，这种转换受收支次数和规模的影响。因此，转换手续费、利率和收入与支出状况共同决定预防性货币需求的大小。

1958 年，托宾提出著名的资产选择理论，用以说明在对未来的预期不确定的情况下，人们怎样以总效用最大化为原则选择最优的金融资产组合，而金融资产的组合比例直接决定人们投机性货币需求的大小。托宾认为，资产的保存形式不外乎两种：货币与债券。货币是既没有收益又没有风险的安全性资产，债券是既有收益又有风险的风险性资产。收益的正效用随着收益的增加而递减，风险的负效用随着风险的增加而递增。人们总是根据效用最大化原则在两者之间进行选择。人们为了既能实现收益的正效用，又不致使风险的负效用太大，需要同时持有货币和债券，两者在量上组合的依据是最后增加或减少的那张债券所带来的风险负效用与收益正效用的代数和等于零，因为此时总效用达到最大化。利率变动后，引起投资者预期收益率的变动，破坏了原有资产组合中风险负效用与收益正效用的均衡，人们重新调整自己资产组合中货币与债券的比例关系，导致投机性货币需求的变动。因此，在影响人们投机性货币需求的因素中，利率和对未来的不确定性预期具有同等的重要性。

尽管平方根定律、立方根定律和资产选择理论也受到许多批评，但与凯恩斯的货币需求理论相比，这些理论与现实生活更加接近与相符。综合可知，凯恩斯学派十分强调利率对货币需求的影响作用，各类货币需求在不同程度上都受利率的影响。

2. 货币学派的货币需求理论

始于 20 世纪 60 年代中期的通货膨胀对凯恩斯学派的货币需求理论提出了挑战：通货膨胀的直接原因一定是扩大的货币供给，市场利率水平会随着通货膨胀率的提高而上升，如果利率是决定货币需求的主要因素，货币需求将随着利率的上升而减少，货币供求均衡机制难以实现。凯恩斯学派是否夸大了利率对货币需求的作用？以米尔顿·弗里德曼为代表的货币学派提出了重新强调收入变量对货币需求发挥影响作用的货币需求理论。

弗里德曼受马歇尔、庇古现金余额数量说的启发，采用微观经济理论中的消费者选择理论，分析了收入或财富的变化、持币的机会成本、持币给人们带来的效用等因素对货币需求的影响，得出了著名的货币需求函数：

$$\frac{M}{P}=f\left(Y, W; r_m, r_b, r_e, \frac{1}{p}\frac{\mathrm{d}p}{\mathrm{d}t}; U\right) \tag{1.6}$$

式中，M/P 为实际货币需求；Y 为永恒收入，W 为非人力财富占总财富的比例；r_m 代表货币的名义报酬率，r_b 代表预期的固定收益的报酬率，r_e 代表预期的非固定收益的报酬率，$\frac{1}{p}\frac{\mathrm{d}p}{\mathrm{d}t}$代表物价变动率；$U$ 为持有货币给人们带来的效用以及影响此效用的因素。

弗里德曼货币需求函数中的自变量明显多于凯恩斯货币需求函数中的，W 和 U 是弗里德曼列出的独特变量，但他并未对其进行深入分析；把机会成本变量展开，说明弗里德曼已经将资产的范围扩大，不再局限于货币和债券，股票等金融资产和实物资产也被包括在内；将货币收益率 r_m 纳入函数，说明弗里德曼已将货币的口径扩展到 M2，由于货币收益率与其他资产收益率的差额将影响人们的货币需求，而 M2 的收益率要远大于 M1 的收益率，因此，r_b-r_m、r_e-r_m、$\frac{1}{p}\frac{\mathrm{d}p}{\mathrm{d}t}-r_m$ 这些差额都不会很大；永恒收入 Y 是弗里德曼异常强调的变量，它是指一个人在比较长的一个时期内过去、现在和今后预期会得到的收入的加权平均数，具有稳定性的特点。

弗里德曼认为，货币需求主要取决于永恒收入的大小和货币收益率与其他资产收益率的差额。由于r_b-r_m、r_e-r_m、$\frac{1}{p}\frac{\mathrm{d}p}{\mathrm{d}t}-r_m$很小，因此，利率对货币需求的影响作用不大。永恒收入是决定货币需求的关键变量。弗里德曼利用实证的研究方法，依据美国1892—1960年近70年的资料，验证了在货币需求众多的影响因素中，永恒收入发挥决定性的作用，货币需求的收入弹性大于1。

据此，弗里德曼的货币需求函数可以简化为：$M_d/P=f(Y)$。

永恒收入的稳定性决定了其与货币需求之间函数关系的稳定性，进而货币需求也具有可测性和相对稳定性的特点。相应地，货币流通速度的稳定性与可测性也比较高。同时，货币流通速度顺经济周期变动的事实也可由永恒收入的稳定性得到解释：由货币流通速度的定义$V=y/f(Y)$可知，在经济高涨期，由于即期收入y比永恒收入Y增长快，V将加快；在经济衰退期，由于即期收入y比永恒收入Y下降快，V将减慢。由此可以看出，弗里德曼的货币需求理论最终又回到了传统货币数量说的两个基本观点：决定货币需求的主要因素是收入而不是利率；货币流通速度的稳定性使货币供给与物价水平之间有着紧密的联系，增加货币供给的结果主要是物价的上涨。因此，弗里德曼的货币需求理论也被称为现代货币数量说。

弗里德曼强调收入、利率在货币需求决定方面作用的观点，也受到许多质疑。如断言金融市场的竞争会使货币的预期收益紧随其他金融资产的预期收益而变化，从而认为货币收益率与其他资产预期收益率之差极小，这与现实不完全相符。再如，如何计算永恒收入？如何确定权数？这些都难以说清楚。

货币学派的布鲁纳和梅尔策（Brunner & Meltzer，1963）提出了一个“财富调整理论”，试图对弗里德曼的货币需求理论进行修正。他们认为，既然货币是众多资产中的一种，那么对货币的需求就必然受到各种资产相对价格和相对机会成本的制约；利率作为持有货币的机会成本，它在决定货币需求上的作用是不容忽视的；同时，货币需求与对其他资产的需求一样，取决于财富总额。因此，货币需求函数应为：

$$M_d=ai^bw^c \tag{1.7}$$

式中，i是利率，w为包括货币在内的财富总额，a、b、c为常数。其中，b为负值，表示货币需求与利率的负相关及其弹性；c为正值，表明货币需求和财富的正相关及其弹性。

除上述主流的货币需求理论之外，一些经济学者还对开放条件下的货币需求理论模型进行了探讨，一方面将国外经济变量（如国外利率、汇率）引入货币需求函数（Mundell，1963；Hamburger，1977），另一方面在货币替代框架下研究存在外币的情况下本币的需求问题（Miles，1978；Bordo & Choudhri，1982）。此外，温特劳布（Weintraub，1982）等探讨了货币政策对货币需求的影响。

（三）货币需求的影响因素及其政策意义

从上述对货币需求理论的介绍可以看出，规模变量（收入、财富额等）和机会成本变量（利率、股票收益率、通货膨胀率等）是决定货币需求的两类重要因素，货币需求函数通常具有标准形式：$M_d/P=f(Y, r)$。凯恩斯学派与货币学派的分歧点主要在于：这两类变量中，哪类变量在货币需求的决定中发挥主导作用。这将决定货币需求的稳定性与可测性，而这具有重要的政策意义。

如果强调利率的主导作用，那么利率的多变性将导致人们对货币资产选择的多变性，货币需求函数是不稳定的，货币需求是多变的和不可预测的。在这种情况下，货币数量与总支出之间的关系也将变得不甚清晰，利率比货币供应量更适合作为货币政策的中介指标。同时，由利率的多变性导致的货币流通速度的不稳定性也会影响到货币政策的作用效果。如果出现货币需求对利率超敏感的情况，即存在“流动性陷阱”，则意味着中央银行的货币政策可能无效。这是凯恩斯学派坚持的观点。

如果强调收入的主导作用，那么收入的稳定性决定了货币需求函数的稳定性，货币需求是可预测的，且具有相对稳定性。相应地，货币流通速度的稳定性与可测性也比较高。在这种情况下，中央银行可以按预测的货币需求量实现适宜的货币供应量，以实现货币供求均衡，维持物价的稳定，因此，货币供应量是理想的货币政策中介指标。这是货币学派坚持的观点。

那么，在现实的经济运行中，货币需求对利率的变动是否敏感？货币需求函数在长期内是否稳定？基于中央银行货币政策制定与实施的目的，20 世纪中叶以后，经济学者围绕这两个问题进行了大量的实证检验。

托宾等（Tobin et al.，1947）验证了货币需求对利率的敏感性，但否定了流动性陷阱的存在。戴维·莱德勒（David Laidler，1966）、布鲁纳和梅尔策（1963）通过考察 20 世纪 30 年代利率水平非常低时货币需求对利率的敏感性，同样否定了流动性陷阱的存在。

布鲁纳和梅尔策使用 20 世纪 30 年代的数据估算出的货币需求函数能够较好地预测 50 年代的货币需求，从而支持了货币需求函数稳定的观点。斯蒂芬·戈德费尔德（Stephen Goldfeld，1973）利用第二次世界大战后至 1974 年的数据实证检验了货币需求的影响因素，所得结果同样支持了货币需求函数具有稳定性的结论。就在货币需求函数的稳定性几乎成为一个既定事实的时候，从 1974 年起，货币需求函数却开始在预测货币需求时出现严重的偏差。戈德费尔德将货币需求函数表现出的这一不稳定现象称为“货币失踪之谜”，即根据货币需求函数预测出的货币需求量大大超过公众持有的实际货币量。这一事实对货币政策如何运作以及如何估计货币政策对经济的作用都提出了严峻的挑战。为了解开“货币失踪之谜”，经济学者从两个方面进行探索。一方面是在理论上重新考虑货币需求函数的内容与表现形式，例如，对于因变量，改用广义的甚至是重新加权的货币总量来取代狭义的和简单加总的货币总量；对于规模变量，则引进了“临界值”、缓冲存量、银行透支额度等概念来解释货币余额减少的原因；对于机会成本变量，除了增加货币自身收益率、实际工资率、汇率和国外利率等项之外，还在各项资产的相互依存关系和对多种成本的更精确计算上大做文章；对于制度和技术这种难以量化的变量，则尽可能用其他有关的数据如企业现金的管理规模、银行对新技术的投资、银行电子转账数额等间接地加以反映。另一方面则是在计量技术上做改进，如构建“局部调整模型”和“协整与误差修正模型”、增加哑变量等，希望由此重新确立货币需求函数的稳定性和预测性。

经济学者在货币需求实证方面所做的这些努力也受到一些批评，批评的理由主要是认为一些额外添加的变量不能精确地计算持有货币的机会成本，因此将它们纳入货币需求函数的理论依据不足。在货币需求函数变得越来越不稳定的情况下，20 世纪 90 年代之后，许多市场经济发达国家在其货币政策实践中纷纷将货币政策的中介指标转为利率。

三、中国货币需求的理论分析与现实问题

中国的货币需求问题异常复杂。西方的货币需求理论以市场经济体制为基本前提，在此基础上探讨货币需求的决定因素与货币需求函数的特点，而中国的货币需求分析需要面对计划经济体制向市场经济体制的转轨，除了通常的规模变量和机会成本变量外，制度变迁也是分析中国货币需求不可忽视的因素，其将改变货币需求函数的构成，亦使货币政策的传导过程更加复杂。

（一）计划经济体制下的货币需求理论分析与“1∶8”经验式的提出

新中国成立不久，中国开始学习苏联模式，实行高度集中的计划经济体制。在此经济体制下，政府对国民经济的整体运行进行统筹安排，制订统一计划，企业的生产经营活动是国家经济计划的一个组成部分，企业对货币的需求仅限于持有日常经营周转所需的少量货币资金；城乡居民的收入水平低，满足日常的生活消费后，储蓄所剩无几；经济中的金融活动主要是作为计划配置资金的一种手段，金融工具单一，国家又对利率进行管制，利率档次少、水平低。因此，在计划经济体制下微观经济主体的货币需求相对简单，只有交易性货币需求，没有资产性货币需求，各种计划配给及与之相对应的规模变量是货币需求的主要决定因素，利率等机会成本变量几乎不发挥作用。在这样的经济背景下，我国学者对货币需求问题的研究侧重于宏观货币需求理论，又主要集中于理解和应用马克思的货币必要量规律。

20 世纪 60 年代初，我国的银行工作者在理论界对马克思货币必要量公式进行研究的基础上，对我国多年的商品流通与货币流通之间的关系进行实证分析，得出了一个经典的“1∶8”经验式：每 8 元零售商品供应需要 1 元人民币实现其流通。直到 20 世纪 80 年代初期，这个著名的“1∶8”经验式都是马克思货币必要量原理在中国的具体化。

应该说，“1∶8”经验式反映了商品供给金额与货币需求之间的本质联系，对这种联系进行实证分析，并求得经验数据，在方法论上是成立的。问题在于，1∶8 这个比值本身之所以能够成为一个不变的尺度，是有条件的，那就是经济体制、与之相对应的运行机制，乃至一些体现和反映经济体制及其运行机制的性质和要求的重要规章法令，都必须相当稳定。例如，生产和分配等各种重要比例关系的格局稳定，整个经济货币化的水平稳定，计划价格体制保证价格水平稳定，现金管理制度保证现金使用范围稳定等，如此才能决定社会商品零售总额与流通中货币存量应该并且可以有一个稳定的对应比率。在改革开放之前的 20 多年间，中国恰恰具备这样的条件，于是，当时的很多现象都可以用它来解释：第一个五年计划期间货币流通比较正常，社会商品零售总额与流通中货币存量之比在这几年间均稍高于 8；20 世纪60 年代初生产极度紧张，这个比值一度降到 5 以下；1963 年以后，经济迅速恢复，这个比值恢复到 8；“十年动乱”期间，市场供应一直紧张，这个比值明显低于 8；粉碎“四人帮”后经济迅速好转，这个比值很快逼近 8；等等。

（二）经济体制改革对货币需求的影响

1982 年、1983 年，社会商品零售总额与流通中货币存量的比值降到 6 以下，之后继

续下降，"1∶8"经验式失灵。究其原因，是经济体制改革使"1∶8"经验式得以成立的经济条件发生了巨大变化。

经济体制改革作为影响我国货币需求的一个重要因素，也决定了对我国货币需求的现实问题分析不能用西方经典的货币需求理论进行解释。随着我国市场经济体制改革的不断推进，以及经济运行机制和运行环境的不断改变，我国学者结合经济体制改革的实际，将西方的货币需求理论与我国的特殊实践相结合，在货币需求函数中引入一些特殊变量，对我国的货币需求问题进行了相应的解说。

改革开放初期，为了取代业已过时的"1∶8"经验式，学者们提出了一个基于传统货币数量论的基本公式：$\dot{M}=\dot{Y}+\dot{P}$，即货币供给增长率$\dot{M}$等于经济增长率$\dot{Y}$加上预期（或计划）物价上涨率$\dot{P}$，旨在解决如何确定年度计划货币供给增长率的问题。

改革开放后的前20余年，我国的货币供给增速显著高于经济增长率和通货膨胀率之和，出现"超额货币供给"。这种货币供给快速增长但没有带来严重通货膨胀的现象，被麦金农（1993）称为"中国之谜"，也对传统货币需求函数的稳定性提出了挑战。对此现象，易纲（1991，1996）、谢平（1996）等引入经济货币化因素进行解释。这种观点认为，我国作为一个发展中国家，经济可以分解为货币化和非货币化两部分，随着经济体制改革的逐步推进，经济货币化的程度迅速提高，从而对经济中的货币尤其是现金有超常的需求，因此，货币供给不仅要随经济增长而同比例增长，而且要满足新货币化的那部分经济对货币的额外需求。价格水平只有当货币供给增长率大于经济增长率和货币化进程增长率之和时才会上涨。应该说，这个观点对我国改革初期的货币需求有着令人满意的解释力。根据理论推断，随着货币化程度的不断提高，货币化进程对超额货币供给的吸收能力也将逐渐减弱。1988—1989年期间我国出现的高通货膨胀正是货币化进程对超额货币供给的吸收能力减弱的证明。

但是，在20世纪90年代我国货币化进程显著变慢，即出现货币化折点之后，我国并没有出现加剧的通货膨胀现象。"超额货币"的去向引起学界的关注。余永定（2002）提出，传统货币数量公式中的货币应该是狭义货币，如果使用M2数据，则会因M2中居民储蓄存款的快速增长导致货币供给增长率高于GDP增长率与通货膨胀率之和。张杰（1998）用"国家能力"解释M2的快速上涨。他提出，大量分散于民间的金融剩余以储蓄的形式进入国有商业银行，导致中国的货币供应量（尤其是广义货币M2）持续超常增长。伍志文（2003）则认为传统的货币数量论建立在实体经济的基础上，忽视了虚拟经济部门，大量货币在资本市场以股票、债券和金融衍生品等形式积聚，是导致货币供应量与物价关系反常变动的直接原因。李健（2007）从中国货币结构变化视角进行解释，提出20世纪中期以来，中国的货币结构发生了根本性的变化，即执行交换媒介职能的货币占比逐渐下降，执行资产职能的准货币成为主体，使货币总量对物价的影响力减弱，这是形成货币总量高速增长中物价持续性处于低位的中国货币之谜的主因。李斌和伍戈（2014）利用发展经济学的多部门结构变动模型提出了1997年之后中国经济发展中的"两部门陷阱"，即在两部门经济中，货币供应量增长中的相当大一部分转化为储蓄，M2增加，但并不反映在传统货币数量公式（$MV=PY$）的货币供应量M中；剩余部分则流入资本市场、房地产市场及相关市场等"新产品部门"，导致"新产品"的相对价格上升，使"传统部门"

有效需求下降，形成通货紧缩压力，进而导致“传统部门”的投资进一步下降；“传统部门”的资本趋于逐利目的转而投入“新产品部门”，促使“新产品”价格水平进一步上升。在这个循环过程中，经济中会出现储蓄快速增加、失业增加、“传统部门”通货紧缩、两部门之间的收入差距扩大、经济增速下滑等现象，货币扩张对经济增长的推动力下降。基于此，货币供应量 M2 由于以下几个原因而被传统的货币需求函数低估：一是储蓄快速增长，二是“传统部门”产出萎缩导致的经济增速下降，三是 CPI 计算方法引起的价格水平衡量偏差与低估，四是资本市场等虚拟经济部门对货币的吸纳。

2000 年后，随着我国市场经济体制的确立和改革开放的深入推进，金融市场和金融创新快速发展，居民、企业等微观经济主体的金融资产选择日趋多元化，M2 增长与经济增长和 CPI 的差距明显缩小，一些学者（杜浩然和黄桂田，2016；秦朵等，2021）分析了金融创新、国外部门、机会成本变量等对货币需求的影响，实证检验利率、股票市场收益率、通货膨胀率、国际金融资产收益率等变量与货币需求之间的关系，显现出持币的机会成本因素对我国货币需求的影响日益增强。此外，学者们还结合中国金融的新发展，依据经典的货币需求模型，采用各种计量方法，实证检验中国货币需求函数的稳定性和货币需求的可测性，以此判断货币供应量作为货币政策中介目标的适度性。研究得出的基本结论是：随着中国金融市场发展和金融产品日益丰富，货币需求函数的稳定性逐步下降，数量型中介目标与货币政策最终目标之间的稳定关系趋于弱化，精准调控货币供应量的难度增大。为此，货币政策的调控机制应逐步从以数量型调控为主向以价格型调控为主转变。

综上可见，结合中国的经济金融发展实践，中国学者从不同视角对中国的货币需求问题进行研究与分析，各种解说在某一时期都有一定的合理性，发展了货币需求理论。特别是在总量分析的基础上，货币结构、经济结构等结构视角的引入具有重要的学术价值。中国学者的研究再次证明，货币需求理论的演进发展是一个理论与现实不断创新的过程。

专栏 1－1　数字金融影响了货币需求函数的稳定性吗？

利用合意货币需求量部分调整门限回归模型和 ARDL 协整突变检验两种不同技术，考察近年来迅速兴起的数字金融对中国货币需求函数全局稳定性和边际稳定性的影响。实证研究主要得出如下结论：一是数字金融对货币需求函数的全局稳定性和边际稳定性都产生了显著的影响，而且这一判断在剔除其他金融创新形式的影响后仍是稳健的。不过，在时间维度上货币需求函数的全局不稳定性特征仍是可识别的。二是 M0、M1 和 M2 货币需求的边际稳定性受数字金融影响的程度各不相同，其中 M0 和 M2 所受影响较大，而 M1 则相对不显著。三是数字金融主要影响的是交易性货币需求，对家庭部门的投机性货币需求也有较显著的影响，而对企业部门的影响不显著。研究的政策含义是，数字金融等金融创新形式会引起货币需求函数的不稳定，这给货币供需均衡的政策操作实践增加了难度。因此，应通过加强金融社会基础设施建设和进一步的金融市场化改革，加速构建货币政策的利率传导走廊和传导机制，逐步将利率作为货币政策的中介目标，提高货币政策的传导效率和宏观调控的传导效果。

资料来源：许月丽，李帅，刘志媛. 数字金融影响了货币需求函数的稳定性吗?. 南开经济研究，2020（5）：130-149.

第二节　货币供给的理论与问题研究

货币供给理论研究的问题主要包括货币的涵盖范围、货币的供给方式、影响货币供应量的因素以及中央银行对货币供应量的控制等。

一、西方货币供给理论的发展与评述

一般认为，18世纪的信用创造说是货币供给理论的思想渊源。信用创造说的基本观点是：银行的功能在于为社会创造信用，银行能够通过发放贷款创造存款。此后，在19世纪初期和40年代，英国经济学界爆发了著名的“金块论争”与“通货论争”，许多经济学者在论争中发表了各自在货币供给方面的见解，从而为货币供给理论的最终形成创造了条件。货币供给理论作为一个比较完整的理论体系，出现在20世纪20年代，标志是菲利普斯《银行信用》一书的问世。在该书中，菲利普斯第一次使用了“原始存款”和“派生存款”的概念，从而为现代货币供给理论提供了理论雏形。货币供给理论在菲利普斯之后经历了一个沉寂的时期，主要是因为20世纪30年代中期凯恩斯的宏观经济理论问世后，西方大多数经济学者成为凯恩斯理论的赞同者或追随者，其政策建议也被各国政府所采纳。凯恩斯是一个典型的外生货币供应论者，认为货币供给是一个由货币当局控制的外生变量，其大小取决于政府的货币政策，各国政府在实际的政策操作中也普遍忽视货币政策而重视财政政策。在这样的背景下，西方经济学者相对忽视了对货币供给理论的探讨。到了60年代中后期，西方各国由于长期采用凯恩斯的扩张性经济政策，相继出现了日益严重的通货膨胀现象，凯恩斯理论失灵，货币学派兴起，货币理论、货币政策开始受到广泛的重视，越来越多的经济学者投入货币供给理论的研究中，货币供给理论有了快速的发展。

（一）货币供给口径逐渐扩大

货币供给口径实际上涉及的是货币的定义问题。货币是什么？在量上包括哪些具体内容？西方经济学者对此争论不休。但大致而言，在20世纪50年代以前，大多数西方经济学者接受的是狭义的货币供给口径。他们认为货币的主要作用在于增进经济中的交易效率和降低交易成本，因而充当商品交换媒介是货币的最基本职能与本质特征。由此推断，货币就是指那些广泛用作交换媒介的工具，从数量统计上看，则应包括流通中的现金和商业银行的活期存款，即 $M1=C+D$，其中，C 为流通中的现金，D 为商业银行吸收的活期存款。后人将此定义下的货币供应量称为“狭义货币供应量”。20世纪持此种观点的经济学家主要有彭迪生（Bendixen，1908）、费雪（1911）、凯恩斯（1930）等。

20 世纪 50 年代以后，传统的狭义货币说受到抨击，一些经济学者先后从货币发挥价值贮藏职能的视角提出了广义货币的定义。

弗里德曼和施瓦茨（Friedman & Schwartz，1963）提出，货币是“能使购买行为从售卖行为中分离出来的购买力的暂栖所”。为了确定货币的具体构成，他们考察了从南北战争到 20 世纪 60 年代初期近 100 年间的美国货币史，并用横截面分析法研究了在这期间的六年（1929 年、1935 年、1940 年、1950 年、1955 年和 1960 年）中与人均收入有关的财富变量，得出的结论是：货币应该包括公众所持有的通货和商业银行的全部存款，包括活期存款、定期存款和储蓄存款，因为这一范围较广的货币同经济的关系最密切、最稳定。

弗里德曼和施瓦茨的货币定义在托宾（1963）、格利和肖（Gurley & Shaw，1960）等人那里又得到了扩展。他们认为，能够吸收储蓄存款和定期存款的除了商业银行以外，还有各种专业银行和非银行金融机构，它们所吸收的储蓄存款和定期存款与商业银行所吸收的这两种存款没有本质上的差别，因此，如果把商业银行吸收的储蓄存款和定期存款视为货币，那么，各种专业银行和非银行金融机构吸收的储蓄存款和定期存款也应该包括在货币之中。托宾（1971）肯定地说：“很显然，除了通货和商业银行的存款之外，购买力也能够在别处找到暂栖所，如在其他储蓄机构中找到。”

1959 年，拉德克利夫委员会在报告中提出了一个范围更广的货币定义。该报告以“一般流动性”为界定货币的标准，认为一般流动性更能说明货币的社会功能。因为金融机构之外的短期流动性资产（如政府债券和企业债券等）在流动性上与各类存款只有程度的差别而无本质的不同，因此，这些短期流动性资产也应包括在广义货币的范围内。

20 世纪 60 年代末 70 年代初，西方金融领域掀起了金融创新的高潮，大量货币性极强的信用工具相继产生，如 ATS 账户、NOW 账户等，由此也引发了西方金融理论界关于金融创新对货币定义影响的大讨论。在这次讨论中，绝大多数经济学者认为，金融创新创造了一系列新的交换手段，也创造了许多新的货币资产，因此，金融创新增加了社会货币供给量，货币供给口径应该相应扩展。

按西方学者的说法，不管是“狭义”的货币定义还是“广义”的货币定义，都不能令人完全满意。萨缪尔森甚至说，由于在一系列因素中很难正确划分哪些因素对支出具有直接影响，货币究竟应该包括哪些东西在一定程度上取决于主观的臆测，而不是科学的判断。托马斯·梅耶（Thomas Mayer，1994）则提出，由于货币制度随着时间的推移而变化，那些被视为货币的资产也会发生变化。结果，货币和其他资产之间就不易分清了。在任一特定时间都可能有一些资产正好处在转变成货币的过程中，因此，货币与非货币之间的界限是模糊不清的。这一界限划在哪里部分取决于我们的目标是什么，也就是要看货币的何种特定职能与面临的问题最为密切。

理论上的分歧造成了实践上的困难，因为货币如何定义直接关系到中央银行控制什么样的货币、如何进行货币政策操作问题。各国中央银行对此都一度茫然，在众多的货币划分法面前不知该如何选择。最终中央银行采取一种折中办法，同时公布各种不同定义的货币供应量，形成一个货币的定义体系，并根据理论界的发展动态与实际操作经验做相应的调整。例如，美联储从 20 世纪 60 年代开始首先开展货币总量指标的定义工作。最初，

《联邦储备公报》公布的货币总量指标只有一项，即货币存量，等于通货+活期存款。1971年之后，货币总量指标增加至三项：M1、M2和M3；1975年之后又增加两项：M4和M5；1980年2月7日公布了新定义的货币总量指标体系：M1A、M1B、M2、M3和L五项；1982年1月6日，美联储将M1A和M1B合并为M1，又形成M1、M2、M3和L的体系；从90年代起，又增加了债务指标。1993年美联储放弃将货币供应量作为货币政策中介指标后，对货币层次的修订减少，层次保持相对稳定，但仍然继续发布货币供应量指标。其他国家对货币定义体系的处理方式也大体相似。

国际货币基金组织（IMF）在1997年版的《货币与金融统计手册》中，对货币供应量统计的一般性原则和货币定义给出了指导意见。IMF提出，货币在经济政策中扮演着关键角色，中央银行在编制货币供应量时必须依据机构组织和市场特点，以满足政策制定和经济分析的需要。根据这一基本原则，各国在编制货币供应量时，主要考虑的应当是本国经济、金融特点，以实证分析为主要依据。2000年版的《货币与金融统计手册》取消了对货币层次的划分，转而从金融资产、货币持有部门、货币发行部门三个方面描述广义货币总量。但明确提出，人们持有以不同金融资产形式表现出来的货币，无非是用作交换媒介和价值贮藏手段，或者二者兼而有之。在编制广义货币总量时，有必要对各种金融资产的货币化程度进行评估，重点是看哪种金融资产能够在多大程度上提供流动性和贮藏价值。

据此，可以得出一些基本结论：(1) 随着经济与金融的发展，货币供应量的范围逐渐扩大，货币层次不断延伸，各国中央银行依据流动性对货币进行层次划分，归根结底是货币政策实行的需要；(2) 货币供应量的范围和层次划分是动态的，为监测货币对经济的作用，各国中央银行在确定不同时期的货币统计口径时大都采用实证法，结合本国金融产品的创新与经济金融环境的变化，予以适当的修正和调整；(3) 货币供应量作为货币政策中介指标重要性的变化对各国货币供应量层次的划分与调整也具有重要影响。

（二）货币乘数日趋复杂

由货币供给模型“$M_s = B \times m$”可知，基础货币（B）和货币乘数（m）是决定货币供应量的两个主要因素。在中央银行的行为决定基础货币成为基本共识的基础上，对货币供应量决定因素的分析就必然更多地体现在对货币乘数的分析上，因而现代货币供给模型一般就是货币乘数模型。

1. 漏损法货币乘数模型

这种货币乘数模型以商业银行的信用货币创造机制为基本前提，探讨存贷转化过程中影响商业银行存款货币创造的因素。这些因素对于商业银行的存款货币创造来说是一种“漏损”。菲利普斯是漏损法货币乘数模型的首创人。在其1920年出版的《银行信用》一书中，菲利普斯描述了存款货币创造过程。他假设：银行不持有超额准备金，公众也不持有通货或定期存款，只持有活期存款。于是，当银行的准备金增加时，银行就会增加贷款，从而增加活期存款，所增加的活期存款等于所增加的准备金与活期存款法定准备金率之倒数的乘积。用公式表示货币乘数：$m = 1/r$，r为法定准备金率。保罗·萨缪尔森（Paul Samuelson）改变了菲利普斯的假设前提——商业银行保留一定的超额准备金，公众不时地从银行提现，则货币乘数模型变为：

$$m=\frac{1}{r+e+k} \tag{1.8}$$

式中，e 表示超额准备金率，k 表示现金漏损率。

漏损法货币乘数模型常被《货币银行学》教材用来解释信用货币的创造过程，因此，亦被称为教科书式的货币乘数模型。这一乘数模型直观、简洁地描述了银行信贷扩张的乘数过程，是现代货币乘数理论的奠基石，但也因简单、机械的描述受到了众多经济学者的批评。

2. 概念推知法货币乘数模型

这种方法是从基础货币、货币乘数、货币供应量的概念及其相互之间的关系角度探讨货币乘数的影响因素。由弗里德曼与施瓦茨在《美国货币史（1867—1960）》一书中最早提出：

$$m=\frac{M}{B}=\frac{C+D}{C+R}=\frac{1+\frac{D}{C}}{1+\frac{R}{C}}=\frac{\frac{D}{R}\left(1+\frac{D}{C}\right)}{\frac{D}{R}+\frac{D}{C}} \tag{1.9}$$

他们认为，在美国当时的货币体制下，决定货币乘数的主要因素是存款准备金比率（D/R）、存款通货比率（D/C）。但该货币乘数模型的缺陷在于忽视了 D/R、D/C 这两项因素对货币乘数的影响，D/R、D/C 同在分子和分母，当 D、R、C 等因素变动时，货币乘数的变动方向难以辨认，从而难以判断货币供给的规模是扩张还是收缩了。美国经济学者卡甘（Cagan，1965）提出的货币乘数模型解决了这一问题：

$$m=\frac{1}{\frac{C}{M}+\frac{R}{D}-\frac{C}{M}\cdot\frac{R}{D}} \tag{1.10}$$

在式（1.10）中，卡甘以准备金存款比率 R/D 代替存款准备金比率 D/R，以通货比率 C/M 代替存款通货比率 D/C。就这样，卡甘认为，货币乘数具有较稳定的规律可循。在货币乘数式的分母中，根据定义，C/M 和 R/D 都小于 1，因而 $C/M\times(R/D)$ 必然总是小于 C/M 和 R/D 中的任何一项，因此，货币供应量的变动与通货比率及准备金存款比率成反比。

在弗里德曼与施瓦茨、卡甘等分析的基础上，杰里·乔顿（Jerry Jordan，1969）、艾伯特·贝尔格（Albert Burger，1971）、罗纳德·泰根（Ronald Teign）等经济学者提出了越来越复杂的货币乘数模型，在影响货币乘数的因素中，加入存款结构和差别存款准备金率、商业银行的借入准备金、影响商业银行借入准备金的因素等。如比较经典的乔顿货币乘数模型［见式（1.11）］分析了定期存款与活期存款的比率 t、政府存款与私人活期存款的比率 g 对货币乘数的影响。

$$m=\frac{1+k}{r(1+t+g)+k} \tag{1.11}$$

（三）关于货币供给可控性的争论及其政策意义

与前两个问题紧密相连的是货币供给的可控性问题，即货币供应量是由中央银行的货币政策决定的外生变量还是由经济内在因素决定的内生变量问题。单纯地从理论上进行推论，应该是随着货币供给口径的扩大、货币乘数的日趋复杂，货币供应量逐渐由外生变量演变为内生变量。因为随着货币外延的扩展，越来越多的信用工具被纳入货币范畴，中央银行对货币的控制力必然会减弱；复杂货币乘数模型包括越来越多的影响因素，在这些因素中，有中央银行可以控制的变量，也有由其他金融机构、企业和个人的行为决定的变量，中央银行并不能完全决定货币乘数的大小。

现实的理论发展也大致沿着这样的路径进行。大致来说，主张狭义货币说的经济学者基本上都是外生货币供应论者。费雪认为，货币供应量是一个外生变量，但他并没有对此做进一步的论证。这也许与其归根结底是一个数量论者有关。货币数量论的要旨便是货币供给的外生论。因为在 $MV=PT$ 的恒等式中，左边的 M 是因，右边的 P 是果，在 V、T 短期内稳定、长期内不受 M 影响的情况下，M 与 P 有着同向等比的变动关系，因此，在不兑现的纸币流通制度下，要使物价保持稳定，就必须使 M 与 T 同步增长，这要求中央银行能够控制货币供应量。凯恩斯也是一个典型的外生货币供应论者，他是在其国定货币论的基础上提出外生货币供应论的观点。凯恩斯认为，货币是国家权威的产物，国家凭借权力创造它，也有权力变更它，更有能力决定它的多少。

主张广义货币说的经济学者大都认同内生货币供应论，如格利、肖和托宾等，他们与英国的《拉德克利夫报告》的撰写者们共同创建了“新观点”的货币供给理论。这种理论之所以被称为“新观点”，是因为它背离了以往作为“正统”货币供给理论的以商业银行吸收活期存款、发放贷款、创造存款货币为主要内容的货币供给理论。“新观点”理论的主要内容是：对经济有着重大影响的不仅仅是狭义货币，而是包括狭义货币在内的所有短期流动性资产；决定货币供给的不仅仅是商业银行和中央银行的行为，而是包括银行和非银行金融机构在内的整个金融系统的活动和这个经济体系的运行；中央银行不仅应该控制商业银行及其负债，而且应该控制其他金融机构及其负债；货币供给并不是取决于中央银行的外生变量，而是一个内生变量，它取决于经济过程本身。

货币学派的经济学者采用的是广义的货币供给口径，但他们实证检验的结果却是货币供应量的变动主要由中央银行的政策行为所决定。如弗里德曼和施瓦茨在考察美国 1881—1960 年的货币供应量变动时发现，货币供应量的变动 86%由基础货币的变动引起，D/R 和 D/C 的变动对货币供应量变动的贡献率分别只占到 9%和 3%。卡甘的研究得出了相似的结论，美国货币供应量在 1875—1955 年平均每年增长 5.7%，其中“高能货币的增长是 9/10 的货币存量增长的原因”。因此，他们认为，基础货币的变化是广义货币供应量长期性变化的主要原因，由此得出货币供应量实质上是由中央银行决定的外生变量的结论。

这个结果从一个方面显示出货币供给内生性与外生性理论的复杂性：随着货币供给口径的扩大，以及影响货币供应量的因素的增多，货币供给的内生性应该随之增强；但是另一方面，尽管影响货币供应量的因素在逐渐增多，但这些因素对货币供应量的影响程度却各不相同，其中，中央银行的政策行为始终是影响货币供应量的最重要因素之一。因此，绝对的货币供给的外生论与绝对的货币供给的内生论也许都不是十分科学的。对于这样一个复杂的问题，是不可能用“非此即彼”来判断正误的。一个国家的货币供给应该是外生性与内生性兼而有之，只是在不同的国家与不同的经济发展阶段，两者的相对地位有所变化而已。其实，弗里德曼、施瓦茨、卡甘等之后的货币学派学者在坚持中央银行的政策行为是影响货币供应量的重要因素的基础上，已经将更多的影响因素纳入货币乘数模型，货币供给的内生性倾向也逐渐加强。依据这些模型，运用比较复杂的数学方法，对货币乘数的稳定性和可测性进行研究，是目前西方经济学者货币供给理论研究的重点，因为，“关于货币控制的问题，主要同货币供给函数的具体形式和稳定性有关”（Gibson & Kaufman，1971）。

经济学者关于货币供给内生性和外生性的争论有着重要的政策意义：如果认定货币供应量是内生变量，说明货币供给被动地取决于客观经济过程，中央银行不能有效控制货币供应量，货币政策特别是以货币供应量为中介目标的货币政策的调节作用将是有限的；如果认定货币供应量是外生变量，则说明货币供给可以由中央银行的政策行为决定，货币政策的调节作用将是确定性的。

二、中国货币供给的理论与现实问题

可测性、可控性、相关性是货币政策中介目标选择的标准，对此，经济学者并无太多的意见分歧，但对于具体选择哪种变量作为货币政策的中介目标，经济学界却有不同的观点，上述关于货币供求理论的纷争恰恰体现了这一点。实践中，各国通常根据所处经济发展阶段的不同经济金融环境和特定的货币政策最终目标，或选择货币供应量，或选择利率作为货币政策中介目标。

1994 年 10 月，中国人民银行正式向社会公布货币供应量统计数据，将我国的货币供应量划分为三个层次：

M0＝流通中现金

M1＝M0＋活期存款

M2＝M1＋储蓄存款＋定期存款

M1 为狭义货币，M2 为广义货币。1996 年，货币供应量正式成为我国货币政策的中介目标，学者围绕中国的货币供给问题展开深入系统的探讨与分析。

（一）货币供给口径的修订问题

依据国际货币基金组织《货币与金融统计手册》确立的货币供应量统计的一般原则及对广义货币的描述，结合我国金融机构、金融市场的创新发展，在学界讨论与实证检验货币点量与经济增长等经济变量相关性的基础上，2001 年 7 月、2002 年 3 月、2011 年 10 月和 2018 年 1 月，中国人民银行对货币供给口径进行了四次修订。

第一次修订是将证券公司的客户保证金计入 M2，背景是股票市场的迅速发展使新股申购资金对货币供应量的统计产生了显著影响。第二次修订将在中国的外资银行、合资银行、外国银行分行、外资财务公司以及外资企业集团财务公司的人民币存款业务，分别计入不同层次的货币供应量，背景是中国加入 WTO 后对外资银行的准入进一步开放。第三次修订基于非存款类金融机构在存款类金融机构的存款和住房公积金存款已达到较大的规模，中国人民银行将这两类存款纳入广义货币供应量 M2 的统计口径。第四次修订基于货币市场基金（以余额宝等为代表）的快速发展及逐渐具有的支付功能，中国人民银行用非存款类机构持有的货币市场基金取代货币市场基金存款（含存单）。

（二）货币供给的可控性问题

在西方货币供给理论中占主导地位的是基础货币-货币乘数分析，这一分析框架在实用性与经验证明上有着其他理论无法比拟的优势。因而，我国经济学者对我国货币供给可控性的分析也大多基于经典的货币学派货币供给理论，基本的分析框架为两部分：对基础货币投放渠道的分析，对货币乘数的影响因素的分析（李斌和伍戈，2014；盛松成和翟春，2016）。

1. 基础货币投放渠道的分析

对基础货币投放渠道的分析通常从中国人民银行的资产负债表入手。根据资产恒等于负债的会计关系，得出基础货币（储备货币）的简化决定公式：

$$\text{基础货币}=\text{外汇占款}+\text{对金融机构贷款}+\text{各类证券及投资}+\text{其他净资产}-\text{财政存款}-\text{央行债券}$$

由此可以描绘出我国基础货币投放渠道的变化。自 1984 年二级银行体制建立和双层次货币供给机制形成以来，伴随着金融体制的改革，基础货币的投放渠道也发生了很大的变化。在 1994 年之前，向金融机构发放贷款是中国人民银行投放基础货币的主渠道，1993 年再贴现、再贷款占同期基础货币的比例达到 86.8%。1994 年之后，外汇管理体制改革使我国外汇储备迅速增长，外汇占款逐渐成为中国人民银行投放基础货币的主渠道，到 2006 年，外汇占款已经超过基础货币的总量，中国人民银行不得不采取大量发行中央银行票据和正回购的做法进行冲销操作，投放基础货币的被动性增强，基础货币的内生性随之增强。2009 年外汇占款占基础货币的比例达到 121.8%的历史高点后，外需的下降使这一比例也随之下降，2021 年底外汇占款占基础货币的比例降为 65%。2014 年以来，中国人民银行强化了通过再贷款、再贴现、公开市场操作、常备借贷便利（SLF）、中期借贷便利（MLF）、定向中期借贷便利（TMLF）、抵押补充贷款（PSL）等工具向市场投放基础货币，增强了基础货币投放的自主性。

专栏 1-2　基础货币投放机制的发展和完善

2019 年 10 月 31 日党的十九届四中全会提出“建设现代中央银行制度，完善基础货币投放机制，健全基准利率和市场化利率体系”。在利率市场化改革背景下，完善基础货币投放机制意义重大。尤其是在疫情冲击下，货币政策既要考虑国内的复工复产节奏，又要考虑国外疫情蔓延对我国出口和产业链的负面影响。2020 年 3 月 27 日中共中央政治局会议要求加大宏观政策调节和实施力度，稳健的货币政策要更加灵活适度，引导贷款市场利率下行，保持流动性合理充裕。由此可见，基础货币投放机制的完善不仅关系到我国的利率市场化改革，也关系到我国的疫后经济恢复，并对未来的货币政策提出了更高的要求。

基础货币是商业银行信用扩张的基础，货币投放通过货币乘数决定了M2和社融等货币和金融条件，是政策的核心部分。我国当前的基础货币投放机制一直与宏观经济形势变化相适应，形成了短期投放以公开市场操作为主、中期投放以MLF操作为主、定向投放以再贷款和再贴现为主的“三位一体”政策，并辅之以“三档两优”的特色准备金政策作为有效调节手段，总体上适应了经济发展的需要，也为利率市场化改革提供了支持。MLF利率于2019年代替贷款基准利率成为贷款市场报价利率（LPR）的报价参考基准。我国当前的基础货币投放机制符合我国国情并且运作良好，但是在疫情压力下，基础货币投放机制有必要做出微调以促进经济恢复，但也不宜盲目照搬西方宽松政策。中国现在是世界上少数保持常态化货币政策的国家之一，未来也依然要保持具有中国特色的货币政策。

资料来源：颜色．基础货币投放机制的发展和完善．中国金融，2020（8）：79－80．

2．货币乘数的影响因素的分析

分析的基础依据是货币乘数计算公式：

$$m=\frac{1+c}{c+r+e} \tag{1.12}$$

其中，c为现金比率、r为法定存款准备金率、e为超额存款准备金率。货币乘数的稳定性、可测性是货币供应量可控性的基础，分别分析c、r、e的变动趋势及其对货币乘数的影响作用便是分析货币乘数变化规律的逻辑起点。

对上式求自然对数，得到：

$$\ln m=\ln(1+c)-\ln(c+r+e) \tag{1.13}$$

对上式求时间导数，可得：

$$\begin{aligned}\frac{\mathrm{d}\ln m}{\mathrm{d}t}&=\frac{1}{1+c}\frac{\mathrm{d}c}{\mathrm{d}t}-\frac{1}{c+r+e}\left(\frac{\mathrm{d}c}{\mathrm{d}t}+\frac{\mathrm{d}r}{\mathrm{d}t}+\frac{\mathrm{d}e}{\mathrm{d}t}\right)\\&=\left(\frac{1}{1+c}-\frac{1}{c+r+e}\right)\frac{\mathrm{d}c}{\mathrm{d}t}-\frac{1}{c+r+e}\frac{\mathrm{d}r}{\mathrm{d}t}-\frac{1}{c+r+e}\frac{\mathrm{d}e}{\mathrm{d}t}\end{aligned} \tag{1.14}$$

等式的左边为货币乘数的变化率，右边三项分别代表现金比率、法定存款准备金率和超额存款准备金率的变化率对货币乘数变化的作用。

从趋势来看，我国的现金比率稳步下降，年度内呈明显的季节性波动。现金比率的持续下降与支付工具的现代化、人均实际收入增长等因素相关（阮健弘，2005；胡援成，2000）；现金比率对货币乘数的贡献为正，1994—2014年间，现金比率对M2货币乘数的贡献率高达104%（盛松成和翟春，2016）；2000—2014年间，现金比率对M2货币存量变化的贡献率在99%左右（李斌和伍戈，2014）。

超额存款准备金是金融机构存放在中央银行、超出法定存款准备金部分的资金，主要是用于支付清算、头寸调拨或作为资产运用的备用金。我国金融机构超额存款准备金率总体呈下行趋势，2001 年超额存款准备金率超过 7%，2003—2008 年超额存款准备金率年均在 3.5%左右，2017 年至今大约为 1.5%。超额存款准备金率的趋势性下降与中央银行不断完善货币政策操作框架、释放制度红利有很大关系，此外，支付体系的现代化、金融市场的快速发展、商业银行自身流动性管理水平的提高等因素也引起超额存款准备金率的持续下降（张晓慧，2018）。超额存款准备金率的下降增大了货币乘数，在法定存款准备金率相对稳定的时期，如 1999—2005 年，超额存款准备金率是影响 M2 变化的主要因素。2000—2014 年间，超额存款准备金率对 M2 货币存量变化的贡献率约为 13%（李斌和伍戈，2014）。

传统货币政策理论认为，存款准备金率是货币政策工具中作用最强、影响范围最广、使用频率相对较低的一剂“猛药”，但在 1998 年 3 月中国人民银行对金融机构的存款准备金制度进行重大改革后，存款准备金率开始成为中国人民银行实施间接调控的重要政策手段在发挥作用。为应对 1997 年亚洲金融危机期间的需求不足、经济增速快速下滑，中国人民银行于 1998 年 3 月、1999 年 11 月两次下调法定存款准备金率，由 13%大幅下调至 6%，此后几年基本保持稳定。2003 年之后国际收支的持续顺差导致外汇占款渠道投放大量基础货币，银行体系出现严重的流动性过剩，存款准备金率成为中国人民银行对冲流动性和进行信贷调控的常规性“利器”，2003 年 9 月到 2011 年 6 月末共上调存款准备金率 32 次。之后，作为优化结构的定向调整工具，中国人民银行又十余次实施定向降准（张晓慧，2018）。不同时期法定存款准备金率的上调与下降对货币乘数产生了方向相反的影响。随着超额存款准备金率的下降并维持在相对较低的水平，法定存款准备金率作为中国人民银行流动性管理工具与结构性工具的频繁使用，存款准备金率对货币乘数和货币供应量的影响主要体现在法定存款准备金政策方面，二者呈明显的负相关关系。1994—2003 年、2004—2011 年和 2012—2014 年，存款准备金率对 M2 货币乘数的贡献率分别为 46%、153%和 69%（盛松成和翟春，2016）。2000—2014 年，法定存款准备金率对 M2 货币存量变化的贡献率约为 16%（李斌和伍戈，2014）。

从总体来看，1998 年之后，基础货币变动率与货币乘数变动率之间存在较为明显的反向变动关系，其背后体现了中国人民银行积极的“逆周期”宏观调控行为，表明我国的货币供给具有较强的外生性特征，但与此同时，商业银行等微观经济主体的行为、经济外部均衡状况、金融科技的发展等因素也对基础货币和货币乘数的变化产生较大影响，货币供给的内生性也随之增强。

（三）社会融资规模的提出及蕴含的意义

社会融资规模是中国人民银行 2011 年开始统计和监测的一个金融总量指标，指实体经济（除金融部门之外的社会各经济主体，包括公司企业、事业单位、政府部门、居民个人等）在一定时期内（月、季或年）从金融体系（各类金融机构和金融市场）获得的全部融资总额。从金融与经济的关系看，与来源于金融机构负债端的货币供应量相区别，社会融资规模从金融机构资产端和金融市场发行端出发，反映了金融体系在一定时期内为实体经济提供资金支持的全部融资总量。

社会融资规模是中国人民银行在中国经济和金融发展使社会融资结构发生了巨大的变化，中国人民银行适应中国货币供给内生性增强，利率因未完全实现市场化而不能成为货币政策中介目标的特殊经济发展时期，找到的一个新的货币政策中介目标，意义在于为金融调控和货币政策实施增加一个重要的监测指标，理论基础是信用渠道的货币政策传导机制理论。学者论证了社会融资规模在货币政策传导机制中的作用及作为中介目标的合理性（万阿俊和王陆雅，2018），发现社会融资规模是优于贷款的中介目标或监测指标，与M2相互补充、相互印证（盛松成和谢洁玉，2016）。2011年中国人民银行对社会融资规模的统计范围包括：人民币各项贷款、外币各项贷款、委托贷款、信托贷款（代客理财及资金信托产品资金运用中的贷款部分）、银行承兑汇票、企业债券融资、非金融企业股票融资、保险公司赔偿支付和投资性房地产贷款、小额贷款公司贷款、其他贷款公司贷款、产业投资基金等。随着经济金融的发展变化，2018年、2019年中国人民银行对社会融资规模口径进行了多次修订，如基于地方政府专项债券发行进度加快，2018年9月中国人民银行将“地方政府专项债券”纳入社会融资规模统计。当前，社会融资规模已成为我国金融体系支持实体经济、衡量资金松紧程度、展示多渠道融资结构的重要指标。

未来，随着金融机构和金融市场的发展和创新，社会融资规模指标也会不断完善。在国际货币基金组织公布的货币与金融统计框架中，有一项“信用与债务总量”指标，推荐各成员编制和报送。“信用与债务总量”指标反映的是各类贷款、银行承兑汇票、债券和股票等金融工具的总值。从统计的项目看，社会融资规模与此相近，但两者仍然有明显的不同。一是“信用与债务总量”指标包含了包括金融机构在内的全部经济主体；二是该指标为存量指标，统计的是期末余额。随着中国金融统计技术的发展，“社会融资规模”指标向“信用与债务总量”指标的过渡应该是一个趋势。

第三节　货币均衡的理论与问题研究

一、货币均衡理论研究的范畴与实质

货币均衡是与货币供求相伴而生并和经济均衡密切相关的一个综合范畴。从形式上看，货币均衡是货币供求平衡的一种货币流通状态：货币供给符合客观经济生活对货币的需求，是均衡；反之，则为失衡。但从实质上说，货币均衡则是社会总供求均衡的一种反映。约翰·斯图亚特·穆勒曾有经典的表述：“市场内的商品总量，构成货币的需求，流通中的货币总量，则构成商品的需求。故货币与商品，都为交换而相互供给、相互需求。所以，我们说商品的需求与供给，或者说货币的供给与需求，其实都不过为同一事物的两种表现。”因此，对货币均衡问题进行研究，不可能脱离社会总供求均衡（或者说经济均衡）。早期的货币均衡研究主要关注货币数量与物价水平的关系，以物价的波动幅度作为判断货币均衡与否的标准；现代的货币均衡研究则在货币作用理论的基础上，将货币均衡纳入整体的经济运行中，探讨货币均衡与经济均衡的关系、货币失衡对宏观经济运行的影响，以及促使货币失衡恢复到货币均衡的方法等主题。

二、西方货币均衡理论的发展与评述

货币均衡思想早已有之，但是对于货币均衡理论，西方经济学者却很少像研究货币供给和需求理论那样，专门将其独立出来进行系统性研究，而大多是将他们的货币均衡思想隐含在他们的货币、经济理论中。其实，货币供求不可分割的内在联系就决定了货币供给理论也好，货币需求理论也罢，都不可能完全舍弃另一方而孤立地进行研究。20 世纪以前的西方经济学者在货币供求理论上重点探讨货币需求理论，是因为在当时的金属货币制度下，货币供应量被普遍认为是由贵金属的自然蕴藏量和生产量决定的外生变量，实际的货币供给取决于货币需求。在这样的情况下，西方经济学者重点研究一个国家在一定时期内的经济发展和商品流通所需的货币量，也是为了考察一定时期的货币均衡。应该说，直至 20 世纪 30 年代，西方经济学者对货币均衡问题的探讨主要集中在物价水平上。随着 30 年代经济大萧条的爆发和几乎与此同时在世界范围内不兑现信用货币制度的普遍确立，凯恩斯在克努特·维克塞尔（Knut Wicksell）宏观经济思想的基础上搭建起他的宏观经济学大厦，开始将货币均衡研究扩展到货币数量与物价、利率、国民收入和就业量等的关系问题上来。

（一）维克塞尔的货币均衡理论

尽管货币均衡的思想早已有之，但最早集中分析货币均衡问题的经济学家是维克塞尔。维克塞尔在 1898 年的《利息与价格》和 1906 年的《国民经济学讲义》中较系统地阐述了他的货币均衡思想。他认为，经济均衡的关键在于货币均衡，而实现货币均衡需要三个条件：（1）货币利率等于自然利率；（2）资本的供求平衡，即储蓄等于投资；（3）商品的一般价格水平稳定不变。

维克塞尔指出，自然利率的变动是无法人为控制的，而货币利率却在中央银行的控制范围之内，因此，使两种利率一致的唯一办法就是调节货币利率。中央银行应采取的具体办法是：只要价格没有变动，银行的利率就不变动。如果价格上涨，利率即应提高；如果价格下跌，利率即应降低；以后利率就保持在新的水平上，除非价格发生了进一步变动，要求利率向这一方或那一方做进一步的变动。由此可见，维克塞尔将利率因素引入货币供求影响物价水平的机制中，货币均衡时的均衡利率是资本的边际报酬，是使储蓄与投资相等、物价稳定的利率。

（二）凯恩斯及其后继者的货币均衡理论

在维克塞尔货币均衡理论的基础上，凯恩斯进一步突出利率对经济均衡的作用。他提出，货币供求的均衡点由利率体现，货币供求的对比状况决定了利率变动的方向。因此，货币均衡与失衡对经济均衡的影响主要通过利率机制进行传导。凯恩斯认为，货币供应量是由中央银行的货币政策决定的外生变量，人们偏好货币的流动性，具有比较旺盛的货币需求。在自由放任的市场经济中，如果中央银行不考虑人们对货币的资产性需求，则人们对货币的流动性偏好就会造成货币失衡，市场利率便有一种趋高的倾向。而这种趋高的利率会带来严重的经济后果：高利率阻碍投资，减少消费，由此引发的投资需求和消费需求不足将造成有效需求不足，进而导致生产过剩的经济危机。可见，货币失衡导致的高利率水平是造成有效需求不足、爆发经济危机的重要原因之一。要解决经济危机，复兴经济，就需要降低利率水平。由于货币需求不可控，货币供给具有外生性的特点，因此降低利率水平的唯一途径就是借助政府的力量增加货币供给。凯恩斯的半通货膨胀理论进一步论证了在非充分就业的社会常态下中央银行增加货币供给不会带来十足的通货膨胀，而只会发生半通货膨胀，即物价水平上升的幅度小于货币供应量上升的幅度。因此，政府完全可以借助中央银行实施膨胀型货币政策来解决生产过剩的经济危机，使经济恢复均衡。

货币失衡通过利率变量传导到经济运行，致使宏观经济失衡；市场机制不能自发调整以使经济恢复均衡，均衡的恢复需要政府经济政策的干预。这是凯恩斯货币经济理论研究的核心内容。

在凯恩斯理论的基础上，希克斯、汉森为了说明商品市场与货币市场的同时均衡以及均衡利率与收入水平的决定问题，提出 *IS*－*LM* 曲线分析模型。*IS* 曲线是商品市场均衡点的轨迹，*LM* 曲线是货币市场均衡点的轨迹。当储蓄等于投资，货币需求等于货币供给时，*IS* 曲线、*LM* 曲线相交于一个均衡点，在这个均衡点上，商品市场和货币市场同时实现均衡，市场经济体系处于一般均衡状态，此时的利率是均衡的利率，收入水平是均衡的收入水平。普尔（Poole，1970）借助 *IS*－*LM* 曲线对货币政策中介目标的选择进行了分析。其基本思路是，以保持宏观经济的稳定性即总产出的稳定性作为货币政策最终目标，基于此来选择利率或货币供应量作为中介目标，以便将政策工具的选择和宏观经济稳定的最终目标协调起来，这就建立了宏观经济稳定与货币政策中介目标的内在联系（赵磊，2007）。普尔认为，经济的不确定性或来自商品市场，或来自货币市场。不稳定性的根源在于哪个市场对货币政策中介目标的最适度选择具有决定性的作用。当不确定性主要来自总需求和商品市场，那么选择货币供应量作为中介目标较为合适；若不确定性主要来自货币市场，则选择利率作为中介目标较为合适。或者说，若货币需求不稳定，那么通过稳定利率并容忍货币总量波动，就可以较大程度地提高总产出的稳定性。当商品市场和货币市场的不稳定性交替存在时，中介目标的选择则取决于两个因素：一是哪个市场更不稳定，二是 *IS* 和 *LM* 曲线的斜率。其基本模型为：

$$Y_t=a_0+a_1\times r_t+u_t\text{，}a_1<0 \tag{1.15}$$

$$M_t=b_0+b_1\times Y_t+b_2\times r_t+v_t\text{，}b_1>0\text{，}b_2<0 \tag{1.16}$$

其中，Y_t、r_t 和 M_t 分别表示第 t 期的实际总产出、利率和货币存量，u_t 和 v_t 分别表示第 t 期经济面临的来自商品市场和货币市场的随机冲击，并假设两者均服从均值为零并彼此不相关的连续过程。货币当局的损失函数为 $L=(Y-Y^*)^2$，其中 Y^* 是目标产出（对应 $r=r^*$，$M=M^*$），$Y-Y^*$ 是产出缺口。货币当局的最优决策规则是选择能够使损失（总产出波动性）最小的变量作为中介目标，此时推导可得

$$L_M=\frac{a_1^2\times\sigma_v^2+b_2^2\times\sigma_u^2-2a_1\times b_2\times\sigma_{uv}}{(a_1\times b_1+b_2)^2}\text{，}L_r=\sigma_u{}^2 \tag{1.17}$$

L_M 和 L_r 分别表示货币供应量和利率作为中介目标时的产出损失，即要比较总产出的波动性，只需要比较两者孰大孰小，便可得出货币供应量和利率作为货币政策中介目标时

孰优孰劣（伍戈，李斌，2016）。

（三）弗里德曼的货币均衡理论

如前所述，弗里德曼的货币需求理论被称为现代货币数量说。他坚持了货币数量说的基本观点：货币数量的多少决定物价水平的高低。因此，弗里德曼强调货币供求的均衡点由物价水平来体现。

弗里德曼提出，货币供应量是由中央银行决定的外生变量，货币需求量较少受利率的影响，是由永恒收入决定的一个具有稳定性特点的变量，它不受货币供应量的影响。中央银行增加货币供给后，首先会形成超过货币需求的购买力，使社会总需求陡然增加，造成物价上涨，因此，通货膨胀与通货紧缩都是一种货币现象，反映了货币均衡与失衡。要保持物价稳定，使货币供给与货币需求相适应，就必须稳定货币供给。于是，弗里德曼提出“单一规则”的货币政策主张，即中央银行公开宣布并长期采用一个固定不变的货币供给增长率。弗里德曼认为，只有这样，才能稳定币值、稳定物价、稳定经济增长。

三、中国货币均衡问题研究

依据货币均衡理论，对中国货币均衡问题的分析不应脱离货币作用理论。

随着计划经济体制向市场经济体制的转变，中国经济运行的商品化和货币化程度大幅提升，货币已经成为一切交易的媒介和资源配置的主要手段，极大地拓宽了货币作用的范围并增强了货币的作用力度，改变了计划经济体制下货币运行被动地从属于实物运动的状况，在经济运行中越来越明显地发挥着主导性作用。这主要体现在：在投资拉动型经济增长方式没有发生根本变化之前，货币量的增长对经济总量的增长仍然具有拉动作用，但这种拉动力会随着闲置资源的减少而减弱；同时，货币价值的稳定不仅是价格机制发挥作用的基础，而且成为金融稳定和经济稳定的主要条件。在这种情况下，货币均衡与失衡将会对经济均衡产生重要的影响。

那么，中国的货币均衡与失衡是通过怎样的机制作用于经济运行的？哪些变量可以作为货币均衡与失衡的体现？长期以来，银行业在我国的金融体系中居于主体地位，在一定时期银行信贷几乎满足了所有微观经济主体的资金需求，在利率受管制的背景下，投资需求、货币需求对利率不敏感，因此，商业银行人民币新增贷款规模及增长率就成为货币作用于经济运行的主要变量。商业银行信用货币创造机制与货币供应量之间的关系决定了中国人民银行选择货币供应量作为货币政策的中介目标，物价水平主要反映货币均衡与失衡的状况。

2000 年之后，我国的非银行金融机构、金融市场快速发展，金融创新步伐加快，金融产品不断丰富，微观经济主体的自我约束机制和风险意识逐渐建立起来，利率市场化改革深入推进，利率等机会成本变量对微观经济主体的投资决策和资产选择行为的影响日益加强，利率已经成为反映货币均衡与否的重要指标之一。在此情况下，货币需求函数的稳定性逐步下降，货币供给的内生性增强，货币供应量与货币政策最终目标之间的稳定关系趋于弱化，实践中，货币政策框架正处于由数量型向价格型逐渐演进的过程。

本章小结

货币职能产生货币需求。要正确理解货币需求的内涵，需要关注“资源制约条件”。从货币需求理论的发展史看，经济学者对货币需求的分析存在宏观总体与微观个体两种不同的视角。早期货币需求理论主要从宏观视角对货币需求问题进行研究，侧重于分析货币数量与物价水平之间的关系；当代货币需求理论则主要从微观视角分析各部门的持币动机和持币行为，关注人们的心理因素对货币需求的影响。

货币需求理论研究的目的在于通过探讨货币需求的决定因素与货币需求函数的特点，认清货币政策的传导机制，为中央银行的货币政策目标选择和调控行为提供依据。对中国的货币需求问题进行研究，需要结合中国的转轨经济体制。货币供给理论研究的问题主要包括货币的涵盖范围、货币的供给方式、影响货币供应量的因素以及中央银行对货币供应量的控制等。

理论与现实的发展显示出，随着货币供给口径的扩大，影响货币供应量因素的增多，货币供给的内生性逐渐增强，中央银行货币政策的效果受到影响。从形式上看，货币均衡是货币供求平衡的一种货币流通状态，但从实质上说，货币均衡则是社会总供求均衡的一种反映。早期的货币均衡研究主要关注货币数量与物价水平的关系，以物价的波动幅度作为判断货币均衡与否的标准；现代的货币均衡研究则在货币作用理论的基础上，将货币均衡纳入整体的经济运行中，探讨货币均衡与经济均衡的关系、货币失衡对宏观经济运行的影响，以及促使货币失衡恢复到货币均衡的方法等主题。

问题与应用

1. 宏观货币需求分析与微观货币需求分析有什么不同与联系？
2. 凯恩斯学派与货币学派货币需求理论的不同点体现在哪里？
3. 制度变迁因素是如何影响中国的货币需求的？
4. 应如何看待马克思的货币需求理论？你认为该理论在今天还有指导意义吗？
5. 你认为目前影响我国货币需求的因素主要有哪些？
6. 你认为我国现行货币供给口径划分的科学性如何？
7. 你对我国货币供给的性质有何评说？
8. 试分析近10年来中国人民银行投放基础货币渠道的变化与面临的问题。
9. 中国人民银行提出社会融资规模指标的理论基础是什么？你如何看待这个金融指标的作用？
10. 应如何理解货币均衡与经济均衡的关系？

推荐阅读材料、网站

[1] 中国人民银行发布的《货币政策执行报告》，见 http://www.pbc.gov.cn。
[2] 国际货币基金组织发布的《货币与金融统计手册》，见 http://www.imf.org。
[3] 欧洲中央银行，http://www.ecb.int。
[4] 美联储，http://www.federalreserve.gov。

参考文献

[1] 陈观烈. 货币·金融·世界经济——陈观烈选集. 上海：复旦大学出版社，2000.

[2] 陈观烈."西方国家货币与银行概论"讲座：第八讲 货币的需求. 世界经济文汇，1990 (1)：62-70.

[3] 杜浩然，黄桂田. 金融创新、资本市场与中国的货币需求. 经济学动态，2016 (2)：78-86.

[4] 胡援成，王星宇，杨诗雨. 银行特质类别、存款保险制度与风险承担效应：来自中国商业银行的经验证据. 金融与经济，2020 (11)：53-62.

[5] 黄达. 宏观调控与货币供给. 北京：中国人民大学出版社，1997.

[6] 李斌，伍戈. 信用创造、货币供求与经济结构. 北京：中国金融出版社，2014.

[7] 李健，贾玉革，蔡如海，等. 中国金融改革中的货币供求与机制转换. 北京：中国金融出版社，2008.

[8] 李健. 当代西方货币金融学说. 北京：高等教育出版社，2006.

[9] 李健. 结构变化："中国货币之谜"的一种新解. 金融研究，2007 (1)：41-52.

[10] 麦金农. 经济发展中的货币与资本. 上海：上海三联书店，上海人民出版社，1997.

[11] 秦朵. 改革以来的货币需求关系. 经济研究，1997 (10)：16-25.

[12] 秦朵，卢珊，王惠文，等. 经济开放与货币需求：国际金融风险及持币成本的测度. 金融研究，2021 (9)：30-50.

[13] 阮健弘，温娇月，高一波. 对我国货币乘数决定因素的分析. 中国货币市场，2005 (2)：24-27.

[14] 盛松成，谢洁玉. 社会融资规模与货币政策传导：基于信用渠道的中介目标选择. 中国社会科学，2016 (12)：60-82+205-206.

[15] 盛松成，翟春. 中央银行与货币供给. 2 版. 北京：中国金融出版社，2016.

[16] 盛松成. 社会融资规模与货币政策传导. 金融研究，2012 (10)：1-14.

[17] 盛松成. 社会融资规模指标的诞生和发展. 中国金融，2019 (19)：108-111.

[18] 万阿俊，王陆雅. 数量调控与货币政策传导：基于社会融资规模存量指标的再研究. 上海金融，2018 (4)：13-23.

[19] 王广谦. 20 世纪西方货币金融理论研究：进展与评述. 修订版. 北京：经济科学出版社，2010.

[20] 伍戈，李斌. 货币数量、利率调控与政策转型. 北京：中国金融出版社，2016.

[21] 伍志文. 中国之谜：文献综述和一个假说. 经济学（季刊），2003 (4)：39-70.

[22] 谢平，唐才旭. 关于中国货币乘数的预测研究. 经济研究，1996 (10)：25-33.

[23] 易纲. 中国的货币化进程. 北京：商务印书馆，2003.

[24] 易纲. 中国金融资产结构分析及政策含义. 经济研究，1996 (12)：26-33.

[25] 易行健. 经济开放条件下的货币需求函数：中国的经验. 世界经济，2006 (4)：49-59.

[26] 余永定. M2/GDP的动态增长路径. 世界经济，2002 (12)：3-13.

[27] 张杰. 中国金融制度的结构与变迁. 北京：中国人民大学出版社，2011.

[28] 张晓慧. 三十而立 四十不惑：从存款准备金变迁看央行货币调控演进. 中国金融，2018 (23)：38-43.

[29] 赵磊. 宏观经济稳定与货币政策中介目标的选择：基于普尔规则的实证分析. 经济经纬，2007 (5)：26-29.

[30] Brunner, K., and Meltzer, A. H. (1963), "The Place of Financial Intermediaries in the Transmission of Monetary Policy," *The American Economic Review*, 53 (2), 372-382.

[31] Baumol, W. J. (1952), "The Transactions Demand for Cash: An Inventory Theoretic Approach," *Quarterly Journal of Economics*, 66 (4), 545-556.

[32] Brunner, K., and Meltzer, A. H. (1971), "The Uses of Money: Money in the Theory of an Exchange Economy," *The American Economic Review*, 61 (5), 784-805.

[33] Cagan, P. (1965), *Determinants and Effects of Changes in the Stock of Money: 1875-1960*, New York: Columbia University Press.

[34] David, L. (1966), "The Rate of Interest and the Demand for Money: Some Empirical Evidence," *Journal of Political Economy*, 74 (6), 543-555.

[35] Fisher, I. (1911), *The Purchasing Power of Money*, New York: Macmillan.

[36] Friedman, M., and Schwartz, A. J. (1963), *A Monetary History of the United States, 1867-1960*, Princeton: Princeton University Press.

[37] Friedman, M. (1959), "The Demand for Money: Some Theoretic and Empirical Results," *Journal of Political Economy*, 67 (4), 327-351.

[38] Gibson, W. E., and Kaufman, G. G. (1971), *Monetary Economics: Readings on Current Issues*, New York: McGraw-Hill.

[39] Goldfeld, S. M., Duesenberry, J., and Poole, W. (1973), "The Demand for Money Revisited," *Brookings Papers on Economic Activity*, 4 (3), 577-646.

[40] Gurley, J. G., and Shaw, E. S. (1960), *Money in a Theory of Finance*, Washington, D. C.: The Brookings Institution.

[41] Hicks, J. R. (1967), *Critical Essays in Monetary Theory*, Oxford: Oxford University Press.

[42] Keynes, J. M. (1971), *The General Theory of Employment, Interest and Money*, in *The Collected Writings of John Maynard Keynes* (Vol. 6), London: Macmillan.

[43] Pigou, A. C. (1917), "The Value of Money," *Quarterly Journal of Economics*, 32 (1), 38-65.

[44] Poole, W. (1970), "Optimal Choice of Monetary Policy Instrument in a Simple Stochastic Macro Model," *Quarterly Journal of Economics*, 84 (2), 197-216.

[45] Tobin, J. (1956), "The Interest-elasticity of Transactions Demand for Cash," *Review of Economics and Statistics*, 38 (3), 241 - 247.

[46] Tobin, J. (1958), "Liquidity Preference as Behavior towards Risk," *Review of Economic Studies*, 25 (2), 65 - 86.

[47] Whalen, E. L. (1966), "A Rationalization of the Precautionary Demand for Cash," *Quarterly Journal of Economics*, 80 (2), 314 - 324.

第二章

货币失衡与调整

学习目标

1. 掌握货币失衡的形成机理、决定因素。
2. 理解货币失衡的宏微观形成过程与经济效应。
3. 了解货币失衡的度量标准。
4. 了解货币失衡的治理与政策效果。

第一节 货币失衡的一般理论研究

从过程来看，一国的货币流通通常是一个由均衡到失衡，经调整恢复均衡的动态过程，通货膨胀和通货紧缩是货币失衡的两种外在表现形式，其效应可以溢出国外，对世界经济均衡产生重要影响。虽然货币失衡是各国在经济运行中都会遇到的问题，而且通货膨胀已经成为一种普遍的货币失衡现象，但对货币失衡的认识仍存在很多分歧，不仅包括关于通货膨胀和通货紧缩基本概念的争论、度量方面的疑惑，更有适度性把握等很多问题有待解决。

一、货币均衡与货币失衡

（一）货币均衡与货币失衡的界定

货币均衡是一个动态过程，在短期内货币供求可能不一致，但在长期内是大体一致的。需要注意的是，货币均衡不是货币供应量和实际货币需求量一致，而是货币供应量与适度货币需求量基本一致。

货币失衡往往是经济不稳定的重要因素，尤其是在经济过热或过冷条件下，中央银行的货币供给面临两种不同方向的货币信贷压力。

（二）总量性货币失衡与结构性货币失衡

总量性货币失衡有两种情况：货币供应量相对于货币需求量偏小，或货币供应量相对于货币需求量偏大。

结构性货币失衡是指在货币供给与货币需求大体一致的总量均衡条件下，货币供给结构与对应的货币需求结构不相适应。结构性货币失衡往往表现为短缺与滞留并存，经济运行中的部分商品、生产要素供过于求，另一部分又求过于供，原因在于社会经济结构的不合理。因此，结构性货币失衡必须通过经济结构调整加以解决。

总量性货币失衡和结构性货币失衡不是非此即彼的简单关系，在现实经济运行中往往是两者相互交织、相互联系，从而形成“你中有我，我中有你”的局面，以至难以分辨。由于结构性货币失衡根源于经济结构，所以，中央银行在进行宏观调控时应更多地关注总量性失衡。

二、市场机制下货币均衡的实现与偏离

货币均衡作为市场供求均衡的一种反映，对市场供求均衡的维持具有重要作用。在完全市场经济条件下，货币均衡最主要的实现机制是利率机制，利率与货币需求存在反向变动关系。当市场均衡利率变化时，货币供给与货币需求也会随之变化，最终在新的均衡货币量上实现新的货币均衡。一旦这种均衡不能实现，即形成通货膨胀或通货紧缩。

（一）市场经济体制下的通货膨胀机制

在市场经济体制下，市场机制失灵引发通货膨胀。主要通货膨胀类型包括需求牵引型、成本推动型、结构变动牵引型和输入型四种，其作用机理如图 2－1 所示。其中，我们将由消费、投资、利率与就业多维交叉作用，货币供给与资产推动等因素引起总需求变动，进而拉动价格总水平持续上涨的通货膨胀归为需求牵引型通货膨胀；将工资增加等成本上升，垄断利润和垄断价格的存在，间接成本、进口成本增加等因素推动的一般价格水平上升归为成本推动型通货膨胀；将相对工资率的交替推动引起产业产品成本变动、开放性经济因素的轮次推动等因素所引起的价格与工资的上涨归为结构变动牵引型通货膨胀。此外，通货膨胀还可能在国家间传递，通过汇率、国际资本流动等渠道形成输入型通货膨胀。

一国发生通货膨胀之后，会产生三大效应：一是收入分配效应，在短期内表现为实际工资收入的下降、固定利息及租金实际价值的下跌以及企业实际利润的上升；二是强制储蓄效应，主要表现为政府向中央银行借债从而造成直接或间接增发货币，会强制增加全社会的储蓄总量，即用于投资的货币积累增加；三是财富分配效应，主要表现为实物资产货币值的上升、权益类金融资产价值的上升，固定收益类金融性资产价值的下跌、固定利率偿还类负债价值的下跌以及货币性资产价值的下跌。这些因素的交叉作用会影响商品市场、金融机构与金融市场（股票市场、债券市场、货币市场）以及微观经济主体投资理财

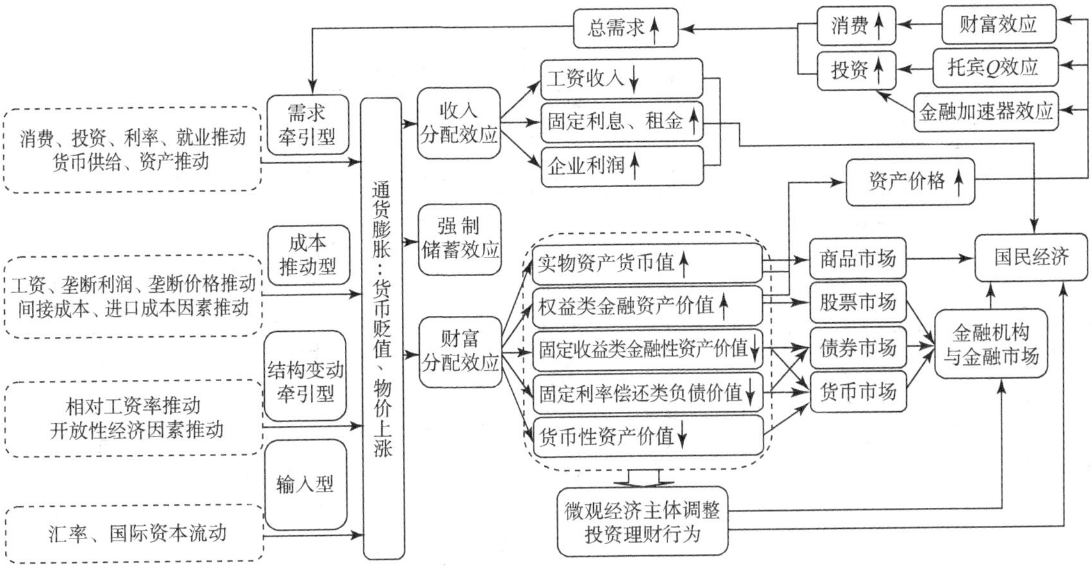

图 2-1　市场经济体制下的通货膨胀机制

行为的调整，最终影响整个国民经济的发展。

此外，通货膨胀与资产价格之间存在一定的相关性，通货膨胀的发生会进一步导致部分资产价格的快速上涨。而资产价格的上涨又会通过财富效应、托宾 Q 效应以及金融加速器效应等影响消费与投资需求，导致总需求的增加，最终引发需求牵引型通货膨胀。

（二）市场经济体制下的通货紧缩机制

在市场经济体制下，通货紧缩的成因可从四个角度分析，如图 2-2 所示：一是供给角度，通货紧缩通常表现为因供给大于需求而产生的供给过剩，而供给过剩又主要是通过生产能力过剩和放松对垄断行业的管制两个方面形成；二是需求角度，主要是由消费和投资需求减少以及政府支出缩减所导致的需求不足引起的通货紧缩；三是货币政策角度，通货紧缩不一定是由货币政策引起的，但过度紧缩的货币政策可能会导致通货紧缩或使通货紧缩加剧；四是外部输入角度，主要是从汇率与价格传导、资本流动以及关税三个方面分析。

一国发生通货紧缩之后，会对企业、银行以及个人产生不同的影响。对企业来说，通货紧缩使其销售收入下降、债务实际利率上升、资产下降，最终导致企业利润下降；对银行来说，通货紧缩使其不良贷款率上升、存贷差上升，最终导致银行盈利下降；对个人来说，通货紧缩会通过价格效应和收入效应的双重作用导致个人消费及支出的减少。除此之外，通货紧缩也会产生财富分配效应，主要表现为实物资产货币值的下跌、权益类金融资产价值的下跌，固定收益类金融性资产价值的上升、固定利率偿还类负债价值的上升以及货币性资产价值的上升。这些因素的交叉作用会影响商品市场、金融机构与金融市场（股票市场、债券市场、货币市场）以及微观经济主体投资理财行为的调整，最终影响整个国民经济的发展。

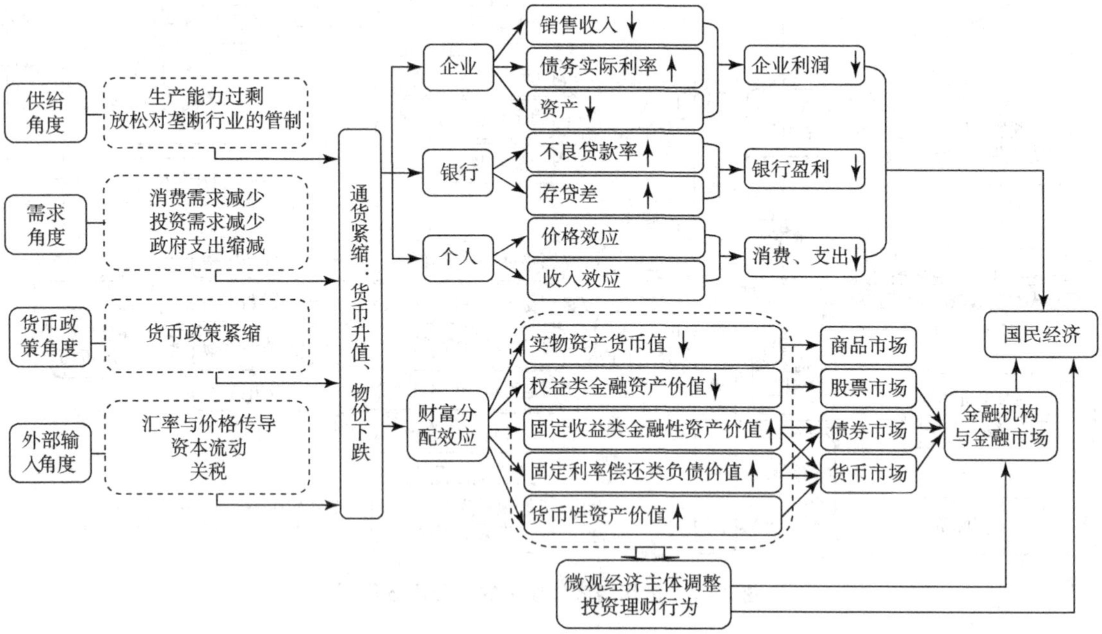

图 2-2　市场经济体制下的通货紧缩机制

专栏 2-1　　费雪的债务-通缩理论

1932年欧文·费雪在《繁荣与萧条》一书中首次提出了“债务-通缩理论”来解释大萧条，认为大萧条是由企业过度负债导致的。

费雪做了两个关键的假设：第一，处于均衡状态的经济体系受到过度负债的冲击；第二，没有其他可以影响价格水平的因素。

理论认为：经济体系在某个时点处于“过度负债”的状态，债务人或债权人出于谨慎，往往会引发债务的清偿。这样就产生了连锁反应：债务清偿引致资产廉价出售，并引致存款货币的收缩，且存款货币流通速度下降。在资产廉价出售的情形下，货币购买力上升，加剧企业资产净值的下降，这加速了企业的破产和利润的下降。这又导致陷入营运亏损的企业减少产出，引发悲观情绪和信心丧失。反过来，继续导致货币的窖藏行为和存款货币流通速度的更进一步下降，名义利率下降和真实利率上升。根据费雪的计算，到1933年3月，由于价格的下降，整个社会的真实负债较1929年初大约上升了40%。

费雪认为过度负债的最主要原因就是存在获取超额利润的投资机会。例如，新发明、新产业、新资源的出现等产生了极好的投资前景，企业为了获取预期利润便会过度负债。

专栏 2-2　　输入型通货膨胀典型案例

根据国际收支货币分析模型，在开放经济体系中，当一国货币供给增量大于货币需求增量或国民收入增量时，超额的货币供给将由向他国输出货币来消化，则该国出现国际收支逆差，他国出现国际收支顺差。顺差国国际储备流入，在国内信贷增量不变以及中央银行没有或无力采取对冲措施的情况下，意味着国外净资产增加导致的基础货币增加，即顺差国输入了通货膨胀，而逆差国国际储备外流，释放了源于国内信用扩张的通货膨胀压力。

随着美国次贷危机的爆发，从 2007 年 9 月起，美联储为增加市场的流动性，连续 7 次降息，联邦基金利率由 5.25%降至 2%，12 月又降至 0.25%。与此同时，中国人民银行 2007 年 1 月至 12 月连续 6 次加息，一年期存款基准利率从 2.52%提高到 4.14%。一年之内，中美利差反转并呈逐渐扩大的趋势。除降息外，美国还通过各种创新方式向金融市场注入数千亿美元的资金。美国减息后，英国、加拿大和日本等国也随后跟进，导致全球流动性过剩。次贷危机进一步加快了美元的贬值速度，导致大量国际资本流入中国。与此同时，中国人民银行为了稳定人民币汇率，买入市场上的大量卖超外汇，投放巨额人民币基础货币，货币发行量增加，加剧了通货膨胀的压力。2007 年，中国的消费者价格指数（CPI）开始不断攀升，从 1 月的 2.2%上升到 12 月的 6.5%，又连续上升到 2008 年 2 月的峰值 8.7%；随后，从 2008 年 4 月开始逐月下降，连续 7 个月降到 12 月的 1.2%。在这两年中，中国的输入型通货膨胀经历了一个从上升到高峰，再到下降，最后基本消失的过程，其作用流程为：外资流入→国家外汇储备增加→央行以本币外汇占款形式投放市场的基础货币增加→国内货币供应量增加→国内物价水平提高→通货膨胀率上升。

第二节　通货膨胀与通货紧缩的一般理论

货币均衡是指货币供给与货币需求的平衡关系，两者既相互对立，又互为依存，货币均衡则是它们对立统一的结果，货币失衡的直接表现是通货膨胀和通货紧缩。若发行的货币量超过流通中所需货币量，则会造成通货膨胀，货币贬值，物价上涨；反之，就会形成通货紧缩。因此，对货币失衡的理解和把握，就具体为对通货膨胀与通货紧缩的认知。

一、通货膨胀的一般理论

（一）通货膨胀定义的争论与理论演绎

就通货膨胀的概念而言，目前经济学界普遍接受的二元素论的描述性共识是，通货膨胀是“一般物价水平的持续上升”。由于该种规定具有伸缩性，通货膨胀的定义包括典型的恶性通货膨胀、滞胀、爬行通货膨胀等形式的一般物价水平的持续上升，但对于在该种规定下通货膨胀的产生是货币因素主导还是经济因素主导，经济学界存在普遍的分歧。需求牵引型通货膨胀、成本推动型通货膨胀、结构变动牵引型通货膨胀、输入型通货膨胀的分类思想就源于对经济因素的考虑。正是因为目前对通货膨胀的定义是二元素论的描述性定义，各种经济因素导致的通货膨胀不能良好地概括通货膨胀的经济实质，因此，对通货膨胀经济因素的分歧直接导致了对通货膨胀定义的分歧。具体而言，有关通货膨胀的定义和分析框架主要以预期的引入作为分水岭，分为传统通货膨胀理论和现代通货膨胀理论。货币数量学派和凯恩斯先是从需求角度阐述通货膨胀现象，而后又形成了成本推动型通货膨胀理论，构成了传统通货膨胀理论的核心。随着经济学理论的发展，短期菲利普斯曲线和紧缩需求的短期效应逐渐被发现，学术界开始提出不同于传统通货膨胀理论的新解释，现代通货膨胀理论由此产生。现代通货膨胀理论克服了传统通货膨胀理论中的单纯货币现象或者禀赋现象的分析框架，把通货膨胀视为一个动态过程，并将菲利普斯曲线纳入新的分析框架中，沟通实际变量和名义变量，成为制定反通胀政策措施的量化工具。在现代通货膨胀理论发展过程中，新古典综合派、货币主义学派、理性预期学派、现代凯恩斯学派均将预期与需求因素、菲利普斯曲线、奥肯法则等因素纳入综合考虑，发展了这一理论并最终形成了现代通货膨胀理论。

总而言之，经济学界各个学派对通货膨胀的定义和对通货膨胀现象的解释，都具有典型的历史痕迹和区域性，从经济现象中抽象出来的通货膨胀理论，其普适性始终存在值得推敲的地方。因此，对通货膨胀现象和理论的研究还有待持续和深入下去。

（二）通货膨胀的度量

尽管西方经济学各学派对通货膨胀的定义有着不同程度的争议，各国政府在监测通货膨胀的指标选取上却有着较高程度的共识。一般用于描述通货膨胀的价格指标包括消费者价格指数（CPI）、商品零售价格指数（RPI）、批发价格指数（WPI）、GDP 平减指数和采购经理指数。由于在各种指数计算过程中选取的标的并不完全相同，其结果对通货膨胀的描述也有差异。至于在这几种指数中何种指数能够更为精确地度量通货膨胀程度，学术界目前仍然存在争议。但摆在我们面前的问题是：如果使用的测量工具不可靠，就不可能得到可靠的测量结果，也就没有正确的应对措施。

传统价格指标对通货膨胀的度量主要依靠 CPI、RPI、WPI 和 GDP 平减指数。这四种价格指标的统计范围不同，由此计算出的通货膨胀率的侧重点也不同。CPI 可以准确地分析消费品和服务价格变动对城乡居民生活成本的影响程度，具有资料易得、表达直观、指标敏感的特点，但该指数对宏观经济总体运行的价格体系的表述并不完整，特别是在经济结构不完整的国家，尤其是发展中国家，经济增长的动力主要是投资和出口加工业，该指数在这些国家运用时覆盖范围狭窄的缺陷更为明显。RPI 从商品流通的角度综合反映物价水平的变动，具有资料易得、编制便利、指标敏感的特点，但同样存在指数覆盖范围狭窄的片面性。WPI 基本排除了大宗商品采购与零售价格不符造成指数度量失真的情况，在精确度上比 RPI 更进了一步，但由于该指数的编制口径中并没有包含服务项目，对于服务业高度发达或者服务业发展迅猛的地区，运用该指数衡量通货膨胀的变动情况还是存在一定程度的偏差。GDP平减指数可以清晰地表明，在相同产出水平的情况下，当期价格水平较对比期价格水平的总体变化情况，涵盖全面、表达直观，但该指数的编制涉及的面很广，资料收集成本较高，对通货膨胀的反映滞后，预测能力不足，在实际运用过程中存在一定的困难。由于传统的通货膨胀度量指标更专注于社会总体价格水平的变化，针对价格水平而编制的指数对就业、供给等宏观经济组成部分的变化难以发挥指示作用，对宏观经济政策的制定而言帮助有限。决策者在选择通货膨胀度量指标时，客观上提出了时效性、全面性、层次性相平衡的要求，现代价格指标应运而生，主要包括采购经理指数、核心通货膨胀率，对判断经济形势、制定有针对性的经济政策具有极强的指导意义。

纵观上述各种度量通货膨胀的方法，其共同点是力图在排除干扰的情况下，尽量准确地还原通货膨胀的变动情况，为政策制定和指导经济行为提供可靠的参考依据。但是，要找到能够准确区分通货膨胀变动中的长期趋势，并能够暂时满足各种要求的度量方法，还需要通过理论研究继续探索。通过对比现有指标的准确性、波动性、预测能力和因果关系，可以发现对通货膨胀度量方法的选择更重要的是满足度量的目的以及政策制定的需要，因此，在选择指标的时候必须根据国民经济发展和研究目的等具体情况来进行。

专栏 2-3　　通货膨胀的度量

关于核心通胀率的度量方法和技术处理手段，在经济学界和金融机构之间有过一场争论。

2007年5月，在达拉斯联邦储备会议上，美联储官员和美国经济学家就最佳真实通胀率的度量方法和相应的货币政策召开联席会议。会议争论的焦点是核心消费者价格指数（CPI）和个人消费支出指数（PCE）的适用性问题。在该会议上，美联储官员认为，核心CPI和PCE虽然存在设计上的缺陷，但是核心通胀率剔除了月度波动，短期内为货币政策的制定提供了良好的参照，可以使美联储不因为任何月度数据的波动而改变货币政策。而美国经济学家认为将能源和食品剔除虽然可以消除指数的月度波动，但美国正在经历延续多年的食品和能源价格上升通道，在过去的几年中美国的食品和能源价格波动最为剧烈，因此，将食品和能源剔除出去并不能如指数设计者所设想的那样还原真实价格水平的总体变化，相反会造成美联储官员对食品和能源价格的敏感性降低，对通胀的容忍程度过高，民众难以接受。

由此可见，虽然学术界对通胀本身提出了多种度量方法，但是这些方法都具有一定的局限性。对通胀的相关研究还有待持续和深入下去。

（三）通货膨胀的因素分析与作用机制

通货膨胀是一系列实质性经济变量相互作用的过程。凯恩斯学派认为消费、投资、利率、就业等实际经济因素是导致通货膨胀的主要因素。货币学派和瑞典学派认为货币才是最重要的因素，供给学派把问题的着眼点放在供给方面，瑞典学派认为世界价格、汇率、劳动生产率增长率等因素对通货膨胀具有推动作用，新剑桥学派认为工资才是通货膨胀的主要影响因素，新古典综合学派认为总需求（包括政府赤字支出、公众投资和消费支出）、工资成本、垄断价格等因素才是促成通货膨胀的原因。因此，在不同时期、不同经济条件下，货币供给、货币需求、价格水平、消费、投资、政策支出、名义工资、实际工资、垄断价格、进口价格、劳动生产率、工资增长率、利润、利率、货币工资、通货膨胀预期、实际产出、潜在生产力等因素相互作用引发通货膨胀，而且会因为核心要素的不同产生具有不同表现特征的通货膨胀，甚至国外引致因素作用于国内经济变量也会引发通货膨胀。这些经济变量对通货膨胀的产生起到复杂的推动作用，形成需求牵引型通货膨胀、成本推动型通货膨胀、结构变动牵引型通货膨胀。下面我们从这些最基本的经济变量出发，探寻通货膨胀的成因及过程。

1. 从需求的角度看

凯恩斯学派、货币学派等从超额货币供给引起总需求过度的视角来解释通货膨胀，我们将这种由消费、投资、利率与就业多维交叉作用以及货币供给和资产推动等因素引起总需求变动，进而拉动价格总水平持续上涨的通货膨胀归为需求牵引型（或称为需求拉动型）通货膨胀。如图 2-3 所示，货币供给增加，利率下降。当存在闲置劳动力，尚有剩余生产资源时，利率下降刺激投资需求增加，在乘数的作用下，消费也将大幅增加，最终使总需求成倍增加，总需求（包括投资需求、消费需求、政府需求）的快速扩张导致通货膨胀。特别是当不存在闲置劳动力、无剩余生产资源时，生产资源无剩余导致供给无弹性，形成绝对的通货膨胀。

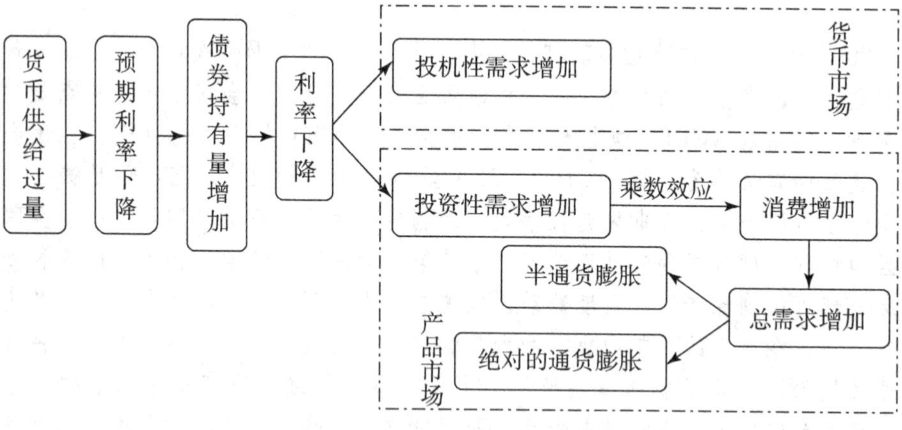

图 2-3 需求牵引与通货膨胀形成机理

2. 从供给的角度看

成本的增加也会引发通货膨胀。如图 2-4 所示，工资增加等成本上升、垄断利润和垄断价格的存在、间接成本及进口成本增加等因素推动一般价格水平上升，这一过程一旦持续，当产品成本屡屡发生变化时，每个单位为了保证自己的固定收入比重——这种收入要求必然大于现行情况下的实际收入总量，就会提高产品价格以增加收入，结果导致总价格水平的普遍上涨，造成通货膨胀。

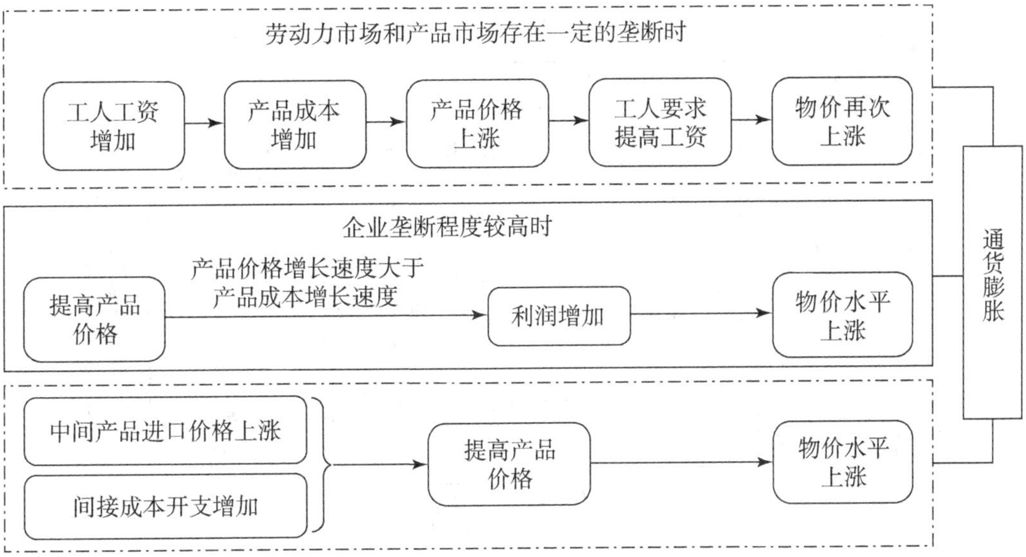

图 2-4 成本推动与通货膨胀形成机理

3. 从结构变动的角度看

希克斯、托宾、奥克鲁斯特等经济学家认为通货膨胀虽然是一种货币现象，但当整个经济的总需求与总供给处于平衡状态时，社会经济中的结构性因素变动或不确定性冲击将引起一般物价水平的持续上涨。如图 2-5 所示，与需求牵引型或成本推动型通货膨胀不同，结构变动牵引型通货膨胀着重从经济结构方面的变动因素出发来探讨通货膨胀的成因。如相对工资率的交替推动引起产业产品成本变动。另外，开放性经济因素的轮次推动通过国际贸易、国际资本流动、本国汇率及其预期的叠加传导，导致国内开放经济部门的价格和工资上涨，从而带动非开放经济部门的价格与工资上涨，全国性的通货膨胀由此形成。在 2019 年新冠疫情等不确定性冲击下，全球供给侧和需求侧结构性问题凸显。疫情初期，封锁交通、限制生产等防疫措施导致生产链供应链危机加剧，全球商品供给不足，尤其是药品、防护装备等市场急需的防疫产品价格迅速上升；疫情后期，管制放松，居民需求强劲增长，短期内商品和服务供给无法满足人们快速增长的需求，加剧全球通胀压力。从国际来看，粮食、能源、大宗商品价格上涨现象尤为显著，这会进一步刺激生产商提高价格来应对成本上升，导致全球通胀继续攀升。

二、通货紧缩的一般理论

通货紧缩是与通货膨胀相反的货币现象，主要表现为一般物价水平的持续下跌。19 世纪中期和 20 世纪 30 年代，许多国家都曾发生通货紧缩，而当时的自由市场经济理论认为市场可以自动实现均衡，因此通货紧缩问题没有得到重视。经济学家的焦点大多集中于通货膨胀的研究与分析，对通货紧缩的著述颇少。20 世纪 90 年代末，许多国家又出现了通货紧缩的现象，通货紧缩这一问题才受到普遍关注，许多学者着手对这一问题进行研

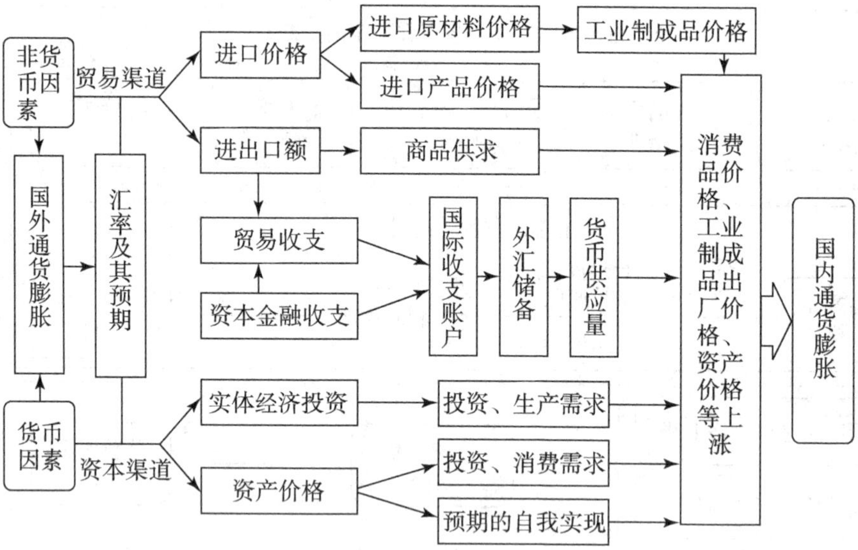

图 2－5　结构变动与通货膨胀形成机理

究并取得了一定的成果，值得我们总结、借鉴。

（一）通货紧缩定义的争论与理论演绎

国外学术界对通货紧缩的定义概括起来主要有以下三种不同观点：第一种观点认为通货紧缩是指一般物价水平的持续下跌。例如，加拿大经济学家戴维·莱德勒（David Laidler）① 认为，通货紧缩是物价下跌和币值上升的一个过程，其反义词是通货膨胀。美国经济学家布拉德利·希勒（Bradley Schiller）② 将通货紧缩定义为商品和服务的平均价格水平的下降。坚持这一定义也坚持物价单一衡量标准。第二种观点认为通货紧缩是物价水平持续下跌、货币供应量持续下降的过程，应该运用物价水平和货币供应量双重指标来衡量通货紧缩。第三种观点认为通货紧缩是物价水平持续下跌、货币供应量持续下降，经济增长率也持续下降。日本学者山田伸二③认为，通货紧缩就是经济规模变得越来越小，即生产下降，消费减少，就业机会减少。坚持这种观点的学者把经济增长率纳入衡量通货紧缩的指标体系。

与国际学术界的三种不同观点相对应，国内也有三种不同观点：第一种观点认为通货紧缩是一般物价水平的持续下降，物价水平的持续下降是通货紧缩的唯一特征。这里的物价水平指的是商品和劳务等的价格水平。国内大多数学者承认该观点。钱小安④在其著作《通货紧缩论》中写道："通货紧缩是与通货膨胀相对立的概念，它是指一般物价的持续下跌。"与这一概念相对应，通货紧缩的衡量指标只有一个，那就是物价水平。第二种观点

① Newman, P., Milgate, M., and Eatwell, J. (1992), *The New Palgrave Dictionary of Money and Finance*, London: Macmillan.

② 希勒. 经济学基础. 北京：人民邮电出版社，2004.

③ 山田伸二. 世界同时通货紧缩. 北京：中国财政经济出版社，1999.

④ 钱小安. 通货紧缩论. 北京：商务印书馆，2000.

认为通货紧缩是物价持续下跌、货币供应量持续下降。吴国权和杨义群①认为，和通货膨胀一样，通货紧缩同样也是一种货币现象，应该定义为价格水平的下降和实际货币量的萎缩。与此相对应，通货紧缩的衡量指标有两个，即物价水平和货币供应量。第三种观点认为通货紧缩是经济衰退的货币表现，因而必须具有三个特征：物价持续下跌、货币供应量持续下降；有效需求不足、失业率高；经济全面衰退。因此，通货紧缩应包括价格、货币供应量和经济增长水平三个指标的综合下降。

无论是国外经济学家还是我国学术界，对通货紧缩的认识都是在物价持续下跌这一基础上的外延和扩展。典型的通货紧缩应该同时具备“两个下降”和“一个伴随”。“两个下降”即物价持续下降、信贷和货币供应量下降；“一个伴随”是指伴随着经济衰退。综上所述，可以将通货紧缩定义为：货币供给不足引起货币升值，物价普遍、持续下跌的货币现象。

（二）通货紧缩的度量

通货紧缩就是产能过剩或需求不足导致物价、工资、利率等各类价格持续下跌。学者普遍认为，当 CPI 连跌三个月即表示已出现通货紧缩。既然通货紧缩是指物价水平的全面持续下降，那么，通货紧缩的度量由两方面决定。

一是测度物价水平的变化。传统价格指标对通货膨胀的度量主要依靠 CPI、RPI、WPI 和 GDP 平减指数，这些指数也可以用来度量通货紧缩。如同我们在讨论通货膨胀时分析的那样，依据不同的价格指数来判断通货紧缩也会得出不同的结论，因为不同的价格指数在抽样时覆盖的产品范围不同，不同产品的价格变动对货币变动的反应时滞也不同（一般批发价格的反应快于消费者价格），而且不同价格指数的测算会存在各自的误差。应该说，三种价格指数都可作为测度指标，但综合分析，为了进行国际比较和考虑对居民的影响程度，采用 CPI 可能更合适一些。而 CPI 又有两种：一种是同比价格指数，另一种是环比价格指数。利用这两种价格指数所得出的价格走势有时是一致的，有时又会出现差异。对于一般的分析判断，可以用同比价格指数，但据此得出的结论对轻度的通货紧缩可能不太准确。对于专业分析，用环比价格指数来判断通货紧缩的出现、程度更为合理与准确，但限于统计资料的不足，用环比价格指数时要对统计数据进行专业调整。

二是判断连续下降多长时间才可看作持续下降。经济运行是一个动态过程，难免会有偶然事件的发生。如果因突发事件导致物价下降而据此界定通货紧缩，无疑是荒谬的。那么需要多长时间才能确认发生了通货紧缩呢？有一个起码的标准是可以肯定的，那就是时间至少应长到能够判定物价的下降并非偶然因素所致。而这又与我们对经济形势的认识紧密联系在一起，因此，它将是一个不断缩小的量值。

（三）通货紧缩的因素分析与作用机制

一般而言，与通货膨胀相对应，通货紧缩也是一种货币现象。从其成因来看，既可以源于受到外部冲击（如其他国家或地区爆发经济危机，发生自然灾害，政府调整支出、投资、税收政策等），也可以源于经济系统内部（如技术进步、生产率提高等）。无

---

① 吴国权，杨义群．通货紧缩理论界定与衡量的新认识：对我国通货紧缩再抬头的思考．财经研究，2003（4）：10－16＋22．

论是内生原因还是外部冲击，传导机制都是通过影响总需求或总供给使通货紧缩得以形成和发展。

1. 从供给的角度分析

通货紧缩通常表现为因供给大于需求而产生的供给过剩。供给过剩主要通过以下两个方面形成通货紧缩：一是生产能力过剩，供过于求。生产能力过剩是导致新兴市场经济国家通货紧缩的最重要原因。生产能力过剩是由生产者市场开发策略雷同、过度投资、重复投资所致。过度投资造成过度供给，最终导致价格下跌。二是放松对垄断行业的管制。垄断行业产量受限，价格往往高于完全竞争市场价格。一旦放松管制，垄断行业就会出现新的产品供应商，市场竞争加剧，产品市场扩大，价格出现相应的下降。

2. 从需求的角度分析

与供给过剩相对应，需求不足也会导致通货紧缩，因此，消费、投资和政府支出等影响需求的因素也是导致通货紧缩产生的原因。如图 2-6 所示，一是消费需求减少。当消费者收入减少或者预期商品或金融资产未来价格将下跌时，他们会减少当期消费，消费需求减少，总需求不足，物价水平下跌。二是投资需求减少。当投资者对投资项目产品的未来市场看跌时，他们便会减少当期投资，致使投资需求下降，这会使生产资料价格下跌，最终导致一般价格下跌。三是政府支出减少。当政府由于宏观经济政策的需要等原因削减财政支出时，不仅会直接降低社会需求，而且会减少私人部门获得的转移支付，进一步降低社会需求，造成物价持续下跌。

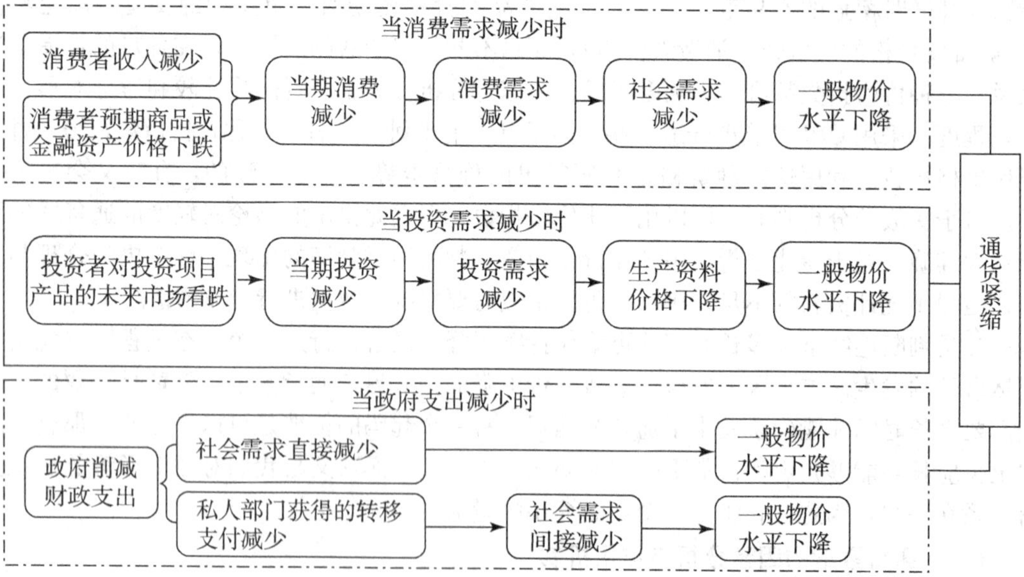

图 2-6　需求不足与通货紧缩形成机理

3. 从货币政策的角度分析

通货紧缩不一定是由货币政策引起的，但过度紧缩的货币政策可能会导致通货紧缩或使通货紧缩加剧。当经济过热时，紧缩的货币政策不会造成经济衰退；当经济开始衰退时，中央银行若继续采取紧缩的货币政策，大幅提高利率，削减货币供应量，则物价可能出现下跌，进而出现通货紧缩。在美国 20 世纪 30 年代大萧条期间，美联储货币政策逆向操作，从而导致了通货紧缩和经济衰退。

第三节　货币失衡效应分析

以通货膨胀和通货紧缩为典型代表的货币失衡，将通过不同渠道对生产要素及资源配置、商品价格体系、经济增长机制、财富分配、收入与储蓄及金融市场产生重要影响，其效应因失衡程度不同而不一。关于货币失衡效应的讨论，除了传统意义上对一国通货膨胀和通货紧缩效应的讨论，还要考虑国际货币（储备货币）失衡对其他国家（非国际货币国家）和世界经济均衡的影响。

一、国内通货膨胀的效应分析

（一）经济效应

关于通货膨胀对经济的影响，学术界有三种不同的观点，分别是促进论、促退论和中性论。下面从学派的角度来讨论通货膨胀对经济的影响。

1. 促进论观点

凯恩斯主义认为，在社会资源达到充分利用的状态之前，货币发行量的增加将促进有效需求的增加，进而引起就业增加，社会的总产量随之提高。只要通货膨胀幅度小于货币发行量增幅，经济总量就会得到提升。只有在社会资源达到充分利用的状态之后，由于各种生产要素被充分利用，供给没有弹性，由货币增发引起的有效需求的增加不能带动社会总产量的增加，此时货币增发才会引致物价上涨，产生显著的通货膨胀。新古典学派也是促进论的拥护者，认为通货膨胀可以通过强制储蓄、增加投资等来促进就业增加、推动经济发展。从宏观角度来看，尽管政府投资增加对私人投资有“挤出效应”，但只要私人投资降幅小于政府投资增幅，就可以扩大社会总投资规模，并能通过投资乘数效应推动经济发展。从微观角度来看，由于“货币幻觉”的存在，公众对通货膨胀预期的调整会相对缓慢，名义工资调整相对物价变动会有相当长的时滞，从而增加了社会储蓄（雇主阶层储蓄率相对较高）和投资。而且，通货膨胀短期可以提高利润率，因而会进一步刺激私人投资的增加，有利于推动经济发展。甚至有人认为通货膨胀对社会经济增长的负面影响被严重夸大了。实际物价上涨是一种必然的趋势，通货膨胀只能在结构上缓和，不能根本消除。因此，更要充分利用通货膨胀对经济的促进作用，推动经济发展。

2. 促退论观点

新剑桥学派认为通货膨胀有利于经济实力雄厚的利益集团从物价上涨中获得超额利润，由于名义工资增幅总是落后于物价涨幅，因而加大了对工人阶层财富的掠夺，加剧了原有的国民收入分配不均状况。通货膨胀扰乱了生产和投资的正常秩序，本应投资实业领域的资金也会被投机买卖的收益所吸引，不利于实体经济发展。弗里德里希·哈耶克

(Friedrich Hayek) 也认为通货膨胀将会给社会带来严重的危害，并将其概括为物价上涨、社会动荡和人心不安等，最严重的影响是对市场机制的破坏。一旦发生通货膨胀，将由于货币的破坏力而导致价格系统紊乱，打破市场机制应有的正常秩序，干扰市场信号的传递并使信号失真，造成资源配置失调，降低经济效率并使经济陷入不稳定状态，并随时可能触发政治动乱。弗莱堡学派认为通货膨胀扭曲了市场价格结构，在市场上价格信号得不到准确解释，错误的投资会随之而来。货币学派认为通货膨胀与经济停滞将会同时发生。如果通货膨胀不马上被制止，其市场破坏程度会大大提高，而且可能会引发政治动荡。供给学派也坚持促退论观点，认为货币的价值稳定是实现降低税率、增加储蓄和投资、促进经济发展的前提。货币的价值不稳定不仅会严重影响减税效果，而且会直接导致供给不足，更为严重的是损害经济供给产出的能力。因此，通货膨胀不仅不能促进经济增长，反而会致使经济衰退。

3. 中性论观点

理性预期学派认为，预期通货膨胀早已成为通货膨胀的一种重要类型。出现预期通货膨胀的原因是公众的预期，公众也会对未来的通货膨胀提前做出应对措施。由于政府长期实施扩张性政策来干预经济会给公众物价持续上涨的信号，为避免损失，公众会做出相应的反应来抵消政策的效果，因此，通货膨胀对经济的影响将趋于中性。

（二）财富再分配效应

通货膨胀会对名义收入、实际收入与分配、储蓄与投资、资产与负债产生影响，并因程度不同而效应不一。

1. 降低固定收入阶层的实际收入水平

即使就业工人的货币工资能与物价同比例增长，在累进所得税下，货币收入增加会使他们进入更高的纳税等级，税率的上升也会使工人的部分收入丧失。

2. 通货膨胀对储蓄者不利

随着价格上涨，存款的实际价值或购买力会降低。一定范围内的通货膨胀鼓励投资，充分动员生产要素，促进经济增长。在这一领域中，防止通货膨胀损失的方法通常是提高利率或采用浮动利率。但在严重的通货膨胀下这样的措施往往难以弥补损失。

3. 通货膨胀还可以在债务人和债权人之间发挥再分配收入的作用

具体来说，通货膨胀靠牺牲债权人的利益而使债务人获利。一般来说，小额存款人和债券持有人最易受到通货膨胀的打击。至于大的债权人，不仅可以采取各种措施来避免通货膨胀带来的损失，而且由于他们往往同时是大的债务人，因此可享有通货膨胀带来的巨大好处。

（三）强制储蓄效应

这里所说的储蓄，是指用于投资的货币积累。这种积累的来源主要有三：一是家庭，二是企业，三是政府。在正常情况下，上述三个部门的储蓄有各自的形成规律：家庭储蓄由收入剔除消费支出构成；企业储蓄由用于扩大生产的利润和折旧基金构成；政府储蓄从来源上说则比较特殊。如果政府用增加税收的办法来筹资进行生产性投资，那么，这部分储蓄是从其他部门的储蓄中挤出的，因而全社会的储蓄总量并不增加。如若政府向中央银行借债，从而造成直接或间接增发货币，这种筹措资金的办法就会强制增加全社会的储蓄总量，结果将是物价上涨。在公众名义收入不变的条件下，按原来的模式和数量进行的消费和储蓄，两者的实际值均减少，而减少部分大体相当于政府利用通货膨胀强制储蓄的部分。上面的分析是基于这样的假定，即经济已达到充分就业状态，因此，用扩张货币的政策来强制储蓄会引起物价总水平的上涨。在实际经济运行中，可能尚未达到充分就业状态，实际 GNP 远远低于潜在 GNP，生产要素大量闲置。这时政府运用财政政策或货币政策来增加有效需求，虽然也是一种强制储蓄，但并不会引发持续的物价上涨。

（四）收入分配效应

在通货膨胀时期，人们的名义收入与实际收入之间会产生差距；只有剔除物价的影响，才能看出人们实际收入的变化。由于社会各阶层收入来源极不相同，因此，在物价总水平上涨时，有些人的收入水平会下降，有些人的收入水平会提高。这种由物价上涨造成的收入再分配，就是通货膨胀的收入分配效应。在发达工业国家，大多数人是依靠工资或薪金过活的，工资收入差不多就是他们的全部收入。在物价持续上涨的时期，工资劳动者的收入只有每隔一段时间做一定的调整，使之与物价上涨保持大体相同的幅度，才能保证实际收入水平不下降。但这种通货膨胀条件下的定期工资调整，只有依靠强大的工会力量才能做到，否则工资增长常会落后于物价上涨，这是一种较普遍的现象。工资增长相对于物价上涨的滞后时间越长，通货膨胀损失相应越大。此外，从利息和租金中取得收入的人受到的损害也会比较严重。但与此同时，只要存在工资相对于物价的调整滞后，企业的利润就会增加，那些从利润分取收入的人都能得到好处。

（五）社会经济危机效应

当物价总水平的持续上涨超过一定界限从而形成恶性通货膨胀时，就有可能引发社会经济危机。恶性通货膨胀会使正常的生产经营难以进行，造成原有商路的破坏和流通秩序的紊乱；迅速上涨的物价使债务的实际价值下降，如果利率的调整难以弥补由物价上涨造成的货币债权损失，正常的信用关系也会极度萎缩，投机盛行。恶性通货膨胀会引起突发性的抢购商品和挤兑银行的风潮。它所造成的收入再分配和人民生活水准急剧下降则会导致冲突加剧。这一切的后果往往是政治动荡。

专栏 2－4　通货膨胀的财富效应

我国在改革开放初期经历过较为严重的通货膨胀，主要集中发生在经济扩张的 1987 年、1988 年这两年当中。以 1985 年作为统计基期，物价指数在 1986 年、1987 年和 1988 年分别上涨了 6.0%、13.7%和 34.8%。政府的财政赤字是诱发通货膨胀的主因，当时我国社会投资需求不足而且大量企业需要融资，因此政府于 1986 年开始扩大财政赤字。由于我国央行隶属于中央政府，为了缓解财政赤字压力，当时货币发行速度远远超过经济增长速度。截至 1988 年末，我国境内人民币流通量为 2 134 亿元，较 1987 年上涨 46.7%。由于货币超发，社会的货币流通量剧增，造成全国性的物价猛涨。当时政府决定不再限定部分烟酒的价格，反而加剧了居民心理预期的不确定性，从而引发了 1988 年8 月的挤兑银行存款和抢购生活物资风潮等现象。1988 年仅第 4 季度的全社会零售总额就比 1987 年上涨 20.3%。1988 年仅 8 月的银行存款就减少了 26 亿元，我国政府宣布 1988 年的通货膨胀率达 18.8%。

二、国内通货紧缩的效应分析

（一）经济效应

具体来说，危害型通货紧缩的经济效应主要表现为以下四个方面：一是经济衰退加速，失业率上升，实际利率上升，物价下跌，导致企业利润减少，股价下跌，证券市场价值缩小，使得企业筹资困难，生产活动的萎缩会造成失业率进一步上升，并形成工资下降的压力，最终使经济进一步陷入衰退。二是投资成本提高，收益率下降。通货紧缩时实际利率有所提高，社会投资实际成本增加，降低社会投资意愿，减少投资需求。另外，在通货紧缩情况下，商品市场供过于求，商品价格下跌，投资的收益率下降。理性投资者预期价格将持续下跌，企业预期收益下降，投资意愿降低。三是消费量趋于下降。在通货紧缩情况下，经济增幅下降，就业预期和工资、金融资产收入趋于下降，收入的减少将使消费者缩减消费。价格效应使消费者倾向于增加消费；收入效应则使他们缩减支出。综合来看，通货紧缩使消费量趋于下降。四是债务人的负担加重，银行不良资产率上升，金融资产价值缩水，投资收益率下降，企业投资者和个人投资者的还款能力减弱。在通货紧缩情况下，实际利率会比通货膨胀时期高出许多，导致债务人失去偿还能力，因此债权人将遭受损失，银行难以及时足额地实现债权，其不良资产率可能上升。另外，信用需求减少也会给银行经营带来困难。

（二）财富收缩效应

在宏观经济分析中，社会财富可视为居民财富、企业财富和政府财富的加总。通货紧缩将使全社会的财富“缩水”。通货紧缩使得全社会物价水平普遍下降，产品价格下跌使得企业盈利减少、负债率上升，企业的债务负担加重，企业财富缩水。在通货紧缩的条件下，劳动力市场明显供过于求，居民整体的收入难以实现正常的增长，居民的现有资产也将缩水。政府的财富可以分为存量和流量两个部分。存量部分，如属生产性资产，可视同前面所分析的企业资产，在通货紧缩的情况下是缩水的；如属消费性资产，则可视同居民消费品，其价值随着消费品价格的降低而缩水。流量部分为政府的收入与支出。通货紧缩出现，财政赤字增长，政府对社会的负债增加，同时也出现财富的缩水。

（三）收入再分配效应

一是实物资产的持有者受损，现金资产将升值。同时，固定利率类债务债权关系中的债权人获利，而债务人受损。二是通货紧缩使企业利润减少，一部分财富向居民转移；通货紧缩使企业负债的实际利率上升，财富进一步向居民转移。三是政府财富向公众转移。实质债务加重→贷款人减少开支、出售资产→企业获利下降进而削减劳动成本、贷款人收入与资产价格下降→贷款人实质贷款增加、经济需求减少（恶性循环开始）。

第四节 货币失衡治理

通过梳理世界各类国家在治理货币失衡过程中呈现出的趋向和特点、所选择的政策措施、已形成的货币失衡治理理论共识及宏观调控机制，总结治理货币失衡的经验教训，有利于我们对货币失衡治理形成正确的思维和判断。

一、通货膨胀治理

（一）财政和税收方面的政策措施

财政收支状况恶化、财政赤字依靠征收通货膨胀税来弥补是导致通货膨胀失控的关键因素。针对这个根源，采取紧缩财政、削减财政赤字从而降低经济增长速度、压缩总需求的措施已成为各国治理通货膨胀的传统做法。世界各国的财政政策改革和调整行动还包括：改革和调整社会保障福利制度、压缩教育和医疗等社会开支、减少对价格和对国有企业的种种补贴等。此外，一些国家还实施相应的行政改革，通过精简机构、削减公务员来压缩庞大的行政开支。除了节支以外，增加政府财政收入，特别是通过税收改革和理顺税收征管体系，普遍采用扩大税基、简化税种、健全征管体制、减少大户的偷漏税行为等政策措施增加国库直接收入来源是各国治理通货膨胀的有效手段。

（二）货币和金融方面的政策措施

货币和金融政策措施是治理通货膨胀时最易被采用而且是遏制恶性通货膨胀最直接和最有效的政策工具。世界各国的经济学家、中央银行和政府决策者一直在研究如何运用货币和金融政策工具来解决通货膨胀。一是控制货币供应量的增长率；二是稳定汇率；三是主张由中央银行先确定本国通货膨胀率的目标范围，并根据实现目标的需要调整宏观经济增长率和货币政策，通过货币政策的调控，使通货膨胀率控制在经济增长所能承受的预定目标范围内。世界各国治理通货膨胀的实践证明，这三种货币和金融政策的选择都既有成功的例子，又存在失败的实例。尽管如此，货币和金融政策的调控应该是比较有效的，关键是政府决策者有没有决心按照政策措施的规定去实施，并配之以其他相应政策措施进行综合治理。

（三）货币政策前瞻性指引

货币政策“三大法宝”操作由于时滞性和有效性带来的宏观经济调控低效率问题愈加凸显。近年来，美国、日本等发达国家之所以逐步实施前瞻性指引，是由于部分国家利率较低，以至无法进一步降低利率来提升货币政策调控空间。当名义利率低至零利率下限时，公众容易预期未来利率水平上升，利率提升则会降低投资与消费水平，抑制总需求，无法促进经济增长。“前瞻性指引”作为中央银行的一种沟通方式，能够对公众预期进行管理，是一种非常规的货币政策工具。货币政策通过“前瞻性指引”来提升公众的预期能力，在信息不对称的情况下可以对公众进行指引，尤其是在帮助公众认识宏观经济走势、增强市场利率敏感性、提高货币政策透明度等方面具有重要作用。

（四）其他配套政策措施

针对本国通货膨胀成因，就宏观经济失控和失衡的严重程度，制定与财政和货币政策相适应的产业政策、物价政策、工资政策、收入分配政策、劳工和社会保障政策的改革和调整是政府不可忽视的政策措施。实践证明，有了这些配套政策措施的合作，治理通货膨胀的困难会比较容易克服，能够得到社会各界更广泛的理解和支持。这些政策措施在缓解通货膨胀压力、减少通货膨胀预期、稳定人心、保障生产和社会秩序方面的作用往往比财政和货币政策还要突出，会对从根源上治理通货膨胀产生更深远的影响。

专栏 2-5　国内国际双循环框架下的通货膨胀形成与治理

2020 年以来，新冠疫情、俄乌冲突、逆全球化等因素造成石油、天然气等大宗商品的全球价格不断走高，引发通胀风险。2022 年 9 月，欧元区通胀率达到了 10%，美国通胀率为 8.2%，新兴市场和发展中经济体的平均通胀率达到 11%，创历史新高。反观中国，虽然经历了大宗商品价格的几番上涨，但大宗商品价格随后在宏观调控下趋于平稳，通胀率一直处于低位，9 月的通胀率为 2.8%。

这是中国采取国内国际双循环策略取得的成效，采取的措施主要包括：国内循环调整经济结构，增加商品的有效供给，提高经济效益等；积极参与国际大循环，对外输出重要商品物资，保证大宗商品进口价格稳定，巩固中国在全球供应链中的地位和影响。在应对过程中，中国的政府手段在加强，市场手段在弱化。党的二十大报告指出，要坚持以推动高质量发展为主题，把实施扩大内需战略同深化供给侧结构性改革有机结合起来，增强国内大循环内生动力和可靠性，提升国际循环质量和水平，加快建设现代化经济体系。虽然总体而言中国的物价水平温和可控，但仍需警惕潜在的国内结构性通胀压力和输入性通胀压力，加强监测研判，警惕通胀风险。

二、通货紧缩治理

（一）扩张性的货币政策和财政政策

在通货紧缩时期，中央银行应该采取扩张性的货币政策，包括：一是降低法定准备金率，扩大基础货币投放；二是降低存贷款利率，刺激投资与消费；三是放宽和增加消费信贷，刺激消费；四是在公开市场上买进有价证券，增加货币供应量，增加社会总需求。但在通货紧缩条件下积极的货币政策效果受到一定的约束，因此，扩张性的财政政策常常作为解决通货紧缩的“处方”。政府应采取扩大财政赤字、增加财政支出的措施，增加总需求。在增加财政支出时，还需要相应地减少税收，以减少财政政策的“挤出效应”。削减税率也可产生乘数效应，促进经济增长。而经济活动的恢复也有利于扩大税基，最终有利于增加税收。

（二）收入政策和基本生活保障政策

低收入群体的边际消费倾向一般要低于高收入群体，因此，通过收入分配政策提高低收入群体的收入水平可以有效增加全社会的总需求。为此，政府应拓宽就业渠道，努力增加就业，完善社会保障体系，增加转移性支付以提高低收入阶层的收入，提高全社会的消费水平。

（三）调整产业结构

生产能力过剩造成社会总供求的失衡，导致通货紧缩的形成。为此，政府应调整国民经济结构和产业结构，实现产业结构的优化升级，解决产能过剩问题。坚持市场调节和政府引导相结合，发挥市场配置资源的决定性作用，把增强自主创新能力作为调整产业结构的中心环节，建立以企业为主体、以市场为导向、产学研相结合的技术创新体系，大力提高原始创新能力、集成创新能力和引进消化吸收再创新能力，提升产业整体技术水平。

三、国际货币失衡应对

（一）推动国际货币体系改革

全球经济失衡的根本解决，在很大程度上取决于国际货币体系的合理化改进，削弱美元作为国际货币本位和美国作为国际货币体系“中心国”的作用，形成比较均衡的国际收支调节责任承担机制，形成基于共同利益的跨国家和超国家行动，需要国家间的对话、协调和合作。

（二）推动国际货币失衡国家经济结构的调整

就美国而言，一方面，没有国际货币体系的根本改变，世界各国对美元储备和美元资产的需求不减，美国的低储蓄局面就难以改观。但要美国主动放弃或减少在世界范围内获取铸币税的好处是很困难的。另一方面，在现有国际储备货币供求状况改变之前，美国进行国内经济结构的大规模调整也会导致国际储备货币供给不足，从而引发世界范围内的经济萧条。

（三）建立和加强对国际资本流动的监管调控机制

为了减少国外输入型通货膨胀的压力，正确调控本国的汇率和利率水平，防范金融危机的风险，越来越多国家的货币和财政当局意识到建立和加强对国际资本流动的监管调控机制的必要性。尤其在世界还没有形成对国际资本流动的全球规则，也没有建立起有效的监控机制时，各国对国际和国内金融证券市场加强监管、对流入本国市场的国际资本注意监控是非常必要和有益的。

（四）提高一国融入国际产业链的水平和韧性

为寻求资源的最优配置，一国的部分产业链环节往往分布在国外。本国需具备强大的产业配套基础和垂直整合能力来融入全球产业链分工，在开放合作中形成具备更强创新力、更高附加值的产业链，提升产业链水平。此外，应尽量避免产业链环节过度集中到一国或一家企业，产业链关键环节的核心技术要实现自主可控，以提高产业链面对内外部风险和挑战时的抗冲击能力，形成足够的产业链韧性。

四、货币失衡治理的经验总结和启示

（一）通货膨胀治理的经验总结和启示

自 20 世纪 80 年代以来，世界各国在治理通货膨胀、稳定宏观经济形势的目标下，为建立和完善市场经济体制、加强宏观调控机制做了很多努力，主要表现在：一是加强中央银行执行货币政策的独立性和调控金融市场的职能；二是健全各级财税征管和监督机制，理顺财政和税收管理体制；三是加强对宏观经济运行情况的监管和信息化管理调控机制；四是建立和加强对国际资本流动的监管调控机制。

世界性通货膨胀在 20 世纪 70 年代加剧，到 90 年代得到比较认真的治理，世界各国都为此付出了很大的努力，为稳定国际经济形势、探索可持续增长的模式和发展战略做出了自己的贡献，并且为其他国家提供了非常丰富和有益的、可参考和借鉴的经验教训，值得很好地记取和研究。通过对世界各国通货膨胀治理的比较研究，我们认为：通货膨胀是宏观经济运行中经常会出现的经济现象，要制定经济增长速度与通货膨胀率之间的最佳目标非常困难，治理通货膨胀需要因国因时而异的综合措施。为防止通货膨胀失控和阻止其恶性发作，各国政府的宏观调控作用应该加强，而不是随改革和减少经济干预而取消。通过对宏观经济运行的监督和引导，各国可以使宏观经济的失控降到最低限度，同时，在发现问题之后及时纠正和对政策进行微调，从而减少损失和付出的代价。

（二）通货紧缩治理的经验总结和启示

从美国 20 世纪 30 年代实施罗斯福“新政”，到日本政府为了治理通货紧缩采取财政政策、货币政策等一系列政策措施，以及中国政府为了治理从 1997 年开始的近三十年来唯一一次长时间的通货紧缩连续八次降低利率无明显效果，直至最后采取国债融资方式、以政府直接投资的方式扩大内需启动经济复苏，对通货紧缩的治理各具特色，经验各异：一是及时调整政策方向和力度，并在制定政策时充分考虑政策的时滞性，对通货紧缩程度进行实时监测，及时掌握微观经济主体的行为与心理预期，适时调整原有政策的操作方向和力度，将物价水平控制在合理区间内，避免经济的大起大落。二是宏观调控应该与微观基础调整相结合，宏观政策的制定必须兼顾微观基础的调整才能有效治理通货紧缩。三是治理通货紧缩应以财政政策为主，其不对称性程度显著小于货币政策，治理通货紧缩的效果更为明显。

本章小结

货币均衡，指的是一国在一定时期内货币供给与货币需求基本相适应的货币流通状态。相应地，货币失衡则是一国在一定时期内货币供给与货币需求相偏离，两者不相适应的货币流通状态。一旦市场经济的运行偏离了均衡利率与均衡货币条件，就会出现通货膨胀或者通货紧缩的问题。

通货膨胀与通货紧缩是货币失衡的外在表现形式。对通货膨胀与通货紧缩的研究都离不开对两者的定义、度量、成因以及作用机制的分析。通货膨胀与通货紧缩将通过不同渠道对生产要素及资源的配置、商品价格体系、经济增长以及财富和收入产生重要的影响，通货膨胀的影响包括经济效应、财富再分配效应、强制储蓄效应、收入分配效应和社会经济危机效应。通货紧缩则是通过经济效应、财富收缩效应以及收入再分配效应产生影响。当然，对货币失衡的研究还要考虑国际货币失衡对其他国家和世界经济均衡的影响。

对通货膨胀与通货紧缩的治理，除了采用财政和税收、货币和金融与产业政策外，还要加强应对国际货币失衡，并总结货币失衡治理的经验与教训。

问题与应用

1. 总量性货币失衡和结构性货币失衡之间有何关系？结合中国经济发展实际，分析中国货币失衡规律。
2. 通货膨胀是如何产生的？
3. 通货紧缩是如何产生的？
4. 货币失衡的国际传递是如何进行的？
5. 国际经济失衡与国际货币失衡的关系是什么？管理国际货币失衡应采用哪些政策？
6. 结合有关资料梳理货币失衡理论发展脉络，评价货币失衡治理方法。
7. 如何认识国际上货币失衡治理的历程与认识转变？
8. 试分析比较世界各国治理货币失衡的政策取向和选择。

推荐阅读材料、网站

[1] 邓敏.通货紧缩国际传导：基于国际经济视角的研究.成都：西南财经大学出版社，2006.

[2] 戈登斯坦，特纳.货币错配：新兴市场国家的困境与对策.北京：社会科学文献出版社，2005.

[3] 林直道.危机与萧条的经济理论：对日、美及东亚经济衰退的剖析.北京：中国人民大学出版社，2005.

参考文献

[1] 伯格斯坦.美国与世界经济：未来十年美国的对外经济政策.北京：经济科学出版社，2005.

[2] 陈彦斌，马莉莉.中国通货膨胀的福利成本研究.经济研究，2007（4）：30－42＋159.

[3] 成思危.成因与对策：透析中国的通货紧缩.北京：经济科学出版社，2002.

[4] 丁志杰.美元政策长镜头（上、中、下）.当代金融家，2005（1）：18－24.

[5] 董文泉，高铁梅，姜诗章，等.经济周期波动的分析与预测方法.长春：吉林大学出版社，1998.

[6] 弗里德曼，滕茂桐.货币与通货膨胀.国际经济评论，1981（1）：8－23.

[7] 高柏.日本经济的悖论：繁荣与停滞的制度性根源.北京：商务印书馆，2005.

[8] 哈耶克.货币的非国家化.修订本.海口：海南出版社，2019.

[9] 胡鞍钢，吴群刚，沈炳熙，等.中国挑战通货紧缩.北京：中国计划出版社，2001.

[10] 黄达，张杰.金融学.5版.北京：中国人民大学出版社，2020.

[11] 杰克曼，马尔维.通货膨胀经济学.上海：上海译文出版社，1991.

[12] 凯恩斯.就业、利息和货币通论：重译本.北京：商务印书馆，2021.

[13] 克鲁格曼.汇率的不稳定性.北京：北京大学出版社，中国人民大学出版社，2000.

[14] 李健.当代西方货币金融学说.北京：高等教育出版社，2006.

[15] 李健.金融学.4版.北京：高等教育出版社，2022.

[16] 麦金农.美元本位下的汇率：东亚高储蓄两难.北京：中国金融出版社，2005.

[17] 钱小安.通货紧缩论.北京：商务印书馆，2000.

[18] 萨克斯，拉雷恩.全球视角的宏观经济学.上海：格致出版社，上海三联书店，上海人民出版社，2004.

[19] 索洛，泰勒，弗里德曼.通货膨胀、失业与货币政策.北京：中国人民大学出版社，2013.

附　录　CPI 观测案例[①]

在实际工作生活中，我们一般不直接计算通货膨胀与通货紧缩程度，而是通过价格指数的变化率来间接表示。关于通货膨胀的统计度量，老百姓总感觉长期以来我国统计部门对外发布的价格指数只是一个“顾全大局”的综合统计数字，对于不同阶层老百姓的不同生活感受并没有如实反映。那么，为什么官方公布的消费者价格指数（CPI）与老百姓在日常生活中对物价的感受存在这么大的差异？在目前的形式下，对通货膨胀度量所使用的价格指数能否采取“差别化”统计方式？要回答这些问题，可首先从了解 CPI 的整个调查统计与编制过程开始。

一、我国 CPI 的编制

“这段时间的水电费又涨了！”“怎么猪肉又变贵了呢？”我们经常会在日常生活中听到左邻右舍这样说，或发发牢骚、抱怨物价的飞涨。这些听起来非常耳熟的每日普通话语，已经成为大部分老百姓脑子里所理解的“物价”概念，显然它真实、形象、易懂。在我国现行的统计制度中，通常采用 CPI 来表示“物价”，这个统计指标反映了一定时期内居民购买的一篮子商品和服务的价格变化情况，进而反映居民在生活中所面临的物价上涨压力。在国际上，一般采用 CPI 来观察某个国家或地区是否发生了通货膨胀或通货紧缩。

① 根据 2011—2021 年央行 CPI 问卷专家的实践编写。

（一）消费者价格指数的历史沿革

根据价格统计改革的需要，我国自1994年起对消费者价格指数进行单独编制。当年国家开始对消费者价格指数和商品零售价格指数实行单独编制，并正式取消了零售商品价格指数和生活费用价格指数的编制。这一阶段价格指数的统计、公布和使用都是以商品零售价格指数为主，相比之下，消费者价格处于从属地位。但是随着我国市场经济体制改革的深入，特别是第三产业的迅速发展，服务消费在居民家庭支出中的比重呈上升趋势，消费者价格指数的编制理论、计算方法受传统习惯和计划经济条件下国民经济核算的影响较大，难以满足市场经济条件下各方面的需要。在此背景下，国家统计局等相关部门从1997年开始组织力量对消费者价格指数编制方法的改革进行了大量研究，在查阅主要西方国家消费者价格指数的编制方法和咨询国际价格统计专家的基础上，决定从2000年起价格指数的统计、公布和使用将由以商品零售价格指数为主改为以消费者价格指数为主。为更及时、准确地反映居民消费结构的新变化和物价的实际变动，按照统计制度要求，我国CPI每五年进行一次基期轮换，每次调整后，商品分类目录、代表商品和规格品、价格采集点、商品大类权数均有变化，商品中类、小类和服务项目权数则是每年调整一次。

（二）我国CPI的编制原理

CPI综合反映了各种消费品和生活服务价格的变动趋势和程度，是反映通货膨胀的重要指标。编制CPI在于全方位地对消费者价格变动对居民生活的影响进行观察，为党政领导和决策部门深入了解消费者价格即时情况，研究和制定工资政策、居民消费政策、货币政策、价格政策提供依据，同时为国民经济核算提供科学依据。

我国用于编制CPI的商品和服务项目基本是根据用途进行分类的。从2021年1月开始，我国将2020年作为新一轮的对比基期。与上轮基期相比，本次调整后的调查分类目录大类保持不变，仍为8个大类、24个中类、80个小类，基本分类则从262个增加至268个，在对部分项目进行删减、合并的基础上，增加了外卖、母婴护理服务、新能源小汽车、可穿戴智能设备、网约车费用等新兴商品和服务。① 由于统计部门不对外公布CPI中各项目的权数，外界只能通过每年的变动进行推测。例如，根据财信证券的估算，2021年调整后食品烟酒、衣着、居住、生活用品及服务、交通通信、教育文化娱乐、医疗保健、其他用品及服务的CPI权数构成分别为28.19%、6.81%、22.12%、4.74%、11.25%、13.65%、11.24%、2.00%。

国家统计局采用指定加权算术平均公式编制CPI。计算公式为：

$$\overline{K}=\frac{\sum kW}{\sum W}$$

其中，$\overline{K}$——消费者价格指数；

k——商品或服务（或类）价格指数；

W——权数。

---

① 许宪春，靖骐亦．国际上CPI手册的更新及对中国CPI编制的启示．统计研究，2023，40（2）：16-28.

现以附表 2－1 为例，介绍某市按照 2021 年调整后的权数编制 CPI 的方法。

附表 2－1　2023 年 10 月我国某市 CPI 计算表

商品、服务类别和名称				代表规格品的规格等级牌号	计量单位	平均牌价（元）			以上年为基础	
						上年 p_0	本年 p_1	权数（%）	个体价格指数 $k_p=p_1/p_0$（%）	个体价格指数乘权数 k_pW（%）
（甲）				（乙）	（丙）	(1)	(2)	(3)	(4)＝(2)/(1)	(5)＝(4)×(3)
CPI										99.95
食品烟酒								28.19	97.90	27.60
	粮食中类							6	100.63	6.04
		细粮小类						90	100.58	90.52
			大米	二等粳米	千克	5.82	5.86	95	100.69	95.65
			面粉	标准粉	千克	5.34	5.26	5	98.50	4.93
		粗粮小类						10	101.10	10.11
	食用油							5	96.50	4.83
	菜							9	96.20	8.66
	禽肉类							10	87.90	8.79
	畜肉类							15	82.10	12.32
	水产品							6	99.50	5.97
	蛋类							2	95.00	1.90
	干鲜瓜果类							5	102.20	5.11
	奶类							6	100.00	6.00
	薯类							2	99.20	1.98
	豆类							2	98.90	1.98
	糖果糕点类							2	96.40	1.93
	其他食品类							2	89.10	1.78
	卷烟							3	101.20	3.04
	酒类							7	99.50	6.97
	茶及饮料							3	100.30	3.01
	在外餐饮							17	103.60	17.61
衣着								6.81	101.10	6.88
居住								22.12	100.30	22.19

续表

商品、服务类别和名称				代表规格品的规格等级牌号	计量单位	平均牌价（元）			以上年为基础	
						上年 p_0	本年 p_1	权数（%）	个体价格指数 $k_p=p_1/p_0$（%）	个体价格指数乘权数 k_pW（%）
生活用品及服务								4.74	99.40	4.71
交通通信								11.25	99.10	11.15
教育文化娱乐								13.65	102.30	13.96
医疗保健								11.24	101.30	11.39
其他用品及服务								2.00	103.60	2.07

资料来源：由于国家统计局并未公布完整的月度 CPI 中类指标及其权数，因此为计算方便，各类指标权数采用财信证券测算数值。食品烟酒大类下的分类均是为计算方便而进行的分类，价格数据采集自 Wind 资讯，其中大米 2022 年 10 月和 2023 年 10 月的价格分别为 5.82 元/千克和 5.86 元/千克，面粉 2022 年 10 月和 2023 年 10 月的价格分别为 5.34 元/千克和 5.26 元/千克。

具体的计算步骤如下：

以食品烟酒类为例分析 CPI 的编制。食品烟酒大类下分为粮食、食用油、菜、禽肉类、畜肉类、水产品、蛋类、干鲜瓜果类、奶类、薯类、豆类、糖果糕点类、其他食品类、卷烟、酒类、茶及饮料和在外餐饮等，其中具体演算粮食中类。粮食中类下分为细粮小类和粗粮小类，而细粮小类下有大米和面粉。

（1）计算各代表规格品小类中个体的零售价格指数。即计算大米和面粉的个体价格指数：

$$k_p=\frac{p_1}{p_0}=\frac{5.86}{5.82}=100.69\%$$

这是大米的个体价格指数，同理可算出面粉的个体价格指数为 98.50%。

（2）把个体价格指数乘以对应的权数后相加，即可得出小类价格指数。细粮小类价格指数即大米个体价格指数和面粉个体价格指数乘以各自对应的权数后相加：

$$\begin{aligned}k_{小类}&=\sum k_pW\\&=100.69\%\times0.95+98.50\%\times0.05\\&=95.65\%+4.93\%=100.58\%\end{aligned}$$

同理可得粗粮小类价格指数为 101.10%。

（3）把各小类价格指数乘以对应的权数后相加，即可得出中类价格指数。粮食中类价格指数即细粮小类价格指数和粗粮小类价格指数乘以各自对应的权数后相加：

$$\begin{aligned}k_{中类}&=\sum k_{小类}W\\&=100.58\%\times0.90+101.10\%\times0.10\end{aligned}$$

$$=90.52\%+10.11\%=100.63\%$$

同理可得食用油、菜、禽肉类、畜肉类、水产品、蛋类、干鲜瓜果类、奶类、薯类、豆类、糖果糕点类、其他食品类、卷烟、酒类、茶及饮料和在外餐饮的中类价格指数分别为 96.50%、96.20%、87.90%、82.10%、99.50%、95.00%、102.20%、100.00%、99.20%、98.90%、96.40%、89.10%、101.20%、99.50%、100.30%和103.60%。

（4）把各中类价格指数乘以对应的权数后相加，即可得出大类价格指数。如食品烟酒大类价格指数为：

$$\begin{aligned}k_{大类} &= \sum k_{中类} W \\ &=100.63\%\times0.06+96.50\%\times0.05+96.20\%\times0.09+87.90\%\times0.10 \\ &\quad +82.10\%\times0.15+99.50\%\times0.06+95.00\%\times0.02+102.20\%\times0.05 \\ &\quad +100.00\%\times0.06+99.20\%\times0.02+98.90\%\times0.02+96.40\%\times0.02 \\ &\quad +89.10\%\times0.02+101.20\%\times0.03+99.50\%\times0.07+100.30\%\times0.03 \\ &\quad +103.60\%\times0.17 \\ &=6.04\%+4.83\%+8.66\%+8.79\%+12.32\%+5.97\%+1.90\%+5.11\% \\ &\quad +6.00\%+1.98\%+1.98\%+1.93\%+1.78\%+3.04\%+6.97\%+3.01\% \\ &\quad +17.61\% \\ &=97.90\%\end{aligned}$$

同理可得衣着、居住、生活用品及服务、交通通信、教育文化娱乐、医疗保健、其他用品及服务的大类价格指数分别为 101.10%、100.30%、99.40%、99.10%、102.30%、101.30%和 103.60%。

（5）把各大类价格指数乘以对应的权数后相加，即可得出 CPI。即将食品烟酒、衣着、居住、生活用品及服务、交通通信、教育文化娱乐、医疗保健、其他用品及服务的大类价格指数乘以对应的权数后相加：

$$\begin{aligned}\overline{K} &= \sum k_{大类} W \\ &=97.90\%\times0.2819+101.10\%\times0.0681+100.30\%\times0.2212 \\ &\quad +99.40\%\times0.0474+99.10\%\times0.1125+102.30\%\times0.1365 \\ &\quad +101.30\%\times0.1124+103.60\%\times0.0200 \\ &=27.60\%+6.88\%+22.19\%+4.71\%+11.15\%+13.96\% \\ &\quad +11.39\%+2.07\% \\ &=99.95\%\end{aligned}$$

即 2023 年 10 月该市 CPI 为 99.95%。

二、我国 CPI 统计指数偏差以及相应权数的调整

（一）居民日常生活感受与 CPI 统计数据出现偏差的原因

"为什么统计数据和老百姓的切身感受总有这么大的差异？"越来越多的人对统计部门

发布的CPI表示质疑。的确，很多时候老百姓在日常生活中会感觉到统计部门公布的CPI“比较温和”，CPI“温和”的增长速度与当前蔬菜价格的涨势相比，显然是反应过慢了。但问题是蔬菜价格的变动情况能作为CPI的“全权代表”吗？

我国CPI的指数类型属于固定篮子价格指数（fixed basket price index），即根据消费者购买商品和服务的具体项目及支出情况，选择特定商品和服务篮子，然后将其作为确定权数的基础，再具体计算价格指数。值得注意的是，我国CPI商品和服务篮子中的各类商品和服务及其权数并非像个别专家认为的那样是一成不变的，统计部门会时刻关注商品和服务的需求变化并进行相应调整。商品大类权数每5年进行一次调整，而商品中类、小类和服务项目的权数，每年都要根据上一年城镇居民家庭住户年人均消费性支出调查资料、不同收入人群对物价上涨承受能力的差异等进行调整。

前面我们已经介绍过，消费者价格的调查内容按用途划分涉及食品烟酒、衣着、居住、生活用品及服务、交通通信、教育文化娱乐、医疗保健、其他用品及服务共八个大类。这八个大类下共设置268个基本分类，每个基本分类下设不同数量的代表规格品。而这么多被调查的商品和服务项目的重要程度各不相同，它们在CPI形成过程中的权数也就不同。CPI其实就是一个加权计算后的综合平均数，从计算每一代表规格品的月平均价格开始，逐级计算规格品价格指数、基本分类价格指数、八大类别价格指数和最后的CPI。但是统计部门没有公布CPI商品和服务篮子中的各项目权数，只能靠人们去模拟或假设。那么，为什么CPI统计数据和老百姓个人的切身感受总有这么大的差异？主要有以下几个原因：

第一，CPI反映出的是一国平均物价水平的变动，以CPI来衡量通货膨胀会掩盖一部分价格变动，比如CPI商品和服务篮子中一部分涨而一部分跌，那么CPI反映不出来。比如食品烟酒这一大类包含粮食、食用油、菜、禽肉类、畜肉类、水产品、蛋类、干鲜瓜果类、奶类、卷烟、酒类等中类，各中类又包含若干小类，在菜价保持30%以上高增幅的同时，粮、油、肉、蛋等的价格若下降，那么从食品烟酒这一大类来看，个体价格指数呈现“一升四降”之势，由此就不难理解CPI为何跑不赢菜价了；或者菜这一类的权数低于肉类，那么当菜价的涨幅高于肉价的涨幅时，CPI必然会被权数更大的肉类价格指数“拖住”。其实，CPI是一个地区的消费者价格指数，不是某一个人的消费者价格指数，是全国、全省、全市消费者价格水平的平均数。如同哲学里所说的“一般”与“特殊”的区别，CPI是“一般”，老百姓个人切身感受是“特殊”。所以CPI这一宏观平均数据与老百姓的微观感受之间存在差距是必然的。CPI的项目构成与权数设置影响了居民的感受。从调查情况看，CPI除在权数调整周期及数据采集、生成等计算方面缺乏合理因素的支撑外，在各类项目设置的合理性方面也存在一定程度的缺失：

（1）食品项权数过大，与实际消费结构情况脱节。

（2）医疗、教育等实际消费较多的消费支出权数偏小。

（3）居住项权数偏小，而且排除了购买商品房的消费支出，只将其作为投资考虑，大大偏离居民感受。

第二，统计部门采用抽样调查方法确定价格调查点，在采价点的抽选上遵循统筹兼顾、布局合理的原则。在选择价格调查点时，通常以大中型商店、超市或专业性商店为主，并兼顾分散在各居民生活小区的小型商店，从而保证所采集的商品价格具有充分的代表性。比如新鲜蔬菜既要到超市进行采价，又要到农贸市场进行采价。在采价过程中需要采集的商品虽有标价，但大部分都能再商量，统计部门要求采用实际成交价，所以采价员不能抄抄价签了事，需要经过讨价还价以实际成交价录入。然后每个月要将从各个采价点采集的价格进行平均，这才可获得该商品的月平均价格。因此用于 CPI 计算的商品的录入价格一般是该商品的均价，肯定会与商品的一般价格有偏差。

第三，老百姓对生活必需品价格的变化较为敏感。近两年来，鲜菜、猪肉、鸡蛋、水电以及液化气等商品的价格纷纷上涨。由于这些商品与老百姓的日常生活息息相关，属于“刚性需求”的生活必需品，无论商品的价格如何变动，购买需求不变，几乎每日都要用到，对这些“刚性需求”商品的价格变动感受自然强烈，其价格稍稍波动就能够引起足够的关注。与此同时，电子产品、服装等商品则总是以降价的姿态呈现在我们眼前，让人们充分享受了科技进步带来的生活水平的提高和生活质量的改善，这些商品的价格指数变化迎合了消费者的消费心态，因此不会引起人们的怨言。可见，人们在日常生活中对市场上价格上涨的商品有着“惯性式”的关注。一般来说，人们习惯性地侧重于关注市场上涨价的商品，因此在心理上对涨价现象感受非常深刻，反应也相当强烈，而对平价或降价商品的反应则不那么敏感。

第四，CPI 在数据采集、生成、发布等环节受到较多的人为影响。一是编制过程不透明。CPI 编制中的中类价格指数和小类价格指数的权数一直没有公布，且在每次调查统计过程中 CPI 商品和服务篮子中的商品和服务都不公布于众。一些与国计民生息息相关的指数指标的形成严重缺乏透明性，公众对其不知情，对其科学性和真实性无法监督，因此指数指标易被人为操纵，形成偏差。二是采集的样本偏小。受限于价格采集的人工成本，目前 CPI 调查在全国 31 个省份中抽取 500 个市县开展，且由于人口和市场建设等方面的差距，调查市县各自抽选的价格调查点在数量上也存在较大差别，使得不同地域的居民对 CPI 的感受不一致。

（二）CPI 统计偏差的主要来源

我国统计部门通常是通过确定基期和报告期的一篮子商品和服务，并采用拉氏价格指数方法来编制 CPI。但是，按照传统的拉氏价格指数方法编制的 CPI 准确吗？其实关于这个问题，国外早在 1961 年就已经意识到价格指数在统计编制过程中可能存在偏差，在不考虑抽样误差的情况下，按照国际上普遍采用的分析框架，CPI 偏差主要有商品（或服务）替代性偏差、权重因素引起的偏差、新商品（或服务）出现引起的偏差、商品（或服务）质量变化引起的偏差和销售渠道替代引起的偏差等。

1. 商品（或服务）替代性偏差

商品（或服务）替代性偏差的主要原因就是拉氏价格指数并不能准确反映出商品（或服务）相对价格变化所引起的偏差，最具代表性的例子即苹果和梨这两种存在替代关系的商品。当苹果的价格上升时，人们会选择多消费梨；相反，当梨的价格上涨时，人们会选择购买更多的苹果。若编制 CPI 时仍按照基期权数，则反映不了消费者的替代行为，一般情况下会高估人们为维持一定效用所需的生活成本，从而导致高于 CPI 的偏差。

2. 权重因素引起的偏差

权重因素引起的偏差主要是由于商品和服务权数本身出现偏差而导致价格指数出现偏差，目前使用 CPI 这一指标的多数国家，商品和服务权数的确定都是根据该国消费者支出调查数据统计得到。如果权数调查不及时或者调查结果存在偏差，则会引起最终价格指数出现偏差。

3. 新商品（或服务）出现引起的偏差

新的商品（或服务）的推出会对当期的 CPI 编制造成偏差影响，这是由于该商品（或服务）在被引入 CPI 商品和服务篮子的过程中往往存在时滞。在新商品（或服务）的生命周期中，由于科技的进步或生活水平的提高，这些商品（或服务）在生命周期的前期常常会发生价格急剧下降等现象，这样 CPI 就未必能够捕捉到消费者剩余。这些商品（或服务）的价格指数编制存在滞后，CPI 会产生偏差。值得注意的是，在新商品（或服务）出现引起的偏差中实际还有差别，即品牌差别引起的偏差。

4. 商品（或服务）质量变化引起的偏差

在商品（或服务）更新换代非常快的情况下，尤其是经济处于高速发展期，商品（或服务）的质量变化周期缩短，消费者正在消费的商品（或服务）质量时刻都在改变，但所编制的 CPI 在调查过程中难以反映出质量差异，这会导致 CPI 出现高估或者低估，无法真实地反映出一般价格水平。

5. 销售渠道替代引起的偏差

当不同销售网点之间、线上线下不同渠道的商品（或服务）价格存在差异时，消费者亦会进行选择以实现自身效用最大化，这将引发一定的替代行为。如果统计机构在采价过程中没有捕捉到消费者对零售地点的替代行为，仍采用先前的采价点，就可能引起偏差。

（三）我国 CPI 商品和服务篮子中各项目的权数调整

我国的 CPI 对外界来说还是一个“黑匣子”。从近年惯例来看，统计部门对各类商品和服务权数的调整一般是“中、小类每年一小调，大类每五年一大调”，但统计部门并没有对外界公布具体调整方法、调整权数等内容。所以，我们只能根据官方公布的 CPI 及其变动资料，推测各类商品和服务的权数。

如附表 2-2 所示，财信证券估算了 CPI 商品和服务篮子各大类在近两轮调整中的权数。根据 2021 年的调整结果来看，食品烟酒、衣着、教育文化娱乐、其他用品及服务的权数约比上轮分别下降了 1.2、1.7、0.5、0.4 个百分点，居住、交通通信、医疗保健的权数约比上轮分别上升了 2.1、0.9、0.9 个百分点，生活用品及服务的权数变动不大，反映出我国居民对食品等项目消费的减少，对居住和医疗保健项目消费的增加。

附表 2-2 CPI 商品和服务篮子中大类的权数调整（%）

大类	2016 年	2021 年	调整结果
食品烟酒	29.39	28.19	−1.20
衣着	8.51	6.81	−1.70
居住	20.02	22.12	2.10
生活用品及服务	4.84	4.74	−0.10
交通通信	10.35	11.25	0.90
教育文化娱乐	14.15	13.65	−0.50
医疗保健	10.34	11.24	0.90
其他用品及服务	2.40	2.00	−0.40

资料来源：Wind 资讯和财信证券。

从这次权数的调整来看，这是对居民消费支出结构产生趋势性变化的回应，也更能体现消费者价格水平的变化趋势。但是食品烟酒类接近三分之一的权数仍引起了社会广泛的质疑，认为其权数下调幅度不到位，不符合我国当前的经济情况。那么，在未来各类权数应当怎么调整呢？

1. 食品烟酒类的权数应当进一步下调

与西方发达国家相比，作为发展中国家，我国现阶段的居民消费支出结构失衡的状况较为突出，这主要表现在食品消费支出占消费总支出的比例偏大，即恩格尔系数过高，相较而言，食品价格的波动对普通民众的影响最大。但统计资料显示，由于收入持续快速增长，我国城镇居民家庭的恩格尔系数一直呈下降趋势，从 1978 年的 57.5%下降至 2022 年的 29.5%，而农村居民家庭的恩格尔系数也从 67.7%下降至 33.0%，恩格尔系数的不断下降标志着我国居民食品消费支出在消费总支出中的比重不断下降。居民收入水平及消费支出结构的变化，客观上要求权数构成必须做出相应的调整，这样才能更真实地反映经济发展和物价水平。而在我国当前的 CPI 编制过程中，食品烟酒类一直占据着约三分之一的比重，能在很大程度上左右 CPI 的走势，应当进一步下调其权数。

2. 居住类权数应当进一步上调

尽管这些年来居住类权数一直在提高，但根据 2021 年最新的调整结果，居住类权数约为 22.12%，还是远远低于 30%的国际平均水平。买房优于租房的传统观念促成了我国自有住房率位居世界第一，房价收入比也远高于国际平均水平，反映出我国居民住房消费支出较高。但在我国商品和服务权数的设置中，城市居民居住类权数明显与居民实际支出水平不符，偏低的权数显得不合理。这主要是因为我国统计部门并没有将商品房购置价格直接纳入 CPI 的计算中来。根据国际惯例，商品房是一次购买多年使用，与当年的 CPI 不同步，购房是投资而不是消费，因此不直接计入 CPI。在我国 CPI 编制中，居住类项目主要监测与居民住房相关的房租、水费、电费、燃料费、住房维护修理费等的变动，特别是房租的变动，从而反映居民住房消费价格的变动，但城市房租的上涨速度远远低于房价的上涨幅度的现实情况却没有考虑进来。在自有住房率较高而相应权数较低的情况下，房价通过自有住房传导到 CPI 的渠道并不畅通，CPI 衡量通胀的功能也因此受限。

3. 医疗、教育等的权数偏小

医疗保健以及教育文化娱乐两类的权数远远小于食品烟酒类，但从我国人口老龄化程度加深和教育支出比重增加的趋势来看，应该进一步提高相应的权数，并扩大这两类在CPI中的核算范围，尽可能将非正常性医疗和教育支出纳入CPI的编制中。另外，与居民生活密切相关的燃油的价格连续多次大幅上调，然而其权数仅通过车用燃料及零配件体现，权数还不到1%。由于权数较小，即使油价、燃气价格涨幅过高也不会影响CPI，这也使得居民的感受与公布的指数形成了偏差。

三、对未来我国CPI统计指数的调整建议

（一）适当缩短权数调整周期

我国统计部门对于CPI商品和服务篮子中的中、小类的权数每年都会调整，大类的权数调整周期是五年，考虑到我国经济发展速度较快，居民生活水平及消费支出结构也调整较快，某些商品或服务权数被高估或低估的倾向会越来越明显。除此之外，为了尽量弥补消费者偏好变化带来的影响，统计部门在CPI编制过程中应当时刻关注居民对商品和服务的需求变化，随时将“过期”商品和服务淘汰，并增加新的内容。这些工作无非为了让固定篮子价格指数尽量和真实消费支出结构相一致，因此有必要适当缩短权数调整周期，加快CPI商品和服务篮子的更新，减少因权数更新不及时而导致CPI在衡量通胀水平时产生的误差。由于权数的更新主要依托对消费支出数据的及时获取，近年来扫描数据的普及和信息技术的应用为更快获取商品和服务的消费份额提供了可能，可以尝试借助大数据方法提高权数更新频率，作为既有权数更新方法的补充。

（二）优化核心CPI

鉴于CPI在度量通胀方面存在一定的缺陷，目前越来越多的西方国家在理论和实践中开始构建并核算本国的核心CPI作为通胀的度量指标。核心CPI建立在CPI的基础上，与CPI不同的是，核心CPI对暂时的、受非货币因素（政府管制、税收政策等）影响的项目进行剔除，用以反映物价变动中长期的、稳定的趋势。它刻画了剔除外生冲击影响后的经济长期增长路径，反映了在基于长期均衡的需求水平下，生产成本的长期变动趋势所引致的价格变动。从国外实践经验来看，核心CPI的编制和公布为政府当局提供了有力的决策依据。由于核心CPI剔除了短期因素的波动，具有一定的长期稳定性，有着“熨平”CPI频繁波动的作用，因此有助于引导公众形成合理的通胀预期，货币当局可以盯住核心CPI制定货币政策，避免因某些商品和服务的短期价格波动做出不恰当的反应。

参考多数发达国家中央银行的做法，我国统计部门自2013年起系统性地公布剔除食品和能源项目的核心CPI数据。主要是因为食品和能源价格的波动经常是由供给冲击造成的，如石油供应的减少、气候原因造成的农产品歉收等，这些供给冲击所造成的影响或很快逆转，或可能只是一次性的，不会影响长期的价格走势。然而，近年来，随着全球食品和能源价格的持续上涨，核心通胀率①和整体通胀率出现不同的走势，简单剔除食品与能

① 中国人民银行在2007年第二季度发布的《中国货币政策执行报告》中将核心通货膨胀定义为“剔除暂时性因素影响的潜在通货膨胀，用于反映价格变动的一般趋势”。

源的核心通胀率正在受到越来越多的质疑，一些经济学家和央行官员认为核心通胀率可能会低估通胀风险。一是食品和能源价格不一定会在短时间内逆转，而且其价格的变动一般具有第二轮影响，即会传导到其他价格上去，这在发展中国家会比较明显。二是货币政策如果不关注食品和能源价格的上涨，可能会诱发居民的通胀预期，影响货币政策的信誉，从而不利于控制通胀。有别于欧美等发达国家，在我国居民消费支出结构中食品和能源支出的占比更高，食品价格冲击持续性更强，使得非核心通胀借由通胀预期对核心通胀造成的第二轮效应更剧烈，非核心通胀未必会向核心通胀收敛，从而导致核心通胀无法反映整体通胀的未来发展趋势。在这种情况下，以简单剔除食品和能源的核心通胀作为央行判断通胀形势的主要依据就可能会发生偏误。因此，应该进一步优化我国核心 CPI 的指标体系和测算方法，并让公众理解它的科学内涵，引导人们形成合理的通胀预期。

（三）分层次编制 CPI

受统计调查技术和水平的限制，我国目前的 CPI 商品和服务篮子只包含几个较大的类别，还不能完全覆盖居民的日常消费。在经济水平不断提高的同时，我国城市居民收入和农村居民收入的差距也在拉大，不同收入层次的居民在消费偏好、消费结构、消费能力和消费质量上均有着显著的差异，而我国现有的 CPI 编制体系已经不能准确地体现出不同收入层次居民实际消费价格水平的差异，更不能贴切地反映出物价波动给不同阶层特别是中低收入群体带来的影响。针对我国的国情，有必要完善现有的 CPI 编制体系，构建出一个以 CPI 为主，以核心 CPI、地区性 CPI 和分层次 CPI 为辅的新的 CPI 体系（见附图 2-1）。

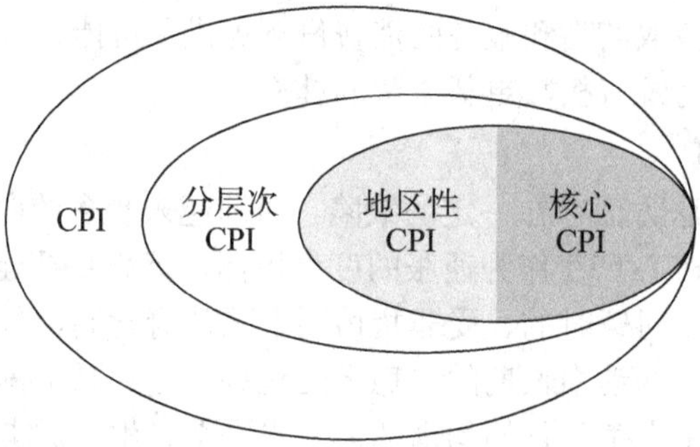

附图 2-1　CPI 指标构建体系

如附图 2-1 所示，新的 CPI 指标构建体系分为三个层次，最内层包含反映长期通胀程度的核心 CPI，核心 CPI 需要反映消费者价格长期走势，以便为国家决策部门制定宏观调控政策服务。同时，最内层还包括反映社会不同地区居民所购买的生活消费品价格与服务项目价格变动趋势和程度的 CPI 指标。由于我国各地区居民一般消费水平差别不大，所以可以认为地区性 CPI 波动不大。次外层是分层次 CPI，它参考了不同收入群体的消费者价格水平变动以及核心 CPI 和地区性 CPI，可以反映出不同地域不同消费群体所购买的消费品或服务的价格变动趋势和程度。最外层的就是反映全国居民平均消费者价格变动趋势和程度的 CPI 指标。经过多层次和多种类的编制过程后的 CPI 指标构建体系能够基本涵盖我国各地区不同收入群体的一般价格水平，避免了只有一个 CPI 指标无法确切地反映消费者价格的变动，同时，多层次的CPI指标可以同时给决策部门与老百姓提供更好的消费者价格数据。新的CPI指标体系将在宏观调控政策的制定过程、国民经济核算以及普通居民的物价预期中发挥更加重要的作用。

（四）将网购产品纳入CPI商品和服务篮子

网络经济高速发展扩宽了消费渠道，网购支出逐渐成为居民消费支出的重要组成部分。根据国家统计局公布的数据，我国网上零售额和实物商品网上零售额均呈现快速增长的趋势，线上消费需求和消费潜力不断得到释放。2022年全国网上零售额达13.79万亿元，其中，实物商品网上零售额为11.96万亿元，同比增长6.2%，占社会消费品零售总额的比重为27.2%，较上年提高2.7个百分点，全国网购替代率（线上消费对线下消费的替代）为80.7%。[①] 虽然我国CPI调查目录已经逐渐引入一些新兴商品和服务，但目前大量的网购产品还未正式被纳入CPI的统计范畴。国际劳工组织等国际组织2020年发布了《消费者价格指数手册：概念与方法》，新手册建议考虑互联网作为新兴购买渠道的产品价格变动。未来随着我国数字技术的快速发展，网购支出占居民消费支出的比重会进一步提高，因此需要考虑如何将更多网购产品纳入CPI商品和服务篮子，比如将网购产品作为一个独立项目与其他产品进行加总得到CPI，或单独编制网购产品的价格指数，以体现网购产品在居民消费中日益凸显的地位。同时，线上购买价格采集模式也可以缓解线下传统实地采集价格存在的成本高、效率低、样本小等问题。

最后必须强调的是，CPI不是万能的，它不能解释所有的经济现象，而对于通胀或通缩的经济现象，它只能对各类商品和服务的价格及其走势做出大致的估计和判断。CPI是上游经济活动在消费终端的反映，但不可能原汁原味。因此，我们在解读CPI时不能带着过多的苛求和过高的期望，而应该将其视为重要的参考，并与其他经济指标结合使用。要想应用好CPI，就必须真正弄懂弄通其详细的内涵和实质。

① 数据来源于国家统计局网站。

第三章 中央银行与货币政策

学习目标

1. 掌握有关中央银行制度在历史演进中的基本共识与中国特色。
2. 理解中央银行资产负债表的分析视角，能够解读中央银行业务变化反映的相关信息。
3. 掌握不同时空背景下中央银行货币政策操作框架和操作规则的变化。
4. 理解非常规政策工具的使用动机与掌握中国结构性政策工具的设计与作用。
5. 理解传统与拓展的货币政策传导渠道及其复杂效应。
6. 了解中央银行与货币政策研究领域的争议与挑战。

在加息潮下中国人民银行及货币政策能否“人云亦云”?

为解决通胀难题，在年内加息 7 次、累计上调 425 个基点的美联储的引领下，欧洲央行以及英国、加拿大、韩国、新西兰、匈牙利、波兰、墨西哥、阿根廷、南非等经济体的央行都参与到加息“大军”之中。据中新社记者不完全统计，2022 年内有约 90 个经济体的央行执行加息，加息总次数超 300 次，其中单次大幅加息至少 75 个基点的情形并不少见。在加息潮下，中国人民银行能否跟随? 要回答这一问题，你需要充分理解中央银行在现代经济金融运行中的定位与责任，需要用数据说话，需要对中央银行的资产负债表进行综合分析，需要把握中央银行的货币政策能做什么、如何做。更重要的是，需要明确中央银行与货币政策都是服务于所在的实体经济，并不脱离所属国家而具有超脱性。因此，我们通过本章的学习来检验一下 2022 年中国人民银行的政策安排是否恰当，同时也进一步思考其未来的取向与可能的操作。

第一节 现代中央银行制度

现代中央银行制度是在经济和金融发展过程中逐步形成的，随着金融成为现代经济的核心和各国经济联系的日益紧密，中央银行制度的作用变得更加突出。

一、现代中央银行制度的形成与发展

（一）中央银行制度的阶段性演进

全球范围内中央银行制度的演进大致可以划分为三个阶段，见表3-1。

表3-1　中央银行制度的阶段性演进

阶段	时间	代表性中央银行	主要背景与原因	形成特点	理论依据
萌芽与初步发展阶段	1694年至1913年	1694年英格兰银行 1800年法兰西银行 1814年荷兰银行 1875年德意志银行 1882年日本银行 1905年户部银行 1913年美联储	早期建立中央银行的国家是世界上商品货币经济最发达的国家，中央银行也建立最早；客观上主要是本国经济金融发展的必然产物；政府融资便利的需要；金本位制下中央银行作用有限	明确中央银行的机构属性；中央银行三大职能初步形成；中央银行的存在价值基本明确（最后贷款人）	理论：自由主义；古典理论 法律：中央银行法
积极建设与发展成熟阶段	1913年至1971年	战后独立国家中央银行的建立	布雷顿森林体系时期，固定汇率时代；大萧条；赤字财政政策推行；大滞胀时代	中央银行的宏观调控作用逐渐强化，为大萧条后的经济复苏提供了重要的支持，中央银行仍处于从属地位	凯恩斯主义；新古典综合（菲利普斯曲线）
	1971年至2008年金融危机前	美联储 新西兰储备银行（1990年，最早实施通胀目标制） 日本银行 英格兰银行	布雷顿森林体系解体以后，浮动汇率制度；大温和时代；稳定物价的追求	中央银行独立性、透明度与问责制的强化；中央银行与金融监管越来越脱节；单一目标、单一工具的货币政策框架形成	货币学派；新古典主义；通胀目标制
质疑与挑战阶段	2008年金融危机至今	发达经济体中央银行；中国人民银行	2008年金融危机；2020年新冠疫情大流行；量化宽松政策大范围应用；低通胀、低利率、低经济增长；2021年通胀显现后的中美货币政策分化	中央银行作用强化，与财政政策关系密切，相互支持；突破已有共识，质疑中央银行的独立性；追求多目标、多工具；宏观审慎管理职能的承担	新凯恩斯主义；现代货币论（MMT）

（1）中央银行制度的萌芽与初步发展阶段。此阶段基本明确了中央银行的主要职能与行为的基本法律规范，以1694年成立的英格兰银行为起点至1913年成立的美联储为节点，是中央银行制度基本内容的构建过程。

（2）中央银行制度积极建设与发展成熟阶段。此阶段强化了中央银行建制基于主权独立并以国有化为标志，同时对中央银行履行职能的机制加以明确，提出中央银行独立性、透明度与问责制的必要性。此阶段以二战后各独立国家中央银行的成立到2008年金融危机前为节点，是中央银行制度核心内容的确立与强化过程。具体包括两个阶段：一是1913—1971年，包括了两次世界大战和布雷顿森林体系时期，以战争、固定汇率、金汇兑本位为背景，强化了中央银行作为政府的银行的职能；二是1971年至2008年金融危机前，以治理滞胀和大温和时代为背景，明确中央银行独立性的制度特征。

值得关注的是关于中央银行的独立性在此阶段形成共识。中央银行独立性是指中央银行履行自身职责时法律赋予或实际拥有的权力、决策与行动的自主程度，比较集中地反映在中央银行与政府的关系上。以美国为例，20世纪70年代美国陷入大滞胀（Great Stagflation）之后，随着保罗·沃尔克在1979年担任美联储主席严格执行治理通胀的货币政策，中央银行独立性成为美联储制度建设的重要内容。中央银行有效稳定通胀预期的信誉成为中央银行独立性的标志，也体现出中央银行能够抵御政府的通胀偏好、坚定自身稳定物价的立场。之后近30年，美国经济进入大温和（Great Moderation），低通胀、高增长的经济运行使得坚持中央银行独立性的美联储收获赞誉，这也被认为是中央银行独立性的成果。

在社会实践中，一种共识逐渐明确，即将货币政策从短期政治议程的压力中解放出来，并将相应权力下放给独立的中央银行。全球货币政策框架也逐渐形成“单一目标、单一工具”导向，通货膨胀目标制成为许多国家货币政策的选择。这种制度框架要具有科学性被认为取决于三个要素：一是为了实现价格稳定，中央银行需要被赋予明确的职权范围；二是为了正常履行职责，中央银行应在货币政策工具的使用上由法律保证其独立性；三是该独立性的实现必须嵌入强有力的问责框架中，要求中央银行对其决定将如何促进政策目标做出解释。具备此三要素的框架能更好地支持中央银行独立性的作用，因为它保证了独立的中央银行不会滥用权力。中央银行的自由裁量权仅限于如何（how）制定货币政策；对于是否（whether）追求某一政策目标、追求什么样（what）的政策目标，它并不具有自由裁量权。在20世纪90年代和21世纪初的大部分时间里，理论与实践不断证明被赋予独立性的中央银行成功控制了通货膨胀。中央银行独立性成为现代中央银行制度最重要的制度设计之一，它凸显了中央银行应专注于货币政策操作而不应将精力集中于与政府关系的处理，有利于规避赤字货币化及防止恶性通货膨胀。

（3）中央银行制度的既有共识面临质疑与挑战阶段。此阶段在冲击（金融危机和新冠疫情）下中央银行履职的非常规手段以及货币政策与财政政策密切关联，使得之前在中央银行制度内容上的共识存在一定的分化与突破，既有的中央银行制度重点即中央银行独立性与“单一目标、单一工具”的货币政策框架设计遭到质疑并面临挑战。以2008年金融危机为起点至今，正在经历对既有共识的反思与更新改革阶段。

（二）现代中央银行制度的主要内容

经过300多年的演进，中央银行制度的主要内容可以归纳为：

（1）中央银行制度的建设以各国法律和政治、文化相融合为依据。各国中央银行的建制大都依法进行，法律明确中央银行的性质、职能、组织设置、权责关系以及规范其主要业务操作等内容。同时，不同国家的中央银行与其政治体制和社会文化又息息相关，制度类型的选择与执行机制的运作因国而异、因时而异。

（2）中央银行制度明确中央银行在经济金融运行中的核心地位。从大萧条时期从属财政到大滞胀后独立运作，从大温和时代强化稳定物价的单一性到金融危机后所谓大衰退期的全面干预、多元追求，在现实经济金融中，面临重大问题时中央银行都成为政府实施救助、刺激干预乃至最后托底的不可替代的职能部门，其所发挥的作用明确了中央银行是一国金融体系的最高管理者，也是宏观经济调控者。中央银行是全社会货币和信用的调控者，通过各项业务与社会各经济主体直接或间接发生关系，并形成对其行为决策与预期管理的重要影响。

（3）中央银行制度的确立是中央银行集三大职能于一身的实现。一家真正意义上的中央银行必须集发行的银行、银行的银行和政府的银行三大职能于一身，其中发行的银行是根本职能，银行的银行是核心职能，政府的银行是保障职能。三大职能之间相互依托，是中央银行存在的意义所在。中央银行三大职能也体现出中央银行制度要规范中央银行与政府，中央银行与金融机构、金融市场，以及中央银行与非金融企业和住户家庭的行为关系。

（4）中央银行制度的实行机制是构筑货币政策框架。中央银行的地位与职能通过其具体的业务操作与政策实施得以实现。中央银行制度构建的货币政策框架将政策目标与政策工具科学地连接起来，以已有理论与实践为依据，为中央银行的实际操作与观测提供规范化的路径。这种实行机制的设定既有一定共识又留有国别差异的空间，比如政策目标的选择、政策工具的创设与使用以及传导渠道的区别。

（5）中央银行制度不是一成不变的。中央银行的产生是商品经济发展到一定阶段同时银行业达到一定规模的必然结果，它的发展与经济金融的发展相适应，是为之服务的，因此中央银行制度的内容也会相应变化。即便大的职能方向基本固定，具体的实现方式或政策手段也会有一定的调整或突破。

二、现代中央银行制度发展中的经验与挑战对中国的启发

（一）现代中央银行制度发展中的经验与挑战

现代中央银行制度共识的形成是由中央银行制度运作的实践效果促成的。20 世纪 80 年代以来以美国为首的发达经济体进入了所谓的大温和时代，经济发展在相对持续增长的同时保持了较低的通胀率，在一定程度上应验了所行中央银行制度的有效性。在实践的基础上，这些共识在理论层面也打破了不同学派之间的壁垒，获得了调和的理论释义。首先反映在对货币政策框架的认同上，通货膨胀目标制被广泛接受；其次中央银行能力的边界被约束在稳定物价上，这既是中央银行保持独立性的要义，又是中央银行尊重市场机制的体现；最后中央银行按规则行事成为操作原则，但并不排斥在规则框架下的相机调整。这些理论释义上的调和使得现代中央银行制度的基本内容与架构基本稳定下来。

但是，2008 年金融危机后看似稳定的现代中央银行制度受到冲击，所坚持的“单一目标、单一工具”政策框架不复存在。一是体现在对危机形成原因的分析与反思上，物价稳定不等于金融稳定，只追求单一目标的中央银行通过政策安排在一定程度上忽略甚至助长了资产泡沫；二是体现为危机爆发后中央银行救助过程中非常规政策的实施背离了中央银行独立性的初衷，货币政策财政化的显现推翻了中央银行独立性的现实价值；三是体现为现实中央银行职权的扩展、宏观

拓展阅读

新时期中央银行的新角色和新使命

审慎管理权限的附加以及2020年新冠疫情大流行后财政货币化的实践使得中央银行逐渐成为“大政府”中的“大央行”。

（二）现代中央银行制度的发展对中国的启发

（1）以结果归因推演一条共同路径在现实经济问题与各国国情差异下被证明是不切实际的。经济运行中的不确定性与冲击性事件不可避免，没有放之四海皆准的模板，发展中国家更不能不顾自身条件，照搬照抄。危机前有关现代中央银行制度的基本共识并不是真理性的存在，中国一直强调的以我为主、实事求是的行事原则在建立中国现代中央银行制度上应继续遵循与保持定力。

（2）积极吸收全球视角下现代中央银行制度的先进内容。一是建设科学的货币政策框架是现代中央银行发展的重要经验，也是建设现代中央银行制度的必要内容。从货币政策目标、货币政策工具到货币政策传导机制以及货币政策有效性的判断，这样一个有机的体系构建被证实在现实的金融调控中具有其操作逻辑与合理性，对于中国人民银行而言，不断完善这一框架体系是必要和可行的。二是结合中国特色，更为包容地理解中央银行独立性的制度意义。历史证明，中央银行独立性在防止赤字货币化、防范严重的通货膨胀与约束政府的短期行为方面是具有效力的。同时，绝对的对立也不现实，更没必要。中央银行独立性所强调的专业立场、对经济运行中问题的独立研判、政策工具的自由裁量权以及市场影响力对中国人民银行在中国经济发展中的价值需要得到充分重视。这就要求中国人民银行的人才培养、组织治理与管理技能不断提升。三是强调中央银行制度建设中的透明度，强化中央银行的沟通机制。强调透明度和充分沟通实际是对政策调控过程化的体现，政策效果是通过科学的预期管理后逐渐积累获得的，而不是寄希望于出其不意的一蹴而就。

（3）中央银行权责的法治化。构建与完善中央银行的法律依据，既可以保证中国人民银行的规范化建设，又可以在执行过程中依法有理有力地推进，使中国人民银行在宏观经济调控中的核心地位得以保障。

（4）强化中央银行在防范系统性金融风险、维护金融稳定方面的积极作用。中央银行不仅要对货币稳定负责，而且要对金融稳定负责，中国在建设现代中央银行制度的过程中应对金融危机的教训与反思加以重视，中央银行的最后贷款人职能在系统性风险中的稳定器作用需要深入研究与落实。

（三）中国现代中央银行制度的建设探索

（1）“有效市场＋有为政府”的应用。中国经济体制改革贯彻的是市场和政府的合理定位，这也对现代中央银行制度建设提出了相应的要求。一是中国人民银行在市场运行中调控方式的选择决定其对“经济效率”的维护。自1998年取消贷款规模管理以来，中国人民银行逐渐构建现代货币政策框架并依据这一框架建设基于窗口指导的货币政策间接调控。货币政策间接调控无论是数量调节还是价格调节都依赖金融体系的市场化运作，因此伴随着间接调控体系的建设，国有银行股份制改革和利率市场化以及人民币汇率制度改革的推进是一体化的相辅相成。二是中国人民银行的政府机关定位决定其对“社会公平、人民福祉”的追求。这体现在中国人民银行在中国经济发展中发挥的调节市场失灵、弥补市场缺陷以及惠及民生方面的引导、干预甚至是强制性管理的作用上。

（2）“以我为主＋合理创新”的操作。不同国家的经济基本面不一样，金融环境也不一样，中国人民银行服务中国经济，在政策安排和宏观调控方面必然“以我为主”。“以我为主”的前提是实事求是，这就要求中国人民银行的业务操作务必坚持：一是切实考察，解决真问题。强化现场调研和非现场统计审核相结合，发现问题与解决问题都要回归所在场景，因时因地制宜。二是不照搬照抄，合理创新。针对全球范围内中央银行的政策创新，需要研究创新的必要性与可行性。比如全球中央银行在危机后的资产负债表扩张，比如 2022 年以来全球的加息潮，中国人民银行都审时度势并未跟随，而是针对中国供给侧结构性改革的要求合理创新结构性政策工具，不搞大水漫灌、统筹金融发展和安全。

(3)“专业素养＋全球视野”的建设。基于全球视野，中国人民银行的组织建设需要获得世界的认同，并作为发展中大国中央银行的身份参与全球金融治理，争取应得的权益。为此，中国现代中央银行制度的建设也要与世界接轨，强调法治化、科学化和专业沟通谈判能力。因此，中国人民银行需要广泛学习和吸收全球中央银行领域的专业知识和通行规则，不断提升专业素养，包括现代中央银行治理理念、现代货币政策框架构建、参与宏观审慎管理、发展金融基础设施以及参与国际交流，依法建制、专业建制。

专栏 3－1　　现代中央银行制度在中国

自中国人民银行建立以来，其制度建设伴随着中国经济体制改革和发展而不断演变与完善。中国人民银行专司中央银行职能一般以 1984 年中国工商银行成立并分割中国人民银行所负责的工商企业信贷业务为标志，而 1995 年《中华人民共和国中国人民银行法》的颁布更使得其制度建设有法可依。党的十九届四中全会从推进国家治理体系和治理能力现代化的层面提出了建设现代中央银行制度。党的十九届五中全会从完善宏观经济治理、推动高质量发展、构建新发展格局、统筹发展和安全的层面对建设现代中央银行制度做出战略部署。党的二十届一中全会在构建高水平市场经济体制的战略安排中指出深化金融体制改革，建设现代中央银行制度。现代中央银行制度建设已成为当前经济金融制度建设的核心内容之一，结合中国实际，大胆吸收和借鉴人类社会创造的一切文明成果包括发达国家中央银行的治理机制，创造性转化，创新性发展，以不断推进中国人民银行的制度创新。

中国现代中央银行制度是现代货币政策框架、系统性金融风险防控体系、金融基础设施服务体系和国际金融协调合作治理机制的总和①，其建设紧密围绕服务实体经济、防控金融风险、深化金融改革三大任务进行，既对全球中央银行制度演进的经验智慧有所借鉴，又立足中国现实、强调因时因地制宜。

(1) 现代中央银行制度建设的首要任务是完善中国人民银行货币政策框架。一是完善基础货币投放机制，同时加快构建有效的利率调控体系。二是健全货币政策传导机制。完善 LPR 报价机制，畅通由政策利率到基准利率再到存贷利率的传导。三是用更精准的货

① 易纲. 建设现代中央银行制度（认真学习宣传贯彻党的二十大精神）. 人民日报，2022－12－13：13.

币政策工具更好地服务实体经济。四是提高货币政策决策和执行的透明度。健全中央银行与市场常态化沟通的渠道和机制，以及时的信息披露和充分的政策沟通，形成对市场预期的有效引导。

（2）积极建设货币政策和宏观审慎政策“双支柱”调控框架，健全中国人民银行的金融稳定职能。这主要体现在以宏观审慎政策为主要手段履行系统性金融风险防控职责。货币政策和宏观审慎政策应明确职责分工、各司其职，并根据经济金融形势的不同情况运用不同组合以实现调控。宏观审慎政策的建设需要从审慎工具、重点监管内容、监测预警体系以及货币政策协调机制等几个方面展开。

（3）加强金融基础设施建设和统筹监管。引入新技术和科学管理方法建设与改造金融基础设施，关注其所承载的支付、清算、结算、登记、托管等功能的发挥与提升，实现其对整个金融体系运行效率、交易成本、安全性的积极影响。

（4）积极参与全球金融治理，加强政策和监管协调。通过扩大金融开放、推进人民币国际化促进资源跨国流动，积极参与国际金融政策和监管的多边协调以及国际货币体系的完善。

（5）推进建设现代中央银行制度的保障条件。一是推进《中华人民共和国中国人民银行法》的修订以及各项配套法规法令的建设。进一步明晰新时期中国人民银行的地位、作用、职责和权限。二是推进中国金融体系在新时期的各项改革，分类施策、精准推进，以提升金融服务实体经济、促进经济高质量发展的作用。三是强调深化金融要素市场化定价改革，着力推进利率市场化、人民币汇率形成机制以及国债收益率曲线建设，实现金融要素由市场决定价格、流动有序、配置高效公平。四是建立健全中国人民银行货币政策与财政政策协调机制。通过建立健全现代财政制度和现代中央银行制度，将货币政策与财政政策有效统筹协调起来。

第二节　中央银行的资产负债业务分析

中央银行资产负债业务综合反映中央银行围绕货币政策和金融稳定安排的各项活动。在不兑现的信用货币制度条件下，中央银行的资产业务决定负债业务，体现出中央银行业务操作的主动性、公开性以及管理全社会流动性的特征。对中央银行资产负债业务变化进行探究有利于分析中央银行的金融调控取向、货币政策举措及其效果。

一、中央银行资产负债表的分析视角

各国中央银行资产负债表的基本格式和主要项目虽然基本一致（如表 3－2 所示），但项目的比重结构却不尽相同，反映了各国中央银行资产负债业务在重点和特点方面的差异。以不同经济体中央银行的资产业务为例（见表 3－3），不同经济体由于面临的经济、金融环境不同，相互间存在较大的差异。即便是同一个国家，在不同的时期和背景下，资产负债表所反映的中央银行业务也是有变化的（见图 3－1）。

表 3-2　中央银行资产负债表的基本格式

资产	负债
净国外资产	储备货币
对非居民债权	货币发行
减：对非居民负债	金融性公司存款
国内资产	其他存款
对其他存款性公司债权	政府存款
对中央政府净债权	债券发行
对中央政府债权	其他负债
减：对中央政府负债	资本
对其他部门债权	
其他资产	
总资产	总负债

表 3-3　中央银行资产占比前两项的国际比较

	2022 年 10 月末		2007 年 6 月末	
	资产类别	占比（%）	资产类别	占比（%）
中国人民银行	外汇 对其他存款性公司债权	53 32	外汇 对其他金融性公司债权	70 15
美联储	中长期名义国债 抵押支持证券	55 31	中长期名义国债 短期国债	53 31
欧洲央行	欧元区主体的欧元证券 对欧元区信用机构的欧元借款	58 24	黄金和应收黄金 对欧元区信用机构的欧元借款	14 40
日本银行	国债 贷款	80 12	国债 贷款	71 19
俄罗斯央行	国际储备 其他资产	66 18	国际储备（2006 年末） 政府债券	95 2.9

资料来源：表内各中央银行网站。

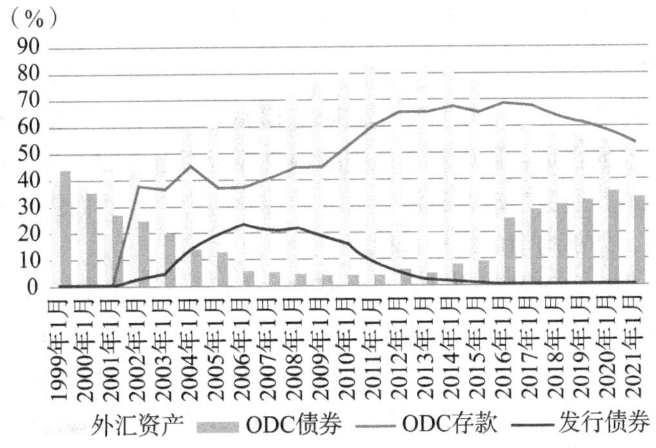

图 3-1　中国人民银行 1999—2021 年资产负债表主要项目的占比变化

资料来源：中国人民银行网站。

注：ODC 指其他存款性合同。

（一）中央银行资产负债表分析角度的多样化

资产负债表是一个平衡表，因此，资产和负债的变化除了资产或负债内部的比重调整外，一方的变化总是能牵动另一方的调整，从而带来实际的经济和金融影响。这些变化有的是伴随经济发展的正常调整，也有对所出现的经济和金融波动、经济和金融问题甚或经济和金融危机的各种处理办法与补救举措。对这些变化进行不同视角的观察分析有利于对中央银行宏观调控与货币政策安排的深入理解与把握。

中央银行资产负债表的分析视角包括总量（规模）视角、结构视角、历史视角、国别视角、静态视角、动态视角以及利益相关者视角等。基于国别比较的静态视角从不同国家之间总量、结构的差异分析政策运用背景、所面临的问题和压力的不同。基于历史演进的动态视角能够发现自身环境、能力与手段的变化，从而能更好地反省政策运用准确度和效果。利益相关者视角是从与中央银行利益相关的不同经济主体出发分析中央银行业务的变动对各经济主体经济行为与决策的影响与反馈，从而能够更全面、立体地理解现代经济活动中的中央银行。与中央银行利益相关的主体大体包括住户、非金融企业、金融机构、政府、国外部门。各主体对中央银行及货币政策的诉求不同，与中央银行的业务联系也各有亲疏，其中金融机构、政府和中央银行的业务联系最密切，以政府发行国债为例，见图 3-2。

财政部	
资产	负债
在中央银行的存款+	国债+

中央银行	
资产	负债
对政府的债权+	ODC准备金存款+；－ 政府存款+

商业银行	
资产	负债
在央行的准备金存款- 国债+；－	住户存款-

住户	
资产	负债
国债+ 在商业银行的存款-	

图 3-2　中央银行利益相关者业务联动的 T 账户图示

资料来源：作者编制。

可见，中央银行资产负债表项目变化意味着相关主体的资产负债亦有变化。所以基于主体间业务关系联动的视角，可以动态地把握中央银行所形成的宏观调控作用，有利于中央银行较全面地了解其业务变动在经济体系内的传导与影响，从而更好地采取有针对性的措施来实现经济内、外部均衡的终极目标。

此外，自金融危机和新冠疫情以来，人们对中央银行资产负债表的分析也越来越重视重大冲击性事件的效应视角。金融危机前后中央银行在其制度建设和货币政策框架调整方面具有重大变化，打破了金融危机前“单一目标、单一工具”的基本共识，以欧美日中央银行为代表的中央银行资产负债表不断扩张，疫情冲击又加剧了这一趋势。重大事件冲击下的调整是否仅仅是不得已的非常态，中央银行与货币政策仍然会在平复后回归之前的“共识”？这一视角的分析显然是必要和重要的。综上，这些视角的分析很难孤立进行，在实证研究中每种视角的切入都需要结合其他视角的数据一一展开分析。以下主要介绍总量视角与结构视角的分析框架。

（二）中央银行资产负债表分析的总量视角

总量视角描述的是中央银行资产负债规模的变化轨迹。作为发行的银行，规模变化和趋势意味着中央银行对基础货币的创造能力和对货币供应量的调控方向。扩张的资产负债规模体现了扩张的货币政策意向，从货币创造源头上彰显中央银行向经济体系提供流动性的决心。一般而言，中央银行的资产负债总额总是趋于增长，越是在经济发展呈稳健状态的环境下，中央银行资产负债总额的增速越均匀及缓慢，只有遇到金融危机或重大灾害因救助流动性的急剧扩张才可能出现爆发式增长。比如美联储“对国内银行的贷款”数额长期不变，从1955年到2007年6月基本维持在1亿～3亿美元，但在2007年8月爆发次贷危机后大幅增加，到2008年底达5 440亿美元，是2007年6月2亿美元的2 720倍，而疫情之后其规模最高达到2022年5月的8.96万亿美元。另外，经济发展越是处于快速增长及改革的背景下，中央银行资产负债总额的增速越快并在发展初期呈现跳跃性。比如中国人民银行1999年的资产总额是35 349.8亿元，到2022年10月则为398 871.3亿元，增长了10.28倍之多。[①] 此外，资产规模与国内生产总值（GDP）呈现规模扩张的一致性，但随着经济发展程度的提升，资产规模与GDP之比则相对下降（见图3-3）。

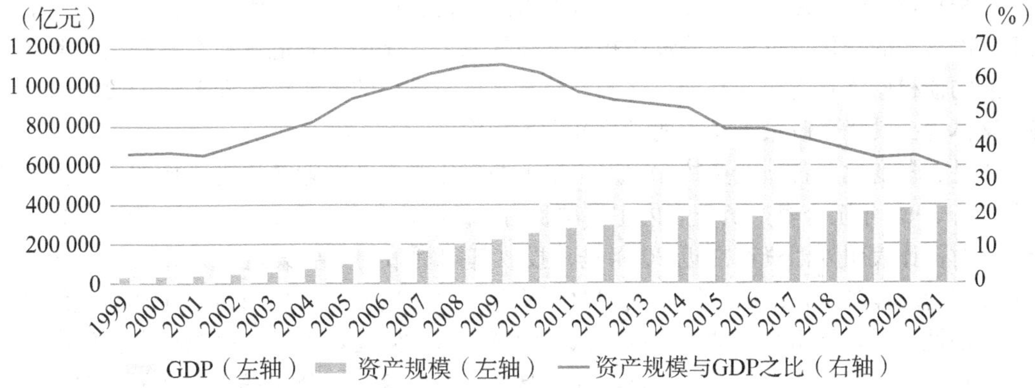

图3-3 中国人民银行（货币当局）资产规模及其与GDP之比（1999—2021年）

资料来源：中国人民银行网站。

在关注中央银行资产负债总量变化的基础上，还应关注中央银行资产负债表中具有对应关系的项目的变化。这种对应关系大致可以概括为以下三个方面：一是对金融机构债权和对金融机构负债的关系；二是对政府债权和政府存款的关系；三是国外资产和债券发行及自有资本的关系。比如，当中央银行对金融机构债权与对金融机构负债相等时，不影响资产负债表内的其他项目；当债权总额大于负债总额时，若其他项目不变，差额部分通常用货币发行来弥补；当债权总额小于负债总额时，则会相应减少货币发行量。又比如，若中央银行国

拓展阅读

正确理解中央银行资产负债表与货币供应的关系

① 资料来源：依据中国人民银行网站相关年度统计数据计算。

外资产在增加的同时，相应增加债券发行或自有资本，一般不会引起中央银行货币发行的变化；反之，则将导致货币发行的增减。需要说明的是，这三种对应关系的分析也是相对而言的，在现实的资产负债业务中，项目之间不是也不可能机械地一一对应。更重要的是，提示中央银行了解总量之间的差异可能形成的不良影响，能够使中央银行通过在各有关项目之间进行灵活调整及时加以应对。例如，为了保持投放的基础货币基本不变，中央银行在扩大国外资产业务增加外汇储备时，可以在资产业务方面相应减少对金融机构的债权，也可以在负债业务方面发行债券以收回用以购买外汇投放的基础货币。

可见，通过总量分析不仅能够了解总量变化的趋势，还可以把握中央银行对总量的控制能力。

（三）中央银行资产负债表分析的结构视角

结构视角归纳的是发展的对比状况，是指通过分析中央银行资产负债各项业务在总量中的比重及其相对变化，进一步说明其提供流动性的主要渠道以及所支持的对象，在一定程度上反映了其业务操作的能动性与政策调控属性。结构视角特别需要结合项目变化趋势加以分析，并且在变化中抓住重要节点以明晰政策调整面临的新问题与应对举措。有几种情况分别说明如下：

一是总量变化，但各项业务比重没有太大的变化。这说明中央银行一直以来的主要政策工具没有大的变化，可能经济经历相对平稳的成长。比如次贷危机前在美联储的资产中对政府的债权始终是占比最高项，这既是其基础货币投放的重要渠道即美元的政府信用支持，又体现出其货币政策工具主要是公开市场操作。

二是总量变化，各项业务的比重发生较大的变化或有新的业务出现。比如，观察中国人民银行 1999 年至今资产负债表内主要项目占比的年度变化（见图 3-1），资产中外汇资产的绝对占比表明外汇资产在近 20 年是其投放基础货币的主要渠道，究其原因与彼时特定的外汇管理体制下持续的国际收支“双顺差”相关。这一渠道也凸显出在基础货币投放上的被动性增强，货币政策的主动性降低。为解决这一问题，中国人民银行在负债中创设中央银行票据即中央银行债券项，该项业务是面向其他存款性公司操作，其他存款性公司存款与之有一定的此消彼长的关系，因此变之前的“被动”为“主动”，通过对冲达成对基础货币的数量调控。而伴随国外资产自 2013 年的下降，在资产中为投放基础货币的其他渠道提供了空间。对其他存款性公司的债权开始逐渐成为基础货币投放的重要渠道，这与 2013 年以来中国人民银行创设常备借贷便利（SLF）、中期借贷便利（MLF）以及各种具有定向投放流动性的再贷款、再贴现的开展密不可分。那么为什么不是对政府债权项的提升呢？这就需要考虑中国人民银行坚持“以我为主”不搞“大水漫灌”的政策立场，强调为实体经济服务的“精准滴灌”的结构性安排。

又比如，在危机时期，美联储为了保证“流通中的现金”得到很好的控制，在负债中增大了财政部存款以及金融机构超额准备金的比重（在美联储的超额准备金从 2008 年 8 月之前的 20 亿美元上升到 2012 年 4 月的 15 000 亿美元，而联邦储备券的变化却没有这么大，只是从 2008 年 8 月的 8 000 亿美元左右上升到 10 585 亿美元，流通中的现金从 2008 年 8 月的 8 300 亿美元左右上升到 11 000 亿美元），从而在其资产负债近乎疯狂扩张的同时能够相对把握货币投向与影响力度。

三是总量变化不大，但各项业务的比重发生变化或出现的新业务挤占了已有业务的一些空间。总量不变可能是担心资产负债总额波动对经济的影响，但经济总是处于变化中，出现问题总要解决，因此中央银行可以依据不同业务的影响途径与影响力差异，通过业务结构调整来实施政策影响。比如，1998 年中国一次性下调存款准备金率，从 13%到 8%，为了规避下调措施给商业银行流动性带来的冲击，中国人民银行用偿还再贷款的方法进行资产负债的抵消。因此，通过结构视角的分析能够基本把握中央银行实施货币政策的意图与能力。

特别需要指出的是，相较于常态经济运行下的货币政策安排，在 2008 年金融危机和 2020 年新冠疫情中，因零利率有效下限的条件约束，全球央行大规模地使用资产负债表政策。[①] 通过大规模资产购买改变了中央银行常态购买资产的理论与法律规定，使得中央银行的资产负债表涉入了非常规领域。因此，在规模扩张下通过资产负债表的项目结构研究中央银行资产购买的类别、对象以及市场是理解非常规货币政策的重要依据。当然，在总量视角与结构视角的分析中还可以加入国别视角或利益相关者视角，以获得中央银行制定与实施货币政策的全面考量和有效依据。

二、分析中央银行资产负债表可得的信息

归纳起来，通过分析中央银行资产负债表大体可得到以下几个方面的信息。

（一）把握中央银行货币政策取向的基本趋势和政策工具的使用

一是通过中央银行资产负债规模的月度和年度变化可以基本判断货币政策的张缩取向；二是通过进一步分析中央银行资产负债规模张缩的主要来源，可以获得中央银行政策操作自主性和可持续性的依据；三是通过资产负债表各项目之间的占比关系及其变化的原因，可以把握中央银行货币政策可能具有的操作空间与创设新项目的方向。

（二）关注中央银行政策变动可能承担的风险及影响

因为中央银行资产负债表内各项业务的比重不同，不同业务变动给中央银行带来的压力也就不同。比如中美两国中央银行资产业务中比重最大的项目存在根本的差异，因此两国中央银行面临的风险也有区别，导致各自的政策运作空间存在巨大的差异。比如美联储资产负债表中债券和信贷项目比重较大，那么其所承担的利率风险和信贷风险就较大，因此美联储会更关注利率政策和金融体系流动性的状况；而中国人民银行资产负债表中外汇资产的比重最大，其所承担的风险更多的是汇率风险，因此货币政策的调整需要兼顾汇率管理。关注不同国家中央银行资产负债业务差异带来的不同压力，既能了解不同国家政策调整的约束条件，又能在国家之间政策溢出入方面预先做好应对。

（三）中央银行资产负债业务变化的原因

影响中央银行资产负债业务变化的原因大体有四个方面：一是一国在发展过程中先后经济体制不同、经济发展程度不同，会使中央银行资产负债业务出现较大的变化；二是经

---

① 戴维·约翰内斯·范·里尔（David Johannes van Lill）在 2016 年指出在低利率时代资产负债表政策已经成为央行工具中的“常规”货币政策工具。

济运行周期带来的周期性特点和拐点效应；三是重大事件的应对反应，突出表现为经济或金融危机的出现带来的影响；四是管理当局对政策理论的选择，比如认可凯恩斯学派或货币学派或新宏观共识所带来的政策操作与业务变动显然存在差异。基于中央银行形成的客观条件与中央银行自身的性质，中央银行的经济性、社会性及政治性必然决定其业务出现的变化与这些力量的作用紧密相关。

第三节　中央银行货币政策的制定与实施

尽管存在争议，中央银行及其货币政策仍然是政府调控现代经济活动的不二选择。在不同的经济背景下，不同国家的货币政策实践似乎也在证明没有既定的政策模式与操作手法，而更多的是理念上的共识与方法上的借鉴。

一、货币政策框架

虽然各国中央银行的货币政策框架不同，但就基本构架而言一般都包括政策目标、政策工具和操作规则三个方面的内容，如图 3-4 所示。其中货币政策目标一般被分解为最终目标、中间目标和操作目标三个层次。作用过程大致是中央银行通过运用政策工具调整操作目标，借以影响中间目标，从而实现最终目标。

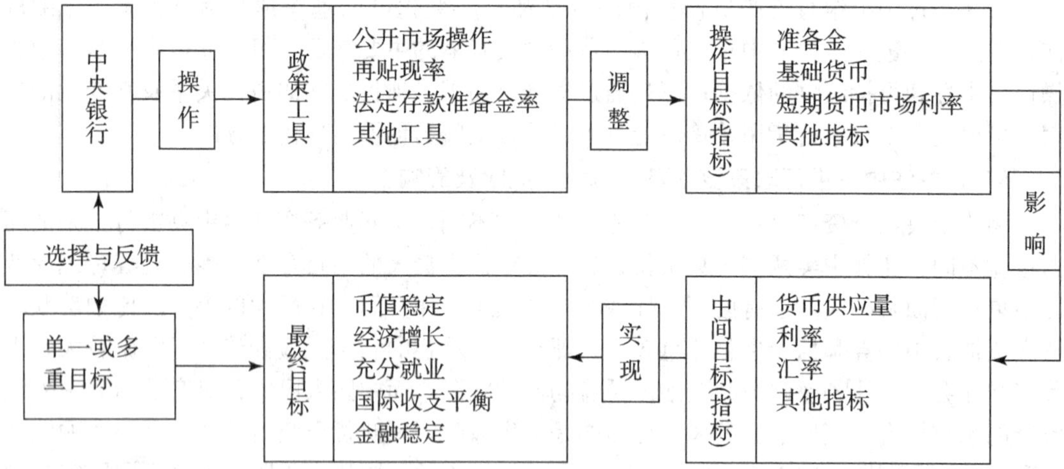

图 3-4　货币政策架构简图

(一) 货币政策最终目标的选择

一直以来，货币政策最终目标的取舍都是难题。回溯历史，在 20 世纪后 50 年至 2008 年金融危机前，各国政府的货币政策最终目标从包括低通胀目标在内的多重目标逐渐转变为以实现低通胀为首要任务或唯一目标，见表 3-4。这一转变遵循的基本逻辑是低通胀是实现低失业率和高经济增长率的必要条件。然而，争议也始终存在，主要涉及两个方面：一是关于菲利普斯曲线的争议；二是关于政策最终目标的长短期效应问题。而且，即便人们就政策目标的大方向达成所谓的共识，就不同的政策工具对具体目标的设定也会存在分歧。比如公众对通胀的态度并不一致，在温和的通胀面前，许多人并不以为意，而只有恶性通胀才被认为是具有破坏性和有损于社会福利的。

表 3-4　20 世纪 50 年代以来至 2008 年金融危机前货币政策的历史轨迹

项　目	20 世纪 50—60 年代	20 世纪 70—80 年代	20 世纪 90 年代至 2008 年金融危机前
货币政策背景	经济大危机过后，失业问题严重	经济停滞与通货膨胀并存	经济从停滞到复苏，通货膨胀抬头
货币政策理论依据	凯恩斯主义理论，货币政策从属于财政政策	货币主义理论，倚重货币政策	强调货币政策专司物价稳定，也注意与财政政策的协调
货币政策最终目标	以充分就业、经济增长为主要目标	以稳定通货为主要目标	以反通货膨胀为唯一目标
货币政策中间目标	以利率为主要中间目标	以货币供应量为主要中间目标	放弃以货币供应量为中间目标的做法，改为以利率为主要中间目标
货币政策操作目标	以短期利率、同业市场拆借利率、储备水平为主要操作目标		

资料来源：作者编制。

现实中单一目标①的共识被 2008 年金融危机和 2020 年新冠疫情打破，尤其是在低利率、低通胀的条件下货币政策最终目标无一例外朝向多目标。多目标的追求首先是强调金融稳定的重要性，因为价格稳定不等于金融稳定，中央银行需要承担防范系统性风险的责任。其次，扩大就业和提振信心促进经济增长成为更重要的议题。多目标使得非常规政策工具不断涌现，导致形成全球央行不断膨胀的资产负债表。最后，国际收支状况特别是贸易供应链问题和资本流动冲击也一并被纳入中央银行的货币政策考量。

多目标的选择是当下现实问题与经济金融条件使然，但存在的约束并没有消失。多目标之间的矛盾迫使中央银行在多目标之间寻找平衡，导致的结果往往是：可能采取机会主义手段注重短期效果和表面效果；多目标之间的排序本身意味着中央银行犯错的可能性即识别当前最大的问题并非易事；同时多目标意味着政策操作难度的上升即多种政策工具的操作与相应操作条件要求的提高以及中央银行独立性面临挑战。

因此，当下所谓正确的货币政策最终目标的选择，最基本的注意事项包括：一是多目标的平衡问题。当选择多重目标时可能需要附加一个态度，即何为最优先目标。二是数量性。即目标的量化方案，量化目标的好处十分显见，它能很好地传达政策制定者对政策透明度和稳定性的追求。但也有可能出现信任危机，比如量化目标没有实现时，中央银行的推诿与回避会加重公众对中央银行的责难与不信任。

---

① 没有明确单一目标或通货膨胀目标制的美联储（1977）的法定政策目标是“有效促进最大化就业、物价稳定和适当的长期利率”，一般认为前两个是其双重使命。但在危机爆发前 2%的通胀率是其政策的首要追求。

（二）货币政策中间目标和操作目标的确定

建立货币政策的中间目标和操作目标，是为了及时测定和控制货币政策的实施程度，使之朝着正确的方向发展，以保证货币政策最终目标的实现。具体来说，由于货币政策时滞的存在，中央银行需要经常汇集有关经济指标，作为确定政策实施过程和效果的度量指标。中间目标就是这些指标在一定时间内（如 6 个月）所应达到的数值。例如，中央银行要紧缩银根，则中间目标可能是在 6 个月内将利率从 5%提升至 6.5%。但中央银行尚无法通过政策工具直接作用于中间目标，操作目标则弥补了这个缺陷。操作目标是指每日或每周的短期指标，它作为中央银行日常货币政策的调控对象，能够将政策工具与中间目标相联系。例如，可以把同业拆借利率作为操作目标，以长期利率作为中间目标，这样就可以在改变贴现率这个手段后，先实现同业拆借利率的变动，然后实现长期利率的变动。

拓展阅读

优化中国人民银行货币政策目标，疏通传导

由于各国经济发展的历史和现实条件的差异，不同的国家在不同时期货币政策各项目标的选择及制定方面有很大的区别，但是 20 世纪后 50 年至 2008 年金融危机前各国货币政策的发展、变化轨迹却大致相同，见表 3-4。最终目标与中间目标的相关性、中间目标与操作目标的相关性会随着经济金融的发展而变化，并不是一成不变的。

（三）货币政策工具的匹配

中央银行是通过运用政策工具改变操作目标来影响中间目标从而实现最终目标的。政策工具就是中央银行的“武器库”。一般来说，发达国家货币政策的实施主要通过常规的三大政策工具来实现，相对而言，准备金制度只是规范和约束各级银行的信用创造空间，基本保持稳定，并没有明显改变的记录。也就是说，发达国家主要是通过公开市场操作和再贴现调节货币供应量和利率，以实现预期的政策目标。它们之所以能以这样的方式实施货币政策，是因为有着发达的金融市场，能够吞吐和消化大量国债，并将货币数量的变动对利率的影响传导到经济运行中。当然，政策工具也并非固定不变，在不同的经济金融条件下，为匹配中央银行所要实现的政策目标，政策工具也需要有选择地使用。而在缺少合适的工具操作时，中央银行在法律允许的空间内也会创设新的政策工具。

1. 单一目标框架下的单一工具

20 世纪 90 年代以来，许多国家开始采用通货膨胀目标制，针对单一目标，中央银行选择使用政策利率（政策利率规则）作为货币政策的单一工具。其逻辑在于：因通货膨胀预期对通货膨胀的影响越来越大，货币发行作为一项工具已不再能很好地发挥作用，所以不应采取数量措施。而要管理通货膨胀预期，就应使用政策利率予以引导，其他工具终会淡出。因此，只要管理作为操作目标的短期利率，其效果就可以自动传导到长期利率。

通货膨胀目标制的推行源于：首先是对多目标之间的相互冲突有了越来越清晰的认识；其次是实践中高通货膨胀严重扭曲了经济人在投资、储蓄和生产中的预期和决策；最后是 20 世纪 80 年代中期以后市场自由主义思潮的回归和经济相对稳定增长的现实起了推动作用。当然，在出现这种政策一致性的同时，也出现部分发达国家对货币政策目标追求的灵活性，表现为部分国家在物价相对稳定、中央银行信誉度高的前提下，追求次一级的扩大就业、促进经济增长和国际收支平衡目标。

不同国家"单一目标、单一工具"的锚定指标有所不同，但各国货币政策安排趋向的共性是对大量信息的持续诉求。各国都在信息广泛性、准确性和及时性上大做文章。美联储建立了包括货币供应量、汇率预测、产出缺口预测、就业状况或劳动市场、财政指标、收益曲线、资产价格变化、通胀预期等在内的指标体系。英格兰银行主要监测产出缺口、通胀预期、价格、货币供应量等指标。各国中央银行对信息的追求既有高科技发展带来的大数据处理技术能力的支持，又反映出中央银行在制定货币政策时更加关注对经济现状及时、全面的把握和重视对未来趋势的有效预测。

拓展阅读

货币政策的"锚"

2. 多目标框架下政策工具的创设

（1）应对重大的流动性危机所进行的政策工具创新。

应对 2008 年金融危机和 2020 年新冠疫情是中央银行政策工具创新的原因：一是原有的政策工具效力减弱或失效；二是流动性紧张带来的恐慌加剧；三是中央银行无法袖手旁观。理论界一度讨论货币政策作用的非对称性，即货币政策在应对经济过热、通货膨胀方面的作用能力远远大于其在应对经济衰退和通货紧缩方面的作用能力。比如货币政策的"推绳子"效应（pushing on a string）和零有效利率下限（zero lower bound，ZLB）政策失效。但是也有学者主张中央银行在 ZLB 下无能为力的结论远非绝对，在 ZLB 下"外生货币"的持续增长可以对经济产生通货膨胀影响，从而提高总体价格水平和产出。为了使这种增长有效，中央银行必须承诺在未来增加基础货币。那么"外生货币"怎么来？靠"直升机撒钱"吗？事实上提供流动性是有迹可循的。其逻辑无外乎遵循：一是对政府的业务边界从危机前强调业务的短期性、间接性、中央级转为长期性、直接性并兼顾市政级，在规避赤字货币化问题上大幅度放松。二是交易对手类型从过去强调与其他存款性公司建立业务关系转为可以对所有金融性公司甚至非金融性公司、地方政府开展业务。三是抵押品及涉及的金融市场从过去强调高信用级别抵押品以及主要参与货币市场转为也接纳风险资产和参与结构性证券市场。所以可以面向多类机构和市场以及多类资产交易的大规模资产购买（large scale asset purchase，LSAP）工具被创设，成为美联储资产负债表政策最重要的工具，见图 3－5、表 3－5、图 3－6。

创新的货币政策工具使得流动性迅速进入主要的机构、市场以及各经济主体在一定程度上对恢复市场信心、稳定资产价格和降低融资成本产生了积极的影响。而伴随着宽松的货币政策，通货膨胀风险也逐渐积累。也正因如此，美联储在 2015—2019 年以及 2021 年都开启了缩表的议程。但缩表加息所引致的经济衰退确实也是一项巨大的考验，而且由于美元的独特货币地位，原本因为美国宽松性货币政策而对新兴市场国家产生的"溢出效应"会在政策退出时带来资本回流、泡沫破裂等问题。

（2）应对特定领域和行业发展的政策工具创新。

在总供求与货币供求关系中，管理总需求可以通过中央银行调节货币供应量推进，因此，货币政策属于总需求管理政策，一般性使用的政策工具也属于总量调节。这在常态运行的发达金融经济中已成既定事实。但是，对于发展中国家尤其是正转向高质量发展阶段的中国，当下最受关注的是结构调整与特定领域和行业的发展。为了不搞"大水漫灌"的扩张性政策，中国人民银行通过结构性政策工具的创新丰富了货币政策的理论和实践。

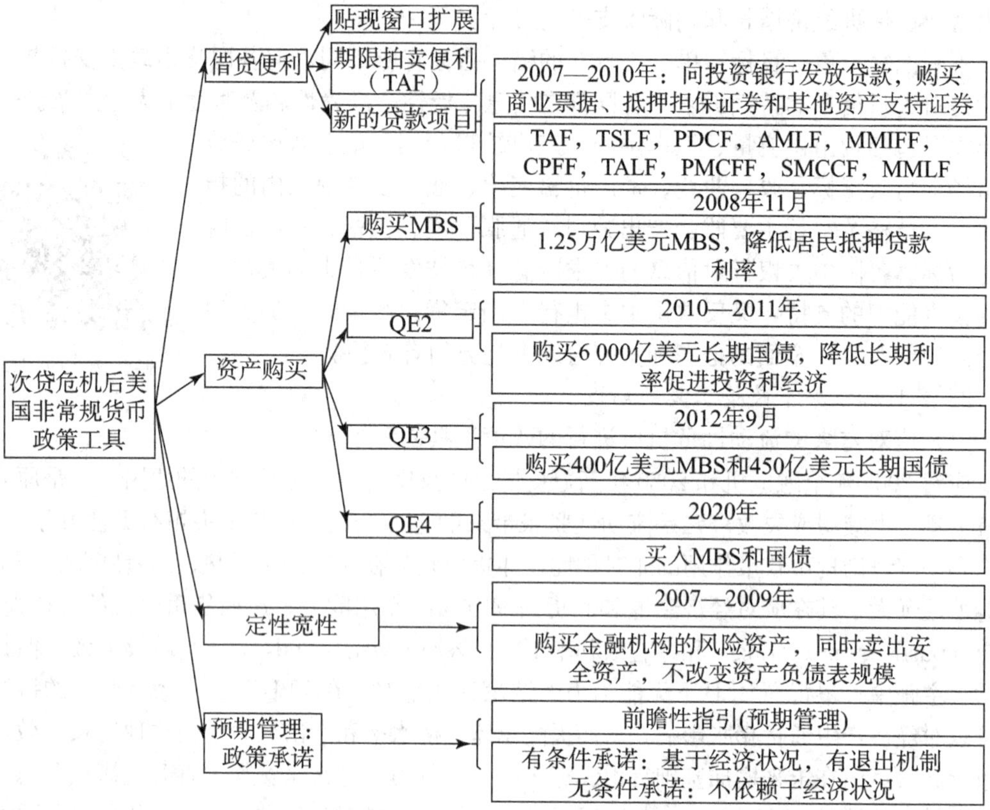

图 3-5　次贷危机后美联储非常规政策工具的类别

资料来源：美联储网站。

表 3-5　2020 年美联储各项 LSAP 工具情况

政策工具	援助对象	购买标的	实施方式
商业票据融资便利（CPFF）	商业票据市场	商业票据	财政部注资，美联储通过设立的 SPV 购买标的资产
货币市场共同基金流动性便利（MMLF）	货币市场	向参与货币市场的金融机构提供贷款	
一级市场企业信贷便利（PMCCF）	大型企业	公司债券	
二级市场企业信贷便利（SMCCF）		公司债券、ETF	
定期资产支持证券贷款便利（TALF）	资产支持证券市场	向参与资产支持证券市场的金融机构提供贷款	
市政流动性便利（MLF）	州和地方政府	地方政府票据	
主街贷款计划（MSLP）	中小企业	中小企业贷款	
薪资保护计划流动性便利（PPPLF）		向为中小企业发放贷款的金融机构提供流动性	美联储直接购买/发放贷款
一级交易商信贷便利（PDCF）	信贷市场	向一级交易商提供信贷	

资料来源：美联储网站。

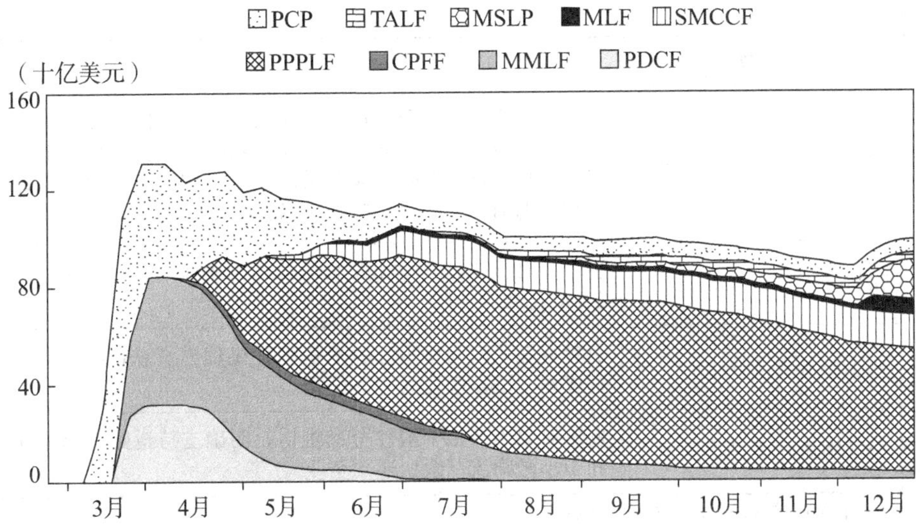

图 3-6 2020 年新冠疫情下美联储各项 LSAP 工具

资料来源：美联储网站。

结构性货币政策工具[①]是中国人民银行引导金融机构信贷投向，发挥精准滴灌、杠杆撬动作用的工具，通过提供再贷款或资金激励的方式，支持金融机构加大对特定领域和行业的信贷投放，降低企业融资成本。结构性货币政策工具兼具总量和结构双重功能：一方面，结构性货币政策工具建立激励相容机制，将央行资金与金融机构对特定领域和行业的信贷投放挂钩，发挥精准滴灌实体经济的独特优势；另一方面，结构性货币政策工具具有基础货币投放功能，有助于保持银行体系流动性合理充裕，支持信贷平稳增长。[②]

表 3-6 中国结构性货币政策工具的类型与主要内容

年份	类型	主要内容
2016	扶贫再贷款	专门用于支持改善贫困地区涉农金融服务的再贷款，实行比支农再贷款更优惠的利率，为打赢脱贫攻坚战提供有力的金融支持
	支农再贷款	中国人民银行通过票据选择明确再贴现支持的重点，对涉农票据、县域企业和金融机构及中小金融机构优先办理再贴现
2020	专项再贷款	在新冠疫情期间，中国人民银行实施 3 000 亿元专项再贷款支持有关银行向 7 597 家全国性和地方性重点企业发放优惠贷款，累计发放优惠贷款 2 834 亿元
	普惠性再贷款/再贴现	在新冠疫情期间，中国人民银行先后出台 5 000 亿元和 1 万亿元普惠性再贷款、再贴现政策，其中 5 000 亿元再贷款、再贴现政策支持地方法人银行向 59 万家企业发放优惠利率贷款

① 这里结构性货币政策工具的口径引用了中国人民银行的定义，实践中中国人民银行多次采用的定向降准政策调整也同样具有结构性作用。

② 引自中国人民银行网站。

续表

年份	类型	主要内容
2021	碳减排支持专项再贷款	中国人民银行创设碳减排支持工具和 2 000 亿元煤炭清洁高效利用专项再贷款，支持金融机构向碳减排和煤炭清洁高效利用领域提供信贷支持，在确保能源供应安全的同时支持经济向绿色低碳转型，助力科学有序实现碳达峰碳中和目标
2022	科技创新再贷款	引导金融机构进一步加大对科技创新企业的支持力度，总额度为 2 000 亿元
	普惠养老再贷款	引导金融机构向普惠性养老机构提供优惠贷款，降低养老机构融资成本，试点额度为 400 亿元
	交通物流专项再贷款	发放对象为 7 家全国性金融机构，明确支持道路货物运输经营者和中小微物流（含快递）企业

资料来源：根据中国人民银行网站整理得到。

目前，结构性政策工具分为长期性工具和阶段性工具。长期性工具主要服务于普惠金融长效机制建设，包括支农支小再贷款和再贴现。阶段性工具有明确的实施期限或退出安排，除支农支小再贷款和再贴现之外的其他结构性货币政策工具均为阶段性工具。

就结构性政策工具创设动因而言，其并非替代已有的一般性政策工具或选择性政策工具，它有明确的服务目标，并不能作为中央银行的日常操作手段。但结构性政策工具的合理性使其在中国的多目标货币政策框架里是有价值的：一是符合“有效市场、有为政府”的中国模式，中国人民银行需要服务于高质量经济发展，必然考虑整体经济结构的优化与人民生活的保障。二是导向明确，有利于资金的长期效率与防范风险。一味扩大信贷总量忽略信贷投向的逐利性、投机性，不仅无法满足具有长期成效的创新企业、绿色经济和普惠金融的资金要求，还会积累风险导致虚假繁荣。三是不是财政拨款、无偿使用。它们是有条件的政策工具，比如“先贷后借”，又比如结合 MPA 考核的激励措施。

拓展阅读

为什么针对中小银行定向降准?

二、货币政策的操作：规则与相机抉择

规则与相机抉择之间的争论由来已久，历史上关于规则与相机抉择的对比主要集中在货币政策操作领域，重点权衡哪种决策机制更有利于经济的发展。在不同的历史背景下，规则与相机抉择交替占据主导地位，也出现过二者相互融合的观点。简单来说，从 19 世纪中叶开始，规则与相机抉择的理论之争一共经历了以下五个阶段：

第一阶段：18 世纪末至 1914 年，通货学派与银行学派之间的争论。通货学派主张货币政策操作应遵循严格的规则，银行券的发行应有完全的货币保证；银行学派则认为银行会根据货币经济实际需要自觉限制贷款规模，不可能出现超额货币供给。

第二阶段：1914—1929 年，相机抉择占主导地位的时期。20 世纪初，相机抉择在各国实践中取得了良好的运用效果，尤其是在凯恩斯经济学思想的影响下，相机抉择在争论

中占据了绝对主导地位。

第三阶段：20 世纪 30—70 年代，规则对相机抉择的重新挑战。这是由于 20 世纪 30 年代大萧条以后，"逆经济风向行事"的相机抉择的局限性逐步暴露。弗里德曼①认为相机抉择在短期内有效，但从长期来看，其本身就是经济不稳定的一个根源。理性预期学派也全盘否定了相机抉择，他们认为只要公众预期是理性的，实际工资和实际利率不会发生变化，相机抉择的扩张性货币政策无法增加产出和就业，只会导致通货膨胀。

第四阶段：20 世纪七八十年代，规则占主导地位的时期。基德兰德和普雷斯科特（Kydland & Prescott，1977）② 提出动态不一致性（dynamic inconsistency）问题会导致相机抉择产生比规则更次的结果，首次将动态不一致性引入宏观经济学领域，使得规则与相机抉择争论的天平向规则发生根本性的倾斜。巴罗和戈登（Barro & Gordon，1983）③ 在此基础上构造了以附加预期的菲利普斯曲线为特征的货币政策博弈模型，认为规则是"最优解"或"事先承诺解"，相机抉择是"不一致解"或"欺骗解"，在相机抉择下存在通胀偏差和稳定偏差的问题。

第五阶段：20 世纪 80 年代末以来，规则与相机抉择相互调和的时期。对货币政策规则的追求归根结底在于：在多变的社会经济金融环境中，货币政策规则似乎最有可能提供一个令所有参与者都能理解的政策框架，从而消除调控者与被调控者之间的信息差异，同时规则的以不变应万变反而可能带来最有效的货币政策效果。当然，规则也远不是弗里德曼式的绝对不干预，而是在确定规则的基础上，考虑反馈因素对过去的货币增长规则或利率规则进行修正。越来越多的实践证明，既不存在纯粹的单一规则，也不存在纯粹的相机抉择，规则与相机抉择最好是合理地相互补充。

可见，规则与相机抉择之间的争论在于政策操作者关注的重点不同。规则决策机制的目标是创造稳定的经济环境，从而让市场发挥主导力量，避免政策的不连贯和对经济变量的依附性导致经济波动。因此，规则更重视通过政策的公信力和连贯性来稳定经济。相机抉择决策机制的目标是在不同的经济背景下保证经济的平稳增长。因此，相机抉择需要对不稳定的经济进行具体分析，根据当前的经济、金融环境制定有针对性的反周期政策，强调的是政策的灵活性和针对性。针对这一差异，大多数国家更加倾向于采纳长期政策依据单一规则、短期调整依靠相机抉择的以规则为主、以相机抉择为辅的混合模式。

三、货币政策设计中的透明度问题

货币政策的透明度一般是指中央银行对货币政策表述清晰、信息真实丰富，包括尽可能公开全部业务操作，从而使公众能够准确理解货币政策意图并在实现政策目标中发挥作用。货币政策透明度的提出是对传统理念中中央银行的神秘色彩与模糊的操作艺术的挑

① 弗里德曼. 弗里德曼文萃. 北京：北京经济学院出版社，2001.

② Kydland，F. E.，and Prescott，E. C.（1977），"Rules Rather Than Discretion：The Inconsistency of Optimal Plans，" *Journal of Political Economy*，85（3），473－491.

③ Barro，R. J.，and Gordon，D. B.（1983），"A Positive Theory of Monetary Policy in a Natural Rate Model，" *Journal of Political Economy*，91（4），589－610.

战。提高货币政策的透明度有什么好处?

第一，货币政策的透明度与可信度紧密相关。透明的货币政策更有益于公众的监督与问责，十分有利于货币政策质量的提高。提高透明度的过程是中央银行向自身施压的过程，其达成目标的动力会十分充足。正如弗里德曼所认为的，“中央银行的主要目标一方面是避免问责，另一方面是在公众中树立威望”。独立的中央银行是可信的，可信的中央银行必须是可问责的，而可问责的中央银行必须是透明的。

第二，透明的货币政策有利于缩短货币政策时滞，减少对货币政策有效性的干扰。在高透明度下，公众能够理解政策制定者的基本思路与所应用的经济模型，这将有利于稳定公众对货币政策的预期。透明度的提高有利于公众更好地预测货币政策，也使得中央银行能更好地预测市场反应，使得货币政策（如短期利率）变化与市场价格（如长期利率）变化之间的时滞有效缩短且相关性有所提高，这无疑会增加政策的有效性。同时，对透明度的追求也使得中央银行内部讨论时的易懂性和连贯性有所增强，从而减少政策制定中各种质疑的干扰。

第三，透明的货币政策有利于降低货币政策对经济运行的可能冲击。特别是当中央银行宣布其明确的货币政策目标并始终如一地为达到目标而努力时，货币政策的一致性得到保证，从而使得无论是货币政策变量变化的冲击还是政策偏好变化的冲击都会减小。

既然透明度已经成为实现中央银行货币政策可信度、连贯性和中央银行独立性的必要条件，那么如何实现货币政策的透明度呢？货币政策透明度的实现有赖于披露三大类信息：关于中央银行的目标、分析方法以及决策程序的信息。①

一是关于目标的透明度。一般而言，具有单一货币政策最终目标的中央银行相对容易实现透明度。比如英格兰银行将通胀率控制在 2.5%以内，且明确通胀率的计算使用零售价格指数，这一举措使英格兰银行政策的透明度在 1992 年公开宣布通胀目标后得以大幅提高。但对于具有多重目标的中央银行而言，实现透明度是一个难题。最大限度公开所有相关信息是一个替代方案。

二是关于分析方法的透明度。中央银行是否公开对宏观经济运行的预测及预测依据或者公开程度多大对政策透明度也具有较大的影响，因为中央银行的预测一定与货币政策相关，不公开自己的预测实际上是否定了中央银行应承受的问责。当然，最重要的是政策制定依据的透明度，这可能更有利于引导市场预期，有利于引导市场预测与中央银行预测保持一定的一致性。

三是关于决策者如何决策的透明度。当前中央银行决策更多的是倾向由个人决策向集体决策转变，但集体决策也分为具有个人主义色彩还是具有集体主义色彩。一个真正集体决策的委员会，比如在美联储和欧洲央行，有理由回避委员间的差异而一致对外，毕竟委员是共同承担决策责任的。而具有个人主义色彩的委员会，比如在英格兰银行和瑞典央行，各种意见的公布也应属于透明度的范畴。因为不同观点和多种声音有助于公众更好地理解委员会决策中的矛盾与偏好，从而帮助公众了解中央银行是如何调节对立观点的。近年来，有的中央银行会在决策会议后的声明或纪要中说明其偏好或对未来风险的态度，打

① 布兰德.中央银行的现代化进程.北京：中国金融出版社，2006.

破了中央银行不公布货币政策前瞻性信息的传统，是有利于提高透明度的重大改进。

综上所述，在现代发达经济体系内，货币政策的透明度对保证货币政策构架的清晰、合理，货币政策目标的实现以及中央银行自身的可信度和权威性都是具有积极效应的。可以预见，不同国家在实现有效的货币政策设计与运作过程中，对透明度的强调将成为一种必然的趋势。

第四节 中央银行货币政策的传导与效应

一、货币政策传导机制的主要理论阐释

货币政策传导机制是中央银行操作货币政策工具所带来的对货币政策目标变量的影响过程，其间涉及众多经济变量和多种传导途径，是一个相互作用的复杂系统。正是其复杂性和多变性，使得相关研究丰富多彩，形成多种理论解释。就已有的研究而言，焦点主要集中在货币政策传导的主要渠道及相关变量之间的相互关系。以下对主要研究结论进行简要的概括。

（一）货币政策传导的主要渠道

一是利率渠道。该观点的货币政策传导机制可概括为：货币供给↑→利率↓→投资（消费）↑→产出↑。其依据是凯恩斯学派理论。这一传导的实现要满足两个条件：投资对利率变化的反应是有弹性的，货币政策能够对长期实际利率产生影响。

二是货币供应量渠道。该观点的货币政策传导机制可概括为：货币供给↑→支出↑→投资↑→产出↑。其依据是以弗里德曼为代表的货币学派理论。该理论认为：在现实中存在极其稳定的货币需求函数，货币供应量因此成为货币政策传导中的核心环节，并强调货币政策传导机制的时滞性，主张实行盯住货币变动率的单一货币政策规则。

三是金融资产价格渠道。该渠道的理论基础主要是托宾的投资 Q 理论和莫迪利亚尼的财富效应理论。托宾 Q 理论的货币政策传导机制为：货币供给↑→股票价格↑→Q↑→投资↑→产出↑。财富效应理论的货币政策传导机制为：货币供给↑→利率↓→股票价格↑→财富↑→消费↑→产出↑。

托宾（1969）将货币政策的传导建立在货币与其他金融资产的结构调整基础上，提出 Q 效应渠道。Q 是指企业市场价值与企业资本重置成本之比。托宾认为货币政策带来的利率下降会导致股票价格的提高，从而促使上市企业投资增加并影响产出。莫迪利亚尼（1971）则从消费角度提出财富效应渠道，认为货币供给的增减会影响股票价格，使公众持有的以股票市值计算的个人财富变动，从而影响消费支出并使产出变动。当然，这一效应只有在股票价格保持较长时间的上涨时才可能出现。

四是信贷渠道。该观点的货币政策传导机制包括：第一，信贷供给可得性和信贷配给渠道，即利率↑→资产价格↓→借款人的净财富↓→外源融资溢价↑→投资↓→产出↓。第二，资产负债表渠道，即利率↑→资产价格↓→借款人的净财富↓→财务状况恶化→消费↓→产出↓。其中，信贷供给可得性渠道认为：利率变化导致政府债券价格变化，影响

贷款人持有资本的价格，影响贷款人提供资金的意愿（通过持有资产的流动性效应），进而影响信贷供给量。信贷配给渠道认为：由于金融市场上的信息不对称（逆向选择和道德风险），利率通常会低于均衡水平，不能自动出清市场，从而导致信贷配给现象出现。资产负债表渠道认为：货币政策通过影响借款人的资产负债状况影响投资（或消费），进而影响产出。

一般来说，资产负债表渠道是显著成立的，但信贷供给可得性渠道和信贷配给渠道成立需满足两个条件：其一是中央银行能影响商业银行的信贷供给；其二是贷款人必须依赖银行贷款融资。银行在克服信息不对称以及其他市场摩擦方面的优势，使得信贷仍然是一种主要的融资方式，尤其是对那些获取的信息有限、外源融资代价高、对银行信贷依赖性较强的中小企业或居民而言，在一定程度上应重视信贷渠道的传导。

五是汇率渠道。该观点的货币政策传导机制为：国内利率↑→本币汇率↑→净出口↓→产出↓。在开放经济条件下，汇率成为货币政策传导机制中越来越重要的宏观经济变量。由于汇率影响宏观经济的机制是一个复杂的过程，关于该传导机制的研究隐含在众多相关理论中，如购买力平价理论、利率平价理论、*IS*－*LM*－*BP* 模型、奥伯斯法尔德-罗格夫（Obstfeld-Rogoff）两国模型、相关的金融市场理论和国际贸易理论等。

六是预期渠道。该观点的货币政策传导理论认为：市场预期是连接货币政策工具（短期利率）和市场利率的关键因素。该理论主要分析货币当局、市场对货币政策路径的预期并通过市场利率及期限结构的相互关系来研究货币政策传导机制。随着股票市场、期货市场、期权市场等市场的发展，货币政策的预期传导效应也越来越显著。

各种货币政策传导机制在现实中相互交错形成一个复杂多变的系统。图 3－7 是对一个考虑内外均衡的货币政策传导机制的基本描述。在现实分析中，不同国家、不同时期各种渠道孰重孰轻有所差异，而各种变量相关程度的变化也是研究传导顺畅与否的重要内容。

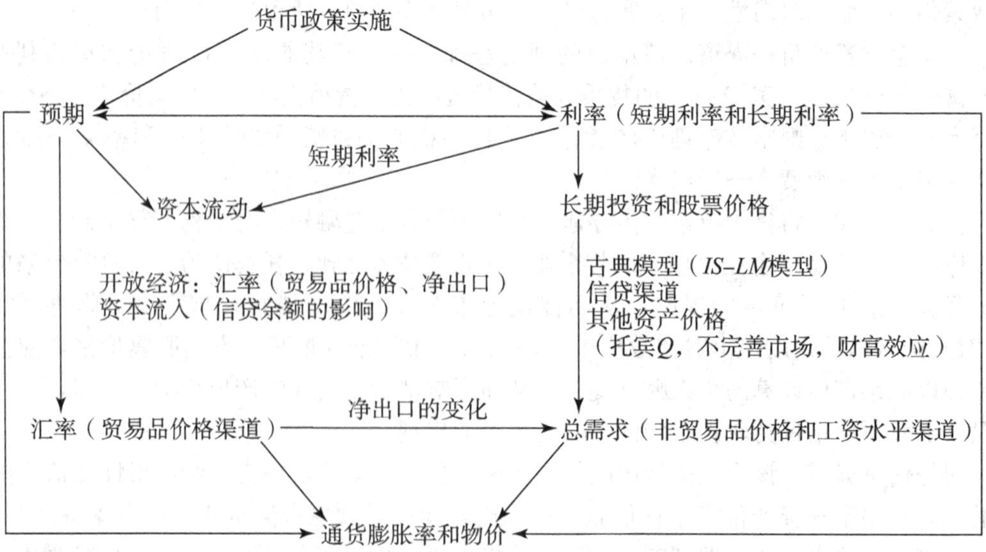

图 3－7　复杂的货币政策传导机制示例

（二）20 世纪末以来货币政策传导机制对资产价格、预期和风险的关注

20 世纪 90 年代以来全球资本市场的急速发展和 2007 年以来金融危机的全球化影响，使得如何同时实现宏观经济和资产价格的稳定成为货币政策必须面对的重要问题。现实中资本市场通过投资 Q 效应和财富效应，对实体经济产生的影响越来越大，资产价格作为预期因素的载体与货币政策和实体经济相互影响的内生性增强。可以说，当前的货币政策主要通过对利率、通货膨胀和收入演化过程的市场预期形成期望进行调控。资产价格和预期也在风险的积累与传递中扮演重要角色，资产价格的变化对微观经济主体客观上的资产负债表质量和主观上的投资消费热情都会产生影响，同时为之提供信贷的金融机构和金融市场也连带在自身的资产负债构成和主观判断上做出相应改变，加之金融机构和金融市场本身的业务交叉，风险的叠加和传染效应亦会相应变化。因而，资产价格、预期以及风险在次贷危机后货币政策传导机制的理论和实践研究中也越来越成为核心内容。

一是银行风险承担渠道。风险在传统货币政策传导机制中常常被忽略，导致风险偏好对有限理性的经济主体行为的影响在货币政策的分析中缺失。次贷危机后中央银行反思货币政策对金融稳定的遗漏时，货币政策与银行风险承担的关系引起重视。一方面，货币政策的松紧会对银行风险承担的意愿与水平产生影响，认为较低的货币政策利率是影响银行风险承担的一个关键因素；另一方面，银行承担风险的程度会带来投融资的变化。以宽松的货币政策为例：货币供给↑→利率↓→资产价格↑→银行信贷的抵押品和现金流↑→银行风险承担意愿和程度↑→信贷↑→企业融资↑→投资↑→产出↑。抵押品的增值和企业现金流的增加，使得银行低估了企业违约概率和损失，即银行对贷款风险的感知力下降，其风险容忍度增加。因此，银行会降低信贷门槛，扩张信贷，这会同时导致银行贷款风险增加、风险抵御能力降低。即：货币供给↑→利率↓→资产价格↑→银行信贷的抵押品和现金流↑→银行风险承担意愿和程度↑→信贷质量↓→企业违约概率↑。尤其是长期的宽松货币政策环境会导致银行的风险承担意愿长期较高，信贷投放过度，从而埋下隐患。

二是资产组合再平衡渠道。该渠道建立在投资者证券组合中的证券为不完美的互替品的假设上，这意味着不同证券具有不同的流动性、交易成本、信息、监管限制等。不完全的可替代性意味着，随着某种证券的净供给出现变化，其价格与收益率也随之发生改变，此时投资者就会再平衡资产组合，从而使得相应市场的参与度与活跃度有所提升。该渠道主要针对中央银行在危机后的大规模资产购买行为和扭曲操作。比如美联储直接购买长期国债和 MBS 等资产，降低长久期资产在市场上的相对供给。在市场上存在大量偏好长久期资产的投资者（比如养老基金和保险公司）的情况下，长久期资产相对供给的减少将会直接推升该类资产价格，并压低其到期收益率所包含的期限溢价。可见，此渠道意味着中央银行不仅可以在危机中提供流动性，还可以通过资产类别选择与交易达成对资产收益率曲线的影响。同时，在资产组合风险方面也有一定的对冲作用，比如购买商业银行的 MBS 等于帮助商业银行用流动性强的准备金资产置换高风险资产。

当然，现实中货币政策对资产价格的传导也存在一些争议，主要表现为：一是资产价格波动是否反映货币政策意图；二是经济波动是否与资产价格波动相关；三是中央银行是否对资产价格具有较强的干预性。对此一些学者认为资产价格波动与货币政策的联系并不

十分紧密，因为影响资产价格的因素有很多，除了货币政策外，还有预期、资本流动和政治事件等其他因素。同时，资产价格波动与真实经济波动也常常出现背离的趋势，对其加以关注是否真的有价值也值得商榷。另外，在常规货币政策操作中，中央银行没有有效的工具来干预资产价格，资本市场规模巨大，稳定资产价格非常困难。

三是信号渠道。不可忽视的是中央银行持续开展大规模的资产业务本身释放出的强信号价值。比如美联储开展 LSAP 业务意味着广而告之美联储对宽松货币政策的承诺，尤其是关于将在更长一段时间内使短期利率维持在低位的承诺。只要该业务在持续中且美联储就此意向与公众进行的沟通是充分与准确的，那么信号渠道就会强化这种承诺，成为中央银行进行预期管理的重要机制。由于信号渠道的存在，资产购买计划和利率政策的紧密结合显得至关重要，这尤其体现在中央银行在引入/退出 LSAP 业务的时点与顺序选择上。信号渠道强化了中央银行开展预期管理的决心，这也在一定程度上呼应了现代中央银行制度对中央银行沟通和透明度的重视。

拓展阅读

中央银行预期管理——前瞻性指引

二、货币政策效应分析

（一）货币政策效应的理论分歧

一直以来，经济学界对货币政策效应存在较大的分歧，其中集中体现在货币政策对产出的影响方面（货币政策的变化对总供给曲线形状影响的不同观点）。①

从理论演变过程来看，人们的认识经历了有效—无效—有效的演变：凯恩斯主义者肯定货币政策的有效性；货币主义者肯定货币政策的短期效应而否定货币政策的长期效应；理性预期学派完全否定货币政策的有效性；新凯恩斯主义者肯定货币政策的有效性。但就各家观点的共性而言，出发点都是在于研究所采取的政策措施能否起到抵御经济波动的效应，只是各自的理论前提和经济背景不同导致研究的侧重点和结论存在差异。早期的理论主要侧重于财政政策与货币政策对产出影响的比较，并据此确定财政政策与货币政策在宏观经济调控中的地位及决定对稳定物价、充分就业及经济增长这三项目标的选择。20 世纪 70 年代中期以后，研究尽管仍以货币政策是否对产出有影响为基础，但侧重点却由传统的与财政政策的比较转向对抗波动效应的分析，并由此形成了形形色色的产出波动理论。在货币主义和新古典经济学看来，货币政策不仅无法刺激经济持续增长，反而往往成为经济波动的诱因，因而坚决主张以单一的物价稳定为目标；相反，新凯恩斯主义以经济无法自发调整到均衡状态为基本理论前提，认为货币政策可用于熨平产出波动，而经济稳定增长也成为政策目标之一。

与理论同行的现实世界多少应验了理论的发展变化，尽管随着金融创新工具的迅速发展以及金融市场化、全球化的进程加速，货币政策实现有效调控的难度在不断增大，但总体上仍不失为宏观调控的重要工具之一。特别是自 2007 年美国次贷危机以来，全球范围内量化宽松货币政策的普遍使用再次验证了出现强烈经济波动时货币政策的不可或缺。当

① 相关分析参见：王广谦. 中央银行学. 3 版. 北京：高等教育出版社，2011：192－196，248－253。

然，现行货币政策的有效性与各个国家的具体宏观经济环境、经济波动程度、中央银行独立性及对各种政策工具的合理使用和货币政策与其他政策的有效性协调密不可分，而且还得用未来更长的时间来进一步验证。

（二）开放条件下的政策冲突与溢出效应

在开放经济条件下，经济体系建立和扩大了本币和外币的沟通渠道，增加了本外币政策的互动途径，改变了原来封闭经济条件下货币政策的作用方式、作用渠道和作用效果，使得货币政策从原来的主要局限于本币政策的方式，转向同时面对本币政策和外币政策协调进行的方式，货币政策的覆盖面随之扩大，同时面临的冲突与矛盾也随之增多。

1. 开放经济条件下的国际收支平衡与货币政策冲突

在开放经济条件下，宏观经济平衡的等式为：$M-X=(I-S)-(T-G)$，其中 M 为进口，X 为出口，I 为国内投资需求，S 为国内储蓄，T 为政府税收，G 为政府支出。这一等式也可以变为：$I=S+(M-X)+(T-G)$。这一等式的意义是十分明显的，即：国内投资应该等于国内储蓄、国外净储蓄、政府净储蓄之和，如果其中一项为负值，则必须由其他项为正来弥补。这些基本的均衡关系，都是事后均衡，即宏观经济运行有内在的调节机制，使之趋向于某种均衡状态。在宏观经济运行收敛于基本均衡状态之前，现实经济运行的常态是非均衡的。

因此，开放经济的建立和完善，一方面为货币政策提供了更大的政策回旋余地，即在 $(I-S)$ 和 $(T-G)$ 不能实现均衡时，能够通过调节对外经济活动 $(M-X)$ 来实现宏观均衡。另一方面，货币政策在调节国内投资和储蓄活动时，必须考虑到进出口和政府收支行为的影响；对外经济活动常常主要受到国际市场因素的影响，这些因素的变动与国内的经济波动周期通常是不一致的，如在国内需求萎缩时，出口的下降进一步抑制了国内经济的增长。显然，上述这些因素必然会制约货币政策冲突的协调。

2. 开放经济条件下货币政策的双向溢出效应

开放经济条件下的政策冲突不仅表现为一国内外政策的冲突，也表现为不同国家货币政策相互影响的密切性所带来的冲突，即货币政策的双向溢出效应。一方面，一国的货币政策会对其他国家的经济金融运行产生影响，另一方面，该国的货币政策措施同时也会受到其他国家货币政策的制约，从而产生货币政策冲突。因此，在开放经济条件下，货币当局必须充分关注货币政策的双向溢出效应，在进行货币政策决策时充分考虑国际经济因素对本国调控措施的制约、本国调控措施对其他国家的影响，充分关注汇率、外债、外汇储备等外向性经济变量，注重国际货币政策协调。尽管从理论上说实现浮动汇率制度能够使中央银行获得比较充分的货币政策独立性，但是，布雷顿森林体系崩溃以来的货币实践证明，即使是在浮动汇率制度下，各国货币政策的溢出效应和不同国家货币政策的差异，也已经成为制约各国货币政策冲突解决的越来越不可忽视的因素。从当前的环境看，大规模的、投机性极强的国际资本流动是传递各国货币政策溢出效应、干扰各国货币政策有效实施的主要渠道。

拓展阅读

警惕发达经济体
货币政策外溢效应

第五节 关于中央银行与货币政策的若干争议

在中央银行建立与发展的过程中，一方面，中央银行对现代经济运行的影响与作用似乎越来越重要；另一方面，质疑中央银行与货币政策的声音也从未停止。

一、中央银行垄断货币发行权的争议

最早系统地提出对中央银行垄断货币发行权的质疑的是哈耶克的货币非国家理论。哈耶克依据其信奉的经济自由主义，认为竞争是市场机制发挥作用的关键，政府（中央银行）对货币发行权的垄断对经济均衡造成了破坏。[①] 认为货币非国家化是货币发行制度改革的根本方向，由私营银行发行竞争性的货币（即自由货币）来取代国家发行垄断性的货币是理想的货币发行制度。

政府之所以牢牢地独揽货币发行权，是因为货币发行权不仅可以给政府带来丰厚的财政收入，长期作为政府的重要财源，而且由于经济中的各种交易都只能也必须使用政府发行的货币，因此政府顺理成章地具有干预经济的能力。这样，对货币发行权的垄断成为政府力量的重要支柱，政府决不会轻易放弃它。而政府缺乏强有力的内、外约束机制，只要对自身有利，就敢于滥用货币发行权。这种特权的滥用使得货币供应量过大，必然造成通货膨胀，导致经济混乱和危机爆发。

如何消除政府垄断货币发行权的弊端呢？哈耶克认为：对于通货来说，重要的不是由谁来发行，而是怎样来满足通货的内在要求，即保证币值稳定。私营银行发行货币不但是可行的，而且是有益的。这是由于私营银行发行货币受其经济实力的制约，必须全额承担发行责任，若它们不顾后果滥发货币，直接受害的是自身，其信誉将下降，直至倒闭。因此，私营银行发行货币存在强有力的内在制约机制，使得它们提供的货币具有内在稳定性和良好信用。

依据哈耶克的理论，中央银行如果基于垄断货币发行权而存在，则大不必要（现实中也的确出现过没有中央银行垄断货币发行权的萨福克银行体系[②]）。但也有学者对取消中央银行的货币发行垄断权有所质疑，集中表现在：(1) 因为市场存在失灵与投机的空间，私人发行机构保持币值稳定的承诺是否可信？(2) 多种货币并存所带来的交易成本是否会超出所谓的益处？(3) 假定所有论证都无问题，那么政府是否愿意放弃这种垄断权？

二、中央银行作为最后贷款人的争议

最后贷款人（lender of last resort）体现了中央银行的银行职能，它最早是在 18 世纪

① 哈耶克. 货币的非国家化. 北京：新星出版社，2007.

② 阿提格，史密斯. 中央银行的演变与进程. 北京：中国金融出版社，2007：237 - 258.

末英格兰银行向处于流动性危机的银行提供流动性援助而得名，一般是指在危机时刻中央银行应尽的融通责任。它应满足对高能货币的需求，以防止由恐慌引起的货币存量收缩，实现金融稳定。中央银行因垄断货币发行，故有能力也必须承担起这一责任。美联储的诞生也与之密切相关。

最后贷款人理论的核心内容一般集中在如下三个方面：一是救助对象。代表性的观点有两类，货币观认为应通过公开市场操作向金融市场提供流动性，而机构规则认为应通过贴现窗口或再贷款为银行提供流动性。二是救助的依据。一般认为，所救助的应该是具有清偿力但暂时处于流动性困境的机构，而真正处于清偿力危机的机构应不予救助。但如何识别是暂时的困境还是真正的危机存在争议。三是救助标准或原则。其中，最著名的“白芝浩原则”强调：以惩罚性利率提供贷款，贷款只能提供给有良好偿债和抵押（根据恐慌发生前的名义价格衡量）能力的银行，而并非破产的银行。中央银行会事先声明向满足偿债和抵押条件的银行提供贷款。“巴杰特原则”实质指出中央银行不可滥用作为最后贷款人的职能，提供贷款应有条件并具有惩戒意味。但这一原则在现实中受到巨大挑战，惩罚性利率往往变成低息甚至无息利率，因为一旦危机出现，第一要义是及时切断恐慌情绪的蔓延，根本没有时间仔细评估是否满足偿债与抵押条件。该原则的价值可能更多的是在于警醒最后贷款人职能的审慎使用，中央银行的权限应受到约束。

那么，只有中央银行才能在危机中提供流动性吗？中央银行是不是唯一的最后贷款人？中央银行履行最后贷款人职能究竟是好处多还是风险多？

费希尔（Fischer，1999）[①] 认为最后贷款人主要承担两种角色。一是危机贷款人，主要在危机中提供资金支持。二是危机管理者，即最后贷款人本身有责任应对已经发生的危机或潜在的危机。因此，除了中央银行之外，其他机构也可以成为最后贷款人，如美国财政部、清算中心和摩根集团都承担过最后贷款人的角色。若果真如此，中央银行基于最后贷款人职能的意义很难明确。

同时，中央银行作为最后贷款人实施救助所承担的风险也逐渐为人所关注。一是如何辨识需要救助的机构？二是如何避免道德风险带给中央银行的政策压力？当中央银行因救助危机银行而造成的资产负债表恶化减弱中央银行在实施货币政策时的独立性和灵活性时，这种风险如何承担？三是全球化导致经济联系的密切性和传染效应在强化，中央银行应如何面对国际救助的需要？

事实上，近年来，货币政策与监管职能出现分立趋势，这使得最后贷款人职能的执行环境变得更为复杂。中央银行货币政策与银行监管职能的分立，预示着中央银行不再具有收集银行信息的优势，因此中央银行很难高效地履行最后贷款人职能。中央银行履行最后贷款人职能与商业银行向其客户贷款一样，都需要贷款人对借款人进行事前信用评估和事中监控。但是，没有监管职能的中央银行履行最后贷款人职能的有效性是值得怀疑的。由于紧急救助需要中央银行有一套快速反应机制，因此中央银行与监管对象之间的高效沟通、通力合作是最后贷款人成功解决银行危机的关键。

---

① Fischer，S.（1999），“On the Need for an International Lender of Last Resort,” *The Journal of Economic Perspectives*，13（4），85-104.

此外，救助范围扩大使最后贷款人面临的风险增加。金融机构混业经营的趋势使银行与证券公司的边界变得越来越模糊，这一变化可能导致银行安全网被扩展。尽管中央银行的典型救助是针对商业银行的，但也有向证券公司及其他金融机构提供救助的可能。当中央银行的救助范围扩大时，其所面临的风险也大大增加。

最后，金融革新和技术革命使银行在地域上的分界越来越淡化，这就引发了需不需要国际最后贷款人来解决跨国界的传染问题，以及由谁来充当这一角色的激烈争论。银行清算系统的日益国际化同样需要一个国际最后贷款人，或者至少是加强各国中央银行之间的合作以解决国际清算链条可能失败的问题。

三、中央银行独立性的争议

中央银行自产生之日起就与政府有着千丝万缕的关系，在其发展过程中，中央银行与政府之间应保有何种程度的关系也一直存在争议。中央银行需要保有独立性吗？

对中央银行独立性的见解大致有三种：一是中央银行无须保有独立性；二是中央银行应具有独立性；三是中央银行的独立性是相对的。

持中央银行无须保有独立性观点的理由主要有两个方面：一是出于对中央银行权力过大的担忧；二是对中央银行能力的不信任。此类观点的代表性人物包括弗里德曼（1962，1984）[①]、帕金和巴德（Parkin & Bade，1977）[②]。他们认为中央银行脱离政治控制缺乏民主的合法性（中央银行非民选机构），独立的中央银行导致货币政策过分地依赖中央银行管理者的个人品质与素养，实质是一种人治体制而非法治体制。此外，加强独立性会造成货币政策与财政政策的协调困难。

与此类观点相反的是认为中央银行必须具有高度的独立性。基于反对独立性的理由，此类观点指出：在政治上被隔离的中央银行能够更加关注自身的责任，能够成为健全的货币和稳定的物价的保护者。同时，独立的中央银行有助于保持货币政策的连续性和稳定性，回避政治交易周期，并且有助于减轻和防止宏观经济的波动。此外，不能将财政政策和货币政策的协调困难作为反对中央银行独立性的理由，因为独立的中央银行的好坏应从是否真正危害了经济增长或就业来判断，而不是为了保证政策协调而让步。包括米什金[③]、托马斯[④]都曾指出，一个独立的中央银行能够推行政治上不得人心而符合公共利益的政策。

第三种观点较为折中，认为中央银行应保持相对的独立性。理由在于：当代经济运行既需要市场自主调节的运行机制，又不能没有政府调控的基本保障。在这样的背景下，要求中央银行完全独立于政府几乎是不可能的，关键在于中央银行在政府的政策目标框架下如何实现所担负的经济责任和社会责任。事实上，世界范围内也没有一个国家的中央银行

---

① 弗里德曼. 弗里德曼文萃. 北京：北京经济学院出版社，2001.

② Parkin，M.，and Bade，R. (1978)，"Central Bank Laws and Monetary Policies：A Preliminary Investigation，" Research Report，No. 7804.

③ 米什金. 货币、银行、金融市场学. 北京：中国财政经济出版社，1990：386-387.

④ 托马斯. 货币、银行与金融市场. 北京：机械工业出版社，1999：228.

完全不受政府控制、完全独立于政府。在某种程度上，保证中央银行的相对独立性也有利于中央银行与政府的相互制约。

上述三种观点各有立场，了解这些观点及其持有的理由对理解中央银行的独立性具有更为全面的帮助。比如当持有中央银行无须保有独立性的观点时，可能需要对政府的定位有更多的思考和明确，最基本的考量在于政府如何保证经济运行的长期利益和社会责任。而当坚决支持中央银行需要保有独立性时，又必须探索如何有效制约权力过大的中央银行的谋私行为以及如何确保其政策决策的广泛代表性和科学性。较之二者，似乎具有相对独立性的中央银行更具有说服力，但相对于谁、相对的程度如何等，也是棘手的难题。

次贷危机和疫情之后，随着 LSAP 业务的开展、QE 理念的受接纳以及财政赤字的高企，尤其是疫情暴发后所谓“直升机撒钱”举措在大萧条之后的复生，现代货币理论逐渐走向前台，对中央银行独立性的讨论似乎不再具有价值。人们热议的是现代货币理论对财政赤字的定位与相应政策安排，主要包括：关于财政赤字，认为在主权信用货币制度下，借入本币债务不会引发政府破产，财政平衡没有实际意义，赤字是可以无限创造的。因此，在财政政策安排上财政赤字不应成为政府支出的硬约束，政府发债和赤字是没有限制的，财政政策的目标应是追求充分就业而不是一味强调财政平衡。以此为前提，货币政策则需要与财政政策相配合，中央银行应直接向财政部购买国债来支撑财政赤字，也就是“财政赤字货币化”，因此并不存在独立的中央银行①。而如果通胀大幅提升，政府可以通过提高税率、举债等措施将多余货币收回，从而抑制通胀。在现代货币理论中，财政政策更为重要，是支持经济增长和就业的主要手段，而不是货币政策。

上述观点显然与次贷危机前取得共识的中央银行独立性制度特点与货币政策框架设定相违背。一方面，现实条件使得常规货币政策无法操作，美联储要果断制止恐慌情绪蔓延、救助陷于流动性危机的金融市场与金融机构，不得不另辟蹊径，转向非常规操作；另一方面，一旦开启非常规政策操作，与财政政策的关系就必然变得更加紧密，特别是在对实体经济的救助中，对财政政策的支持与配合使得美联储在实际操作中或多或少践行了现代货币理论的思想。

财政赤字货币化确实在危机背景下存在一些积极作用。首先，财政扩张对经济的乘数效应要更直接与放大些。比如常态下中央银行是在二级市场购买国债，只与商业银行等交易商打交道，而商业银行再将资金投到实体经济，在这个过程中必然会有延误及漏损。但是如果中央银行直接在一级市场购买国债，财政获得资金直接投资，则见效更快，也不会产生任何资金漏损。其次，财政定向支出有利于直接纾解危机中的困难企业或家庭，通过收入分配效应在一定程度上也会缩小贫富差距。最后，政府强有力的财政支出对于制止恐慌情绪蔓延与重塑市场信心是清晰而明确的信号，直接干预比常态货币政策间接传导的经济体验会更迅速与显见。

---

① 本·伯南克（2017）在彼得森国际经济研究所举办的反思宏观经济政策（Rethinking Macroeconomic Policy）会议发言中指出：“中央银行独立性（CBI）的问题要比反通胀主义的论点更为广延，CBI 应该在新的经济环境中得以保持。与此同时，我认为，CBI 是工具性的，它取决于成本和收益而不是死板的哲学原则，所以独立性的有限性恰恰取决于考量的活动和经济情况的领域。我们需要中央银行家的专业能力、机构信誉度以及长期视角。我希望中央银行独立性可以在发达经济体中存活下来，但人们的记忆总是太短。”

在特殊背景下现代货币理论给予当局者以理论支持，在一定程度上是满足现实需要的，但需要警醒的是财政赤字货币化对中央银行独立性的放弃所存在的风险和隐患。财政赤字货币化意味着政府债务可以无限制地扩张下去，但是财政并不能无限制地扩张下去，只要现实生产力的提升无法与超发的货币匹配，终有一天，物价会攀升到人们放弃主权货币、货币崩溃的水平。这种事实在历史和当下都已存在。同时，一旦每年的 GDP 流量小于存量债务所产生的利息，国家实质上也就破产了，政府信用又从何谈起。

四、中央银行是金融市场的引领者还是追随者的争议

中央银行是金融市场的引领者还是追随者？问题的提出是针对现代中央银行管理者似乎过度尊重市场，这种过度导致中央银行及其货币政策可能盲目跟随市场实施基本符合市场预期或需要的政策方案。这并不意味着想要中央银行回归非市场措施或忽略市场信号，而是需要分辨市场是否在正常运行以避免因为盲目追随而导致极差的货币政策。

曾经的观点认为中央银行家的一部分工作是令市场吃惊甚至欺骗市场，但时至今日，更多的中央银行家更加关注市场信号，听从市场安排。但市场并不都是对的，至少中央银行在关注市场时有三个方面需要特别小心与谨慎。一是投机市场中存在羊群效应，并可能对任何刺激反应过度。羊群效应有时会产生偏离群体理性的结果，而市场的过度反应亦会使市场价格偏离正常水平，造成与现实内在矛盾不符的假象。这无疑会对中央银行家的判断产生误导。二是金融市场的参与者频繁地跟随潮流和一时的爱好，将导致严重背离基本面的投机泡沫。中央银行必须抵制这样的市场潮流的影响，尽可能保持对市场的独立观察。三是跨期问题。中央银行的货币政策实施需要一个较长的时间跨度，而市场的交易行为往往是短期跨度，中央银行如果盲目追随市场变化而调整政策，可能会表现为反应过度和推波助澜。在某种程度上，中央银行依据自己的通胀预测而不是依靠市场预测进行决策，是中央银行能够独立于市场影响的一种方法。

面对今天复杂多变的市场运行情况，中央银行所采取的态度最好是理性追随和有效引领。理性追随是依据不断提升的大数据处理能力和优质模型的构建来判断市场的有效性和真实走向，有效引领是让市场拥有理解中央银行意图的良好信息，提供关于未来货币政策走向的适当路线，进而使市场更好地预测中央银行的决策，从而使中央银行既能维持市场的正确方向，又能在市场可能失误的时候将其导向正确的轨道。

本章小结

本章从现代中央银行制度建立与发展中理解中央银行在现代经济条件下存在的意义与作用，结合基本共识和全球经验探讨中国现代中央银行制度的建设与特点。从中央银行资产负债业务的变化及其反映的信息分析中央银行的政策目标和行为方式，说明什么样的中央银行会带来什么样的货币政策。随之以货币政策为研究对象，从其基本架构和主要问题着手，分别对货币政策目标、货币政策操作、货币政策传导机制和货币政策有效性进行研究。其中，政策构架是基础，政策目标决定政策操作和工具的选择，而传导机制反映货币政策设计者关注的重点以及决定政策有效性的实现。同时强调，在全球化进程中追求内外

均衡应成为中央银行及其货币政策不可推卸的责任。最后需要说明的是，中央银行和货币政策并非纸上谈兵，它们在现实中存在、运作并影响生活的方方面面。理解它们既要有客观的背景，又要有特定的角度和合理的方法，并且要具有动态发展的辩证眼光。

问题与应用

1. 全球视角下对现代中央银行制度的理解具有哪些共识？中国建设现代中央银行制度需要注意什么？

2. 中国的货币政策有“锚”吗？如果有，合理吗？如果没有，请说明理由。

3. 中央银行的独立性与货币政策的透明度相关吗？为什么？

4. 选择一种货币政策工具如法定存款准备金率，分析中国改革开放以来该政策工具的变化与使用，说明其运用的经济金融背景与政策效果。

5. 中国近十年来货币政策传导的主要渠道有无变化？对货币政策的有效性有何影响？

6. 在货币政策实施中如何看待和处理市场的预期？

7. 比较中美货币政策工具创新可以从哪些方面展开？

8. 货币政策应该兼顾金融稳定吗？为什么？

推荐阅读材料、网站

[1] 弗里德曼. 货币稳定方案：第 10 版. 北京：中国人民大学出版社，2016.

[2] 汉达. 货币经济学：第 2 版. 北京：中国人民大学出版社，2013.

[3] 摩根. 货币学派与凯恩斯学派. 北京：商务印书馆，1984.

[4] 孙凯，秦宛顺. 关于我国中央银行独立性问题的探讨. 金融研究，2005 (1)：32－42.

[5] 吴易风. 当前金融危机和经济危机背景下西方经济思潮的新动向. 北京：中国经济出版社，2010.

[6] 钟伟. 论货币政策和金融监管分立的有效性前提. 管理世界，2003 (3)：45－52＋154.

[7] 周小川. 金融政策对金融危机的响应：宏观审慎政策框架的形成背景、内在逻辑和主要内容. 金融研究，2011 (1)：1－14.

[8] Friedman，M.，and Schwartz，A. J. (2008)，*A Monetary History of the United States，1867—1960*，Princeton：Princeton University Press.

[9] FSB，IMF，and BIS (2011)，“Macroprudential Policy Tools and Frameworks，” Update to G20 Finance Ministers and Central Bank Governors.

[10] Walsh，C. E. (2017)，*Monetary Theory and Policy*，4th edition，Cambridge：MIT Press.

[11] 国际货币基金组织，http://www.imf.org。

[12] 美联储，http://www.federalreserve.gov。

[13] 欧洲央行，http://www.ecb.int。

[14] 日本银行，http://www.boj.or.jp。

[15] 英格兰银行，http://www.bankofengland.co.uk。

[16] 中国货币市场，http://www.chinamoney.com.cn。
[17] 中国人民银行，http://www.pbc.gov.cn。

参考文献

[1] 阿提格，史密斯. 中央银行的演变与进程. 北京：中国金融出版社，2007.
[2] 贝恩，豪厄尔斯. 货币政策：理论与实务：第2版. 北京：清华大学出版社，2013.
[3] 布兰查德，等. 金融危机的教训：反思当代政策. 杭州：浙江大学出版社，2013.
[4] 布兰德. 中央银行的现代化进程. 北京：中国金融出版社，2006.
[5] 楚尔鸣. 中国货币政策传导系统有效性的实证研究. 北京：中国经济出版社，2008.
[6] 范方志. 中央银行独立性：理论与实践. 北京：经济管理出版社，2007.
[7] 弗里德曼，哈恩. 货币经济学手册：第2卷. 北京：经济科学出版社，2002.
[8] 弗里德曼. 弗里德曼文萃. 北京：北京经济学院出版社，2001.
[9] 雷. 现代货币理论：主权货币体系的宏观经济学. 北京：中信出版社，2017.
[10] 史密斯. 货币经济学前沿：论争与反思. 上海：上海财经大学出版社，2004.
[11] 斯蒂格利茨，格林沃尔德. 通往货币经济学的新范式. 北京：中信出版社，2015.
[12] 王广谦. 中央银行学. 5版. 北京：高等教育出版社，2021.
[13] Barro，R. J.，and Gordon，D. B. (1983)，"A Positive Theory of Monetary Policy in a Natural Rate Model，" *Journal of Political Economy*，91 (4)，589-610.
[14] Fischer，S. (1999)，"On the Need for an International Lender of Last Resort，" *The Journal of Economic Perspectives*，13 (4)，85-104.
[15] Kydland，F. E.，and Prescott，E. C. (1977)，"Rules Rather Than Discretion：The Inconsistency of Optimal Plans，" *Journal of Political Economy*，85 (3)，473-491.
[16] Parkin，M.，and Bade，R. (1977)，"Central Bank Laws and Monetary Policies：A Preliminary Investigation，" Research Report，No. 7804.

第二篇　金融功能与金融结构理论

第四章

金融中介理论

学习目标

1. 掌握金融中介的概念和功能。
2. 了解金融中介理论及其发展。
3. 熟悉金融体系的构成。

第一节　金融中介的概念与功能

一、金融中介的概念

在国民经济运行中，各类行为主体的收入扣除消费形成储蓄，储蓄构成投资的来源，储蓄能否顺利地转化为投资，关系到经济的稳定与发展。事实上，储蓄并不会自发地转化为投资，而是需要一定媒介来充当转化的中间环节，这种促使资金从盈余方流向短缺方的金融机构即为金融中介。金融中介主要有两类：一类通过买卖有价证券为资本市场服务，另一类吸收存款并直接向借款人放贷。前者在以资本市场为主的直接融资过程中充当交易中介角色，后者在以商业银行为主的间接融资过程中充当资金中介角色。

在直接融资过程中，金融中介主要在资本市场上提供各种促进融资顺利进行的交易性服务或通过购买证券来间接对外提供资金。它们的业务主要包括证券经纪服务、金融咨询服务、证券评级服务、审查监督服务等。这类金融中介主要有投资银行、基金公司、保险公司、信托公司等。在资本市场上，与没有金融中介的情况相比，金融中介的存在改进了储蓄和投资的决策，提高了单个经济人的福利。

在间接融资过程中，融资的顺利实现需要商业银行充当沟通存款人和贷款人的桥梁，商业银行主要充当资金中介角色，这种中介过程与直接融资中介过程相比有一些突出的特点：首先，商业银行处理的金融合约（存款和贷款）与资本市场上的金融工具（股票、债券等）不同，它们很难再进行交易，通常只能由商业银行持有到期。因为在此过程中资金需求方具有特定的信息并且是异质的，他们提供的合约也是特定的而非标准化的，由于投资者不可观测，因而无法像标准化合约一样进行交易。其次，借款人提供的合约与投资者所期望的不相符，即投资者更倾向于投资标准化合约，但异质的借款人提供的合约通常是特定的非标准化合约。

商业银行对借款人具有一套统一的分析评判标准，通过对异质的借款人进行评判，签订特定合约，解决了合约不能交易的问题。此外，商业银行吸收存款、发放贷款的过程，实现了对资金规模、期限以及风险的转换，满足了贷款人和存款人对合约的不同需求。具体来说，个体储蓄者对资金的供给往往数量小而且分散，并且对资金的随时收回有比较高的要求，同时希望持有低风险资产；而投资者对资金的需求往往数量较大，使用期限相对较长；商业银行通过对资金金额的聚少为多、期限的续短为长及对风险的转换，促进了储蓄最大限度地向投资转化。因此，以商业银行为主导的间接融资方式在金融和经济体系中发挥着十分重要的作用。

本章所讨论的金融中介主要是以商业银行为代表的资金中介。

二、金融中介的功能

在现代经济体系中，金融中介发挥着重要的作用，为个人、家庭、企业和政府提供各种金融服务。总体来说，金融中介的功能主要有如下几种：期限中介，分散风险，降低交易成本和信息处理成本，提供支付机制。

1. 期限中介

期限中介，又称财富转移中介、数量规模中介等，即金融中介通过吸收存款或者发行金融工具、提供各种金融服务，从不同部门获取不同规模、不同期限的资金，通过专业化运作，将资金提供给对规模、期限存在不同要求的需求者，促进储蓄向投资转化。金融中介的期限中介功能主要表现在以下两个方面：(1) 金融中介可以灵活吸收各种期限的闲置资金，满足具有不同期限要求的资金需求者。通常情况下是将短期的闲置资金转换为长期的资金供给，实现资金的跨期配置。(2) 金融中介吸收各种规模的资金，通过整合，为资金需求者提供所要求数量规模的资金，实现资金在数量规模上的配置。

商业银行的存贷款业务最能体现金融中介的期限中介功能，银行通过吸收期限短、规模小的存款积聚资金，并将扣除了日常取款资金准备的大部分资金贷给资金需求量大、要求期限长的需求者，实现资金由短期、小额向长期、大额的调配。

2. 分散风险

在金融全球化与自由化快速发展的现代经济体系中，虽然资金的融通能力、收益率得到了前所未有的提高，但在资金融通过程中投资者所承担的金融风险也进一步升级。在资金的融通中，资金供给者（或者说投资者）需要承担的风险包括信用风险、利率风险、汇率风险、流动性风险、通货膨胀风险等。这些风险的存在会降低资金供给者的预期收益，阻碍资金从储蓄向投资转化。因此，分散或者降低金融风险是对投资者收益和经济发展有利的行为。

金融中介进行的风险分散比个体投资者更具优势。首先，个体投资者由于资金有限难以通过分散投资来降低风险，即使可以通过投资不同的资产来分散风险，也很难达到金融中介的那种成本效益。金融中介分散投资过程中的成本效益本身就是金融中介的作用之一。其次，个体投资者在分散金融风险的知识、能力与专业技术方面存在缺失，无法与金融中介比拟。因此，个体投资者更愿意选择金融中介来分散金融风险。金融中介运用自身的技术与经验，对可能遭受的金融风险进行转移和分散，将高风险的金融资产转为低风险的金融资产，实现规模经济，在降低金融风险的同时保证了投资者资金的增值。此外，金融中介进行风险分散的优势还在于其具备总结经验和提高自身研发的能力，有利于不断改进分散风险的方法。

3. 降低交易成本和信息处理成本

交易费用和信息不对称的存在可能会增加流动性风险。投资者或者借出者在进行投资或者借出资金之前需要获得与交易有关的真实、完整的信息，这样才能做出正确的判断，资金的融通才能顺利进行。资金供给者收集、甄别、分析和评估与交易相关的信息需要花费大量的时间与成本。交易完成之前的谈判、合同编制、签约等环节也需要花费大量的时间与成本。而资金需求者同样需要花费大量的时间与成本来寻找资金供给者。所以在没有金融中介的情况下，投融资的交易成本是巨大的。金融中介可以在利用自身的规模经营和专业化运作优势为投融资双方提供资金融通服务的同时，降低交易的单位成本。

除了降低交易成本之外，金融中介还有改善信息不对称的功能。虽然现代金融体系中存在保护资金供给者的严格的信息披露法规和先进的信息传递组织与技术，但仍不能保证市场上的信息完全正确和完整，不能保证资金供给者与资金需求者在进行相关投融资交易时在时间上或者内容上拥有完全相同的信息，因而仍会产生信息不对称问题。信息不对称直接导致逆向选择和道德风险，会增加资金供给者的风险，妨碍其做出正确的选择，也会增加事后的监管成本。金融中介却具有专业的信息筛选能力，在提供服务的过程中具有获取和收集信息的便利条件，在信息处理和监管成本上更具有规模经济效益。由于金融中介更全面掌握交易者的信息，并且在信息处理方面具有优势，这样就能改善交易双方的信息不对称情况，增强资金供给者的正确选择能力，促进资金融通。

4. 提供支付机制

从最早的对铸币的鉴定和兑换，到后来对汇票、支票的兑换，再到现在信用卡、借记卡及电子转账系统的提供，金融中介一直为社会经济活动提供支付结算服务。可以说提供支付服务是金融中介最早具备的功能之一。虽然早期支持金融中介发挥支付结算功能的技术很少，但发展到现在，特别是通过运用电子计算机和卫星通信技术及设备来组建各种支付清算系统与网络，金融中介保证和促进了社会经济的顺畅运行。

第二节 金融中介理论

早期的金融中介理论主要关注的是金融中介的行为及其对经济的作用。20 世纪 60 年代以来，金融创新和金融市场的发展、“脱媒”等现象，让人们开始思考金融中介存在的必要性等更本质的内容。与此同时，博弈论、信息经济学和新制度经济学等学科的发展，为理论研究提供了新的研究思路和分析方法，使金融中介在现代金融活动中的作用和存在理由得到了进一步的阐述。本节从交易费用、信息不对称、受托监控理论、流动性保险理论及金融中介与金融市场的互动关系等几个方面来阐述主要的现代金融中介理论。

一、交易费用学与金融中介

新古典经济学中的金融中介理论基于完美市场这一前提，也就是说，如果不存在交易成本，不存在市场参与者之间的信息不对称，金融中介的存在就是多余的。基于对市场作用的依赖和强调，在新古典经济学中出现了“金融中介多余论”。在阿罗-德布鲁模型中，只存在消费者和生产者，而在他们之间除了市场没有任何金融中介。现代金融中介理论则从不完美市场的角度出发，证明了金融中介存在的必要性。

金融交易不同于单纯的实物形态的商品交易，现实、即时的钱物同时易手，所花费的成本要大得多。与商品交易相比，金融交易是跨时期的特殊交易，是现在与未来的交易，是当前现金流量与将来一系列现金流量的交易，因而交易中的不确定性因素越多，贷款者承担的风险越大，旨在减少交易不确定性、降低交易风险和保证初始交易顺利进行而发生的交易费用也就高得多。在融资前，借款者要寻找潜在的贷款者，贷款者则要调查和监督借款者的信用状况和经济情况、贷款用途或投资项目可行性，防止款项被挪用。另外，贷款者还必须对借款者的财务进行核实，借款者违约时贷款者要打官司等。繁重的交易费用会使直接融资行为变得不可行。

由此可见，由于信息的不完全和契约的不完备，金融交易将会产生三部分费用，即：交易前的信息搜寻费用、交易时的签约费用和交易后的监督费用。金融中介则具有降低交易费用的功能，因为金融中介进行金融交易与个体投资者相比具有规模经济特征和范围经济特征。在金融交易过程中产生的交易费用几乎都是固定的，当这些交易费用由金融中介承担时，分摊到单位金融产品（或服务）上的交易费用要远低于由个体投资者承担的交易费用。此外，金融中介可以雇用专业技术人员来开发专门的交易技术，以降低交易费用。所以，金融交易活动具有典型的规模经济特征。作为风险管理者的金融中介也同样具有典型的范围经济特征，比如借款人分布越广，贷款组合收益率的方差越小，风险也就越小；存款人越是分散，金融中介的流动性保险功能越强，越不易出现挤兑现象；借款人越是多样化，由金融中介承担的代理费用越小，在极端情况下趋向于零。

本斯顿和史密斯（Benston & Smith，1976）在发表的《金融中介理论的交易费用方法》一文中，首次用交易费用理论来证明金融中介存在的必要性，开创了现代金融中介理论研究的先河。在他们看来，金融中介的角色就是创造专门的金融产品，而金融产品的本质在于转换消费支出模式。本斯顿和史密斯指出，金融中介在转换消费支出时能够降低金融产品的交易费用。金融中介在转换消费支出时有两种情况：一是期间内的消费转换，二是跨时期的消费转换。前者体现了金融中介的规模转换功能，后者体现了金融中介的时期转换功能，因而，本斯顿和史密斯实际上是从金融中介的资产转换功能出发来论证金融中介存在的必要性。

二、信息经济学与金融中介

1. 逆向选择与金融中介

降低交易费用显然不是金融中介存在的唯一原因，除了通过分析交易费用来论证金融中介存在的必要性外，信息不对称是现代金融中介理论的另一个范式。信息不对称分为事前的逆向选择风险和事后的道德风险。在这里我们首先了解一下金融中介是如何解决事前的信息不对称问题的。

阿克洛夫（Akerlof，1970）在其次品市场（也称为柠檬市场）模型中提出逆向选择理论。在信息不对称的情况下，商品出售者比商品购买者更了解商品的品质，市场上好的商品往往遭到淘汰，而劣质商品逐渐占领市场，从而导致好的商品被劣质商品取代，市场上充斥着劣质商品。他在1970年发表的论文《次品车市场：质量不确定性与市场机制》中阐述了逆向选择的特征及对市场效用的影响。在存在逆向选择的情况下，市场会出现效率低下与失灵，在极端情况下会出现市场萎缩甚至消失。在金融市场上同样也存在信息不对称和逆向选择的问题。

例如，证券的潜在购买者和发行者之间存在信息不对称。潜在购买者不能辨别预期收益较高、风险较低的“好公司”和预期收益较低、风险较高的“坏公司”，因此他们只愿意按照反映证券发行者平均质量的价格购买所有发行者的证券；发行者知道自己是“好公司”或“坏公司”，对“好公司”而言，如果它只能按介于“好公司”与“坏公司”之间的价格发行证券，它当然不愿意，相反，“坏公司”却十分愿意。结果，只有“坏公司”愿意在证券市场上发行证券。潜在购买者知道这种情况，所以他们不会按中间价格购买“坏公司”的证券，结果与二手车市场类似，金融市场运行不畅。

许多学者通过信息不对称的范式来证明金融中介存在的必要性。其中，利兰和派尔（Leland & Pyle，1977）基于道德风险提出了L－P模型来解释金融中介的存在。

在L－P模型中，借款人是企业家，他们拥有项目的“内部信息”，例如项目的收益和风险特征、担保品的状况、自己的勤勉和品性等；贷款人是外部投资者，他们对项目和借款人的了解自然不如借款人本身，所以借款人与贷款人之间存在信息不对称。而道德风险的存在，阻碍了信息在市场参与者之间传递。借款人不会将其品性、项目的真实情况毫无保留地告知贷款人。对于好的一面，他们总会夸大其词；对于不好的一面，他们总会极力遮掩。对于作为外部投资者的贷款人而言，要想了解这些情况，要么费时费力，得不偿失，要么力所不及，只好作罢。信息传递不畅的恶果是金融市场运行不良，企业家得不到融资，投资者无法投资。

为了改变这种状况，企业家采取行动，按项目所需资本的一定比例投入自有资本。这一行动马上会被外部投资者观察到，因为“行动比语言更有力”。在利兰和派尔建立的资本和财务均衡模型中，企业家为项目融资，并且只有他们自己了解项目的真实质量。企业家对自己项目的投资意愿可以看作是项目质量的信号，所产生的均衡结果与忽略信息不对称的模型所产生的结果有很重要的不同，公司的价值随着企业家持有公司股份的增加而增加。由于外部投资者根据企业家投入自有资本的比例来判断项目的好坏，其中企业家投入自有资本的比例成为项目质量的信号，因而L－P模型实际上是一种信号传递模型。

利兰和派尔还进一步阐明，由于信息的如下两个性质，信息不对称应当是解释金融中介存在的主要原因。第一，信息的公共产品属性。信息可以很容易地复制和传播，信息的购买者可以将之转售给其他人而丝毫不损害它对自己的价值。从这一点来看，信息类似于公共产品，具有积极的外部效应，容易被第三方“搭便车”。信息生产者只能收回信息购买者愿意支付的一部分，外溢部分被“搭便车”者无偿获得。所以，信息的供给满足不了需求，信息市场的生产和消费往往是不均衡的。第二，信息的可信性。就信息本身的质量而言，潜在的购买者不能辨别信息的质量，所以他只愿意按好信息和坏信息的平均质量来付费。这就导致了“二手车市场”上的“次品车问题”：好信息的生产者离开了市场，留下的是坏信息的生产者，信息的平均质量下降，潜在的信息购买者不再愿意购买信息，造成信息市场的运行不良。

如果让金融中介充当信息生产者，上述问题便可以得到解决。实际上，金融中介根据收集和处理的信息，买入和持有贷款或证券类资产，扮演的就是信息生产者的角色。因为金融中介的资产是“私有产品”，不能随意出售，所以金融中介在信息生产过程中不用担心信息的外溢，通过对资产的合理定价，也间接解决了信息的质量和可信性问题，因为信息的质量已经体现在资产价格中。

L－P模型分析了信息不对称问题，从分析借款人如何使信贷市场相信其项目的真实性入手，强调了内部投资信号的重要性。此外，该模型还提出金融中介可以通过投资其具有专门知识的领域显示自身在信息方面的优势。此后许多学者都运用信息不对称来解释金融中介的存在。

2. 道德风险与金融中介

金融中介的信息生产功能使事前的逆向选择问题得到部分或者全部解决。前面介绍的L－P模型便证明了金融中介作为一种信息生产者相对于个人而言具有节约信息成本的优势。而对于事后的道德风险，金融中介同样具有重要的作用。在与借款人签订合约后，金融中介可以实时监测借款人的现金流量状况，可以对借款人进行跟踪调查，了解其经营情况，甚至还可直接向借款人派驻监事。但利兰和派尔的信息生产模型没有对金融中介的监控职能做出解释。更重要的是，一旦金融中介被赋予信息生产者的角色，就会产生金融中介本身的激励问题和相应的代理成本，那么在增加了额外的代理成本之后，金融中介是否还具有信息生产的成本优势？戴蒙德（Diamond，1984）建立了一个简单的受托监控模型，通过该模型证明，即使考虑金融中介本身的代理成本，金融中介仍然具有信息生产和监控的优势。金融中介的代理监督可以节约社会总监督成本，同样是金融中介在金融体系中生存和发展的重要理由。

戴蒙德的受托监控模型建立在涉及多个委托人的委托代理理论和不对称信息理论基础上。在委托代理理论中，拥有私人信息的参与者是代理人，不拥有私人信息的参与者是委托人，他们构成代理关系。在这种代理契约下，一个人或更多的人（即委托人）委托另一人（即代理人）代表自身履行某些服务，包括把若干决策权委托给代理人。如果这种关系的双方当事人都是效用最大化者，就有充分的理由相信，代理人不会总为追求委托人的最大利益而行事。因此，委托人必须给代理人足够的激励，使之按自己的利益行事；或者对代理人实施严密的监控，使之不能越轨。监控与激励都会产生成本，这就是代理成本。在没有金融中介的情况下，借款人直接向贷款人融资，贷款人是不知情的委托人，借款人是知情的代理人，他们之间是一种委托代理关系，并产生代理成本。如果金融中介存在，则会出现双层代理关系：在存款人与金融中介之间，存款人是委托人，金融中介是代理人；在金融中介与借款人之间，金融中介是委托人，借款人是代理人。在金融中介与借款人之间，存在类似于直接融资时贷款人与借款人之间的代理问题，同时，也会导致双重的代理成本。但戴蒙德证明，伴随金融中介出现的分散化问题会降低代理成本，因而金融中介仍然具有信息生产和监控的成本优势。

戴蒙德的受托监控模型假定某企业家有一投资项目，但其自有财富有限，必须向 m 个人融资（因为投资者的财富也是有限的），并签订债务合约，由企业家向投资者承诺在到期后进行偿付。如果投资结果双方都知道，或者投资者能无成本地获得企业家的投资结果，或者合约条款能穷尽一切可能情形，双方就可以签订一个完全信息合约。但是，关于投资结果的信息在企业家和投资者之间的分布是不对称的，投资结果只有企业家知道，投资者观察不到。于是，道德风险再现了“企业家可以借口投资失败而拒绝向投资者偿还债务”的情景。为了引诱投资者，企业家必须设计一个最优激励相容机制，也就是一个最优债务合约。这一合约既要最大化企业家的预期收益，又要让投资者获得不低于市场利率的预期收益。根据最优债务合约，企业家付给投资者的预期收益不能低于市场利率，否则企业家就要承担所谓的“破产惩罚”成本，比如企业在破产过程中的费用、企业家的信誉损失等。当然，投资者也可以通过监控企业家来观察投资结果，但监控是有成本的。

解决上述道德风险问题的缔约方式有三种：一种是投资者不监控企业家，但企业家要承担“破产惩罚”成本，假定这一成本用 C 表示。二是投资者通过一定的成本能够观察到企业家的投资结果，也可以避免信息不对称问题。这种成本就是贷款人对借款人进行监控的成本，用 K 表示。投资项目有 m 个贷款人，每个贷款人都要花费成本 K 来监控借款人，总共要花费的监控成本为 mK。每个贷款人都重复同样的监控，支出了监控成本 K，所以自然有第三种方式，即由贷款人委托监控人，由他代表所有贷款人对借款人进行监控，这一监控人就是金融中介。但这又引出另一个问题：监控人的行动是贷款人不能观察到的，所以要给监控人提供“激励”。这种激励所产生的成本就是“代理成本”，用 D 表示。第三种方式的成本是 $K+D$。三种方式中成本最低的就是最优合约。

金融中介受贷款人之托对借款人实施监控的条件是：

$$K+D\leqslant\min(C,\ mK)$$

上式就是金融中介存在的条件。所以，要证明金融中介存在的必要性，就要证明上式的成立。

为了证明上式成立，戴蒙德首先对 D 进行特征化处理。作为监控人的金融中介首先从企业家那里获得偿付，并且可以观察到企业家的偿付，所以企业家对金融中介支付后就不用承担“破产惩罚”成本；然后金融中介要对贷款人进行偿付。贷款人是不能观察到企业家对金融中介的偿付的，金融中介是否对企业家进行了适当的监控，贷款人也无从知悉，所以，在金融中介与贷款人之间又产生了道德风险。解决这一问题的关键是给金融中介以适当的激励，这可通过类似于借款人与贷款人之间的最优债务合约来实现，让金融中介承担所谓的“稳态破产惩罚”成本。“破产惩罚”成本在最优债务合约中给出，金融中介的激励问题变成：在扣除了监控成本和“破产惩罚”成本以后，其收益达到最大化。如果一个金融中介监控的企业家的数量是各企业家的投资项目的独立同分布，每个企业家的代理成本为 $DN=D/N$。借助最优债务合约条件，戴蒙德证明了两个重要结论：第一个结论是代理成本是 N 的单调递减函数。这一结论保证了金融中介存在的条件，即同一金融中介监控的企业家数 N 要足够大，N 越大，代理成本就越小。第二个结论是 N 个企业家由一个金融中介监控的代理成本要低于由多个金融中介监控的代理成本之和。这一结论的含义是：金融中介具有规模效应和自然垄断倾向，金融中介的规模越大越好。

在受托监控模型中，金融中介的多样化是理解为何将监控任务委托给金融中介的关键，所以戴蒙德还分析了多样化对代理成本的影响。戴蒙德认为，在风险厌恶的经济中，金融中介有两种处理多样化的方式，对应两种模式的金融中介。一种金融中介模式是：当金融中介监控很多企业家时，增加代理人（银行家）的数量，使得相互独立的风险由更多的代理人（银行家）来分担。比如，当存在 N 个代理人时，每个代理人只承担每一独立风险的 $1/N$。这种金融中介模式对应“风险细分型”多样化。另一种金融中介模式是：只有一个代理人（银行家），由他对很多企业家进行监控。此时，代理人承担全部 N 个独立风险。当 N 增大时，风险会得到分散，但总的风险仍是增加的。这种多样化是“风险增加型”多样化。

三、流动性保险——金融中介的流动性转化功能

在现代金融中介理论中，还存在一种理论，即流动性保险理论或者银行的流动性供给理论。由于未来消费的不确定性，消费者面临着流动性风险。流动性保险理论通过阐述银行（储蓄性银行）借助将非流动性资产转换为流动性负债的流动性转换功能，给消费者提供完全的流动性保险，来证明金融中介存在的必要性。流动性保险理论的代表人物是戴蒙德和迪布维格（Diamond & Dybvig，1983）。二人在他们的经典论文《银行挤提、存款保险和流动性》中提出了 D-D 模型。

D-D 模型中的银行向存款人提供活期存款合约，同时向借款人提供非流动性贷款，因而承担着将非流动性资产转换为流动性负债的流动性转换功能。在戴蒙德和迪布维格看来，这相当于为存款人提供了一种“流动性保险”，允许他在最需要的时候消费。D-D 模型证明了三个重要的结论：首先，银行提供的活期存款合约能为要求在不同时间进行消费的人提供更为有效的风险分担形式，能改进竞争性市场的效率，或者说具有比市场占优的均衡。其次，活期存款合约还有另一个人们不愿接受的均衡，即银行挤提。如果出现有存款人因恐慌而争相到银行提款，本打算继续存款的人也会被迫卷入提款潮，类似于囚徒困

境的银行挤提就是最优均衡。为什么会同时存在两个均衡呢？关键是存款人之间以及存款人与银行之间存在的信息不对称：某存款人既不知道其他存款人的选择是什么，又不知道各家银行的真实状况。最后，一旦银行挤提发生，即使是稳健的银行也难逃厄运，实际经济活动深受其害。为此，有两种阻止银行挤提的选择：一是暂停银行活期存款合约的兑现（即暂停提款），二是实行存款保险制度。

1. D-D模型的前提和基本假设

（1）在一个有三个时期 $T=0$，1，2 和一种商品的经济社会里，有代理人的连续闭集。

（2）在 $T=0$ 时，代理人拥有一单位商品的禀赋，他有两种选择：在第 $T=1$ 期消费，在第 $T=2$ 期消费。在第 $T=1$ 期消费的概率为 $\pi_1(0<\pi<1)$，在第 $T=2$ 期消费的概率为 $\pi_2(0<\pi_2<1)$，$\pi_2+\pi_1=1$，消费者具有同一性，即所有消费者中需要在第 $T=1$ 期消费的概率为 π_1，所有消费者中需要在第 $T=2$ 期消费的概率为 π_2。

（3）消费者的效用函数为 $u(C)$，事前所有消费者都具有相同的效用（即期望效用）$\pi_1 u(C_1)+\rho\pi_2 u(C_2)$，其中 C_1 和 C_2 分别为第 $T=1$，2 期的消费水平，$0<\rho<1$ 为折现率，消费者为风险厌恶型，即 $u(C)'>0$，$u(C)''<0$。

（4）第 $T=0$ 期的一单位商品投资在第 $T=2$ 期的回报为 R 单位商品（$R>1$），而在第 $T=1$ 期提前变现时将得到 L 单位商品（$L<1$）作为回报。

2. 自给自足经济中的分析

在自给自足的经济中，代理人之间不进行交易，在第 $T=0$ 期每个代理人都各自选择投资水平 I，而余下的部分（即 $1-I$）用于储蓄，因而在第 $T=1$ 期发生流动性冲击的情况下将投资变现产生的消费水平将是：

$$C_1=LI+(1-I)$$

而在第 $T=2$ 期发生流动性冲击的情况下将投资变现产生的消费水平将是：

$$C_2=RI+(1-I)$$

在自给自足的经济中，消费者的效用最大化问题表示为：

$$\begin{aligned}&\max[\pi_1 u(C_1)+\rho\pi_2 u(C_2)]\\ &\text{s. t. } C_1=LI+(1-I)\\ &\qquad C_2=RI+(1-I)\end{aligned}$$

由于 $L<1<R$，所以根据约束条件可以得到 $C_1\leqslant 1$，$C_2\leqslant R$，并且至少有一个不等式严格成立。这是因为投资决策在正概率下总是被验证为无效的：如果 $T=1$，那么有效决策为 $I=0$，否则，如果 $T=2$，那么 $I=1$。这种无效性可以通过开放金融市场来解决。

3. 金融市场开放所实现的配置

当经济中存在债券市场的时候，假设债券是以贴现的形式发行的，那么在第 $T=1$ 期 p 单位商品用于交易并承诺在第 $T=2$ 期获得一单位商品。这样消费者在第 $T=1$ 期和第 $T=2$ 期的消费水平就变为：

$$C_1=pRI+1-I,\ C_2=RI+\frac{1-I}{p}$$

这两个约束条件的意思是：当需要在第 $T=1$ 期消费时，可以发行 RI 单位债券，获得资金 pRI 进行投资，在第 $T=2$ 期用投资收益还本付息。当不需要在第 $T=1$ 期消费时，将 $1-I$ 单位商品用于购买债券在第 $T=2$ 期将获得的债券本息和为$\frac{1-I}{p}$。

根据一阶条件 $(pR-1)\left[\pi_1+u'(C_1)+\frac{1}{p}\rho u'(C_2)\right]=0$，得到的最优解为 $p=1/R$，即 $C_1=1$，$C_2=R$。很明显，债券买卖提高了消费者效用，即可以进行更多的消费。

但这个市场配置并不是一般意义上的帕累托最优，因为流动性风险并没有得到恰当的配置，也就是说，债券市场的存在给消费者提供了流动性，但并不能为消费者提供完全的流动性保险。完全流动性保险下的最优解问题为：

$$\begin{aligned}&\max U=\pi_1u(C_1)+\rho\pi_2u(C_2)\\&\text{s. t. }\pi_1C_1=1-I\\&\qquad\pi_2C_2=RI\end{aligned}$$

得到一阶条件 $-u'(C_1^*)+\rho Ru'(C_2^*)=0$。一般而言，市场配置（$C_1=1$，$C_2=R$，$I=\pi_2$）不满足上式。

4. 金融中介的存款合同

根据D-D模型，金融中介的出现使投资者可以改变其消费水平，带来与单一投资者自己投资时不同的结果。首先，金融中介将资源从许多投资者手中积聚起来，然后将较多的资源配置给消费“晚些”的投资者，因为投资者事先不知道他们想要什么时候消费，所以这种支付方式使每个人都愿意与金融中介打交道。金融中介有助于个人投资者规避在第一期就开始消费而不得不放弃从长期投资中获得更高回报的风险。

D-D模型解释了当个人消费风险——需要早些消费的风险——会减少投资者数量时，存款吸收类中介机构出现的原因。

银行在 $T=0$ 时使用存款合同（C_1，C_2）换取存款人一单位的资金。若在 $T=2$ 时提取，存款人可得到 C_2；若在 $T=1$ 时提取，存款人只能得到 C_1。银行提留 π_1C_1 作为存款准备金，而将余下的 $1-\pi_1C_1$ 用于长期投资，这样在完全竞争的银行体系下，满足银行利益最大化的存款合同（C_1^*，C_2^*）能够保证消费者获得完全的流动性保险，实现消费者之间流动性风险的共担。

因为在 $T=0$ 时用于投资的 $1-\pi_1C_1^*$ 在 $T=2$ 时可以得到 $(1-\pi_1C_1^*)R$ 用于支持 $T=2$ 时的取款 $\pi_2C_2^*$，这恰恰符合完全流动性保险下最优解问题的要求，所以金融中介提供了消费者之间流动性风险共担的重要功能。

当然，金融中介下的存款合同并不是唯一的帕累托改进后的均衡。D-D模型也证明了，如果代理人面临恐慌，银行挤提也是一个占优均衡，所以应该建立存款保险制度或者为银行存款提供隐性的政府担保。

5. 博弈标准形式下的D-D模型

假定有两个存款人，两人均在银行有存款 D，银行将他们的存款投资于长期项目。如果存款人在项目到期前提款，银行将被迫清算其投资，收回 $2r$ 的款项，其中，$D>r>D/2$；如果存款人在项目到期后再提款，银行可获得 $2R$ 的收益，$R>D$。假定银行从投资项目中得到的收益全部支付给存款人且不考虑折现问题，存款人有可能在下面两个时间从银行提款：一是在银行投资项目到期之前，我们称为时期 1；二是在银行投资项目到期之后，我们称为时期 2。

在时期 1，两个存款人是否提款有四种策略组合：如果两个存款人都提款，则每人都得到 r，博弈结束，两个存款人的策略是（提款，提款），收益是（r，r）。如果两人都不提款，则博弈进入下一阶段，项目可完工。如果其中一个提款，那么他可得到 D，而项目同样被迫中断，银行收益为 $2r$，所以另一个存款人只能得到 $2r-D$，这时两个存款人的策略分别是（提款，不提款）和（不提款，提款），收益是（D，$2r-D$）和（$2r-D$，D）。因为 $r<D$，有 $2r-D<r$，不提款的一方如果改变策略而提款，其收益由 $2r-D$ 增加到 r，所以提款是不提款的占优策略。如果不考虑两人都不提款、博弈进入下一阶段这种情况，那么，这种博弈就是类似于囚徒困境的完全信息静态博弈，纳什均衡策略为（提款，提款），其收益为（r，r）。但下面的分析表明，如果博弈进入下一阶段变成动态博弈，那么均衡可能不止一个。

如果两个存款人都不提款，博弈进入时期 2，项目可完工，共有 $2R$ 的收益，两个存款人同样有四种策略组合：如果两个存款人都提款，各得收益 R，两人的策略是（提款，提款），收益是（R，R）。如果两人都不提款，银行收益由两人均分，各得收益 R，两人的策略是（不提款，不提款），收益是（R，R）。如果其中一个提款，那么他可得收益 $2R-D$，剩余收益 D 留给不提款的存款人，两人的策略是（提款，不提款）和（不提款，提款），收益是（$2R-D$，D）和（D，$2R-D$）。因 $R>D$，有 $2R-D>R$，所以提款是不提款的占优策略。所以时期 2 的博弈是一个纳什均衡博弈，纳什均衡为（提款，提款），其收益为（R，R）。

如果不考虑折现问题，我们可将时期 2 的纳什均衡收益替换到时期 1 中，从而将两时期的动态博弈变为时期 1 的静态博弈。使用“箭头法”可以判断，这一新的博弈有两个均衡策略组合，即（提款，提款）和（不提款，不提款）。所以如果存款人不同时提款，借贷者之间存在金融中介可以提高存款人的总福利；但存款人有可能因对银行的信心动摇而同时进行恐慌性提款，这就是银行挤提，D-D 模型因而又被称为银行挤提模型。如果出现挤提，金融中介将面临灾难性的打击，所以存款保险或政府担保对金融中介来说是必不可少的。

金融中介理论随着金融业的发展而发展，从古典经济学认为金融中介理所当然地存在的观点，发展到现代金融中介理论基于功能的分析范式。现在金融中介理论的各分支从不同的金融中介所承担的不同功能出发来论证金融中介存在的必要性，所以可以说各种金融中介理论是互补的。然而随着金融创新和信息技术的发展，这些基于市场不完美的现代金融中介理论，对目前的金融机构和业务变化的解释力越发减弱，新的金融中介理论也应运而生。新的金融中介理论认为，金融中介除了发挥前述功能之外，还起着风险管理和降低投资者参与资本市场成本的作用。所以风险管理和参与成本成为新的金融中介理论的研究方向。

四、金融市场与金融中介

金融市场和金融中介是构成金融体系的两大重要部分，两者都具有为企业融资的功能，具体过程如图 4-1 及图 4-2 所示。

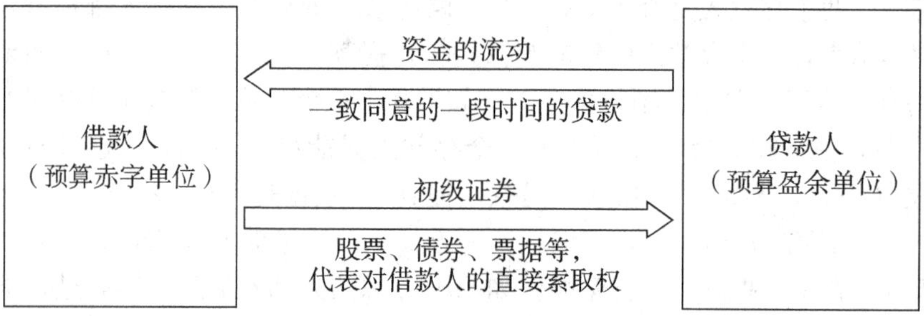

图 4-1　金融市场的融资过程

资料来源：罗斯. 货币与资本市场：第 8 版. 北京：中国人民大学出版社，2006.

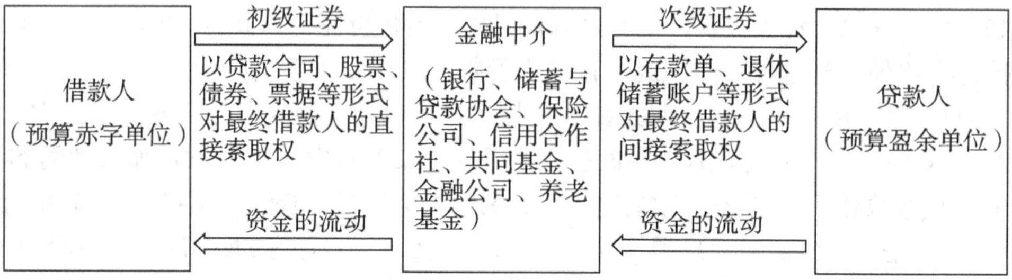

图 4-2　金融中介的融资过程

资料来源：罗斯. 货币与资本市场：第 8 版. 北京：中国人民大学出版社，2006.

就融资效率而言，金融市场和金融中介各有利弊、各有所长。虽然在英美等资本市场发达的国家，通过金融市场融资的比例逐渐增加，通过商业银行融资的比例逐渐减少，资本市场对融资的作用越来越重要，但这并不意味着金融中介的作用将逐渐减小甚至消失，最终被取代。金融市场和金融中介之间的关系既不是纯粹的此消彼长，又不是绝对的相互替代，而是短期竞争、长期互补。

从短期来看，金融市场和金融中介之间存在相互竞争的关系。这种短期竞争关系产生的原因是金融市场和金融中介在为融资者融资的过程中各有利弊，使融资者在融资方式上具有不同的选择。从金融市场的角度来看：金融市场可以反映投资者更多的观点和投资意愿，相对于金融中介来说更具信息优势；良好运转的证券市场融资体系能够提高资源配置效率，改善企业的治理结构；发达的股票市场为投资者用脚投票提供了便利条件，有利于敦促企业提高自身的管理水平。从金融中介的角度来看：金融中介不仅降低了融资成本，改善了信息不对称状况，而且提高了风险管理水平。这样，投资者和融资者可以根据自身的不同要求，对投融资方式进行选择。陈等（Chan et al.，1990）和戴蒙德（1991）在论文中对通过金融市场还是通过金融中介融资的途径选择问题进行了阐述，具体如表 4-1

所示。由此，从融资角度看，金融市场和金融中介在短期存在相互竞争的关系。

表 4-1 借款人对融资途径的选择

	借款人类型	
	金融中介（特指银行）	金融市场
陈等	具有良好的管理能力 还没建立起良好的信用声誉	具有良好的管理能力 具有良好的信用声誉
戴蒙德	还没建立起良好的信用声誉	已经建立起良好的信用声誉

资料来源：Chan，Y.-S.，Siegel，D.，and Thakor，A. V.（1990），"Learning，Corporate Control and Performance Requirements in Venture Capital Contracts，" *International Economic Review*，31（2），365-381；Diamond，D. W.（1991），"Monitoring and Reputation：The Choice between Bank Loans and Directly Placed Debt，" *Journal of Political Economy*，99（4），689-721.

从长期来看，金融市场和金融中介之间存在互补的关系。由于金融市场和金融中介各有利弊，因此，两者可以取长补短、相互促进。首先，金融市场上普遍存在竞争，迫使金融中介优化经营、加强管理，加大产品创新力度，并提供更加周到、高效的服务；由金融市场的发展引发的金融创新促使金融中介在交易过程中的专业性和复杂程序不断提高，这样同时拓宽了金融中介的业务发展空间。实证研究也表明，股票市场的发展和金融中介的发展正相关，在股票市场发达的国家，银行等金融中介对私人部门的信贷比重高于股票市场不发达的国家。其次，金融中介是金融市场上的活动主体，金融活动依靠金融中介运作，金融中介是推动金融市场发展的重要力量；金融中介参与市场上的金融活动，使金融交易顺利实现，保证了金融市场的良好运转；健全的金融中介是有效防范金融风险的前提条件。

第三节 主要国家金融中介体系的演变与现状

世界各国的金融体系不尽相同，并且随着经济的发展和金融创新的推进，各国的金融体系处在不断变化的过程中。根据不同部门的重要性，金融体系被分为市场主导的金融体系和银行主导的金融体系。其中，市场主导的金融体系以美国为代表，银行主导的金融体系以德国为代表。在日本和法国传统上是银行主导的金融体系，但近年来金融市场发展迅速。英国和加拿大的金融市场比德国发达，但是银行业的集中度高于美国，如图 4-3 所示。

美国和德国的金融体系是两种极端，美国长期实行促进银行竞争的政策，银行业的集中度很低，资本市场在资源配置中起着重要的作用；在德国，银行在资源配置中起着极为重要的作用，几家主要的全能银行控制了企业的资源配置，而金融市场相对不重要。表 4-2 从几个主要发达国家的两个部门的相对规模来显示银行与资本市场在资金融通中的相对重要性。从中可以看出，2019 年，在美国银行资产与 GDP 的比值为 63%，远低于德国；相反，在美国股票市值与 GDP 的比值为 148%，大约是德国的 3.36 倍。

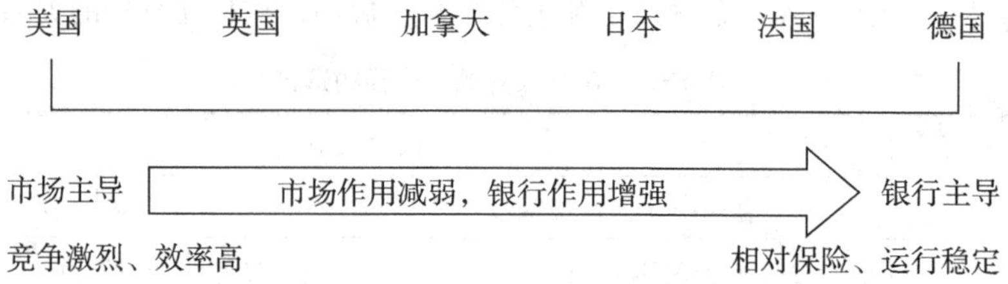

图 4-3　市场主导和银行主导的金融体系

表 4-2　2019 年银行与资本市场的国际比较

国家	GDP（十亿美元）	银行资产（BA，十亿美元）	BA/GDP（%）	股票市值（EMC，十亿美元）	EMC/GDP（%）
美国	30 436	19 242	63	20 533	148
英国	2 618	3 465	132	2 878	91
日本	5 297	8 059	152	5 038	105
法国	2 366	2 757	117	2 791	85
德国	1 755	1 589	91	3 974	44

资料来源：The International Monetary Fund；World Bank Global Financial Development Database.

从静态来看，我国银行在金融体系中占有绝对优势，接近德日模式；从动态来看，我国的资本市场发展迅速，正向美国模式发展。本节先以美国和德国为例，分别介绍不同类型金融体系中的金融中介体系的演变过程及现状，然后以我国金融体系中最重要的金融中介——商业银行为代表，介绍我国金融中介体系的演变过程及现状。

一、美国金融中介体系的演变过程与现状

美国金融中介的类型及主要资产负债如表 4-3 所示。

表 4-3　美国金融中介的类型及其资产负债来源

金融中介类型		主要资产	主要负债
融资类	商业银行	工商信贷，消费者信贷，抵押贷款，各级政府债券	存款
	储蓄与贷款协会	抵押贷款	存款
	互助储蓄银行	抵押贷款	存款
	信用合作社	消费者信贷	存款
保险类	人寿保险公司	公司债券和抵押贷款	保费
	财产损失和灾害保险公司	政府债券，公司债券，公司股票	保费
	公共与私人养老基金	公司债券，公司股票	雇员和雇主缴款

续表

金融中介类型		主要资产	主要负债
投资类	共同基金	股票，债券	股份
	货币市场共同基金	货币市场工具	股份
	金融公司	消费者信贷，工商信贷	商业票据，股票，债券
	风险投资公司	对企业的风险投资	合伙人的股份

正如前文所述，银行类金融中介具有不可替代的作用，但是在市场主导的金融体系中，受其他金融中介的竞争与影响，美国的银行数量呈逐年下降趋势。

美国的金融业经历了“混业经营—分业经营—混业经营”的演变，金融中介体系的结构也随着各项法案的实施而演变。本部分将按照 20 世纪 30 年代之前的混业经营阶段、20 世纪 30 年代至 1999 年的分业经营阶段、1999 年至今的混业经营阶段三个阶段，对美国金融中介体系的演变与现状进行介绍。概括起来，美国金融中介体系的演变过程如图 4-4 所示。

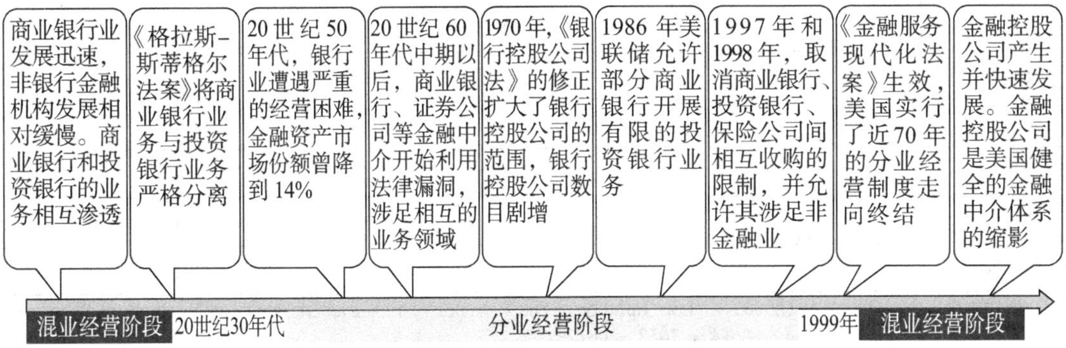

图 4-4　美国金融中介体系的演变过程

1. 20 世纪 30 年代之前的混业经营阶段

20 世纪之前，美国商业银行业发展相对迅速，而非银行金融机构发展相对缓慢。20 世纪以后，储蓄与贷款协会、信用合作社、投资银行等一批新兴金融机构迅速发展，但是仍然没能动摇商业银行在金融体系中的主导地位。1913 年，在《联邦储备法》的指引下，美联储建立，标志着美国现代金融制度的开端。

20 世纪 30 年代之前，美国商业银行和投资银行的业务相互渗透，界限并不明显。商业银行不仅开展存贷款业务，而且直接或通过其附属机构从事证券投资业务；投资银行在经营股票和债券承销业务的同时，也开办商业银行经营的某些业务。在当时的美国金融市场上，自由竞争的观点十分盛行，金融中介的业务范围往往不受过多限制。这一时期美国实行的是一种混业经营制度，银行在整个金融体系中居于主导地位，这与当时的证券、保险等非银行金融机构的不发达是密不可分的。这种状况一直延续到 20 世纪 20 年代末大萧条的爆发。

2. 20 世纪 30 年代至 1999 年的分业经营阶段

1929—1933 年全面而深刻的经济危机给美国造成了严重冲击，致使银行大量破产倒闭，货币信用制度和证券市场处于崩溃的边缘。危机过后，人们开始对这种自由竞争的制度进行反思，并认为银行业、证券业及保险业在业务上的混同对这场危机起到了推波助澜的作用，假如事先切断银行业、保险业与证券市场的联系，那么证券市场的危机就不一定会演化成整个国家的经济危机。基于这种判断，1933 年美国出台了《格拉斯-斯蒂格尔法案》，将商业银行与投资银行的业务严格分离，政府金融监管的主导思想从主张自由竞争和不干预转向限制金融业过度竞争，保障金融业稳健经营。由此，统治了美国金融业近 70 年的金融立法体系基本在 1933—1940 年建立和完成，标志着美国金融业走上了分业经营的道路。在分业经营制度的影响下，各类金融中介的业务范围实现了充分分离。20 世纪 50 年代，美国各类金融中介可以提供的服务如表 4-4 所示。

表 4-4　20 世纪 50 年代美国金融中介的业务范围

金融中介	支付服务	储蓄产品	信托产品	贷款		承销		保险与风险类产品
				商业	消费	股票	债券	
存款机构	Y	Y	Y	Y	Y			
保险公司		Y		#				Y
金融公司				#	Y			
证券公司		Y	Y			Y	Y	
养老基金		Y						
共同基金		Y						

资料来源：Saunders，A.（2000），“Low Inflation：The Behavior of Financial Markets and Institutions，” *Journal of Money，Credit and Banking*，32（4），1058-1087.

注：Y 表示可以提供，# 表示可以有限涉及。

20 世纪 50 年代，美国银行业经历了严重的经营困难，商业银行的金融资产市场份额一度降到 14%。首先，美国监管当局通过限制竞争、限制银行业务范围等方式加大了对商业银行的管制力度；其次，随着证券市场的发展，投资银行、互助储蓄银行等一批金融中介的业务范围逐渐扩大及逐渐成熟，加剧了商业银行面临的市场竞争。

20 世纪 60 年代中期以后，随着经济金融环境的变化和竞争的加剧，《格拉斯-斯蒂格尔法案》不再适应金融自由化和全球化的要求，商业银行及证券公司等金融中介开始想尽办法利用法律漏洞，向相互的业务领域渗透。在这种环境下，银行控股公司再次迎来发展契机。1970 年，《银行控股公司法》的修正扩大了银行控股公司的范围，导致注册的银行控股公司数目由 1970 年的 121 家剧增到 1971 年的 1 567 家，占银行全部资产的比重也从 1970 年的 16.2%上升到 1971 年的 55.1%。到 1977 年，美国的银行控股公司大约控制了 4 000 家银行，持有全美银行总资产的 69%。[①] 到 90 年代，银行控股公司控制了8 700 家银行，持有全美

① 孙涛. 全球化时代金融中介体系的构建. 北京：社会科学文献出版社，2004：168.

银行总资产的90%。[①] 银行控股公司成为美国重要的金融中介。

20世纪80—90年代，经历“金融大爆炸”之后，日本、加拿大、西欧等地的商业银行几乎不受限制地为客户提供投资银行服务，美国的商业银行也为涉足投资银行的业务范围而再度努力。为了防止本国银行业在竞争中处于不利地位，1986年美联储允许部分商业银行开展有限的投资银行业务；1997年8月，美联储宣布撤销商业银行与《格拉斯-斯蒂格尔法案》第20节关于子公司间防火墙的规定，监管条件再度放宽；1997年和1998年，美国国会又取消了商业银行、投资银行、保险公司之间相互收购的限制，并允许其涉足非金融业。1999年11月，《金融服务现代化法案》正式生效，标志着在美国实行了近70年的分业经营制度走向终结。

由此，美国各类金融中介之间的业务界限再度被打破，通过对比表4-4可以发现，美国金融中介的业务再度多样化，如表4-5所示。

表4-5 1999年美国金融中介的业务范围

金融中介	支付服务	储蓄产品	信托产品	贷款		承销		保险与风险类产品
				商业	消费	股票	债券	
存款机构	Y	Y	Y	Y	Y	*	*	Y
保险公司	Y	Y	Y	Y	Y	*	*	Y
金融公司	Y	Y	Y	Y	Y	*	*	Y
证券公司	Y	Y	Y	Y	Y	Y	Y	Y
养老基金		Y	Y	Y				Y
共同基金	Y	Y	Y					

资料来源：Saunders，A.(2000)，“Low Inflation：The Behavior of Financial Markets and Institutions，” *Journal of Money，Credit and Banking*，32 (4)，1058-1087.

注：Y表示可以提供，*表示可以通过附属机构提供。

美国主要金融中介资产与GDP的比值变化如图4-5所示。从图中可以观察到，这一时期商业银行资产与GDP的比值逐渐萎缩，非银行金融机构资产与GDP的比值超过了商业银行，并且差距逐渐扩大，保险公司、共同基金的资产规模也逐渐扩大。

3. 1999年至今的混业经营阶段

1999年以来，美国金融业再度走上混业经营的道路。这一时期金融中介领域比较具有里程碑意义的变化是银行控股公司取得了新的发展——金融控股公司应运而生。1999年11月12日，克林顿签署《格兰姆-里奇-布利雷法案》，在原有《银行控股公司法》的基础上确立了“金融控股公司”(FHC) 的概念，并允许金融控股公司从事证券承销与交易、保险代理与承销、商人银行等金融业务，而且批准其从事不会对存款机构或金融体系造成过大风险的非金融业务。金融控股公司的发展对金融中介的发展具有里程碑意义，金融控股公司是美国健全的金融中介体系的缩影。

① 姚德良.1933年～1999年峰回路转66年：美国金融创新与监管放松互动，推动金融自由化的历程.数字财富，2004 (2)：40-50.

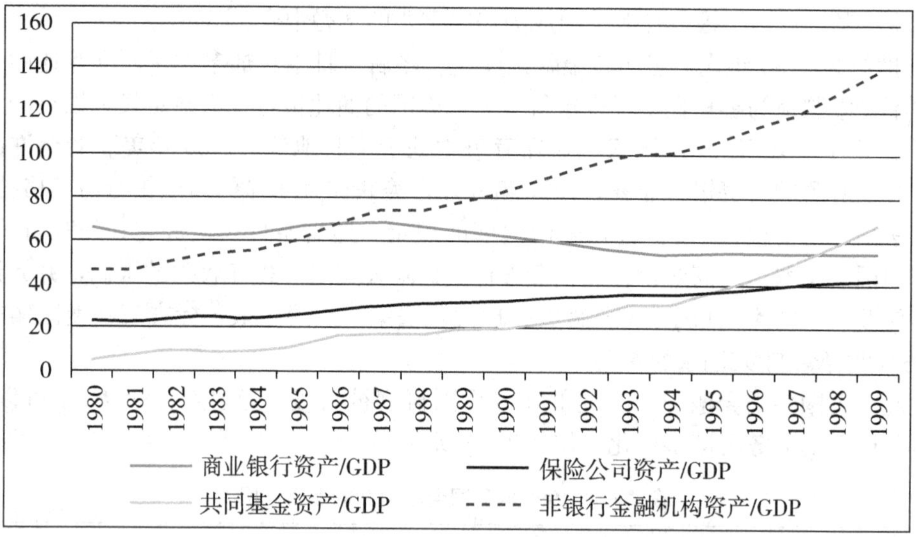

图 4-5 1980—1999 年美国金融中介资产与 GDP 的比值（%）

资料来源：World Bank Global Financial Development Database.

从图 4-6 中也可以看出，2000 年以来，非银行金融机构的资产规模明显大于商业银行，共同基金、养老基金等金融中介的资产规模也大于商业银行，市场主导的金融体系的特征十分明显。

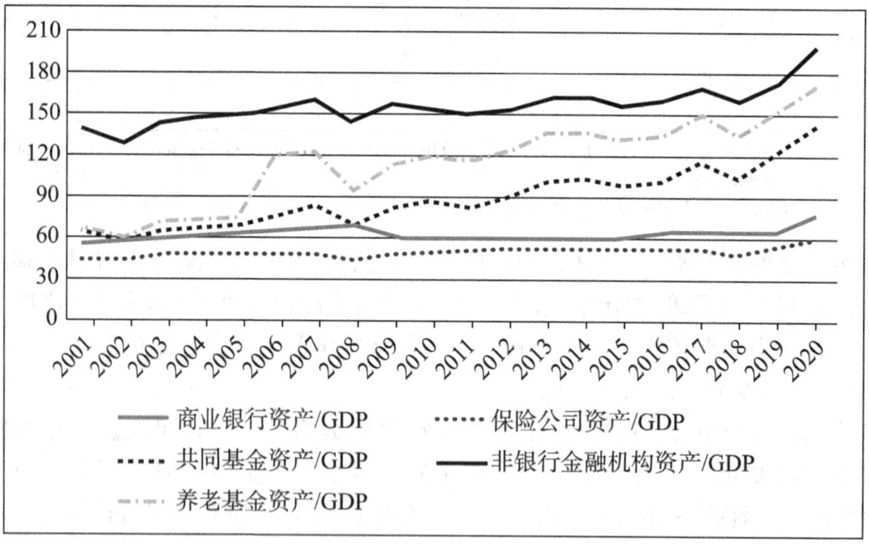

图 4-6 2001—2020 年美国金融中介资产与 GDP 的比值（%）

资料来源：World Bank Global Financial Development Database.

二、德国金融中介体系的演变过程与现状

德国采用的是银行主导的金融体系，全能银行（universal bank）在整个金融体系中发

挥着重要作用。之所以被称为全能银行，是因为这些银行不受金融业务分工的限制，不仅经营商业银行业务，而且经营投资银行、保险公司等其他金融中介的典型业务。归纳起来，德国的银行体系具有如下五个特征：(1) 全能银行占主导地位，这种全能银行不仅是金融集团，更是一个能适应几乎所有业务的单一金融机构。(2) 大多数机构都不以利润最大化为经营原则。它们提供全方位的金融服务，但事实上，除少数特别是一些所谓的大银行之外，它们仍专注于零售存款和贷款业务，而且无论是城市人口还是农村人口都能够享受这些银行的服务。(3) 不同类型银行之间的竞争比同类型银行内部的竞争更加激烈。(4) 和其他工业化国家相比，德国银行体系的优势是银行资产与 GDP 的比值非常高。(5) 如果从纯数量上看，三（或四）家大型德国银行似乎并不像其他大部分国家中最大的银行那样重要，但如果考虑这些银行经营的存贷款之外的其他业务，它们的作用就会凸显出来。①

根据银行的所有制结构，德国的全能银行可以分为三种类型：私营商业银行、储蓄银行及合作银行。私营商业银行的数量大约只占银行机构数量的 10%，在证券交易及 IPO 市场上发挥主导作用。储蓄银行由公共部门负责运营，具有最多的办事处，由三层机构组成：400 多家当地银行、13 家区域级银行及 1 家处于系统最高级别的银行。这意味着公共部门承担向陷入财务困境的储蓄银行提供资金的责任。

德国以全能银行占主导的金融体系在形成上可以分为两个阶段：19 世纪中叶至第二次世界大战前的银行制度酝酿阶段和第二次世界大战后的银行制度重塑阶段。概括起来，德国金融中介体系的演变过程如图 4－7 所示。

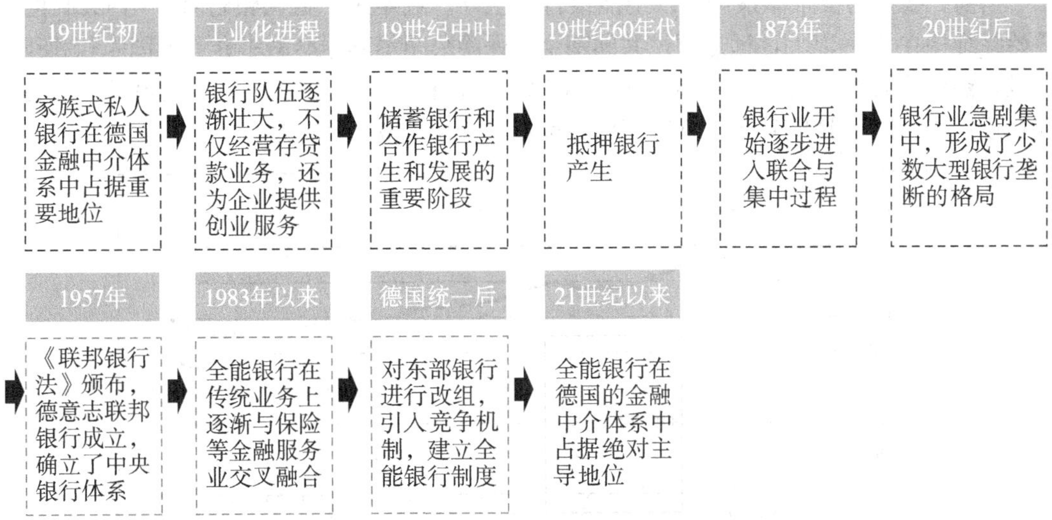

图 4－7　德国金融中介体系的演变过程

1. 19 世纪中叶至第二次世界大战前的银行制度酝酿阶段

19 世纪初期，家族式私人银行是德国最重要的金融中介。随着工业化进程的推进，

① Schmidt, R. H., and Tyrell, M. (2004), "What Constitutes a Financial System in General and the German Financial System in Particular?" in Krahnen, J. P., and Schmidt, R. H. (eds.), *The German Financial System*, Oxford: Oxford University Press: 17－18.

德国的银行体系不仅为德国积累了大量资本，而且为资金融通提供了便利条件，同时，银行队伍也逐渐壮大起来，当时的银行不仅经营存贷款业务，还为企业提供创业服务。19世纪中叶是储蓄银行和合作银行产生和发展的重要阶段，仅在1840—1860年间，就有800多家储蓄银行产生。19世纪60年代，抵押银行产生。经历了随后几十年的发展及完善，德国的银行业逐渐在金融体系中占据主导地位，成为支持经济发展的中流砥柱。

经历了一个快速的发展阶段之后，德国银行业于1873年进入盘整时期。此后，银行业逐步进入联合与集中过程。特别是20世纪之后，德国工业的迅速发展加速了银行业急剧集中的进程，最后少数大型银行拥有众多分支机构，支配大部分银行资本，形成了垄断格局。

2. 第二次世界大战后的银行制度重塑阶段

第二次世界大战同样给德国的银行体系造成了颠覆性的损害，直到20世纪50年代后期，联邦德国的银行业才恢复到战前状态。1957年《联邦银行法》颁布，西柏林中央银行与州级中央银行合并成为德意志联邦银行，确立了联邦到州两级的中央银行体系，在今后维持币值稳定中发挥重要作用。

1983年以来，全能银行在传统业务上逐渐与保险等金融服务业交叉融合，使全能银行在业务上的“全能性”得到进一步发展。德国统一之后，为使东部银行体制适应市场经济的发展要求，德意志联邦银行对东部银行进行了改组，打破了东部银行在业务上严格的分工格局，并引入了竞争机制，建立了全能银行制度。

当前，德国的金融体系仍然以全能银行为主导。近年来，德国银行资产与GDP的比值始终维持在90%以上，远远超过共同基金、保险公司等其他金融中介，如图4-8所示。而且，银行业的集中度相对较高。2000年以来，银行业的集中度一直维持在70%以上，并且近年来整体呈上升趋势，2021年已经接近80%，如图4-9所示。

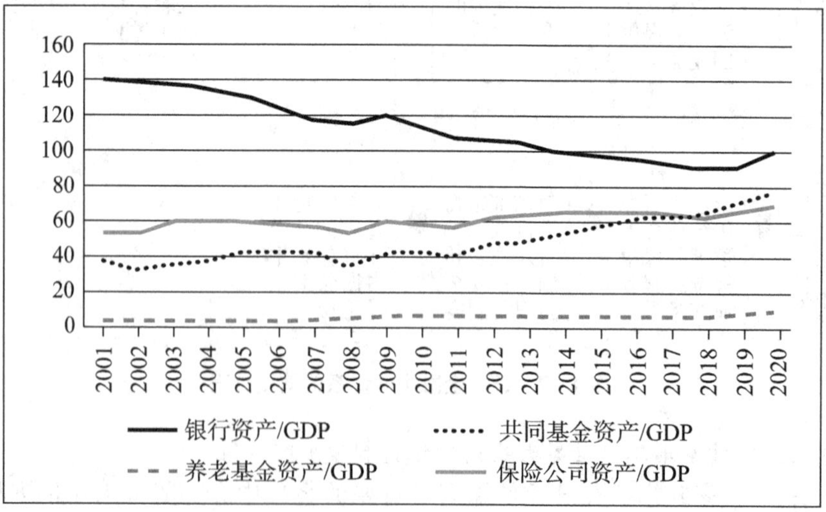

图4-8 德国金融中介资产与GDP的比值（%）

资料来源：World Bank Global Financial Development Database.

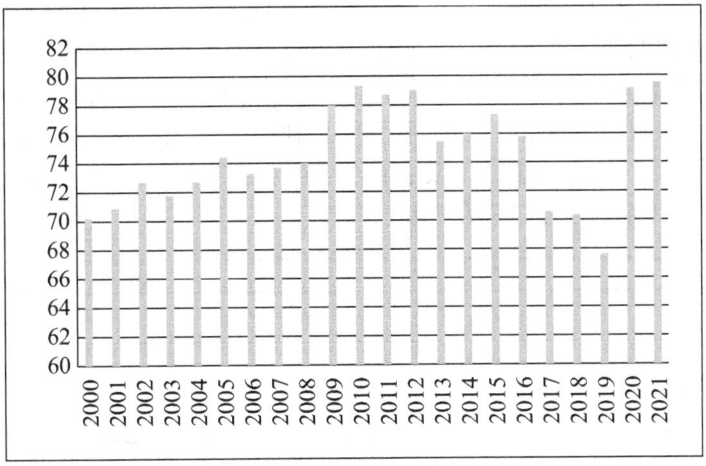

图 4-9 德国银行业的集中度（%）

资料来源：World Bank Global Financial Development Database.

三、中国金融中介体系的演变过程与现状

我国金融中介按照业务范围可以分为银行业金融中介、证券业金融中介、保险业金融中介。具体构成如表 4-6 所示。

表 4-6 中国金融中介的分类

银行业金融中介	存款类	国有控股商业银行、政策性银行、股份制商业银行 城市商业银行、农村商业银行、农村合作银行 中国邮政储蓄银行、外资银行 城市信用合作社、农村信用合作社 新型农村金融机构、财务公司
	非存款类	金融信托投资公司 金融租赁公司 金融资产管理公司 汽车金融公司 货币经纪公司
证券业金融中介		证券公司 期货公司 基金管理公司 证券交易所 证券结算公司 证券投资咨询公司
保险业金融中介		保险集团公司 财产保险公司、人身保险公司、再保险公司、保险资产管理公司、保险经纪公司、保险代理公司、保险公估公司 外资与合资保险公司

图 4-10 显示了中国、德国、美国银行资产与 GDP 的比值。通过对比发现，美国银行资产与 GDP 的比值基本稳定在 60%左右。在 2009 年之前，德国银行资产与 GDP 的比值最高，我国位于德国和美国之间，说明我国的金融体系介于市场主导型和银行主导型之间。但自 2008 年以来，我国银行资产与 GDP 的比值基本呈逐年增大的趋势，并在 2009 年超越德国，说明银行在我国金融体系中的作用越来越重要。因此，下面将以银行为代表介绍我国金融中介体系的演变过程及现状。

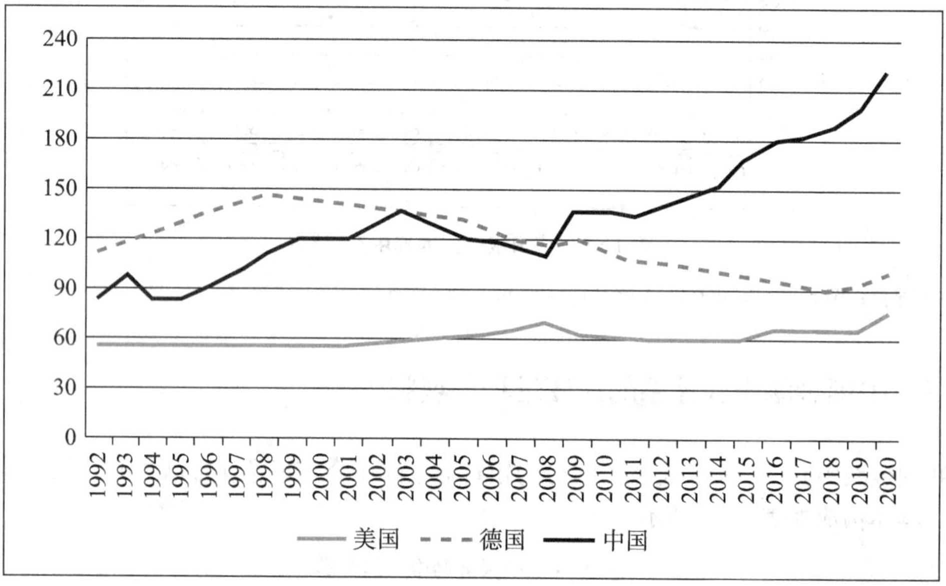

图 4-10　中国、德国、美国银行资产与 GDP 的比值（%）

资料来源：World Bank Global Financial Development Database.

新中国的金融体系可追溯到中国人民银行的成立。1948 年 12 月 1 日，中国人民银行正式成立，这是我国社会主义金融事业的开端，标志着新中国金融体系的诞生。到 1952 年国民经济恢复时期结束时，我国形成了以中国人民银行为核心、几家专业银行和其他金融机构并存的金融体系格局，国家对各类金融机构实行统一管理，调控市场的货币供求。在"一五"计划时期，我国参照苏联的银行模式，对各类金融机构进行了改造，建立起高度集中的国家银行体系，即"大一统"的银行体系。从 1953 年开始，我国开始采用集中统一的综合信贷计划管理体制，将银行信贷计划纳入国家的经济计划，这种状况一直延续至 20 世纪 70 年代末。

我国的金融体制改革从 1978 年真正开始。1983 年 9 月国务院发布《关于中国人民银行专门行使中央银行职能的决定》，确立了中国人民银行的性质与地位。从此，中国人民银行专门行使中央银行职能，我国的中央银行体制正式建立。而在这一时期，中国农业银行于 1979 年 3 月 13 日得以恢复成立，1984 年中国工商银行从中国人民银行分离出去，承担原来由中国人民银行承担的经营性金融业务。四大专业银行分别在工商企业、农村、外汇和基本建设四大领域形成垄断地位。此后，我国国有商业银行的改革主要经历三个阶段。

1. 专业银行运作阶段

在 1985—1994 年的十年中，我国专业银行规模迅速扩大，业务逐渐完善，体系不断健全，实现了营业网点的大规模扩张。与此同时，专业银行也在进行企业化改革：首先，向企业化管理方式过渡；其次，逐步强化资金约束。这些都打破了分配上的"大锅饭"现象。

2. 专业银行商业化改革阶段

1993年12月，《关于金融体制改革的决定》提出把我国的专业银行办成真正的商业银行，我国的专业银行开始逐步向商业银行转变。1994年，我国三家政策性银行成立，承担了四大专业银行的政策性金融业务，标志着专业银行作为国有独资的商业银行开始真正从事商业性金融业务。1995年，《中华人民共和国商业银行法》颁布，从法律上明确了专业银行向商业银行改革的方向和经营原则，从此，四大专业银行开始精简网点及进行总部机构改革，以适应商业银行的经营要求。在这期间，国家也对专业银行的商业化改革给予了支持和帮助。1998年11月，财政部发行2 700亿元特别国债，专门用于补充四家国有银行的资本金；1999年成立四家金融资产管理公司，负责接收和处置从国有商业银行剥离出的约1.4万亿元不良贷款。

3. 国有商业银行股份制改造阶段

进入2003年，国家决定启动大型商业银行股份制改造计划，四大国有商业银行为完成股份制改造进行了一系列组织机构的改革。而同一时期，国家创造性地运用外汇储备向大型商业银行注资，按照核销已实际损失的资本金、剥离处置不良资产、用外汇储备注资、境内外发行上市的财务重组"四步曲"方案，全面推动大型商业银行体制机制改革。[①] 2005年以来，政府帮助四大国有商业银行在上海证券交易所和香港交易所成功上市，中国建设银行于2005年10月在香港成功上市，中国银行和中国工商银行于2006年先后分别在香港和内地成功上市，中国农业银行于2010年在内地和香港成功上市。至此，四大国有商业银行顺利完成了股份制改造。目前，四大国有商业银行占据着较大的市场份额，在企业间接融资领域发挥着不可替代的重要作用。

本章小结

金融中介在金融市场上为个人、家庭、企业和政府提供各种金融服务。由于具有期限中介、分散风险、降低交易成本和信息处理成本以及提供支付机制的特殊功能，金融中介在经济社会中发挥着重要作用。在不同的金融体系下，金融中介功能发挥的作用也有区别，但不论是银行主导型金融体系还是市场主导型金融体系，关注的重点都在于如何协调发展资本市场与金融中介，以实现资本的有效配置和储蓄向投资的更高效转化。

现代金融中介理论主要从交易费用、信息不对称等视角出发考察金融中介存在的必要性。从交易费用的角度，金融中介可以降低信息不对称和不完全契约带来的信息搜寻费用、签约费用以及监督费用。从逆向选择和道德风险的角度，金融中介可以解决信息购买者面临的"搭便车"问题和信息可信性问题，并且在考虑了金融中介本身的代理成本后，金融中介仍然具有信息生产和监控的优势；金融中介还可以通过将非流动性资产转换为流

① 周小川.大型商业银行改革的回顾与展望.中国金融，2012（6）：10-13.

动性负债为存款人提供流动性保险。

根据金融中介的业务性及作用发挥方式，我国金融中介可以进一步分为如下三类：一是银行业金融中介，包括商业银行、储蓄银行、政策性银行、金融资产管理公司、财务公司、信用合作社、信托投资公司和金融租赁公司等；二是投资业金融中介，包括证券公司和证券投资基金等；三是保险业金融中介，包括各类保险公司和社会保险基金等。

问题与应用

1. 金融中介可以通过哪些方式减少道德风险和逆向选择带来的危害？

2. 结合20世纪80年代以来世界各地发生的银行业危机，分析金融中介在其中扮演的角色及政府和市场对危机的解决之道。

3. 试分析金融创新的加快给传统金融中介带来的机遇和挑战。

4. 试分析私募和对冲基金对现代经济金融体系的影响。

推荐阅读材料、网站

[1] 艾伦，盖尔. 比较金融系统. 北京：中国人民大学出版社，2002.

[2] 法博齐，莫迪利亚尼，琼斯. 金融市场与金融机构基础：原书第4版. 北京：机械工业出版社，2010.

[3] 黄达，张杰. 金融学. 5版. 北京：中国人民大学出版社，2020.

[4] 米什金. 货币金融学：第12版. 北京：中国人民大学出版社，2021.

[5] 登录国际清算银行、国际货币基金组织和世界银行网站获得相关统计简报与政策评析。

[6] 登录美国国民经济研究局（NBER）网站获得金融中介及相关领域的最新学术研究成果。

[7] 登录中国人民银行、中国证监会、国家金融监督管理总局网站获得国内最新的政策规定与市场统计信息。

参考文献

[1] Akerlof, G. A. (1970), "The Market for Lemons: Quality Uncertainty and the Market Mechanism," *The Quarterly Journal of Economics*, 84 (3), 488-500.

[2] Allen, F., and Santomero, A. M. (1997), "The Theory of Financial Intermediation," *Journal of Banking & Finance*, 21 (11-12), 1461-1485.

[3] Benston, G. J., and Smith, C. W., Jr. (1976), "A Transactions Cost Approach to the Theory of Financial Intermediation," *The Journal of Finance*, 31 (2), 215-231.

[4] Diamond, D. W. (1984), "Financial Intermediation and Delegated Monitoring," *The Review of Economic Studies*, 51 (3), 393-414.

[5] Diamond, D. W., and Dybvig, P. H. (1983), "Bank Runs, Deposit Insurance, and Liquidity," *Journal of Political Economy*, 91 (3), 401-419.

[6] Hachethal, A., and Schmidt, R. H. (2004), "Financial Patterns: Measurement Concepts and Empirical Results," Johann Wolfgang Goethe-University Working Paper, No. 125.

[7] Leland, H. E., and Pyle, D. H. (1977), "Informational Asymmetries, Financial Structure, and Financial Intermediation," *The Journal of Finance*, 32 (2), 371-387.

附　录　影子银行体系

影子银行问题的提出源于 2007 年美国的次贷危机。随着 20 世纪 80 年代以来金融创新的不断涌现，影子银行体系迅速膨胀，它与传统、正规、接受监管的商业银行体系相对应，游离于监管体系之外，潜藏着大量的系统性风险。影子银行体系（shadow banking system）的概念由美国太平洋投资管理公司执行董事麦卡利（McCulley）首次提出并被广泛采用，包括投资银行、对冲基金、货币市场基金、债券保险公司、结构性投资载体（SIV）等非银行金融机构，通常从事放款业务，也接受抵押，通过杠杆操作持有大量证券和复杂金融工具。与传统商业银行相比，影子银行具有以下特征，如附表 4-1 所示。

附表 4-1　影子银行与传统商业银行的特征比较

特征	传统商业银行	影子银行
融资方式	个人和企业存款	批发市场短期基金
持有资产目的	持有至到期	出售
存在基础	资产负债表内	资产负债表外（资产证券化）
收益来源	存贷息差	手续费
中介特征	低 ROE 的银行	高 ROE 的非银行机构

从本质上讲，影子银行体系将传统的吸收存款、发放贷款并持有至到期的单一过程，变成一个更为复杂的、批发式的、以资产证券化为基础的“发行—出售”过程，信用创造过程需要通过一条信用中介链来实现，链条上的每个步骤均涉及不同的专业影子银行，不断进行融资和打包分步完成。这一过程具有很高的杠杆率，并逐步衍生创造出大量流动性。影子银行资金运作的经典流程如附图 4-1 所示。

首先，过程②与 A 功能相同，都是商业银行的融资过程。但传统商业银行以个人和企业存款为资金来源，而影子银行从货币市场进行批发性短期融资，不受存款保险制度保护，需要向资金提供方提供抵押品，一般以回购的方式实现，回购价差可以理解为影子银行的“利息”。而货币市场基金改变了传统商业银行的零售模式，采取市场短期批发资金——通过发行资产支持商业票据（ABCP）等形成短期债务融资并投资资产支持证券。其次，发放贷款与资产证券化。过程④实现了银行表内资产的表外化。商业银行将贷款打包出售给特殊目的机构（SPV），SPV 再将这些贷款证券化并分级出售给不同的投资者。

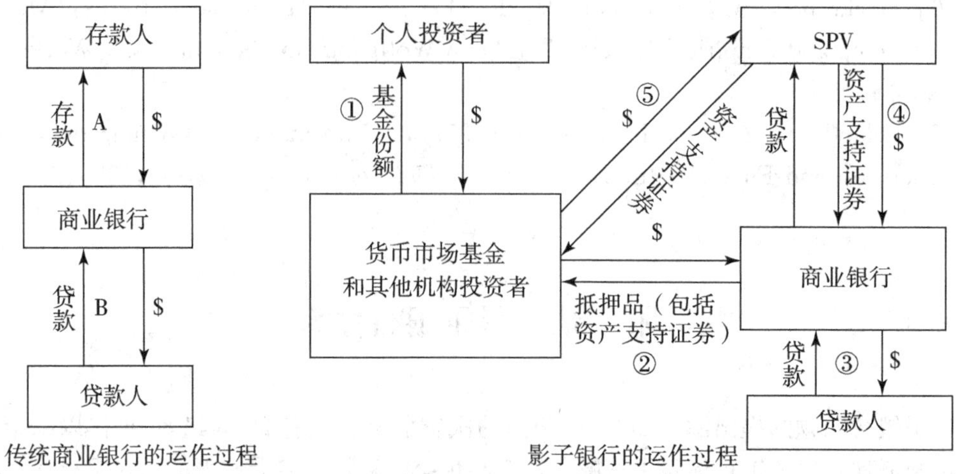

附图 4-1　传统商业银行和影子银行的运作过程

资料来源：整理自 Gorton, G., et al. (2010), "Regulating the Shadow Banking System [with comments and discussion]," *Brookings Papers on Economic Activity*, 261-312。

影子银行的风险在于融资高度市场化、高杠杆性及金融机构间错综复杂的信用关系使信用和资金链条变得脆弱，放大市场风险。它的资金来源于货币市场，为获取高收益而投向长期资产，资产组合由高流动性资产变为流动性较差的资产，出现期限错配。如果资金来源方因出现市场恐慌而逃离，则会出现影子银行中的“挤兑”现象，引发危机。

近年来，我国的影子银行体系也在悄然壮大，但市场上的影子银行机构和产品在构成上与美国、欧洲有所不同。美国的影子银行产品主要是基于证券化提供流动性和杠杆放大的产品，欧洲的影子银行产品以对冲基金为主体；美国、欧洲主要的影子银行机构是SPV，多为投资银行、对冲基金等金融中介。而我国的影子银行产品更大程度上是在信贷管制、利率未完全市场化和不同金融市场分割的背景下，由金融机构通过通道业务和同业业务主导的金融产品创新，如银行理财产品、信托、券商资管等。这些产品的期限配置、“资产池”运作模式、资金流向等问题会不会产生流动性风险，甚至引发系统性风险，已受到各方关注。为此，我国先是将非标业务纳入同业业务范畴，予以监管治理，随后在2018年发布的《关于规范金融机构资产管理业务的指导意见》（通称“资管新规”）中进一步指出非标业务存在多层嵌套、刚性兑付等问题，具有系统性风险隐患，要求消除套利空间，实施产品净值化管理。“资管新规”促使我国资产管理业务走上转型规范发展道路。截至2022年底，我国银行理财产品的市场存续规模已达到27.65万亿元，信托业的资产管理规模已突破21万亿元，证券公司的资产管理业务合规受托资金规模达到9.76万亿元。

第五章

金融功能理论

学习目标

1. 理解金融功能观的理论框架。
2. 熟悉金融体系的功能分析方法。
3. 熟悉主要金融机构的金融功能差异。

第一节　金融功能观的理论框架

金融功能观是由博迪和默顿于20世纪90年代开始发表的一系列论文及教材提出的对金融机构及金融市场新的分析框架。在合著的经典金融教科书《金融学》中，他们提出，分析不同经济体、不同时期的金融机构适合采用的分析框架更应集中于功能视角，而不是机构视角。原因在于：第一，金融功能比金融机构更为稳定，即金融功能随时间和经济体的变动较少；第二，金融机构的形式以功能为指导，即机构的创新和机构之间的竞争将导致金融体系功能效率的提升。博迪和默顿等把金融机构基本核心的功能概括为六项：跨越时间和空间转移资源；管理风险；清算与支付结算；归集资源和分割股份；提供信息；解决激励问题。

一、金融功能观

(一) 跨越时间和空间转移资源

金融体系为时间上经济资源的跨期转移提供了方便。一方面，经济资源拥有者为了取得未来收益而放弃当前消费，另一方面，经济资源需求者现在缺乏经济资源，渴望得到经济资源，以便扩大生产。金融体系满足了双方对经济资源跨期配置的需求，提升了社会总体效率。

金融体系为空间上经济资源的跨国和跨行业转移提供了便利。经济资源有可能远离其使用效率最大化的国家、地区和行业，金融体系通过股票、债券和贷款的形式，实现经济资源的空间转移，最大化经济资源的使用效率。

金融体系为经济资源的时空同时转移提供了条件。经济状况越复杂，金融体系在跨期转移经济资源过程中的地位就越重要。金融体系转移经济资源的功能，推动了经济资源从低收益率的生产单位流向高收益率的生产单位，提高了生产效率和收益。

投资者跨期、跨国转移经济资源之后，比如在一定时间内丧失了对本金的使用权，但是在某些情况下，投资者可能急需收回本金，此时，金融体系为投资者提供了流动性，保证投资者所需。因此，富有流动性的金融体系提升了投资者跨期、跨国转移经济资源的热情，进一步促进了社会效率的提高。

（二）管理风险

风险是未来存在不确定性导致损失的可能性。金融体系不仅具有重新配置资源的功能，而且可以重新配置风险。保险公司就是专门从事风险转移的金融中介。它们从希望降低风险的客户那里收取保费，同时将风险转移给为了换取某种回报而愿意偿付索赔额、承担风险的投资者。此外，金融体系拥有多元化的投资工具，为投资者分散投资风险提供了便利。

资金与风险经常捆绑在一起转移，投资者投入资金的同时承担风险，在收益确定之前，风险始终存在。但有时候，资金与风险并不同时存在，这得益于金融体系的风险转移功能。许多金融合同，例如担保、保险、期货、期权合同，都可以在不转移资金的情况下转移风险。

（三）清算与支付结算

金融体系具有清算、结算的功能，这为商品、服务和资产交换提供了便利。原始的物物交易和易货交易，方式直接，但是效率很低。在不同国家、地区以及同一地区人们的交换过程中，金融体系提供了双方都可以接受的有效支付途径。居民和企业无须在购买过程中浪费时间和资源。纸币对黄金的替代提高了支付效率，支票、信用卡、电子汇款进一步提高了支付效率。

（四）归集资源和分割股份

金融体系具有归集和分割的功能。相对于满足企业运作的资金量，单一投资者的资金通常是不够的，这时金融体系可以发挥归集资源的作用，聚集众多投资者的资金，集中投向企业，满足企业生产所需。

股票市场为企业股份的分割和流通提供了场所。在不影响企业实际生产的同时，为投资者提供了投资机会并让他们能够分享企业收益。另外，股份分割降低了投资门槛，为投资者提供了新的投资机会和途径。

（五）提供信息

信息不完全、不对称会在很大程度上影响经济主体对投资项目收益的判断以及储蓄向投资转化的规模和效率。经济社会中充满不确定性，获得信息对经济主体而言是有益的，有助于减少风险。在信息不完全的情况下，很难搜寻信息以及保证信息的准确性，而在信息不对称的情况下，激励问题普遍存在，这些因素都会影响储蓄向投资的转化。

在金融体系中，投资者广泛参与金融交易，促进价格发现。另外，市场中的公允价格为不同经济部门做出决策提供信息，有助于决策者把握市场方向。每一种新金融工具的出现都会从一个新的侧面提供信息，供决策者使用。

（六）解决激励问题

在生产经营中，激励问题广泛存在。激励问题的产生，源于信息不对称以及所有权和决策权的分离。金融体系为解决激励问题提供了有效的途径，促进了社会生产效率的提高。

由于信息不对称问题，合同当事人不易彼此了解，因而需要进行监控，所以产生了激励问题，包括逆向选择、道德风险和委托代理问题。

交易前信息不对称会引发逆向选择问题。例如，在贷款过程中，银行可能会做出错误的贷款选择，贷款给资质差、风险高的公司，背离它们选择的初衷，产生逆向选择问题。这是因为高风险公司会更努力地包装自己，蒙蔽银行，取得贷款。

交易后信息不对称会引发道德风险问题。例如，在保险市场中，保单持有者愿意冒更大的风险追求高收益，而所冒风险并不为保险公司所知，这样对于保险公司而言就存在风险。在合同领域也存在道德风险，提前支付薪酬会减小对员工的工作激励，员工可能付出更少的劳动。在风险投资领域，当企业的部分福利已经被转移至并不在意福利的主体时，其努力工作的动机就会降低。

所有权和决策权相分离会造成委托代理问题。拥有所有权、承受决策相关风险的被称为委托人，获得决策权的是代理人。由于代理人对自身权利、地位的追求，他们可能会做出损害委托人利益的决策，例如购买豪华办公设备、兼并收购毫无价值的公司等。

运转良好的金融体系为解决逆向选择、道德风险、委托代理问题提供了便利。贷款抵押机制根据企业市场价值给予管理者酬劳，以股票期权形式发放薪酬，这些基于金融体系的酬劳支付方式，都在很大程度上缓解了逆向选择、道德风险和委托代理问题。

二、金融体系的功能分析

金融功能观的理论分析框架包括四个不同的层面，这四个层面分别是：金融体系层面、金融机构层面、金融活动层面和金融产品层面。金融体系和金融机构的功能都是通过具体的金融活动和金融产品实现的，因此，金融体系和金融机构的功能差异也就包含了金融活动和金融产品的功能差异。我们在此具体分析金融体系的功能差异，在第三节将专门讨论金融机构的功能差异。

根据资本市场和商业银行在一个金融体系内的相对重要性，我们可以把金融体系划分为资本市场主导型金融体系和商业银行主导型金融体系，通常把英国和美国视为资本市场主导型金融体系的典型，因为这两个国家的资本市场极其强大，而把德国和法国视为商业银行主导型金融体系的典型，因为这两个国家的商业银行相对于资本市场而言更为强大。表 5－1 对世界不同国家金融体系内部的商业银行资产/GDP 和股票市场价值/GDP 进行了比较。美国的股票市场相对于银行体系而言最为强大，而其他国家的商业银行资产/GDP

多数超过股票市场价值/GDP。中国的商业银行资产/GDP 远远超出股票市场价值/GDP，因此中国的金融体系属于典型的商业银行主导型金融体系。

表 5-1 2020 年世界不同国家金融体系比较

	美国	法国	德国	日本	中国
银行信贷/GDP	0.55	1.16	0.85	1.18	1.83
股票市场价值/GDP	1.95	0.85	0.59	1.33	0.83

资料来源：世界银行金融统计数据库（2022）。

金融功能观的理论分析框架可用于金融体系的设计与选择。表 5-2 对商业银行与资本市场的金融功能进行了比较。总体来看，已有研究表明，在传统经济体系或者现代经济体系中的传统产业，商业银行提供的金融功能更有优势；在现代经济体系中通过资本市场实现的资源配置则更有效率。

表 5-2 商业银行与资本市场的金融功能比较

	商业银行	资本市场
跨越时间和空间转移资源	通过将存款转换为贷款实现	通过股票、债券及衍生品交易实现
管理风险	通过资产负债管理实现	通过金融产品交易实现
清算与支付结算	通过提供支票转账服务等实现	通过货币市场基金等实现
归集资源和分割股份	通过贷款实现	通过股票、债券的发行交易实现
提供信息	通过内部信息共享实现	通过市场范围内的信息处理与分析实现
解决激励问题	通过作为贷款人对企业进行监督实现	通过提供股票期权等多种工具实现

正因为资本市场相对于商业银行而言的金融功能发挥具有一定程度的比较优势，全世界不同经济体近几十年来都表现出金融发展的“市场化趋势”。如表 5-3 所示，中国金融资产总额与实体经济总量的比值也越来越大，其中证券化资产比重的增加尤为显著。金融资产总额/GDP 呈平稳上升的趋势，2021 年达到 401%，在 2001 年该比值为 209%。股票市价总值/GDP 在 2005 年股权分置改革后开始加速上升，2007 年一度达到了 121%，2021 年达到 80%。

表 5-3 2001—2021 年中国金融资产增长和经济金融化变动情况

年份	金融资产总额及其增长			其中								
				广义货币			股票市场			债券市场		
	金融资产总额（亿元）	同比增长率（%）	金融资产总额/GDP（%）	广义货币（M2）（亿元）	同比增长率（%）	广义货币（M2）/GDP（%）	股票市价总值（亿元）	同比增长率（%）	股票市价总值/GDP（%）	债券存量（亿元）	同比增长率（%）	债券存量/GDP（%）
2001	232 202	11	209	158 302	18	90	43 522	−10	39	30 378	15	27

续表

年份	金融资产总额及其增长			其中								
				广义货币			股票市场			债券市场		
	金融资产总额（亿元）	同比增长率（%）	金融资产总额/GDP（%）	广义货币（M2）（亿元）	同比增长率（%）	广义货币（M2）/GDP（%）	股票市价总值（亿元）	同比增长率（%）	股票市价总值/GDP（%）	债券存量（亿元）	同比增长率（%）	债券存量/GDP（%）
2002	260 191	12	214	185 007	17	110	38 329	−12	31	36 855	21	30
2003	311 812	20	227	221 223	20	113	42 458	11	31	48 132	31	35
2004	350 574	12	217	253 208	14	175	37 209	−12	23	60 157	25	37
2005	410 922	17	219	298 755	18	166	32 430	−13	17	79 736	33	43
2006	533 035	30	243	345 578	16	220	89 404	176	41	98 053	23	45
2007	858 939	61	318	403 401	17	241	327 140	266	121	128 398	31	48
2008	753 486	−12	236	475 167	18	267	121 366	−63	38	156 953	22	49
2009	1 034 856	37	297	610 225	28	215	243 939	101	70	180 692	15	52
2010	1 197 946	16	291	725 852	19	383	265 423	9	64	206 671	14	50
2011	1 289 274	8	264	851 591	17	492	214 758	−19	44	222 925	8	46
2012	1 467 325	14	272	974 149	14	677	230 358	7	43	262 819	18	49
2013	1 645 610	12	278	1 106 525	14	814	239 077	4	40	300 008	14	51
2014	1 960 808	19	305	1 228 375	11	1 115	372 547	56	58	359 886	20	56
2015	2 408 446	23	350	1 392 278	13	1 043	531 304	43	77	484 864	35	70
2016	2 700 287	12	362	1 550 067	11	1 368	507 686	−4	68	642 534	33	86
2017	3 005 169	11	361	1 690 235	9	1 869	567 086	12	68	747 847	16	90
2018	3 119 139	4	339	1 826 744	8	2 262	434 924	−23	47	857 471	15	93
2019	3 550 510	14	360	1 986 489	9	2 272	592 935	36	60	971 086	13	98
2020	4 126 468	16	407	2 186 796	10	2 169	797 238	34	79	1 142 434	18	113
2021	4 605 112	12	401	2 382 900	9	2 657	918 811	15	80	1 303 402	14	113

注：这里的金融资产总额是狭义意义上的概念，仅指M2、股票市价总值和债券存量三项的总和。

资料来源：中国人民银行、Wind数据库；吴晓求. 全球金融变革中的中国金融与资本市场. 北京：中国人民大学出版社，2010。

案例分析 5－1　王进公司在发展过程中获得的金融功能支持

王进拥有某一生产专利，估计需要投入100万元才能购买相关厂房和设备来生产相关产品。王进自己只有20万元储蓄可以投资，但他并不想全部用来投资。

为了获得生产所需的资金，王进成立了有限责任公司，从银行获得了50万元的贷款，年利率为10%，同时从某投资机构处获得投资40万元，机构占50%的股份。

在公司成立并投入生产5年后，公司规模扩张到总资产8 000万元，银行贷款为3 000万元，股权结构不变。此时王进和机构股东共同决定把公司整体改制为股份有限公司，股票总数为5 000万股。公司公开发行股票，上市融资，新发行3 000万股，每股价格为2元。为吸引更多人才加盟，公司设立了股票期权计划来对董事高管进行激励。

分析： 在王进公司上述发展过程中，可以观察到一系列金融功能的作用。

(1) 公司创办之初开展了融资活动，此后公司上市融资，实现了跨期和跨区的资源转移，银行、机构投资者以及股票认购者都把资金转移给王进公司，投入生产使用。

(2) 创办之初，王进、贷款银行和投资机构对该公司的投资承担了相应的风险，每一方都根据自己的风险偏好和承受能力进行了最优的风险配置。

(3) 王进公司的运行必然要求在银行开立账户，以完成货物买卖的资金结算。同时公司上市后的股票交易结算也需要专门的证券登记清算机构来完成。

(4) 公司公开发行股票并上市交易，实现了股份分割和资源集聚。就中小投资者而言，他们购买股票投入的资金很有限，但王进公司转变为股份有限公司后则实现了资源集聚。

(5) 公司上市后股票交易价格能揭示公司运行信息，专业机构投资者的交易活动、证券分析师的信息挖掘，都将为公司运行提供准确信息。

(6) 公司上市后的股票期权计划为公司董事高管提供了有效的激励手段。

第二节 金融功能的历史视角

博迪和默顿的金融功能观是一种对金融功能高度概括性的表述和总结。他们认为，虽然各个时期或地域的金融业态、机构变化多样，但金融功能却相对稳定；金融机构的竞争与创新带来的功能提升是金融发展的本质。尽管从不同的视角出发还可以得出不同的表述，但是归根到底，这些表述绝大部分都可以使用金融功能观的六大核心功能进行概括。与此同时，这六大功能往往不是独立发挥作用，而是多个功能共同发挥作用，推动经济增长、科技创新、企业发展等。从历史角度来看，金融业态和金融机构的变革与几次工业革命有紧密的耦合关系，每次工业革命都会诞生新的金融业态，使金融功能和效率得到大幅提升。

一、工业革命与金融变革的历史耦合

第一次金融变革以现代商业银行为特征，但是现代商业银行依然不能匹配科技创新的

风险特征，导致银行体系短暂繁荣后出现倒闭潮和兼并潮。第二次金融变革以现代投资银行为特征，能够更好地匹配第二次工业革命兴起的新兴产业和大型工程的风险，帮助大型企业通过并购来实现规模上的迅速扩张，进而形成规模经济效应。第三次金融变革以现代创业投资体系为特征，对现代高科技企业的风险更加包容，投资越来越早期化，往往科技创新应用推广前就开始介入，最终在推动高科技企业发展的同时促进资本市场的繁荣。第四次金融变革以金融科技引领的金融业集成创新为突出特征，充分结合高科技企业的基本特征，主动运用金融科技等手段去迎合和管控风险，促进技术应用的快速推广和更新迭代。因此，分析工业革命和金融变革的历史耦合关系，可以探究金融功能如何随着金融机构和金融业态的演变而不断完善，并促进金融效率的提升。①

（一）第一次金融变革：以现代商业银行为特征

第一次工业革命在18世纪60年代率先在英国发生，并在19世纪中期达到顶峰，主要特征是以蒸汽机为代表的机器生产替代传统手工劳动，从此人类社会进入“机器时代”。工业革命带来了多方面的变化：第一，商业机会的涌现要求企业对固定资产和设备的投资，增加了长期贷款需求；第二，工厂和公司的扩张提高了日常运营的循环资本要求，短期融资需求逐渐增长；第三，社会财富的积累也增加了资金存入和财富管理需求。与此同时，一批具有某些行业和领域知识的银行应运而生，并通过在特定行业增加信贷投放获得更多的利息收入。尽管在工业革命的推动下，经济高速增长且居民财富迅速积累，但银行业风险管理制度的不健全导致信贷扩张在金融体系内部积累了大量风险。

19世纪20年代中期，由于商品相对过剩和价格快速下跌，英国出现了大型企业倒闭潮，并对工业和金融体系造成严重冲击，由此引致的银行挤兑等问题造成风险在世界范围内蔓延，最终导致第一次世界性经济危机和金融危机的爆发。为应对银行大批倒闭问题，英国针对银行业进行金融制度改革，其中最重要的是1826年的《银行法》和1844年的《银行特许法案》（又称《皮尔条例》）。这些改革措施，不仅提升了金融体系的稳定性和抗风险能力，还为银行业现代化奠定了基础。由于股份制银行资本实力更为雄厚，更适合快速扩张的经济活动，所以股份制成为现代商业银行的发展方向。英国的银行数量从1750年的近40家快速增长到1810年的超过800家，并达到顶点（Davies，1996），其中包括700余家乡镇银行；但之后开始出现银行倒闭和兼并潮，到1850年伦敦私人银行数量约为60家（Cottrell，2010），乡镇银行仅剩200家左右。

虽然商业银行能够为企业发展提供信贷资金，但是由于银行信贷属于债务性资金，对借款人的抵押品和现金流要求较高，导致银行的风险容忍度较低，难以有效地匹配新技术的高风险问题，所以商业银行对科技创新的促进作用是有限的。

（二）第二次金融变革：以现代投资银行为特征

19世纪60年代后期，第二次工业革命在美国兴起，标志着人类社会进入了“电气时代”“石油时代”“钢铁时代”。第二次工业革命时期的大量发明及其广泛应用，创造了大量新兴工业，使美国的工业体系得到重塑，进而帮助美国实现对欧洲在工业、科技、经济、军事等领域的赶超。随着技术创新和工业扩张，社会需要进行大规模基础设施建设来

① 吴晓求，等.资本市场成长的逻辑：金融创新与高科技企业的耦合.北京：中国人民大学出版社，2022：1-28.

满足市场经济快速发展的要求，由此产生了庞大的融资需求，直接刺激了美国资本市场和投资银行业务的发展。1792 年 5 月 17 日，24 个证券经纪人在华尔街签署了《梧桐树协议》，宣告了纽约证券交易所（简称纽交所）的诞生。1817 年 3 月 8 日，纽约证券交易所改名，“纽约证券交易委员会”正式成立①，标志着美国资本市场的真正形成。随着美国资本市场的发展，华尔街诞生了一批兼营或专营投资银行业务的金融机构，如雷曼兄弟。投资银行的出现和发展，进一步推动了美国资本市场的发展和产业结构的优化。

美国资本市场发展为第二次工业革命的科技成果转换提供了催化剂，使得美国工业产值和经济总量迅速扩张。一方面，资本市场为大规模工业发展所需的基础设施建设等提供了大量资本，促进了工业的发展。美国工业经济的规模效应得益于高效的交通运输系统如运河和铁路，而这些交通运输系统的建设又得益于资本市场的大规模资金效应。尽管运河和铁路等大规模工程的成功修建离不开资本市场的支持，但人们对运河股票和铁路股票的追捧也推动了资本市场的空前发展。例如，1880 年铁路股票占美国股票总市值的 60%以上（戈登，2005）。铁路等交通运输行业的迅猛发展，不仅为工业品的生产与流通提供了便利，还直接为钢铁、机车、轮船等重工业产品创造了巨大的市场。另一方面，资本市场和投资银行的发展促进了产业和市场结构的优化。美国工业资本与金融资本联合，通过大量兼并收购实现了规模的迅速扩张，诞生了一批如通用电气、通用汽车、美孚石油等世界级企业，为美国跨国企业在全球扩张奠定了基础。在这些兼并收购活动背后常常能看到投资银行的身影，如 1901 年美国金融巨头摩根收购了卡内基钢铁公司，并成立美国钢铁公司；后来又不断兼并其他中小公司，最终控制了美国钢产量的 65%。

新兴工业的出现推动了资本市场和现代投资银行的发展，而资本市场能够有效地匹配新兴工业的风险，为它们提供大量融资，在促进工业扩张的同时实现了自身的繁荣。科技创新与资本市场相互促进，二者的耦合关系在金融脱媒的趋势下越来越紧密。

（三）第三次金融变革：以现代创业投资体系为特征

第三次工业革命始于 20 世纪下半叶，是工业从电气化向自动化、信息化转型的过程。与前两次工业革命相比，第三次工业革命的科技创新具备以下特点：第一，科技和生产力的转化速度加快，科技的应用使得对资本的需求提高；第二，科技细分逐步深化，不同领域的科技成果协作性增强，研发活动的专业性提高；第三，高科技企业投入更多资金用于科研活动，企业的无形资产占比不断增加；第四，研发活动的科技成果以及科技成果的转化都蕴含巨大的不确定性，给创业者和投资人带来了极大风险。科技创新的变化带来风险的变化，对投资的专业性要求越来越高，现代创业投资体系应运而生。

二战结束后，美国迫切需要发展中小企业来调整经济结构，实现发展重心由战时蓬勃发展的军火工业向民用工业转移，进而使得经济迅速恢复，由此对创业投资资本产生了客观需求。但是当时的美国资本市场也存在对中小企业和新兴企业早期投资动机不足的现象，所以各方开始重视对早期投资群体的培养，其中较为著名的是 1946 年设立的美国研究与发展公司（AR&D），开创了现代风险投资业的先河。20 世纪 70 年代中后期，美国放松对养老基金的管制，允许养老基金投资风投基金，自此美国创业投资行业

---

① 1863 年，“纽约证券交易委员会”又更名为“纽约证券交易所”。

进入高速发展阶段，推动了现代创业投资体系的形成。现代创业投资的发展促进了一级市场的活跃，同时也推动了二级市场的发展。1971年2月8日，美国全国证券交易商协会（NASD）设立了世界上第一家进行电子交易的股票交易市场，即纳斯达克。纳斯达克的设立与发展，拓宽了创业投资资本的退出渠道，促进了创业投资资本在一级市场和二级市场的良性循环。

现代创业投资体系主要为科技创新企业提供金融支持和服务，其作用主要体现在两个方面。一方面，风险匹配的直接融资支持。科技创新企业由于缺乏充足的抵押品和稳定的收入来源，难以满足商业银行的信贷要求，且商业银行作为债权人面临风险收益结构不对称的问题（Stiglitz，1985），导致它们难以从商业银行获得信贷资金，转而需要资本市场的直接融资支持。但是由于科技创新企业在初创阶段规模较小、盈利面临不确定性高，难以在成熟的交易所市场获得融资，风投基金的出现则解决了这一难题。另一方面，风投基金凭借自身的资源、能力和网络等，帮助科技创新企业建立竞争优势。风投基金通常具备较强的专业性，通过筛选有发展潜力的公司，为它们提供运营辅导、战略指引、上市及并购策略等专业性督导，从而促进企业创新并提升投资项目成功的可能性。在现代创业投资体系的助推下，一批科技创新企业既在技术创新上取得成功，又在商业上获得丰厚回报。诸如英特尔、苹果、微软、亚马逊、思科等科技创新企业在纳斯达克上市直接推动了纳斯达克的蓬勃发展，加深了创业投资体系与科技创新的耦合，为美国经济持续增长做出了重要贡献。

现代创业投资体系对风险的包容性更强，通过更早地对高科技企业进行投资，同时运用专业知识和资源网络对企业进行筛选和督导，使得投资项目成功的可能性大大提高。证券市场的发展进一步拓宽了创业投资资本的退出渠道，既实现了创业投资资本的良性循环，又推动了科技创新和资本市场的共同繁荣。

（四）第四次金融变革：以金融科技引领的金融业集成创新为突出特征

目前，第四次工业革命正在全球范围内拉开序幕。世界各国都希望把握新的机会，争夺发展先机，纷纷出台推动第四次工业革命在本国发展的战略，如美国“先进制造业国家战略计划”、德国“工业4.0战略”、日本“超级智能社会战略”、印度“数字印度战略”等。这些战略旨在充分运用人工智能、物联网、区块链、量子信息等新技术，致力于推动生产制造和生活应用的智能化发展，加快进入“智能化时代”。

第四次工业革命的演进推动着金融业的新变革，其中金融科技引领的金融业集成创新成为第四次金融变革的突出特征。在金融科技的加持下，资本市场能够更主动地迎合和管控科技创新带来的风险问题，同时使资本市场的财富管理功能日益彰显出来。一方面，随着互联网技术和数字经济的快速发展，一些互联网科技企业充分利用新技术形成优势，积极推动金融服务的便利性和包容性，逐步发展成为金融科技企业，如第三方支付平台、互联网财富管理公司等，在为广大居民和企业提供优质金融服务的同时提升了资源配置的效率。另一方面，银行体系、资本市场、创业投资体系等中的金融机构正在充分利用互联网、大数据、区块链等新技术改善现有的金融服务质量，扩大服务对象范围，在实现服务效率提升的同时加强风险管控能力，提高经营回报水平。随着金融科技的变革，科技创新企业能够得到更好的融资支持和综合性金融服务，资产定价效率得到明显的提升，资本市场的财富管理能力得到进一步加强。与此同时，金融科技和金融创新还对金融监管提出了新的要求，既要求监管部门针对新的金融业态出台有效的监管政策，又要求监管部门充分利用新的技术来防范系统性金融风险。

从四次工业革命和金融变革的历史关系中不难看出，科技创新与金融变革始终密切联系、相互促进。在工业革命的演进过程中，科技创新要求金融体系逐步走向市场化，资本市场则对科技创新的风险越来越包容，由此二者的耦合关系不断加深。一方面，科技创新离不开资本的支持，需要金融适应其新的发展趋势。从商业银行到投资银行，再到创业投资体系，最后是金融科技加持下的资本市场，都体现了资本市场发展对科技创新的促进作用。另一方面，科技创新促进企业发展和经济增长，进而促进资本市场的发展和繁荣。科技企业的蓬勃发展促进了创业投资体系的发展，创业投资体系反过来促进科技企业的扩张，进而实现资本市场的持续繁荣。

二、中国所构建的现代金融体系的功能特征

如果基于中国金融的发展与变革分析现代金融体系如何发挥各项功能，其中最重要的三个视角应该是：（1）分散风险或财富管理；（2）支付与清算；（3）聚集和分配资源。[①]改革开放 40 多年来，中国金融资产的规模扩张、结构变化、业态多元化推动了金融功能的升级，引发了功能实现机制的变革，下面将着重对三种基本功能展开分析。

（一）从单一融资功能过渡到融资与财富管理功能并重

现代金融体系把财富管理作为一项内生的核心功能。改革开放之初，中国金融由计划经济而非市场经济主导，主要通过银行体系完成支付清算和实现资源配置，功能相对单一。1992 年前，中国股票市场和债券市场的总值尚未到全部金融资产（CS 口径[②]）的 10%，换言之，银行资产占比达 90%以上。由于传统银行主要是提供融资服务，并不具有财富管理的功能，资本市场角色的缺失使整个金融体系缺乏对资产和风险进行定价的能力。这种仅具备融资功能的金融体系无疑是落后的。随着中国金融的发展与变革，尤其是背后中国经济的持续增长，市场配置金融资源的比例在不断增加，金融功能开始出现升级、复合的特征。数据表明[③]，这个比例已经趋近 50%的临界值。虽然在证券化资产的相对水平上中国与一些发达国家还有差距，但变革的趋势是一致的：中国金融正由单一的融资功能过渡到融资与财富管理功能并重的阶段。

金融市场（特别是资本市场）的发展对实现现代金融体系的财富管理功能十分重要。从更深层次来思考，资本市场的存在究竟是为了什么？答案是对金融资产或风险定价。这种功能是存量资源再配置的基础，也是财富管理功能存在的前提。因此，特别是

---

① 吴晓求，许荣，孙思栋. 现代金融体系：基本特征与功能结构. 中国人民大学学报，2020，34（1）：60－73.

② 按照吴晓求在 2018 年所下的定义，CS 口径是指从商业银行（及类银行）信贷资产（C）和证券化金融资产（S）的角度统计金融资产规模的方法，MS 口径是指基于货币性金融资产（M2）和证券化金融资产（S）分类统计。

③ 截至 2018 年 9 月，在 CS 口径下中国金融资产规模为 264.56 万亿元，其中证券化金融资产占比达 49.63%；在 MS 口径下证券化金融资产占比达 42.15%。从居民持有的金融资产结构来看，证券化资产占比为 48.05%（2016 年）。

中国这样的大国，发展资本市场将推动金融体系摆脱只为实体经济提供融资服务的原始状态。

为实体经济提供融资服务仅是金融体系的基本功能。随着家庭财富的增长，人们在满足消费与获得无风险收益之外，逐步产生了投资风险资产从而获得更高的匹配收益的财富管理需求。企业也需要特定金融工具来管理复杂经济环境中的风险。这意味着金融体系需要形成不同层次上收益与风险平衡的匹配机制，即资本市场。在此过程中，财富管理功能将不断显现。从本质上说，金融功能升级的动力还是来源于经济发展带来的需求变化。

（二）支付清算功能的升级

安全、便捷的支付体系有助于整个经济降低交易成本、提高运行效率是建设现代金融体系的必备要件。在传统的金融架构下主要由商业银行来承担全社会的支付清算职责。随着金融科技的广泛推进，到 2018 年中国金融已经在支付功能上完成了科技革命。数据显示①，2016 年，第三方支付业务的支付笔数首次超过了传统非现金支付业务；2017 年，前者已经达到后者的 1.78 倍；2021 年，第三方支付规模已达 355.5 万亿元（见图 5－1）。

第三方支付极大的便捷性意味着对传统金融工具的颠覆性改进。这一金融创新灵活地满足了经济主体的需求，在效率层面实现了支付功能的历史性跨越；同时并没有出现比传统金融支付工具更大的风险。其中具有代表性的支付宝（2020 年第 1 季度市场份额为 48%）、腾讯金融（2020 年第 1 季度市场份额为 34%）已经成为中国金融现代化的两张名片，获得了社会和消费者的广泛赞誉（见图 5－2）。另外，以银联商务和快钱为代表的其他支付服务商也在快速崛起，迅速占据市场份额，意味着第三方支付市场形成了良好的竞争环境，而竞争也会推动支付功能的改进。如果说资本市场是对融资功能的冲击，那么第三方支付则是对支付功能的革命。

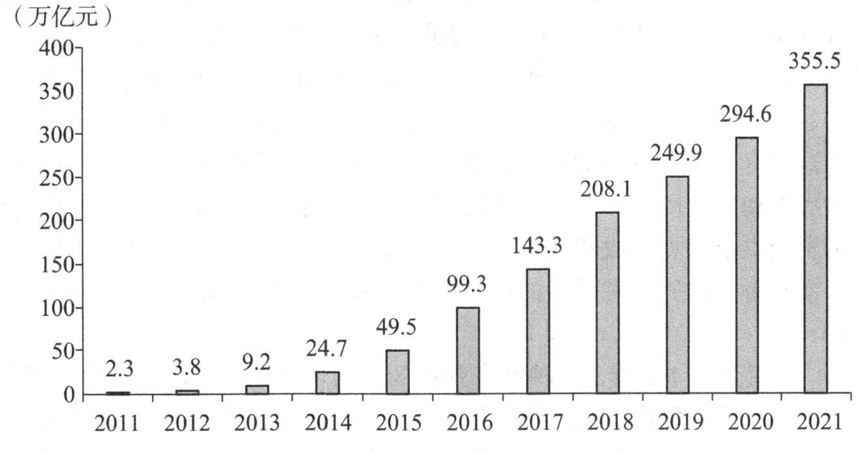

图 5－1　中国第三方支付市场交易规模（2011—2021 年）

资料来源：Wind 数据库、移动支付网。

---

① 摘自中国人民银行官网、Wind 数据库。

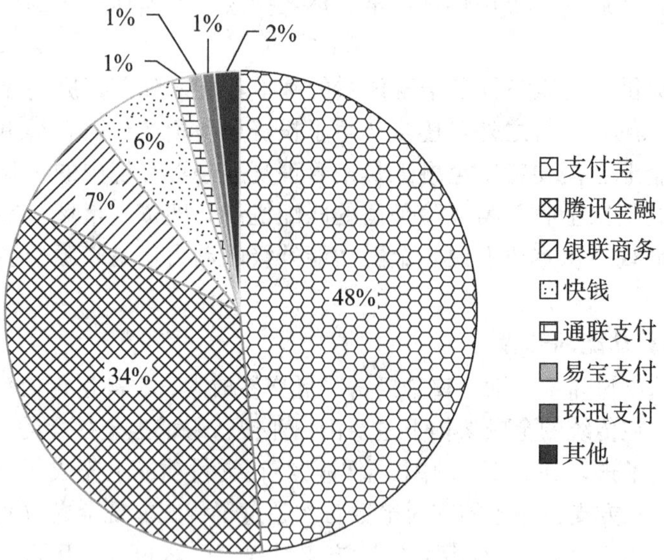

图 5-2　中国第三方支付市场份额（2020 年第 1 季度）

资料来源：Wind 数据库、前瞻产业研究院。

（三）实现金融资产的跨时空配置

金融只能分散、转移风险，并不能消灭风险。金融资产（风险）的跨时空配置在当代愈发重要。一方面，随着知识经济时代的来临，科技创新在现代产业发展中居于重要地位，产业快速升级与迭代使资金供给方的投资收益不确定性上升，对风险分散金融服务的需求增加。另一方面，随着实体经济需求的多样化和金融产品与工具的复杂化，金融机构之间、金融市场之间的关联性不断加强。这些客观变化都要求金融体系具有更强的风险流量化功能与机制，在有效配置资源的同时将藏身于体系内的风险分散化。

在现代金融体系下资本市场发挥的一个主要功能就是风险分散化。作为一种跨时空的风险转移、流动机制，资本市场的核心是为实体经济创造一种风险动态传递方式。只有资本市场这种有别于传统商业银行的金融制度才真正具备此功能。从金融逻辑上看，资本市场发展的初始动因是，在效率考虑下通过风险定价机制，提供一种代替银行信贷融资的平衡资金供求双方在收益、风险之间权衡的选项。这种“去中介化”的融资工具可以使市场参与者承担其愿意承担的风险而交易其不愿意承担的部分，最终提高企业与家庭的福利。

在未来，现代金融体系应是一种富有弹性的金融体系，包含能使风险流量化的安排。由于有助于风险识别、衰减和释放，这种金融体系将能够改善传统金融体系面对金融危机时的脆弱性。不论是在传统商业银行主导的金融架构下还是在资本市场主导的金融架构下，经济运行必然产生的风险都可能经由各类渠道蔓延到金融体系，成为金融风险。如果存量化的风险不断累积，则可能会恶化金融体系的功能、侵蚀其效率。安全、富有效率的现代金融体系必须能够使实体经济中的风险顺畅地经由金融体系转移并在流动中分散。与此相反，“蓄水池”式的金融体系只能使风险沉淀。

第三节　主要金融机构的金融功能

一、金融机构分类与功能

（一）金融机构的分类

金融机构大致可以分为三类：一是存款类金融机构，包括商业银行、储蓄与贷款协会以及信用合作社。二是契约性储蓄机构，包括人寿保险公司、财产和意外伤害保险公司、养老基金和政府退休基金。三是投资中介机构，包括财务公司、共同基金、货币市场基金和投资银行。

（二）各类金融机构的功能

金融机构因为具备特定的金融功能而具有特定的竞争优势，这些金融功能是金融机构区别于非金融企业的重要特征，同时不同的金融机构之间其金融功能也存在较大差别。例如，银行等存款类金融机构的主要金融功能是把客户的存款转化为贷款，从而既为存款客户提供了流动性，又为贷款客户提供了资金，并在一定程度上实现了风险的分散化。保险公司的主要金融功能则在于管理和分散风险。共同基金、风险投资公司、资产管理公司、财务公司和投资银行的金融功能也各有侧重。为便于理解和掌握，我们把对主要金融机构的金融功能分析列在表 5－4 中。

表 5－4　主要金融机构的金融功能分析

金融机构	主要金融功能
存款类金融机构	把客户存款转化为贷款，为存款客户提供了流动性，并为贷款客户提供了资金，在一定程度上实现了风险的分散化
保险公司	管理和分散风险
共同基金	细分股份，同时提供了一个分散风险的有效途径，使得中小投资者降低了交易成本，弥补了在信息、技术方面的劣势，达到参与市场及资产多样化的投资目的
风险投资公司	既提供融资服务，又提供经验，供管理层缺乏经验的年轻公司运用，体现了金融机构在时间和空间范围内转移资源的功能，以及提供信息、降低成本的功能
资产管理公司	为个人、企业、政府提供关于共同基金、退休金和其他资产组合的建议，且经常管理这些资产组合，体现了提供信息、降低成本和促进财富增长的功能
财务公司	通过销售商业票据、发行股票和债券筹集资金，再将资金贷放给有需求的消费者和小企业，体现了在时间和空间范围内转移资源的功能，以及聚集资源、分割股份的功能
投资银行	通过有效处理信息，帮助企业发行股票和债券，有助于资本市场上信息的流动和价格的发现，有助于控制代理问题，有助于资源的有效配置

二、商业银行金融功能分析

(1) 实现经济资源跨期、跨区转移。商业银行通过吸收存款的方式聚集社会中的闲置资金，然后通过贷款的形式帮助资金流向资金短缺主体，推动经济资源跨期、跨区转移。另外，商业银行利用自身信用作为担保，提高贸易往来的速度和效率（信用证和承兑业务），促进整个社会效率的提升。

(2) 降低风险。单个个体在将资金借给需求方时，面临对方无力偿还的风险，从而导致亏损。银行通过专业化的甄别技术和完善的贷款管理制度降低自身的风险。即使发生坏账，也能够保证储蓄者获得本金和利息，降低储蓄者的风险。

(3) 充当支付中介。不同经济主体在商业银行开立账户，直接通过该账户转出转入资金，提高支付效率。商业银行作为货币结算和收付的中间人，加速资本流动并促进货币周转，同时起着创造货币的作用。

(4) 提供流动性。银行用储蓄者的存款为无法直接融资的长期、不流动投资项目提供资金，但只有在银行能够获取足够的租金来弥补这种不流动性造成的成本时，银行才会这么做。银行是一种能够把最优非流动性创造与租金获取两类能力整合在一起的独特金融中介。

(5) 聚集资源。在很多情况下，个人储蓄者无法满足企业对资金的需求。商业银行凭借自身信用，聚集社会中的闲散资金，贷放给企业，不仅为盈余主体提供收益，而且满足了赤字主体的需求，提高了社会生产效率，增加了个人福利，推动了储蓄向投资的转化。

(6) 降低交易成本。就个人与企业而言，个人拥有资金，企业需要资金，此时双方都有融通资金的意愿。但是，个人储蓄者花费在拟定条款、聘请法律顾问上的成本相对于其储蓄额来说是很大的。商业银行发挥自身规模优势，聘请知名顾问，拟定格式化条款，使得单位储蓄额分担的成本很小，有效地降低了交易成本。

(7) 提供信息。商业银行由于特有的规模经济和范围经济优势，可以更方便地进行信息搜集、筛选和监督，代表投资者做出正确的决策，进而大量的分散主体也就没有必要再去从事雷同的信息搜集、筛选和监督工作。商业银行资产负债业务的高度不透明，决定了信息使用只限于自身范围，避免了“搭便车”行为。另外，通过企业开设在商业银行的账户，商业银行可以了解更多关于企业资金往来的信息，增加对企业的了解。

(8) 解决激励问题。商业银行通过抵押贷款的方式减少借款方违约的概率，即便借款方违约也能有效地减少自身损失，从而有效地缓解了逆向选择和道德风险问题。

专栏 5-1　　商业银行与资本市场的功能对接

中国金融结构变革的力量来自银证合作，而不是其他。从制度层面看，银保合作没有什么问题，它既不需要金融技术，也不需要严密的防火墙。保证合作更没有问题。对保险法做些修改，保险和资本市场合作的大门也就打开了，本来保险资金就应该寻找多样化的投资渠道。如果保险资金只能用于投资国债、存入银行或作为现金持有，这样的保险业是没有前途的。保险业的任何发展都是以保险资金的高成长性为前提，没有保险资金的高成长性，保险业必然走向灭亡。过去那几种低收益的保险资金投资方式不可能促使保险业发展。所以，必须为保险资金开辟新的投资渠道。因此，商业银行和资本市场的合作对推动金融结构的调整意义重大。只有通过银证合作，中国的金融体系才能实现流动性与效率的平衡。

银证合作可以通过哪些管道推动金融结构的变革，从而实现流动性和效率之间的平衡呢？

第一个管道是基金。它是媒介商业银行负债和资本市场的重要工具和载体。美国基金业的蓬勃发展是美国金融制度发展到今天的必然结果。通过发展多种类型的基金，客观上分流了银行存款，这就使银行的负债结构发生了变化。要使中国银行体系的资金在金融体系总资金量中所占的比例下降，大力发展以投资于证券化金融资产为主要目标的各类基金是最主要的途径。显而易见，开征利息税也是降低商业银行资金比例的重要手段。在未开征利息税时年末的数据显示，在GDP增长率为8%时，银行的居民储蓄存款却以20%～30%的速度增加。如果一个国家的金融体系按照这样的方式发展下去，危机将越来越大。必须让30%的新增资金有序地进入一个流动性市场，分散风险。当时由于利率很高，还有保值贴补，结果是资金蜂拥进入银行体系。

2002年，在讨论开放式基金发售方式时，曾有人约定俗成地认为开放式基金应在两个交易所进行网上发行。实际上，发展开放式基金的重要目的就是要部分地取代银行储蓄产品，所以网上发售方式存在一些缺陷，难以有效地分流银行储蓄，应该由银行来发售。让很多从证券市场建立至今都未在证券公司开户的人在证券登记结算公司开设一个账户以申购方式购买开放式基金，是不符合这些投资人的心理和行为特征的。这在一定程度上会影响开放式基金的发展，但是如果开放式基金由银行代为发售，由于这部分投资人认可银行的信用，所以他们会购买开放式基金。可以看出，开放式基金可以从调整银行负债的角度来改变中国的金融结构，从而实现金融体系风险的转移。

第二个管道是从银行的资产端入手，通过工具创新来改变银行的资产结构，提高资产效率，降低资产风险。中国资本市场的持续发展离不开银行体系的支持，离开银行体系支持的中国资本市场，其道路会越走越窄，没有空间，没有生命力。我们可以从银行的资产端创造出与资本市场相联系的金融产品，通过这种金融产品把商业银行的资产端与资本市场联系在一起。但这种联系的前提是，商业银行的资产不能由此产生新的风险。如果产生了新的风险，而且这个管道使得资本市场的风险可以无障碍地传递到银行体系，那么这种管道就有问题。在银行资产端与资本市场之间的这个通道中，必须设计一个风险过滤机制，保证银行的资产有足够的风险免疫能力。这种风险过滤机制如资产证券化，又如来自证券市场抵押品范围的扩大。

非证券公司的证券资产质押应该是有效的。目前我国商业银行只接受证券公司的证券资产质押。这种规定存在问题。证券公司股票质押贷款方法的实施始于

1999年10月，那个时候制定这样的规则是可以理解的，它对当时疏通资本市场的资金管道、增加新的资金来源提供了正确的政策支持。与此同时，允许符合条件的基金公司、证券公司进入银行同业拆借市场，对资本市场头寸的调剂也起到了很好的作用。但是，从今天来看，《证券公司股票质押贷款管理办法》存在严重的缺陷。这是一个具有歧视性的政策，违反了WTO的公平原则。因为银行开办证券资产质押贷款的风险与股票持有者的身份无关，只与股票本身的质地有关。在加入WTO后，我们应该对这种歧视性政策进行改革。

有学者认为，现在对非证券公司的股票开展质押贷款的时机尚未成熟，理由是这种贷款会增加商业银行的风险，同时商业银行目前既不具备这样的人才，又不具备这样一种风险管理机制。我们认为上述三个理由都不成立。一方面，只要对股票的风险等级进行识别，同时配以技术性条款的约束，使风险不至于蔓延到银行的其他资产就可以了。很多详细的规定，例如折扣率的确定、强制性平仓制度的制定就是防范资本市场风险蔓延至商业银行的具体技术性措施。另一方面，银行自身的经营风险应由商业银行的行长来解决。商业银行可以用收益与风险相匹配原则来衡量股票质押贷款所带来的收益与风险。人才的缺乏更不足以成为银行拒绝非证券公司股票质押贷款的理由。这恰恰是商业银行需要进行改革的关键所在。商业银行的业务中有90%是传统业务，绝大多数人从事与传统业务有关的业务，因而必须调整人才结构。现在证券业不太景气，投资银行业有大量的人才可以流向商业银行。所以，现在不是证券业在威胁商业银行业的发展，而是蓬勃发展的商业银行业在“威胁”整个证券业的发展。至于风险管理措施，这也是可以改善的，识别风险、防范风险的能力可以建立起来。风险管理措施的不配套、风险识别机制的缺乏和人才的匮乏正是商业银行发展中的关键问题，它们不能成为制约股票质押贷款范围扩大的绊脚石，更不能成为延缓商业银行改革的理由。拓宽股票质押贷款的范围比将资金贷给一个毫无希望的国有企业风险要小得多。这是第二个管道。这个管道本质上是在帮助商业银行过滤风险，而不是增加风险。

第三个管道是资本证券化和资产证券化。这是银证合作的重要平台。资本市场的发展为商业银行的改革提供了契机和思路。中国商业银行改革了十几年始终没有改到位，究其原因，主要在于它没有和资本市场的发展相对接。现在四大国有商业银行纷纷上市。联想到1997年禁止金融机构上市，显而易见，这个禁止性规定没有认识到资本证券化对中国商业银行改革的重要性。

要疏通资本市场与银行体系之间的这三个管道，就必须进行金融工具的创新，而且这种创新的金融工具必须是跨市场的。从这个意义上说，“银证通”由于具有跨市场性特征，因而对疏通银行体系与资本市场之间的管道具有深远的意义。这种具有跨市场性的金融工具的出现，对当时严格意义上的分业经营模式实现了资金层面上的突破。它没有给银行带来任何风险，却极大地便利了证券交易。“银证通”之所以迟迟没有开发出来，并不是因为存在金融风险，也不是因为技术上存在障碍，仅仅是由于分业理念的束缚。“银证通”是银证合作最基础的桥梁。它使资金实现了在储蓄账户与证券交易账户之间的无障碍流动。这种具有跨市场性的工具把两个市场紧密地连接在一起。

资料来源：吴晓求.金融的过去、今天和未来.中国人民大学学报，2003（1）：104－111.

三、投资银行金融功能分析

投资银行的主要业务是帮助企业、政府和其他主体通过发行证券筹集资金，提供证券发行建议，帮助企业进行兼并收购，提供投资咨询。

居民收入的资本化，计算机和通信技术的发展降低了交易成本，增强了信息的可获得性，这些都为金融体系的发展提供了硬件条件。各国产权制度及其执行的完善，信息披露制度的建立和发展，信息搜集、处理、传递的专业化，助推了资本市场和投资银行的发展。

投资银行的主要金融功能包括如下几个方面：

（1）跨期、跨国转移经济资源。投资银行帮助发行主体发行证券，使得盈余方的资金转移到短缺方，而资金所有者因此获得了未来的收益权。投资银行助力经济资源跨期、跨国转移，提高了储蓄向投资转化的效率。投资银行实现了经济资源的多边聚集和分配。

（2）归集资源，分割股份。投资银行包销或者代销证券后，投资者向投资银行认购，其实质等同于归集投资者资源，并把资源转移给证券发行主体。另外，投资银行通过股份分割或者降低债券面值的方式，为广大中小投资者提供了投资途径，促进了储蓄向投资的转移。

（3）降低搜寻成本和交易成本。投资银行作为金融中介，通过包销和代销的方式，帮助证券发行主体在金融市场上筹集资金，更方便地找到交易对手，有效地降低了搜寻成本。同时，活跃的二级市场降低了交易成本，提供了充足的流动性，增强了储蓄者的投资意愿，提高了储蓄向投资转化的效率。另外，也为企业通过多元化渠道降低融资成本提供了便利。

（4）风险分散。通过市场化途径，投资银行帮助实现了风险的合理定价和交易。同时，通过设计不同的“风险收益”产品，以及金融产品的其他创新，帮助投资者实现了投资多元化、分散风险以及资金配置和风险配置的分离。另外，投资银行也为高风险、高收益项目融入资金，促进了经济发展。

（5）提供信息。投资银行在承销证券之前，通过尽职调查掌握企业的很多信息。这些信息为投资者做出决策提供依据，促进储蓄向投资的转化。另外，投资银行运用自己丰富的经验和信息，为企业提供咨询，帮助企业更好地生产和发展，提高了企业的效率。投资银行从储蓄和投资两个方面出发，促进了储蓄向投资的转化和社会效率的提高。

（6）解决激励问题。投资银行通过证券的承销和新金融工具的设计，为解决委托代理问题提供途径。比如在管理人薪酬中加入股票期权，或者根据企业市场价值表现发放薪酬。

（7）提供财富增长渠道。投资银行设计不同的产品，承销不同的证券，丰富了市场上金融产品的种类，满足了更多投资者的需求，为投资者的财富增长提供了更多的途径。

专栏 5-2

投资银行金融功能的特殊性及证券发行与交易的特殊性

与产品市场及劳动力市场类似，信息不对称问题在资本市场同样存在并且更加突出。由于资本市场是资本密集型和信息密集型市场，资金需求方与投资者之间的信息不对称会更为严重。资金需求方受自有资金实力所限，需要在资本市场上吸引投资者以满足融资需求。对于投资者而言，决定是否投资一家特定公司的关键在于能否获得该公司的信息，例如商业模式、创新能力以及管理水平，以便判断公司潜在的增长前景。为实现双方的诉求就需要作为金融中介的证券公司存在来解决这种冲突。在某种程度上，投资银行为投资者提供的是一种特殊的商品——与价格相关的信息。正是由于投资银行的存在，市场资金才能够找到匹配的项目和企业，实现信息流与资金流的交换。

而实现这种交换的前提，则是交换双方对各自的产品拥有明晰的产权。与一般有形商品不同，在资本市场上，与价格相关的信息虽然有价值，但却很难为它建立产权。首先是如何向潜在的投资者证明信息的价值，并因此收取合理的报酬；其次也很难认定某一投资者获得信息的来源就是信息制造者，因而就无法要求投资者为使用信息而付费；最后，从投资者的角度来看，无法保证信息所有者对有价值的信息不重复对外出售，而有价值的信息广为传播的后果则是丧失了原有的价值。市场经济在某种意义上属于契约经济，但即便是具有法律约束力的契约也很难在与价格相关的信息市场发挥作用。第一，由于契约不完全，信息的质量和有效性无法得到证实，无法验证的后果和契约规定自然无法达成有法律约束力的契约。第二，如何能够确定某特定的投资者受益于信息制造者提供的特定信息？既然无法指证当事人的责任，法律自然不会做出保护另一方的判决。第三，即便是前两个条件都具备，如何能够保证信息不会在举证过程或者诉诸法律的过程中被其他人所知晓？而一旦信息被广泛传播，其价值必然大幅缩水。

信息市场与投资银行的金融功能

因为无法为与价格相关的信息建立具有法律约束力的契约关系，所以只能借助非正式的关系网络，建立私人的信息市场。对于投资银行而言，要想建立并维持私人信息市场的有序运行，需要向信息提供方提供相应的报酬作为激励，同时将不遵循市场规则、提供虚假信息的参与者驱逐出市场作为威胁。当然，这种置信威胁能够发挥作用的前提是短期的弄虚作假带来的利益增加要远小于长期参与的结果。

为了吸引投资者，投资银行还有责任确保投资者投资的对象是高质量和准确定价的。同理，如果投资银行没有尽到勤勉义务，或者由于能力欠缺无法实现资产的有效定价，必然会失去投资者的信任而被淘汰，从而损失长期的利润，所以投资银行有足够的激励和动力去审慎对待每一笔业务，会尽全力维护自己的声誉。在私人的信息市场上，各参与方的关系如图 5-3 所示。

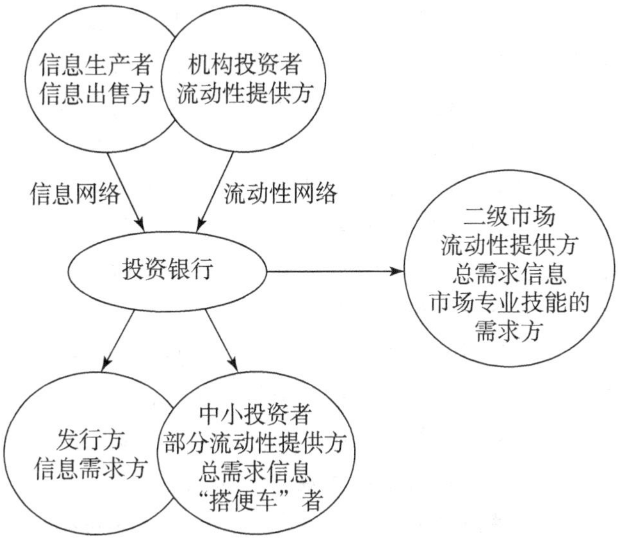

图 5-3　证券公司的信息市场

资料来源：Morrison, A. D., and Wilhelm, W. J., Jr. (2007), *Investment Banking: Institutions, Politics and Law* (Vol. 10), Oxford: Oxford University Press.

信息生产者将信息制造出来并提供给投资银行以获得相应的报酬，而机构投资者则提供足够的流动性以实现证券的顺利发行。通常发行方作为信息需求方，通过投资银行把握市场的反应和对自家证券的需求。而中小投资者则会搭机构投资者的便车，由于在每个市场上，中小投资者的总需求都占有一定的比重，因而也是不能忽视的投资者群体。投资银行还会参与二级市场，原因在于：第一，为一级市场的参与方提供退出路径，从而降低流动性网络的成本。第二，能够获得市场反应的相关信息，有助于一级市场发行工作的开展。第三，能够为信息网络获得额外的报酬。此外，投资银行还可以将二级市场的衍生品服务引入新股发行过程。

投资银行功能发挥的途径：信息网络、声誉管理和隐性技能

由于与价格相关的信息的特殊性，在难以达成有法律约束力的契约关系的情况下，为实现信息市场的建立和有效运行必然需要投资银行以其信誉作为担保，确保信息市场上信息流与资金流的有序交换，因而声誉管理对投资银行有着举足轻重的影响。为维护自身的声誉，投资银行会尽职审查每一笔融资需求，否决信息披露不真实或者低质量的公司证券，对提供有价值信息的参与方给予相应的回报，同时还要使提供流动性的投资者能够在二级市场获得合理的收益，这就要求给参与一级市场认购的投资者一定的溢价。

传统上的投资银行是高人力资本投入和知识密集型行业，一个有着较高声誉的投资银行是建立在多年的良好业务能力与稳定的客户关系基础之上的。高盛几十年来一直担任福特汽车公司的财务顾问。这对从业人员的专业技能和关系网络就提出了很高的要求，而客户关系的承继与投资银行业务能力的获得也绝非毕其功于一役，想通过短时间的学习和工作一蹴而就显然是不可能的。需要大量的时间与精力进行专业投资，并且需要师傅以手把手的方式教授徒弟掌握技能的精髓和奥秘，也就是隐性技能的传授。对于投资银行而言，对员工的这种投入成本是非常高昂的，并且还面临着精英员工投奔竞争对手带来的客户资源与市场份额的丧失。对此，投资银行的传统解决之道就是合伙人制度，通过合伙人制度提高凝聚力和员工忠诚度。即使公司发展面临着自有资本金的限制和约束，高盛与拉扎德也分别坚持到1999年和2005年才最终上市，成为股份有限公司。

随着信息技术的发展和普及，以及随着资本市场结构的变迁，投资银行面临的主要问题开始由人力资源向资本金实力转变。

一方面，信息技术的迅猛发展和在金融市场的广泛应用使得市场交易的广度、深度和复杂程度大为增加，而存在于传统投资银行信息市场的私人信息开始逐渐被更多的公众与投资者获知，因而对原有的信息网络形成侵蚀，同时越来越多的商学院开始将资产定价和估值技术在课堂上教授推广，在计算机的帮助下，投资银行的这些曾经的独门秘籍被越来越多的人熟悉，这在减少了投资银行神秘感的同时也确实对投资银行那种师傅手把手教徒弟的方式提出了挑战。

另一方面，现代金融市场上金融工具种类之繁多以及交易量之庞大对投资银行的资金实力提出了更高的要求。随着竞争的不断加剧和佣金费率的不断降低，传统的经纪业务对投资银行的利润贡献在逐渐下降，要想在市场上有所斩获并在激烈的竞争中脱颖而出，就必须拥有雄厚的资金实力，开展自有资本投资和交易。与商业银行能够不断吸收储户存款和有稳定的资金来源不同，投资银行只能通过货币市场和回购市场融资或者发行债券和其他证券化产品的方式不断负债并提高财务杠杆，所以现代投资银行的业务是建立在隐性技能和专业技能（资金和专业技能扮演着更重要的角色）基础之上的，如图5-4所示。

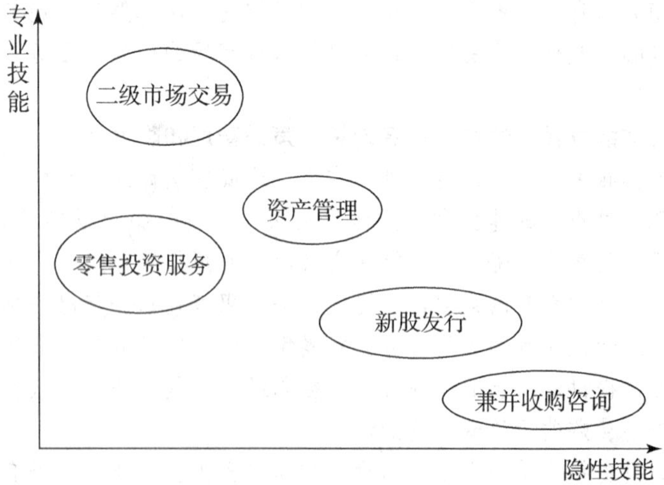

图5-4 隐性技能和专业技能对证券公司业务的相对重要性

资料来源：Morrison，A. D.，and Wilhelm，W. J.，Jr.（2007），*Investment Banking：Institutions，Politics and Law*（Vol. 10），Oxford：Oxford University Press.

兼并收购咨询仍然是建立在投资银行的声誉和关系网络基础之上的，对于从事这一行业的人员而言有着很高的隐性技能要求。新股发行同样如此，高度依赖于券商的私人信息和关系网络。二级市场交易则是非常鲜明的专业技能主导型业务，大量的计算机技术和复杂的工程模型技术被引入这一市场，例如在股票交易的二级市场上，很多交易甚至不涉及人工指令，只要触发交易条件，计算机就会自动执行委托交易；互换、期权等衍生品和结构化金融产品市场上的技术也不再是隐性的，而是专业技术领域的人员能够获得并模仿的。而且与隐性技能不同，这些交易都是存在交易记录的，即便是每秒钟执行成千上万次的“高频交易”和“超高频交易”，也同样如此，这是可以被证实的具有法律意义的证据。

资料来源：Morrison，A. D.，and Wilhelm，W. J.，Jr.（2007），*Investment Banking：Institutions，Politics and Law*（Vol. 10），Oxford：Oxford University Press.

四、保险公司金融功能分析

金融机构的形式多种多样，可以从事投资业务的金融机构有商业银行、证券公司、保险公司、基金公司等。尽管这些金融机构都拥有大量资金，但其资金来源、流向和运作方式却大相径庭（见表 5－5）。保险公司与其他投资性金融机构在资金管理和分配结构上存在着差别，以保险公司和基金公司为例进行对比，可以略见保险公司的特殊性。首先，从客户的角度看，其购买保险和基金等理财产品的初衷是不同的。在购买保险时，客户看重的是保险对冲风险的特性，在购买基金等理财产品时，客户更关注其盈利性。

表 5－5　不同类型的金融机构特点对比

	保险公司	商业银行	基金公司	证券公司
核心业务	提供风险保障	经营存贷款	发行、管理基金	经营证券交易
资金主要来源	投保人	存款者	基金购买者	机构投资者
资金最终流向	索赔人	存款者	基金购买者	机构投资者
主要投资渠道	债券、基金	发放贷款	股票	股票、债券
主要利润来源	承保利润 投资利润	存贷利差 中间业务利润	投资佣金	咨询佣金 投资利润
社会功能	风险转移	信用创造	代理投资	资金有效配置

保险是一种损失补偿机制，即付出少量的钱，避免灾难降临时的巨额损失。保费对于保险购买者而言可以近似理解为一种“风险规避资金”，保险购买者付出该资金，期待的回报是危难时期保险公司的赔付。也就是说，通过购买保险得到了在灾难发生后保险公司会给予“雪中送炭”式赔付的一种承诺。这种承诺无疑会增加保险购买者的安全感。正是这种安全感给予保险购买者一定的效用。并且，购买后不用承担该笔资金的投资风险。从这个角度看，购买保险这一行为可以近似理解为一种消费行为。

基金是将一篮子股票以科学的资产组合方式进行投资的一种集合投资方式，投资者将自己的钱托管给有专业技能的基金公司并支付佣金，从而获取相对稳定的高投资收益。基金购买者付出的申购费、赎回费、托管费等类似佣金。投资者通过付出佣金，得到基金公司专业的专家理财服务，在节省时间、有效分散风险的同时获得较高的投资收益。这种“较高的投资收益”给予投资者一定的效用。不可忽视的是，由于这是一种委托行为，投资者也承担了一定的投资损失风险，因此，购买基金这一行为归根结底是一种投资行为。

在金融机构募集到足够的资金后，便形成了资金池，资金池里的资金可用于投资并获得收益。无论是对于保险公司还是对于基金公司来说，投资业务在公司业务中都占有极为重要的地位。尽管如此，由于客户购买保险产品和基金产品的初衷存在差别，两种公司的盈利模式也有很大差异。

由于保险公司面临的主要是赔付支出，这种支出经过大数定律计算后基本为一个确定的数字，因此对于保险公司来说，这属于一种“硬约束”。也就是说，在保费进账以后，提存足以覆盖这种“硬约束”的赔款准备金后，剩下的保费基本可以确定为保险公司可用于投资的资金。用这部分资金投资获得的收益成为保险公司的重要利润来源，当保险公司的承保理赔这一传统业务处于正常状态，这部分利润则归保险公司股东所有，而不需要支付给投保人。

对于基金公司而言，客户期待的是投资收益。资金池中的资金属于客户“暂存”在基金公司、委托基金公司进行投资业务的，这部分资金归根结底是客户的。作为受委托投资的一方，基金公司必须将这部分资金及投资收益支付给客户。总而言之，在投资收益相同的情况下，保险公司的投资收益更多地流向了股东，而基金公司的投资收益更多地流向了客户。

与基金公司类似，商业银行和证券公司资金池中的资金也面临着这样的“硬约束”。因此，在相同的投资利润率下，相较于保险公司，其股东可以支配的利润相对较小。

保险公司的业务主要可以分为投资业务和保险业务两个部分。保险业务主要是保险公司的前台业务，围绕保单展开，主要包括保单设计、保险营销、承保、理赔等环节；而投资业务主要是保险公司的后台业务，围绕资金池展开，主要包括资金池内资金的分配和运作等。这两方面的业务相辅相成，缺一不可。

与此对应，巴菲特在2010年致股东的信中也表示，保险公司的利润由两个部分组成：第一部分是“保险利润”，即保费超过赔偿金和支出的部分；第二部分是“投资利润”，即通过流动资金投资获得的收益。

近年来，美国保险业管理中呈现出以“投资业务收益弥补保险业务亏损”的趋势，激烈的竞争使得保险业保费无法覆盖赔偿金和支出，财产保险业承受了巨大的保险损失。也就是说，很多公司的“保险利润”为负，以投资业务的丰厚收益弥补保险业务的损失。事实上，几十年来，保险业有形资本的总收益远远低于其他行业的平均收益，业绩乏善可陈。由表5-6可以看出，近年来，相较于投资业务收入，财险公司的保险业务收入在总收入中的占比明显较低，且很多年来形成承保亏损。

表 5-6 财险公司的保险业务收入和投资业务收入 单位：亿美元

年份	投资业务收入	承保损益
1999	395	−199
2000	420	−272
2001	386	−501
2002	398	−283
2003	386	−30
2004	400	60
2005	497	−37
2006	523	345
2007	564	216
2008	531	−196
2009	483	15
2010	476	−105
2011	492	−362
2012	477	−167
2013	474	155
2014	464	122
2015	472	89
2016	466	−47
2017	489	−233
2018	553	−2
2019	548	37
2020	517	52
2021	543	−38

资料来源：Wind 数据库。

专栏 5-3 巴菲特管理的伯克希尔·哈撒韦

伯克希尔·哈撒韦由沃伦·巴菲特创建于 1956 年，是世界著名的保险和多元化投资集团。该公司主要通过国民保障公司和 GEICO 公司以及再保险巨头通用再保险公司等附属机构从事保险、再保险业务。GEICO 公司是美国第四大汽车保险公司，通用再保险公司是世界上最大的四家再保险公司之一。尽管伯克希尔·哈撒韦在珠宝业、糖果业、飞行培训业、鞋业等其他许多领域也有商业活动，但核心业务仍旧是保险。从2021年的收入结构来看，保险业收入为751.4亿美元，在总收入中占比超过25%，保险业是伯克希尔·哈撒韦收入占比最高的产业（见表5-7）。

表5-7 2021年伯克希尔·哈撒韦的收入结构

产业	收入（百万美元）	所占比例（%）
保险	75 140	27.2
供应链	49 450	17.9
货运铁路	23 282	8.4
能源	24 987	9.0
制造	68 730	24.9
服务、零售	34 832	12.6
总计	276 421	100.0

资料来源：Bloomberg数据库、Wind数据库。

2021年，伯克希尔·哈撒韦实现净利润898亿美元，在《财富》世界500强排行榜中名列第十一。巴菲特的成就不仅得益于独特的眼光和优秀的管理，也得益于保险公司这一组织形式（见表5-8）。

表5-8 伯克希尔·哈撒韦旗下的主要保险公司

英文名称	主营业务	收购年份	总部位置
Government Employees Insurance Company（GEICO）	汽车险	1996年	马里兰州
General Re（GE）	再保险	1998年	康涅狄格州
National Indemnity Company（NICO）	财产险	1967年	内布拉斯加州
Central State Indemnity（CSI）	医疗险	1992年	内布拉斯加州
Medical Protective（MedPro）	医生责任险	2005年	印第安纳州
Applied Underwriters	职工赔偿险	2005年	加利福尼亚州
Netherland Reassurance Group（NRG）	寿险	2007年	荷兰
Alleghany	再保险	2021年	纽约

在经营保险业务的过程中，巴菲特十分强调保险业务的质量。巴菲特要求员工遵守保险“健康运营”四准则：第一，明白任何一项风险承担都可能造成保险损失；第二，保守地估计任何风险承担实际造成损失的可能性以及一旦发生损失的可能成本；第三，在扣除未来损失和运营费用之后，保费的确定要确保能够实现承保利润；第四，如果不能获得合理的保费就应放弃这项业务。他强调，如果以市场份额而不是利润作为衡量胜负的标准，麻烦就不远了。“拒绝”必须是任何承保人词汇表中的一个重要词汇。

以承保利润率衡量，伯克希尔·哈撒韦是美国乃至全球经营成本最低的大型保险集团（见表5-9）。巴菲特对承保利润率的要求是坚决甚至苛刻的。伯克希尔·哈撒韦保险业务的承保利润率远高于行业平均水平和主要竞争对手，这与其独特的经营思路和内部制度是分不开的。在2004年致股东的信中，巴菲特表示，在业务管理中，十分重要的一点就是尽量让事情简单化，如承保纪律的严谨性在公司处于最为基础性的重要地位。伯克希尔·哈撒韦旗下的通用再保险公司在业务发展方面坚守以下两条原则：第一，保费金额的确定要能够确保利润，包括未来的损失成本和运营费用在内；第二，如果不能获得合理的保费就应放弃这项业务。

表5-9　伯克希尔·哈撒韦与美国非寿险业的承保利润率

年份	伯克希尔·哈撒韦（%）	美国非寿险业（%）
2003	8.0	−0.1
2004	7.4	1.9
2005	0.2	−0.9
2006	16.0	7.6
2007	10.6	4.4
2008	10.9	−5.1
2009	5.6	−1.0
2010	6.5	−2.4

资料来源：美国保险信息学会（Insurance Information Institute）。

保险公司投资的核心在于“浮存金”的管理。简单来说，浮存金是保险公司虽然不具有所有权但却可以用来投资的资金。浮存金是怎样增加的呢？首先，保费通常是在提供保险和理赔服务之前就先预缴。其次，因为损害有时在发生几年后才被发现，因而损失和赔偿之间有一定的时间差，从而使资金池里的资金进一步累积增加。

保险业务的质量直接影响了浮存金的规模和质量。在观念中，浮存金的规模是衡量保险投资时最为关键的因素，但需要强调的是，浮存金的成本同等重要。在2005年致股东的信中，巴菲特特别强调了浮存金的成本问题。取得浮存金固然很好，但更重要的是以低成本取得浮存金，而成本取决于保险业务的绩效，也就是损失与费用占保费收入的比例。对于伯克希尔·哈撒韦这种38年来一直在保险业务中有利润的公司来讲，浮存金的取得几乎没有成本，也就是说，意味着消费者付费来请保险公司帮他们保管资金。然而，如果保险业务损失过大，就代表浮存金的成本过高。

保险公司对保险资金的投资增值能力，直接影响到保险公司偿付能力的高低，进而影响到保险公司业务量扩张的潜力。可以说，投资业务在一定程度上决定了保险公司生存发展的基本能力（见表5-10）。

表 5-10 伯克希尔·哈撒韦 2021 年投资业务收入占比

税前收入	平均（百万美元）	占比（%）
保险集团总收入	5 535	100
投资业务收入	4 807	87
保险业务收入	728	13
GEICO	1 259	23
伯克希尔·哈撒韦初级（Primary）集团	607	11
伯克希尔·哈撒韦再保险集团	−930	−17

资料来源：彭博数据库。

伯克希尔·哈撒韦在投放资金方面十分灵活，并不存在过多固有规则的限制。一方面，巴菲特率领团队不断寻找机会来提升和扩大现有公司的规模，购买有价值的公司。另一方面，与大多数投资家不同，除了考察一笔交易相对于其他投资的潜力之外，巴菲特的团队还会将其与其他短期投资机会做比较。通常一些交易的定价会显著高于同期从股票或基金市场得到的投资回报。这时，他们也会投资股票然后静待时机。巴菲特说："这种资金分配上的灵活性决定了我们今天的成就。"

巴菲特多次表示，伯克希尔·哈撒韦利用保险业务积累的浮存金进行对公司价值的投资。在投资方面，主要对有价值的公司进行收购，并在收购后保持公司业务的独立性，不对其进行过多干涉。伯克希尔·哈撒韦的投资主要集中在需求稳定的行业，如金融服务（美国运通）、糖果零售（喜诗）、日用品（宝洁）等。在公司价值评判方面，巴菲特有一套独特的标准。

首先，巴菲特十分看重公司长期的内在核心竞争力。这种对"长期价值"的追求，从伯克希尔·哈撒韦的内部文化中也可以看出。在 2004 年致股东的信中，巴菲特说，NICO 保险公司成功的原因之一在于它向员工提供了长期的职位，使其不会因销售额下降而被解雇。在 2007 年的信中，巴菲特再次强调了这一思想。与其他公司热衷于爬上公司权力金字塔的顶端、在一个职位上待五年就会深感失败的经理人不同，在伯克希尔·哈撒韦经理人们的观念中成功是他们企业的长期表现。他们的决策是基于"今天在这里，永远在这里"的心态做出的。这种罕见和难以复制的管理结构，才是伯克希尔·哈撒韦真正的优势。

其次，巴菲特看重公司的独立盈利能力。巴菲特眼中的优秀交易，是在稳定行业中具有长期竞争优势的公司。如果它成长迅速，那就更好。但即使没有成长，生意也是值得做的，因为只需简单地用从这些生意中获得的可观收益去购买别处类似的企业，就能实现总资产的不断扩大。而糟糕的生意是那种收入增长虽然迅速，但需要巨大投资来维持增长，过后又赚不到多少钱，甚至没钱赚的生意。

本章小结

博迪和默顿等（2009）提出，分析不同经济体、不同时期的金融机构适合采用的分析框架更应集中于功能视角，而不是机构视角。原因在于：第一，金融功能比金融机构更为稳定，即金融功能随时间和经济体的变动较少；第二，金融机构的形式以功能为指导，即机构的创新和机构之间的竞争将导致金融体系功能效率的提升。金融功能观把金融机构基本核心的功能概括为六项：跨越时间和空间转移资源；管理风险；清算与支付结算；归集资源和分割股份；提供信息；解决激励问题。

金融功能观的理论分析框架包括四个不同的层面，这四个层面分别是：金融体系层面、金融机构层面、金融活动层面和金融产品层面。根据资本市场和商业银行在一个金融体系内的相对重要性，我们可以把金融体系划分为资本市场主导型金融体系和商业银行主导型金融体系，通常把英国和美国视为资本市场主导型金融体系的典型，而把德国和法国视为商业银行主导型金融体系的典型，但是近年来的金融实践表明，全球各国的金融体系都出现了市场化的趋势。

商业银行、投资银行和保险公司的金融功能发挥也各有特点。现代经济体系中的商业银行必须和资本市场进行功能对接才能更好地实现金融功能升级。投资银行则由于处理的是与价格相关的信息这一特殊性，在难以达成有法律约束力的契约关系的情况下，为实现信息市场的建立和有效运行，必然需要以其信誉作为担保，确保信息市场上信息流与资金流的有序交换。保险公司则以提供风险管理功能为对价，获取资金并通过投资创造价值。

问题与应用

1. 根据金融功能观的理论框架，结合在日常生活和工作中接触到的金融机构或金融产品，讨论一些主要金融功能是如何通过这些金融机构或金融产品实现的。

2. 试分析全球主要经济体的金融体系特点，这些金融体系存在的主要差别，以及这些差别对金融功能实现的影响。

3. 中国金融体系过去三十多年的演变轨迹是怎么样的？这种演变如何影响其金融功能的发挥？

4. 通过阅读上市银行或证券公司、保险公司的公开资料，分析这些金融机构的主要盈利模式，探讨这些金融机构是如何通过提供一定的金融服务获利的。

推荐阅读材料、网站

[1] 伯克希尔·哈撒韦集团，http://www.berkshirehathaway.com，上面有巴菲特致股东的信以及该公司历年的年报资料。

[2] 美联储，http://www.federalreserve.gov，上面有美国金融体系的详细介绍。

[3] 世界银行，http://www.worldbank.org，上面有各国金融体系分类指标。

参考文献

[1] 博迪，默顿，克利顿. 金融学：第 2 版. 北京：中国人民大学出版社，2013.

[2] 戈登. 伟大的博弈：珍藏版. 北京：中信出版社，2005.

[3] 吴晓求. 金融的过去、今天和未来. 中国人民大学学报，2003 (1)：104 - 111.

[4] 吴晓求. 改革开放四十年：中国金融的变革与发展. 经济理论与经济管理，2018 (11)：5 - 30.

[5] 吴晓求，等. 市场主导型金融体系：中国的战略选择. 北京：中国人民大学出版社，2005.

[6] 吴晓求，等. 全球金融变革中的中国金融与资本市场. 北京：中国人民大学出版社，2010.

[7] 吴晓求，等. 资本市场成长的逻辑：金融创新与高科技企业的耦合. 北京：中国人民大学出版社，2022.

[8] 吴晓求，许荣，孙思栋. 现代金融体系：基本特征与功能结构. 中国人民大学学报，2020，34 (1)：60 - 73.

[9] Allen，F.，Qian，J.，and Qian，M. (2007)，"China's Financial System：Past，Present and Future，" in Brandt，L.，and Rawski，T. (eds.)，*China's Economic Transition*：*Origins*，*Mechanism*，*and Consequences*，Cambridge：Cambridge University Press.

[10] Cassis，Y.，Cottrell，P.，and Fraser，I. L. (2009)，*The World of Private Banking*，London：Routledge.

[11] Davies，G. (1996)，*A History of Money*：*From Ancient Times to the Present Day*，Cardiff：University of Wales.

[12] Merton，R. C.，and Bodie，Z. (2005)，"Design of Financial Systems：Toward a Synthesis of Form and Structure，" *Journal of Investment Management*，3 (1)，1 - 25.

[13] Morrison，A. D.，and Wilhelm，W. J.，Jr. (2007)，*Investment Banking*：*Institutions*，*Politics and Law* (Vol. 10)，Oxford：Oxford University Press.

[14] Stiglitz，J. E. (1985)，"Credit Markets and the Control of Capital，" *Journal of Money*，*Credit and Banking*，17 (2)，133 - 152.

第六章 金融结构理论

学习目标

1. 理解金融结构的两大基本范式。
2. 了解金融结构演进的历史阶段。
3. 掌握银行主导型金融体系和市场主导型金融体系的功能实现途径差异。
4. 了解金融结构演进的决定因素。

第一节 市场主导与银行主导：金融结构的两大基本范式

一般认为，金融结构指的是由金融工具与金融机构的形式、性质及相对规模共同构成的一种状态，包含了金融资产与实物资产在总量上的关系、金融资产与负债总额在各种金融工具中的分布、以金融机构持有或发行的金融资产所占比例来表示的金融资产与负债总额在金融机构和非金融经济单位中的分布以及金融资产与负债在各个经济部门的地位等（Goldsmith，1969）。作为金融体系整体中各个部分组合的综合反映，尽管金融结构从资金价值和信用的角度反映了整个经济结构，进而涵盖了金融体系结构、金融工具结构、金融中介结构等诸多方面，但经济学家一般认为商业银行和资本市场在金融体系中的相对地位的差异是比较金融体制最值得关注的话题之一（Allen & Gale，2000；Demirguc-Kunt & Levine，1999）。

一、现代金融体系中的商业银行与资本市场：制度视角的理论考察

从功能视角着眼，金融体系是在现代市场经济中通过建立和借助社会对其的普遍信

任，媒介实物和服务的交换以及资源的集中和再分配，从而不断减轻或消除市场主体在生产、交换和消费过程中所面临的各类约束，借以实现社会资源（含风险）在不同经济主体间跨区域、跨时期优化配置的一种特殊契约性制度安排，其本质是对（金融）风险的定价和分配。①

从历史来看，金融的形成及发展与社会化大生产，或者说社会分工的不断深化和协同合作进而社会交易费用的节约或降低密不可分。换句话说，在一个以个体自然生产为主、不产生商品交换行为的社会中，并不需要金融体系——从内核上看，金融体系的构建和完善将其使用者通过货币化卷入了一个共同的市场，将未来的活动纳入现在的市场交易（资本化），从而延伸了市场经济的范围和领域（夏斌和陈道富，2011）。因此，作为市场的一个重要组成部分，金融体系是从事金融活动的当事人之间基于普遍信任，借助货币（一般等价物）以及各种金融资产形式，调动经济资源在时间、空间、不同人群中重新配置的复杂关系契约网络。这种网络在现实中表现为一种制度化、组织化的交换，不仅"涉及社会规范、习惯、制度化的交换关系以及信息网络（有时是有意组织的）"（Hodgson，1993），还包括"应用规则的从事特定商品交易的人"，其目的在于"改善各自的效用"（Richter & Furubotn，1997）。

但问题是，尽管与其他市场经济制度类似，金融体系的运行除了定价及联系客户等活动之外，还包含两类至关重要的活动——信息交换和契约活动。和市场经济其他领域的交易不同，鉴于以信用为基础的金融活动是以今天的一笔现金去换取对未来收益的承诺（换句话说，金融合约中至少有一方通常交换的是非一般性产权），使得银行等贷款人用其资本的产权（采用现金形式界定）来交换企业家使用其资本所创造的部分收入的产权，这导致贷款人在承担借款人投资活动内在收益不确定性风险的同时，还面临着信用活动中贷款人和借款人之间委托代理关系导致的诸多无法直接调和的利益冲突——或是缘于这种承诺的可信度事前很难判断（那些越是不想履行承诺的人事前所做的承诺往往越多，即"逆向选择"问题），或是缘于那些事前有诚实意愿的借款人在得到资金以后有可能投机（即"道德风险"问题）。

正是来自实体经济的不确定性，再加上信息的不完全和人的有限理性，使得金融或者说信贷契约中的当事人可能面临更大的不确定性，而以商业银行为代表的金融中介与以股票市场为代表的金融市场则可视为人类解决这种不确定性的两种不同的制度安排。

（一）商业银行制度

尽管当前世界各国的商业银行经营业务及盈利模式呈现出日益明显的多样化和复杂态势，但无论是从监管还是从理论层面考察，如果试图对商业银行做一个简单、实用的界定，那么应该是"一个主要从事吸收公众存款和发放贷款的机构"（Freixas & Rochet，1997）。从实践来看，与市场经济中的一般企业相比，以商业银行为代表的金融中介存在一些较为显著的特征：第一，与主要从事非金融性业务的公司相比，相对于"真实"资产，银行有一个高的金融资产比率；第二，银行负债的流动性比大多数公司的负债强

① 在漫长的人类发展过程中形成了很多旨在实现风险优化配置的制度安排，其中既有经济制度，又有政治、文化制度。

得多；第三，许多银行负债是可交易的，甚至可作为交换媒介；第四，银行资产通常比其负债有长得多的到期期限，因此流动性要小；第五，银行比大多数公司有更高的杠杆效应。

从某种意义上说，正是这些业务、资本结构上的特殊性使得商业银行不仅在经济运行中发挥着众多独特的经济功能（见图 6-1），而且必须遵循流动性、安全性和盈利性的“三性”原则（吴晓求等，2005）。

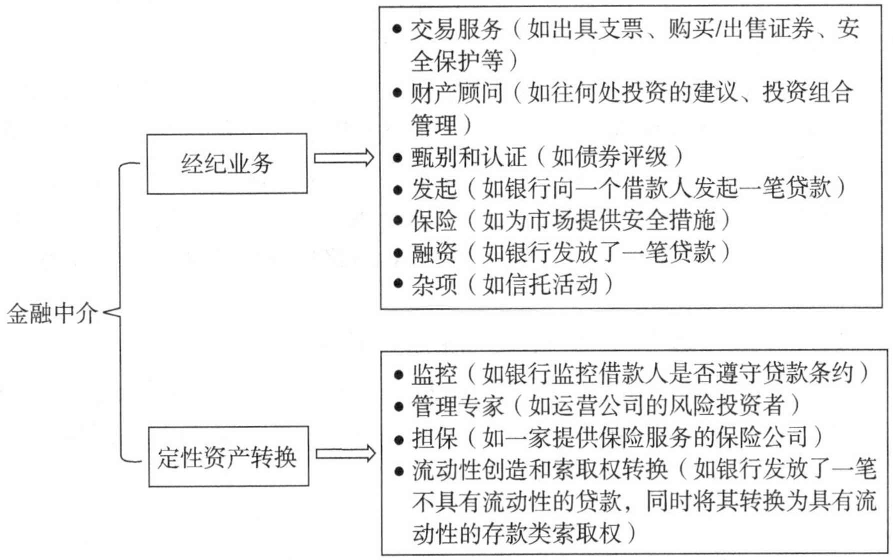

图 6-1　金融中介提供的服务

资料来源：格林鲍姆，塔克，布特. 现代金融中介机构：原书第 3 版. 北京：机械工业出版社，2020.

（二）资本市场制度

作为一种金融制度，资本市场的存在和发展不仅使现实中物理形态上不可分割的物质资产的标准化与货币化（更准确地说是证券化）成为现实，进而成为物质资产产权交易的独特场所，而且相对于商业银行而言，其更为突出的交易性质是“脱媒”，也就是从储蓄到投资的转化不需要转换中介的过渡，完全是资金供给者与资金需求者的直接交易。

与商业银行运行中流动性、盈利性和安全性的“三性”原则及风险内置的过滤处置机制不同，资本市场制度的有效运行需要满足一些基本要求，进而表现出一些颇为不同的制度性特征：

（1）基于信息公开的市场透明度。这意味着市场中的信息（尤其是上市公司的信息）要向公众和社会及时、全面和准确地披露，进而保证市场起点的公平性。

（2）流动性。流动性是资本市场的生命力所在：二级市场的流动性为投资者提供了转让和买卖证券的机会，也为筹资者提供了实现筹资的必要前提。如果市场缺乏流动性而导致交易难以完成，市场也就失去了存在的必要性。

（3）基于流动性的风险分散和风险传递机制。与商业银行风险相对凝固而集中不同，资本市场中多种证券资产的存在允许个人通过分散化的资产组合，对冲异质风险，在既定的时点上根据自己的风险承受能力来调整投资组合的风险，进而实现有效的（横向）风险分担。

（4）基于上市和退市标准的资产成长性。从总体上看，进入资本市场的企业大都度过了幼稚期，而处在衰退期的企业则通过退市机制被市场淘汰，进而资本市场对资产的选择标准非常重视成长性，主要定位于成长期和成熟期的企业。

（5）与流动性相关的价格波动性。资本市场上资产价格频繁而持续的波动使得资本市场充满了吸引力：没有价格的波动性，市场的流动性就难以持续。换句话说，流动性是在价格频繁而持续的波动中通过套利机会的出现实现的。

无论是从理论还是从实践来看，资本市场制度的上述特征使资本市场有别于商业银行通过其特有的信用货币派生进而衍生出来的货币资金集聚（“货币池”）的功能定位，借助收购、兼并、重组、分拆、吸收合并和股权置换等诸多产权证券化交易方式，充当全社会资源配置的经济平台（或者说市场经济的“资产池”），有效实现全社会的存量及部分增量资源向优势行业、优势企业、优势品种集中，最终实现全社会存量资源的动态配置，带动经济增长。

（三）商业银行与资本市场两大制度关系的范式转变

从历史来看，商业银行制度与资本市场制度相互分离，各自服务于不同的对象——一般来说，资本市场主要是大企业和富裕阶层介入的场所，而普通民众及绝大多数企业主要借助商业银行来实现储蓄向投资的转化［见图 6－2（a）］。

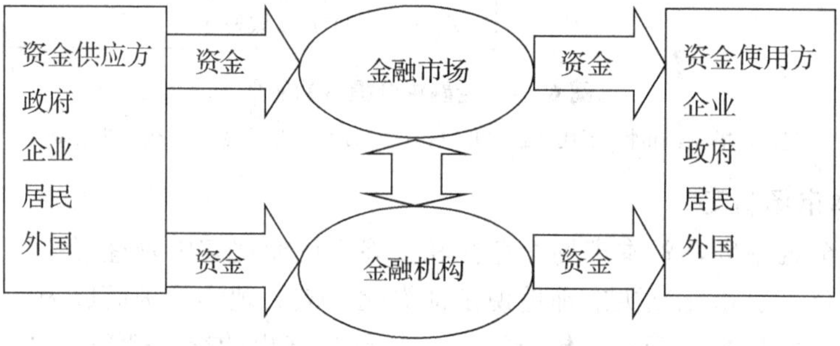

图 6－2（a） 金融体系的传统观点

经过长期的演变，商业银行与资本市场相互隔离的状况早已成为历史。从现实来看，当前各国的金融体系虽然在形式上仍然保留原先的金融机构、金融市场以及金融监管机构等基本架构的历史名称，但由于证券化、金融全球化、金融自由化（放松管制）以及金融工程化等因素的冲击或影响，金融资产的流动性总体提升。这些因素具体包括：金融机构之间业务交融、竞争愈演愈烈、界限趋于模糊；大量非银行金融中介甚至是非金融中介进入了银行的传统业务领域，银行的相对资产份额不断下降；期货、期权、互换等创新型金融产品不断涌现，以原生产品为基础的衍生金融市场获得了巨大发展；资产证券化风靡全球金融市场，资产抵押证券增长速度强劲。

在金融机构和金融市场的内涵及外延都发生根本性变化的同时，现代金融体系得以定义和分离出很多金融风险，并设计工具和改变制度（期货交易所和货币中心银行已经演变成风险管理机构）来使这些风险能够定价并且在流动性好的市场上进行交易。从现实来看，以衍生品（含资产证券化等结构性金融创新）为代表的风险管理市场的出现从根本上改变了传统金融体系中机构和市场的业务或者说服务对象界限，使现代金融体系中的机构与市场紧密交织在一起，呈现出日益复杂化的发展态势［见图 6－2（b）］。

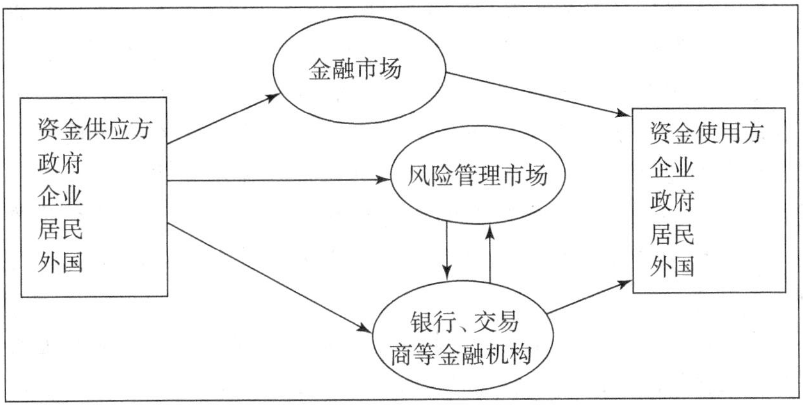

图 6－2（b） 金融体系的现代观点

专栏 6－1　资本市场发展的中国探索：第三种模式

中国资本市场的发展模式，有两个典型的特征：一是重视顶层设计；二是基于大陆法系架构构建与英美法系融合的法律体系。由此，慢慢探索出一个与中国经济发展战略相适应的、市场与银行“双峰”主导型金融体系下的资本市场发展新模式。

中国资本市场的新探索与国家经济转型战略深度耦合，正在形成有别于美、德模式的第三种资本市场发展模式。这种模式与其说是资本市场发展的第三种模式，不如说是金融发展的第三种模式，既不同于美国的市场主导型金融体系，更不同于德日的银行主导型金融体系，而是一种市场与银行“双峰”主导的现代金融体系，这是由中国经济进入高质量发展阶段所决定的。在顶层设计指导下，其精髓在于，在吸收发达国家资本市场发展历史中所形成的大多数、一般性原则的基础上，有限地引入了国家战略意图的引导作用，完善了原有法律结构约束，有效地吸收了有利于资本市场发展的独立董事制度等英美法系元素，使资本市场的法律规范走向了大陆法系和英美法系的“融合”之路。

从长期来看，中国经济的基本面发生了历史性的实质变化，进入了一个经济发展的新阶段。在这个新阶段，将发生一系列全局性、长期性的新现象、新变化。其中一个重要特征就是经济发展从要素驱动、投资驱动转向创新驱动，技术进步成为推动经济增长方式转变、实现长期稳定增长的核心动力。商业银行体系具有规模上的优势，对国民经济稳定运行至关重要，相比金融市场，更侧重于满足低风险产业的融资需求，更有助于传统成熟产业的发展（Allen & Gale,

2000；龚强等，2014）。资本市场具有多样化的金融业态和专业化的管理团队，能够满足企业和投资者的各式各样需求，依托于风险分散机制下的融资功能和财富管理功能，更适用于推动高科技创新。

中国需要积极推动科技创新来实现经济转型升级，打通产业链供应链的阻塞点、风险点，从制造业大国转变为制造业强国，所以中国更需要进一步推动资本市场发展，充分发挥资本市场在推动科技、资本和经济高水平循环方面的枢纽作用，形成与经济规模和创新水平相匹配的金融体系。大力发展股权融资和资本市场，以风险投资和直接融资为主体，运用金融市场的风险分散机制来为投资者提供多样化的金融产品，不仅有助于解决间接融资主导体系下企业杠杆率过高的问题，更有助于应对期限错配和权益错配。此外，资本市场发展带来的财富效应，也有助于在需求端推动消费升级，成为拉动内循环继而促进内外循环联动的强劲动力。

由此可见，中国的第三种资本市场发展模式，是基于中国的制造业大国地位和创新型国家发展战略的一种能与经济体量相匹配、与科技创新相适应的市场化进程。中国模式不仅依赖于银行所提供的大量信贷资金对整个经济稳定运行的支持，也需要资本市场风险分散机制下的投融资功能对科技创新的推动。在未来，中国资本市场的发展道路一定要立足于自身发展实际，坚持建设大国金融下的现代金融体系和保持资本市场健康、稳定、长久运行的发展目标，持续推进市场化、法制化、国际化的建设。同时，中国资本市场要继续发挥顶层设计优势，充分考虑本土性因素，更好地促进大陆法系与英美法系的融合，将弥补法制和透明度建设不足作为资本市场长远发展的重点。

资料来源：吴晓求，等. 中国资本市场：第三种模式. 财贸经济，2022，43（5）：19-35.

二、市场主导型金融体系与银行主导型金融体系：历史渊源及结构对比

尽管当前世界各国金融体系中商业银行和资本市场之间的关系在金融创新的影响下早已变得异常复杂，但经济学家在认识到金融体系的设计能够影响实际经济行为和发展的前提下，仍试图从错综复杂的现实金融体系构成中加以区分，以期对金融体系的发展给出前瞻性的判断。

拓展阅读

再论中国金融资产结构及政策含义

（一）两类金融体系的历史渊源

从历史来看，早期金融体系不仅非常单薄、非常简单——机构单一、产品单一、功能单一，而且也没有明确地表现出向不同方向演化的迹象，基本上遵循的是单一发展模式。到 18 世纪初期，英国“南海泡沫”和法国“密西西比泡沫”相继爆发以及两个国家采取的不同长期应对措施导致两类金融体系发生分野的历史契机，成为金融体系向两个方向发展的分水岭。

在英国，银行活动领域传统上就存在着银行业务与证券业务分离的“英国遗产”

(Shull，1999)，而且英国银行传统上也很少涉足长期信贷业务，这就为英国资本市场的发展打下了良好的经济基础。因此，英国尽管在 1720 年出台了《反金融诈骗和投机法》(《泡沫法》)，限制联合股份公司的设立，导致在很长时间内伦敦资本市场没有发展成为公司融资的来源，但英国与法国的长期战争引发巨额战争费用却在客观上促进了英国国债市场的发展，而国债市场发展引致的基础设施建设，尤其是财政的信誉，更为英国资本市场的发展提供了经济背景，导致在 19 世纪后期英国资本市场在金融体系中的地位已经相当突出。进入 19 世纪，在工业革命以及铁路建设引发的巨大资本需求刺激下，随着 1802 年伦敦证券交易所的成立以及 1824 年《泡沫法》的废止和无须经过议会的专门批准就可以自由地成立公司，英国金融市场（尤其是资本市场）发展的法律障碍被清除，上市公司的数目大大增加，同时融资量和交易量也持续扩大，使英国金融市场初步呈现出股票市场导向型金融结构。

从法国的情况来看，其在密西西比泡沫中的经历也对随后的股票市场和银行的发展产生了深远影响。在此次股价暴跌之后，法国就设立了一个官方交易所来管理和规范公司股票市场；法国大革命的爆发使该交易所关闭，抑制了公开招股公司的发展；虽然该交易所随后重新运作，但公司证券市场在整个 19 世纪和 20 世纪的大部分时间里都没有得到实质性的发展（直到 1980 年政府才开始取消对市场的管制），相反，1852 年由贝列拉兄弟创建的动产信用公司在当时则对法国大型企业的建立和融资，尤其是铁路和其他公共事业的发展起到重要的促进作用。很快西欧的很多国家都在考虑模仿法国的模式——通过建立强大的金融集团，通过股票和债券筹集资金，向众多产业投资以分散风险，同时通过控制这些产业的信贷调控生产，确保各个经济环节协调发展，消除生产过剩和失业现象。自此，以产业银行为主导的金融结构流行于欧洲大陆国家（Allen & Gale，2000）。①

进入 20 世纪，30 年代的大萧条再加上两次世界大战期间各国政府试图控制经济金融以为战争服务的强烈政策导向，使得美英金融体系与欧洲大陆金融体系之间的这种结构性差异越发凸显。之所以会出现这种情况，主要是因为大萧条引发了深刻的金融危机，危机又使得各国普遍强化了对金融部门和金融活动的监管，而这种监管强化引发的结果却是政治传统、民主渊源以及法律习俗等制度在美英与欧洲大陆国家的表现迥然不同：

1. 美国和英国

由于当时公众对银行在大危机时的破坏性，进而对整个经济的恶性冲击，加之美国特有的“平民主义”的政治传统等因素，美国在 20 世纪 30 年代确立了商业银行与投资银行“分业经营”的历史先例，使银行的业务及其扩展受到了极大的约束（如业务限制以及禁止跨州经营等）。相反，资本市场上的统一监管（如美国证券交易委员会的成立，统一监管法规的颁布和实施等）使得美国资本市场的统一性、透明度得到了提高，促成了资本市场在美国的繁荣。

此外，1929 年开始的大萧条同样使英国银行遭受了灾难性的冲击，并使业务分离的

① 经济学家金德尔伯格（Kindleberger，1993）对它的评价是：“不仅对于法国，甚至对于整个欧洲都是一项空前绝后的创举。”而卡梅伦（Cameron，1961）强调这正是德国和欧洲其他地区产业银行的原型。

银行传统更加深入。因此，在英国，这场经济冲击实质上加强了其以资本市场为主导的金融体系的发展趋势。

2. 欧洲大陆国家和日本

从德国的情况来看，第一次世界大战爆发之后，一方面，马克的急剧贬值给德国银行业带来了严重损失。1913—1924 年，柏林的九家大银行损失了 43%的产权资本和 50%的存款。另一方面，则引发了银行部门的大规模整合。1918—1925 年，柏林的九家大银行一共兼并了 279 家银行，导致的综合结果是大银行强化了自身在德国金融体系中的地位：在它们的股票中，商业银行的比例在战争前为 39%，在 1925 年为 50%，到 1930 年已经达到了 70%。此外，它们还参与了柏林证券交易所的业务——交易所 1929 年时的会员数量较 1914 年增长了 1.5 倍，其中银行的数量比独立股票经纪人要多得多。

20 世纪 30 年代的大萧条再一次重创了德国经济进而重创了德国金融业。1930—1933 年，德国的平均失业率达到了 34.2%。大量银行遭受挤兑以及德国国家银行的黄金和外汇储备持续萎缩迫使德国政府干预银行业运营，其中的一个重要措施就是重组——当时除柏林商业银行外，几乎所有大银行均被国有化了。此后，“德意志第三帝国”的独裁政策及其对信贷严格控制的需要进一步强化了德国银行业的集中化态势。到了第二次世界大战末期，同盟国企图分拆德国的大型银行，但在引发相当大的混乱之后都以失败告终，分拆的部分在占领结束之后再次联合，且除了在政府债务市场外，大银行紧密联系产业和金融市场作用小的金融模式迅速得到恢复。

就日本而言，1929 年开始的大萧条对其经济影响非常之大。为了转嫁经济危机，并且在相当大程度上也是为了扩军备战，日本强化了对金融体系的管理——通过干预以及设立新的金融机构，限制金融市场的发展，加强企业与银行之间的联系。而 1945 年的战败，更使日本的金融体系在美国的管理下朝着严格“分业经营”的方向发展，但由于企业与银行之间已经建立了密切联系，而且日本当局为了追求经济的发展、干预资金在产业之间的配置，制定了大量的金融管制政策，意在限制脱离控制的自由资本市场的发展。由此，日本逐渐形成了独特的“主银行”体系。

基于上述分析，基本可以认为第二次世界大战结束之后，西方主要发达国家的金融体系基本沿着市场主导和银行主导两条不同的路径演化，其结果就是直到 20 世纪 90 年代早期，美国和英国的金融体系已发展成为真正的市场主导型金融体系，而德国还基本上是一个以银行主导型金融体系为基础的国家。

(二) 两类金融体系的结构对比

鉴于从 20 世纪 80 年代中期开始，法国、日本等国以及随后的欧盟都刻意选择并推行增加金融市场重要性的政策，不同经济体的金融体系在 20 世纪 90 年代之后呈现出较为明显的趋同态势，因此，为了更清晰地了解两类金融体系的结构性差异，这里我们重点介绍 20 世纪 90 年代中期以英美为典型的市场主导型金融体系和以德日为代表的银行主导型金融体系的差异（见表 6 - 1）。[①]

---

① 本部分的相关数据如未特别注明，均来自 Prowse, S. (1996), “Alternative Models of Financial System Development,” Federal Reserve Bank of Australia。

表 6-1 2020 年各国银行和市场情况的比较

国别	GDP（万亿美元）	上市银行资产（万亿美元）	上市银行资产/GDP（%）	股票市值（万亿美元）	股票市值/GDP（%）
美国	20.89	8.10	38.77	43.09	206.27
英国	2.71	1.86	68.63	3.24	119.56
日本	5.05	7.14	141.39	5.21	103.17
法国	2.62	0.40	15.27	2.85	108.78
德国	3.84	0.70	18.23	2.71	70.57

资料来源：世界银行、Bloomberg。

1. 两类金融体系中的股票市场

股票市场的发展程度及相对重要性的差异是两类金融体系之间最为突出的区别。

首先，就股票市场的发展规模而言。如果以股票市值/GDP 这一指标来测度，那么，1994 年底美国和英国分别达到 75%和 112%，而德国和日本则分别为 24%和 78%。如果扣除不同公司相互持股所导致的重复计算，那么，美国和英国分别为 70%和 95%，而德国和日本则仅为 11%和 40%。

其次，从股票市场发行情况来看。1991—1995 年，美国公司每年发行的股票市值/GDP 为 1.2%，英国为 2.1%；相反，德国这一指标仅为 0.04%，而日本为 0.65%。更显著的区别是，1995 年美国每 100 万名公民平均对应 3.11 只新股票上市，而在德国这一数字是 0.08（La Porta et al.，1997）。

最后，从股票持有情况来看。1994 年，个人投资者持有美国公司流通股的 50.2%，到 2000 年下降到 40%，非金融公司持有 14%的股票，银行几乎没有持股，而共同基金和养老基金则持有近 26%的股票。在英国，个人投资者的持股比例较低（28%），养老基金是最主要的股票持有者，持股比例接近 50%（48.5%），银行仅持有 4.3%的股票。但在德国，个人投资者拥有公司股票的 17%，而银行拥有 10%（此外，还代表很大一部分个人投资者行使投票权），非金融公司持有 42%的股票，这样，非金融公司和银行就拥有了德国大企业的主要股份，它们往往和企业有密切的关系。日本的情况和德国类似：在个人投资者拥有 22.4%股票的同时，银行、保险公司的持股比例分别达到 18.9%和 19.6%，非金融公司持有近 25%的股票，且大股东相互持股的情况非常常见，彼此之间的关系也极为密切。

2. 两类金融体系中的债券市场

除股票市场外，美英两国的债券市场发展程度也和德日存在较为显著的差异。1993 年，美国、英国、日本和德国非金融公司公司债券的未清偿余额/GDP 分别为 19.1%、2.7%、5.1%和 0.1%，商业票据余额/GDP 分别为 9.1%、0.7%、1.8%和 0.6%。

此外，从非金融公司债务融资的构成来看，美国以证券形式融资的比例高达 49%，英国为 24%，而日本和德国仅分别为 16%和 10%，银行贷款所占的比例在美国仅为 16%，而在德国则高达 80%。

3. 两类金融体系中的股权分散度及兼并收购状况

早在 20 世纪 30 年代，伯利（Berle）和米恩斯（Means）在《现代公司与私有财产》

中就对美国企业的股权分散化做了极为深入的研究——大多数公开上市公司由很多股东所拥有，每个人持有的股票仅是公司股票很小的一部分。在伯利和米恩斯的时代，股东大多数是个人，即使是到了90年代初期，虽然共同基金、养老基金等中介机构拥有近一半的股票，但不仅很少有单个中介机构持有国内某个超大型企业股票的1%以上，而且在大型企业中前5名股东持有的股份平均也仅为25.4%（中位数为20.9%）。英国在这一点上也极为相似，大型企业中前5名股东股份的平均数和中位数分别为20.9%和15.1%。

在德国和日本，由于大机构持有的股份比个人要高很多，股份就相当集中——德国大型企业中前5名股东股份的平均数和中位数分别为41.5%和37%，日本则分别为33.1%和29.7%。

在美国和英国，正是由于股权的高速分散化，一方面一个活跃股东的卷入不能使他获得通过关注企业运营或加入董事会所带来的全部收益，反而增加了承担责任的风险（或者说存在难以避免的"股东集体行动问题"），另一方面则使得基于兼并和收购的公司控制权市场成为约束公司高层非常常见且重要的治理机制之一。在1985—1989年间，美国和英国已完成的国内并购年度平均规模分别达到10 700亿美元和1 076亿美元，分别占股票总市值的41.1%和18.7%，相反，日本和德国完成的并购规模仅分别为613亿美元和42亿美元，分别占股票总市值的3.1%和2.3%。

除了并购规模及频率外，两类金融体系中并购双方的态度也存在较大的差异。在美国，善意并购占所有交易的比例是82.2%，英国为62.9%，而在欧洲大陆国家则高达90.4%。这实际上意味着恶意接管在德国等欧洲大陆国家较为少见。根据弗兰克和梅耶（1998）的研究，在20世纪后半叶，德国企业只发生过4次真正的恶意收购事件。

4. 两类金融体系中的商业银行

在市场主导型金融体系中，商业银行的业务相对而言较为单一。在美国，在《1933年银行法》颁布实施之后的60余年间（止于1999年《金融服务现代化法案》的颁布），商业银行被禁止从事投资银行业务，主要提供针对企业的短期贷款、住房抵押贷款、农业贷款以及针对其他金融机构的贷款；而在英国，尽管并不存在与美国类似的相关银行限制立法，或者说对银行可以从事的业务种类几乎不存在明确的限制，但英国银行并未充分利用它们的权力，直到1987年的"大爆炸"之后商业银行才通过其附属机构大举进入证券业和保险业。

与美英不同，德国的全能银行在提供短期信贷的同时可以通过承销、买卖股票提供中长期资本，最大的特点是通过董事会和其他方式在银行与商业/工业公司之间形成长期密切关系，银行向这些公司提供信贷并享有作为所有者的权益。第二次世界大战之后的日本则通过采取两套相互抵消的管制措施形成了独特的主银行制度：一是金融的分业管理，二是鼓励通过银行融资的渠道。这种金融模式有以下主要特点：

（1）企业向许多银行借款或由许多银行提供股本，其他银行委托主要融资银行监控该企业。

（2）银行与主要客户企业相互持股，但对银行的持股比例有一定的限制，并且不允许银行代理投票。

（3）银行的法人持股极为分散，确保了银行在实质上享有经营管理自主权。

(4) 在正常情况下，银行介入公司治理是有限的，不过当公司失败时接管机制会发挥作用，自动将对公司的控制权转给银行。

(5) 事中监控被唯一委托给主银行，使得主银行比其他金融机构更有动力进行事前和事后监控；如果主银行试图逃避事后责任，管理当局的许可制度可能对其有抑制作用。①

5. 两类金融体系中的公司融资渠道选择

根据梅耶（Mayer，1988）基于“流量数据分析法”对企业融资结构的研究，发现尽管“在主要发达国家的企业资金来源结构中，企业内部资金是最重要的，在外部资金来源中，银行贷款是最重要的，而股权融资的比重通常较小”，但客观地看，英美等市场主导型国家的企业投资对留存收益的依赖度要显著高于银行主导型国家，而对银行贷款的依赖度则表现出大致相反的态势。

（三）基本结论

在某种程度上，英国和美国的市场主导型金融体系与德国和日本的银行主导型金融体系有着鲜明的区别。如果循着类似的思路，把研究对象扩展至一个包含更广泛国家的横截面，我们也可以发现不同国家金融体系之间的系统性差异的确不容忽视。德米尔古克和莱文（Demirguc-Kunt & Levine，1999）基于一个新构建的数据系列，检测了 20 世纪 90 年代多达 150 个国家横截面的金融体系，发现不仅金融体系至少存在四个类别②，而且在较富裕的国家，银行、非银行以及股票市场更大、更活跃并更有效率的同时，各国金融体系的演变存在这样的趋势，即当国家变得更富裕时，其金融体系变得更以市场为导向。

专栏 6-2　　金融体系的跨国实证比较

在《银行主导型和市场主导型金融体系：跨国比较》一文中，德米尔古克和莱文（1999）基于一个新构建的数据系列，检测了 150 个国家横截面的金融体系，并利用了图表、相关性和回归来阐述金融体系与经济发展之间的关系，同时提供了金融体系潜在的法律、管制和政策决定因素的经验证据。在他们看来，其研究工作是自戈德史密斯（Goldsmith，1969）的颇具影响力的著作问世以来对国家大量横截面的金融体系的第一次系统性检测。

在研究过程中，他们提供了有关三个问题的国际比较：

(1) 经济发展与银行、非银行以及股票市场发展的关系；

(2) 经济发展与银行主导型金融体系和市场主导型金融体系的关系；

---

① 青木昌彦（Aoki，2001）把主银行的核心构成理解为三种安排和相应的信念：关系型相机治理、金融-系列捆绑和多元官僚主义银行治理。

② 以孟加拉国、尼泊尔等为代表的不发达的银行主导型金融体系，以西班牙、德国、日本等为代表的发达的银行主导型金融体系，以土耳其、菲律宾等为代表的不发达的市场主导型金融体系，以及以美国、英国等为代表的发达的市场主导型金融体系。

(3) 金融体系的法律、管制、税收以及宏观经济的决定因素。

就研究内容而言，两人借助银行部门相对于股票市场发展的规模、行为和效率三个指标，或者说市值/银行信贷、交易/银行信贷以及交易/一般管理成本的平均值等指标进行了深入、详尽的跨国实证研究。他们通过构造一个金融结构指数（较高的值意味着相对于银行部门的发展，股票市场的发展更发达，或者说是市场主导型金融体系，反之则为银行主导型金融体系），把样本经济体分为金融不发达经济体、银行主导型经济体和市场主导型经济体三个类别，描述了样本经济体的银行部门和股票市场发展情况。表 6-2 展示了金融体系的国际比较。

表 6-2 金融体系的国际比较

国家（地区）	人均 GDP（美元）	股票交易总额/GDP	总储蓄/GDP
巴拿马	12 373.05	0.39	26.35
孟加拉国	1 961.61	3.99	37.19
哥斯达黎加	12 056.96	0.05	13.95
塞浦路斯	26 784.89	0.16	8.79
奥地利	48 592.71	9.18	27.70
毛里求斯	8 618.60	2.84	14.28
肯尼亚	2 103.55	0.48	15.09
斯里兰卡	3 681.55	2.12	23.57
印度尼西亚	3 921.62	12.39	29.39
哥伦比亚	5 390.92	3.70	14.66
希腊	17 657.10	8.73	7.31
新西兰	41 164.58	10.48	19.67
阿根廷	8 571.94	0.56	18.63
日本	40 088.60	125.74	28.32
印度	1 929.68	72.92	28.54
约旦	4 286.49	3.37	3.99
德国	46 215.60	47.16	28.09
以色列	44 181.17	25.70	27.58
西班牙	27 179.45	38.19	21.51
秘鲁	6 134.22	1.05	19.62
智利	12 992.98	15.72	20.29
牙买加	5 102.76	0.33	26.88
泰国	7 187.86	96.32	27.99

续表

国家（地区）	人均 GDP（美元）	股票交易总额/GDP	总储蓄/GDP
加拿大	43 294.80	61.41	18.88
澳大利亚	52 905.40	92.34	24.05
巴西	6 822.56	94.82	14.15
墨西哥	8 403.60	7.61	24.71
菲律宾	3 322.51	9.05	24.82
南非	5 624.50	87.60	14.65
韩国	31 638.46	316.91	36.07
土耳其	8 610.03	120.65	26.80
瑞士	87 366.60	173.84	31.32
中国	10 511.34	215.01	44.02
马来西亚	10 231.34	73.77	23.97

资料来源：世界银行。

杜鲁苏-西特西等（Durusu-Ciftci et al.，2017）使用德米尔古克和莱文提出的指标，对 40 个经济体 1989—2011 年的金融结构指数进行了测算（见表 6-3）。

表 6-3 金融体系的类别（1989—2011 年的均值）

金融欠发达经济体		金融发达经济体	
银行主导型经济体	金融结构指数	银行主导型经济体	金融结构指数
科特迪瓦	−10.46	澳大利亚	3.09
博茨瓦纳	−10.18	奥地利	−8.42
巴西	−9.25	比利时	−4.46
哥伦比亚	−10.32	加拿大	−2.99
匈牙利	−5.86	丹麦	−0.55
埃及	−8.01	德国	1.40
希腊	−3.91	马来西亚	3.94
印度	−7.47	葡萄牙	−5.86
印度尼西亚	−9.39	沙特阿拉伯	4.08
以色列	−5.89	泰国	−3.68
意大利	−5.22	组均值	−1.34
约旦	−3.39		
毛里求斯	−10.32	市场主导型经济体	金融结构指数
墨西哥	−9.57	中国	4.94

续表

金融欠发达经济体		金融发达经济体	
挪威	−1.78	法国	6.26
波兰	−9.88	中国香港	26.01
斯里兰卡	−10.26	日本	12.49
突尼斯	−10.39	芬兰	20.89
土耳其	−7.87	荷兰	23.20
组均值	−7.86	新加坡	23.94
市场主导型经济体	金融结构指数	瑞典	10.47
—	—	瑞士	18.19
—	—	英国	11.23
—	—	美国	8.75
—	—	组均值	15.13

资料来源：Durusu-Ciftci，D.，Ispir，M. S.，and Yetkiner，H.(2017)，"Financial Development and Economic Growth：Some Theory and More Evidence，" *Journal of Policy Modeling*，39 (2)，290 - 306.

德米尔古克和莱文（1999）的发现如下：

（1）在较富裕的国家，银行、非银行以及股票市场更大、更活跃并更有效率。在平均水平上，较富裕国家的金融体系更发达。

（2）在较高收入国家，相对于银行，股票市场更活跃和更有效率。各国金融体系演变存在这样的趋势：当一国变得更富裕时，其金融体系变得更以市场为导向。

（3）有普通法传统、对股东权利有强有力的保护、有好的会计管制、有低腐败水平以及没有明确存款保险的国家，其金融体系更倾向于以市场为导向。

（4）有大陆法传统、对股东和信贷者权利保护不力、合约执行差、腐败较为严重、会计标准不够规范、有限制性的银行管制以及高通货膨胀的国家，倾向于有不发达的金融体系。

在论文的最后，两人从金融中介、股票市场和非银行金融中介三个方面分析了金融体系的跨时演进。

1. 跨时金融中介

在银行方面，从20世纪60年代到90年代，以与GDP的比值衡量的金融中介规模在跨时期上都增加了。流动负债/GDP、存款货币银行在私有部门的索取权/GDP和其他金融机构在私有部门的索取权/GDP都上升了。以与GDP的比值衡量的银行和其他金融机构变得更大。尽管在较富裕的国家中央银行在信贷配置上起着较小的作用，但在跨时期上，中央银行在信贷配置上的作用有少许增加。

2. 跨时股票市场

在跨时期上，股票市场倾向于变得更大、更活跃并更有效率。从20世纪60年代到90年代，以与GDP的比值衡量的市值、以与GDP的比值衡量的总交易市值以及换手率在所有样本国家都上升了，富裕国家的股票市场与贫穷国家的股票市场相比更为发达。

3. 跨国非银行金融中介

当国家变得更富裕时，以与GDP的比值衡量的保险公司、养老基金、共同基金以及非银行金融中介倾向于变得更大。

第二节　金融结构的历史演进：全球视野

拓展阅读

十年来我国金融发生“结构性巨变”

作为一个历史范畴，金融体系始终处于一个不断变化的状态，其发展也表现出较为鲜明的阶段性。但问题是，虽然当前经济学者基本接受了戈德史密斯（1969）关于金融发展等同于“金融结构的演变”的思想，在金融发展的“阶段性构成”问题上，不同的学者却依然存在不同的理解。① 这里，我们准备以雷布津斯基（Rybczynski）关于金融体系历史演变的分析为基础，结合技术、信息以及产权制度等环境变迁，对金融体系演变过程中金融结构的阶段性变迁做出说明。

一、金融结构演进的第一阶段：银行主导阶段

雷布津斯基认为金融体系发展的第一阶段是银行主导阶段，大致与戈德史密斯研究中的第一、第二类金融结构所具有的特点类似：在这一阶段，“债权凭证远远超出股权凭证而居主导地位，在全部金融资产余额中金融机构所占比例较低，商业银行在金融机构中占据了突出地位”（Goldsmith，1969）。由于在这一时期，（商业）银行不仅管理全社会的支付体系、提供流动性、集中和配置储蓄，还通过资金往来监控、管理资金使用者并通过产品创造进行风险的定价和重新配置，所以（商业）银行是金融功能的主要事实主体，在储蓄向投资的转化中占据了主导地位。

那么，为什么以吸收活期存款、发放贷款为主要特征的（商业）银行会出现，并且几乎在全球范围内是金融体系早期发展史中最重要的一类中介机构呢？长期以来，不同的经济学家曾试图从不同的角度（主要是从克服交易成本和信息不对称等市场缺陷视角）回答这一问题，比如戴蒙德和迪布维格（Diamond & Dybvig，1983）提出的“作为流动性提

---

① 如戈德史密斯（1969）虽然划分了8种金融结构类型，但他认为“从各个国家金融结构的共同特点来看，我们完全可以将……存在过的金融结构分为三种基本类型”，即初级阶段的金融结构、政府参与的混合型金融结构与发达阶段的金融结构；雷布津斯基（1984）则试图从制度和历史的视角来考察金融体系的演变问题，提出了从银行主导阶段转向市场主导阶段（先是早期的弱市场主导，进而是强市场主导），最后进入证券化阶段的“三阶段”发展理论；艾伦和盖尔（Allen & Gale，1999）则从更广的视角对金融体系进行了划分，他们认为早期金融体系按金融工具和金融机构的不同可划分为三类，即贵金属货币与货币兑换商阶段，金融工具多样化与银行、保险公司阶段以及金融市场正规化与政府干预阶段，而现代金融体系则可以按照金融市场与银行重要性的差异，划分为市场主导型与银行主导型两类。

供者的银行”理论、戴蒙德（Diamond，1984）提出的“作为最优代理监控主体的金融中介——银行”理论、盖尔和赫尔维格（Gale & Hellwig，1985）基于事后信息不对称和代理成本问题提出的作为最优金融安排的“标准债务契约（SDC）”理论以及“重复博弈与关系融资”理论等，但我们认为上述理论虽然说明了银行某种意义上的功能特殊性，但并没有说明银行的历史性。

其实在很大程度上，银行在金融体系发展早期的出现与发展，在储蓄向投资转化过程中垄断地位的形成，是与当时的经济、技术发展、法制保障等历史条件紧密联系在一起的。①

首先，在当时的经济发展环境中，抵押是储蓄向投资转化的一项重要制度安排。但是在储蓄者放弃资金的使用权之后，如果借款者违约，即使法律保证储蓄者可以获得一定的抵押资产或清算资产，这些资产在储蓄者手中可能也没有什么用处，而且其流动性本身就较低，当时很低的货币化程度更使储蓄者根本无法实现抵押变现。银行作为一种机构，集中了所有储蓄者的资金、信息、交易，显然具有更大的能力来保证资金的偿还。

其次，在金融发展的早期，虽然经济孕育了储蓄向投资转化的必要性，但由于种种经济、政治条件的制约，如信息有限、产权没得到足够的保障等，储蓄者与投资者之间所能订立的资金转移契约是非常不完备的，也是不透明的。当时的政府也有很大的动机来滥用权力（如强制银行发放政府贷款，然后不偿还），利用银行来为自身的开支筹资，所以存款业务和贷款业务的捆绑，一方面有助于银行在提供必要流动性的同时，通过存、贷款过程获得私人信息，保证信贷配置的效率以及安全性；另一方面，由于早期银行的贷款对象主要是存款者（如通过透支便利），可以减少银行资金被政府或银行自身滥用。

最后，就金融市场的发展而言，一方面由于当时技术落后、信息极为有限，法制环境也比较原始，储蓄者无从有效了解企业、无法得到较为确定的保证，所以证券发行只能限于少数一些特许企业，另一方面也不存在一个可信的“第三方”（如投资基金、养老基金等机构尚未得到发展）来保证资金的合理使用以及契约的最终履行（还本付息）。②

专栏 6-3　戈德史密斯和《金融结构与金融发展》

美国经济学家雷蒙德·W. 戈德史密斯（Raymond W. Goldsmith）1904 年出生于比利时布鲁塞尔，1927 年获柏林大学博士学位，毕业后在德国先后从事统计和金融研究工作。1934 年迁居美国，供职于美国证券交易委员会和美国战争生产理事会，并加入国际收入与财富研究协会委员会，还兼任该委员会主席。1956—1961 年在纽约大学任经济学教授，1962—1974 年为耶鲁大学经济学教授。退休后，一直兼任耶鲁大学经济学名誉教授。

戈德史密斯的学术贡献主要表现在三个方面：

① 拉詹（Rajan）等在一系列论文中，借助“不完全契约”的全新视角对这一问题进行了分析。

② 拉詹（1998）就认为从不完全契约视角来看，银行的出现、发展以及银行独特的组织形式（如存贷合一、部分准备金制度、有限竞争、监管等）都是适应当时经济环境的一种有效制度安排。

(1) 按储蓄的不同形式对储蓄进行了估计;

(2) 利用永续存货盘存方法提出了美国的统计储蓄学和给出了许多国家的国民资产负债比估计;

(3) 对金融相关比率、金融中介比率进行了独创性的研究，并在此基础上建立了一个公式，利用该公式可以表明决定金融相关比率的主要因素。

《金融结构与金融发展》一书主要探讨和研究决定金融结构与金融发展的基本经济因素以及这些因素之间的相互作用，在此基础上论及金融结构和金融发展与经济增长之间的关系。

戈德史密斯在该书中对历史以及当时世界上的35个主要国家进行了定性与定量相互交叉、详尽细致的比较研究（见表6-4)。

表6-4 世界各国历史上出现过的金融结构的类型

特点	现代的	历史上的
1. 只有商品货币，没有金融机构，但是偶尔有信用交易	与世隔绝的部落	远古
2. 有金属货币、汇票以及土生土长的小型金融机构（货币贷放商）		1850年以前的印度和中国；1868年以前的日本；古希腊、古罗马；中世纪欧洲大部分地区
3. 中央银行是唯一的（或主要的）金融机构	苏联和其他中央计划经济国家	19世纪初的法国和俄国
4. 有存款银行，但无中央银行和纸币		中世纪的意大利城市（从13世纪开始）
5. 有多家纸币发行和存款银行，以及新兴的其他金融机构		19世纪上半叶的苏格兰；1913年前的美国
6. 有中央银行、现代存款银行、土生土长的小型金融机构	热带非洲、中东和东南亚大部分国家	
7. 有中央银行、存款银行，以及新兴的其他金融机构	西班牙、拉美、印度、埃及	19世纪中叶至第一次世界大战前的西欧
8. 有全套的金融机构和金融工具	美国、西欧、日本	

通过对不同类型国家金融发展道路的剖析，戈德史密斯得出了下列基本结论：

(1) 在一国的经济发展进程中，金融上层结构的增长比国民总收入及国民财富所表示的经济基础结构的增长更为迅速。发展中国家的金融相关比率比发达国家低得多，但金融相关比率有提高的趋势，但提高不是无止境的，一旦达到一定的发展阶段，特别是当金融相关比率达到1～1.5时，该比率就将趋于稳定。

(2) 决定一国金融上层结构相对规模的主要因素是不同经济单位和经济集团之间储蓄与投资的分离程度。金融相关比率越高，说明储蓄与投资的分离程度越显著。但是，在多数国家中，金融机构在金融资产的发行额与持有额中所占份额随着经济的发展大大提高，即使一国的金融相关比率已停止增长，该份额也依然呈上升势头。

(3) 储蓄与金融资产所有权的“机构化”趋势对各种主要金融工具有不同的影响。与股票相比，债权的机构化取得了更为长足的进展，同时长期债权的机构化水平要高于短期债权的机构化水平。许多国家的政府债券、公司债券及抵押票据50%以上由金融机构持有，甚至在有些国家已接近100%。发达国家金融机构持有公司股票的比重高于发展中国家，但是从总体上看，大部分公司股票仍由私人持有。

(4) 在任何地方，现代意义上的金融发展都是从银行体系的发展开始，并且依赖于纸币在经济中的扩散程度。通货占国民财富的比例先是上升，然后趋于平稳甚至下降，银行货币的比例也经历相似的发展，但这两者存在一代甚至几代人的时滞。随着经济的发展，银行体系在金融机构资产总额中所占的比例趋于下降，而其他各种金融机构的这一比例却相应上升，融资成本则逐步降低。外国融资作为国内资金不足的补充或作为国内剩余资金的出路，在大多数国家的某个发展阶段都发挥了重大作用。

(5) 对于多数国家的金融发展来说，先进国家的示范作用与国际资本流动同样重要。与其他许多领域相比，金融工具和金融机构方面的技术与管理经验的传播比较容易实现，整体性移植就更有利于成功。当然，一国的基本金融制度是由各国的基本经济因素决定的。

(6) 在大多数国家，经济增长与金融发展之间存在大致平行的关系。随着总量和人均实际收入及财富的增加，金融上层结构的规模和复杂程度亦增大。部分国家的统计分析表明，经济飞速增长时期也是金融发展速度较高的时期。

二、金融结构演进的第二阶段：（资本）市场主导阶段

从19世纪后期开始，随着经济的不断发展，有些国家（特别是英国、美国等发达国家）的金融体系逐渐从最初的银行主导阶段向资本市场主导阶段过渡。这一阶段可以分为两个子阶段：弱市场主导阶段与强市场主导阶段。按照戈德史密斯（1969）的分析，这一阶段金融体系（结构）的特点是“首先金融相关比率较高，约在1左右，但有一个从0.75到1.25的较大的变动范围，有时也能上升到2的水平；其次，尽管债权仍占金融资产总额的2/3以上，但股权证券与债权证券的比率已有所上升；金融机构日趋多样化，这导致了银行体系地位的下降以及储蓄机构和私人及公共保险组织地位的上升”。大约在20世纪中后期，美国、英国等国的金融体系基本进入了储蓄向投资转化的强市场主导阶段，而日本和一些欧洲大陆国家仍停留在储蓄向投资转化的弱市场主导阶段。

在弱市场主导的子阶段，银行在金融体系中仍然占据主要地位，支付体系的管理、流动性的提供以及储蓄的集中和分配主要是通过银行实现的。但相对于银行主导阶段，保险公司、储蓄机构等非银行金融中介在这一阶段开始得到发展，并开始与商业银行竞争资金

来源，在金融体系中的地位日趋重要；同时，货币市场与资本市场的发展导致它们的绝对和（较之银行的）相对规模开始扩大，但此时货币市场主要是银行间同业拆借市场，而资本市场则主要是国债市场，公司证券市场与票据市场并不发达。显然，这一阶段储蓄向投资转化的活动仍然主要由银行完成，但非银行金融机构、资本市场开始向银行的地位提出现实挑战，并占据了一定的转化份额。

当金融体系发展到强市场主导阶段时，随着货币市场和资本市场规模、复杂程度的大大提高，各类非银行金融机构（尤其是投资基金）的发展规模已经较为庞大，导致银行在金融机构资产中所占的比重大大下降，相应地，新储蓄的存在形式从传统的银行存款转变为股票、债券、基金凭证以及保险凭证，而企业的资金来源开始转向资本市场——以前主要靠银行融资的企业，现在主要靠发行债券、股票等证券来筹资。

那么，为什么储蓄向投资转化的媒介渠道会出现从银行主导到资本市场主导的发展呢？信息、技术以及产权保障等经济环境的变化可能是非常关键的原因：首先，计算机、通信等技术的变化，极大地降低了交易成本、增强了信息的可获得性，进而为金融体系的发展提供了“硬件”设施；其次，由于信息披露制度的建立及发展，信息收集、处理、传递专业化的推进，经济体系中的信息可得性、有效性大大增强；最后，随着经济的发展，政治的民主化进程得到推进，政府在经济中的作用受到了极大的限制，政治掠夺及腐败的成本大大提高，相应地，各国产权制度及其执行的完善、有效程度也得到极大的提高。

经济环境的这些根本性改变，使得经济体系中限制经济主体之间展开交易的原有制约因素，比如交易成本、信息不对称等得到极大改善，从而在一定程度上削弱了银行原来通过传统存贷结合等业务集合获得的一些经济优势（如通过监控存款获得私有信息，“借短贷长”的流动性提供等），一些经济主体（特别是大企业以及偏好风险的储蓄者）有着强烈的动机来发展资本市场，利用证券的直接交易来满足各自目标（企业是通过多元化的融资渠道来降低成本，储蓄者是在承担一定风险的前提下增加收益）。

三、金融结构演进的第三阶段：证券化阶段

随着技术、信息等经济环境以及法律等政治环境的进一步变化，信息透明度、即时性的提高以及交易成本的降低等因素对金融体系演进的影响更加突出，资本市场得到进一步的发展与深化，储蓄向投资的转化也就进入了第三阶段——证券化阶段。按照雷布津斯基（1984）的理解，证券化阶段作为金融体系发展的第三阶段，主要指储蓄的集中、分配与对企业的监控职能主要以流通证券为载体，由投资银行与资本市场来实现的阶段。

在证券化阶段，各经济主体储蓄的存在形式主要体现为各种可流通的证券，而作为融资主体的企业也依赖于各种证券的发行来为其投资集聚资金。相反，就银行而言，无论是在资产业务（持有各类国债、股票等证券）还是在负债业务（发行债券筹资）中，其与资本市场的联系都更为紧密。在资产端，通过资产证券化，借助 SPV 发行证券，以原有的不流动资产（贷款）为抵押，银行创造出新的证券对自身资产结构进行调整，增强现有资产的流动性；在负债端，存款所占的份额下降，而 CD、债券等形式的负债来源所占比重上升。两者的结合导致虽然实质上银行在资金配置（通过信贷发放）方面仍然占有重要地

位，但从形式上看银行在积聚新形成的储蓄，进而在资金配置中所占的份额逐渐下降。为了保证自身的市场份额，银行组织形式的综合化、全能化在证券化阶段日益明显。

金融衍生品市场的发展，则是金融体系发展到证券化阶段的一个重要表现。期货、期权、互换等金融衍生品的出现，不仅使与传统证券相伴随的金融风险可以利用市场得到合理的定价和交易，更重要的是使这些风险得以重新组合（分解与重新捆绑），进而可以创造出满足不同收益-风险偏好主体的需要的金融产品（结构化证券），实现资金配置与风险配置的分离，进而极大地促进证券化阶段的发展。

第三节　金融结构与经济发展——基于功能实施机制的比较分析

在我们看来，无论金融体系的内在构成如何，从理论上说，任何金融体系都具有两个基本目标：一是资源配置优化，即把资源配置到利用效率最高的地方（或主体），二是确保对提供资金的主体而言能够从借款人手中获得足够的收益补偿。但在这两个目标的实现途径上，市场主导型金融体系和银行主导型金融体系存在诸多显著的差异（见表 6-5）。

表 6-5　两类金融体系的运行特征比较

	银行主导型金融体系	市场主导型金融体系
对价格信号的反应	弱（以内部信息为主）	强
市场力量	强	弱
流动性	弱	强
风险	代际跨期平滑	横截面风险分担
资产性质	实物资产	（高科技）无形资产
公司类型	中小公司	大公司
创新融资	低	高
政治可控性	强	弱

一、两类金融体系的（市场信息）透明度截然不同

在市场主导型体系中，以极为严格的强制性信息披露制度为依托的市场透明度（或信息的公开化）是确保参与者信心进而是资本市场赖以存在的前提或基础。[①] 而在银行主导型体系中，更多的情况是：为了限制市场竞争、确保垄断地位，当由关联的大型企业和金融机构来监督企业经理层的决策时，它们不会（或认为没有必要）把企业的真实情况和决策过程明示给公众，进而大量的信息是企业或金融中介的“私有信息”，整个金融体系的透明度极低。

① 正如“阳光是最好的消毒剂，电灯是最有效的警察”。

关于金融体系差异所导致的这一区别，在现实中表现得最为突出的一点就是在银行主导型金融体系中，个人投资者、员工和外部人往往对企业的真实事务不知情。1989 年有一项研究调查了跨国企业的合并会计报表是否执行了经济合作与发展组织关于信息披露的规定，结果发现有 64%的美国被调查企业完全执行了这些规定，而德国没有一家企业做到这一点。与此类似，有一个委员会研究了各国大企业年度报告的信息披露状况，在 1995 年德国的得分是 67 分，而如韩国这样的新兴市场的得分则达到了 68 分，美国和英国分别为 76 分和 85 分。此外，还有一项研究比较了 1985—1998 年期间 34 个国家的公司财务透明度，结果是美国排在首位，德国只位居中游（Rajan & Zingales，2004）。

二、两类金融体系的信息处理机制不同

从某种意义上说，之所以两类金融体系会在市场信息透明度问题上形成上述差异，很重要的原因之一就是“以市场为主导的金融体系与以银行为主导的金融体系获得信息和利用信息配置资源的方式存在显著差异”（Allen & Gale，2000）。

由于银行信贷具有的关系型融资特点，其信息处理过程一般是伴随着对企业信贷申请、运行以及偿还全过程的监督活动而实现的。按照青木昌彦和帕特里克（Aoki & Patrick，1995）的分类，这一过程大致可以划分为事前监督、事中监督和事后监督三类（见表 6－6）。[①] 而一旦银行做出了贷款决策，银行与企业之间的关系就进入了一个新的阶段，此时一方面由于银行为了对企业进行持续监督，以保证能够观察到贷款合约的执行状况，客观上必须进一步收集与企业有关的信息；另一方面，银行自然地具备并强化了其企业信息收集能力——通过企业开设的资金账户，银行可以方便地通过资金流动、账户核查获得外部人无法获得且无法证实的私人信息，而企业为了降低激励问题所致的融资成本，在一定程度上也存在向银行披露信息，进而减少信息不对称的经济动机。银行资产、负债业务本身高度的不透明性决定了这种来自银行内部监督的信息往往只限于自身范围，而被外界主体分享的可能性很小。[②]

表 6－6　外部融资者进行企业监督的三个阶段

	作用	相关问题
事前监督	投资项目的评价 信用分析	逆向选择 协调失灵

① 事前监督指的是对企业提出的投资项目的收益性进行评价和选择，这种监督在制约项目选择过程中的逆向选择问题上具有重要作用。事中监督则是指在向投资项目提供资金之后，对企业经营状况及其他活动，特别是投资资金是否得到了合理有效的运用加以核查，作为防范道德风险的对策。事后监督是指在全面准确地把握企业投资结果的同时，在企业陷入严重的财务困境时，对其做出及时而正确的判断，并相应地采取矫正或者惩罚措施。这些措施会对经营者事前的投资判断以及投资实施时的行动产生实质性影响，即如果能够使经营者确信当投资结果不理想时将会受到来自投资者一方的惩罚，则在这种事态产生之前或之时，经营者的非效率行为会有所收敛。

② 当然，这也并非绝对。因为一旦某家企业通过了银行的严格审查，获得了贷款，那么其他机构就可以“搭便车”，利用向该企业的贷款享受银行提供的信息服务，或者说银行信贷本身就可以作为一种“利好”信号出现在金融领域。关于这一点，詹姆斯（James，1987）的一篇重要文章提供了来自实践的证据。

续表

	作用	相关问题
事中监督	监督经营活动	道德风险
事后监督	财务状况的判断 随机采取矫正、惩罚措施	确实性承诺

资料来源：Aoki，M.，and Patrick，H.(1995)，*The Japanese Main Bank System*，Clarendon Press.

但在市场主导型金融体系中为了监督企业，进而获取、处理信息的方式却和银行主导型金融体系有着很大的不同。一般来说，在这类金融体系中，企业融资各阶段的监督是由不同的专门角色来完成的：如信用评估机构的有关证券资信评级会对企业的市场筹资能力产生重要影响，主要发挥事前监督的作用；董事会以及市场证券分析师与机构投资者在相当大程度上相当于发挥事中监督的作用；以股价波动为前提的公司控制权市场，则在破产清算之外起着事后监督的功能。资产价格独特的信息整合功能，则为这些角色监督功能的有效性提供了理论基础。从理论上说，无论是上市公司的财务信息、信用评估机构的信用评级还是资产价格均是公开可得的，而正是这种基于信息公开的透明度不断地强化市场的公正性进而提高投资者的市场参与信心。

三、两类金融体系的企业（尤其是中小企业）融资渠道不同

鉴于信息透明度以及信息处理机制的巨大差异，在以银行为中心的金融体系中，资本主要是在一系列有关联的企业和机构之间周转（或者说除了个别声誉显赫的大企业之外，绝大多数借款人只能在狭小的金融圈里活动，不能轻易获得直接融资），而在金融体系以市场为主导的国家，企业通常是从外部人那里筹集资金并提供相应的回报。

之所以会形成这样的差异，是因为在银行主导型金融体系中，由于缺乏公开、可靠的有关借款人声誉的信息传播渠道，金融家的主要信息来源局限于他自己的社会关系和商业活动，使得除了个别声誉显赫的企业外，现实中最有可能得到贷款的就是他的朋友、亲属和商业伙伴。实际上，直到20世纪90年代早期，德国企业在发行商业票据和长期债券时还必须得到联邦经济部的批准，条件包括发行人的信用状况良好，还要有银行的支持等。同样，在日本也是如此：1933年成立的银行控制下的债券委员会负责决定什么样的公司可以发行债券、发行的条件和时间等，直到20世纪80年代后期。相反，就市场主导型金融体系而言，每一个市场参与主体都自觉或不自觉地介入了信息处理过程——不管是有意还是无意，是直接还是间接，正是因为信息处理过程中范围的广泛性与方法上的直接性，资本市场的形成与发展为新兴产业的融资提供了经济上合乎理性的可能性。关于这一点，颇具说服力的证据是艾伦（Allen，1993）曾指出铁路、汽车、航空、耐用消费品、计算机和生物技术等很多新兴产业最初都起源或发展于英国和美国。

四、两类金融体系对法律及其执行等外部制度环境的依赖度不同

市场主导型体系的有效运行必须以完善的法律、会计制度及其执行等外部约束机制为

前提，这是因为只要获得契约规定的给付，提供资金的外部投资者并不直接干预经营决策，但当契约无法得到履行时，他们就只能借助抵押品清偿、法庭等外部机制得到救济。而银行主导型体系作为“一种初始融资者被预期在一系列法庭无法证实的事件状态下提供额外融资，预期到未来租金也愿意提供额外资金的融资方式”（Masahiko & Dinc，2000），其核心就是在信息不透明进而资产缺乏流动性的背景下，融资者凭借自己的特殊信息优势通过监控（或干预）来减少被融资者的代理问题，进而对外部约束的要求相对降低，而主要依赖“主体信誉”的“自我实现”机制。①

五、两类金融体系的信贷定价理念不同

在市场主导型体系中，资金成本主要由市场决定，或者说与风险直接对应。但在银行主导型体系中，资金成本的决定非常复杂，一般并不是由单个项目的风险决定，而是借贷双方基于一种信贷关系长期“锁定”之后的跨期权衡。换句话说，在这种模式中，在企业发展前期，高风险可能对应低成本，而在企业成熟之后，低风险可能对应较高的资金成本（作为对贷款人前期支持的补偿）。

六、对于贷款人而言，两类金融体系的收益担保机制不同

在市场主导型体系中，收益担保依赖于法律以及法官对法律公正、迅速的执行，而在银行主导型体系中，贷款人或通过（直接或隐含的）企业所有权，或通过垄断地位来确保可以获得足够的投资回报。

七、两类金融体系的风险处理机制及效应不同

从功能视角着眼，对于银行的服务对象（微观经济主体）而言，银行等金融中介提供的风险防范方式非常直接，实质上等同于一种缺乏流动性的隐性担保，因此风险也就主要凝固于银行等金融中介之中，无法实现风险的现实流动（Bodie & Merton，1995）。相反，资本市场的存在则为各类微观经济主体直接进行有关风险的交易或转嫁提供了可能，进而微观经济主体仍然是风险的最终承担者，市场并不承担任何风险。（有足够流动性的）市场仅仅提供了重新分配的可能性，是否交易、如何交易都由微观经济主体自主决策，进而也就由他们自己承担交易的经济后果，或损失，或获利。

从理论上看，市场和银行在风险处理机制方面的上述差异导致了风险管理效应不尽相同。美国、英国等国家的市场主导型金融体系尽管提供了有效的“横向风险分担机制”，或者说使“不同的人在同一给定时点上交易风险”成为现实（Allen & Gale，1997），但

① 在银行主导型金融体系下，信誉是借贷双方开展业务过程中一种非常重要的“资产”或“抵押品”，因为一旦出现无论是借款人的违约还是贷款人的恶意“敲竹杠”，这种信息都会被整个金融体系曝光，进而威胁后续业务的正常开展。因此，自身信誉的维护就成为一个自我治理过程。

对于股票泡沫崩溃、经济萧条等宏观经济环境变化引致的冲击（系统性风险），市场主导型金融体系却表现出无能为力。相反，借助代际平滑或资产积累机制，通过改善竞争性资本市场的风险分担功能，银行主导型金融体系可以提供有效的"跨期风险分散"效应，有可能实现相较于市场主导型金融体系更高的社会福利水平。[①]

专栏 6-4　1978—2008 年间的中国金融结构变迁

1. 中国金融结构的基本状况

随着改革开放以及中国经济的飞速发展，以"大一统"银行体系为起点的中国金融在经历了 30 余年的制度变迁和发展之后，发生了极为深刻的结构性变化，初步构建了一个市场化的金融体系。

但如果就中国金融的整体架构而言，可以发现尽管在过去的 20 余年，以股票市场为核心的中国金融市场从无到有、从小到大，获得了极为迅猛的发展——仅从股票市值的变化来看，2007 年、2008 年末中国沪深两个市场的总市值分别达到 32.71 万亿元（其中流通市值为 9.3 万亿元）和 12.14 万亿元（其中流通市值为 4.52 万亿元），与 GDP 的比值分别为 121%和 42%，但银行业金融机构，尤其是国有控股银行在中国金融体系中仍然占据主导地位。截至 2008 年底，银行业金融机构资产总额达到 62.4 万亿元，其中大型商业银行（五家机构总资产达到 31.8 万亿元）、股份制商业银行和农村合作金融机构三类机构资产占银行业金融机构资产总额的份额分别为 51.0%、14.1%和 11.5%。

因此，客观地说，中国的金融体系仍然是较为典型的银行主导型金融体系，无论是从企业筹资规模（以境内股票市场筹资为例，1993—2005 年境内股票市场筹资额平均只是银行贷款增量的 5.4%）、居民资产选择还是从全社会资源动员和整体配置来看，股票市场还没有对银行体系的地位形成根本性的挑战（见表 6-7）。

表 6-7　金融体系：2005 年跨国银行和市场比较

	银行信贷/GDP	股票市值/GDP	结构活动指标	结构规模指标	结构效率指标	结构监管指标
中国	0.31	0.32	−0.16	0.03	−5.87	16
英美法系国家	0.66	1.31	0.87	0.76	−3.05	2.26

资料来源：Allen，F.，et al.（2008），"A Review of China's Financial System and Initiatives for the Future，" Wharton Business School working paper.

注：中国银行信贷测度的是私人银行信贷；结构指标用于判断不同国家的银行主导属性和市场主导属性，一般来说，指标值越高，市场的重要性越强。

① 这事实上也就意味着市场的不完全性为以银行为代表的金融中介提供了存在的空间——如果市场如阿罗-德布鲁所设想的那样是完全的，市场参与是充分的，横向风险分担与跨期平滑是自动进行的。在不完全市场中，与市场相比，金融中介可以提供成本更低、更好的对冲方法。

2. 中国金融结构的经济适应性分析

中国金融发展的滞后，尤其是金融市场的结构性约束，成为困扰中国产业结构升级和经济增长模式转型，进而成为影响中国经济发展的重要制度因素之一。

客观地说，中国以银行尤其是大型国有控股商业银行为主导的金融结构虽然显示出一定的宏观效率（如储蓄动员、维持经济平稳运行等），但在资源配置效率，进而促进经济持续发展方面存在非常突出的问题。

从宏观有效性视角着眼，中国金融结构最值得称道的有两个方面：一是储蓄动员，二是宏观经济稳定。首先，在市场经济条件下，储蓄主体和投资主体分离的倾向日益突出，使得金融体系的储蓄动员和资源配置功能的重要性日益凸显。从储蓄动员角度看，中国的金融体系还是较为有效的。1995—2006年间，中国的年均储蓄率达到了42.2%，其中隐含国家信用支持的国有银行发挥了重要的作用，即便是在通货膨胀率高企、银行不良资产比率远超国际水平的背景下，银行储蓄存款在改革开放近30年间始终维持了较高的增长势头，为中国高投资率，进而经济持续增长态势的维持提供了最为重要的金融支持。其次，从宏观经济稳定的维持来看，以国有银行为主导的中国金融体系也提供了一个非常便利的调控机制。在1997年亚洲金融危机和2007年美国次贷危机这两个特殊时期，中国宏观经济的相对平稳运行就非常清晰地显示了国家对国有银行主导型金融体系的控制能力及效果。

但较为突出的储蓄动员和宏观经济稳定能力并不意味着以国有银行为主导的中国金融体系具有较高的资源配置效率，进而与实体经济运行存在良好的适应性：

第一，从总体上判断，中国的储蓄资源配置效率并不理想。如果用储蓄支撑率来做一个简单判断，我们会发现在1995—2006年间，尽管中国经济维持了9.4%的高增长率，但单位经济增长所需的储蓄资源却达到了4.5%，比印度等其他新兴市场国家要高。

第二，金融体系与民营经济融资需求和经济格局不相匹配，支持力度明显不足。从中国工业增加值的分布来看，2007年国有及国有控股工业企业所占比重仅为32.8%，而以私人企业为主的非国有经济的占比则达到67.2%，但同期乡镇企业、个体企业、“三资”企业短期贷款之和仅占金融机构全部贷款的11.1%，完全没有体现出非国有企业的经济作用。不仅如此，事实上，金融抑制使得不仅国有银行无法为民营经济提供有效的融资服务，而且企业债券市场和股票市场也很难为民营经济提供有效的金融支持。

第三，农村金融极为落后，成为整个金融体系中最薄弱的环节。中国是一个农业大国，解决农业、农村、农民这一“三农”问题成为构建社会主义和谐社会最关键的环节之一。但客观地说，随着改革的深入，不仅农村和城市占有金融资源的差距不断扩大，大量的农村金融服务也无法得到满足，农村金融成为制约农村经济发展最重要的制度约束之一。

在这样一种金融结构的约束下，再加上国有金融机构对非国有经济融资的歧视以及资金价格的扭曲等金融抑制措施，在改革开放的近30年间，中国经济增长模式以及产业结构事实上处于一种自我强化状态，导致从总体上看尽管中国建立了较为完善的工业体系（尤其是依托资源禀赋的制造业体系），但技术的市场化或产业化在中国依然非常困难，民营经济只能依靠廉价的劳动力资源和国内相对扭曲的能源价格等，涉足进入门槛相对较低的加工行业，产业结构长期处于较为低级的状态，在国际分工格局中处于一种极不合理的状态。

第四节　金融结构演进的决定因素

从理论上说，一国的金融制度进而金融结构一旦确立，就成为金融活动参与者对影响其行动决策的经济状态的共同理解或共享认知，在一定时期内具有耐久性和稳定性，能经受住一定边界内环境的连续变化（或者说是一种环境和内部变化在一定边界内相对不变的东西）。这意味着，对于特定国家而言，所谓的"金融发展"在更多的时候体现为在既定金融结构（或金融模式）下通过金融机构和金融工具的创新完善内部制度构造，提升金融运行效率。但问题是，当内外部（经济中不同的域）环境变化超过某个临界值或者当域内动态过程（积累）的结果导致危机或困局时，金融制度将发生较大的变迁，此时，金融活动参与者行动决策的策略选择，连同相关的共有信念，会同时发生一种基本的变化。这时的"金融发展"就往往体现为一国金融结构（或金融模式）的重大改变。

那么，究竟什么因素可能影响并最终决定金融结构的变迁呢？不同的学者对这一问题有不同的理解，但从总体上看，大致有两种不同的分析思路：一是经济决定金融，或者说一国现有的资源禀赋、产业结构等是其金融结构最为重要的决定因素，进而金融结构是经济金融发展过程中由内在机制决定的自然的客观结果或金融发展状况的现实体现，在经济金融总量或总体发展的同时，金融结构也随之变动①；二是试图在经济因素之外寻找原因，认为法律、政治、文化等相关制度是一国金融结构演进的决定因素。鉴于现在西方主流的金融发展（结构）理论主要是从第二种视角来探究金融结构的演进，这里我们就法律、文化和政治三种制度因素对金融结构的影响做简要介绍。

---

① 关于这一点，"传统"解释是，富国拥有更大的金融体系，而这又缘于这些国家在经济发展曲线上走得更快，也就是说，经济绩效驱动金融范围进而金融结构的变化。这一解释基于这样一种判断：金融体系进而金融结构是经济实际需求的产物，而不是经济绩效的驱动者。博伊德和史密斯（Boyd & Smith，1998）则推测，随着一个国家变得富裕，它将需要不同的金融服务（如银行和债券市场）来配合实体经济，并且一旦一国的实际金融结构并非它所适合的银行和各类市场的组合，经济将无法获得与之相匹配的金融服务，这将对经济增长产生负面冲击。与这种"传统"解释不同，林毅夫等（2011）则立足于新发展经济学的分析框架，认为一个有效的金融结构必须反映实体经济的需求，进而从根本上说，要素禀赋（劳动力、资本和自然资源）决定产业结构，这反过来又需要特定的金融结构的支持。一个国家在发展的不同阶段具有不同的要素禀赋组合。这一组合决定要素价格，进而决定最适合的行业结构、相关的风险特征和企业规模分布。由于不同行业的企业在经营规模、风险和融资需求方面存在差异，实体经济对金融结构的需求随着发展阶段的变化也会有所不同。当金融结构的特点符合经济的产业结构需求时，金融体系就能够最有效地履行其基本职能，从而为可持续和包容性发展做出贡献。因此，在经济的每一个发展阶段，都需要一个与之相匹配的金融结构。

一、金融结构演进的决定因素之一：法律

在拉波特、洛佩兹·德·西拉内斯、施莱弗和维什尼（LLSV，1997，1998，2000，2006a，2006b）以及斯图尔兹（Stulz，2001）等看来，法律制度和法律起源是影响金融发展进而金融结构演进的决定因素。而法律制度之所以可能对外部融资进而对金融体系产生影响，主要是因为良好的法律制度能够增加投资者的信心，让他们相信投资收益（由机构管理）是能够全部或者部分返还给他们的。返还的途径要么是通过银行，要么是直接通过投资本身。

循着这种研究思路，LLSV 利用颇为丰富的跨国数据就法律起源差异对金融结构的影响进行了翔实的比较分析：（1）LLSV（1997）的研究表明：有普通法传统的国家倾向于强调少数股东的权利，因而有利于证券市场的发展，并且平均而言，具有大的资本市场的国家，其私人债务与 GDP 的比值同样较高。[①]（2）LLSV（1998）实证考察了 49 个国家的投资者保护立法、执法效率与法律起源的关系，并分析了这些差异对公司所有者结构和金融发展的影响。他们在区分大陆法和普通法两大法系的基础上，采用比较统计分析，通过对 49 个国家法律对投资者保护以及法律实施质量差异的经验数据分析，得到法律渊源是解释不同国家股东权利差异的重要因素的结论。不同法系、不同法律渊源的样本国家在法律规定及实施中存在较为显著的差异：普通法系国家向股东和债权人提供最好的法律保护；法国法系国家向股东和债权人提供最差的保护；德国和斯堪的纳维亚法系国家提供的保护居中。在此基础上，以不同国家每家上市公司三个最大股东的持股比例之和所代表的股权集中度作为被解释变量，在控制了人均 GNP、总 GNP、基尼系数后，考察法律渊源对股权集中度的影响，认为大的经济体具有低的股权集中度，不平等国家倾向于股权集中，法国法系国家倾向于股权集中。在上述模型的基础上，他们进一步增加会计标准、股东权利、债权人权利、法律实施质量和补救措施等解释变量，发现高的股权集中度是由于法律对投资者权利的保护不足，并成为相应替代机制；弱的法律保护影响深远，而且成本巨大（无法多元化分散风险的成本，而且由于中小投资者担心被内部人掠夺，企业面临外部融资的困难）。（3）LLSV（2000）则指出，把金融体系（公司治理模式）区分为银行中心和市场中心“既不符合实际，也缺乏成效”，进而有必要寻找更为根本的因素来解释不同国家金融发展（公司治理）的不同模式。LLSV 注意到一个事实，那就是如果一国的投资者受到赋予其资金收回权利的法律的保护，则该国的金融发展水平较高。例如，德国银行体系发达得益于对债权人强有力的法律保护，英国同样发达的银行体系和证券市场则来自对投资者和债权人同样强有力的法律保护，而意大利和比利时无论是资本市场还是银行体系的发展都相对缓慢，原因是对外部投资者的法律保护不足。于是，他们强调，所有外部投资者都需要收回资金的权利，投资者保护与融资组织规模相比是更为根本的决定金融发展的因素，“对投资者权利的保护在解释不同国家治理模式时更加有效，而且是金融中

① 相反，具有法国法律传统的国家不重视少数股东的权利，对股票市场的功能运作有不利的影响（Levine，1999）。

介的发展所必需的”。(4) LLSV (2006a) 考察了49个国家涉及证券发行的法律法规，实证检验了证券法是否对证券市场起作用，其中哪些因素起的作用较大。研究发现，普通法系和大陆法系的证券法在信息披露标准、侵权责任标准和公共执行上存在显著差异（普通法系的证券法具有强制信息披露标准，也具有更高的侵权责任标准，有利于受侵权投资者获得赔偿），且信息披露要求和侵权责任标准与证券市场发展呈正相关关系。LLSV (2006b) 则利用72个国家的数据构建了一组衡量规制关联交易的法律指标（抗自我交易指标）及其实证测度，发现在不同法系国家的抗自我交易指标存在显著差异①的基础上，该指标值越大（小股东法律保护越好）的国家具有越高的证券市场市值、较多的上市公司、较高的IPO数额以及较低的控制权私人利益。②

从现实来看，自LLSV (1997) 问世以来，在契约订立环境中相伴随的差别对金融中介和证券市场的演进具有深远意义，这一认识已经成为金融经济学界一个广为人知的理论判断，无数学者试图沿着这一研究思路来思考现实中金融体系的结构性差异。莱文 (Levine, 1997) 在认可法源外生性的基础上，将法源作为债权人保护、合同执行效率和会计标准的工具变量，借助77个国家的数据实证检验了法律法规环境是如何影响金融中介的发展的，并分析了决定金融中介发展的法律法规因素。③ 莱文 (1998, 1999) 以及莱文、洛艾萨和贝克 (Levine, Loayza & Beck, 2000) 的研究表明，在债务合约方面，强调信贷者权利的法律体系会对金融中介的发展产生有益的影响。克拉塞斯和拉文 (Claessens & Laeven, 2001) 的研究则发现，不同的法律框架不仅影响可获得的外部融资数量，还将影响资源在不同类型资产之间的配置情况——对产权保护不足和法律实施薄弱的国家，不仅投资总额很小，同时在有限的投资总额中，投资于无形资产的比例相对于固定资产而言更加微不足道。德米尔古克和莱文 (Demirguc-Kunt & Levine, 2001) 及弗里德曼、约翰逊和米顿 (Friedman, Johnson & Mitton, 2003) 以及拉·波特等 (La Porta et al., 2000, 2002) 在产业和企业等不同层次所提供的经验证据进一步支持了金融发展的法律渊源理论所持的“法律渊源与投资者保护，从而与金融发展存在相关性”的观点。迪克和津加莱斯 (Dyck & Zingales, 2003) 指出，在具有完善法律和金融监管的国家，内部人控制权的私人收益比较低，金融市场也较为发达。德米崔亚德斯和安德里亚诺瓦 (Demetriades & Andrianova, 2004) 的经验研究表明，只有当金融体系植根于健全的制度框架，金融发展才会对经济增长产生巨大的影响——这里发达的金融体系所需的健全的制度框架包括对产权的尊重，促进透明的会计和信息披露体系，以较低成本实施合约的法律体系，以及保护消费者利益、鼓励竞争的监管体系等。卡普里奥、拉文和莱文 (Caprio, Laeven & Levine, 2004) 利用44个国家244家银行的数据实证检验了股东法律保护、银行外部监管与银行市场价值之间的关系，表明加强股东法律保护会降低银行的资本成本、提高资源分配效率，从而提高银行的市场价值。

---

① 普通法系的审批程序、信息披露、股东诉讼机制较为完善，更能保护小股东的利益，相反，法国法系的关联交易规则则处于最低水平，但在公共执行指标上各法系之间不存在较大差异。

② 同时，自我交易法律规则与所有权集中度不存在显著关系，法律公共执行对证券市场发展也没有影响。

③ 其研究表明，当具备下列法律法规时，金融中介会得到较好的发展：(1) 当公司面临破产或重组时，法律赋予债权人优先的剩余资产索取权；(2) 高效的契约执行；(3) 严格的会计信息披露标准。

二、金融结构演进的决定因素之二：文化

文化（语言，特别是宗教）差异是金融结构进而金融发展决定因素研究中经济学家颇为关注的另一个制度因素。

基于对现有文献的认识，斯图尔兹和威廉森（Stulz & Williamson，2003）把文化影响金融发展进而影响金融结构演进的途径概括为以下三个方面。第一条途径是通过对价值标准形成和发展的影响。拉尔（Lal，1999）指出，世界观——文化的实质要素——对西方世界的崛起和政治经济的发展至关重要。这一观点显然是韦伯（Weber，1930）所谓的宗教是资本主义增长的主要决定因素的另一种表述。作为信仰体系主要成分的宗教无疑会影响价值标准的形成和发展。考察世界主要国家投资者权利保护形成的历史，我们会发现其中深深的宗教烙印。第二条途径是通过对制度形成和发展的影响。天主教和新教不同的价值观无疑影响了制度，特别是法律体系的形成。我们知道，大陆法法典（例如《拿破仑法典》）往往基于天主教教义制定法律规则，并对个人行为准则做出规定；新教所推行的一项重要改革是，个体可以通过自己阅读《圣经》做出正确的决策，同时反对统治者实施与个体所理解的上帝的想法不一致的法律和行为是每个个体的责任，认为不应该授予特定个体太多的权利，以避免腐败、无能和邪恶。基于非集权化（decentralization）形成的普通法法庭，法律规则通过具体的判例形成，案例在不同的法庭进行听证，取决于案例的性质和相关的实践，由陪审团做出裁决。第三条途径是通过对经济中资源配置方向的影响。对于不同的文化，经济中资源配置的导向不同。天主教对与金融有关的活动并不信任，因而在天主教国家，最优秀的人才很少愿意从事金融活动；同时天主教会就宗教服务收取高额费用，因此教会消费了大量社会资源；此外，天主教会利用市场垄断权力实行价格歧视，最大化它们的利润。新教徒则成为宗教服务市场的新进入者，他们通常挑战天主教会，以期降低享受宗教服务的成本。

科菲（Coffee，2001）认为，投资者在普通法系国家而不是大陆法系国家投资的原因可能不是普通法系国家赋予可实施的法律权利来约束公司内部人，而是他们相信大陆法系国家的公司内部人将更加遵守无法通过法律实施的规范。换句话说，投资者之所以愿意在普通法系国家投资，仅仅是因为（凭以往的经验）预期将被公平对待，而由于相反的经历或预期，投资者则不愿意在大陆法系国家投资，或只愿意以折扣价购买大陆法系国家企业发行的证券等。

阿西莫格鲁、约翰逊和罗宾逊（Acemoglu，Johnson & Robinson，2001）试图建立解释欧洲前殖民国家制度差异的理论，以此解释不同国家人均收入的巨大差异。由于制度不仅包括法律、政治制度等正式制度，而且包括社会规范等非正式制度，并影响宗教、语言等国家的文化特征，因此，尽管在形式上关注的是制度对经济绩效的影响，但他们的研究的客观效果揭示了影响金融发展水平的因素（法律渊源、社会规范、文化等）背后的因素。

三、金融结构演进的决定因素之三：政治

众所周知，相对于法律和文化这两个极为稳定的因素，政治制度在世界各国不仅差异

颇大，而且存在显著的时变性特征。因此，从金融结构的历史演进视角着眼，法律和文化这两个因素对金融结构的影响往往与政治制度密不可分，具有极强的互补色彩。例如，法律的执行显然离不开政府的行政机构，反过来，司法的不同解读在很大程度上制约着行政机构的权限。同样，过多的政府干预，或者说有助于公民抵制专制政府行动的社会规范在很大程度上可能反映了特定社会的文化偏好或信仰（La Porta et al.，2007）。

研究金融发展的政治制度约束的早期最重要的文献之一是诺斯和温加斯特（North & Weingast，1989）。该文献分析了英国光荣革命对金融的影响，其核心结论是“有限政府”构成了金融发展的基本前提。这一分析引发了有关不同政治体制对金融发展影响的诸多研究——在政府同时充当金融契约仲裁者、金融监管者和潜在借款人进而引发潜在机会主义行为的背景下，无政府状态、专制政府和有限政府三种不同的政治体制将对金融发展产生截然不同的影响：

1. 无政府状态

在无政府状态下，不同的地区通过战争争夺资源控制权，致使没有任何一个实体能充当产权的保护者，储蓄者担心自己的财产被盗窃或掠夺，或者被苛捐杂税所勒索，他们根本就不会暴露自己的财富，金融交易也就根本无从谈起。莫瑞尔（Maurer，2002）对1910—1920年墨西哥革命导致的无政府状态进而带来的金融发展倒退的历史分析颇有启发意义——仅仅几年时间，墨西哥银行体系就普遍被各种利益主体掏空，成为空壳。

2. 专制政府

根据奥尔森（Olson，1993，2000）的分析，相对于无政府状态，专制政体的出现无疑意味着一种制度改进。从理论上说，专制者可能在保护产权、投资公共产品的同时，以一个使长期收益最大化的比率向经济征税。但问题是，一旦完成资本积累，专制者并没有义务遵守原来的承诺——绝对的控制权使得承诺本身并不可信（Acemoglu，2003)。正因为专制政体无法有效地解决承诺可信度问题，尽管出于自利的考虑，专制政府会尝试通过国有控制（如皇家铸币厂或皇家银行）来创造一些金融积累或中介活动，但其发展往往极为有限。从现实来看，在当代曾实施独裁统治的伊拉克、海地等国家除了有一些规模极小的国有银行部门外，金融市场几乎是缺失的。

在专制政体下另一个有趣的现象是，由于完全不受约束的独裁统治在现实中极为罕见，独裁者往往面临着来自竞争者以武力取代的威胁（这种取代威胁一般并不是通过暴乱或民主过渡实现，而是通过内部政变实现）（Tullock，1987）。潜在的权力竞争使得独裁者往往和控制组织中的其他个体分享权力。这种权力结构表现在金融领域就是这些国家往往通过特许权赋予少数精英阶层从事银行等金融业务、享受法庭的优先待遇以及税收豁免等特权。因此，在这些国家的金融机构中，有权势的政治家往往和银行家相互勾结，共同分享利益（Haber，1991，1997，2003，2005）。巴思等（Barth et al.，2006）利用2003年65个国家的样本对政治制度、金融可得性和利益固化之间的关系进行了分析，发现一个国家的政治制度专制化程度越高，银行准入越消极的同时银行监管限制也越严格，而越严格的银行业务限制则和越低程度的信贷市场发展及越不稳定的银行体系相关联。

3. 有限政府

奥尔森（1965）和贝克尔（Becker，1983）从公共选择的视角分析了利益集团的游说对政治选择产生的影响。追求私利的政治家通常以高额的社会成本为代价，用有利于利益集团的资源再分配承诺来换取选票和捐款。而斯蒂格勒（Stigler，1971）则指出，“那些将军、独裁者、强势社会阶层、政治上的多数派以及受惠的既得利益集团往往会选择建立能够巩固自身权力的制度来获取政治和经济利益”，政府最终被“俘获”。拉詹和津加莱斯（2003）从政治学的视角系统地考察了利益集团是如何阻碍金融发展的，并通过对作用途径和机理的考察及基于系统的证据有针对性地提出了削弱利益集团影响的政策建议。

一个国家选择何种金融结构，或者说金融功能的实现是以金融市场为主导还是以金融机构为主导，不但与其特有的政治、文化、法律以及金融本身的发展历程密切相关，而且也和当时经济的结构特征有关。换句话说，对于一个特定国家而言，似乎并不存在绝对的何种金融模式孰优孰劣的标准问题，只有哪种模式更适合当前的经济发展水平和社会、经济特征的问题。

在每一次大的金融危机之后，学术界都会反思不同金融模式的优劣进而对其未来发展给出某些判断。比如，在1997年的亚洲金融危机之后，过于侧重银行系统、忽略市场资源配置能力的“裙带资本主义”模式受到广泛诟病，以市场主导为核心的盎格鲁-撒克逊金融模式就被视为一种最具普世价值的金融体系目标模式，并成为很多发展中国家改造本国金融体系的模板或目标模式。又如，当2007年次贷危机进而全面的金融危机竟然会在美国这样一个金融风险已经实现原子化、商品化进而可以自由交易，号称拥有世界上风险管理最为发达的金融体系的国家率先爆发，有人就认为此次危机将成为在过去30年间一度被视为最具效率的以市场主导为核心的盎格鲁-撒克逊金融模式发展的一个历史拐点，而以全能银行主导为特征的欧洲大陆模式将成为未来世界金融演变的主要趋势之一。如果考虑到现有工业化国家金融体系存在的广泛差异与极为相似的长期经济增长率，简单地做出任何判断可能都显得有些过于武断或短视，或者说需要我们在市场并不完美且金融体系具有内在脆弱性的前提下，兼顾“效率”与“稳定”，更为深入地探讨金融中介与金融市场运行的内在规律，进而为金融结构演进或金融发展目标模式的选择提供更为坚实的理论支持。

本章小结

金融结构是由金融工具与金融机构的形式、性质及相对规模共同构成的一种状态，在不同国家，金融结构表现出显著的系统性差异。根据市场和银行在资源配置中所起到的相对作用不同，可以将金融体系分成市场主导型金融体系和银行主导型金融体系，前者以英国和美国为代表，后者以德国和日本为代表。从制度的视角看，现代金融体系中的商业银行和资本市场除了承担信息交换和契约活动的职能，更为重要的是解决信贷契约中当事人面临的不确定性。无论是商业银行制度还是资本市场制度，都有与自身功能相适应的独特的制度性特征。金融全球化和金融自由化，特别是以衍生品为代表的风险管理市场的出现，从根本上改变了金融机构与金融市场的界限，使金融体系呈现出日益复杂化的发展态势。

市场主导型金融体系与银行主导型金融体系的形成有历史渊源，受国家的政治传统、民主渊源以及法律习俗等因素影响而差异日渐凸显。两类金融体系的结构对比鲜明，无论是股票市场、债券市场、股权结构与并购市场、商业银行体系还是企业融资渠道的选择都存在着非常显著的差别。从更广泛的视角来看，随着一国变得更加富裕，其金融体系也变得更以市场为导向。

从历史演进的视角分析，金融结构的发展可以分成三个阶段性变迁：银行主导阶段、（资本）市场主导阶段和证券化阶段。三个阶段的演进与经济、技术发展水平和法律环境的发展变迁密不可分。

从功能实施机制的比较视角分析，市场主导型金融体系和银行主导型金融体系在（市场信息）透明度、信息处理机制、企业（尤其是中小企业）融资渠道、对法律及其执行等外部制度环境的依赖度、信贷定价理念、收益担保机制和风险处理机制及效应等方面都存在着较为明显的差异。

对于金融结构演进的决定因素，目前的研究主要集中于非经济因素即法律、文化和政治因素的影响。一个国家金融结构的选择，与该国政治、文化、法律和经济金融的发展结构有关，只有哪种结构更适合当前的经济社会发展，并不存在孰优孰劣的绝对区分。

问题与应用

1. 简述银行主导型金融体系和市场主导型金融体系的结构差异。

2. 试结合现实及相关理论，分析银行主导型金融体系和市场主导型金融体系在经济运行中的功能差异。

3. 在你看来，政治、法律和文化等因素是如何影响金融结构的演进的？

4. 从金融结构的发展演进视角，结合中国现实，试分析中国未来发展中资本市场与银行的相对作用以及对中国金融发展“第三种模式”的理解。

推荐阅读材料、网站

[1] 戈登. 伟大的博弈：第 3 版. 北京：中信出版社，2019.

[2] 拉詹，津加莱斯. 从资本家手中拯救资本主义. 北京：中信出版社，2004.

[3] 吴晓求，等. 市场主导型金融体系：中国的战略选择. 北京：经济科学出版社，2005.

[4] Acemoglu，D.，Johnson，S.，and Robinson，J. A. (2001)，“The Colonial Origins of Comparative Development：An Empirical Investigation，” *The American Economic Review*，91 (5)，1369 - 1401.

[5] Demirguc-Kunt，A.，and Levine，R. (2001)，*Financial Structure and Economic Growth：A Cross-country Comparison of Banks，Markets，and Development*，Cambridge：MIT Press.

[6] Freixas，X.，and Rochet，J. C. (1997)，*Microeconomics of Banking*，Cambridge：MIT Press.

参考文献

[1] 格林鲍姆，塔克，布特. 现代金融中介机构：原书第 3 版. 北京：机械工业出版

社，2020.

[2] 龚强，张一林，林毅夫. 产业结构、风险特性与最优金融结构. 经济研究，2014，49 (4)：4-16.

[3] 金德尔伯格. 西欧金融史. 北京：中国金融出版社，1991.

[4] 拉詹，津加莱斯. 从资本家手中拯救资本主义. 北京：中信出版社，2004.

[5] 林毅夫，姚洋. 中国奇迹：回顾与展望. 北京：北京大学出版社，2009.

[6] 青木昌彦. 比较制度分析. 上海：上海远东出版社，2001.

[7] 夏斌，陈道富. 中国金融战略2020. 北京：人民出版社，2011.

[8] Acemoglu, D., et al. (2003), *Unbundling Institutions*. Cambridge: MIT Press.

[9] Allen, F. (1993), "Stock Market and Resource Allocation," in Mayer, C., and Vives, X. (ed.), *Capital Markets and Financial Intermediation*, Cambridge: Cambridge University Press.

[10] Allen, F., and Gale, D. (2000), *Comparing Financial Systems*, Cambridge: MIT Press.

[11] Allen, F., and Gale, D. (1997), "Financial Markets, Intermediaries, and Intertemporal Smoothing," *Journal of Political Economy*, 105 (3), 523-546.

[12] Allen, F., and Gale, D. (1999), "Diversity of Opinion and Financing of New Technologies," *Journal of Financial Intermediation*, 8 (1-2), 68-89.

[13] Aoki, M., and Dinc, S. (1997), "Relational Financing as an Institution and Its Viability Under Competition," *CEPR Publication*, No. 488.

[14] Aoki, M., and Patrick, H. (1995), *The Japanese Main Bank System*, Clarendon Press.

[15] Aoki, M., and Dinc, S. (2000), *Relational Financing as An Institution and Its Viability under Competition*, Oxford: Oxford University Press.

[16] Barth, J. R., Caprio, G., Jr., and Levine, R. (2006), *Rethinking Bank Supervision and Regulation*, Cambridge: Cambridge University Press.

[17] Barth, J. R., Nolle, D. E., and Rice, T. N. (1997), "Commercial Banking Structure, Regulation, and Performance: An International Comparison," Economics Working Paper, Office of the Comptroller of the Currency, United States.

[18] Becker, G. S. (1983), "A Theory of Competition Among Pressure Groups for Political Influence," *Quarterly Journal of Economics*, Vol. XCVIII, 371-400.

[19] Bhattacharya, S., and Thakor, A. V. (1993), "Contemporary Banking Theory," *Journal of Financial Intermediation*, 3 (1), 2-50.

[20] Boyd, J. H., and Smith, B. D. (1998), "The Evolution of Debt and Equity Markets in Economic Development," *Economic Theory*, 12, 519-560.

[21] Caprio, G., Laeven, L., and Levine, R. (2004), Governance and Bank Valuation, The World Bank.

[22] Claessens, S., and Laeven, L. (2001), "Law, Property Rights, and Growth," The Third Annual Conference on Financial Market Development in Emerging and Transition Economies.

[23] Coffee, J. C., Jr. (2001), "The Rise of Dispersed Ownership: The Roles of Law and The State in the Separation of Ownership and Control," *The Yale Law Journal*, 111 (1), 1-82.

[24] Demetriades, P. O., and Andrianova, S. (2004), "Finance and Growth: What We Know and What We Need to Know," in Goodhart, C. A. E. (ed.), *Financial Development and Economic Growth: Explaining the Links*, Basingstoke: Palgrave Macmillan.

[25] Demirguc-Kunt, A., and Levine, R. (2001), *Financial Structure and Economic Growth: A Cross-country Comparison of Banks, Markets, and Development*, Cambridge: MIT Press.

[26] Demirguc-Kunt, A., and Levine, R. (1999), "Bank-based and Market-based Financial Systems: Cross-country Comparisons," World Bank Policy Research Working Paper, 21-43.

[27] Diamond, D. W. (1984), "Financial Intermediation and Delegated Monitoring," *The Review of Economic Studies*, 51 (3), 393-414.

[28] Diamond, D. W., and Dybvig, P. H. (1983), "Bank Runs, Deposit Insurance, and Liquidity," *Journal of Political Economy*, 91 (3), 401-419.

[29] Durusu-Ciftci, D., Ispir, M. S., and Yetkiner, H. (2017). "Financial Development and Economic Growth: Some Theory and More Evidence," *Journal of Policy Modeling*, 39 (2), 290-306.

[30] Dyck, A., and Zingales, L. (2004), "Private Benefits of Control: An International Comparison," *The Journal of Finance*, 59 (2), 537-600.

[31] Dyck, A., and Zingales, L. (2003), "The Media and Asset Prices," Working Paper.

[32] Friedman, E., Johnson, S., and Mitton, T. (2003), "Propping and Tunneling," *Journal of Comparative Economics*, 31 (4), 732-750.

[33] Gale, D., and Hellwig, M. (1985), "Incentive-compatible Debt Contracts: The One-period Problem," *Review of Economic Studies*, 52 (4), 647-663.

[34] Goldsmith, R. W. (1969), *Financial Structure and Development*, New Haven: Yale University Press.

[35] Haber, S. (1991), "Industrial Concentration and the Capital Markets: A Comparative Study of Brazil, Mexico, and the United States, 1830-1930," *The Journal of Economic History*, 51 (3), 559-580.

[36] Haber, S. (1997), *How Latin America Fell Behind: Essays on the Economic Histories of Brazil and Mexico, 1800-1914*, Palo Alto: Stanford University Press.

[37] Haber, S. (2003), "Banks, Financial Markets, and Industrial Development:

Lessons from the Economic Histories of Brazil and Mexico," in Gonzalez J. A., Corbo, V., Krueger, A. O., and Tornell, A. (eds.), *Macroeconomic Reform in Latin America: The Second Stage*, Chicago: University of Chicago Press, 259 - 293.

[38] Haber, S. (2005), "Mexico's Experiments with Bank Privatization and Liberalization, 1991 - 2003," *Journal of Banking & Finance*, 29 (8 - 9), 2325 - 2353.

[39] Hodgson, G. (1993), *Economics and Evolution: Bringing Life Back into Economics, Polity*, Cambridge: Cambridge University Press.

[40] James, C. (1987), "Some Evidence on the Uniqueness of Bank Loans," *Journal of Financial Economics*, 19 (2), 217 - 235.

[41] La Porta, R., Lopez-de-Silanes, F., Shleifer, A., and Vishny, R. W. (2002), "Investor Protection and Corporate Valuation," *The Journal of Finance*, 57 (3), 1147 - 1170.

[42] La Porta, R., Lopez-De-Silanes, F., and Shleifer, A. (2007), "The Divergence of Legal Procedures," Working Paper.

[43] La Porta, R., Lopez-De-Silanes, F., and Shleifer, A. (2006b), "The Law and Economics of Self-dealing," *SSRN*.

[44] La Porta, R., Lopez-De-Silanes, F., and Shleifer, A. (2006a), "What Works in Securities Laws?" *The Journal of Finance*, 61 (1), 1 - 32.

[45] La Porta, R., Lopez-de-Silanes, F., Shleifer, A., and Vishny, R. W. (2000), "Investor Protection and Corporate Governance," *Journal of Financial Economics*, 58 (1), 3 - 27.

[46] La Porta, R., Lopez-de-Silanes, F., and Shleifer, A. (1999), "Corporate Ownership around the World," *The Journal of Finance*, 54 (2), 471 - 517.

[47] La Porta, R., Lopez-de-Silanes, F., Shleifer, A., and Vishny, R. W. (1997), "Legal Determinants of External Finance," *The Journal of Finance*, 52 (3), 1131 - 1150.

[48] La Porta, R., Lopez-de-Silanes, F., Shleifer, A., and Vishny, R. W. (1998), "Law and Finance," *Journal of Political Economy*, 106 (6), 1113 - 1155.

[49] Lal, D. (1999), *Unintended Consequences: The Impact of Factor Endowments, Culture and Politics on Long-run Economic Performance*, Cambridge: MIT Press.

[50] Levine, R., Loayza, N., and Beck, T. (2000), "Financial Intermediation and Growth: Causality and Causes," *Journal of Monetary Economics*, 46 (1), 31 - 77.

[51] Levine, R. (1997), "Financial Development and Economic Growth: Views and Agenda," *Journal of Economic Literature*, 35 (2), 688 - 726.

[52] Levine, R. (1998), "The Legal Environment, Banks, and Long-run Economic Growth," *Journal of Money, Credit, and Banking*, 596 - 613.

[53] Levine, R. (1999), "Law, Finance, and Economic Growth," *Journal of Financial Intermediation*, 8 (1 - 2), 36 - 67.

[54] Maurer, N., and Haber, S. H. (2002), *Bank Concentration, Related Lending and Economic Performance: Evidence from Mexico*, Palo Alto: Stanford University Press.

[55] Mayer, C. (1988), "New Issues in Corporate Finance," *European Economic Review*, 32 (5), 1167 - 1189.

[56] Merton, R. C., and Bodie, Z. (1995), "A Conceptual Framework for Analyzing the Financial System," in *The Global Financial System: A Functional Perspective*, Boston: Harvard Business School Press.

[57] North, D., and Weingast, B. R. (1989), "Constitution and Commitment: The Evolution of Institution Governing Public Choice in Seventeenth-century England," *Journal of Economic History*, 49 (4), 803 - 832.

[58] Olson, M. C. (1965), *The Logic of Collective Action*, Cambridge: Harvard University Press.

[59] Prowse, S. (1996), "Alternative Models of Financial System Development," Federal Reserve Bank of Australia.

[60] Rajan, R. G. (1998), "The Past and Future of Commercial Banking Viewed through an Incomplete Contract Lens," *Journal of Money, Credit, and Banking*, 30 (3), 524 - 550.

[61] Kroszner, R. S., and Rajan, R. G. (1997), "Organization Structure and Credibility: Evidence from Commercial Bank Securities Activities before the Glass-Steagall Act," *Journal of Monetary Economics*, 39 (3), 475 - 516.

[62] Rajan, R. G., and Zingales, L. (1998), "Financial Dependence and Growth," *The American Economic Review*, 88 (3), 559 - 586.

[63] Rajan, R. G., and Zingales, L. (2003), *Saving Capitalism from the Capitalists*, New York: Random House.

[64] Rajan, R. G., and Zingales, L. (2003), "The Great Reversals: The Politics of Financial Development in the Twentieth Century," *Journal of Financial Economics*, 69 (1), 5 - 50.

[65] Richter, R., and Furubotn, E. G. (1997), *Institutions and Economic Theory: The Contribution of the New Institutional Economics*, Ann Arbor: University of Michigan Press.

[66] Rybczynski, T. M. (1984), "Industrial Financial System in Europe, U. S. and Japan," *Journal of Economic Behaviour & Organization*, 5 (3 - 4), 275 - 286.

[67] Shull, B. (1999), "The Separation of Banking and Commerce in the United States: A Examination of Principal Issues," *Financial Markets, Institutions & Instruments*, 8 (3), 1 - 55.

[68] Stigler, G. (1971), "The Theory of Economic Regulation," *The Bell Journal of Economics and Management Science*, 2 (1), 3 - 21.

[69] Stulz, R. M. (2001), "Does Financial Structure Matter for Economic Growth? A Corporate Finance Perspective," in Demirguc-Kunt A., and Levine, R. (eds.), *Financial Structure and Economic Growth: A Cross-Country Comparison of Banks, Markets, and Development*, Cambridge: MIT Press.

[70] Stulz, R. M., and Williamson, R. (2003), "Culture, Openness, and Finance," *Journal of Financial Economics*, 70 (3), 313 - 349.

[71] Tullock, G. (1965), *The Politics of Bureaucracy*, Washington, D. C.: Public Affairs Press, reprinted in 1987, University Press of America (Lanham, MD).

[72] Tullock, G. (1987), *Autocracy*, New York: Springer Press.

[73] Weber, M. (1930), *The Protestant Ethic and the Spirit of Capitalism*, New York: Scribner's.

第三篇　金融市场理论

第七章

利率期限结构理论

学习目标

1. 掌握利率期限结构相关概念。
2. 理解利率期限结构理论。
3. 了解名义利率期限结构模型。
4. 了解实际利率期限结构模型。

第一节　相关基本概念

为了较为准确地把握利率期限结构这一概念，我们必须对与之相关的一些金融概念，如债券、利率（到期收益率）、期限（存续期）、即期利率、远期利率以及收益率曲线等有所了解。

一、债券

债券的存在是进行利率期限结构分析的前提。对于债券持有者而言，作为一种有价证券，债券代表着一项对事先确定的一系列支付的索取权。这意味着对在 t 时发行、在 T 时到期的债券的刻画需要两个向量：一个是由支付日期构成的 w 维向量（t，$t+1$，…，T），另一个是由与支付日期对应的正的支付额构成的 w 维向量（c_1，c_2，…，c_T）。

常见的债券支付形式有两种：贴现与息票。贴现债券是由债券发行人做出的在一特定日期（偿付日）向债券持有者支付一笔固定金额款项（本金）的承诺。这意味着贴现债券的支付形式非常简单——支付日期向量只包含一个元素 T，而支付额向量中也只包含一个元素（即本金）。与之相对，息票债券则是债券发行人按固定的时间间隔向债券持有者支

付数额为 c 的款项（即息票），并在债券清偿日支付最后一期息票和本金的承诺，进而支付日期与支付额都是多维向量，其维数与支付期数相同。

二、利率（到期收益率）

一般而言，利率期限结构中的利率指的是债券的到期收益率，而且特指无风险零息债券的到期收益率。而所谓的债券到期收益率指的是可以将债券的未来现金流折现为当前价值的内在收益率——借助债券定价的现金流折现模型，如果我们把清偿日为 T 的债券在 t 时的到期收益率定义为 $r(t, T)$，设当前价值为 $P(t, T)$，则有：

$$P(t, T)=\sum_{t_i>t}^{T} c_i \mathrm{e}^{-(t_i-t)r(t, T)} \tag{7.1}$$

上式右端就是持有者在债券存续期内能获得的其余支付按 $r(t, T)$ 折现所得的现值。

式（7.1）给出的是息票按年计息的到期收益率的复利表达式。如果计息周期不是1年（如美国长期债券一般每半年支付一次利息），那么假设某附息债券的计息期为 h（半年计息时 $h=0.5$），则按年计算的到期收益率为：

$$r(t, T, h)=[\mathrm{e}^{hr(t, T)}-1]/h \tag{7.2}$$

一般来说，尽管等式是一个（$T-t$）次多项式，有（$T-t$）个根，但是，若要求对于所有 $c_i \geqslant 0$ 均成立，就只存在唯一的实正根，可以用这个根来计算到期收益率。

专栏 7-1　中国的利率市场化进程

自 20 世纪 70 年代开始，世界各国纷纷推行利率市场化，通过利率市场化改革达到了改善资源配置和促进经济增长的政策设计目的。早在 1983 年，贷款利率就获准在贷款基准利率的基础上上下浮动 20%，可以说出现了利率市场化的萌芽。进入 20 世纪 90 年代，中国改革开放伴随着经济发展逐步加快，利率市场化也被列入金融改革的日程表（如表 7-1 所示）。

表 7-1　中国改革开放后的利率市场化进程

时间	利率市场化举措
1993 年	《关于建立社会主义市场经济体制改革若干问题的决定》明确提出了利率市场化改革的基本设想
1995 年	《关于“九五”时期深化利率改革的方案》初步提出了利率市场化改革的基本思路
1996 年	利率市场化具有标志性意义的开端： (1) 1 月，全国统一的同业拆借市场建立，中国银行间同业拆借市场利率（CHIBOR）上线；6 月 1 日，银行间同业拆借利率正式放开，标志着货币市场的利率市场化迈出了具有开创性意义的一步，为此后的利率市场化改革奠定了基础 (2) 财政部通过交易所平台实现了国债的市场化发行，按照利率、收益率、划款期等多种方式实行招标，并根据市场供求情况采取不同的价格招标方式，这代表着资本市场的利率市场化进入轨道

续表

时间	利率市场化举措
1997 年	银行间债券市场启动，同时放开债券市场债券回购和现券交易利率
1998 年	改革再贴现利率及贴现利率的生成机制，放开了贴现和转贴现利率
1999 年	允许县以下金融机构贷款利率最高上浮 30%，将对小企业的贷款利率最高可上浮 30%的规定扩大到所有中型企业
2000 年	实行外汇利率管理体制改革，放开了外币贷款利率；300 万美元以上的大额外币存款利率由金融机构与客户协商确定
2002 年	《中国货币政策执行报告》基本明确了我国利率市场化改革的总体思路：先外币、后本币；先贷款、后存款；先长期、大额，后短期、小额。这一思路成为我国利率市场化改革的指导性纲要，并且一直延续下来
2004 年	1 月 1 日，商业银行、城信社贷款利率浮动区间上限扩大到贷款基准利率的 1.7 倍，农信社贷款利率浮动区间上限扩大到贷款基准利率的 2 倍，金融机构贷款利率浮动区间下限保持为贷款基准利率的 0.9 倍不变； 3 月 25 日实行再贷款浮息制度； 10 月 29 日放开了商业银行贷款利率上限，城信社贷款利率浮动区间上限扩大到贷款基准利率的 2.3 倍，实行人民币存款利率下浮制度
2005 年	中国人民银行的《稳步推进利率市场化报告》补充了改革思路，将利率市场化改革的总体思路确定为：先放开货币市场利率和债券市场利率，再逐步推进存、贷款利率的市场化。存、贷款利率市场化按照“先外币、后本币；先贷款、后存款；先长期、大额，后短期、小额”的顺序进行
2011 年	利率市场化被纳入了“十二五”规划，规划明确提出“稳步推进利率市场化改革，加强金融市场基准利率体系建设”
2012 年	中国人民银行在 2012 年 6 月 8 日和 7 月 6 日两次降息，对存贷款利率及其浮动区间均做了调整，成为中国利率市场化进程的重要里程碑。金融机构一年期贷款利率下浮区间已扩大到基准利率的 0.7 倍，存款利率上浮区间扩大到基准利率的 1.1 倍。经过这两次调整，存款利率市场化改革有了重大进展： (1) 允许存款利率上限被突破，意味着这项改革终于到了最后攻坚阶段； (2) 除城信社外的金融机构贷款利率已不设上限管理，在基准利率以下具有 30% 的自主定价空间，实际执行利率由银行根据财务成本、风险状况及盈利目标等与客户议价决定，基本反映了市场资金供求状况
2013 年	12 月 7 日中国人民银行发布《同业存单管理暂行办法》，当月，国家开发银行、5 家国有控股大型银行等试水发行同业存单
2014 年	扩大存款利率浮动区间上限至基准利率的 1.2 倍
2015 年	5—6 月，扩大存款利率浮动区间上限至基准利率的 1.5 倍；发布《大额存单管理暂行办法》
2015 年	8 月 26 日，中国人民银行决定放开一年期以上（不含一年）定期存款的利率浮动上限
2015 年	10 月 24 日中国人民银行决定对商业银行和农村合作金融机构等不再设置存款利率浮动上限
2019 年	贷款市场报价利率（LPR）改革，报价行按 MLF 利率加点方式报价。贷款利率逐步换基，以贷款市场报价利率作为新的贷款基准利率

自1996年建立全国统一的同业拆借市场至今，中国的利率市场化之路走过了近30年。时至今日，随着商业银行等金融机构存款利率浮动上限的全面放开以及贷款市场报价利率改革的深化，货币市场、债券市场、理财产品以及境内外币存贷款利率的全面市场化，我国的利率市场化进程取得了关键进展，正处于市场化利率形成和传导机制不断健全、利率调控能力逐步增强的时期。

三、期限（存续期）

就债券而言，期限（$m=T-t$）是指距离债券到期日的时间（年数），与该期间内的支付额大小 c_1，c_2，…，c_T 无关。

拓展阅读

深入推进利率市场化改革

正是考虑到期限这个概念没有提及到期日之前的现金流，麦考利（Macaulay，1938）提出了一个关于债券存续期的新概念——久期，或者说用加权平均数的形式计算的债券平均到期时间，其中权重相当于折现债券的支付额乘以相应的折现因子。如果用 $D(m, t)$（其中 $m=T-t$）刻画久期，有：

$$D(m, t)=\frac{\sum\limits_{t_i>t}(t_i-t)c_i\mathrm{e}^{-(t_i-t)r(t,\ t+m)}}{\sum\limits_{t_i>t}c_i\mathrm{e}^{-(t_i-t)r(t,\ t+m)}} \tag{7.3}$$

从麦考利久期的定义式（7.3）可以看出，其中隐含了所有现金流均按相同折现率进行折现，而这个折现率恰好等于债券的到期收益率。因此，久期具有一个非常重要的基本性质——就利率风险而言，投资者通常认为附息债券与期限等于附息债券久期的零息债券无差异。

四、即期利率

N 年期即期利率（spot rate），有时也称 N 年期零息票利率，是从今天开始计算并持续 N 年的投资的利率。我们可以用 $r_d(t, T)$ 来刻画期限为（$T-t$）期的即期利率。即期利率可以通过观察市场交易来得到。比如，我们知道一份5年期零息债券当前的市场价格是多少，根据收益率计算公式，可以很方便地计算出5年期零息债券的到期收益率，按照定义，即期利率就是零息债券的到期收益率。

注意，这里所考虑的投资应该是中间没有支付的“纯粹”N 年投资，即所有利息和本金在第 N 年末支付给投资者。从实践来看，可能产生两个问题：第一，如果不是零息债券而是附息债券，由于存在已付利息的再投资问题，到期收益率将无法准确描述资金的“时间价格”；第二，我们可能只观察到了3年期零息债券的交易价格，由于市场上并不存在期限比 3 年更短的债券的交易，此时我们需要根据环境因素预测这些并不存在的期限对应的利率，这就涉及不确定性下的远期利率预测问题。

五、远期利率

远期利率（forward rate）是当前即期利率隐含的将来一定期限的利率。与即期利率不同，远期利率有两个相关的系数，起始时点和终止时点，其表达函数为${}_n f_m$，其中 n 表示需要测量利率的时期，m 表示从现在（t_0）开始计算的时期。比如，我们要表示 3 年后的 1 年期利率，即为${}_1 f_3$。当然，远期利率的预测期限也可以不从 t_0 开始算，可以是未来任何一个时间，重要的是市场上不存在与预测期限相对应的债券交易。远期利率不是可以直接观察到的利率水平，而是我们从现货利率的变化趋势中预测得到的、市场参与者对未来利率走势的一个预期。

一般来说，在计算远期利率时，我们需要借助“麦考利久期”这一概念，我们可以利用即期利率来计算远期利率，即：

$$
{}_{t_i} f_T = \frac{D_i(T-t) r_i(t, T) - D_i(t_i - t) r_i(t, t_i)}{D_i(T-t) - D_i(t_i - t)} \tag{7.4}
$$

六、利率期限结构与收益率曲线

期限不同但风险、流动性和税负等其他属性均相同的各种债券的收益率关系称为利率期限结构。采用图形描述，连接不同期限债券收益率的光滑曲线即为收益率曲线（yield curve）。

从理论上说，利率期限结构考察的是即期利率与期限之间的关系，因此，在构造利率期限结构时，为避免息票效应和再投资风险的影响，只能用零息债券计算利率期限结构。但考虑到某些期限对应的利率很难得到，加之零息债券极为少见，实践中多数人以市场收益率曲线——具有相同其他属性的各种债券的到期收益率与期限之间的关系——作为利率期限结构的替代物。①

一般来说，债券的收益率曲线有几种形态，如图 7－1 所示。从实践来看，通常收益率曲线是向上倾斜的，即长期利率要高于短期利率，并且利率水平随着期限增加而提高（图 a）。但在某些时候，收益率曲线是向下倾斜的（图 b）。有时，收益率曲线又呈峰状，此时中期利率水平最高（图 c）。图（d）为水平的收益率曲线。

---

① 一般情况下，两者非常近似，但在进行期限-收益率关系分析时，最好使用即期利率而不是到期收益率，这是因为前者可避免息票效应所导致的数据失真。

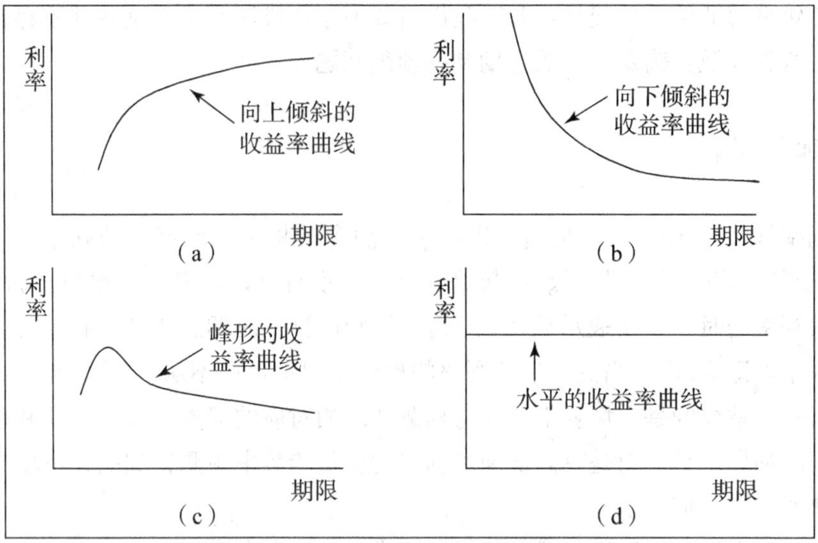

图 7-1 收益率曲线的基本形态

专栏 7-2 **20 世纪美国的利率期限结构**

在 19 世纪，美国 4～6 个月期商业票据的平均利率大大高于优质长期债券的平均收益率。这种关系延续到 20 世纪前 30 年，从那以后开始债券的平均收益率高于商业票据的平均利率。与此类似，在 1900—1930 年的大部分时间，美国优质公司债券的收益率曲线倾向于负曲线（长期债券收益率低于短期债券收益率）；当曲线脱离负曲线形态时，通常表现为平坦的直线。在 1930 年之前只有 2 年（1916 年和 1925 年）出现过正曲线。

1930 年以后，收益率正曲线成为美国债券市场的一种常态，直至 1960 年。差异在 20 世纪 30 年代变得巨大，当时短期利率为名义利率，长期利率非常低。短期债券的收益率在 1940—1941 年期间达到了最低点，从那以后开始上升，而长期债券的收益率却持续下跌到 1946 年。于是，从 1940 年开始，直到 1946 年，美国的收益率曲线出现了一个罕见的阶段，即短期利率和长期利率在数年里呈现出分道扬镳的走势。1946 年以后，差异几乎稳步缩小，并最终于 1960 年在另一个高利率时期变为负数。1960 年以后，收益率形成负曲线，有时是差异巨大的负曲线。接着，突然之间，它在 1971 年变成了差异巨大的正曲线，并呈现出保持正曲线的态势，直至 20 世纪 70 年代末期，其间只有 1974 年市场面临极端压力的阶段除外。这种正曲线有时被有些人理解为收益率更高的一种预测。这种预测被证明是正确的，因为收益率在 1979—1981 年期间上涨到了创纪录的水平，而在此期间，收益率负曲线成为常态。在 1989 年收益率曲线变为平坦的直线之前，美国的收益率曲线总体表现为正曲线，只有 30 年期品种的收益率常常低于 20 年期品种。

资料来源：霍默，西勒. 利率史：第 4 版. 北京：中信出版社，2010.

专栏 7－3　中国当前的利率期限结构：基于 Shibor 的收益率曲面

上海银行间同业拆放利率（Shanghai interbank offered rate，简称 Shibor）是用信用等级较高的银行自主报出的人民币同业拆出利率计算的算术平均利率，是单利、无担保、批发性利率。官方网站 www. shibor. org 提供了丰富的 Shibor 数据服务。利用提供的 Shibor 数据，我们不仅可以看到每个交易日不同期限的 Shibor，更可以将其绘制为一个三维曲面，如图 7－2 所示。

图 7－2 展示的是 2021 年全年隔夜至 1 年期 Shibor 的演变情况。坐标值从 0 到 360 表示期限（单位：天）。坐标值从－365 到 0 表示利率观察日与 2021 年 12 月 31 日的天数差（单位：天）。坐标值从 0.5 到 3.5 表示 Shibor。

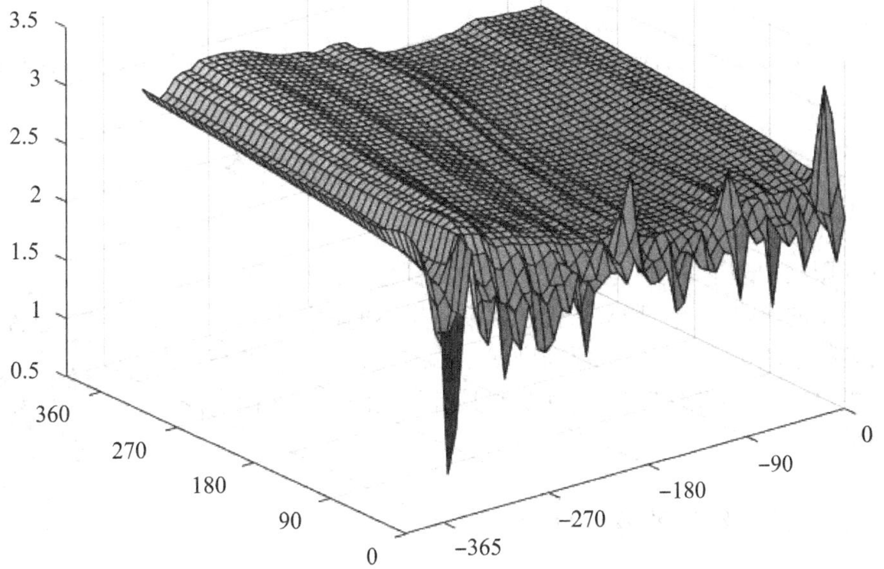

图 7－2　2021 年全年隔夜至 1 年期 Shibor 的演变

资料来源：http：//www. shibor. org/shibor/.

我们可以发现短期利率的波动性比较大，长期利率的波动性很小。在绝大部分时间里，Shibor 曲面表现为利率随期限增加而提升。但有的时候 2 周和 1 个月的利率水平会超过更长期限的利率水平。年初的时候这一特征非常明显。图 7－3 是从另一个角度观察到的 2021 年的 Shibor 曲面。

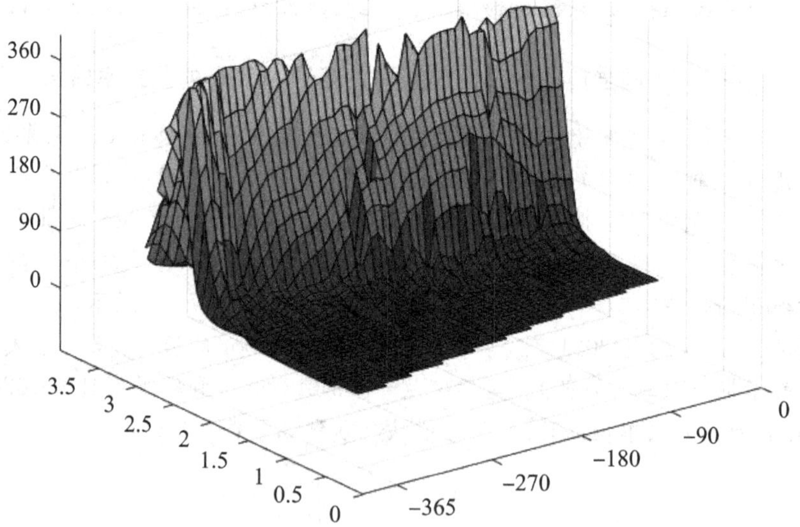

图 7-3 2021 年的 Shibor 曲面

资料来源：http：//www.shibor.org/shibor/.

第二节 利率期限结构理论

利率期限结构理论的核心是研究何种力量决定期限结构的形状变化。在最简单的形式上，对期限结构的研究所考察的债券不包含违约风险、可转换条款、赎回条款、浮动利率条款或者其他一些特征。因此，我们可以把利率期限结构理论视为对具有不同间隔的时间本身的市场价格的研究。

拓展阅读

中国的利率体系和利率市场化改革

一、利率期限结构的预期理论

（一）预期理论的基本内涵

预期理论是最主要的利率期限结构理论。利率期限结构的预期理论由来已久，首先由欧文·费雪（1896）提出。此后，费雪（1930）、威廉姆斯（Williams，1938）、鲁兹（1940）以及希克斯（Hicks，1946）都对该理论做出过重要研究。自 20 世纪以来，在经济学家使用统计数据对预期理论进行定量的实证检验以后，这一理论得到了更广泛的应用。

预期理论认为，长期债券的即期利率是短期债券的预期利率的函数，长期利率与短期利率之间的关系取决于现期短期利率与未来预期短期利率之间的关系。换言之，在预期理论之下，任何时段上的远期利率均可被投资者无偏差地预测到，进而在能够连续、准确地统计出每一个投资者对未来某一特定时段利率预期的基础上，这些预期与对应时段上的远期利率相等，即：

$$_1f_n=E[r(n)] \tag{7.5}$$

给定式（7.5）成立，那么，对于 n 期内的到期收益率 $r(n)$，在离散时间状态下我们有：

$$\begin{aligned}[1+r(n)]^n &=[1+r(n-1)]^{n-1}(1+{}_1f_n)\\ &=[1+r(n-1)]^{n-1}[1+E(r(n))]\end{aligned} \tag{7.6}$$

显然，式（7.6）意味着到期收益率仅仅由已经过去的 $n-1$ 期到期收益率和未来 1 期的预期利率决定。

预期理论能够成立的一个关键点，是投资者对未来短期利率的预期可能影响人们对未来利率的整体预期，这进一步改变了远期利率。我们可以借助一个简单的例子来说明这一思想。假定 1 年期的短期利率已知是 $r(1)=12\%$，此外，$E[r(2)]=12\%$，$E[r(3)]=12\%$，…，$E[r(n)]=12\%$，那么，如果预期理论成立，2 年期的到期收益率就应该是：

$$\begin{aligned}[1+r(2)]^2&=[1+r(1)](1+{}_1f_2)\\ &=[1+r(1)][1+E(r(2))]=1.12\times1.12\end{aligned}$$

即 $r(2)=12\%$，同理我们可以得到 $r(3)=12\%$，…，$r(n)=12\%$，出现了一条水平的收益率曲线。从理论上说，收益率曲线之所以呈水平形态，是因为投资者的预期是如此稳定，以至在任何时段上到期收益率都不会发生变化。同样，如果投资者预期未来短期利率要上升，那么，现期长期利率将大于现期短期利率，收益率曲线就表现为一条向上倾斜的曲线。而当投资者预期未来短期利率将下降时，则现期长期利率将小于现期短期利率，收益率曲线就表现为一条向下倾斜的曲线。

此外，在连续时间状态下，如果以 $E_t[r(s)]$ 表示在时刻 t 对未来时刻即期利率的预期，那么通过预期理论得到的到期收益率可以表示为：

$$R(t,T)=\frac{1}{T-t}\int_t^T E_t[r(s)]\mathrm{d}s \tag{7.7}$$

（二）预期理论体系

事实上，利率期限结构的预期理论有多个版本。

（1）朴素预期假说，有时也称持有期期望收益率全球相等假说。该假说认为，在任何持有期内采取任何策略的期望收益率都相同。

（2）局部收益率假说。该假说认为，在较短的投资期限内，持有长期债券的期望总收益率等于该短投资期限的当前收益率。

一般地，令 $P(t,T)$ 表示在时刻 T 偿付 1 美元的零息债券在时刻 t 的价格，不论该债券的期限如何，总有：

$$E\left[\frac{\mathrm{d}P}{P(t, T)}\right]=r(t)\mathrm{d}t \tag{7.8}$$

$$P(t, T)=E\left[\exp\left(-\int_t^T r(t)\mathrm{d}t\right) \mid r(t)\right] \tag{7.9}$$

式中，$r(t)$ 是时刻 t 的瞬时收益率。式（7.8）和式（7.9）的内涵是，如果存在期限溢价，则每一瞬时应采用的贴现率即为当前市场上的主导性即期利率。

（3）无偏预期假说。该假说认为远期利率等于期望的未来即期利率。

（4）持有至到期的总回报假说。该假说认为，任何折现债券持有至到期获得的期望收益率必须等于在此期限内投资于一系列单期债券所获得的期望收益率。即：

$$\frac{1}{P(t, T)}=E[(1+r_{t, t+1})(1+\hat{r}_{t+1, t+2})\cdots(1+\hat{r}_{T-1, T})] \tag{7.10}$$

除非远期利率之间互不相关，否则本假说与无偏预期假说［式（7.6）］不相容。

（5）到期收益率假说。该假说认为，在持有债券至到期的情况下，期间收益率（或持有期收益率）与该期限内利用一系列短期债券进行滚动投资所获得的持有期收益率相等。

（三）预期理论的缺陷

预期理论最主要的缺陷是严格地假定人们对未来短期利率具有确定的预期，不存在因不确定性而产生的风险；此外，该理论还假定，资金在长期资金市场和短期资金市场之间的流动是完全自由的。这两个假定都过于理想化，与金融市场的实际差距太远。

此外，考克斯、英格索尔和罗斯（Cox，Ingersoll & Ross，1981）还进行了如下证明：（1）若未来利率具有不确定性，则朴素预期假说基本可以认为是无效的。（2）其他四种假说的含义有所区别，就利率的不确定性而言，四种假说存在不一致性。（3）只有局部收益率假说和均衡理论具有一致性。所有其他预期理论均意味着可以通过特定投资策略赚得超额收益，存在套利空间，在揭示预期理论缺陷的同时也对该假说提出了重大挑战。

二、利率期限结构的流动性偏好理论

从内涵上看，流动性偏好理论是对预期理论的拓展。希克斯首先提出了不同期限债券的风险程度与利率结构的关系，较为完整地建立了流动性偏好理论，对预期理论进行了修正。流动性偏好理论认为远期利率应该是预期的未来利率与流动性风险补偿的累加。其理论基础是，尽管不同期限的债券之间存在一定的替代性，或者说一种债券的预期收益确实可以影响不同期限债券的收益，但由于投资者对不同期限的债券具有不同的偏好，不同期限的债券并非可完全相互替代。因此，投资者在收益率相同的情况下更愿意持有短期债券，以保持较好的流动性。此时，长期债券的收益率必然表现为在预期的短期利率的基础上，增加对流动性风险的补偿，而且期限越长，补偿也就越高；投资者之所以要保持资产的流动性，往往是出于对长期利率进行预期所具有的难度的考虑。单纯从债券价格的波动来看，债券期限越长，其价格对利率变化的敏感性越强，所隐含的风险也就越大，投资者投资债券必然要求额外的风险补偿（L）。

$$ {}_tf_{t+1}=E[r(t,\ t+1)]+L_{t,\ t+1}\ (\text{对于}\ t>0，\text{且}\ L_{t,\ t+1}>0) \tag{7.11} $$

所以，在大多数情况下，流动性风险理论导致我们看到一条向上倾斜的收益率曲线。

一些研究人员专门研究了流动性偏好理论中风险补偿的成本来源，如范·霍恩（Van Horne）就认为，远期利率除了包括预期信息之外，还包括风险因素：（1）短期债券比长期债券的流动性大，而且对短期利率的变动趋势进行预测的可行性较高，预测的准确性也更大，资产价值损失的可能会比较小，投资者要求的流动性贴水会比较低；（2）用短期投资滚动实现长期投资必然涉及再投资问题，其间除短期资金在进出之际会产生成本以外，还有进出之间可能产生的不确定性风险，这些都可能使长期利率高于短期利率；（3）采用借入资本的办法筹措头寸的时候，将长期贷款转为短期贷款往往要采用票据再贴现的形式，这也会产生一定的手续费，这些手续费需要在利率上反映出来。不难看出，偏好利率结构理论实质上是将投资者对资本价值的风险规避倾向导入预期利率结构理论。

在连续时间状态下，如果 $R(t,\ T)$ 表示在时刻 T 到期的债券的到期收益率，$E_t[r(s)]$ 表示在时刻 t 对未来时刻即期利率的预期，$L(s,\ T)$ 表示在时刻 T 到期的债券在时刻 s 的瞬时期限溢价，那么按照流动性偏好理论，到期收益率有如下表达式：

$$ R(t,\ T)=\frac{1}{T-t}\left[\int_t^T E_t(r(s))\mathrm{d}s+\int_t^T L(s,\ T)\mathrm{d}s\right] \tag{7.12} $$

瞬时期限溢价的存在体现了流动性偏好理论与预期理论的差异，此时瞬时期限溢价是单调增加的。

就局限性而言，既然风险溢价为正，流动性偏好理论对收益率曲线出现向下倾斜、水平等形态就缺乏合理的解释。

三、利率期限结构的市场分割理论

最早提出市场分割理论的经济学家是科伯森（J. M. Culbertson）。市场分割理论认为，债券市场由一系列不同期限的市场组成，每个发行人或投资者均有偏好的期限，且其风险规避特性使得他仅在偏好的期限范围内投资，进而每个市场都有自己独立的均衡——长期借贷活动决定了长期利率，短期交易决定了独立于长期借贷活动的短期利率。在市场分割理论的赞成者看来，这种现象的出现并不是由于行政力量限制，而是金融机构的特定业务运作所导致的对资金期限的特定要求使然。从资金需求方来看，需要短期资金的投资者会发行短期证券，而需要长期资金的投资者则偏好发行长期证券，并且这些长、短期证券之间一般不能相互替代，以免增加无谓的交易费用，这些都支持短期证券市场与长期证券市场彼此分割的观念；从资金供给方来看，不同性质资金来源使不同的金融机构被限制在特定的期限内进行借贷活动，以致短期利率由短期借贷活动（资金市场）决定，长期利率由长期借贷活动（资金市场）决定。根据市场分割理论，利率期限结构和债券收益率曲线是由不同市场的供求关系决定的，或者说债券的风险溢价可以为正、负或者零。如果投资者偏好长期市场，将导致短期资金缺乏而长期资金充裕，短期利率将比长期利率高，收益率曲线则出现向下倾斜的态势；如果投资者偏好短期市场，将导致长期资金缺乏而短期资金充裕，则长期利率会高于短期利率，收益率曲线呈上扬的形态；如果长、短期资金供求状况相似，则不同期限的利率相等。

市场分割理论与预期理论关键的差异体现在不同期限债券的可替代性上。预期理论暗含着这样一个假定，即不同期限的债券是可以相互替代的，投资者眼中始终有一个全体债券的集合可供选择，投资者也完全意识到了不同债券之间的可替代性。这个假定使得人们总是希望在全市场均衡的概念框架下寻求长、短期债券共同拥有的一个收益率结构，在这个收益率结构下，流动性溢价也存在一个所有市场主体都接受的结构。市场分割理论则倾向于从全域均衡走向局部均衡，认为长、中、短期债券被分割在不同的市场上，各自实现独立的、局部的市场均衡。

作为一种利率期限结构理论，市场分割理论最大的缺陷在于它旗帜鲜明地宣称不同期限的债券市场是互不相关的。因此，该理论既无法解释不同期限债券的利率所体现的同步波动现象，也无法解释长期债券市场利率随着短期债券市场利率波动呈现出的明显有规律性的变化。

四、利率期限结构的一些其他理论假说

（一）优先置产理论

在均衡理论占优的情况下，市场分割理论具有明显的缺陷，加之现实中长、短期债券品种之间无障碍地流动和交易，也使得长、短期债券市场分割的论点难以成立，因而持这种观点的人也越来越少。事实上，借贷双方在做出投资和筹资决定之前，基本上都会比较长、短期债券利率和预期的短期利率，然后选择最有利的利率与期限匹配。因此，不同期限的债券的确都在借贷双方的考察范围之内，这说明任何一种期限的债券利率都与其他债券的利率相联系。这种理论被称作优先置产理论，它认为债券市场不是分割的，投资者会考察整个市场，并选择溢价最高的债券品种进行投资。

（二）集中偏好理论

集中偏好理论认为，债券期限结构实际上反映了未来利率走势与风险补偿的相互作用，没有必要假定风险贴水一定会随期限增长而增加，债券期限结构取决于不同期限范围内资金的供求平衡。在一定的期限范围内，资金供求的失衡将引导借款人与贷款人都倾向于投资对自己有利的期限，因而风险贴水只需要能明确反映价格风险，或者再投资风险，以及投资者对这些风险的厌恶程度，只有当所有投资者都打算在近期卖出其投资的债券品种，并且所有借款人都急于借到长期债务时，风险贴水才必然随期限增长而增加。因此，风险补偿实际上还具有能动的作用：引导投资者改变他们原有的对期限的偏好，偏好结构的改变将使得收益率曲线向上倾斜、向下倾斜、平稳变化甚至向上凸。[①]

① 由于集中偏好理论既允许市场主体在局部市场交易（或者说假定市场主体在特定期限中寻求自己偏好的风险贴水水平），又允许债券品种的跨市场交易，所以可以视为市场分割理论和偏好利率结构理论的折中。

第三节 名义利率期限结构模型

在20世纪70年代布莱克和斯科尔斯创立期权定价理论以后，随机数学工具在债券定价领域的应用得到了飞速发展，金融经济学家提出并发展了众多利率期限结构模型（见表7-2）。

表7-2 利率期限结构模型的发展

创立者	模型的表达式	参数特征
Merton（1973）	$dr=\theta dt+\sigma dw$	θ，σ 是常数
Vasicek（1977）	$dr=k(\theta-r)dt+\sigma dw$	k，θ，σ 是常数
Dothan（1978）	$dr=\sigma r dw$	σ 是常数
Brennan-Schwartz（1979）	$d\ln r=a(\ln l-\ln r)dt+\sigma_1 dw$ $dl=l(l-r+\sigma_2^2+\lambda_2\sigma_2)dt+l\sigma_2 dw_2$	a，σ_1，σ_2 是常数
Constantinides-Ingersoll（1984）	$dr=\sigma\sqrt{r^3}dw$	σ 是常数
Schaefer-Schwartz（1984）	$ds=m(\mu-s)dt+\gamma dw_1$ $dl=\beta(s,l,t)dt+\sigma\sqrt{l}dw_2$	m，μ，σ，γ 是常数
Cox-Ingersoll-Ross（1985）	$dr=k(\theta-r)dt+\sigma\sqrt{r}dw$	k，θ，σ 是常数
Ho-Lee（1986）	$dr(t)=\theta(t)dt+\sigma dw(t)$	σ 是常数
Black-Derman-Toy（1990）	$d\ln r=\left[\theta(t)-\frac{\sigma'(t)}{\sigma(t)}\ln r\right]dt+\sigma(t)dw$	
Hull-White（1990）	$dr=(\theta-ar)dt+\sigma dw$	θ，a，σ 是时间的函数
Heath-Jarrow-Morton（1992）	$df=\alpha(t)dt+\sigma(t)dw$	f 是远期利率
Longstaff-Schwartz（1992）	$dx=(\gamma-\delta x)dt+\sqrt{x}dw_1$ $dy=(\eta-\theta y)dt+\sqrt{y}dw_2$	γ，δ，η，θ 是常数
Chen（1996）	$dr=k(\theta-r)dt+\sqrt{\sigma r}dw_1$ $d\theta=\nu(\bar{\theta}-\theta)dt+\zeta\sqrt{\theta}dw_2$ $d\sigma=\mu(\bar{\sigma}-\sigma)dt+\eta\sqrt{\sigma}dw_3$	k，η，μ，ν，$\bar{\theta}$，$\bar{\sigma}$，ζ 是常数
Balduzzi-Das-Foresi-Sundaram（1996）	$dr=k[\theta(t)-r]dt+\sqrt{\nu(t)}dw_1$ $d\theta=\alpha[\bar{\theta}-\theta(t)]dt+\zeta dw_2$ $d\nu=\mu[\bar{\nu}-\nu(t)]dt+\eta\sqrt{\nu(t)}dw_3$	k，α，μ，$\bar{\theta}$，$\bar{\nu}$，ζ，η 是常数

上述利率期限结构模型形式千差万别、各不相同，但有一个共同点，那就是都没有明确涉及通货膨胀或通货紧缩因素，因此都属于名义利率期限结构模型。这些利率期限结构模型最显著的特点是模型中出现了随机因子，所以可以按模型所包含的随机因子的数量来分类。这样，名义利率期限结构模型就可以分为单因子模型、双因子模型和多因子模型，其中单因子模型只含有一个随机因子，这意味着收益率曲线上各点的随机因子完全相关，

而（双）多因子期限结构模型涉及（两）多个随机因子，表明收益率曲线上不同点的随机因子具有某种程度的相关性。

一、单因子模型

均衡分析方法和套利方法是构建期限结构模型的两种基本方法（见表 7-3）。

表 7-3　均衡模型和无套利机会模型的特征比较

	均衡模型	无套利机会模型
模型的假定条件	包括许多严格的假定，且要求考虑个人偏好，属于有偏好模型	假定条件宽松，不需要考虑个人偏好，属于无偏好模型
模型的动态路径	瞬时短期利率	瞬时短期利率、瞬时远期利率和债券价格
模型的定价特征	不要求债券的模型定价与债券的市场价格相符	要求债券的模型定价与债券的市场价格相符
模型的资料来源	债券价格和利率期限结构的历史资料	债券价格和利率期限结构的即期市场资料
模型的参数特征	模型的参数相对稳定，在不同的时间具有一定的连贯性	模型的参数需要根据市场状况的变化经常调整，无法保持模型的内部一致性
模型的应用范围	可用于债券价格、利率期限结构的预测，也可用于债券的交易	适用于衍生证券的交易

（一）均衡模型

1. 瓦西塞克模型

瓦西塞克（Vasicek，1977）是较早用一般均衡框架来刻画利率期限结构的学者。其基本假设是：(1) 市场是有效的，没有交易成本，投资者可以同时获得各种信息。(2) 只有一个状态变量决定利率过程，即利率过程服从连续马尔可夫过程（Markov process）。(3) 贴现债券的价格由投资期间的现期利率决定。基于这些假设，瓦西塞克得到短期利率服从奥恩斯坦-乌伦贝克过程（Ornstein-Uhlenbeck process）的假设，或者说围绕利率的长期平均水平展开“均值回复”（mean-reverting），进而短期利率 r 的变化是“漂移项”与扰动项的函数，即

$$dr=k(\theta-r)dt+\sigma dw \tag{7.13}$$

式中，k、θ、σ 为常数，其中 k 为均值回复速度，θ 为短期利率的“正常”水平（均值），即利率所要回复值，σ 是利率波动的标准差，w 是一个均值为零、标准差为 1 的标准维纳过程（Wiener process）。因此，在瓦西塞克（1977）看来，当短期利率 r 高于 θ 时，由于 k 假设为正，第一项倾向于将 r 往下拉，而当短期利率 r 低于 θ 时，r 倾向于向上漂移。当然，随机过程的第二项把随机扰动应用于短期利率，这可能暂时抵消标准随机过程的均值回复趋势。均值回复的影响是创造了真实的利率周期，且 k 的水平决定了利率升降的长度和强度。

借助数理分析工具，我们可以得到当 r 的当前值为 r_0 时，r 在未来任何一个时点 t 的期望为：

$$E(r_t)=\theta+(r_0-\theta)e^{-kt} \tag{7.14}$$

此外，$r_t-\theta$ 的方差为：

$$\mathrm{Var}(r_t-\theta)=\frac{\sigma^2}{2k}(1-e^{-kt}) \tag{7.15}$$

借助上述分析，瓦西塞克证明了只要短期利率满足上式，那么到期（T 时刻）支付 1 美元的零息票债券价格在 t 时刻的表达式为：

$$P(t, T)=A(t, T)e^{-B(t, T)r(t)}$$

并且

$$\begin{aligned} B(t, T)&=\frac{1-e^{-k(T-t)}}{k}A(t, T)\\ &=\exp\left[\frac{[B(t, T)-T+t](k^2\theta-\sigma^2/2)}{k^2}-\frac{\sigma^2 B(t, T)^2}{4k}\right] \end{aligned} \tag{7.16}$$

由此，整个利率期限结构就可以表示为：

$$R(t, T)=-\frac{1}{T-t}\ln A(t, T)+\frac{1}{T-t}B(t, T)r(t) \tag{7.17}$$

式（7.17）说明在给定 k、θ、σ 的条件下，整个利率期限结构是 $r(t)$ 的函数，并且 $R(t)$ 和 $r(t)$ 之间存在某种线性关系。

2. CIR 模型

CIR（Cox，Ingersoll & Ross，1985）模型详细论述了持续竞争经济的总体均衡，其理论基础是个人从消费单一商品中获得的预期效用达到最大化，该商品是通过有限数量的技术生产出来的，其特点是对于所有期限的债券来说，风险/收益比率相同，套利是导致这种现象的力量。其基本假设是：(1) 市场是无摩擦的，即没有交易成本和税收。(2) 市场是完全竞争的，市场参与者都是价格接受者。(3) 所有消费者无须付出成本就可同时获得市场中的所有信息。(4) 交易是连续的且允许卖空。(5) 经济中存在一个短期信贷市场。(6) 经济系统只有一个状态变量。在这些假设的基础上，CIR 认为瞬时短期利率动态满足如下随机微分方程：

$$dr=k(\theta-r)dt+\sigma\sqrt{r}\,dw \tag{7.18}$$

在式（7.18）中，k、θ、σ 为常数，w 是一个均值为零、标准差为 1 的标准维纳过程。这个模型与瓦西塞克（1977）模型相比，保持了均值回复性，同时由于包含一个瞬时短期利率的平方根，因而排除了利率取负值的可能性。[①]

CIR（1985）指出，当利率服从上述随机过程时，尽管到期（T 时刻）支付 1 美元的零息票债券价格在 t 时刻的表达式与瓦西塞克（1977）完全相同，即：

$$P(t, T)=A(t, T)e^{-B(t, T)r(t)} \tag{7.19}$$

① 如果 $2k\theta\geqslant\sigma^2$，那么向上的漂移将足够大，短期利率将不可能回到初始点，进而只要初始利率为正，短期利率将不可能为负。

但 $B(t, T)$ 和 $A(t, T)$ 函数形式不同：$B(t, T)=\dfrac{2[e^{r(T-t)}-1]}{(r+k)[e^{r(T-t)}-1]+2r}$，而 $A(t, T)=\left[\dfrac{2re^{(r+a)(T-t)/2}}{(r+k)(e^{r(T-t)}-1)+2r}\right]^{2k\theta/\sigma^2}$。

CIR 模型的优点在于它产生于经济中的内在经济变量和总体均衡，包含了风险回避、消费时间偏好、财富限制和风险补偿等多个因素，且模型中的无风险利率和利率动态是由一般均衡内生地决定的，进而排除了存在套利机会的利率动态。CIR 模型最大的缺陷是过于复杂，进而在估算经济参数、风险参数和进行现实预测方面存在诸多困难。

3. 朗恩斯塔夫模型①

朗恩斯塔夫（Longstaff，1989）在连续时间框架下，利用一般均衡分析方法，在与 CIR 模型相似的假设条件下构建了另一个著名的期限结构模型。因模型含有两个平方根，所以又被称为双平方根模型。另外还假设经济主体具有对数偏好，瞬时短期利率动态满足如下随机微分方程：

$$dr(t)=k(\mu-\sqrt{r(t)})dt+\sigma\sqrt{r(t)}\,dw(t) \tag{7.20}$$

在式（7.20）中，k、σ 是正常数，且 $\mu=\dfrac{\sigma^2}{4k}$。这个利率过程同样排除了利率取负值的可能性，但除此以外，还具有一些与 CIR 模型不同的性质：（1）利率的瞬时方差是 $\sigma^2 r$，它与利率水平直接相关。（2）利率动态过程只需要两个参数 k 和 σ^2 就可以刻画。这表明长期基准利率的决定不可能独立于 k 和 σ^2，并且如果其他条件保持不变，利率的波动参数 σ^2 增大，利率均值也会增大。（3）利率回复到均值 μ^2 的趋势是非对称的，利率的变化趋势具有向下黏性。因为利率的均值与（$\mu-\sqrt{r(t)}$）成比例，如果 $\sqrt{r(t)}<\mu$，那么漂移是向上的；如果 $\sqrt{r(t)}>\mu$，那么漂移是向下的。但是利率等于 $\mu^2+\varepsilon$ 时的漂移并没有利率等于 $\mu^2-\varepsilon$ 时的漂移那么大。这种非对称性使得利率从上方回复到均值 μ^2 的速度比利率从下方回复到均值 μ^2 的速度要慢（见图 7-4）。

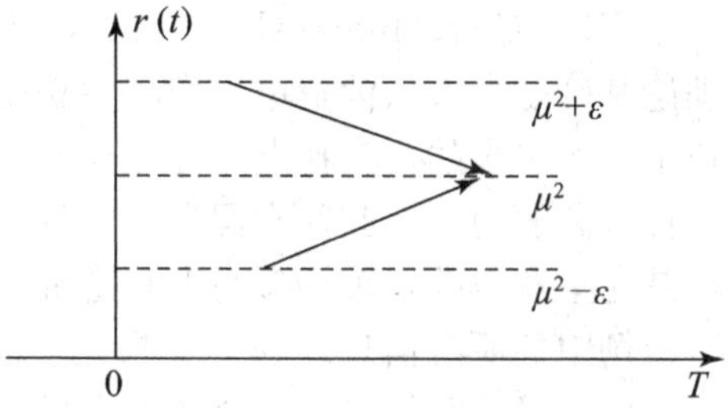

图 7-4　朗恩斯塔夫模型的均值回复的非对称性

给定在时间 s 的信息，即给定 $r(s)=r$，则在时间 t 利率动态过程的密度函数可以通过反射布朗运动平方的密度函数得到，即：

$$[2\pi r(t)\sigma^2 t]^{-1/2}\left[\exp\left(\frac{-2(\sqrt{r(t)}-\sqrt{r}+kt/2)^2}{\sigma^2 t}\right)\right.$$
$$\left.+\exp\left(\frac{4k\sqrt{r}}{\sigma^2}\right)\exp\left(\frac{-2(\sqrt{r(t)}-\sqrt{r}+kt/2)^2}{\sigma^2 t}\right)\right]$$

① Longstaff, F. A. (1989), "A Nonlinear General Equilibrium Model of the Term Structure of Interest Rates," *Journal of Financial Economics*, 23 (2), 195-224.

$$+\frac{2k}{\sigma^2\sqrt{r(t)}}\exp\left(\frac{-4k\sqrt{r(t)}}{\sigma^2}\right)\left[1-\varphi\left(\frac{2(\sqrt{r(t)}+\sqrt{r}-kt/2)}{\sqrt{\sigma^2 t}}\right)\right] \tag{7.21}$$

在式（7.21）中，$\phi(\cdot)$ 表示累积标准正态分布。这个分布的密度表达式极为复杂，其尖峰突向一个很大的值，直接计算很难得到条件期望和条件方差的确定表达式。随机模拟显示，条件期望和条件方差与利率 r 呈近似线性关系。考虑一个特例，如果 $k=0$，意味着原来的双平方根模型将变成如下的不同于 CIR 模型的单平方根形式：

$$\mathrm{d}r(t)=\sigma\sqrt{r(t)}\,\mathrm{d}w(t)+\frac{\sigma^2}{4}\mathrm{d}t \tag{7.22}$$

这个模型既有别于 CIR 模型，又与朗恩斯塔夫模型不同。在给定时间 s 的信息条件下，条件均值和条件方差分别为：

$$E(r(t)|\Phi_s)=r(s)+\sigma^2 t/4 \tag{7.23}$$

$$\mathrm{Var}(r(t)|\Phi_s)=\sigma^2 r(s)t+\sigma^4 t^2/8 \tag{7.24}$$

式（7.23）与式（7.24）都是利率的线性函数。在一般情况下，当时间 t 趋近于无穷时，$\phi(\cdot)$ 的极限是一个韦伯分布，$\frac{2k}{\sigma^2\sqrt{r}}\exp\left(\frac{-4k\sqrt{r}}{\sigma^2}\right)$，其期望值是$\frac{\sigma^4}{8k^2}=2\mu^2$。由于利率的变化趋势具有向下黏性，所以利率的长期均值必定等于期望值。

（二）无套利机会模型

1. 默顿模型

默顿（1970）的利率期限结构模型有时被称为“平行利率扰动模型”，其核心是把随机游走假说应用于短期无风险利率 r。如果用随机微分方程表示，就是：

$$\mathrm{d}r=\sigma\mathrm{d}w \tag{7.25}$$

即短期无风险利率 r 的变化等于固定的 σ 乘以一个随机扰动项，其中 w 是一个均值为零、标准差为 1 的标准维纳过程。固定的 σ 是利率的瞬时波动率，可通过上下测量其大小来最大化匹配可观察到的收益率曲线的好处。

为了简化分析，默顿（1970）假设经济中仅有一个状态变量，因而投资者知道可通过套期保值来消除这个风险因素。假设某投资者持有 1 单位期限为 T_1 的零息债券 1。这个投资者构建了一个 Z 量的组合，其中包括 1 单位零息债券 1 及 z 单位期限为 T_2 的债券。期限为 T_2 的债券是套期保值工具。组合价值为：

$$Z=P_1+zP_2 \tag{7.26}$$

借助伊藤引理，这个套期保值组合的价值变化是：

$$\mathrm{d}Z=\mathrm{d}P_1+z\mathrm{d}P_2=P_{1r}\sigma\mathrm{d}w+\left(\frac{1}{2}P_{1rr}\sigma^2+P_{2r}\right)\mathrm{d}t+z\left[P_{2r}\sigma\mathrm{d}w+\left(\frac{1}{2}P_{2rr}\sigma^2+P_{2t}\right)\mathrm{d}t\right] \tag{7.27}$$

将随机扰动项 $\mathrm{d}w$ 的系数合并得到：

$$dZ=\left(\frac{1}{2}P_{1rr}\sigma^2+P_{2r}\right)dt+z\left(\frac{1}{2}P_{2rr}\sigma^2+P_{2t}\right)dt+(P_{1r}+zP_{2r})\sigma dw \tag{7.28}$$

那么，如果选择合适的 z（即套期保值量），使得式（7.28）的随机扰动项 dw 的系数为零，我们就能实现完美的套期保值与一个无风险组合。此时，

$$z=-\frac{P_{1r}}{P_{2r}} \tag{7.29}$$

显然，如果使用这一套期保值量，那么组合的瞬时收益应精确等于短期利率乘以组合价值：

$$dZ=rz\,dt=(rP_1+rzP_2)dt \tag{7.30}$$

重新整理式（7.30），可得到：

$$dZ=rz\,dt=(rP_1+rzP_2)dt=\left(\frac{1}{2}P_{1rr}\sigma^2+P_{2r}\right)dt+z\left(\frac{1}{2}P_{2rr}\sigma^2+P_{2t}\right)dt \tag{7.31}$$

然后，把 z 的表达式代入，两边消去 dt 系数，重新加以整理并除以利率波动率，有无套利均衡条件：

$$-\lambda=\frac{(1/2)P_{1rr}+P_{1t}-rP_1}{\sigma P_{1r}}=\frac{(1/2)P_{2rr}+P_{2t}-rP_2}{\sigma P_{2r}} \tag{7.32}$$

在得到这一无套利条件的基础上，默顿（1970）认为对于任意给定的期限为 T、剩余期限为 $T-t=\tau$ 的零息债券（设到期本金为 1），在 λ（风险的市场价格）随时间固定不变的假设下，有：

$$P(r,t,T)=P(r,\tau)=e^{rF(\tau)+G(\tau)} \tag{7.33}$$

式中，$F(\tau)=-\tau$，$G(\tau)=-\frac{\lambda\sigma\tau^2}{2}+\frac{1}{6}\sigma^2\tau^3$。

2. Ho-Lee 模型

霍和李（Ho & Lee，1986）假定利率期限结构已经给定，然后推演期限结构的演变。期限结构的演变必须满足一定的约束条件以确保这些演变符合某种均衡框架。特别地，期限结构的这种演变不允许套利机会的存在。他们的方法的主要优点是可以将期限结构的信息充分运用于定价实践。所以，将这种方法导出的期限结构模型用于债券定价可以确保债券理论价格与由观察到的市场期限结构决定的价格一致。他们的基本假设是：（1）市场是无摩擦的，没有交易成本和税收，所有证券都是完全可分的；（2）市场在离散时间点出清；（3）债券市场是完全的，每个到期时间都存在一种贴现债券；（4）在每个时间点，只存在有限个状态。在这些假设条件下，他们推出了离散时间背景下的 Ho-Lee 模型。① 但由于他们的方法本身具有的解析灵活性，将其推广得到连续时间背景下的 Ho-Lee 模型是

① Ho，T. S. Y.，and Lee，S. B.（1986），"Term Structure Movements and Pricing Interest Rate Contingent Claims，" *The Journal of Finance*，41（5），1011－1029.

十分显然的，即瞬时短期利率动态满足如下随机微分方程：

$$dr(t)=\theta(t)dt+\sigma dw(t) \tag{7.34}$$

在式（7.34）中，σ 是正常数，参数 $\theta(t)$ 由式（7.35）决定：

$$\theta(t)=\frac{\partial f(0,t)}{\partial t}+\sigma^2 t \tag{7.35}$$

这里的偏导数表示在时间 t 到期时的初始远期利率曲线的斜率，$f(0,t)$ 表示远期利率。正是这个时间变量使得 Ho-Lee 模型确定的债券价格与所观察到的债券市场价格相吻合。这个模型与默顿（Merton，1973）模型很相似，也与英格索尔（Ingersoll，1987）模型很相似。① 这个模型的优点是极为简明，任何时间段的利率都等于前一阶段的利率加上或减去某种随机冲击。但是这个模型没有均值回复的性质，而且利率将以正的概率取负值。另外，模型表明的利率水平对利率波动水平的影响，或者说利率随机波动的标准差是一个常数，这一点可能与实际不符。一般而言，当利率水平比较高的时候，短期利率的随机波动较大。

3. 赫尔-怀特模型

由于瓦西塞克模型与初始利率期限结构的不良拟合性，金融经济学家试图努力改进这些模型与市场数据的吻合性。理论和实践上的这种要求促使赫尔和怀特将时变参数引入瓦西塞克模型。事实上，理论和实践上的这种要求相当高，因为如果债券的到期时间有无穷个，那就意味着要解无穷个方程，使模型中的利率期限结构能够拟合当前市场的利率期限结构，在某些情况下，也能够精确拟合远期利率的波动。这种良好的拟合性正是赫尔-怀特模型最重要的特色。要做到这一点并不容易，必须机智地选好参数。

赫尔和怀特（Hull & White，1990）假定瞬时短期利率动态满足如下随机微分方程：

$$dr(t)=[\theta(t)-a(t)r(t)]dt+\sigma(t)dw(t) \tag{7.36}$$

在式（7.36）中，$\theta(t)$、$a(t)$、$\sigma(t)$ 都是时间的确定性函数。这个模型能够拟合利率期限结构和现期利率或远期利率波动结构，但如果要将模型调校到符合当前的收益率曲线，那么模型对波动结构的拟合性就会变得极不可靠。原因主要有两个：首先，并不是所有市场报价显示的波动都显著可靠，某些市场由于流动性差，相关的报价既不规范又不可靠。其次，隐含的将来波动结构可能并不符合实际，因为这些波动结构与典型的市场曲线不一致。这说明赫尔和怀特将瓦西塞克模型中所有的常参数都改成时间的函数似乎有些过头了。因此，赫尔和怀特（1994）回过头来只将瓦西塞克模型中的一个参数 θ 规定为时间的函数，而 a 和 σ 为正的常数。这样，赫尔-怀特模型就变成：

$$dr(t)=[\theta(t)-ar(t)]dt+\sigma dw(t) \tag{7.37}$$

在式（7.37）中，参数 θ 必须精心选取才能使利率期限结构精确地拟合当前的市场数据。给定在时间 s 的信息 Φ_s，对赫尔-怀特模型直接进行积分，对任意的 $s \leqslant t$，瞬时短期利率动态为：

---

① Ingersoll, J. E. (1987), *Theory of Financial Decision Making*, Rowman & Littlefield.

$$r(t)=r(s)\mathrm{e}^{-a(t-s)}+\int_s^t \mathrm{e}^{-a(t-u)}\theta(u)\mathrm{d}u+\sigma\int_s^t \mathrm{e}^{-a(t-u)}\mathrm{d}w(u) \tag{7.38}$$

并且，$r(t)$ 服从正态分布，其条件均值和条件方差分别为：

$$E[r(t)\mid\Phi_s]=r(s)\mathrm{e}^{-a(t-s)}+\int_s^t \mathrm{e}^{-a(t-u)}\theta(u)\mathrm{d}u \tag{7.39}$$

$$\mathrm{Var}[r(t)\mid\Phi_s]=\frac{\sigma^2}{2a}[1-\mathrm{e}^{-2a(t-s)}] \tag{7.40}$$

如果给定参数 $\theta(t)=\dfrac{\partial f(0,t)}{\partial t}+af(0,t)+\dfrac{\sigma^2}{2a}(1-\mathrm{e}^{-2at})$，则当时间 t 趋近于无穷时，$r(t)$ 的无条件均值和无条件方差分别为：

$$\lim_{t\to\infty}E[r(t)\mid\Phi_s]=\frac{\sigma^2}{2a^2} \tag{7.41}$$

$$\lim_{t\to\infty}\mathrm{Var}[r(t)\mid\Phi_s]=\frac{\sigma^2}{2a} \tag{7.42}$$

4. 布莱克-卡拉辛斯基模型

布莱克和卡拉辛斯基（Black & Karasinski，1991）提出了一个著名的对数正态期限结构模型。① 他们仍然假定：(1) 没有税收和交易成本。(2) 没有违约风险，债券借入没有追加成本。(3) 所有证券的价格在连续时间上均是完全相关的，即利率动态只有一个状态变量。布莱克和卡拉辛斯基在布莱克、德曼和托伊（Black，Derman & Toy，1990）离散时间模型的基础上，对连续时间取极限就得到了对数正态期限结构模型：

$$\mathrm{d}\ln[r(t)]=[\theta(t)-a(t)\ln(r(t))]\mathrm{d}t+\sigma(t)\mathrm{d}w(t) \tag{7.43}$$

在式（7.43）中，$\theta(t)$、$a(t)$、$\sigma(t)$ 是时间的确定性函数，参数的选取要求使模型能精确地拟合初始利率期限结构和市场波动曲线。为了更清楚地理解这个模型，可以将这个模型稍做变形：

$$\mathrm{d}\ln[r(t)]=a(t)[\ln(\mu(t))-\ln(r(t))]\mathrm{d}t+\sigma(t)\mathrm{d}w(t) \tag{7.44}$$

从式（7.44）中可以看出，$\mu(t)$ 是利率动态的均值回复参数，$a(t)$ 是均值回复速度参数，$\sigma(t)$ 是利率对数的波动参数。这个模型的构建可以先确定均值回复速度参数 $a(t)$，如设定均值回复速度为常数，再调整模型中的其他参数，使利率期限结构和波动率期限结构能够相互匹配；也可以先确定波动参数 $\sigma(t)$，再确定模型中的其他参数，使模型的波动率期限结构和利率期限结构能够相互匹配。此外，独立地决定均值回复参数 $\mu(t)$ 也是可行的，但是同样要使各参数相互协调，并使利率期限结构与波动率期限结构相匹配。

当然，也可以使 θ 为唯一一个参数是时间的函数，而 σ 和 a 是正常数，这时布莱克-卡拉辛斯基模型就变得稍微简单一些：

---

① Black，F.，and Karasinski，P.(1990)，"Bond and Option Pricing When Short Rates Are Lognormal，" *Financial Analysts Journal*，47 (4)，52-59.

$$d\ln[r(t)]=[\theta(t)-a\ln(r(t))]dt+\sigma dw(t) \tag{7.45}$$

在式（7.45）中，系数 a 表示利率 $r(t)$ 的对数接近长期均值的速度，σ 表示 $dr(t)/r(t)$ 的标准差。应用伊藤定理，将变成：

$$dr(t)=r(t)\left[\theta(t)+\frac{\sigma^2}{2}-a\ln r(t)\right]dt+\sigma r(t)dw(t) \tag{7.46}$$

如果给定在时间 s 的信息，则对任意 $t\geqslant s$，对式（7.46）直接积分得：

$$r(t)=\exp\left(\ln r(s)e^{-a(t-s)}+\int_s^t e^{-a(t-u)}\theta(u)du+\sigma\int_s^t e^{-a(t-u)}dw(u)\right) \tag{7.47}$$

如果给定在时间 s 的信息 Φ_s，则 $r(t)$ 的条件期望为：

$$E[r(t)|\Phi_s]=\exp\left[\ln r(s)e^{-a(t-s)}+\frac{\sigma^2}{4a}(1-e^{-2a(t-s)})+\int_s^t e^{-a(t-u)}\theta(u)du\right] \tag{7.48}$$

布莱克-卡拉辛斯基模型是一种非常有弹性的模型，它和其他无套利机会模型一样，要求模型的期限结构与当时观察到的市场期限结构一致。由于模型含有利率的对数，它比平方根模型更进了一步。平方根模型或双平方根模型消除了利率取负值的可能性，零利率成了模型的“反射壁”。对数正态利率动态不仅消除了利率取负值的可能性，而且让利率远离零值。这种特性使模型与现实更接近，因为只要人们愿意持有现金，名义利率就不可能降到零或零以下。

二、双因子模型

单因子模型虽然形式简便，参数个数少，容易估计，并且应用起来也比较简单，但单因子模型的缺陷也很明显。首先，单因子模型的灵活性较差，难以反映实际的各种可能的零息债券的收益率曲线和利率期限结构的动态。从理论上说，单因子模型只将影响利率动态的一个因素包含在模型中，这显然与现实不符——经济学家经过研究发现，至少需要三个因子才能充分解释利率的变化。[①] 其次，单因子模型隐含地假定所有可能的零息债券利率之间是完全相关的，而这显然与实际有很大的差距。最后，利用单因子模型对短期债券进行定价造成的误差是比较小的，但如果用单因子模型对较长期限的债券进行定价就会出现比较大的误差，此时用多因子模型进行定价比较合适。一般而言，由单因子模型推定的理论价格与实际的市场价格的误差都超过 1%，这还是勉强可以接受的；但用单因子模型对衍生证券进行定价时，误差达到 20%～30%，这就让人无法接受了。此外，默顿和瓦西塞克的模型甚至允许利率为负值，事实上真实利率不可能为负值，名义利率更

---

① 利特曼（Litterman）和斯格因克曼（Scheinkman）的研究表明单个因子（短期利率）只能解释美国国债利率变化的大致 90%。杰姆希迪安（Jamshidian）和朱（Zhu）利用主成分分析方法或者因素分析方法，以日元、美元和德国马克的数据资料，对整个收益率曲线的历史资料进行的分析表明，两个主成分因子只能解释收益率曲线总变化的 85%～90%，一个主成分因子可以解释收益率曲线总变化的 68%～76%，而三个主成分因子可以解释收益率曲线总变化的 93%～94%。

是如此。

单因子模型的上述缺陷，使得研究和开发多因子模型显得十分有必要。多因子模型假定利率期限结构的动态演变过程是由几个因子共同推动的。这些因子可以是宏观经济的冲击或者收益率曲线本身的状况，如收益率水平、收益率曲线的斜度和收益率曲线的曲度，也可以是短期利率、短期利率的波动和长期利率等。

（一）均衡模型

朗恩斯塔夫和施瓦茨（Longstaff & Schwartz，1992）在一般均衡框架下，导出了一个双因子随机波动利率期限结构模型。在这个框架下，他们同样给出了生产和偏好方面的假设。例如，市场是完全竞争的，连续的；存在无风险借贷；偏好是时间可加的；等等。因此，投资者的决策问题又转化为预算约束下的效用最大化问题。短期利率可以表示成两个随机因子（或状态变量）的线性组合：

$$r(t)=\alpha x(t)+\beta y(t) \tag{7.49}$$

在式（7.49）中，α、$\beta(\alpha\neq\beta)$ 是两个非负常数。短期利率的波动 σ 也可以表示成两个随机因子（或状态变量）的线性组合：

$$\sigma(t)=\alpha^2 x(t)+\beta^2 y(t) \tag{7.50}$$

两个状态变量满足如下随机微分方程：

$$\mathrm{d}x(t)=[\gamma-\delta x(t)]\mathrm{d}t+\sqrt{x(t)}\,\mathrm{d}w_1(t) \tag{7.51}$$

$$\mathrm{d}y(t)=[\eta-\theta y(t)]\mathrm{d}t+\sqrt{y(t)}\,\mathrm{d}w_2(t) \tag{7.52}$$

由 $r(t)$ 和 $\sigma(t)$ 可求得：

$$x(t)=\frac{\sigma(t)-r(t)\beta}{\alpha(\alpha-\beta)} \tag{7.53}$$

$$y(t)=\frac{\sigma(t)-r(t)\alpha}{\beta(\beta-\alpha)} \tag{7.54}$$

因此，分别利用伊藤定理，并将式（7.53）和式（7.54）代入，则瞬时短期利率动态满足如下随机微分方程：

$$\begin{aligned}\mathrm{d}r(t)=&\left(\alpha\gamma+\beta\eta-\frac{\beta\delta-\alpha\theta}{\beta-\alpha}r(t)-\frac{\theta-\delta}{\beta-\alpha}\sigma(t)\right)\mathrm{d}t\\&+\alpha\sqrt{\frac{\sigma(t)-r(t)\cdot\beta}{\alpha(\alpha-\beta)}}\,\mathrm{d}w_1(t)+\beta\sqrt{\frac{r(t)\cdot\alpha-\sigma(t)}{\beta(\alpha-\beta)}}\,\mathrm{d}w_2(t)\end{aligned} \tag{7.55}$$

而短期利率的波动满足如下随机微分方程：

$$\begin{aligned}\mathrm{d}\sigma(t)=&\left(\alpha^2\gamma+\beta^2\eta-\frac{\alpha\beta(\theta-\delta)}{\alpha-\beta}r(t)-\frac{\alpha\delta-\beta\theta}{\alpha-\beta}\sigma(t)\right)\mathrm{d}t\\&+\alpha^2\sqrt{\frac{\sigma(t)-\beta\cdot r(t)}{\alpha(\alpha-\beta)}}\,\mathrm{d}w_1(t)+\beta^2\sqrt{\frac{\alpha\cdot r(t)-\sigma(t)}{\beta(\alpha-\beta)}}\,\mathrm{d}w_2(t)\end{aligned} \tag{7.56}$$

动态方程（7.55）、（7.56）结合 $r(t)$ 和 $\sigma(t)$ 的表达式有许多重要的性质：

第一，$r(t)$ 和 $\sigma(t)$ 共同组成一个联合马尔可夫过程。

第二，这两个动态演变过程是相互依赖的，$r(t)$ 的演变取决于 $\sigma(t)$，反过来，$\sigma(t)$ 的动态也取决于 $r(t)$。

第三，从 $r(t)$ 和 $\sigma(t)$ 的微分方程可以看出，$r(t)$ 和 $\sigma(t)$ 的变化是正相关的，并且相关系数在 0 和 1 之间。如果 $r(t)$ 等于 0，那么 $\sigma(t)$ 也一定等于 0，因为 $r(t)$ 等于 0，意味着 $x(t)$ 和 $y(t)$ 必须同时等于 0，那当然会有 $\sigma(t)$ 等于 0。这样 $\sigma(t)$ 的值被约束在 $\alpha \cdot r(t)$ 和 $\beta \cdot r(t)$ 之间，以确保 $r(t)$ 和 $\sigma(t)$ 的微分方程根号内的表达式为非负值。这与单因子模型形成了鲜明的对比，因为在单因子模型中，$\sigma(t)$ 的值完全取决于 $r(t)$；但在这个多因子模型中，$\sigma(t)$ 的值既取决于 $r(t)$，也受制于另外两个常数 α 和 β。①

第四，从 $r(t)=\alpha x(t)+\beta y(t)$ 可看出 $r(t)$ 可以取 0 到无穷大之间的任何值，因为决定 $r(t)$ 的两个状态变量服从平方根过程，并且有长期无条件平稳分布，其均值和方差分别为：

$$\lim_{t\to\infty} E[r(t)]=\frac{\alpha\gamma}{\delta}+\frac{\beta\eta}{\theta} \tag{7.57}$$

$$\lim_{t\to\infty} \mathrm{Var}[r(t)]=\frac{\alpha^2\gamma}{2\delta^2}+\frac{\beta^2\eta}{2\theta^2} \tag{7.58}$$

第五，从 $\sigma(t)=\alpha^2 x(t)+\beta^2 y(t)$ 可看出 $\sigma(t)$ 也可以取 0 到无穷大之间的任何值，并且有长期无条件平稳分布，其均值和方差分别为：

$$\lim_{t\to\infty} E[\sigma(t)]=\frac{\alpha^2\gamma}{\delta}+\frac{\beta^2\eta}{\theta} \tag{7.59}$$

$$\lim_{t\to\infty} \mathrm{Var}[\sigma(t)]=\frac{\alpha^4\gamma}{2\delta^2}+\frac{\beta^4\eta}{2\theta^2} \tag{7.60}$$

（二）无套利机会模型

1. 布伦南-施瓦茨模型

布伦南和施瓦茨（Brennan & Schwartz，1979）利用无套利机会的约束条件建立了一个双因子模型，两个状态变量是短期利率和长期利率，短期利率对长期利率有均值回复的效应，并遵循对数正态过程，长期利率遵循另外的对数正态过程，其动态过程分别是：

$$\mathrm{d}\ln r=a(\ln l-\ln r)\mathrm{d}t+\sigma_1\mathrm{d}w_1 \tag{7.61}$$

$$\mathrm{d}l=l(l-r+\sigma_2^2+\lambda_2\sigma_2)\mathrm{d}t+l\sigma_2\mathrm{d}w_2 \tag{7.62}$$

在式（7.61）和式（7.62）中，a，σ_1，σ_2 都是正常数，w_1 和 w_2 是两个相关的布朗运动。

2. 舍费尔-施瓦茨模型

舍费尔和施瓦茨（Schaefer & Schwartz，1984）在无套利机会条件下，提出了一个以

① Longstaff, F. A., and Schwartz, E. S. (1992), "Interest Rate Volatility and Term Structure: A Two-factor General Equilibrium Model," *The Journal of Finance*, 47 (4), 1259-1282.

短期利率与长期利率为状态变量的双因子模型，其动态过程为：

$$\mathrm{d}s=m(\mu-s)\mathrm{d}t+\gamma\mathrm{d}w_1 \tag{7.63}$$

$$\mathrm{d}l=\beta(s,l,t)\mathrm{d}t+\sigma\sqrt{l}\,\mathrm{d}w_2 \tag{7.64}$$

在式（7.63）和式（7.64）中，m，μ，σ，γ 是正常数，w_1 和 w_2 是两个相关的布朗运动。

三、多因子模型

多因子模型是为了提高理论研究的精确性和适应实际需要而产生的，它最大的特点是包括影响期限结构变化的更多因素，因此与实际更接近。首先，多因子模型包括更多的因素，从而能较好地解决单因子模型对收益率曲线的变化解释力不足的问题。一般而言，三因子模型对收益率曲线变化的解释程度能够达到90%以上。其次，多因子模型能更真实地解释不同期限的债券利率变化之间的相关性，弥补了单因子模型中所有期限债券利率之间的相关系数都为1的缺陷。最后，利用多因子模型计算出的债券模型价格与在市场所观察到的价格更接近，尤其是可以大幅降低利用单因子模型对衍生证券进行定价造成的误差。[①]

（一）仿射收益模型

多因子模型是指债券收益或短期利率是多个随机因子的线性函数，因此朗恩斯塔夫-施瓦茨模型就是一个多因子线性模型。与朗恩斯塔夫-施瓦茨模型类似的一个多因子模型是 $r(t)=x(t)+y(t)+\phi(t)$。其中 $\phi(t)$ 是一个确定性函数，$\{x(t),\ t\geqslant 0\}$ 和 $\{y(t),\ t\geqslant 0\}$ 是两个随机因子并且分别满足如下随机微分方程：

$$\mathrm{d}x(t)=-ax(t)\mathrm{d}t+\sigma\mathrm{d}w_1(t) \tag{7.65}$$

$$\mathrm{d}y(t)=-by(t)\mathrm{d}t+\eta\mathrm{d}w_2(t) \tag{7.66}$$

一般来说，在一个多因子模型中有 N 个因子 X_1，X_2，…，X_N。以 X 表示向量 $(X_1,\ X_2,\ \cdots,\ X_N)'$，且满足多维扩散过程：

$$\mathrm{d}X(t)=\mu[X(t)]\mathrm{d}t+\sigma[X(t)]\mathrm{d}W(t) \tag{7.67}$$

在式（7.67）中，$\mu[X(t)]$ 是一个 N 维向量，$\sigma[X(t)]$ 是一个 $N\times N$ 矩阵，$W(t)$ 是由 N 个独立的布朗运动构成的 N 维向量。在仿射模型中，瞬时短期利率就是这 N 个因子的线性组合：

$$r(t)=\delta_0+\sum_{i=1}^{N}\delta_i X_i(t)=\delta_0+\delta' X(t) \tag{7.68}$$

---

① 但多因子模型的缺点也是很明显的：第一，由于多因子模型包括大量的参数，因此要建立一个多因子模型工作量极为繁重，参数估计和校准极为困难；第二，模型形式复杂，参数很多，要推出债券价格的明确计算公式往往很难，有时甚至是不可能的，因此用替代函数对收益率曲线进行拟合时，需要累次执行误差最小化程序；第三，利用多因子模型给衍生证券定价时，一般要用数值计算方法才能得出衍生品如期权的价格，只有朗恩斯塔夫和施瓦茨推出了以到期时间、执行价格等表示的期权价格计算公式。

在式（7.68）中，δ'是常系数向量，趋势向量$\mu[X(t)]$和方差-协方差向量$\sigma[X(t)]$都是随机因子的线性函数，即：

$$\mu[X(t)]=K[\theta-X(t)] \tag{7.69}$$

$$\sigma[X(t)]=\Sigma\sqrt{S(t)} \tag{7.70}$$

式（7.69）中，θ是常系数向量，它表示随机因子$X(t)$将要回复到的长期均值，K和Σ是$N\times N$矩阵，可能是非对角和非对称的矩阵；而$S(t)$是一个对角矩阵，它的第i个对角元素为：

$$[S(t)]_{ii}=\alpha_i+\beta_i'X(t) \tag{7.71}$$

在式（7.71）中，α_i和β_i'分别是常数和常系数向量，所以趋势向量$\mu[X(t)]$和条件方差-协方差矩阵$\sigma[X(t)]'\sigma[X(t)]$都是随机因子$X(t)$的线性函数。由于这类模型中的现期收益是状态变量的线性函数，所以这类模型又被称为仿射收益模型。

（二）仿射利率模型

另外一类多因子模型的特征是短期利率被表示成长期均值和随机波动的函数。朗恩斯塔夫-施瓦茨模型的主要特点是短期利率动态过程可以表示成几个随机因子的线性组合，但是在许多情况下，利率动态过程不能用几个随机因子的线性组合来表示。如陈（Chen，1996）和巴尔杜茨等（Balduzzi et al.，1996）提出了两个比较相似的三因子模型。他们的模型包括三个状态变量，即瞬时短期利率、瞬时短期利率的均值和瞬时短期利率的波动率。

陈假定利率动态过程由三个状态变量决定，即瞬时短期利率$r(t)$、瞬时短期利率的均值$\theta(t)$和瞬时短期利率的波动率$\sigma(t)$分别满足下面的随机微分方程：

$$\mathrm{d}r(t)=k[\theta(t)-r(t)]\mathrm{d}t+\sqrt{\sigma(t)r(t)}\,\mathrm{d}w_1(t) \tag{7.72}$$

$$\mathrm{d}\theta(t)=\nu[\bar{\theta}-\theta(t)]\mathrm{d}t+\zeta\sqrt{\theta(t)}\,\mathrm{d}w_2(t) \tag{7.73}$$

$$\mathrm{d}\sigma(t)=\mu[\bar{\sigma}-\sigma(t)]\mathrm{d}t+\eta\sqrt{\sigma(t)}\,\mathrm{d}w_3(t) \tag{7.74}$$

式中，k，ν，μ，$\bar{\theta}$，ζ，η都是正常数，$t\geqslant 0$，$w_1(t)$，$w_2(t)$，$w_3(t)$是三个相关的标准布朗运动。事实上，陈模型表示的是短期利率各个方面的变化特征。根据戴强和辛格里顿（Dai & Singleton，2000）的分析，短期利率可以等价地表示成另外三个状态变量的线性函数[①]：

$$r(t)=\varepsilon_0+\varepsilon_y'Y(t)=\varepsilon_0+\sum_{i=1}^{3}\varepsilon_iY_i(t) \tag{7.75}$$

在式（7.75）中，$Y(t)$表示三个状态变量的向量$[Y_1(t),Y_2(t),Y_3(t)]'$，并且服从三维扩散过程：

① Dai，Q.，and Singleton，K. J.（2000），"Specification Analysis of Affine Term Structure Models，" *The Journal of Finance*，55（5），1943－1978.

$$dY(t)=\mu[Y(t)]dt+\sigma[Y(t)]dW(t) \tag{7.76}$$

在式（7.76）中，$\mu[Y(t)]$ 是三维向量，$\sigma[Y(t)]$ 是三阶矩阵，$W(t)$ 是一个可能相关的三维布朗运动。因此，这类多因子模型被称为仿射利率模型。比较仿射收益模型和仿射利率模型可以发现，仿射收益模型可以直接表示成多因子的线性函数，而仿射利率模型不能直接表示成原来的多因子的线性函数，但可以等价地表示成另外同样个数的多因子的线性函数。

（三）纳尔逊-西格尔系列模型

纳尔逊和西格尔（Nelson & Siegel，1987）在未对所有预期收益率建模的基础上，引入了一个简洁的关于远期利率变化的三因子指数计量模型：

$$f(t,T)=\beta_1+\beta_2 e^{-\gamma\tau}+\beta_3\gamma\tau e^{-\gamma\tau} \tag{7.77}$$

其中，$f(t,T)$ 表示期限为（$T-t$）时的瞬时远期利率，系数 β_1、β_2、β_3 分别为水平因子、斜率因子和曲率因子；衰减系数 γ 控制了指数的衰减率以及 β_3 在何处达到最大曲率载荷值。

从现实来看，尽管纳尔逊-西格尔模型缺乏严谨的理论支持，但模型本身非常灵活，可以生成大多数金融市场中的利率期限结构，在拟合各种利率曲线的同时，不仅具有一定的经济含义（如有些研究发现长期因子可以很好地反映经济中的通货膨胀，而短期因子与实际经济活动高度相关），而且极大地降低了模型的估计难度，成为利率期限结构静态方法的首选。根据BIS（2005）的数据，全球13个主要国家央行中有9家使用该模型或其扩展模型来估算本国的国债收益率曲线。

专栏 7-4　用 Excel 绘制即期收益率曲线

即期收益率曲线（spot rate yield curve）是用一组不同期限的零息债券的到期收益率绘制的曲线。因为任何债券都可以分解为一系列零息债券的和，所以即期收益率曲线常用于展示违约风险相同的债券族的利率期限结构。下面展示如何使用 Excel 绘制市场上各种债券的价格确定的即期收益率曲线。

假设市场上有5种债券，分别是隔夜拆借、7天存款、1个月期零息债、3个月期月息债和半年期月息债。这些债券产生的现金流我们记录在表格的 D3:H11 区域，而 A3:A11 区域则对应记录到期时间（其中第0期负的现金流表示债券的购买价格）。D1:H1 区域显示的是购买债券的净现值。C3:C11 区域记录不同期限的零息债券的价格，初始均为1（表示无现金的时间价值或利率为0）。B4:B11 区域显示零息债券的到期收益率，也就是即期收益率。这里我们使用的是 Actual/365 年化利率记法。

值得注意的是，由于我们获得的债券数量少于债券产生现金流所需的时点数，我们需要对即期收益率曲线进行插值。我们用不同的背景标出了可以通过市场债券计算的时点，而其他不可以直接计算的时点我们对即期利率经线性插值后倒推对应的零息债券价格。我们最后建立以 A3:A11 区域为 X 轴坐标值、以 B3:B11 区域为 Y 轴坐标值的连线散点图来观察即期收益率曲线。建立好的表格应如图 7-5 所示。

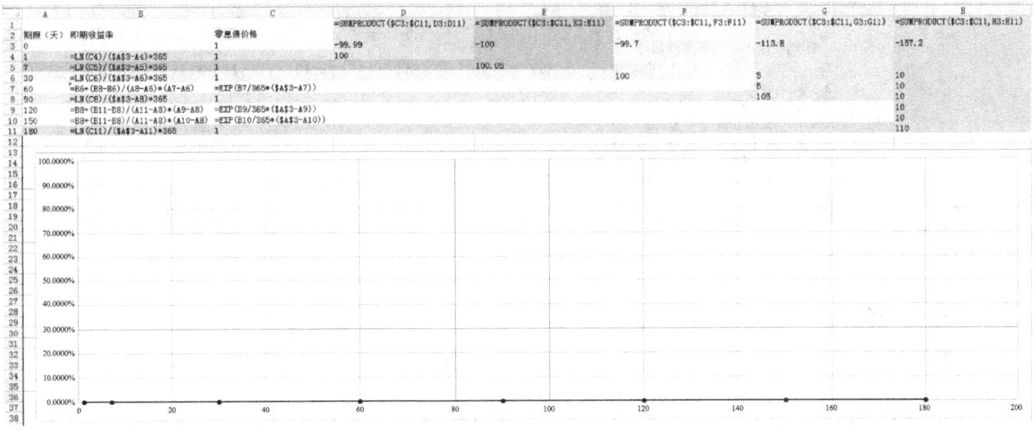

	A	B	C	D	E	F	G	H
1				=SUMPRODUCT($C3:$C11,D3:D11)	=SUMPRODUCT($C3:$C11,E3:E11)	=SUMPRODUCT($C3:$C11,F3:F11)	=SUMPRODUCT($C3:$C11,G3:G11)	=SUMPRODUCT($C3:$C11,H3:H11)
2	期限（天）	即期收益率	零息债价格					
3	0		1	-99.99	-100	-99.7	-113.8	-157.2
4	1	=LN(C4)/(A3-A4)*365	1	100				
5	7	=LN(C5)/(A3-A5)*365	1		100.05			
6	30	=LN(C6)/(A3-A6)*365	1			100	5	10
7	60	=B6+(B8-B6)/(A8-A6)*(A7-A6)	=EXP(B7/365*(A3-A7))				5	10
8	90	=LN(C8)/(A3-A8)*365	1				105	10
9	120	=B8+(B11-B8)/(A11-A8)*(A9-A8)	=EXP(B9/365*(A3-A9))					10
10	150	=B8+(B11-B8)/(A11-A8)*(A10-A8)	=EXP(B10/365*(A3-A10))					10
11	180	=LN(C11)/(A3-A11)*365	1					110

图 7-5　使用 Excel 并利用插值法建立的表格

表格建立完成后我们使用 Excel Data（数据）标签下的 What-If Analysis（模拟分析）菜单中的 Goal Seek（单变量求解）工具计算各零息债券的价格。计算中，Set cell（目标单元格）为 D1:H1 区域各种债券的净现值。To Value（目标值）为 0。By changing cell（可变单元格）为 C4:C11 区域各对应零息债券的价格（可以参考单元格背景）。图 7-6 为最后一个零息债券价格确定前的状态。当我们计算出所有零息债券的价格，就可以得到一条完整的由市场上各种债券的价格确定的即期收益率曲线，如图 7-7 所示。

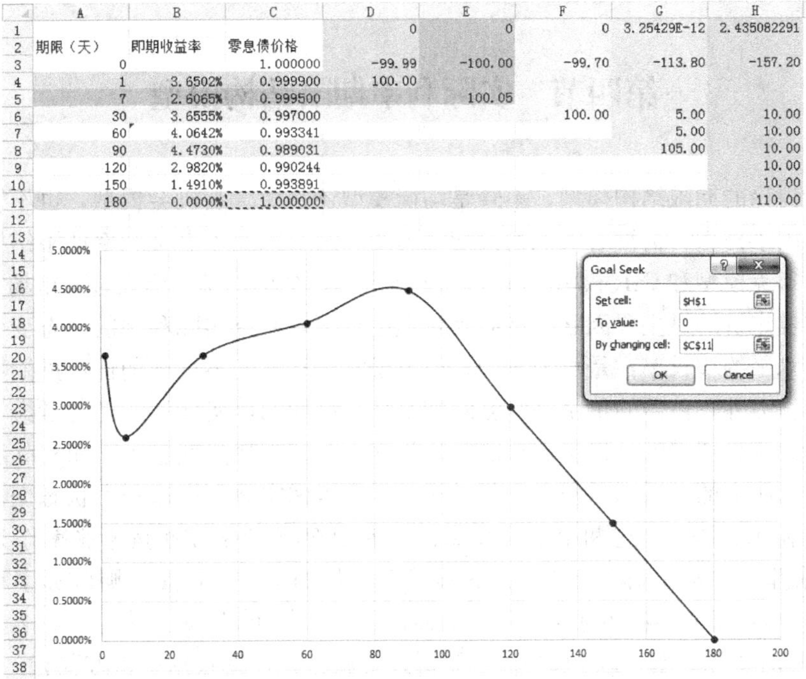

	A	B	C	D	E	F	G	H
1				0	0	0	3.25429E-12	2.435082291
2	期限（天）	即期收益率	零息债价格					
3	0		1.000000	-99.99	-100.00	-99.70	-113.80	-157.20
4	1	3.6502%	0.999900	100.00				
5	7	2.6065%	0.999500		100.05			
6	30	3.6555%	0.997000			100.00	5.00	10.00
7	60	4.0642%	0.993341				5.00	10.00
8	90	4.4730%	0.989031				105.00	10.00
9	120	2.9820%	0.990244					10.00
10	150	1.4910%	0.993891					10.00
11	180	0.0000%	1.000000					110.00

图 7-6　最后一个零息债券价格确定前的状态图

	A	B	C	D	E	F	G	H
1				0	0	0	3.25429E-12	2.58638E-12
2	期限（天）	即期收益率	零息债价格					
3	0		1.000000	-99.99	-100.00	-99.70	-113.80	-157.20
4	1	3.6502%	0.999900	100.00				
5	7	2.6065%	0.999500		100.05			
6	30	3.6555%	0.997000			100.00	5.00	10.00
7	60	4.0642%	0.993341				5.00	10.00
8	90	4.4730%	0.989031				105.00	10.00
9	120	4.3943%	0.985657					10.00
10	150	4.3156%	0.982421					10.00
11	180	4.2369%	0.979323					110.00

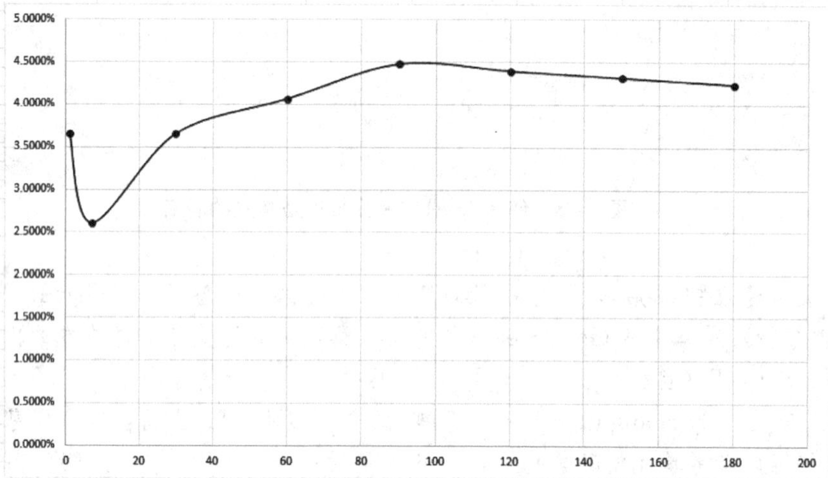

图 7－7　即期收益率曲线

第四节　实际利率期限结构模型

前面所讨论的期限结构模型，不管是均衡模型还是无套利机会模型，也不管是单因子模型还是多因子模型，都没有考虑物价变动因素，因此都属于名义利率期限结构模型。如著名的瓦西塞克模型和 CIR 模型都属于名义利率期限结构模型。但在金融市场上，实际利率是影响债券定价的最主要因素，进而需要理论界深入研究实际利率的动态变化。通货膨胀率是物价水平的增长率，是可观测的，但由于实际利率的不可观测性，可能导致模型应用上的困难。另外，债券的价格是受实际利率水平制约的，实际利率已经考虑了通货膨胀率因素，因此零息债券的价格决定只需实际利率一个状态变量就够了。而实际利率与名义利率和通货膨胀率的关系满足费雪方程。这样，要考虑实际利率这一个状态变量就必须考虑名义利率和通货膨胀率这两个状态变量。如果以名义利率和通货膨胀率作为状态变量（这里名义利率和通货膨胀率当然还是其他经济变量如货币供应量、财政赤字和货币政策等因素的函数），就能避免实际利率不可观测的困境。如果以 $r(t)$ 表示瞬时名义利率，以 $R(t)$ 表示瞬时实际利率，以 $\pi(t)$ 表示瞬时通货膨胀率，则根据费雪方程有：

$$R(t)=r(t)-\pi(t) \tag{7.78}$$

在式（7.77）中，两个状态变量 $r(t)$ 和 $\pi(t)$ 既可以以随机方式变化，又可以以非随机方式变化。为便于理解，首先分析两个状态变量以非随机方式变化的实际利率期限结构，然后分析状态变量以随机方式变化的实际利率期限结构。

一、确定性背景下的实际利率期限结构

如果状态变量的变化是非随机的，意味着名义利率 $r(t)$ 和通货膨胀率 $\pi(t)$ 都是时间 t 的确定性函数。以 $B(t, T)$ 表示在时间 T 到期的贴现债券在时间 t 的名义价格，$y_r(t, T)$ 表示连续复利下的名义到期收益率，这里的贴现债券是指在到期日的价值为 1 的零息债券，那么名义价格和名义到期收益率的关系为：

$$B(t, T)\exp[(T-t)y(t, T)]=1 \tag{7.79}$$

求解名义到期收益率得：

$$y_r(t, T)=-\ln B(t, T)/(T-t) \tag{7.80}$$

以 $r(t)$ 表示瞬时名义短期利率，在预期假设和无套利机会条件下，贴现债券的价格还满足另一个关系：

$$B(t, T)\exp\left(\int_t^T r(s)\mathrm{d}s\right)=1 \tag{7.81}$$

结合名义价格和名义到期收益率的关系可得：在时间 t 到时间 T 之间，以瞬时名义短期利率 $r(t)$ 进行滚动投资所得到的收益与购买贴现债券并持有至到期所得到的收益相等。因此，名义到期收益率又可以表示成：

$$y_r(t, T)=\frac{1}{T-t}\int_t^T r(s)\mathrm{d}s \tag{7.82}$$

同样，如果 $\pi(t)$ 表示瞬时通货膨胀率，那么在时间 t 到时间 T 之间的通货膨胀收益或持有货币的机会成本为：

$$y_\pi(t, T)=\frac{1}{T-t}\int_t^T \pi(s)\mathrm{d}s \tag{7.83}$$

因此，实际到期收益率为：

$$y_R(t, T)=\frac{1}{T-t}\int_t^T r(s)\mathrm{d}s-\frac{1}{T-t}\int_t^T \pi(s)\mathrm{d}s \tag{7.84}$$

那么由名义利率和通货膨胀率两个状态变量确定的债券价格为：

$$\begin{aligned}B(t, T)&=B[r(t), \pi(t), t, T]=\exp\left[-\int_t^T (r(s)-\pi(s))\mathrm{d}s\right]\\&=\frac{\exp\left[-\int_t^T r(s)\mathrm{d}s\right]}{\exp\left[-\int_t^T \pi(s)\mathrm{d}s\right]}\end{aligned} \tag{7.85}$$

举例来说，假定瞬时名义短期利率和瞬时通货膨胀率的动态演变服从如下微分方程：

$$dr(t)=\alpha_r[r(t)]dt \tag{7.86}$$

$$d\pi(t)=\alpha_\pi[\pi(t)]dt \tag{7.87}$$

并假定 $\alpha_r[r(t)]=-a[r(t)-r_0]$，$\alpha_\pi[\pi(t)]=-c[\pi(t)-\pi_0]$，$a$ 和 c 是正常数。即名义利率达到 r_0，且通货膨胀率达到 π_0 时，经济将调整到一个稳定状态。若 $r(t)$ 和 $\pi(t)$ 的微分方程的初始条件分别为 $r(t)=r$ 和 $\pi(t)=\pi$，那么 $r(t)$ 和 $\pi(t)$ 的微分方程的解分别为：

$$r(s)=r_0+(r-r_0)e^{-a(s-t)} \tag{7.88}$$

$$\pi(s)=\pi_0+(\pi-\pi_0)e^{-c(s-t)} \tag{7.89}$$

将 $r(t)$ 和 $\pi(t)$ 的微分方程的解代入债券定价方程得到贴现债券的价格为 $B[r(t), \pi(t), t, T]$，它是两个状态变量和期限的函数：

$$B[r(t),\pi(t),t,T]=\exp\left[-(r_0-\pi_0)(T-t)-(r-r_0)\frac{1-e^{-a(T-t)}}{a}+(\pi-\pi_0)\frac{1-e^{-c(T-t)}}{c}\right] \tag{7.90}$$

并且，相应的实际到期收益率为：

$$y_R[r(t),\pi(t),t,T]=r_0+(r-r_0)\frac{1-e^{-a(T-t)}}{a(T-t)}-\pi_0-(\pi-\pi_0)\frac{1-e^{-c(T-t)}}{c(T-t)} \tag{7.91}$$

从上述方程可以看出，当期限 T 趋近于无穷时，债券的价格趋近于零，而实际到期收益率趋近于 $R_0=r_0-\pi_0$，并且所有期限的实际到期收益率关于名义利率是递增的，而关于通货膨胀率是递减的，即：

$$\frac{\partial y[r(t),\pi(t),t,T]}{\partial r(t)}=\frac{1-e^{-a(T-t)}}{a(T-t)}>0，对任意\ T>t$$

$$\frac{\partial y[r(t),\pi(t),t,T]}{\partial \pi(t)}=\frac{1-e^{-c(T-t)}}{c(T-t)}>0，对任意\ T>t$$

就实际利率期限结构曲线的形状来看，如果初始条件 $r(t)=r_0$，$\pi(t)=\pi_0$，期限结构曲线是水平的；当 $r(t)>r_0$，$\pi(t)<\pi_0$ 时，期限结构曲线是上升的；当 $r(t)<r_0$，$\pi(t)>\pi_0$ 时，期限结构曲线是下降的。一般情况下，可能出现隆起的期限结构曲线。

二、不确定性背景下的实际利率期限结构

假设状态变量名义利率和通货膨胀率的变化是随机的，即瞬时名义利率和瞬时通货膨胀率是时间的随机函数。假定瞬时预期名义利率 $r(t)$ 和瞬时预期通货膨胀率 $\pi(t)$ 的动态演变服从下面的微分方程：

$$dr(t)=\alpha_r[r(t),\ \pi(t)]dt+\sigma_r[r(t),\ \pi(t)]dw_r(t) \tag{7.92}$$

$$d\pi(t)=\alpha_\pi[r(t),\ \pi(t)]dt+\sigma_\pi[r(t),\ \pi(t)]dw_\pi(t) \tag{7.93}$$

这里的两个趋势系数和波动系数可以是常数，也可以是时间的函数，$w_r(t)$ 和 $w_\pi(t)$ 是两个相关的布朗运动，瞬时相关系数为 $\sigma_{r\pi}$，并满足下面的关系：

$$[dr(t)][d\pi(t)]=\sigma_{r\pi}dt \tag{7.94}$$

如果以 Σ 表示瞬时协方差矩阵，则 $\Sigma=\begin{bmatrix}\sigma_r^2 & \sigma_{r\pi}\\ \sigma_{r\pi} & \sigma_\pi^2\end{bmatrix}$，为了表述的简便，将 $r(t)$ 和 $\pi(t)$ 微分方程中的趋势系数和波动系数分别简记为 α_r，σ_r，α_π 和 σ_π。

如果以 $P(t)$ 表示价格水平，其动态满足如下微分方程：

$$\frac{dP(t)}{P(t)}=\pi(t)dt+\sigma_P[r(t),\ \pi(t)]dw_P(t) \tag{7.95}$$

式 (7.94) 的左边表示通货膨胀率，右边表示预期通货膨胀率 $\pi(t)dt$ 和未预期到的通货膨胀率 $\sigma_P[r(t),\ \pi(t)]dw_P(t)$ 之和。分别以 $b[r(t),\ \pi(t),\ t,\ T]$ 和 $B[r(t),\ \pi(t),\ t,\ T]$ 表示贴现债券的名义价格和实际价格，利用伊藤定理可得贴现债券的瞬时名义回报率为：

$$\begin{aligned}\frac{db[r(t),\ \pi(t),\ t,\ T]}{b[r(t),\ \pi(t),\ t,\ T]}=&\mu[r(t),\ \pi(t),\ t,\ T]dt+s_r[r(t),\ \pi(t),\ t,\ T]dw_r(t)\\&+s_\pi[r(t),\ \pi(t),\ t,\ T]dw_\pi(t)\end{aligned} \tag{7.96}$$

式中，$\mu[r(t),\ \pi(t),\ t,\ T]=(1/b)\left(\frac{1}{2}b_{rr}\sigma_r^2+\frac{1}{2}b_{\pi\pi}\sigma_\pi^2+b_{r\pi}\sigma_{r\pi}+b_r\alpha_r+b_\pi\alpha_\pi+b_t\right)$，并且 $s_r[r(t),\ \pi(t),\ t,\ T]=(b_r/b)\sigma_r$，$s_\pi[r(t),\ \pi(t),\ t,\ T]=(b_\pi/b)\sigma_\pi$。

债券的实际价格 $B[r(t),\ \pi(t),\ t,\ T]$ 可以用债券的名义价格除以价格水平得到，即：

$$B[r(t),\ \pi(t),\ t,\ T]=b[r(t),\ \pi(t),\ t,\ T]/P(t) \tag{7.97}$$

再利用伊藤定理可得贴现债券的瞬时实际回报率为：

$$\begin{aligned}dB[r(t),\ \pi(t),\ t,\ T]/B[r(t),\ \pi(t),\ t,\ T]=&db/b-dP/P+(dP/P)^2\\&-(db/b)(dP/P)\\=&[\mu-\pi+\sigma_P^2-(b_r/b)\sigma_{rP}-(b_\pi/b)\\&\sigma_{\pi P}]dt+s_r dw_r+s_\pi dw_\pi-\sigma_P dw_P\end{aligned} \tag{7.98}$$

式中，σ_{rP} 是未预期到的名义利率变化和未预期到的通货膨胀率变化之间的瞬时协方差，$\sigma_{\pi P}$ 是预期通货膨胀率的未预期到的变化和未预期到的通货膨胀率变化之间的瞬时协方差。根据约束条件 $b[r(t),\ \pi(t),\ t,\ t]=1$，有 $\mu=r(t)$，且 $b_r=b_\pi=0$，因此相应的瞬时实际回报率为：

$$\frac{dB[r(t),\ \pi(t),\ t,\ t]}{B[r(t),\ \pi(t),\ t,\ t]}=[r(t)-\pi(t)+\sigma_P^2]dt-\sigma_P dw_P(t) \tag{7.99}$$

而相应的预期瞬时实际回报率为 $R(t)$，因此：

$$R(t)=r(t)-\pi(t)+\sigma_P^2 \quad \text{或者} \quad r(t)=R(t)+\pi(t)-\sigma_P^2 \tag{7.100}$$

这是连续时间背景下状态变量随机变化的费雪方程，它与离散时间背景下的费雪方程相差一个 $-\sigma_P^2$。在预期假设和无套利机会条件下，所有期限对应的预期瞬时实际回报率是相等的，即：

$$E\frac{\mathrm{d}B[r(t),\pi(t),t,T]}{B[r(t),\pi(t),t,T]}=R(t)\mathrm{d}t \tag{7.101}$$

将预期瞬时实际回报率的关系式代入式（7.100）可得：

$$\frac{1}{2}\sigma_r^2 b_{rr}+\frac{1}{2}\sigma_\pi^2 b_{\pi\pi}+\sigma_{r\pi}b_{r\pi}+(\alpha_r-\sigma_{rP})b_r+(\alpha_\pi-\sigma_{\pi P})b_\pi-rb+b_t=0 \tag{7.102}$$

从这个方程求得贴现债券的名义价格为：

$$b[r(t),\pi(t),t,T]=E_t\left[\frac{P(t)}{P(T)}\exp\left(-\int_t^T(r(s)-\pi(s)+\sigma_P^2)\mathrm{d}s\right)\right] \tag{7.103}$$

而实际价格为：

$$\begin{aligned}B[r(t),\pi(t),t,T]&=\frac{b[r(t),\pi(t),t,T]}{P(t)}\\&=E_t\left[\frac{\exp\left(-\int_t^T(r(s)-\pi(s)+\sigma_P^2)\mathrm{d}s\right)}{P(T)}\right]\end{aligned} \tag{7.104}$$

作为例子，考虑不确定性条件下的一个退化情形，即两个状态变量瞬时预期名义利率和瞬时预期通货膨胀率只有一个是随机变化的，如瞬时预期名义利率是随机变化的，则瞬时预期通货膨胀率的变化是非随机的，因此状态变量的动态变成了如下形式：

$$\begin{aligned}&\mathrm{d}r(t)=-a[r(t)-r_0]\mathrm{d}t+\sigma_r\sqrt{r(t)}\,\mathrm{d}w_r(t)\\&\mathrm{d}\pi(t)=-c[\pi(t)-\pi_0]\mathrm{d}t\end{aligned} \tag{7.105}$$

物价水平的动态为：

$$\frac{\mathrm{d}P(t)}{P(t)}=\pi(t)\mathrm{d}t+\sigma_P\sqrt{\pi(t)}\,\mathrm{d}w_P(t) \tag{7.106}$$

式中，$\sigma_P\sqrt{\pi(t)}=\sigma_P[r(t),\pi(t)]$，这说明瞬时物价水平的波动性随着瞬时预期通货膨胀率的上升而提高。而 $r(t)=R(t)+\pi(t)(1-\sigma_P^2)$，因此要保证名义利率的非负性，必须使 $\sigma_P^2\leqslant 1$。

本章小结

利率期限结构指的是期限不同、其他属性相同的各种债券的收益率关系。准确把握利率期限结构需要明确债券、利率（到期收益率）、期限（存续期）、即期利率和远期利率的含义。

有关利率期限结构的理论研究较多，包括预期理论、流动性偏好理论、市场分割理论以及优先置产理论和集中偏好理论等。每一种理论都对现实有一定的解释力，但也都存在不同程度的缺陷。

根据是否考虑物价变动因素，利率期限结构模型可以分为名义利率期限结构模型和实际利率期限结构模型。名义利率期限结构模型根据模型所包含的因子数分类可以分成单因子模型、双因子模型和多因子模型。均衡分析和无套利机会是构建期限结构模型的常用思想。实际利率期限结构模型将通货膨胀因素考虑在内，可以分为确定性背景下的实际利率期限结构模型和不确定性背景下的实际利率期限结构模型。

问题与应用

1. 简述利率期限结构预期理论的经济内涵及缺陷。
2. 简述单因子名义利率期限结构模型。
3. 什么是即期利率和远期利率？两者之间存在什么样的关系？
4. 给定下列三种无违约风险的债券，债券特征如下所示：

	票面利率（%）	期限	赎回价格	当前市价
债券 A	5	1	100	100
债券 B	6	2	100	101.48
债券 C	8	3	100	106.74

试问：

（1）市场 1 年期、2 年期、3 年期债券的即期利率是多少？

（2）第一年到第二年、第二年到第三年的远期利率是多少？

（3）同一天，又有另一只无违约风险的债券 D，票面利率为 9%，3 年后按照面值 100 赎回，当前价格为 108，那么，这时市场处于均衡状态吗？为什么？

5. 1 年期和 2 年期零息债券的到期收益率分别为 6%和 7%，息票率为 13%的 2 年期债券的到期收益率为 6.8%（每年支付一次利息）。请问市场中是否存在套利机会？如果存在，应如何构建套利策略？

推荐阅读材料、网站

[1] 塔克曼，塞拉特. 固定收益证券：原书第 3 版. 北京：机械工业出版社，2014.

[2] Duffie，D.（2008），*Dynamic Asset Pricing Theory*，Princeton：Princeton University Press.

[3] Fabozzi，F. J.（1989），*Bond Markets*，*Analysis and Strategies*，Hoboken：Pearson Education.

[4] Hull，J.（2009），*Options*，*Futures*，*and Other Derivatives*，Hoboken：Pearson Education.

参考文献

[1] 霍默，西勒.利率史：第4版.北京：中信出版社，2010.

[2] Balduzzi，P.，Das，S. R.，Foresi，S.，and Sundaram，R. K.(1996)，"A Simple Approach to Three-factor Affine Term Structure Models，" *The Journal of Fixed Income*，6 (3)，43 - 53.

[3] Black，F.，and Karasinski，P.(1991)，"Bond and Option Pricing When Short Rates Are Lognormal，" *Financial Analysts Journal*，47 (4)，52 - 59.

[4] Black，F.，and Scholes，M.(1973)，"The Pricing of Options and Corporate Liabilities，" *Journal of Political Economy*，81 (3)，637 - 654.

[5] Black，F.，Derman，E.，and Toy，W.(1990)，"A One Factor Model of Interest Rates and Its Application to the Treasury Bond Options，" *Financial Analysts Journal*，46 (1)，33 - 39.

[6] Brennan，M. J.，and Schwartz，E. S.(1979)，"A Continuous Time Approach to the Pricing of Bonds，" *Journal of Banking and Finance*，3 (2)，133 - 155.

[7] Brennan，M. J.，and Schwartz，E. S.(1982)，"An Equilibrium Model of Bond Pricing and a Test of Market Efficiency，" *Journal of Financial and Quantitative Analysis*，17 (3)，301 - 329.

[8] Chen，L.(1996)，*Interest Rate Dynamics Derivatives Pricing and Risk Management*，Berlin：Springer.

[9] Constantinides，G. M.，and Ingersoll，J. E.(1984)，"Optimal Bond Trading with Personal Taxes，" *Journal of Financial Economics*，13 (3)，299 - 335.

[10] Cox，J. C.，Ingersoll，J. E.，and Ross，S. A.(1981)，"The Relation Between Forward Prices and Futures Prices，" *Journal of Financial Economics*，9 (4)，321 - 346.

[11] Cox，J. C.，Ingersoll，J. E.，and Ross，S. A.(1985)，"A Theory of the Term Structure of Interest Rates，" *Econometrica*，53 (2)，385 - 408.

[12] Culbertson，J. M.(1957)，"The Term Structure of Interest Rates，" *The Quarterly Journal of Economics*，71 (4)，485 - 517.

[13] Dothan，L. U.(1978)，"On the Term Structure of Interest Rates，" *Journal of Financial Economics*，6 (1)，59 - 69.

[14] Fisher，I.(1896)，*Appreciation and Interest：A Study of the Influence of Monetary Appreciation and Depreciation on the Rate of Interest with Applications to the Bimetallic Controversy and the Theory of Interest*，New York：American Economic Association.

[15] Heath，D.，Jarrow，R.，and Morton，A.(1992)，"Bond Pricing and the Term Structure of Interest Rates：A New Methodology for Contingent Claims Valuation，" *Econometrica*，60 (1)，77 - 105.

[16] Hicks，J. R.(1946)，*Value and Capital*，Oxford：Oxford University Press.

[17] Ho，T. S. Y.，and Lee，S. B.(1986)，"Term Structure Movements and Pri-

cing Interest Rate Contingent Claims," *The Journal of Finance*, 41 (5), 1011－1029.

[18] Hull, J., and White, A. (1990), "Pricing Interest-Rate-Derivative Securities," *The Review of Financial Studies*, 3 (4), 573－592.

[19] Hull, J., and White, A. (1993), "One-Factor Interest-Rate Models and the Valuation of Interest-Rate Derivative Securities," *Journal of Financial and Quantitative Analysis*, 28 (2), 235－254.

[20] Hull, J., and White, A. (1994), "Numerical Procedures for Implementing Term Structure Models I: Single-factor Models," *Journal of Derivatives*, 2 (1), 7－16.

[21] Jamshidian, F., and Zhu, Y. (1996), "Scenario Simulation: Theory and Methodology," *Finance and Stochastics*, 1 (1), 43－67.

[22] Litterman, R. B., and Scheinkman, J. (1991), "Common Factors Affecting Bond Returns," *The Journal of Fixed Income*, 1 (1), 54－61.

[23] Longstaff, F. A. (1989), "A Nonlinear General Equilibrium Model of the Term Structure of Interest Rates," *Journal of Financial Economics*, 23 (2), 195－224.

[24] Longstaff, F. A. (1992), "Multiple Equilibria and Term Structure Models," *Journal of Financial Economics*, 32 (3), 333－344.

[25] Longstaff, F. A., and Schwartz, E. S. (1992), "Interest Rate Volatility and the Term Structure: A Two-Factor General Equilibrium Model," *The Journal of Finance*, 47 (4), 1259－1282.

[26] Macaulay, F. R. (1938), *Some Theoretical Problems Suggested by the Movements of Interest Rates, Bond Yields, and Stock Prices in the United States since 1856*, New York: Columbia University Press.

[27] Merton, R. C. (1974), "On the Pricing of Corporate Debt: The Risk Structure of Interest Rates," *The Journal of Finance*, 29 (2), 449－470.

[28] Merton, R. C. (1970), "A Dynamic General Equilibrium Model of the Asset Market and Its Application to the Pricing of the Capital Structure of the Firm," Sloan School of Management Working Paper, No. 497－70.

[29] Merton, R. C. (1973), "Theory of Rational Option Pricing," *The Bell Journal of Economics and Management Science* (Spring), 4 (1), 141－183.

[30] Nelson, C. R., and Siegel, A. F. (1987), "Parsimonious Modeling of Yield Curves," *Journal of Business*, 60 (4), 473－489.

[31] Schaefer, S. M., and Schwartz, E. S. (1984), "A Two-factor Model of the Term Structure: An Approximate Analytical Solution," *Journal of Financial and Quantitative Analysis*, 19 (4), 413－424.

[32] Vasicek, O. (1977), "An Equilibrium Characterization of the Term Structure," *Journal of Financial Economics*, 5 (2), 177－188.

[33] Williams, J. B. (1938), *The Theory of Investment Value*, Cambridge: Harvard University Press.

第八章
公司金融理论

学习目标

1. 了解公司金融理论的主要议题和发展方向。

2. 掌握资本结构的概念和 MM 定理，理解资本结构与公司价值、资本成本之间的关系。

3. 理解公司治理的主要概念以及在公司金融中的应用。

第一节　公司金融理论的发展

公司金融（corporate finance）顾名思义是研究公司的资金融通。从现金流在公司与金融市场之间的流动过程看，公司首先在金融市场发行证券筹集资金，然后用于购买经营所需的资产，投资后所产生的现金流分为三部分：一部分以税收的形式上缴政府；另一部分以留存收益的形式返回公司，用于再投资；其余部分返还给原始投资人。债权人因出借资金获得利息，并且最终收回本金。股东以股利的方式得到投资回报。当支付给投资人的现金超过从金融市场上筹集的现金时，公司就创造了价值。公司价值的大小，取决于投资人取得的回报超出投入资金的多少。因此，公司金融的研究内容包括公司的投资、融资、营运资金管理及其对公司价值的影响。

相对于其他学科，公司金融并不存在一个统一的理论框架和研究方法，对于同一问题不同学者可能采用不同的方法从不同的视角进行不同的论证。公司金融理论的发展过程是一个不断吸收经济学发展成果并通过实证研究解释现象和反映实践中规律的过程。

一、完美市场

1958 年，莫迪利亚尼（Modigliani）和米勒（Miller）发表的《资本成本、公司融资和投资理论》一文确立了公司金融作为独立学科的地位，公司金融逐步形成一套建立在新古典经济学框架下的理论体系。这套理论建立在阿罗-德布鲁完美市场的假设条件下，经济人完全理性，完全信息，财务决策与产品市场、要素市场没有关联，目标函数是价值最大化，并引入经济学中的一般均衡和无套利技术，得出了公司的融资策略和股利策略对它的价值都无影响的结论，也就是著名的 MM 定理（1958，1963）。然而现实中的市场是不完美的，要理解公司的各种财务决策，必须考虑市场中的各种不完美，如税收、信息不对称、代理问题、政治文化和法律以及各种非理性行为，公司金融的理论发展就是在找寻 MM 定理所遗漏的各种不完美。

从 20 世纪 70 年代开始，经济学家逐步认识到，公司发行的证券都是一种契约形式，目的在于解决因权利纠纷而形成的利益冲突。这种建立在金融契约思想上的理论统称契约理论。早期的模型是罗斯等人发展的信息不对称模型与詹森（Jensen）和梅克林（Meckling）发展的代理模型，之后又由哈特（Hart）、阿洪（Aghion）等人发展了不完全契约理论。

二、信息不对称

20 世纪 70 年代正是信息经济学大发展的时期，公司金融学引入信息不对称，假设信息不对称存在于公司的经理人（实际控制者）和投资人之间，在所有权和控制权分离的条件下，公司的经理人比股东和债权人更了解公司的实际价值，相对于股东和债权人对公司的价值更拥有信息优势，因而资本市场上可能产生“逆向选择”问题。在信息不对称的情况下，公司需要向市场释放出可信的信号，而投资人通过公司的信号行为来推断公司的真实信息。公司对外部融资方式的选择和股利政策都可以作为信号，据此产生了关于资本结构和股利政策的信号理论以及优序融资理论。信息不对称在公司金融中的应用还体现在对可转换债券作为融资工具的作用以及新股发行折价之谜的解释上。

三、代理理论

詹森和梅克林（1976）发表的《企业理论：经理行为、代理成本与所有权结构》一文开启了公司金融中对股东与管理层、股东与债权人之间委托代理问题的研究。他们认为，企业的剩余索取权与控制权分离后，尽管可能产生代理收益（如分工效果和规模效果），但由于委托人与代理人效用函数的不一致性及信息的非对称性，就可能产生“逆向选择”和“道德风险”，即代理人利用自己的信息优势，采取旨在谋求自身效用最大化却可能损害委托人利益的机会主义行为。委托人为使预期效用最大化，就需通过订立合约来监控代理人的行为，从而产生代理成本，包括委托人的监控费、代理人的担保费以及代理人的决策与使委托人利益最大化的最优决策之间存在的差异所导致的剩余损失。

四、不完全契约理论

格罗斯曼和哈特（Grossman & Hart，1986）以及哈特和穆尔（Hart & Moore，1990）奠定了不完全契约理论的基本框架。信息不对称下的代理理论是基于完全契约，而不完全契约理论认为：在一个复杂和不确定的世界里，人们不可能预见到未来所有可能的情况；即便可以预见到，签约双方也不可能用一种共同的语言将各种状态表达出来；即便可以做到上述两条，也会由于契约中的诸多变量无法被第三方所证实而无法执行契约。正是由于契约不可预见的不确定性、撰写和执行的高成本，契约的不完全性成为一种常态，因此事后谈判不可避免。不完全契约理论的核心是研究如何在合适的时间将权利配置给合适的契约当事人。格罗斯曼和哈特认为，产权（或治理结构）的最优配置，应该是那种能够将效率损失最小化的机制。早期的不完全契约理论强调产权的作用，但近年来不完全契约理论在显示机制、引入不对称信息、将契约作为参照点以及契约不完全的内生性方面取得了进一步的发展。[①] 不完全契约理论作为一种分析框架，应用非常广泛，在公司金融领域中主要体现在公司治理和融资机制方面。

五、行为金融学

上述理论框架都建立在经济活动的参与者是理性的这一假设之上，理论虽然严谨，但在实践中对很多现象还是无法给出解释。随着建立在非理性假设基础上的行为经济学的发展，经济学家开始关注从非理性的角度考察公司金融决策，形成了行为公司金融学派。他们主要关注两种非理性对公司资本配置行为及绩效的影响：资本市场投资者非理性和公司管理者非理性。一方面，非理性投资者是否影响理性管理者的资本配置行为？或者说理性管理者面对错误定价的股票市场，能否纠正非理性投资者的偏差？在存在代理问题时，理性管理者能否利用非理性市场使自身收益最大化？另一方面，管理者也可能是非理性的，对公司的金融行为以及非理性投资者会有什么影响？行为公司金融学在投资、融资、股利分配以及兼并收购方面已经形成了相当丰富的研究成果。

六、法律、政治、文化与历史

公司的各项决策以及契约的有效性不可能脱离所处的社会环境，特别是在横向比较时。从现象上看，各国公司的股权结构等存在巨大差异。经济学家为了探究这些差异，开始从社会因素的角度来考察公司金融。

拉波特（La Porta）、洛佩兹·德·西拉内斯（Lopez-de-Silanes）、施莱弗（Shleifer）

---

① 关于不完全契约理论的发展，可参考阿洪、霍尔登和谢来辉 2012 年发表在《经济社会体制比较》上的《不完全契约与企业理论：我们在过去 25 年里学到了什么？》一文。

和维什尼（Vishny）（以下简称 LLSV，1997）最早探讨了法律和公司金融的关系，就 49 个国家法律体系对投资者保护程度、执法力度以及最大一批上市公司的股权结构及其相互关系进行了实证研究，得出了一些有重要影响的结论。LLSV（2008）对这一领域的研究进行了总结，法律视角的主要观点是，各个国家之间的股权结构差异是由投资者法律保护水平的差异所导致的。罗（Roe，2000，2003，2006）认为欧洲大陆国家的股权结构特点只能由政治因素解释。有的学者继续从文化角度探讨，施图尔兹和威廉森（Stulz & Williamson，2003）认为文化通过价值观、法律制度、经济体系中的资源配置来影响公司决策。还有的学者通过考察历史，对 LLSV（1998，2000）的法律观点提出了质疑（如 Rajan & Zingales，2003）。总之，公司金融与社会因素结合起来还是一个相对新的领域，多是通过实证得出结论，还未形成比较成熟的理论框架。

七、公司金融理论的主要议题

2003 年《金融经济学手册》① 的公司金融分卷涵盖 9 个专题，依次为：公司治理与控制；代理成本、信息与公司投资；公司投资政策；公司融资；投资银行与证券发行；金融创新；股息政策；金融中介；市场微观结构。2013 年《金融经济学手册》的公司金融分卷涉及的专题有：证券化；动态证券设计与公司融资；税收与公司决策；管理层激励；行为公司金融；法律与金融；风险投资；企业家精神与家族企业；发展中国家的融资；金融中介、市场和其他金融部门。

近年来，随着金融科技（Fintech）的快速发展，金融科技机构对公司金融的影响受到了广泛关注。实证研究表明，金融科技贷款机构的出现增加了小企业和初创企业的融资渠道（Bollaert，et al.，2021；Erel & Liebersohn，2022），提高了抵押贷款处理速度，并且在美国抵押贷款市场中逐步占据一定的份额（Fuster et al.，2019），甚至可能成为小企业的主要信贷供应商（Gopal & Schnabl，2022）。

可见，公司金融研究的内容非常复杂，并且随着社会经济的发展和公司实践的变化在广度和深度上呈现出不断变化。限于篇幅，在本章后两节中，我们仅选取了公司金融的核心议题资本结构以及公司治理进行讨论。

第二节 资本结构

一、MM 定理

（一）无税条件下的 MM 定理

MM 定理的建立基于至少如下 5 个假设：

---

① 《金融经济学手册》（*Handbook of the Economics of Finance*）是由爱思唯尔（Elsevier）出版的“经济学手册系列”的第 21 册，由乔治 · M. 康斯坦丁尼德斯（George M. Constantinides）、米尔顿 · 哈里斯（Milton Harris）和勒内 · M. 施图尔兹（Rene M. Stulz）编辑，分为公司金融和资产定价两卷。

（1）所有公司的股票和债券都在完美资本市场（perfect capital market）中完成交易。这一假设意味着：股票和债券交易不存在佣金成本（brokerage cost）；个人能取得与公司同等利率水平的借款。

（2）公司的经营风险可以用息税前利润（EBIT）的标准差来衡量，经营风险相同的公司处于同一风险级别（homogeneous risk class），视为同类风险公司。

（3）公司未来的 EBIT 能被投资者合理评估，即投资者对公司未来的 EBIT 及其取得风险有着同样的预期（homogeneous expectation）。

（4）公司和个人的债务均为无风险债务，即所有负债的利率均为无风险利率，而且不会因负债的增加而改变。

（5）公司所有的现金流都是固定的永续年金（perpetual annuity），即公司未来的 EBIT 在投资者预期满意的基础上保持零增长。

最初的 MM 定理，也称为无公司税的 MM 定理。其基本思想如下：

由于资本市场上套利机制的作用，在前述 5 个假设和不考虑所得税的前提下，公司价值将不受资本结构的影响，即同类风险公司在风险相同而资本结构不同时，其公司价值是相等的。换言之，对于同类风险公司而言，即使负债比率由零增至 100%，公司的平均资本成本及公司价值也不会因此变动。

无公司税的 MM 定理包括以下两个命题：

命题Ⅰ：总价值命题

假设对于任一公司 j，EBIT 表示其息税前利润，D_j 代表其负债的市场价值，E_j 代表其权益的市场价值。那么该公司的总价值为：

$$V_j \equiv E_j + D_j \tag{8.1}$$

只要投资者预期的 EBIT 相同，那么处于同一风险级别的公司，无论是负债经营还是无负债经营（70%股东权益），其总价值相等，都取决于预期的 EBIT 和同一风险级别的资本化利率 r_0。因此，公司价值可以用下述公式表述：

$$V_j \equiv E_j + D_j = \frac{\text{EBIT}}{r_0} \tag{8.2}$$

这就是说，任何公司的公司价值与资本结构都是完全无关的。式（8.2）又可以等价地转换为：

$$\frac{\text{EBIT}}{E_j + D_j} = \frac{\text{EBIT}}{V_j} = r_0 \tag{8.3}$$

这就是说，公司的总资本成本与资本结构完全无关，其总资本成本就等于同一风险级别的无负债公司的资本化利率 r_0，或者叫作无杠杆权益资本成本。所以，通常我们习惯将命题Ⅰ写成：

$$V_L = V_U = \frac{\text{EBIT}}{r_0} \tag{8.4}$$

其中，下标 L 表示有负债的杠杆公司，下标 U 表示完全权益公司（又称无杠杆公司）。

为了验证命题Ⅰ，莫迪利亚尼和米勒运用了套利原则。他们认为，如果在同一风险级别公司之间式（8.2）和式（8.3）不成立，那么市场上就会出现套利活动。比如，一个杠杆公司和无负债公司处于同一风险级别，但二者的股票价格却不相同，在这种情况下，套利者就会买进价值被低估的股票，卖出价值被高估的股票，从而赚取利润。MM 定理认为这是资本市场处于非均衡状态下出现的结果，这种套利活动会一直持续到两家公司的市值回归相等为止。我们以下面这个例子来说明。

案例分析 8－1　杠杆公司与完全权益公司的价值

在满足 MM 定理假设条件的情况下，设有杠杆公司 L 和完全权益公司 U，它们的资本结构不相同，但在预期 EBIT 及经营风险等方面均相同。公司 L 负债 200 万元，年利率为 8%，两家公司的预期 EBIT 均为 50 万元，且具有相同的 σ_{EBIT}，两家公司均为零增长，即 EBIT 为常数，所有收益均作为股利分派。最初假设两家公司的无杠杆权益资本成本均为 10%，即 $r_0=10\%$。

根据公司普通股的市值 E 应当是该公司永续年金的现值，我们可以计算出公司 L 和公司 U 的普通股的市值分别为：

$$E_L=\frac{EBIT-r_D D}{r_0}=\frac{50-200\times 8\%}{10\%}=340(\text{万元})$$

$$E_U=\frac{EBIT-r_D D}{r_0}=\frac{50-0}{10\%}=500(\text{万元})$$

则公司 L 和公司 U 的公司价值分别为：

$$V_L=E_L+D=340+200=540(\text{万元})$$

$$V_U=E_U=500(\text{万元})$$

由此可见，负债经营公司的价值 V_L 大于无负债经营公司的价值 V_U。但 MM 定理认为，这只是资本市场处于一种初始的非均衡状态的结果，这种状态不会长期持续。因为按照假设条件，在完美资本市场上，套利机制的作用将会很快打破这种非均衡状态，使资本市场达到均衡状态。

为说明这个问题，我们假设你拥有公司 L 10%的股权，则你投资的权益资本的市场价值为 34(＝340×10%) 万元。按照 MM 定理，为了提高你的投资收益，你可以在不增加任何投资风险和不支付交易佣金的情况下，采取以下“自制杠杆”的投资策略：

在资本市场上按市价抛售公司 L 的股票，获得 34 万元；你再以与公司相同的利率水平借入相当于公司 L 负债 10%的债务资本 20(＝200×10%) 万元，此时你共拥有资本 54(＝34＋20) 万元。这时，你可以用该笔资本的一部分在资本市场上购入公司 U 10%的股权（同样不增加投资风险，也不支付任何交易佣金)，则其市场价值为 50(＝500×10%) 万元；然后，你可以将手头余下的 4 万元再投资于无风险债券，每年可获得利息 0.32(＝4×8%) 万元。现在让我们来比较一下你重组投资前后的收益状况。

自制杠杆前的投资收益：

拥有公司L 10%的股权，按无杠杆权益资本成本10%计算，可以获得收益3.4(=340×10%×10%) 万元。

自制杠杆后的投资收益：

拥有公司U 10%的股权，按无杠杆权益资本成本10%计算，可以获得收益5(=500×10%×10%) 万元；同时，应减去借款利息1.6(=20×8%) 万元，差额为3.4万元，恰好与初始投资收益相等。但是，由于你还投资了无风险债券，每年还可以获得利息0.32万元，这样，你的总收益就为3.72万元，比初始投资方式获得的收益多了3 200元。

以上计算结果表明，重组投资后你虽然在普通股上的投资收益不变，但是由于额外的债券投资而多获益3 200元，而且借入资本并未增加你的风险。正是由于千千万万的投资者都会像你一样在这种套利机制的驱使下重新调整自己的投资行为，例如抛售公司L的股票，转而购入公司U的股票，所以会导致公司L的股票价格上升，其公司价值也随之上升，而造成公司U的股票价格下跌，其公司价值也随之下降，直到两家公司的公司价值趋于相等，即达到资本市场的均衡状态为止。此时，两家公司的总资本成本也会趋于相等。

在上面的例子中，假定有众多投资者采取了类似的投资行为，在资本市场进行相应的股票抛售、购入之后，两家公司的市值最终将趋于一致。我们假定无杠杆权益资本成本$r_0=10\%$是市场公平的期望收益率，那么公司U的公司价值500万元相应就是二者最终的均衡价格。公司L尚处在非均衡状态，所以套利者才有机可乘。通过众多投资者的自制杠杆活动，公司L的公司价值最终也会回归500万元。计算均衡状态下公司L的权益资本的市值：

$$E_L'=V_L-D=500-200=300(\text{万元})<340(\text{万元})$$

公司L的权益资本市值较原先下降了，股票市场上则表现为公司L的股票价格下跌，直至套利空间消失。

因此，MM定理认为，当资本市场达到均衡状态时，只要满足假设条件，公司价值就与公司的资本结构无关。

命题Ⅱ：杠杆权益成本命题

因为杠杆公司有较大的风险，作为补偿，它应该提供较高的期望收益率。如前所述，在没有公司税的经济世界中，杠杆公司的加权平均资本成本必定等于同一风险级别的完全权益公司的无杠杆权益资本成本。MM定理认为，负债经营的公司的权益资本成本（简称杠杆权益资本成本）等于同一风险级别的无负债经营的公司的权益资本成本（简称无杠杆权益资本成本）加上风险补偿。风险补偿的多少，取决于杠杆比例以及无杠杆权益资本成本与债务资本成本之差。负债率越高，风险补偿就越高，从而导致负债经营下的权益资本成本上升，反之亦然。命题Ⅱ用一句话概括就是：股东的期望收益率随着财务杠杆的增加而提高。用公式表示为：

$$r_E=r_0+\frac{D}{E}\times(r_0-r_D) \tag{8.5}$$

其中，r_E 是杠杆公司的权益资本成本；

r_D 是债务资本成本；

r_0 是完全权益公司的权益资本成本；

$\frac{D}{E}$为债务资本与权益资本比率；

$\frac{D}{E}\times(r_0-r_D)$ 为风险补偿。

该命题的推导过程如下：

要证明命题Ⅱ，我们首先要明确杠杆权益资本成本 r_E 就是公司股东的期望收益率，那么从定义来看，r_E 可用以下公式求得：

$$r_E=\frac{\text{EBIT}-r_D\times D}{E} \tag{8.6}$$

根据式（8.2），$V=\frac{\text{EBIT}}{r_0}$，则有 $\text{EBIT}=r_0\times V=r_0\times(E+D)$。

将 EBIT 的表达式代入式（8.6），得：$r_E=\frac{r_0(E+D)-r_D\times D}{E}=r_0+\frac{D}{E}(r_0-r_D)$。

式（8.5）表明杠杆公司的权益资本的期望收益率是负债-权益比率的正比例线性函数。考察式（8.5）我们会发现，如果 r_0 超过 r_D，则 r_E 随负债-权益比率的上升而提高。一般地，r_0 应超过 r_D。更确切地说，因为即使是无杠杆的完全权益公司也会有风险，所以其提供的期望收益率应该比无风险债务的收益率更高。

（二）有税条件下的 MM 定理

1. 有公司税的 MM 定理

1963 年，莫迪利亚尼和米勒发表了第二篇文章《公司所得税和资本成本：一项修正》，在文中加入了公司所得税存在的条件。其基本思路是：负债的避税作用能产生财务杠杆效应，使公司可以通过这种作用降低总资本成本，从而提高公司的总价值。

假设杠杆公司 L 和完全权益公司 U 具有不同的资本结构，但预期 EBIT 和经营风险均相同，公司税率为 T_C。在 MM 定理假设下，完全权益公司 U 每年的税后现金流为：$\text{EBIT}\times(1-T_C)$。

由此可知，完全权益公司 U 的公司价值 V_U 就是其每年税后现金流的现值，即

$$V_U=\frac{\text{EBIT}\times(1-T_C)}{r_0} \tag{8.7}$$

式中，r_0 为完全权益公司的权益资本成本，此处为税后现金流的折现率。

再来看杠杆公司 L 的公司价值 V_L，将公司 L 每年税后现金流的现值加上税盾的现值即可。

$$V_L = \frac{\text{EBIT} \times (1-T_C)}{r_0} + \frac{T_C \times r_D \times D}{r_D}$$
$$= V_U + T_C \times D \qquad (8.8)$$

式（8.8）是存在公司税情形的命题Ⅰ的具体表达式。等式中的第一项是没有债务税盾时公司的现金流现值。换言之，该项与完全权益公司的价值 V_U 相等。杠杆公司的价值是完全权益公司的价值加上 $T_C \times D$（税率乘以债务的价值）。$T_C \times D$ 是永续性现金流情形下税盾的现值。由于税盾会随着债务额的增大而增加，从而扩大杠杆公司与完全权益公司在公司价值上的差距，因此可以通过用债务替代权益来提高总现金流及公司价值。

由于在无增长永续性模型中所有的现金流作为股利支付给了股东，也就是说，流入公司的现金流等于股东获得的现金流，因此

$$V_U \times r_0 + T_C \times D \times r_D = E \times r_E + D \times r_D \qquad (8.9)$$

将式（8.9）两边同时除以 E，并减去 $D \times r_D / E$，整理后得到：

$$r_E = \frac{V_U}{E} \times r_0 - (1-T_C) \times \frac{D}{E} \times r_D \qquad (8.10)$$

由于杠杆公司的价值 $V_L = V_U + T_C \times D = D + E$，因而 $V_U = E + (1-T_C) \times D$。因此，式（8.10）可以写成：

$$r_E = \frac{E + (1-T_C) \times D}{E} \times r_0 - (1-T_C) \times \frac{D}{E} \times r_D \qquad (8.11)$$

然后将含有 $(1-T_C) \times (D/E)$ 的项合并后即可得到

$$r_E = r_0 + \frac{D}{E} \times (1-T_C) \times (r_0 - r_D) \qquad (8.12)$$

命题Ⅱ与最初的 MM 定理的风险补偿命题是相对应的。从式（8.12）中可以看出，随着负债的增加，杠杆公司的权益资本成本 r_E 也随之上升，但是在考虑公司税因素的情形下，我们会发现 r_E 上升的速度比不考虑税收因素情形下 r_E 上升的速度要慢一些。也就是说，在公司税因素的影响下，杠杆公司权益资本成本的上升比无税情形下减少了 $D/E \times (r_0 - r_D) \times T_C$ 这个量。正是这个原因，才使杠杆公司的价值要比完全权益公司的价值增加了赋税节约额（税盾）$T_C D$。

2. 米勒模型

修正的 MM 定理充分考虑了公司所得税因素，但忽略了个人所得税因素。1977 年，米勒又单独提出了一种改进的资本结构理论模型，说明在同时考虑公司所得税和个人所得税的情形下，杠杆经营对公司价值的影响作用，该模型被称为米勒模型（Miller model）。其基本思想是：修正的 MM 定理过高地估计了负债经营对公司价值的作用，实际上，个人所得税在某种程度上抵减了债务利息的税盾作用。[①]

---

① 股票收益分配的个人所得税属于资本利得税（CGT），是对资本利得（低买高卖所获收益）征税。常见的资本利得包括买卖股票、债券、贵金属和房地产等所获得的收益。实际上，并不是所有国家都征收资本利得税。

鉴于在现实中个人利息所得税率不同于股票权益分配时的实际个人所得税率，我们先假设 T_C 表示公司所得税率，T_E 表示个人投资者的股票收益个人所得税率，T_D 表示个人投资者的利息收益个人所得税率。注意，我们下面的讨论假设一个统一的利息收益所得税率。[①]

考虑个人所得税率，在未来现金流稳定的情况下，我们先看完全权益公司 U 的公司价值：

$$V_U=\frac{\text{EBIT}\times(1-T_C)(1-T_E)}{r_0} \tag{8.13}$$

式（8.13）表示公司每年支付了公司所得税以及股东支付股票收益个人所得税后的现金流现值。显然，与式（8.7）相比，由于个人所得税的存在，完全权益公司的公司价值减少了。

现在我们来考察负债经营的公司 L。首先应着手分析其股东与债权人的年现金流 CF。设公司每年负债需支付的利息额为 I，则有

$$\begin{aligned}CF &=\text{股东每年现金净流量}+\text{债权人每年现金净流量}\\ &=(\text{EBIT}-I)(1-T_C)(1-T_E)+I(1-T_D)\\ &=\text{EBIT}\times(1-T_C)(1-T_E)-I(1-T_C)(1-T_E)+I(1-T_D)\end{aligned} \tag{8.14}$$

在式（8.14）中，第一项 $\text{EBIT}(1-T_C)(1-T_E)$ 为完全权益公司的税后现金净流量，这一部分的现值可以按照无负债经营的资本报酬率（完全权益资本成本）r_0 折现；后两项则反映了由债务利息支付所引起的税后现金净流量，这一部分应当与债务利率有同样的风险，因此现值可以按债务资本成本对其折现求得。据此，我们可以计算杠杆公司的公司价值 V_L：

$$V_L=\frac{\text{EBIT}\times(1-T_C)(1-T_E)}{r_0}-\frac{I(1-T_C)(1-T_E)}{r_D}+\frac{I(1-T_D)}{r_D} \tag{8.15}$$

上式可以继续简化为：

$$V_L=V_U+\frac{I(1-T_D)}{r_D}\left[1-\frac{(1-T_C)(1-T_E)}{1-T_D}\right] \tag{8.16}$$

在上式中，税后利息支付额 $I(1-T_D)$ 按债务资本成本 r_D 资本化后的结果为债务的市场价值 D，即 $D=\dfrac{I(1-T_D)}{r_D}$。将之代入式（8.16），得：

$$V_L=V_U+\left[1-\frac{(1-T_C)(1-T_E)}{1-T_D}\right]\times D \tag{8.17}$$

式（8.17）也就是著名的含个人所得税因素的“米勒模型”。

MM 定理的三个发展阶段所建立的公司价值模型是相互联系的，方法和结论都没有发

① 默顿·米勒在《债务和税收》一文中还考虑了当税率因人而异时的个人所得税的影响。

生根本性改变，区别仅在于对所得税因素的考虑。然而MM定理所依赖的完美资本市场假设与现实世界存在诸多差异，正是后来很多学者对MM定理的质疑和异议，推动了资本结构理论的进一步发展，并从中产生了一系列可以直接在实际中运用的理论。

专栏8-1　弗兰科·莫迪利亚尼和默顿·米勒

弗兰科·莫迪利亚尼（1918—2003年）1939年于罗马大学获得博士学位，同年移居美国。1953—1960年在卡内基工学院工业经济系任教，1960年后转往麻省理工学院，1985年因在储蓄和金融市场分析方面的成就而获得诺贝尔经济学奖。瑞典皇家科学院新闻公告这样写道：弗兰科·莫迪利亚尼的主要研究方向是家庭储蓄和金融市场的运行。获奖的研究成果涉及家庭储蓄生命周期假设的建立与发展以及用于企业和资本成本计价的MM定理的系统阐述。这两方面的成就密切相关，都涉及家庭财产的管理：一方面涉及总价值，另一方面涉及总价值的构成。

默顿·米勒（1923—2000年）先后于哈佛大学和约翰·霍普金斯大学获得学士和博士学位，1953—1961年在卡内基工学院工业经济系任教，1961年后转往芝加哥大学，1990年与哈里·马科维茨、威廉·夏普一起获得了诺贝尔经济学奖。瑞典皇家科学院新闻公告这样写道：默顿·米勒的获奖是由于其在公司金融理论方面的开拓性工作。他与弗兰科·莫迪利亚尼一起，提出了生产型公司的资本结构及股利政策与公司的市场价值及资本成本之间的关系的理论。他们的理论基于一个假设，股东可以像公司一样自由进出资本市场。这就意味着，股东在自身资产组合的范围内可以寻求收益和风险的平衡。所以，公司不必使它的决策迎合不同股东的风险偏好，公司经理可通过使公司的净财富最大化来最好地保护股东的利益。因此公司通过分散投资减少风险并不符合投资者的利益，因为股东通过他们自己的资产组合选择就能实现这一点。

1988年《经济展望杂志》为了纪念MM定理发表30年，特别请莫迪利亚尼和米勒分别撰写了回顾性文章。米勒在《MM定理三十年》一文中首先写道：经过三十年，资本结构与公司价值无关已被视作完美市场达到均衡的结果，彼时开创性的套利证明也已广泛应用于金融的各个领域。他接着描述了他们如何将货币性的资本结构与实际现金流联系起来。首先考虑的是企业总投资，企业总投资的资金最终来源于家庭储蓄，可用简化的资产负债表表示为：

企业

资产	负债
生产性资本	对家庭的负债 家庭拥有的企业权益

家庭

资产	负债
企业负债 企业权益	家庭净资产

合并企业、家庭的资产负债表就会得到国民账户：

资产	负债
生产性资本	家庭净资产

在合并的账户中，债务和权益都消失了。因此家庭所拥有的企业价值取决于生产性资本的价值，债务和权益只是用于划分盈利的中间资产。MM 定理Ⅰ正是将宏观经济学的上述直觉认识应用于微观的公司金融领域的理论，而对 MM 定理Ⅰ的证明，也正反映了个人投资者账户合并后债务和权益会消失的事实。

二、MM 定理之后的资本结构理论

（一）权衡理论

经济学家首先从破产成本的角度解释了公司债务融资受到的阻碍。迈尔斯（Myers，1966）等指出债务融资能够带来避税收益，但随着债务的增加会引起公司破产的风险和成本上升，因此公司的最优资本结构是在负债的预期避税收益与预期破产成本之间进行的权衡（trade-off）。但之后的研究表明相对于预期避税收益来说，如果只考虑直接破产成本，破产成本远远小于避税收益，无法解释实际较低的资本结构水平。因此经济学家又从破产所引起的利益相关者损失的角度来讨论破产的间接成本，通常称为财务困境成本。非财务利益相关者，如消费者、供应商、员工、政府等，虽然不直接拥有股权和债权，但他们同样受到公司破产的影响，可能因为破产风险的加大而选择放弃购买商品、跳槽、催收货款等，从而影响公司的正常经营活动。

20 世纪 70 年代后期，随着信息经济学和代理理论的发展，公司金融对资本结构的研究突破了以往只注重税收、破产等外部因素的局限性，转而从信号、最优激励契约的角度探讨债务形式对解决委托代理问题的作用。

（二）信号理论与优序融资理论

罗斯（1977）根据信息不对称理论，提出了信号模型。管理者通过选择适当的债务水平向资本市场传递关于企业（投资项目）前景的信号。投资者可以假定，管理者的效用是企业市场价值的增函数，破产会导致管理者受罚。由于债券融资实际上是通过承诺在未来的某个时刻支付本金和利息，管理者使用企业的负债率来表达对企业未来现金流的信心，因此投资者把较高的负债率看作企业高质量的表现。也就是说，越是好的企业，负债率就越高。

利兰和派尔（Leland & Pyle，1977）假设企业家为了投资新项目需要筹集外部股权资金，但是他与投资者之间存在信息不对称：企业家知道而投资者不知道新项目的质量。在企业家厌恶风险且追求个人效用最大化的假设下，他的持股比例是他向外部投资者传递项目质量的信号。他的持股比例越大，公司价值就越大；同时，公司资产的风险越大，杠杆比例就越低。

迈尔斯和梅吉拉夫（Myers & Majluf，1984）提出了著名的优序（pecking order）融资理论。在信息不对称的条件下，对于企业的前景，内部管理者比资本市场的其他参与者掌握更多的信息，在股票被低估时他们不愿意发行股票为投资项目筹集资金，而在股票被高估时倾向于发行股票。因此，企业如果发行股票，会向股票市场传递经营不佳的负面信号，引起股价的下降。为了避免股东权益受损，利用对信息敏感性不强的资金来源来代替股票发行为投资项目融资是较好的选择。对一个新的投资项目来说，首先使用留存收益这样的内部积累资金，如果不够，才进行外部融资，外部融资的顺序是由低风险到高风险排列的债务，最后是发行股票融资。

（三）代理理论

1. 债务代理成本

当企业举债时，作为企业内部决策主体的股东、管理者和企业的外部债权人之间就形成以负债契约为媒介的委托代理关系。在这种以负债契约为基础的委托代理关系中，存在着作为委托人的债权人和作为代理人的股东以及管理者之间的利益冲突，这种利益冲突在企业处于财务困境时会导致债务的代理成本。这主要有两类表现形式：一类是资产替代（asset substitution），另一类是债务悬置（debt overhang）。资产替代是指股东有动机去选择高风险项目，甚至是净现值（NPV）小于0的项目，而不是对债权人更有利的低风险项目，通过将风险转移给债权人而为自己谋利。债务悬置是指股东可能因为项目的大部分收益将被现有债权人获得而拒绝具有正的NPV的项目，因而造成投资不足的问题。

2. 权益代理成本

从企业经营的角度来讲，自由现金流是企业经营活动产生的现金流减去维持企业现有生产能力所需的资本支出总额后，所形成的现金流。如果企业在持续经营的基础上拥有正的现金流，那么就可以把它自由地分配给所有资本供应者（包括债权人和股东），或者将它留在企业。企业拥有越多的自由现金流，管理者掌握的资源就越多，就越有可能进行过度投资或采取其他浪费行为，权益代理成本就会越大。

詹森（1986）在《自由现金流的代理成本、公司财务与接管》一文中正式提出了自由现金流假说（free cash flow hypothesis）。他主要讨论如何通过减少自由现金流来降低权益代理成本。一种途径是提高现金股利支付水平，但是由于管理者在企业分配政策上具有决策权，因此增加现金股利对代理成本的约束充其量是“软”约束。另一种途径是增加债务融资。相对而言，债务融资对管理者过度扩张行为的约束是“硬”约束，因为当管理者不能履行按期还本付息的承诺时，债权人有权迫使企业破产。不过，债务融资具有两面性：不断上升的财务杠杆会提高“负债代理成本”，也会增加破产成本。

代理成本可视为破产的一种间接成本，因此也可将其纳入权衡理论的分析框架。通过资本结构的调整，可以降低管理者和股东、股东和债权人之间的代理成本，企业达到最优资本结构时对应的就是最低的代理成本。

（四）不完全契约理论

MM定理以及早期的代理理论把企业现金流视为固定的，债权和股权依照事先约定获取固定收益和剩余收益，尽管内部人可能通过过多的在职消费取得收益，但控制权不能在债权人和股东之间转移。不完全契约理论认为企业是一个不完全契约组织，契约无法涵盖事后投资收益的各种状态，无法通过契约界定所有权利。因此需要根据未来状态分配控制权，控制权的分配是为了解决管理者私人利益和投资者利益之间的冲突。融资形式是以未来状态来决定控制权的机制。不完全契约理论的核心是分析融资方式和控制权分配之间的关系。这一领域的开创性研究是阿洪和博尔顿（Aghion & Bolton，1992）所发表的论文，我们将在下一节公司治理中对其进行更详细的介绍。

（五）市场择时理论

市场择时（market timing）是指在股价偏高时发行股票，在股价低迷时回购股票。2002年，贝克（Baker）和沃格勒（Wurgler）在《市场择时与资本结构》中首次明确提出市场择时理论，指出：当公司市场价值高时，财务杠杆低；当公司市场价值低时，财务杠杆高。历史市场价值对资本结构的影响是显著的。市场择时理论的核心在于：市场择时通过净股权融资长期影响资本结构，现时的资本结构是过去股票市场择时的累积结果。

贝克和沃格勒使用市值账面价值比（M/B）这一指标来反映股票市场的时机。他们编制了一个外部融资加权平均（external finance weighted-average，efwa）市值账面价值比。该指标中的权重是公司过去的外部融资量（股权融资 e 或者债务融资 d），发生融资的年份被赋予了更大的权重：

$$\left(\frac{M}{B}\right)_{efwa,\,t-1}=\sum_{s=0}^{t-1}\frac{e_s+d_s}{\sum\limits_{r=0}^{t-1}e_r+d_r}\times\left(\frac{M}{B}\right)_s \tag{8.18}$$

他们以加权平均市值账面价值比作为解释变量对公司的资产负债率（D/A）进行回归，同时选择了反映权衡理论的变量作为控制变量，包括有形资产指标 PPE、盈利指标 EBITDA 以及规模指标销售收入 S，具体见式（8.19）：

$$\begin{aligned}\left(\frac{D}{A}\right)_t=&a+b\left(\frac{M}{B}\right)_{efwa,\,t-1}+c\left(\frac{M}{B}\right)_{t-1}+d\left(\frac{\text{PPE}}{A}\right)_{t-1}\\&+e\left(\frac{\text{EBITDA}}{A}\right)_{t-1}+f\log(S)_{t-1}+u_t\end{aligned} \tag{8.19}$$

回归的结果是加权平均市值账面价值比显著为负，随后进行的持续性检验进一步支持了他们的结论。

市场择时在首次公开发行（IPO）市场上体现得较为突出。IPO 具有明显的聚集效应，即 IPO 初始回报率和 IPO 发行量都存在明显的周期性。人们把 IPO 初始回报率上升和 IPO 发行量上升的时期称为热市场。IPO 的热市场现象可能和真实投资机会的周期性变化有关，但也可能是经济主体的非理性所致。此外，IPO 之后市场长期表现低迷与热市场紧密相关。如果公司能够成功地利用投资者过分乐观，从而在股价高估的机会窗口发行股票，那么在 IPO 之后市场就会表现低迷，回归合理价值。这样一来，市场的冷热交替可能正反映了公司试图利用市场择时进行“便宜融资”。

股权再融资（SEO）行为经常表现出非正的公告效应，而且融资后股价表现和经营业绩长期低迷，这种现象证明了市场择时理论的有效性。一般而言，管理者拥有信息优势，他们能够判断股价是否合理。如果认为股价高估，管理者就会趁机发行股票。市场察觉到了管理者的动机，会将再融资行为作为股价高估的信号，从而导致负的公告效应。融资后，投资者又会从反应过度转为反应不足，导致股价的长期低迷。

（六）产业组织理论

上述资本结构理论都是侧重于从公司内部的视角分析资本结构影响因素和融资策略选择，但公司的资本结构决策不可能脱离产业环境。20 世纪 80 年代末出现了将产业组织理论运用于资本结构研究领域，研究资本结构与产品市场的关系的理论。

布兰德和刘易斯（Brander & Lewis，1986）是这一领域的先行者。他们建立了一个在双寡头垄断市场上进行产量竞争的两阶段企业模型。在第一阶段，选择杠杆水平；在第二阶段，在产品市场上进行数量竞争。他们在一定程度上采用了代理理论提出的“资产替代效应”，认为由于较高的负债率会增强股东的风险偏好动机，进而提高公司在产品市场上的攻击性（如较高的产出），较高的产出将导致竞争对手降低产量，所以，公司便从竞争对手的这种反应中获益。这种攻击性的存在使公司在产品市场竞争中处于一种战略优势。这样，负债率便成为提高下一阶段产品市场竞争策略承诺可信度的一种有效工具。对在不完全竞争市场上主要进行产量竞争的企业来说，财务杠杆越高，在产品市场上就越有竞争优势。

博尔顿和斯恰思泰恩（Bolton & Scharfstein，1990）运用掠夺性定价理论（predatory pricing theory）分析企业融资策略选择与产品市场竞争的关系。他们建立了一个两阶段双寡头模型：假定存在 A 和 B 两家公司，在每一阶段期初都会有一项固定支出 F。A 通过内部资金来融资；B 通过债务来融资，债权人拥有完全议价能力，B 要么接受要么放弃融资。他们分析了 B 的最优债务契约以及 A 的掠夺性定价行为对最优债务契约的影响。认为负债会给企业带来融资约束，而融资约束又会鼓励杠杆企业采用掠夺性定价策略来迫使竞争对手降低市场份额，直至退出市场。根据他们的研究结论，在存在掠夺性定价的条件下，企业的最优负债水平为零。

蒂特曼和马克西莫维克（Titman & Maksimovic，1991）关注财务危机与产品市场竞争的关系。他们认为产品市场竞争必然出现价格战或营销战，导致企业利润和现金流的下降，高负债率企业容易陷入财务危机。财务危机会引起客户、供应商、债权人等利益相关者对企业经营采取更加不利的行动，进而导致销售下降、市场份额萎缩。奥普勒和蒂特曼（Opler & Titman，1994）的研究进一步发现，在行业不景气时，负债率高的企业将会损失大量市场份额，外部融资能力也被进一步削弱，使低杠杆竞争对手获得更大的份额和竞争优势。

（七）动态权衡理论

动态权衡理论又叫动态调整理论，该理论将资本市场摩擦即企业调整资本结构的成本引入了权衡理论，不再局限于研究静态的资本结构水平，而是拓展到资本结构的动态变化趋势。企业正常经营和外部冲击不可避免地会导致资本结构偏离最优水平，但由于调整成本的存在，只有当调整资本结构获得的收益大于调整成本时，企业才会进行资本结构的目标水平调整。因此，尽管企业存在最优资本结构，但从观察到的结果来看，企业并不会时刻将资本结构保持在最优水平，偏离最优水平才是常态。

费希尔、海因克尔和泽切尔（Fischer，Heinkel & Zechner，1989）开创了动态资本结构领域的研究，首次在权衡理论的动态研究中引入了调整成本。他们认为，由于交易成本的存在，企业资本结构将在一个区间内变动，只有当实际资本结构偏离最优资本结构太多时，企业才会调整资本结构。此外，调整成本函数的性质会影响资本结构的调整频率和方式。利里和罗伯茨（Leary & Roberts，2005）通过模拟和实证检验，证实了企业债务和股权融资的调整成本函数为固定成本加上可变成本的凸函数，并且在考虑市场择时等因素后资本结构动态调整模型依然对现实具有很强的解释力。

学者们还从法律制度、宏观经济环境、行业特征和公司特征等方面，研究了资本结构动态调整的影响因素，比如福肯德和弗兰纳里（Faulkender & Flannery，2012）发现企业的现金流特征、融资约束状况不仅影响企业的资本结构目标水平，还会影响企业调整资本结构至目标水平的速度。

第三节 公司治理

一、关于公司治理的一般概念

（一）公司治理的定义

公司治理（corporate governance）有狭义和广义之分。学术文献多使用狭义的概念，例如，施莱弗和维什尼（1997）将公司治理定义为“如何进行有效的机制（契约）设计使投资方（suppliers of finance）确信其能够从投资中获得相应的收益”。狭义的概念关注的是股东大会、董事会、监事会及管理层所构成的公司治理结构的内部治理。

广义的公司治理概念多为政府、社会团体等所使用。例如经济合作与发展组织（OECD，2004）这样定义公司治理：“公司治理是管理者、董事会、股东和利益相关者之间的一套体系。公司治理也为公司提供了一个框架，以确定公司的目标、实现目标的措施以及监督实施。良好的公司治理应当能够提供恰当的激励，使管理层服务于公司和股东的目标，并能促进有效的监督。”公司治理是包括内部治理和外部治理的一系列约束和激励机制，涉及公司法、证券法、信息披露、会计准则、社会审计和社会舆论等。

（二）公司治理模式

公司治理可分为内部治理和外部治理。内部治理是指股东（大会）、董事（会）、监事（会）以及管理层之间的制度安排。外部治理是指资本市场、产品市场、劳动力市场、法律法规和社会舆论所形成的约束机制。股权结构是公司治理问题的逻辑起点，在不同股权结构下，公司治理致力于解决的根本问题存在差异：在分散的股权结构下，公司治理的根本问题是分散小股东和管理层之间的利益冲突；在集中的股权结构下，控股股东和小股东之间的利益冲突成为公司治理的根本问题。依据股权结构，我们将公司治理模式划分为以下几类：

第一类是以美英为代表的分散股权的市场型模式。由于股权高度分散，管理权和控制权实际上既不掌握在股东大会手中，也不掌握在董事会手中，而是落入职业经理人或者管理人员手中。股东如果对管理层不满意，往往只能采取“用脚投票”的方式。股东和管理层之间的利益冲突主要表现为管理层不按股东利益行事所带来的各种代理成本：直接侵占投资者的资金、在职消费以及经理人决策失误等。公司治理一般主要探讨降低代理成本的各种机制，如董事会、机构投资者、大股东、经理人薪酬、兼并收购等。

第二类是以德日为代表的公司间交叉持股的关系型模式。德国公司除设有股东大会和董事会外，还设有监事会，由股东代表和职工代表共同组成。由股东大会选举监事会成员，而后由监事会选任和解聘董事会成员。监事会负责考核和监督执行董事及董事会的行为，还拥有对公司重大决策的批准权。日本公司也设有监事会，主要职责是监督公司董事职务的执行情况及对公司财务状况进行审计监督，它的地位与董事会平行，共同对股东大会负责。日本公司中的董事会，更多的是由内部人组成，并不能真正代表股东利益行使监督权。关系型模式的一个特点是公司之间交叉持股，因此股权相对稳定，兼并收购不频繁。另一个特点是银行不仅作为主要债权人，还是公司的主要股东，因而银行通过向监事会派驻代表、代理股东投票来影响公司的决策或者直接施加影响。

第三类是以意大利、东南亚国家为代表的家族层级结构持股的家族型模式。家族通过控股公司控制母公司或核心企业，进而控制子公司和相关企业，或以交叉持股等方式掌握企业的控制权。家族企业所有权的特点决定了具有血缘、亲缘和婚姻关系的家族成员担任公司的重要职务，企业管理者主要由家族成员构成，管理者受到来自家族利益和亲情的约束。虽然许多家族企业引进了外部经理人，但家族往往通过各种方式保持对经理人的直接控制。这种模式下的利益冲突主要表现为控股股东对小股东利益的侵害，公司治理就是指确保外部投资者免受内部人掠夺的一套机制。

我国在公司治理上，采取的是混合模式，即公司的权力机构由股东大会、监事会和董事会构成，但有别于德国模式，我国的董事会和监事会平行隶属于股东大会，允许股东人数较少和规模较小的有限责任公司不设立董事会和监事会。既像德国模式强调了职工代表参与管理，如《中华人民共和国公司法》规定在监事会中职工代表的比例不得低于三分之一，又采用了美国模式董事会中的独立董事制度。

如果说 1997 年的亚洲金融危机暴露了家族型模式的弊病，那么由美国次贷危机引起的 2008 年金融危机则使人们开始对美国模式进行反省。并不存在既定的最优公司治理模式，对公司治理模式的探索是一个动态持续的过程。

（三）控制权

伯利和米恩斯（Berle & Means，1932）在《现代公司与私有财产》一文中第一次明确地提出了“所有权与控制权（实际是所有权与经营权）分离”的观点。当公司所有权与经营权不一致时，公司的盈亏与经营者个人所承担的风险不成比例，出于自利的考虑，经营者可能会采取有损所有者的利己行为，从而产生利益冲突。由于现代公司呈现出典型的股权分散、所有权与经营权分离特征，因此早期对控制权的研究主要是针对外部股东和管理层之间的利益冲突，股东与经理人之间的代理问题及其解决机制成为现代公司治理研究的核心问题。

然而，世界范围内越来越多的证据表明大多数公司中存在控制性股东（La Porta et al.，1999）。施莱弗和维什尼（1997）认为，股权集中在大股东的手中，他们有动机利用自己对公司资产的控制权（即投票权）实现自身利益的最大化。而小股东既没有大股东那样的控制权，只能“搭便车”或“用脚投票”，又没有债权人那样的优先索偿权，这样处于控制地位的大股东就可以通过转移价格、非公允关联交易等手段将资源从公司向自己转移，攫取高于其持股比例的额外收益，从而容易导致大股东掠夺小股东问题的发生。大股东与小股东之间的利益冲突日益成为现代公司治理研究的核心问题。

由于金字塔式的层级结构和交叉持股的存在，简单地以持股比例来衡量控制权不能反映现实。格罗斯曼和哈特（1986）最早提出了终极控股股东（ultimate controlling shareholder）以及控制权（control rights）、现金流权（cash flow rights）的概念，并通过LLSV的推广而得到广泛的认可和运用。

终极控股股东是指上市公司直接大股东背后的实际控制人，是处于上市公司控制链顶端的个体或家族、法人或政府代理机构。以图8-1为例，直观上看，A公司第一大股东为X，但按照披露信息，公司控制链上端为X1至X4，他们之间为夫妻或直系亲属关系，因此A公司的实际控制人为包括X1至X4在内的X家族。

控制权是指实际控制人对上市公司的投票权。根据格罗斯曼和哈特（1986），计算规则是先取从实际控制人到上市公司每条控制链上的最小值，再将各控制链上的控制权加总。仍以图8-1为例。X家族通过4条控制链控制着A公司。第一条是X→A；第二条是X、X3、X4→C→A；第三条是X1、X2、X3、X4→B→A；第四条是X1→A。以第三条控制链为例，控制链上的投票权依次为6.05%和88%（=12%+38%+16%+22%），所以该控制链上的控制权为最小者6.05%。以此类推，X家族对A公司的4条控制链上的控制权依次为32.46%、18.15%、6.05%和2.07%，加总得58.73%即为X家族对A公司的控制权。

现金流权是指实际控制人在股利分配中所能够获得的现金流比例。根据格罗斯曼和哈特（1986），计算规则是先得到实际控制人到上市公司每条控制链上各持股比例的乘积，再将各链条加总。仍以图8-1为例，X家族第三条控制链上的投票权依次为6.05%和88%，那么通过这条链可获得5.324%（=6.05%×88%）的现金流权。以此类推，X家族各条控制链上的现金流权依次为32.46%、18.15%、5.324%和2.07%，加总得到X家族对A公司拥有58.004%的现金流权。

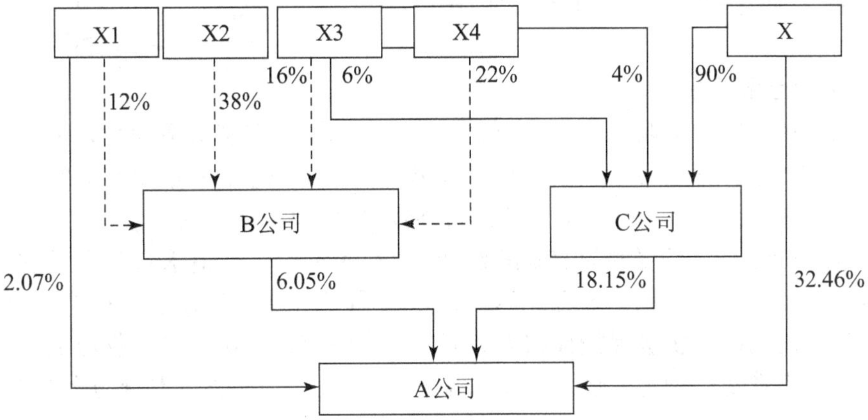

图8-1 A公司与实际控制人之间的产权及控制关系

通过上面的计算可以看到控制权和现金流权的不一致，控制权和现金流权的分离程度成为研究公司治理问题的一个重要考察变量。

随着以互联网、大数据、人工智能等为代表的技术创新的蓬勃发展，涌现出了大量在初创期就需要进行巨额投资、承受巨额亏损的高科技企业，这些投资往往依赖于上市前的数轮私募股权融资。在获得外部融资的同时，为了保持创始团队对公司业务的主导权，保护和激励专业技能与企业家精神的发挥，这些高科技企业采用了多种新的控制权架构，比如同股不同权（又称为特别表决权，包括双重和多重股权结构）、一致行动协议、有限合伙协议构架等都得到了广泛的认可和运用。

在双重股权结构下，B 类股票的投票权会数倍于 A 类股票，创始团队通过持有 B 类股票并担任高管，牢牢掌握公司的控制权，持有 A 类股票的外部投资者把业务决策权让渡给了创始团队。看似不平等的投票权权重设计，实则使得资本和职业经理人之间的专业化分工在更深层次展开（郑志刚等，2021）。此外，发行双重股权结构股票的公司往往会同时推出“日落条款”，在公司章程中规定创始团队所持有 B 类股票的转让退出、转为 A 类股票以及限制创始团队权力等各种条款，以实现创始团队业务主导与外部投资者利益保护之间的平衡。

一致行动协议由来已久，作为股东投票协议的一种，是指全体或部分股东就特定的股东大会决议事项达成的，在行使召集权、提案权、表决权时，采取一致行动的协议。近年来，一致行动协议经常作为形成或者加强核心股东对公司的控制的手段，但随着协议到期可能会引发控制权的不稳定。有限合伙协议构架则是实际控制人将有限合伙企业加入控制链，实际控制人担任普通合伙人，从而以较少的出资获得对上市公司的控制权。

我国资本市场也针对上述新型控制权架构及时做出了政策修改。2018 年 4 月，香港交易所修改规则，允许同股不同权企业上市；科创板自 2019 年 7 月开板便允许双重股权结构公司上市，标志着我国资本市场执行了近三十年的“同股同权”原则终结；2020 年 6 月，创业板也修改了上市规则，允许同股不同权企业上市；2023 年 2 月，中国证监会宣布全面实行注册制，主板允许设置特别表决权及日落条款等制度的公司上市。

二、从公司治理视角探讨公司金融问题

（一）公司金融目标

狭义的公司治理定义偏重于股东利益，财务目标是股东利益最大化，强调股东对经营者的监督和约束，常被称为“股东治理模式”。然而，近年来爆发的金融危机和公司财务丑闻让越来越多的人意识到这种观点的狭隘和短视，认为公司应该更加有责任感，“利益相关者利益最大化”的提出就是要求公司在决策时，在追求自身利益的同时，还要兼顾其他相关群体和个人的利益。这就要求公司具有社会责任感，在追求经济效益、保护股东利益的同时，积极保护债权人和职工的合法权益，诚信对待供应商、客户和消费者，积极从事环境保护、社区建设等公益事业，从而促进公司本身与全社会的协调、和谐发展。

近二十年在商业实践上获得广泛响应的是 ESG 目标——环境（environmental）、社会

(social) 责任和公司治理 (governance)，该目标源起于负责任投资原则，综合了绿色发展、企业社会责任和投资者回报，从本质上讲是从不同利益相关者的视角对企业社会责任的表述，是一种引导金融投资向善的理念，也是"利益相关者利益最大化"的新实践。

从股东利益最大化转向利益相关者利益最大化，也就意味着利益相关者应该分享控制权。雷伊和梯若尔 (Rey & Tirole，1999) 利用一个多委托人 (一个共同的代理人，即 common agency) 的道德风险模型证明了：在委托人之间存在利益冲突时，他们获取信息以提高效率的激励将被减弱。相比之下，垂直型整体的组织形式并不具有分散的控制权结构，具有控制权的一方可以有效地做出决策。具有控制权的参与者不必与他人讨价还价，因此他可以从监管活动中充分受益。控制权集中的组织形式有利于监管和决策，但这种决策可能是有偏的 (偏离无控制权利益相关者的利益)，控制权的集中可能导致对部分利益相关者的负外部性。至于如何通过契约保护无控制权利益相关者的利益，雷伊和梯若尔 (1999) 提出合理地构造无控制权利益相关者"要求权"的结构，使"有偏决策"的影响达到最小。一个典型的例子就是给予债权人合理的"退出权利"：一些短期债务契约的持有者可以持有契约直至到期日，也可以在坏消息出现时要求提前支付；可转换债券的持有者拥有将债权转换为股权的权利，从而有效地避免了股东"过度冒险"带来的负外部性。同样的逻辑可用于雇员利益的保护。一个好的"退出机制"意味着雇员能够以较低的成本找到新的可比工作。

在现代公司的经营环境中，股东并不是唯一的风险承担者，利益相关者理论反映了这一现实。但控制权的分散可能会引起公司效率的降低，此外，公司价值或股东价值可以衡量，可以作为决策的依据和评价的标准，而利益相关者的权益主体非常宽泛，有的无法衡量，有的在短期内存在冲突，不能简单加总，这也使得利益相关者理论在实践中应用时困难重重。

(二) 债务融资

1. 基于管理激励的视角

按照《新帕尔格雷夫经济学大辞典》的定义：信贷配给 (credit rationing) 是借贷市场的一种状态，其中按照所报的契约条件，贷方提供的资金少于借方的需求。为什么会出现信贷配给的现象？霍姆斯特龙和梯若尔 (Holmstrom & Tirole，1997) 采用一个简单的道德风险模型①，从外部投资人与内部管理者之间的委托代理关系的角度，在信息不对称条件下，通过设计最优激励契约，回答了为什么有些公司即便持有净现值为正的项目也无法借到资金。

一个风险中性的企业家有一个固定投资成本为 I 的项目，初始可投入的自有资产为 $A(A<I)$，因此需要对外进行债务融资 $I-A$。A 可视为现金或流动资产，相当于企业家的初始股权。项目如果成功，收益为 R；如果失败，则收益为 0。该项目存在"道德风险"，这名企业家可以努力工作，也可以消极怠工。努力工作使得项目的成功概率为 p_H，而消极怠工对应的成功概率为 p_L，且 $p_H>p_L$，令 $Dp=p_H-p_L$。如果企业家消极怠工，

---

① 梯若尔以这一简单模型为起点并加以变换，用来讨论债务融资的许多问题，如公司过度融资的倾向、债务悬置、融资能力以及投资规模的内生性等问题，详见 Tirole，J. (2010)，*The Theory of Corporate Finance*，Princeton：Princeton University Press。

除了获得项目成功情况下的收益外，还可获得私人利益 B，而在努力工作的情况下，不存在私人利益 B。进一步地，我们假设该企业家和贷款人都是风险中性的，借款人受到有限责任的保护。因此，当项目失败时，借款人和贷款人从项目中获得零收益；当项目成功时，借款人和贷款人分享 R，分别获得 R_b 和 R_l。

贷款人是风险中性的且多家竞争，所以只能获得零利润，即 $p_H R_l = I - A$。为简单起见，假设不存在时间偏好，因此此模型中利率为 0，$p_H R_l = I - A$。

假设这一项目只有当企业家努力工作时净现值才为正，即 $p_H R - I > 0$；当企业家消极怠工时，即便考虑私人利益，净现值也仍为负，即 $p_L R - I + B < 0$。这也意味着贷款总能引致企业家"努力工作"。

对企业家来说，他的激励相容的条件约束是：

$$p_H R_b \geqslant p_L R_b + B \quad \text{即} \ \Delta p R_b \geqslant B \tag{8.20}$$

因此贷款人所能得到的最高收益为：

$$R - \frac{B}{\Delta p} \tag{8.21}$$

预期可保证收益（pledgeable income）为：

$$p_H\left(R - \frac{B}{\Delta p}\right) \tag{8.22}$$

因此，这一项目得到融资的必要条件是保证贷款人预期盈亏平衡——可保证收益应不小于贷款人的出资：

$$p_H\left(R - \frac{B}{\Delta p}\right) \geqslant I - A \tag{8.23}$$

$$A \geqslant \overline{A} = p_H \frac{B}{\Delta p} - (p_H R - I) \tag{8.24}$$

从上式不难发现，即便项目的净现值为正，也不满足贷款条件。企业家必须拥有足够的自有资产，才能获得贷款。如果企业家能够建立声誉，降低贷款人对其私人利益 B 的预期，也就降低了获得贷款的门槛，则其声誉资本可部分替代股权。

减少代理成本的途径一方面是通过必要的激励措施，另一方面是引入监督机制。如果公司向银行等中介机构借款，银行往往会直接干预公司的财务决策，这虽然会导致监督成本，但霍姆斯特龙和梯若尔（1997）证明一个成本为 c_A 的积极监督的贷款人，可以有效减少经理人消极怠工的机会，将经理人的私人利益降到 $b(b<B)$；此时，投资的净现值变为 $p_H R - I - c_A$，从而可保证收益变为 $p_H(R - b/\Delta P) - c_A$。当 b 和 c_A 足够小时，可保证收益提高，从而满足贷款条件。如果公司从资本市场直接融资，面临的是证券分析师和评级机构等通过信息评估进行的消极监督。霍姆斯特龙和梯若尔（1993）在上述模型中的道德风险产生与产出实现阶段之间加入消极监督者提供信息评估的"信号传递"阶段，经理人的最优契约依赖于评估的"期间经营业绩"，而非最终的实际产出。他们证明当消极监督成本足够小时，同样可促进公司的债务融资。

2. 基于控制权分配的视角

阿洪和博尔顿（1992）构建了不完全契约理论的基本分析框架，分析了不同收益状态和投资行为下不同的公司控制权配置对公司融资和投资可能产生的影响。他们认为，一个状态依赖的控制权转移的债务契约模型是最优的。模型假设企业的可证实的货币收益为 y，但管理者拥有不可证实且不可转移的私人收益 B，从而导致单纯追求货币收益的投资者与同时追求货币收益和私人收益的管理者之间的利益冲突。他们的研究表明，为了实现总收益 $y+B$ 的最大化，最优的控制权结构应该是在货币收益（或管理者的私人收益）随总收益单调递增的时候，投资者（或管理者）单边控制可以实现最优；如果货币收益（或管理者的私人收益）不是随总收益单调递增，那么，控制权的相机转移是最优的，即管理者在企业经营状态好的时候控制，否则投资者控制。他们还认为，如果最优的控制权是依据某个状态存在的，那么采用的融资方式可以是债务融资、可转债融资或者可转换优先股融资等。不同的融资方式在控制权决定的方式和过程上有所不同。例如，在高成长同时具有高风险的企业中，往往是在企业初创阶段由管理者拥有控制权，融资方式是发行可转债。在这样的融资安排下，在企业有了好的收益后，可转债便转换成有投票权的股票，此时控制权转移到了投资者手中。当管理者由于企业规模增大而越来越力不从心，但又不愿卸任时，可转债的形式实际上提供了一种机制来实现控制权的转移。萨尔曼（Sahlman，1990）、冈珀斯（Gompers，1998）、卡普兰和斯特龙伯格（Kaplan & Stromberg，2001）的实证研究成果支持了阿洪和博尔顿的模型结论。

哈特（1995）在阿洪和博尔顿（1992）模型的基础上更进一步，他明确指出了不同情况下公司最优债务融资规模的大小。哈特将管理者与外部投资者之间的利益冲突集中表现在“公司应该继续经营还是被清算”的问题上。当公司的清算价值大于持续经营价值时，由于内部人希望继续控制公司，因而会更愿意冒风险维持经营，而拒绝更有利于外部投资者的清算选择。在契约不完全的条件下，哈特认为，债务融资可以起到比激励契约更好的约束作用，以避免上述情况的发生。经理人能否保持控制权取决于能否履行债务合约。一般而言，不履行债务合约有两种结果，或清算，或企业改组。当经理人在外部状态不佳的情况下不履约，投资者会进行清算；当经理人在外部状态不错的情况下不履约，企业将继续存在，但可能会进行改组。这样，债务融资实际上提供了一个依状态来分配控制权的机制。

（三）股利政策

早期的代理理论仅将现金股利分配作为缓解外部股东和管理者之间代理问题的一个手段。伊斯特布鲁克（Easterbrook，1984）从代理成本的角度解释股利政策的制定，认为公司之所以发放股利是为了支付代理成本。他将公司管理者与股东之间的代理成本描述为两类：第一类是监控管理者的代理成本，第二类是管理者与股东对风险的偏好不同所导致的冲突成本，并提出通过适当的高股利政策可以有效地降低这两类成本。对于第二类成本，伊斯特布鲁克指出股东的风险偏好强于管理者，而管理者往往又受到厌恶风险的债权人的影响，因此通过改变公司的资产负债率、投资项目来使自己的利益最大化，发放股利正好可以缓解管理者与股东之间的这种冲突。

詹森（1986）认为当公司存在大量的自由现金流时，管理层很有可能进行净现值小于零的非理性投资和过度的在职消费。由于支付现金股利将减少公司的自由现金流，从而减少管理层可浪费的资源，同时由于公司的投资机会多变，而如果股利的发放受到投资机会或自由现金流的影响而不稳定，会迫使公司到资本市场上融资，因而公司管理层面临更为严格的监督。

随着公司治理理论的发展，控制权和现金流权的概念被运用到股利政策的研究中。LLSV（2000）建立了两个有关股利的代理模型：第一个模型假设发放股利的原因在于外部小股东的压力使得内部控制人“吐出”现金；第二个模型假设发放股利的原因是公司有在今后再融资的需求，因此通过发放股利的方式来建立声誉。他们通过对 33 个国家 4 000 家公司的截面数据进行分析，证实了上述两个模型的逻辑关系，并得出小股东力量越大将伴随着更高股利发放的结论。在此基础上他们还指出，公司的投资决策往往和股利政策相联系，且由于控制权的存在，公司利润在相同的股份面前并不是平均分配的。

法乔、郎和扬（Faccio、Lang & Young，2001）对东亚企业和西欧企业的股利分配情况进行了实证研究。他们发现，与美国企业股权高度分散不同，许多东亚和西欧企业由家族控制，这导致在股利发放上突出的控股股东侵占外部股东利益的代理问题。他们用现金流权与控制权的比值作为外部投资者利益会受到内部控制人侵占的倾向的代理变量，与现金股利进行回归，发现直接受控制的公司而非通过控制链间接受控制的公司发放明显更多的股利；而在被集团或个人间接控制的公司中股利发放最少的是现金流权与控制权的比值较低的公司。所以对于这类通过控制链被控制的公司，两权不一致程度越高，发放的股利就越少。通过对比，他们还发现在集团所有的企业侵占问题更为突出，并且多个大股东并存缓解了西欧企业的此类代理问题，但却加剧了东亚企业的此类代理问题。

（四）兼并收购

兼并收购是公司争夺控制权的一种方式，也是公司金融实践对理论最具挑战性的问题之一。20 世纪 80 年代，公司间的兼并收购活动愈演愈烈，推动经济学家对并购动因、并购成功与否的决定因素、并购绩效等问题进行了大量的规范和实证研究。在这里仅就从公司治理角度对并购的研究加以介绍。

就并购动因而言，格罗斯曼和哈特（1986）以及哈特和穆尔（1990）基于不完全契约的产权模型（GHM）讨论了交易双方在什么情况下应该分立或整合，研究了最优的现金流权和控制权的动态配置。他们提出了剩余控制权（residual control rights）的概念，即在契约未指定的状态发生时的决策权。交易双方谁的事前投资高，谁就拥有剩余控制权。由于拥有剩余控制权的一方能够分得大部分的交易总盈余，因此更有动力来增大事前投资以提高交易总盈余，进而对公司价值产生影响。不完全契约的产权模型的不完全契约理论解释了纵向并购中的效率来源。当企业间的资产具有重要的互补关系，或一家企业具有对另一家企业重要的专用投资时，一体化合并是有效率的。

针对控制权转移和争夺的过程，哈里斯和雷维吾（Harris & Raviv，1988）提出通过提高财务杠杆来改变股权结构，可以作为一种反收购手段。通常来说，当收购方出现时，公司股票价格会上涨，上涨的幅度取决于更有能力的管理者能实际控制公司的可能性。而这种可能性反过来取决于在职管理者对负债水平的选择。一方面，倘若在职管理者选择了一个足够高的负债水平使得收购方没有任何成功的机会，则收购方的出现将不会产生任何价格变动效应；另一方面，在职管理者也可能选择一个相当低的负债水平，使得他保有控制权的希望笃定落空，这样一来，成功的收购要约与低负债水平将会改进管理层的管理，因而会有较高的股票价格。

施莱弗和维什尼（1986）分析了大股东持股比例、要约收购价格和收购成功可能性之间的关系，证明大股东的存在将有利于收购实现，并克服信息不对称的问题。分散的中小股东的监督成本远高于其获得的收益，因此，中小股东不愿意进行监督。大股东则具有进行监督的激励，股权集中可以提高公司的运行效率。需要指出的是，对于大股东的作用是存在争议的，而这一模型单向地认为大股东持股比例越高越好。

对于并购绩效与公司治理的关系，主要是从实证角度来验证股权集中度、董事会构成以及管理层激励等因素对并购的长、短期影响。一类是采用事件研究法，考察股东的短期财富效应和长期财富效应；另一类是基于企业会计数据的会计研究法。对这一领域的研究存在十分丰富的文献，在此就不一一列举了。

专栏 8－2　　公司金融的理论与实践

格雷厄姆和哈维（Graham & Harvey，2001）对 1998 年度《财富》全球 500 强企业和财务执行官协会（Financial Executives Institute）的 4 440 家会员公司的财务总监就资本预算、资本成本和资本结构等问题进行了问卷调查，收到了 392 份有效答卷，相关结果得到了广泛的承认。格雷厄姆（Graham，2022）于 2019 年和 2020 年又开展了类似的问卷调查，将研究结果称为 2022 年公司金融实践，并与 20 年前（2001 年）的公司金融实践进行了比较。

格雷厄姆（2022）的研究表明，对于大型公司，净现值（NPV）法和内部收益率（IRR）法仍然是资本预算中使用最为频繁的评估方法，至少有四分之三的 CFO 始终或几乎始终使用这两种方法，但是这个值略低于 20 年前，然后依次为场景分析法（68.67%）、回收期法（63.86%）、投入资本回报率法（ROIC）（56.79%）、市盈率法（48.78%）、盈利指数法（38.75%）、实物期权法（37.50%）、模拟运算法/在险价值（VAR）法（35.80%）、调整现值法（18.75%）。而在小型公司（收入小于 10 亿美元的公司）中，回收期法和场景分析法的使用远远超过 NPV 法和 IRR 法，这一现象与 20 年前刚好相反。格雷厄姆还指出，以股东为中心的公司和 CEO 薪酬与股票业绩挂钩的公司更依赖 NPV 法，家族企业更少地依赖 NPV 法。

格雷厄姆（2022）还调查了计算权益资本成本的方法。在大型公司里，资本资产定价模型（CAPM）的使用最为广泛，82.61%的 CFO 始终或几乎始终使用 CAPM，其次是多因子模型（69.05%）和历史平均股票收益率法（32.56%），而使用股利折现模型的仅有 17.50%。

格雷厄姆（2022）就债务融资、股权融资、目标资本结构等设计了一系列的问题。调查研究发现，60.36%的大公司仍具有略紧或者严格的目标资本负债率，但小公司已经更多地采用灵活的资本结构，60.95%的小公司具有灵活的目标资本负债率或者没有目标资本负债率。大公司在决定负债规模时，财务弹性、信用评级、利率水平、盈利及现金流的波动性、内部资金短缺、交易成本及费用等依次为最重要的考虑因素。在发行普通股的决策中，股票价格被市场低估或高估的程度、公司每股收益的稀释、发行股票用于员工激励是公司最重要的考虑因素。

中国学者也开展了类似的研究，目前能够查阅到的最新研究是李悦、熊德华、张峥和刘力（2007）针对 1 507 家中国上市公司的投融资行为展开问卷调查，共收回 167 份问卷。与国际上的研究对照，他们的研究得出了一些不同的结果。例如：

在投资方面，NPV 法在中国 167 家样本公司中的运用虽然已经比较重要，但远未成为最重要的项目评估方法之一（63.1%），对 NPV 法的重视程度也明显低于 IRR 法（71.4%），产品市场销售预期是最重要的评估因素（87.3%）。在计算权益资本时，资本资产定价模型并没有在这些样本公司中得到广泛运用（39.69%）。在项目折现率的选取上，这些样本公司主要是依据"银行贷款利率或以此为参考"和"该项目所涉及行业的贴现率或以此为参考"，而不是根据该项目本身的风险。

在债务融资方面，公司盈利与现金流的波动性、公司信用评级、债务融资的交易成本与费用、财务弹性是影响样本公司负债规模的最重要的因素。从调查结果来看，中国上市公司在进行股权融资时并没有明显的择时行为，上市公司股权融资资格、引入战略投资人以改善公司治理或引入先进的理念和技术、中国证监会制定的再融资政策，是影响股权融资决策的最重要的因素。

通过对比可以看到，中国上市公司的财务决策实践与国外上市公司有一定的差异。这些差异可能是市场、文化、法律等多方面综合作用的结果，西方经典的公司金融理论并不能给出完整的解释，这也为公司金融理论在中国的发展提供了空间。

资料来源：Graham，J. R.（2022），"Presidential Address：Corporate Finance and Reality，" *The Journal of Finance*，77（4），1975－2049；Graham，J. R.，and Harvey，C. R.（2001），"The Theory and Practice of Corporate Finance：Evidence from the Field，" *Journal of Financial Economics*，60（2－3），187－243；李悦，熊德华，张峥，等. 公司财务理论与公司财务行为：来自 167 家中国上市公司的证据. 管理世界，2007（11）：108－118.

本章小结

公司金融研究的是公司的资金融通。1958 年 MM 定理的提出标志着现代公司金融理论的诞生。在发展过程中，通过不断吸收借鉴经济学和其他社会科学的研究成果，公司金融理论经历建基于完美市场、信息不对称、代理理论、不完全契约理论、行为金融学以及法律、政治、文化与历史条件的发展阶段，并随着社会经济和公司实践的变化而不断发展。

资本结构是公司金融核心的议题之一，资本结构理论的发展经历了无税条件和有税条件下的 MM 定理、权衡理论、信号理论与优序融资理论、代理理论、不完全契约理论、市场择时理论、产业组织理论以及动态权衡理论等，对资本结构的研究从内部也就是公司和资本市场的视角逐渐拓展到外部也就是产业环境的视角。

公司治理是公司金融的另外一个核心议题。公司治理有狭义和广义之分。对公司治理的研究离不开对公司治理模式以及公司控制权的理解。从公司治理的视角探讨公司金融有着极为丰富的研究对象和研究角度：公司金融目标、公司债务融资、公司股利政策和兼并收购都有大量基于理论与实证的研究成果。

问题与应用

1. 行为公司金融与传统公司金融的主要区别是什么？
2. MM 定理有哪些关键的假设条件？
3. 税收会对公司的融资决策产生哪些影响？
4. 如何用 A 股数据对资本结构的权衡理论和市场择时理论进行实证？
5. 如何度量控制权和现金流权的差别？
6. 以风险投资、可转换债券为例，用不完全契约的观点，说明融资方式是状态依存的分配控制权的机制。
7. 公司利益相关者之间的利益冲突会对公司的股利政策产生哪些影响？
8. 一家公司目前有 1 000 万股发行在外的股票。为了投资一个新的项目，公司需要融资 4 000 万元。公司价值取决于公司未来的两种情况，这两种情况发生的概率是相等的。公司的真实情况属于内部信息，只有最大化目前股东价值的管理者才知道。一年之后，公司的真实情况才能成为公开信息。为了简化起见，我们假设无风险利率为 0。具体情况见下表：

市场价值（万元）	情况 1	情况 2	平均
已有的业务	40 000	50 000	45 000
投资项目（未来现金流）	5 000	6 000	5 500
公司的总价值	45 000	56 000	50 500
项目的净现值	1 000	2 000	1 500

根据上述信息回答下列问题：

（1）如果公司的真实情况成为公开信息，而且公司通过发行股票来为新项目融资，那么，在第一种情况下，公司需要发行多少股票？发行价又是多少？

（2）如果公司的真实情况成为公开信息，而且公司通过发行股票来为新项目融资，那么，在第二种情况下，公司需要发行多少股票？发行价又是多少？

（3）假设现在只有管理者知道公司的真实情况，而且公司可以通过发行无风险债券来为新项目融资，发行价将会是多少？

（4）在发行无风险债券一年后，公司的股价又是多少？

（5）假设公司通过发行股票来为新项目融资，而且投资者认为公司总是通过发行股票来为新项目融资。那么，公司需要发行多少股票？发行价又是多少？

推荐阅读材料、网站

[1] 朱武祥，蒋殿春，张新. 中国公司金融学. 上海：上海三联书店，2005.

[3] Baker, M., and Wurgler, J. (2013), "Behavioral Corporate Finance: An Updated Survey," in George, M., Harris, M., and Stulz, R. (eds.), *Handbook of the Economics* (Vol. 2), Elsevier Press.

[3] Damodaran, A. (2010), *Applied Corporate Finance*, New York: John Wiley & Sons.

[4] Shleifer, A., and Vishny, R. W. (1997), "A Survey of Corporate Governance," *The Journal of Finance*, 52 (2), 737-783.

参考文献

[1] 阿洪，霍尔登，谢来辉. 不完全契约与企业理论：我们在过去25年里学到了什么?. 经济社会体制比较，2012 (3)：58-70.

[2] 郑志刚，朱光顺，李倩，等. 双重股权结构、日落条款与企业创新：来自美国中概股企业的证据. 经济研究，2021，56 (12)：94-110.

[3] Aghion, P., and Bolton, P. (1992), "An Incomplete Contracts Approach to Financial Contracting," *The Review of Economic Studies*, 59 (3), 473-494.

[4] Baker, M., and Wurgler, J. (2002), "Market Timing and Capital Structure," *The Journal of Finance*, 57 (1), 1-32.

[5] Berle, A. A., and Means, G. C. (1932), *The Modern Corporation and Private Property*, New York: Macmillan.

[6] Bollaert, H., Lopez-de-Silanes, F., and Schwienbacher, A. (2021), "FinTech and Access to Finance," *Journal of Corporate Finance*, 68, 1-14.

[7] Bolton, P., and Scharfstein, D. S. (1990), "A Theory of Predation Based on Agency Problems in Financial Contracting," *The American Economic Review*, 80 (1), 93-106.

[8] Brander, J. A., and Lewis, T. R. (1986), "Oligopoly and Financial Structure: The Limited Liability Effect," *The American Economic Review*, 76 (5), 956-970.

[9] Easterbrook, F. H. (1984), "Two Agency-cost Explanations of Dividends," *The American Economic Review*, 74 (4), 650-659.

[10] Erel, I., and Liebersohn, J. (2022), "Can FinTech Reduce Disparities in Access to Finance? Evidence from the Paycheck Protection Program," *Journal of Financial Economics*, 146 (1), 90-118.

[11] Faccio, M., Lang, L. H. P., and Young, L. (2001), "Dividends and Expropriation," *The American Economic Review*, 91 (1), 54-78.

[12] Faulkender, M., Flannery, M. J., Hankins, K. W., and Smith, J. M. (2012), "Cash Flows and Leverage Adjustments," *Journal of Financial Economics*, 103 (3), 632-646.

[13] Fischer, E. O., Heinkel, R., and Zechner, J. (1989), "Dynamic Capital Structure Choice: Theory and Tests," *The Journal of Finance*, 44 (1), 19-40.

[14] Fuster, A., Plosser, M., Schnabl, P., and Vickery, J. (2019), "The Role of Technology in Mortgage Lending," *The Review of Financial Studies*, 32 (5), 1854-1899.

[15] Gompers, P. A. (1998), "Venture Capital Growing Pains: Should the Market Diet?" *Journal of Banking & Finance*, 22 (6-8), 1089-1104.

[16] Gopal, M., and Schnabl, P. (2022), "The Rise of Finance Companies and Fintech Lenders in Small Business Lending," *The Review of Financial Studies*, 35 (11), 4859-4901.

[17] Grossman, S. J., and Hart, O. (1986), "The Costs and Benefits of Ownership: A Theory of Vertical and Lateral Integration," *Journal of Political Economy*, 94 (4), 691-719.

[18] Harris, M., and Raviv, A. (1988), "Corporate Control Contests and Capital Structure," *Journal of Financial Economics*, 20 (1-2), 55-86.

[19] Hart, O. (1995), "Corporate Governance: Some Theory and Implications," *The Economic Journal*, 105 (430), 678-689.

[20] Hart, O., and Moore, J. (1990), "Property Rights and the Nature of the Firm," *Journal of Political Economy*, 98 (6), 1119-1158.

[21] Holmstrom, B., and Tirole, J. (1997), "Financial Intermediation, Loanable Funds, and the Real Sector," *The Quarterly Journal of Economics*, 112 (3), 663-691.

[22] Holmström, B., and Tirole, J. (1993), "Market Liquidity and Performance Monitoring," *Journal of Political Economy*, 101 (4), 678-709.

[23] Jensen, M. C. (1986), "Agency Costs of Free Cash Flow, Corporate Finance, and Takeovers," *The American Economic Review*, 76 (2), 323-329.

[24] Jensen, M. C., and Meckling, W. H. (1976), "Theory of the Firm: Managerial Behavior, Agency Costs and Ownership Structure," *Journal of Financial Economics*, 3 (4), 305-360.

[25] Kaplan, S. N., and Strömberg, P. (2001), "Venture Capitalists as Principals: Contracting, Screening, and Monitoring," *The American Economic Review*, 91 (2), 426-430.

[26] La Porta, R., Lopez-de-Silanes, F., Shleifer, A., and Vishny, R. W. (1997), "Legal Determinants of External Finance," *The Journal of Finance*, 52 (3), 1131-1150.

[27] La Porta, R., Lopez-de-Silanes, F., Shleifer, A., and Vishny, R. W. (1998), "Law and Finance," *Journal of Political Economy*, 106 (6), 1113-1155.

[28] La Porta, R., Lopez-de-Silanes, F., and Shleifer, A. (1999), "Corporate Ownership around the World," *The Journal of Finance*, 54 (2), 471-517.

[29] La Porta, R., Lopez-de-Silanes, F., Shleifer, A., and Vishny, R. W. (2000), "Agency Problems and Dividend Policies around the World," *The Journal of Finance*, 55

(1), 1 - 33.

[30] La Porta, R., Lopez-de-Silanes, F., and Shleifer, A. (2008), "The Economic Consequences of Legal Origins," *Journal of Economic Literature*, 46 (2), 285 - 332.

[31] Leary, M. T., and Roberts, M. R. (2005), "Do Firms Rebalance Their Capital Structures?," *The Journal of Finance*, 60 (6), 2575 - 2619.

[32] Leland, H. E., and Pyle, D. H. (1977), "Informational Asymmetries, Financial Structure, and Financial Intermediation," *The Journal of Finance*, 32 (2), 371 - 387.

[33] Maksimovic, V., and Titman, S. (1991), "Financial Policy and Reputation for Product Quality," *The Review of Financial Studies*, 4 (1), 175 - 200.

[34] Modigliani, F., and Miller, M. H. (1958), "The Cost of Capital, Corporation Finance and the Theory of Investment," *The American Economic Review*, 48 (3), 261 - 297.

[35] Myers, S. C., and Majluf, N. S. (1984), "Corporate Financing and Investment Decisions When Firms Have Information That Investors Do Not Have," *Journal of Financial Economics*, 13 (2), 187 - 221.

[36] Opler, T. C., and Titman, S. (1994), "Financial Distress and Corporate Performance," *The Journal of Finance*, 49 (3), 1015 - 1040.

[37] Rajan, R. G., and Zingales, L. (2003), "The Great Reversals: The Politics of Financial Development in the Twentieth Century," *Journal of Financial Economics*, 69 (1), 5 - 50.

[38] Rey, P., and Tirole, J. (1999), "Divergence of Objectives and the Governance of Joint Ventures," Institutd'Economie Industrielle, University of Toulouse, Working Paper.

[39] Robichek, A. A., and Myers, S. C. (1966), "Problems in the Theory of Optimal Capital Structure," *Journal of Financial and Quantitative Analysis*, 1 (2), 1 - 35.

[40] Roe, M. J. (2000), "Political Preconditions to Separating Ownership from Corporate Control," *Stanford Law Review*, 53 (3), 539.

[41] Roe, M. J. (2006), "Legal Origins, Politics, and Modern Stock Markets," *Harvard Law Review*, 120 (2), 460 - 527.

[42] Ross, S. A. (1977), "The Determination of Financial Structure: The Incentive-signalling Approach," *The Bell Journal of Economics*, 23 - 40.

[43] Shleifer, A., and Vishny, R. W. (1986), "Large Shareholders and Corporate Control," *Journal of Political Economy*, 94 (3), 461 - 488.

[44] Stulz, R. M., and Williamson, R. (2003), "Culture, Openness, and Finance," *Journal of Financial Economics*, 70 (3), 313 - 349.

[45] Tirole, J. (2005), *The Theory of Corporate Finance*, Princeton: Princeton University Press.

第九章

资产定价理论

学习目标

1. 熟练掌握资本资产定价模型和套利定价理论的原理和应用。

2. 对基于消费的资本资产定价模型和有效市场假说的基本经济学含义有比较深入的了解。

资产定价理论（asset pricing theory）是金融学最重要的理论之一，它试图给出某种资产（如股票）的价格。在多数情况下，资产在将来所产生的现金流（如分红）是不确定的，正是由于这种不确定性，投资这些资产是有风险的。这些资产在市场上的价格会发生波动，而资产价格的未来变动与人们的预期在多数情况下是有差异的，因而，资产定价必须考虑投资者在收益与风险之间的权衡。正因为投资者承担了风险，其应得到与风险相匹配的额外报酬，这个额外的报酬就是风险溢价。风险溢价在美国股市中非常显著，例如，在最近 50 年里，美国股票的平均收益率大致为 8%，而美国的平均利率只有 2%，两者之差（6%）来源于美国投资者投资有风险的股票而承担风险所获得的补偿——风险溢价。

资产定价理论有两个分支："绝对价格定价"和"相对价格定价"。绝对价格定价重点考虑资产价格的风险来源，这些风险包括市场风险、宏观经济运行风险、流动性风险等。人们通过度量资产的风险程度给出对资产收益（或者价格）的预期或者经济学解释；同时可以预测当宏观经济变化时资产价格的走向。相对价格定价考察某种资产相对于另一些资产的价格。比如说期权（金融衍生品的一种）可以被某个股票资产组合所复制，那么期权的价格应等于这个资产组合的价格，否则将引起套利。也就是说，期权的价格是基于股票价格而确定的。这就是衍生品定价的基本原理，布莱克-斯科尔斯（Black-Scholes）模型就是这个原理的应用。在本章，我们只研究绝对价格定价，相对价格定价在金融衍生工具章节介绍。

马科维茨的资产组合理论是资产定价理论的基础，本章第一节将对其进行简要介绍。第二节和第三节将分别讲述著名的资本资产定价模型（CAPM）和套利定价理论（APT）。第四节将介绍基于消费的资本资产定价模型（CCAPM）。第五节将简略介绍有效市场假说（EMH）。第六节将介绍数字资产。

第一节　马科维茨的资产组合理论

马科维茨 1952 年在《金融学杂志》上发表了题为《资产的选择：投资的有效分散化》的论文，被金融界视为现代资产组合理论的起点。

专栏 9-1　马科维茨的资产组合理论

哈里·马科维茨 1927 年 8 月 24 日出生于美国伊利诺伊州的芝加哥，1947 年从芝加哥大学经济系毕业。他是美国经济学家，因在金融经济学方面的开创性工作而与威廉·夏普和默顿·米勒同时荣获 1990 年诺贝尔经济学奖。他还被选为美国经济计量学会会员、美国社会科学研究会会员、美国金融学会主席等。他 1952 年在《金融学杂志》上发表了题为《资产的选择：投资的有效分散化》的论文，将概率论和线性代数的方法应用于资产组合。这被金融界视为现代资产组合理论的起点。他又于 1959 年出版了同名著作，系统地论述了资产组合的基本原理。这些原理可以帮助投资者找到最有效的资产组合，为现代资产组合理论奠定了基础。在当代，他被视为是金融经济学理论的先驱，他的研究被称为“华尔街的第一次革命”。

马科维茨的资产组合理论主要研究投资者在权衡收益与风险的基础上如何最大化自身的效用，以及由此对整个资本市场产生的影响。资产组合是指投资者把投资资金分配给若干种资产，各种资产的投资数额占投资总额的某个比例。投资者通过调节投资比例最大化所持有资产的总收益，同时最小化风险。由于证券是各种风险资产中最典型的代表，所以资产组合理论又被称为证券组合理论。

马科维茨的资产组合理论最为人称道的贡献是用资产组合收益率的方差（或标准差）来衡量风险。具体来讲，马科维茨假设投资者以期望收益率来衡量未来实际收益率的总体水平，以期望收益率的方差（或标准差）来衡量风险，投资者在决策中只关心投资的期望收益率及其方差（或标准差）。同时，投资者是风险厌恶的，在同一风险水平下，选择期望收益率较高的证券；在同一期望收益率水平下，选择风险较低的证券。马科维茨还假定投资者事先知道所有可投资证券期望收益率的联合概率分布。同时，马科维茨假设可使用的资产只有风险资产，不允许使用无风险资产①和金融杠杆进行借贷。

有效资产组合的期望收益率与相应的最小标准差所形成的曲线，就是投资的有效边

① 无风险资产是指具有确定的收益率、不存在收益变动性的资产。

界。图 9-1 画出了风险资产的有效边界。

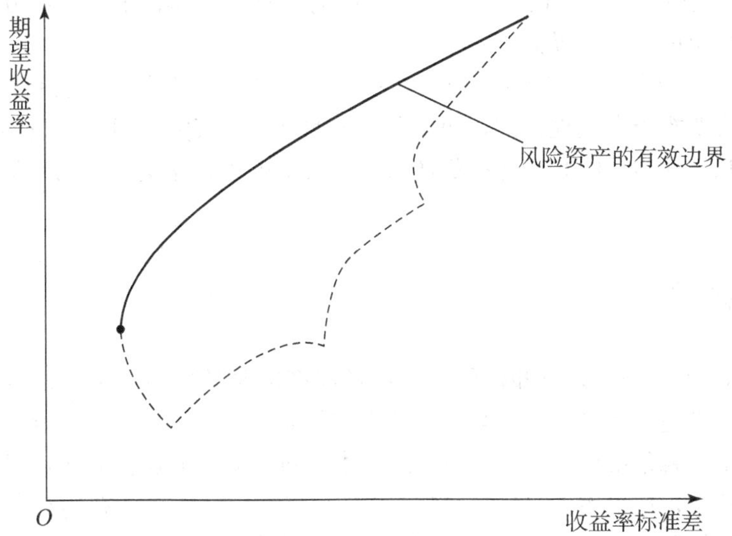

图 9-1 马科维茨的投资有效边界

第二节 资本资产定价模型

资本资产定价模型（capital asset pricing model，CAPM）是现代金融学的奠基石。在马科维茨提出资产组合理论之后，他的学生威廉·夏普在此基础上引入了市场组合的概念，在 1964 年的文章《资本资产价格：风险状态下的市场均衡理论》中对这一问题进行了积极的探索并取得了重大突破。随后，林特纳（Lintner，1965）和莫辛（Mossin，1966）也各自独立地证明了相同的结论。他们三人的论文构成了著名的 CAPM。这一模型的核心思想是，单项资产或者资产组合的期望收益率与其系统性风险正相关，而与其他因素无关。该模型成为现代金融市场价格理论的支柱，被广泛应用于投资决策和公司理财等领域。

一、模型假设及解释

CAPM 建立在马科维茨资产组合理论的基础之上。在马科维茨资产组合理论主要假设的基础上，CAPM 又增加了如下条件：

假设 1：存在无风险资产。所有的投资者均可按相同的无风险利率 r_f 无限制地借入或贷出资金。

假设 2：无分割市场。资产市场中无交易成本、无税金，对卖空没有限制，并且所有的资产是可以无限制地细分的，任何一个资产组合均可以包含非整数股。所有投资者均可以及时免费地获得充分的市场信息。

假设 3：齐次预期假设。投资者对各种资产的收益率及其标准差、协方差具有相同的预期，因此市场上的有效边界只有一条。

假设 4：投资期限假设。所有投资者都具有相同的投资期限，而且只有一期。

这些假设表明投资者是理性的，而且严格按照马科维茨资产组合理论的规则进行多样化的投资，并从有效边界的某处选择资产组合；资本市场是完全有效的市场，没有任何摩擦阻碍投资。

二、市场组合

首先，从 CAPM 的假设可知，所有投资者都将按照马科维茨资产组合理论进行资产组合的选择，而且他们的投资期限与投资信念都相同，因此，他们必然会选择相同的最优资产组合，该组合就是市场组合。在市场组合中，每只股票的比例等于该股票的市值占所有股票市值的比例，这里用 M 来表示市场组合。其次，投资者持有的组合必然是市场组合，这是市场价格调整的结果。如果投资者持有的最优资产组合不包含某只股票 X，这就意味着市场中所有投资者对该股票的需求都为零，因此，该股票的价格将会下跌。当股价变得异常低廉时，它对投资者的吸引力就会相当大，投资者就会将该股票纳入最优资产组合。因此，价格的动态调整保证了所有股票都能进入最优资产组合。因为所有理性投资者所选择的风险资产的比例都应与 M 所代表的资产组合里风险资产的投资比例相同，所以，在市场处于均衡时，各种风险资产的市场价值占全部风险资产的市场总价值的比重应当和 M 所代表的资产组合里风险资产的比重相同。由此说明 M 所代表的资产组合就是风险资产的市场组合，且每只股票在该组合中的比例等于该股票的市值占所有股票市值的比例。

市场组合 M 位于有效边界上，而且 M 还是资本配置线与有效边界的切点，否则，投资者无法在给定风险时获得最高的期望收益率。同时我们知道当投资者不愿意承担任何风险时，他将投资无风险资产，因而得到无风险收益率 r_f。

这样一来，在市场中存在无风险资产和多项风险资产的情况下，资本配置线就变成一条通过无风险资产和市场组合的直线，此时，我们称其为资本市场线（capital market line，CML），见图 9 - 2。

当投资者的期望收益率在无风险收益率 r_f 和市场收益率 r_m 之间时，投资者应调节无风险资产和市场组合的比例以获得相应的收益率，同时承担相应的风险。当其期望收益率高于市场收益率 r_m 时，投资者可以 r_f 的利率向银行贷款以投资市场组合。总而言之，在 CAPM 的框架下，投资者应只投资市场组合和无风险资产两种资产。

三、模型的理论推导*

假设 $E(r_p)$ 为任意证券 P 的期望收益率，σ_p 为其标准差，$E(r_m)$ 为市场组合 M 的

* 本小节为选修内容。

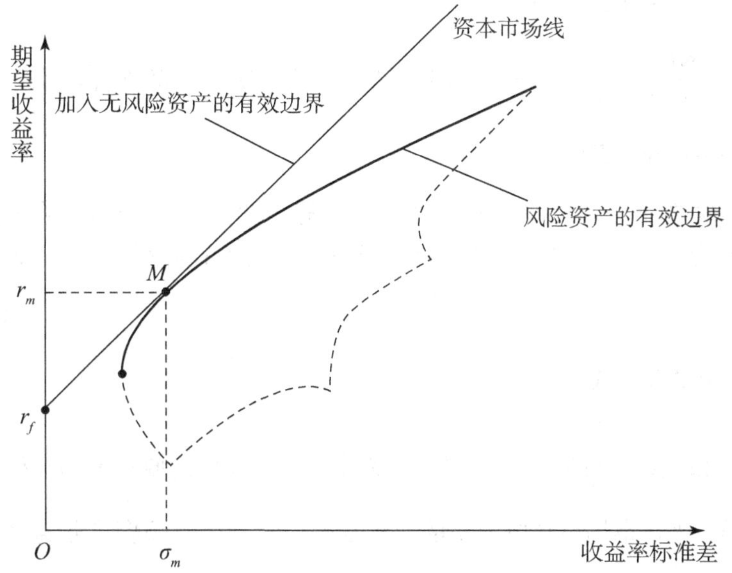

图 9-2 资本市场线

期望收益率，σ_m 为其标准差，那么市场组合与证券 P 的任意组合期望收益率的标准差可以写作：

$$\sigma=\sqrt{\alpha^2\sigma_p^2+(1-\alpha)^2\sigma_m^2+2\rho\,\alpha(1-\alpha)\sigma_p\sigma_m} \tag{9.1}$$

其中，α 是投资在证券 P 上的比例，$1-\alpha$ 为投资在市场组合上的比例，ρ 为证券 P 的期望收益率和市场收益率之间的相关系数。在 $\alpha=0$ 处，我们有：

$$\frac{\mathrm{d}\sigma}{\mathrm{d}\alpha}=-\frac{1}{\sigma}(\sigma_m^2-\rho\,\sigma_p\sigma_m) \tag{9.2}$$

又因为在 $\alpha=0$ 处我们有 $\sigma=\sigma_m$，所以，$\frac{\mathrm{d}\sigma}{\mathrm{d}\alpha}=-(\sigma_m-\rho\,\sigma_p)$。该组合的期望收益率为：

$$E=\alpha E(r_p)+(1-\alpha)E(r_m)$$

则对所有的 α，我们都有：$\frac{\mathrm{d}E}{\mathrm{d}\alpha}=-[E(r_m)-E(r_p)]$，于是在 $\alpha=0$ 处，我们有：

$$\frac{\mathrm{d}E}{\mathrm{d}\sigma}=\frac{E(r_m)-E(r_p)}{\sigma_m-\rho\,\sigma_p} \tag{9.3}$$

证券 P 与市场组合 M 的组合曲线必与资本市场线在 M 处相切，否则，资本市场线不是投资者的最优选择。于是我们有：

$$\frac{E(r_m)-E(r_p)}{\sigma_m-\rho\,\sigma_p}=\frac{E(r_m)-r_f}{\sigma_m}$$

整理得：

$$E(r_p)-r_f=\beta[E(r_m)-r_f] \tag{9.4}$$

其中 $\beta=\frac{\rho\,\sigma_p}{\sigma_m}=\frac{\mathrm{Cov}(r_m,\ r_p)}{\mathrm{Var}(r_m)}$。于是我们就得到了 CAPM。该模型也可写成：

$$E(r_p)=r_f+\beta[E(r_m)-r_f]+\varepsilon\ r_p \tag{9.5}$$

其中，ε 是随机误差项，代表投资组合收益率的随机性。$E(r_m)-r_f$ 被称为市场风险溢价，即由于市场存在风险，因而市场组合的期望收益率高于无风险利率，两者之差即为市场风险溢价。

四、β 的含义及测算

我们知道，市场组合的收益率可以表示为组合中每项资产收益率的加权平均，即 $r_m=\sum_{i=1}^{N}w_i r_i$，这样一来，市场组合收益率的方差就等于组合中每项资产收益率与市场组合收益率的协方差的加权平均 $\mathrm{Var}(r_m)=\mathrm{Cov}\left(\sum_{i=1}^{N}w_i r_i, r_m\right)=\sum_{i=1}^{N}w_i\mathrm{Cov}(r_i,\ r_m)$。其中，每一项 $w_i\mathrm{Cov}(r_i,\ r_m)$ 可以被视为第 i 项资产对市场组合收益率方差的贡献。另外，第 i 项资产对市场组合风险溢价的贡献是 $w_i[E(r_i)-r_f]$。因此，第 i 项资产的收益-风险比率就可以表示为

$$\frac{\text{第 } i \text{ 项资产对风险溢价的贡献}}{\text{第 } i \text{ 项资产对收益率方差的贡献}}=\frac{w_i[E(r_i)-r_f]}{w_i\mathrm{Cov}(r_i,\ r_m)}=\frac{E(r_i)-r_f}{\mathrm{Cov}(r_i,\ r_m)} \tag{9.6}$$

这一比率测度的是投资者对市场组合中某资产所要求的风险溢价水平，通常被称为某资产所对应风险的市场价格。当市场达到均衡时，对于所有资产而言，这一数值是相等的。换句话说，当市场达到均衡时

$$\frac{E(r_i)-r_f}{\mathrm{Cov}(r_i,\ r_m)}=\frac{E(r_j)-r_f}{\mathrm{Cov}(r_j,\ r_m)}=\frac{E(r_m)-r_f}{\mathrm{Cov}(r_m,\ r_m)} \tag{9.7}$$

因为，如果任何一项资产的收益-风险比率高于其他资产，那么，投资者就会调整资产组合，卖出收益-风险比率低的资产，买进收益-风险比率高的资产。这样一来，当市场达到均衡时（投资者不再进行资产组合的调整），所有资产的收益-风险比率应该一致。我们可以看到，CAPM 意味着单只证券的合理风险溢价取决于单只证券对市场组合风险的贡献程度。当市场达到均衡时，每项资产或者资产组合的单位风险溢价是相同的。

β 是衡量风险水平的一个指标，β 衡量的是资产的系统性风险。从某种意义上，我们可以认为，标准差衡量的是资产的总风险。在总风险中，有一部分风险是可以通过分散投资消除的，而另外一部分风险是无法通过分散投资消除的，被称为系统性风险。在定价过程中，资产的价格只与该资产的系统性风险的大小有关，与非系统性风险的大小无关。换句话说，市场只针对系统性风险进行风险补偿，投资者如果额外承担了非系统性风险，那么是无法获得额外收益的。在 CAPM 中，β 衡量的就是这种系统性风险，β 越大，风险就

越大。例如蒙牛股份在香港交易所上市，我们使用香港特区政府发行的 1 年期债券的到期收益率作为无风险利率，$r_f=3\%$。通过股票周收益率和恒生指数的周收益率计算得到蒙牛股份的 $\beta=0.6$，香港恒生指数的预期年收益率为 $E(r_m)=12\%$，那么由 CAPM 可知，蒙牛股份的预期年收益率为 $E(r)=3\%+0.6\times(12\%-3\%)=8.4\%$。

在测算 β 时，可把 CAPM 写成如下形式

$$r_p-r_f=\alpha+\beta(r_m-r_f)+\varepsilon \tag{9.8}$$

之后用线性回归的方法，求出 β 和 α 的值。如果 CAPM 严格成立，则 α 应等于 0。β 的估计受到多方面因素的影响，主要包括市场指数的选取、样本时间跨度等。

理论上 CAPM 的市场组合应包含所有资产，其中包括某些不上市交易的金融资产和不动产等。但是在实际生活中，只有很少的一部分资产是在证券交易所交易的，没有哪个指数能够完全反映市场组合，甚至接近市场组合都很困难。并且，由于这些资产的收益率不能直接观测到，因此根本无法直接度量真正的市场组合收益率。在实际的应用中，一般是采用证券市场公开指数来代替。对于美国市场，投资者一般选取标准普尔 500 指数作为市场组合。对于中国的 A 股市场，选择上证指数、深证指数或沪深 300 指数作为市场组合较为合适。

在估计 β 的时候应该截取多长时间的数据呢？时间选得越长，在回归计算中，我们会有越多的观测值，这样得到的回归结果也越准确。但是公司本身也可能在这段时间内改变业务结构、财务杠杆等，这就增加了计算的不准确性。因此就存在一个数据频率和时间区间的平衡问题。因为我们并不想要最能反映公司过去风险状况的 β，而是想要最能反映公司现存风险的 β。一般来说，我们应该截取一段合理的时间，在这段时间里，公司的财务杠杆和业务结构相对稳定。

例如，某科技公司股票的周收盘价和上海证券交易所 A 股指数从 20××年 4 月到 20××年 7 月的资料见表 9-1。

表 9-1　某科技公司收盘价与上证指数

日期	收盘价（元）	上证指数周收盘点数
20××.04.06	18.71	2 306.95
20××.04.13	19.78	2 359.16
20××.04.20	19.50	2 406.86
20××.04.27	19.04	2 396.32
20××.05.04	19.85	2 163.4
20××.05.11	19.72	2 394.98
20××.05.18	18.10	2 344.52
20××.05.25	8.16	2 333.55
20××.06.01	18.10	2 373.44
20××.06.08	17.07	2 281.45
20××.06.15	18.39	2 306.85

续表

日期	收盘价（元）	上证指数周收盘点数
20××.06.20	17.79	2 260.88
20××.06.29	9.26	2 225.43
20××.07.04	8.96	2 227.32

根据公司股票价格和市场指数的历史收盘数据计算出股票和市场收益率。在实际操作中，以周收益率为例的计算公式为：

r_p：本周个股收益率=(本周收盘价−上周收盘价)÷上周收盘价

r_m：本周股市收益率=(本周收盘点数−上周收盘点数)÷上周收盘点数

取周无风险收益率为 $r_f=0.21\%$，则该科技公司的股票周收益率如表 9-2 所示。

表 9-2 某科技公司的股票周收益率

日期	r_p	r_m	r_p-r_f	r_m-r_f
20××.04.13	5.72%	2.26%	5.51%	2.05%
20××.04.20	−1.42%	2.02%	−1.63%	1.81%
20××.04.27	−2.36%	−0.44%	−2.57%	−0.65%
20××.05.04	4.25%	−9.72%	4.04%	−9.93%
20××.05.11	−0.65%	10.70%	−0.86%	10.49%
20××.05.18	−8.22%	−2.11%	−8.43%	−2.32%
20××.05.25	0.33%	−0.47%	0.12%	−0.68%
20××.06.01	−0.33%	1.71%	−0.54%	1.50%
20××.06.08	−5.69%	−3.88%	−5.90%	−4.09%
20××.06.15	7.73%	1.11%	7.52%	0.90%
20××.06.20	−3.26%	−1.99%	−3.47%	−2.20%
20××.06.29	−47.95%	−1.57%	−48.16%	−1.78%
20××.07.04	−3.24%	0.08%	−3.45%	−0.13%

通过线性回归［见式（9.8）］，我们得到 β 的估计值为 2.3，t 检验值为 1.2，α 的估计值为−2.7%，t 检验值为−0.7。

五、模型的应用

股权资本成本简单地讲就是公司普通股股东的期望收益率，而股东所要求的回报实际上来源于股利与股票增值。企业的资本成本取决于投资者对投资风险的补偿要求。由于股权投资的风险大于债权投资的风险，因此投资者对股权投资要求的报酬必然要高于债权投资。股权资本成本的计算可以使用 CAPM。例如，某科技公司对应的 β 为 2，政府长期债券利率为 3%，股票市场平均收益率为 8%，则该科技公司普通股的资本成本＝3%＋2×(8%－3%)＝13%。

另外，组合管理的业绩评估不同于传统的业绩评估，它不仅要考虑投资收益，还要考虑投资风险。投资者事先可以规定相当的风险与收益，将期末实际风险与收益的关系与之比较，则可得出资产组合的表现。某个资产组合的 β 值是组合中所有资产 β 值的加权平均，权重为每项资产占总资产的比例。因此利用不同资产的 β 值可以对资产组合进行配置和管理。当 $\beta>1$ 时，例如某类股票的 $\beta=2$，若市场收益率上涨 1%，这类股票收益率预计平均上涨 2%；但是当市场收益率下降 1%时，这类股票收益率预计平均下跌 2%。因此，可以认为这类股票比市场组合更具有风险性，这类股票被称为进攻型股票（aggressive stock）。当 $\beta=1$ 时，股票收益率将随市场组合按相同幅度变动，这类股票被称为中性股票（neutral stock）。当 $\beta<1$ 时，如 $\beta=0.5$，股票的波动性是市场波动性的一半，这类股票能使投资者免遭较大的损失，但也使投资者无法获得较大的收益，所以这类股票被称为防御型股票（defensive stock）。不同类别的股票具有不同的收益特征。在此基础上，就可以根据投资者的要求或风险偏好进行资产组合管理，从而优化资金配置。比如，某个资产组合由三只股票组成，它们的权重及 β 值如表 9-3 所示。

表 9-3　三只股票的权重与 β 值

	A	B	C
权重	40%	40%	20%
β	1.5	0.6	0.8

那么资产组合的 β 值为：$\beta=40\%\times1.5+40\%\times0.6+20\%\times0.8=1$，任何 β 值为 1 的资产组合都将获得与市场组合相同的期望收益率。

六、MM 定理和 CAPM 结合计算项目折现率*

上市公司要想实现资本增值，就需要选择回报理想的投资项目，项目决策通常采用净现值（net present value，NPV）的方法。计算 NPV 最核心的是找出现金流折现率。如果投资没有风险，则折现率应为无风险利率。但在多数情况下投资都有风险，应用 CAPM 可以对有风险的现金流的折现率做出估计。

企业投资决策的基本原则是，若一个投资项目的净现值大于零，则该投资项目是可接受的。而该项目现金流的折现率是计算 NPV 的关键，一般条件下我们把具有相同风险的金融资产的期望收益率作为该项目的折现率。若计算所得的 NPV 小于零，则应该投资金融资产而非该项目。投资项目的临界折现利率可通过 CAPM 求得。

任何一家企业都可以被看作由一系列经营项目构成的资产组合。当企业对某一项目进行评估时，如果能确定该项目的风险系数 β，我们就可以运用 CAPM 来计算该项目的折现

* 本小节为选修内容。

率，从而对项目价值进行评估。如果新项目与企业现有主营业务相同，我们可以直接用企业主营业务的β值来衡量新项目的风险；如果新项目不同于主营业务，比如属于其他行业，而且项目投资不仅使用了权益资本，还使用了债务资本，那么此时应该如何运用CAPM来确定该项目的折现率呢？

首先，我们简单回顾一下MM定理。

在无税的情况下，MM定理命题Ⅰ（无税）：$V_L=V_U$（杠杆公司的价值V_L与无杠杆公司的价值V_U相等）。

$$\text{MM 定理命题Ⅱ(无税)}^{①}:R_S=R_U+\frac{B}{S}(R_U-R_B) \tag{9.9}$$

其中，R_S表示权益的期望收益率，R_U表示无杠杆公司的期望收益率，R_B表示债务资本成本即利率，B表示债务价值，S表示权益价值。

若考虑公司税，MM定理命题Ⅰ(公司税)：$V_L=V_U+T_CB$（对有永续性债务的公司）。

$$\text{MM 定理命题Ⅱ(公司税)}^{②}:R_S=R_U+\frac{B}{S}(1-T_C)(R_U-R_B) \tag{9.10}$$

其中，R_S表示权益的期望收益率，R_U表示无杠杆公司的期望收益率，R_B表示债务资本成本即利率，B表示债务价值，S表示权益价值，T_C表示公司税税率。

同时，根据CAPM，我们有

$$\begin{aligned}R_S&=r_f+\beta_S[E(r_m)-r_f]\\R_U&=r_f+\beta_U[E(r_m)-r_f]\end{aligned} \tag{9.11}$$

若将MM定理与CAPM结合，即将式（9.11）代入式（9.10），整理后可得[③]

$$\beta_S=\beta_U+\frac{B}{S}(1-T_C)(\beta_U-\beta_B) \tag{9.12}$$

其中，β_S表示权益风险系数，β_U表示无杠杆风险系数，β_B表示债务风险系数。

通过式（9.12）我们可以求出杠杆公司（项目）的权益风险系数β_S；将β_S代入CAPM即式（9.11）即可计算出杠杆公司（项目）的权益期望收益率；最后，通过式（9.13）即可确定对杠杆公司（项目）进行估值可用的折现率。

$$R_{WACC}=\frac{S}{S+B}R_S+\frac{B}{S+B}(1-T_C)R_B \tag{9.13}$$

---

① 根据MM定理，无税时，$R_U=R_{WACC}=\frac{S}{B+S}R_S+\frac{B}{B+S}R_B$，整理可得式（9.9）。

② 根据MM定理，$V_U+T_CB=V_L=S+B$，对于杠杆公司，每一期的期望现金流入都可以写为$V_UR_U+T_CBR_B$；属于股东和债权人的期望现金流出可以写为SR_S+BR_B；公司的现金流入应等于现金流出，故$V_UR_U+T_CBR_B=SR_S+BR_B$，又因为$V_U+T_CB=S+B$，联立可得式（9.10）。

③ 从另一个角度，如果将杠杆公司视为权益和负债的资产组合，即$V_U+T_CB=V_L=S+B$，则根据第一个等式，杠杆公司的β值可以写为$\frac{V_U}{V_L}\beta_U+\frac{T_CB}{V_L}\beta_B$；根据第二个等式，杠杆公司的$\beta$值又可以写为$\frac{S}{V_L}\beta_S+\frac{B}{V_L}\beta_B$。

因此，$\frac{V_U}{V_L}\beta_U+\frac{T_CB}{V_L}\beta_B=\frac{S}{V_L}\beta_S+\frac{B}{V_L}\beta_B$，又因为$V_U+T_CB=S+B$，联立可得式（9.12）。

在实际中，一般认为债务的β值很小，若假设为零，则式（9.12）可化为

$$\beta_S=\left[1+\frac{B(1-T_C)}{S}\right]\beta_U \tag{9.14}$$

$$\beta_U=\frac{S}{S+B(1-T_C)}\beta_S \tag{9.15}$$

下面，我们来看一个例子。

中岛是一家建筑公司，其负债-权益比为4∶6。为了扩大业务范围而进行多样化经营，公司准备进入服装行业，并确定了新项目的计划负债-权益比为1∶2。经调研，服装行业有一家公司A可作为该行业的参照物。A公司的资本有50%来自权益，有50%来自负债，公司目前的权益风险系数β为1.4。若中岛公司和A公司均可按照无风险利率8%获得贷款，市场风险溢价为10%，公司税税率为25%，那么中岛公司在评估新项目时应该使用的折现率是多少？

解析1 两家公司均可按无风险利率贷款，即两家公司负债的风险均为零，即$\beta_B=0$。根据前面的分析，要求新项目适用的折现率，我们可以通过如下4步实现：

（1）根据参照公司A的权益风险系数β_{AS}，求出该行业无杠杆公司的权益风险系数β_U。

$$\beta_U=\frac{S_A}{S_A+B_A(1-T_C)}\beta_{AS}=\frac{1}{1+1\times(1-25\%)}\times1.4=0.8$$

（2）得到该行业无杠杆公司的权益风险系数之后，根据新项目的计划负债-权益比，求出该项目的权益风险系数β_S。

$$\beta_S=\left[1+\frac{B(1-T_C)}{S}\right]\beta_U=\left[1+\frac{1\times(1-25\%)}{2}\right]\times0.8=1.1$$

（3）根据CAPM，确定新项目的权益期望收益率R_S。

$$R_S=r_f+\beta_S(r_m-r_f)=8\%+1.1\times10\%=19\%$$

（4）确定评估新项目适用的折现率R_{WACC}。

$$\begin{aligned}R_{WACC}&=\frac{S}{S+B}R_S+\frac{B}{S+B}(1-T_C)R_B\\&=\frac{2}{3}\times19\%+\frac{1}{3}\times(1-25\%)\times8\%=14.67\%\end{aligned}$$

解析2 我们也可以通过如下4个步骤来求新项目适用的折现率：

（1）已知参照公司的权益风险系数，可通过CAPM求出其权益期望收益率R_{AS}。

$$R_{AS}=r_f+\beta_{AS}(r_m-r_f)=8\%+1.4\times10\%=22\%$$

（2）得出R_{AS}后，根据MM定理命题Ⅱ，通过式（9.10）求出该行业无杠杆公司的权益期望收益率R_U。

$$R_{AS}=R_U+\frac{B_A}{S_A}(1-T_C)(R_U-R_B)\Rightarrow R_U=16\%$$

（3）再次使用式（9.10），求出新项目的权益期望收益率 R_S。

$$R_S=R_U+\frac{B}{S}(1-T_C)(R_U-R_B)=16\%+\frac{1}{2}(1-25\%)(16\%-8\%)=19\%$$

（4）确定评估新项目适用的折现率 R_{WACC}。

$$\begin{aligned}R_{\text{WACC}}&=\frac{S}{S+B}R_S+\frac{B}{S+B}(1-T_C)R_B\\&=\frac{2}{3}\times19\%+\frac{1}{3}\times(1-25\%)\times8\%=14.67\%\end{aligned}$$

通过对比我们可以发现，两种方法的思路都是先以参照公司 A 的权益风险系数为基础，求出新项目的权益期望收益率，进而确定评估新项目适用的折现率。不同的是，解析 1 从风险系数角度出发，在已知参照公司权益风险系数的情况下，以行业无杠杆公司的权益风险系数作为跳板，求出新项目的权益风险系数，从而通过 CAPM 确定新项目的权益期望收益率；解析 2 直接从期望收益率的角度入手，先依据参照公司的权益风险系数，通过 CAPM 求出该公司的权益期望收益率，再根据 MM 定理命题Ⅱ中各种期望收益率的关系，用该行业无杠杆公司的期望收益率过渡，求出新项目的权益期望收益率。两种方法殊途同归，原因在于二者虽然选取的角度不同，但本质上都是 CAPM 与 MM 定理的结合，只是结合的时点不同罢了。

CAPM 最大的优点在于简单、明确。它把任何一种风险证券的价格都划分为三个要素——无风险收益率（r_f）、风险的价格（$E(r_m)-r_f$）和风险的大小（β），并把这三个要素有机地结合在一起。CAPM 的另一优点在于它的实用性。

当然，CAPM 也不是完美的，它本身存在一定的局限性：

首先，CAPM 的假设前提是难以实现的。例如，该模型假设市场处于完全竞争状态，但是，在实际操作中完全竞争的市场是很难实现的。此外，投资者也无法不受限制地以固定的无风险利率借贷，市场上还存在交易成本、税收和信息不对称等问题。理性人假设和一致预期假设更是非常理想的假设，在现实中无法达到。

其次，CAPM 中的 β 值通常由线性回归求得。但某些证券由于缺乏历史数据，其 β 值不易估计。此外，由于经济不断发展变化，各种证券的 β 值也会相应变化，因此，依靠历史数据估算出的 β 值对未来的指导作用也会打折扣。

总而言之，虽然 CAPM 存在上述局限性，市场上也出现了另外一些颇具特色的资本市场理论（如套利定价模型），但尚无一种理论能像 CAPM 这样如此深刻广泛地影响金融市场。

第三节　套利定价模型

套利定价理论（arbitrage pricing theory，APT，也称套利定价模型）是由罗斯在

1976 年提出的，他于 1976 年在《经济理论杂志》上发表了《资本资产定价的套利理论》，并在《金融中的风险和收益》一书中提出了“风险、收益与套利”的思想。

APT 对投资者行为的假设相对宽松，如果把市场收益率作为唯一的影响因子，那么由 APT 导出的风险-收益率关系与 CAPM 完全相同，所以 CAPM 可以看作 APT 的一种特例。但 APT 没有给出具体的驱动因素，只能靠投资者依经验自行判断。

在详细分析套利定价模型前，我们先来了解单因素模型和多因素模型的构造。

一、因素模型

因素模型是计量证券（或组合）的系统性风险与公司特有风险的统计模型。CAPM 就是一个因素模型。我们首先研究单因素模型。

在单因素模型中，我们假设证券的收益率只受到一个因素的影响（如市场组合的收益率），并假设除此之外的不确定性是该资产特有的。即证券 i 的收益率包含了三部分：

$$r_i=\alpha_i+\beta_i\delta_1+\varepsilon_i \tag{9.16}$$

其中，r_i 是证券 i 的随机收益率；α_i 是影响因素为零时证券 i 的预期收益率；δ_1 是某个资产组合的收益率，这个资产组合往往和某个因素（比如说市场因素）相关；β_i 是证券 i 对这个资产组合的依赖程度；ε_i 是随机误差项。在这个模型下，我们可以估计证券 i 的期望收益率：

$$E(r_i)=\alpha_i+\beta_i E(\delta_1) \tag{9.17}$$

考虑一个对影响因素有单位敏感度的资产组合，即令 $\beta_i=1$，将该单位敏感度资产组合的期望收益率写成 $\overline{\delta}_i$，则 $\overline{\delta}_i=\alpha_i+E(\delta_1)$。

在现实经济活动中，系统性风险往往不能只归因于一个因素，而是由多个因素共同影响的。多因素模型允许多个因素的存在，从而可以更好地解释资产的收益率。

$$r_i=\alpha_i+\beta_{i1}\delta_1+\beta_{i2}\delta_2+\cdots+\beta_{ik}\delta_k+\varepsilon_i \tag{9.18}$$

其中，r_i 为证券 i 的随机收益率，α_i 是影响因素为零时证券 i 的预期收益率；$\delta_1, \delta_2, \cdots, \delta_k$ 是对证券 i 有影响的 k 个因素的收益率；β_{i1}，β_{i2}，…，β_{ik} 是证券 i 对具体每个影响因素的敏感度；ε_i 是随机误差项。

法马（Fama）和弗伦奇（French）的三因素模型是多因素模型最经典的应用。法马和弗伦奇（1993）指出可以建立一个三因素模型来解释股票收益率。他们在市场指数的基础上在模型中加入了公司的市值（market capitalization，MC）和账面价值与市值比（book to market ratio，BMR）这两个因素。结果表明，公司的市值和账面价值与市值比可以解释 CAPM 中 β 未能反映的风险。超额收益率是对 β 未能反映的风险的补偿。即一个资产组合（包括单只股票）的超额收益率可由它对三个因素的敏感度来解释，这三个因素是：市场组合、市值因子 SMB（small minus big）、账面价值与市值比因子 HML（high minus low）。具体构造方法如下：根据股票的市值将所有股票划分为小规模股票组合（S）和大规模股票组合（B），根据各年年末上市公司的账面价值与市值比即 BMR 值（期末每股账面权益与期末股票收盘价的比值）将股票分为低（L）、中（M）和高（H）三个组合，比例分别是30%、40%和30%，从而将股票按照市值和账面价值与市值比独立分组，交叉形成六个组合，即S/L、S/M、S/H、B/L、B/M、B/H组合，分别计算第t年每周每个资产组合经价值加权的周度收益率。不考虑中间组的股票组合。其中规模因素（size factor）用3个S组合的平均收益率与3个B组合的平均收益率之差即r_{SMB}来衡量，表示剔除账面价值与市值比因素后小规模公司组合与大规模公司组合的收益率差：

$$r_{SMB}=(S/L+S/M+S/H)/3-(B/L+B/M+B/H)/3$$

价值因素（value factor）用2个H组合的平均收益率与2个L组合的平均收益率之差即r_{HML}来衡量，表示剔除公司规模因素后高BMR值组合与低BMR值组合的收益率差：

$$r_{HML}=(S/H+B/H)/2-(S/L+B/L)/2$$

对任何一只股票，构造三因素模型如下：

$$r_i-r_f=\alpha_i+\beta_m(r_m-r_f)+\beta_{HML}r_{HML}+\beta_{SMB}r_{SMB}+\varepsilon_i \tag{9.19}$$

其中，β_m、β_{HML}、β_{SMB}分别是股票对三个因素的敏感度。法马和弗伦奇（1998）又对1975—1995年间世界主要证券市场的数据进行了检验。研究结果表明：在13个证券市场中有12个证券市场的高BMR值（价值型）股票收益率高于低BMR值（成长型）股票收益率，这证明了价值因素的解释力；在16个主要证券市场中有11个证券市场的小规模公司股票收益率高于大规模公司股票收益率，这证明了规模因素的解释力。

二、套利定价理论的内涵

套利是指利用同一实物资产或金融资产的不同价格来获得无风险收益。而通过一价定律我们知道均衡市场上两件一样的产品价格应当相同，无风险套利机会的出现说明市场处于非均衡状态。投资者通过买入收益率偏高的证券同时卖出收益率偏低的证券来实现无风险套利，结果是使收益率偏高的证券的收益率相应回落，使收益率偏低的证券的收益率相应回升，最终使得市场达到均衡，套利机会消失。市场越有效，恢复均衡的速度就越快。一旦出现套利机会，每一位套利者都会尽可能大地构筑套利头寸。因此，在理论上只需要少数甚至一位套利者就可以恢复市场均衡。

APT的基本假设是资本市场是完全竞争、无摩擦且有效的，投资者是风险厌恶且非满足的，该市场不存在任何套利机会，所有投资者都有相同的预期。假设市场上的每一个投资者都认为投资组合的收益率应当满足式（9.18）所反映的k因素模型。APT假设市场上的资产种类n必须远远超过模型中的影响因素种类k。各资产的非系统性风险不相关，且系统性风险与共同影响因素相互独立，同时各个共同影响因素之间亦不存在相关关系。在APT中某资产的期望收益率是由一系列因素所驱动的。将这些因素乘以资产对该因素的敏感度，加总后，再加上无风险收益率，就可以得出该资产的期望收益率。APT定价公式可表示为

$$E(r_i)=r_f+(\bar{\delta}_1-r_f)\beta_{i1}+(\bar{\delta}_2-r_f)\beta_{i2}+\cdots+(\bar{\delta}_k-r_f)\beta_{ik} \tag{9.20}$$

$\bar{\delta}_k-r_f$ 表示第 k 个因素的风险溢价，β_{ik} 表示证券（组合）i 对第 k 个因素的敏感度。

我们用下面的例子来更好地理解 APT。假定证券（组合）i 的收益率与两个因素有关，即：$R_i=E_i+\beta_{i1}\delta_1+\beta_{i2}\delta_2$。若市场中现在有四种证券，其预期收益率和对各因素的敏感度如表 9-4 所示。

表 9-4　四种证券的预期收益率和对各因素的敏感度

	E_i(%)	对因素 1 的敏感度 β_{i1}	对因素 2 的敏感度 β_{i2}
证券 A	18	2	0.8
证券 B	24	1	3.2
证券 C	15	1.5	1.2
证券 D	20	1.5	2.4

问市场中是否存在套利机会?

设对这四种证券的持有比例分别为 x_1，x_2，x_3，x_4。

根据 APT 的假设，若我们可以找到一种配置使资产组合满足在没有任何风险（对两个因素均不敏感）同时又可在无前期投入的条件下获得正收益，则市场中存在无风险套利机会，则：

$$2x_1+x_2+1.5x_3+1.5x_4=0$$
$$0.8x_1+3.2x_2+1.2x_3+2.4x_4=0$$
$$x_1+x_2+x_3+x_4=0$$
$$0.18x_1+0.24x_2+0.15x_3+0.20x_4>0$$

通过计算，我们发现组合（0.3，0.3，−0.2，−0.4）满足上述条件，无风险套利收益率为 1.6%。当然，一定还可以找到很多这样的资产组合。我们可以通过买入证券 A 和 B、卖空证券 C 和 D 来进行无风险套利。如果这种套利行为重复多次，则证券 A 和 B 的价格会不断上涨，证券 C 和 D 的价格会不断下降，无风险套利收益率最终会减小到零，市场达到均衡，无风险套利机会消失。

三、套利定价理论的实证估计——法马-麦克贝思回归

法马-麦克贝思（Fama-MacBeth）回归方法于 1973 年由法马和麦克贝思提出，最初用于实证检验 CAPM 的参数设定。法马-麦克贝思回归分为两步。第一步，选取一定长度的窗口（如一年）针对每种股票进行如下时间序列线性回归：

$$r_{jt}=r_{ft}+\beta_{jt}[r_{mt}-r_{ft}]+\varepsilon_t \tag{9.21}$$

从而得到第 j 种股票在 t 时刻的 β 值 β_{jt}，我们假定 β_{jt} 在窗口中是不变的。r_{jt} 是第 j 种股票在 t 时刻的收益率，r_{mt} 是 t 时刻的市场收益率。第二步，在 t 时刻对不同股票进行横截面回归：

$$r_{it}=\alpha_{it}+\lambda_t\beta_{it}+\varepsilon_{it} \tag{9.22}$$

其中，β_{it} 是第一步回归得到的在t 时刻第i 种股票的β 值，这样在每一时刻均可得到β_i 对应的风险因素的风险溢价 λ，也就是说，不同股票的期望收益率不同是由其风险（β 值）不同引起的。在获得不同时刻的风险溢价后，我们可以求得对风险溢价 λ 的估计值（一般使用λ 的均值）及其标准差。

法马-麦克贝思回归的第二步是阶段性横截面回归而不是面板回归，以适应回归系数的动态变化。同时，模型可以容纳更多的回归系数，比如可加入法马-弗伦奇三因素模型的其他两个影响因素 SMB 和 HML。

四、套利定价理论的证明*

假定一个投资者持有一个资产组合，并且在不增加投资额的情况下希望通过改变原有组合中资产的投资比重来建立一个新的资产组合以达到收益最大化。

改变的投资比重为 $x_i(i=1,\cdots,n)$ 且

$$\sum_i x_i=0 \tag{9.23}$$

新的组合（不增加投资额）被称为套利组合：

$$x\overset{\text{def}}{=}(x_1,x_2,\cdots,x_n)$$

检验所有的套利组合，计算如果改变现有投资比重，通过多因素模型式（9.18）可获得的额外收益为：

$$\begin{aligned}xr &\overset{\text{def}}{=}\sum_i x_ir_i=\sum_i x_i\alpha_i+\left(\sum_i x_i\beta_{i1}\right)\delta_1+\cdots+\left(\sum_i x_i\beta_{ik}\right)\delta_k+\sum_i x_i\varepsilon_i\\ &\overset{\text{def}}{=}x\alpha+(x\beta_1)\delta_1+\cdots+(x\beta_k)\delta_k+x\varepsilon\end{aligned} \tag{9.24}$$

消除因素风险，即：

$$x\beta_j\overset{\text{def}}{=}\sum_i x_i\beta_{ij}=0 \tag{9.25}$$

同时非系统性风险可以分散化：$x\varepsilon=0$；这要求选择的投资比重 $x_i\approx\frac{1}{n}$充分小，以及所包括的证券种类n 尽量多，以分散非系统性风险，则所有套利组合的额外收益为：

$$xr=x\alpha+(x\beta_1)\delta_1+\cdots+(x\beta_k)\delta_k+x\varepsilon=x\alpha \tag{9.26}$$

如果市场处于均衡状态，不存在套利机会，则必须满足 $x\alpha=0$。根据线性代数知识已知向量 x 与单位向量e 正交：$\sum x_i=0$，且向量 x 与 β_j 正交：$x\beta_j=0$；若向量 x 与 α 正交：$x\alpha=0$，则 α 必定能由 β_j 和 e 线性表示，即由福科什（Farkas）引理，存在 $k+1$ 个常数 $\lambda_0,\lambda_1,\cdots,\lambda_k$ 使得 $\alpha_i=\lambda_0+\lambda_1\beta_{i1}+\lambda_2\beta_{i2}+\cdots+\lambda_k\beta_{ik}$，$i=1,2,\cdots,n$。

* 本小节为选修内容。

当证券 i 是一种无风险资产时，表示它不受任何因素的影响，即 $\beta_{ij}=0$，$j=1, 2, \cdots, k$，该无风险资产的收益率为 r_f，则 $r_f=\lambda_0$。我们就可以得到 $\alpha_i=r_f+\lambda_1\beta_{i1}+\cdots+\lambda_k\beta_{ik}$。代入多因素模型，若用 $\bar{\delta}_k$ 表示对第 k 个因素有单位敏感度但对其他因素敏感度为零的资产组合的期望收益率，则我们有：

$$E[r_i]=r_f+(\bar{\delta}_1-r_f)\beta_{i1}+(\bar{\delta}_2-r_f)\beta_{i2}+\cdots+(\bar{\delta}_k-r_f)\beta_{ik} \tag{9.27}$$

五、CAPM 和 APT 之间的关系

二者都是证券价格的均衡模型。在一定条件的约束下，APT 导出的风险-收益关系与 CAPM 一样。当共同影响证券的仅有市场因素，且该因素的影响可用市场组合收益率的变动衡量时，APT 和 CAPM 是一致的。

CAPM 和 APT 之间也是有区别的，APT 强调无套利均衡原则，而 CAPM 是典型的风险-收益均衡关系主导的市场均衡。APT 的普适性更强，不需要市场组合的前提假设就可以得出期望收益率-β 关系，并可以拓展为多因素模型。而 CAPM 是建立在一系列假设之上的非常理想化的单因素模型。APT 并未对投资者的风险偏好做出规定，CAPM 则假定了投资者对风险的态度，即风险厌恶。

第四节　基于消费的资本资产定价模型

基于消费的资本资产定价模型（consumption-based capital asset pricing model，CCAPM）由卢卡斯（Lucas）在 1978 年最早提出，被人们称为卢卡斯树（Lucas Tree）模型，后经多位学者修正并完善。CCAPM 的一个优势是把金融市场和现实经济（消费）结合起来，即消费决定了资产的价格。

在 CCAPM 中，投资者最大化当前和未来消费的预期效用，金融资产则允许消费者平滑不同时期的消费：在贫穷时期，售卖资产为消费融资；在富有时期，购买资产为未来消费储蓄。CCAPM 假设代表性投资者追求期望效用最大化，投资者跨期转移消费的边际效用权衡能对每一种风险资产进行均衡定价。在模型中，ρ 表示消费者的耐心程度，e_t 表示第 t 期的收入，$U(\cdot)$ 代表效用函数，C_t 代表第 t 期的消费，ϵ_t 表示购买的证券数目，p_t 表示第 t 期的证券价格，x_{t+1} 代表第 $t+1$ 期的证券价格。

投资者通过改变投资水平来最大化跨期消费效用。效用函数包括两部分，即当前效用和未来效用，效用来源于消费。资产需要转成消费才能使效用增加。但是，未来的回报预先并不知道，导致未来消费预算的不确定，因此未来的消费也是不确定的，因而需要对未来消费带来的效用取期望。需要注意的是，未来效用跟当前的等量效用并不等同：同等条件下，人们都偏好当前效用，即今天吃一根香蕉比明天吃同样的香蕉所获得的效用要大。假设消费者视 1 单位的未来效用和 ρ 单位的当前效用无差别，那么 ρ 表征了消费的耐心程度，通常 $\rho<1$。因此，目标函数表示成：

$$\max_{\epsilon_t} U(C_t)+\rho E_t[U(C_{t+1})] \tag{9.28}$$

在 t 时刻，投资者要决定买多少数量的证券来最大化自身效用。也就是说，模型中投资者的投资数量（ϵ_t）为决策变量。由于资产的存在，可以通过投资或融资来平衡现在和未来的消费。在除投资收益外的其他收入可确定的情况下，如果现在收入太多而未来收入相对少，那么投资者可通过买入资产，把财富转移至未来。这样可以避免现在吃撑了而未来却要挨饿。对于未来收入过多而现在收入相对不足的情况，投资者则可先借钱消费，等未来有钱了再还。所以，投资者在投资和消费上需要权衡。在预算确定的条件下，一旦确定了投资水平，那么消费也会随之确定。

模型还有两个约束条件：期初（第 t 期），消费等于收入与投资的差额；期末（第 $t+1$ 期），消费为期末的收入加上投资的期末价值。这两个约束为预算约束，之所以有这两个约束条件，是因为当消费没有达到消费约束线时，增加消费是有可能的，而增加消费必定带来效用的增加，即效用的不餍足性。

$$C_t=e_t-p_t\cdot\epsilon_t \tag{9.29}$$

$$C_{t+1}=e_{t+1}+x_{t+1}\cdot\epsilon_t \tag{9.30}$$

做出投资和消费的决策需要知道未来回报，但资产的未来回报是不确定的，这使得做出投资-消费决策似乎变得很棘手。也许，我们可以从考虑资产的未来回报入手。但是，在不知道投资多少时，资产价格也不可得：毕竟资产的价格是由资产的供需决定的。此时，我们陷入了一种循环：做出投资-消费决策需要资产价格信息，而产生资产价格信息需要做出投资-消费决策。跳出循环的办法是求解均衡，即不断试错，最后找到能同时满足资产价格假设和效用最大化的某一投资水平。下面，我们通过模型求解来呈现这一过程，但我们的目的并不是得到最终的显式解，而是关注求解过程给我们带来的启示。

把模型表征出来，我们得到

$$\max_{\epsilon_t} U(C_t)+\rho E_t[U(C_{t+1})] \tag{9.31}$$

$$\text{s.t. } C_t=e_t-p_t\cdot\epsilon_t$$

$$C_{t+1}=e_{t+1}+x_{t+1}\cdot\epsilon_t$$

把约束条件代入目标函数，此时目标函数是关于投资数量ϵ_t 的函数。要实现目标函数的最大化，我们对投资数量ϵ_t 求一阶导数，并令其等于 0。同时我们知道 $(E[y])'=E[y']$。于是有

$$U'(C_t)\cdot(-p_t)+\rho E_t[U'(C_{t+1})\cdot x_{t+1}]=0 \tag{9.32}$$

移项可得：

$$U'(C_t)\cdot p_t=\rho E_t[U'(C_{t+1})\cdot x_{t+1}] \tag{9.33}$$

这就是均衡条件。其中，$U'(C_t)\cdot p_t$ 表示买入一单位资产需要放弃的效用；而 $\rho E_t[U'(C_{t+1})\cdot x_{t+1}]$ 是从当前看，把期初投资的一单位资产带来的回报全部转成期末消费所带来的效用。均衡条件意味着，边际效用的损失等于预期边际效用的增加：今天少消

费而多投资引致的效用损失等于因资产的未来回报而多消费带来的效用增加，否则投资者会通过增减当前消费增加总效用。当投资者不再继续增减当前消费时，效用达到最大化。这是经济优化问题最普遍的均衡条件。

由均衡条件得到证券价格为

$$\begin{aligned} p_t &= \frac{\rho E_t[U'(C_{t+1}) \cdot x_{t+1}]}{U'(C_t)} \\ &= E_t\left[\frac{\rho \cdot U'(C_{t+1})}{U'(C_t)} \cdot x_{t+1}\right] \\ &= E_t[m_{t+1} \cdot x_{t+1}] \end{aligned} \tag{9.34}$$

给定未来的资产价格和消费决策，当前的资产价格可按上式求得。其中，$m_{t+1} = \frac{\rho \cdot U'(C_{t+1})}{U'(C_t)}$，为边际替代率。一般而言，$m_{t+1}<1$，这是对等待的补偿。

从另外一个角度看，$p=E[m \cdot x]$ 恒成立。无论效用函数的形式如何，总存在调整因子 m 使得未来价格 x 调整至当前价格 p，m 的表达式则随效用函数的形式而改变。显然，m 充当着定价因子的角色，即任何资产的当前价格都等于未来价格乘以定价因子的期望。由表达式可知，边际替代率 m 取决于消费者的耐心程度和消费偏好，与资产的特征无关，即经济中所有的资产应共用同一个定价因子。定价因子在资产定价中起着至关重要的作用，其大小和变化直接影响资产的价格。

如果资产是无风险资产，其收益率为无风险收益率，即 $1+r_f=\frac{x_{t+1}}{p_t}$。可以这样理解，对于现在和未来等量的资产，人们更偏好现在的资产。未来的资产需要打个折扣 $\left(\frac{1}{1+r_f}\right)$ 才能和现在的资产等同，这反映的是资产的时间价值。相应地

$$1=E_t\left[m_{t+1} \cdot \frac{x_{t+1}}{p_t}\right]=E_t[m_{t+1} \cdot (1+r_f)]=E_t[m_{t+1}] \cdot (1+r_f) \tag{9.35}$$

具体地，$1+r_f=\frac{1}{E_t[m_{t+1}]}$，这个式子给出了无风险收益率和定价因子的关系。

第五节　有效市场假说

“市场有效性”这一概念来源于法国人巴契里耶（Bachelier）1900 年的数学博士学位论文，他将统计方法用于对股票收益率的分析。在论文的第一段，巴契里耶提到“过去、现在甚至是折现后的未来事件都是通过市场价格反映出来的，但价格变动之间的关系经常表现得不是很明显……即使市场没有很准确地预测其波动，但也或多或少地评估了它们，因而波动的可能性也可以用数学方法计算出来”。这一发现不仅为布朗运动奠定了基础，而且为金融学者对市场进行研究提供了借鉴。

1953 年，肯德尔（Kendall）检验了英国 22 种股票和商品的价格序列，得到的结论为

“在系列的价格相当接近的时间间隔内，价格序列未来的随机变化是如此之大，以至能够淹没任何可能存在的系统性影响”。价格序列几乎为零的相关性与经济学家一直以来的观点并不一致。罗伯茨（Roberts ，1959）、奥斯本（Osborne，1959）、沃金（Working，1960）和亚历山大（Alexander，1961）等经济学家针对这种现象进行了一系列研究，构建并发展了随机游走理论（random walk theory）。1965 年法马在文章《股票市场价格的性质》中回顾了关于股票市场价格的已有研究，并且检验了市场收益的分布和序列相关性，认为随机游走假说在股票市场中成立。在随机游走理论的基础上，萨缪尔森（Samuelson，1965）和曼德尔布罗特（Mandelbrot，1966）从理论上证明了有效市场和公平博弈模型之间的对应关系，为有效市场假说做了理论上的铺垫。萨缪尔森（1965）提出当股票现时价格已经反映过去所有的信息时，股票价格的未来变化只反映未来的新信息；市场价格反映了所有的历史信息，股票价格表现为随机游走。

在萨缪尔森的微观经济基础上，法马在 1970 年对有关市场有效性的理论和证据进行了全面的回顾，并且提出了有效市场理论。有效市场理论定义了一个有效率的市场，在此市场上基于可获得的信息交易无法获得超额利润。

有效市场理论假设投资者是理性的，股票价格是合理的；如果一些投资者不是理性的，则他们的交易是随机的且会相互抵消，因此不会影响市场价格。由于投资者的不理性遵循相同的方式，他们对市场价格的影响会被理性的套利者通过套利交易消除。有效市场有三种形式：

（1）弱式有效市场：市场价格充分反映了历史信息。

（2）半强式有效市场：市场价格充分反映了公开信息（如年度收益公告、股票分割等）。

（3）强式有效市场：市场价格充分反映了所有信息，包括公开信息和未公开信息。

也就是说，在强式有效市场中，没有任何方法能帮助投资者获得超额利润，无论是公开信息还是内幕信息。

在萨缪尔森和法马的标志性文章之后，很多学者扩展了有效市场假说的框架，发展了有效市场假说的新古典形式。不仅如此，有效市场假说还有很多其他方向的延伸，包括投资者异质性、信息不对称等条件下的市场有效性。这些延伸的推动力是相同的，即个人投资者形成的预期合理、市场信息汇总有效等。

第六节　数字资产

随着信息技术的不断发展，特别是近年来区块链技术的不断普及，数字形态的资产逐渐被个人、企业以及政府所重视。数字资产（digital assets）是以电子数据形态存在、有所有权、具有价值的事物或信息。传统上，数字资产是指照片、视频等数字媒体，然而随着公钥密码技术和区块链技术的广泛采用，数字资产已经变为主要关注由分布式账本（区块链）支持的资产。美国金融业监管局（Financial Industry Regulatory Authority，FIRA）认为数字资产涵盖范围很广，但一个共同的特点是它们使用区块链来存储、记录和验证交易。

区块链是一种去中心化的分布式账本技术，即同一账本由很多节点分别记录，因而不需要中心的背书也可以达成共识。区块链由一个或多个区块组成，每个区块包含一个或多个交易记录，并且在区块之间形成链接。每个区块都包含前一个区块的数字指纹（哈希），从而形成了不可篡改的链条。通过这种方式，区块链具有可追溯、不可篡改、透明、安全和去中心化等特性。区块链技术的引入可以让数字资产具有唯一可识别性。由于数字资产的可复制性强，并且无法追溯权利人，长期以来数字资产的保护比较困难，而区块链技术的应用使得可以追溯权利人，进而使得对数字资产的保护更加有效。

区块链技术的另一个核心是非对称加密技术的应用。非对称加密技术是一种加密算法，普遍应用于互联网信息的加密，其使用两个不同的密钥：公钥和私钥。公钥公开发布，任何人都可以使用它来加密信息；而私钥只能由密钥持有者保管，并用于解出用公钥加密的信息。当发送方想要将信息发送给接收方时，他会使用接收方的公钥来加密信息。只有拥有私钥的人才能解密该信息，除了接收方之外的任何人都无法阅读或修改该信息。通过这种方法，可以确保信息在互联网上传输的机密性和安全性。

数字资产可以根据不同的特征和用途进行分类，如下是比较常见的三类：(1) 加密货币：如比特币、以太坊等；(2) 代币：如通证、数字证券等，是代表某种实物、服务、权益或资产的数字化形式；(3) 数字藏品：是用区块链技术创建的不可替代的数字化收藏品或艺术品。数字资产由于具有数字化的特征，非常易于复制，并且在传播过程中基本没有成本，因而维持数字资产价值的方式与保护知识产权等的方式类似，即以法律和技术手段限制其传播，从而形成资产的稀缺性。

比特币于 2009 年由一个自称中本聪的人创建，而中本聪的名字最早出现在 2008 年一篇名为《比特币：一种点对点的电子现金系统》的论文中。这篇论文阐述了一个新的去中心化记账系统，描述了作为整个加密货币市场支柱的区块链技术，并且介绍了时间戳和工作量证明等概念，解决了双重支付问题，从而能够防止一枚币被花两次的现象出现。2008 年 8 月 18 日，域名 bitcoin. org 被悄然注册；11 月 9 日，比特币项目在开源项目社区上注册；2009 年 1 月 3 日，中本聪创建了第一个比特币区块，即创世区块（genesis block）。作为第一个创建比特币区块的人，中本聪获得了 50 枚比特币作为奖励。

专栏 9－2　世界上最贵的比萨与比特币

2010 年 5 月 18 日，美国佛罗里达州的一名程序员拉兹洛·汉耶茨（Laszlo Hanyecz）在论坛 Bitcoin Talk 上发了一篇帖子，提出要用手中的 10 000 枚数字货币来购买两份比萨。几天之后，5 月 22 日，一位英国的密码学爱好者 Jercos 趁着比萨店的活动优惠，花费 25 美元购买了 2 份原价为 30～40 美元的比萨寄给拉洛兹。随后，收到比萨的拉洛兹发了另一篇帖子庆祝这笔交易。然而，不知道拉洛兹有没有想到，在 2018 年，他于 2010 年交易的 10 000 枚数字货币——比特币——价值接近 9 000 万美元。而当时 2 份比萨按 2018 年比特币的价格来算，价值 6.3 亿元人民币。这笔交易创造了最贵的比萨交易，同时成为比特币与现实商品的第一次交易，使比特币的虚拟世界与现实世界发生了第一次链接。

作为首个去中心化的货币支付系统，同时不由政府发行和监管，比特币从诞生之日起就伴随着巨大的争议。首先，一部分投资者将比特币当作交易和投机资产，比特币的价格也经历过暴涨暴跌。其次，由于数字资产交易的便捷性，刷单交易的问题也十分严重。一些数字藏品甚至出现过 9 000 万美元的天价。同时，一些本身并不具备价值的数字货币也在概念炒作下价格飙升，如一种名为 LUNA 币的数字货币曾高达 119.5 美元一枚，但在一个月之后其价格近乎归零。

此外，区块链的安全性和匿名性也带来了一些法律和安全问题。由于去中心化的网络往往横跨好几个国家，不同的法律体系会导致数字资产在不同国家的监管套利行为。探索既可监管又有高参与性的数字资产生态系统是摆在各国政府面前的一个难题。

本章小结

本章重点讲述了资本资产定价模型（CAPM）。它的精髓是：影响任何资产的风险只有两种——市场风险（系统性风险）和个体风险。其中个体风险可以通过风险分散（购买大量不同资产）的方式规避，而系统性风险无法规避。β 是度量某个体资产的系统性风险大小的指标，β 越大，风险就越大，β 体现了个体资产和市场资产的联动性。CAPM 告诉我们，β 越大的股票其期望收益率也越大，即系统性风险被定价而非系统性风险不被定价。使用线性回归可计算出 β 值。资产组合的 β 值可用各资产的 β 值按其在组合中的比例算出。CAPM 有广泛的应用，对金融学的影响最深远。

本章还讲述了套利定价理论（APT）。APT 的理论基础是一项资产的收益率是由不同因素决定的，将这些因素的收益率乘上该资产对该因素的敏感度，加总后，再加上无风险收益率，就可以得出该资产的收益率。虽然 APT 在理论上很完美，但它没有给出具体包括哪些因素，而这些因素可能数量众多，投资者只能凭经验自行判断选择。本章还讲述了基于消费的资本资产定价模型（CCAPM），该模型具有较强的经济学意义。该模型给出了定价因子的概念，提出资产的现价应为资产的未来价格乘以定价因子，而不同的资产享有共同的定价因子。最后本章简单介绍了有效市场假说。

问题与应用

1. 中岛公司再思考（选做）。

在本章第二节，中岛公司和 A 公司均可按无风险利率贷款，即两家公司负债的风险均为零，因此我们在解析 1 的计算中使用了简化的式（9.14）和式（9.15），而如果适当考虑公司负债的风险，我们就应该使用式（9.12）来计算。

分析：如果其他条件不变，中岛公司以 10%的利率取得贷款，而参照公司 A 以 12%的利率取得贷款，试计算中岛公司新项目的折现率。

如果采用解析 1 的思路，由于此时两家公司的负债均存在风险，因此在第一步确定参照公司所在行业无杠杆公司的权益风险系数 β_U 时，由式（9.12）可得，$\beta_{AS}=\beta_U+\dfrac{B_A}{S_A}(1-T_C)(\beta_U-\beta_{AB})$，需要先根据 A 公司的债务资本成本（利率）通过 CAPM 计算出 A 公司的债

务风险系数 β_{AB}。同样，在第二步计算新项目的权益风险系数时，需要先通过 CAPM 计算出中岛公司的债务风险系数 β_B。

2. 天行健资产管理公司。

在 2011 年 1 月春节前夕，张厚德在办公室里思考公司来年新的目标和发展方向。张厚德是天行健的创始人兼 CEO，天行健是一家小型投资管理公司，总部设在上海。当时该公司拥有快速增长的高净值个人客户，管理着价值 2 500 万元人民币的资产。天行健在过去几年的成功投资带来了源源不断的新客户以及现有客户新追加的资金。与此同时，张厚德已经向一些小型机构咨询，希望在 2011 年拓展公司的业务。

天行健创立于 2008 年。一对富有的夫妇自 2008 年股灾以来遭受了较大的投资损失，于是请朋友张厚德帮忙管理他们的一部分资金。尽管事业起步较慢，但张厚德渐渐凭借出色的投资表现和良好的口碑赢得客户。他把自己定位为一个市场策略师，天行健设定的目标是，通过市场择时帮助客户提升回报并规避风险。因为账户规模较小，对他而言，最简单的策略是维持和调整在股权市场的资产组合来盯住指数。他主要运作的天行健基金，不收取佣金，是低费用指数基金（他将剩余资金配置到货币市场），并且他将天行健基金的市场敞口水平维持在 50%～99%，以试图择时进行波段操作。他起先试着投资一些不同的指数基金，但很快就专注于运用前进 300 指数信托进行投资操作，因为其极低的费用比率和高度匹配沪深 300 指数的收益。

天行健的表现在 2009 年落后于市场，但张厚德在 2010 年取得了成功。他在 6 月将天行健持有的股权仓位削减到 50%，部分规避了 8 月、9 月这两个月的市场大跌（见表 9-5）。在 8 月和 9 月的紧张等待之后，他开始将资金重新配置在指数基金上。2011 年 1 月 4 日，摆在他面前的报告显示，天行健基金将 2 500 万元资金的 79.2%投资于前进基金；天行健在市场大跌年中也为客户赚取了利润。

成功的表现为天行健带来了足够多的新资金，天行健的资金规模在接下来的 6 个月内翻了一倍，使得张厚德最后全职从事资金管理工作。但他也失去了一些潜在的新客户，他们认为天行健只运营一只指数基金，而不关注指数基金中的股票。张厚德在同一些他正在争取的潜在机构客户的谈话中感受到了同样的阻力。最终，他的一个新年解决方案是，着手关注可能被选入贝塔股权资产组合的一些个股。他将专注于一些小盘股，因为他不想与更大的、拥有众多分析师的基金进行竞争，同时也因为他已经通过投资指数基金持有沪深 300 指数的成分股。他还决定增加天行健在股权市场的资金配置比例，因为他认为该市场依然具有价值，2011 年将会是行情很好的一年。

作为迈向这些目标的第一步，张厚德正在考虑通过购买他新近雇用的分析师所推荐的两只股票中的一只来直接将股权市场上的仓位增加到 80%。两只股票都是在上海证券交易所挂牌交易的小公司所发行的，股价在过去两年都被严重低估了，表现出了不合理的低价位。

江苏 REIT 是一家房地产投资信托公司，其将股权和抵押品投资于收益性财产（零售建筑占 57%，工业建筑占 17%，写字楼占 15%，住宅占 11%；上海占 51%，北京占 30%，广州占 19%）。江苏 REIT 的投资和股价受到了 2008 年金融大地震和房地产市场衰退的严重冲击（见表 9-5）。张厚德将其看作具有价值的投资机会，但他也注意到这是一家股价具有高波动性的公司。江苏 REIT 的股价在 2011 年 1 月 4 日收盘于每股 2.25 元。

表 9-5　三种资产的投资回报率数据

时间	前进 300 指数信托（%）	江苏 REIT（%）	顺德集团（%）
2009 年 1 月	7.32	−28.26	9.16
2009 年 2 月	−2.47	−3.03	0.73
2009 年 3 月	2.26	8.75	−0.29
2009 年 4 月	5.18	−1.47	2.21
2009 年 5 月	4.04	−1.49	−1.08
2009 年 6 月	−0.59	−9.09	−0.65
2009 年 7 月	9.01	10.67	2.22
2009 年 8 月	1.86	−9.38	0
2009 年 9 月	−0.4	10.34	1.88
2009 年 10 月	−2.34	−14.38	−7.55
2009 年 11 月	2.04	−14.81	−12.84
2009 年 12 月	2.38	−4.35	−1.7
2010 年 1 月	−6.72	−5.45	−15.21
2010 年 2 月	1.27	5	7.61
2010 年 3 月	2.61	9.52	1.11
2010 年 4 月	−2.5	−0.87	−0.51
2010 年 5 月	9.69	0	12.71
2010 年 6 月	−0.69	4.55	3.32
2010 年 7 月	−0.32	3.48	3.17
2010 年 8 月	−9.03	0	−14.72
2010 年 9 月	−4.89	−13.04	−1.91
2010 年 10 月	−0.41	0	−12.5
2010 年 11 月	6.44	1.5	17.26
2010 年 12 月	2.72	−2.56	−8.53

广东顺德集团股份有限公司是最大的品牌鞋类制造和销售商之一，从 2009 年起经历了一项重大的重组计划。该公司 2009 年的盈利出现下滑，但仍然保持盈利和稳定；股价从 2009 年末到 2010 年末持续下挫。张厚德认识到顺德集团的一些品牌产品——包括飞扬和德福等——在当前的经济衰退中卖得很好，而他偏好稳定的现金流和盈利。虽然他注意到顺德集团的股价似乎充满了变数，而且对股市的变动十分敏感，但他仍然觉得 1 月 4 日每股 24 元的收盘价是一个吸引人的投资机会。

张厚德认为现在是他增加个股投资以及提升股权投资仓位的好时机。用一笔 20 万元的资金买入这两只股票中的一只使得他总的股权投资仓位达到 2 000 万元。但他仍然有疑问，他十分担心个股总体的波动性，特别是这两只股票。毕竟，他总是向他的客户承诺合理的回报，并且持有仓位的风险是始终可控的。他注意到这两只股票看上去都比市场（或者指数基金）具有更大的波动性，他想知道将他的客户置于新的风险之下是否为正确的决策。张厚德应当如何取舍股票呢？

推荐阅读材料、网站

[1] 美国国家经济研究局，http://www.nber.org。

[2] 社会科学研究网，http://www.ssrn.com。

[3] Kenneth R. French的个人主页，http://mba.tuck.dartmouth.edu/pages/faculty/ken.french。

参考文献

[1] Bachelier, L. (1900), "Theory of Speculation," a thesis presented to the Faculty of Sciences of the Academy of Paris, originally published in *Annales de l'Ecole Normale Supérieure*, 27, 21–86.

[2] Fama, E. F. (1965), "The Behavior of Stock-Market Prices," *The Journal of Business*, 38 (1), 34–105.

[3] Fama, E. F. (1970), "Efficient Capital Markets: A Review of Theory and Empirical Work," *The Journal of Finance*, 25 (2), 383–417.

[4] Fama, E. F., and French, K. R. (1993), "Common Risk Factors in the Returns on Stocks and Bonds," *Journal of Financial Economics*, 33 (1), 3–56.

[5] Fama, E. F., and French, K. R. (1998), "Value versus Growth: The International Evidence," *The Journal of Finance*, 53 (6), 1975–1999.

[6] Lintner, J. (1965), "Security Prices, Risk, and Maximal Gains from Diversification," *The Journal of Finance*, 20 (4), 587–615.

[7] Markowitz, H. M. (1952), "Portfolio Selection," *The Journal of Finance*, 7 (1), 77–91.

[8] Mossin, J. (1966), "Equilibrium in a Capital Asset Market," *Econometrica*, 34 (4), 768–783.

[9] Ross, S. A. (1976), "The Arbitrage Theory of Capital Asset Pricing," *Journal of Economic Theory*, 13 (3), 341–360.

[10] Samuelson, P. A. (1965), "Proof that Properly Anticipated Prices Fluctuate Randomly," *Industrial Management Review*, 6 (2), 41–49.

[11] Sharpe, W. F. (1964), "Capital Asset Prices: A Theory of Market Equilibrium under Conditions of Risk," *The Journal of Finance*, 19 (3), 425–442.

第十章

金融衍生工具定价

学习目标

1. 熟悉基础金融衍生工具的种类，包括期货合约、远期合约、期权合约、互换合约等。

2. 熟练掌握金融衍生工具的主要定价方法。

3. 理解金融衍生工具市场的经济功能。

第一节　金融衍生工具的种类

金融衍生工具（derivatives）是指价值依赖于基本标的资产的各类合约的总称。标的资产包括的范围很广泛，可以是股票、债券等基础证券，可以是黄金、白银等贵金属，也可以是小麦、玉米、咖啡等大宗商品，甚至可以是不存在实物形态的股票指数、温度、污染指数等。例如，以股票为标的资产的衍生工具有股票期货、股票期权、股指期货、股指期权等。股票一般是公司为筹集资金而向投资者发行的，股票发行是公司转让部分公司所有权的融资手段，投资者购买股票后，可按投资比例享有公司所有者的各项权利。金融衍生工具与此不同，衍生工具作为一种合约，合约的双方不是确定的。根据自身需要或对未来经济状态的判断，交易者可以选择作为合约的任意一方。金融衍生工具是在现时就金融基础工具未来可能产生的结果进行交易，交易在现时发生而结果要到未来某一约定的时刻才会产生。交易的对象并不是基础工具或金融产品本身，而是对这些基础工具或金融产品在未来各种条件下的处置权利和义务。

基础的金融衍生工具包括期货合约、远期合约、期权合约和互换合约等。

一、期货合约与远期合约

期货合约（futures contract）是买卖双方签订的在未来一个确定时间按确定的价格购买或出售标的资产（underlying assets）的协议。期货合约中的“确定时间”指期货合约到期日或期限，期货合约的期限一般为1个月至1年。期货合约在期货交易所进行交易，是主要的金融衍生工具之一。现代意义上的期货交易产生于19世纪中期的美国中北部地区。1848年，芝加哥期货交易所（CBOT）成立，并采用远期合约方式进行交易。到了1865年，又推出了标准化合约，同时实行保证金制度，向签约双方收取不超过合约价值10%的保证金作为履约保证。这些具有历史意义的制度创新，使得真正意义上的期货交易诞生。

自规范的期货交易诞生以来，交易对象的范围不断扩大，种类日益繁多：有传统的农产品期货，如玉米、棉花等期货；有金属期货，如黄金、白银等期货；有方兴未艾的能源期货，如原油、天然气等期货；有在20世纪70年代后迅速崛起的金融期货，如外汇、利率、股票指数等期货。近十年来，期货交易从发达国家向发展中国家迅速扩展，已成为当今经济全球化发展趋势的标志性特征之一。特别地，金融期货交易量的增长十分惊人。

与期货合约类似的衍生工具是远期合约（forward contract）。期货合约与远期合约都是在未来一定时间以一定价格购买或出售标的资产的协议。两者的主要差异在于：首先，远期合约属于买卖双方的私人协议，即远期合约在场外交易，而期货合约是在期货交易所交易。其次，远期合约在合约期限、标的资产、交割地点等方面由合约双方商定，是非标准化合约，而期货合约的条款由交易所统一设定，属于标准化合约。除上述两点之外，期货合约与远期合约的差异还表现在是否有保证金以及是否逐日盯市（marking to market daily）。远期合约交易通常不需要交纳保证金，合约到期后才结算盈亏。期货合约交易在交易前需要交纳合约金额的5%～10%作为保证金，并由结算公司进行逐日结算，如有盈余，可以支取，如有损失且账面保证金低于维持水平，则必须及时补足，这个过程就是逐日盯市。期货合约与远期合约的差异具体见表10-1。

表10-1 期货合约与远期合约的比较

差异	远期合约	期货合约
交易地点	场外交易市场（OTC）	交易所
交割方式	由买卖双方自行商定标的资产的交割方式、数量、品质、时间、地点	由交易所决定，并标准化标的资产的交割方式、数量、品质、时间、地点
价格议定	由买卖双方自行议价	在交易所场内公开竞价
契约执行方式	大部分以现货交割	大部分以反向冲销平仓了结期货头寸
结算方式	买卖双方到期结算	由结算公司负责每日结算，即逐日盯市
交易的信用风险	由买卖双方自行承担违约风险	由交易所担保契约的履行。交易所担任买方的卖方、卖方的买方，并承担违约风险，保证契约的履行

二、期权合约

期权（options）又称选择权，同样是交易双方之间签订的协议，该协议赋予期权合约持有人（option holder）在未来特定的时间以确定的价格，按事先规定的数量，买进或卖出标的资产的权利。有两种常见的期权合约：看涨期权（call options）和看跌期权（put options）。看涨期权又称买入期权或认购期权，看跌期权又称卖出期权或认沽期权。看涨期权是赋予期权持有人在未来特定的时间，按照合约规定，购买一定数量标的资产的权利。期权持有人购买标的资产的价格会在期权合约中规定，称为期权的执行价格或敲定价格（exercise price/strike price）。当标的资产价格大于执行价格时，期权持有人执行看涨期权是有利可图的。购买的权利只在某段时间内有效，通常称为期权期限（maturity/time to expiration）。看跌期权则是赋予期权持有人在未来特定的时间，按照合约规定，卖出一定数量标的资产的权利。当标的资产价格小于执行价格时，期权持有人执行看跌期权是有利可图的。按执行方式不同，期权通常有欧式期权（European option）和美式期权（American option）之分。欧式期权是指期权持有人只在期权到期日有权行权的期权合约，美式期权是指期权持有人在期权到期日之前任何时点均可行权的期权合约。

期权合约的标的资产很广泛，包括股票、债券、股票指数、欧洲美元存单、大宗商品、贵金属、石油等。

三、互换合约

互换（swaps）也称掉期，是指双方达成的在未来一定期限内交换一定数量现金流的一项协议。交换的具体对象可以是不同种类的货币、债券，也可以是不同种类的利率、汇率、价格指数等。一般情况下，它是交易双方（也存在两个以上的交易者参加同一笔互换交易的情况）根据市场行情，约定支付率（汇率、利率等），以确定的本金为依据相互支付。互换交易的核心工具有利率互换、外汇互换、远期利率协议、长期外汇交易和长期利率（上限和下限）期权，这些核心工具可广泛用于资产与负债管理。

互换合约可以看作一系列远期合约的组合，因此，它是远期、期货合约的延伸。最常见的互换合约是利率互换（plain vanilla swap）①。在这种互换合约下，一方（如银行A）同意按事先约定的固定本金向另一方（如银行B）支付未来三年中每一期按固定利率产生的利息，而银行B同意在相同期限内向银行A支付同一名义本金按浮动利率产生的利息。

除了上述几类基础衍生工具外，金融市场中还存在大量的复杂衍生工具。实际上衍生工具的创新只受金融工程师想象力的限制。专栏10-1讨论的累计股票期权（accumulator）是一种相对复杂的衍生工具，正是这种衍生工具使中信泰富在2008年爆发的金融危机中蒙受高达160多亿港元的巨额亏损。

---

① “plain vanilla swap”是早期交易员对普通利率互换合约的戏称，后来被广泛使用，从而固定下来。

专栏 10-1　“I kill you later”与专业投资者

香港曾流行一种新的衍生工具——累计股票期权，业界基于其特性及英文谐音，称之为“I kill you later”（我晚一点杀你）。这种衍生品以往只是私人银行为大户量体裁衣的投资工具，但在 2007 年前三季度港股大升时，私人银行或投资银行大力将其推广给其他投资者。

累计股票期权的运作方法是先选定一只股票。如果其股价在合约股价的 105%以内，投资者可以在一年（250 个交易日）内每天按照折让价（通常是合约股价的 80%）连续购入一定数量的股票，但如果股价升破合约股价的 105%，则合约结束；但如果股价跌破协议接货价，投资者就必须以协议接货价每天买入双倍的股票。这种衍生品在牛市时可令投资者以平价买到看涨的股票，但好景不长，从 2007 年第四季度开始的“熊市”令多只热门股大跌，投资者便要不断接货，暴露出部分投资者根本不明白这种产品“赢有限，输无限”的特性（最多可赢合约股价的 25%，即 20%折让加 5%增幅，但跌破协议接货价便要无底接货，除非被斩仓）。

当中还包括一些根本不应被视为专业投资者的“苦主”，例如香港某名流之妻 C 女士在重病之际收到银行职员的促销电话，在临终前买下累计股票期权合约。之后股市大跌，银行职员在其去世后仍不断要求其家人代为补仓，甚至要求在遗产中扣除。其子愤而投诉，质疑其母签订合约时神智是否清醒，并批评银行职员不应向老弱病人促销。该事件惊动香港立法会，当时香港证监会及金融管理局要在7 月 7 日到财经事务委员会向议员解释。香港证监会行政总裁透露，香港证监会共收到 15 宗有关累计股票期权的投诉，其中 12 宗已转移到金融管理局，估计是涉及私人银行，并非证监会管辖范围。

当时香港对“专业投资者”的定义主要是指拥有 800 万港元资产的投资者。随着香港社会越来越富裕，拥有这个数额资产的人士越来越多，但他们未必适合参与高风险的专业投资活动，也未必有能力看懂用英文写成的复杂合约。这个数额相对于国际市场也偏低。香港证监会行政总裁当时表示香港证监会或于 2008 年夏季后检讨准则，2008 年底落实公布。

“水能载舟，亦能覆舟”，衍生工具能对冲风险及赚取更高利润，但不是对每个人都适合，投资者宜量力而为。

资料来源：何戟. “I kill you later”与专业投资者. 21 世纪经济报道，2008-07-09.

第二节　金融衍生工具的价格确定

金融衍生工具是一纸合约，而衍生工具交易量巨大，那么金融衍生工具的交易价格如何确定？这涉及金融衍生工具的定价问题，本节将介绍金融衍生工具定价的基本方法。衍生工具定价的基本方法是套利法，即市场上不存在无风险利润。鉴于不同类型衍生工具的定价方法略有差异，我们这里仅对期货定价和期权定价进行介绍。

一、期货定价

如前所述，期货定价的常用方法是无风险套利法，这种方法有时简称持有成本理论。在介绍持有成本理论下期货定价的具体方法之前，我们首先给出期货定价的几个假设条件：（1）无佣金、买卖差价和交易税等交易成本；（2）所有市场参与者都能以同一无风险利率进行借贷；（3）忽略期货价格和远期价格的差别。[①] 放松以上假设条件不影响期货套利定价的性质，但期货价格的表达式将发生相应变化。为了讨论方便，我们使用以下符号：S_0 表示现货价格；F_0 表示现在的期限为 T 年的期货价格；T 表示期货合约期限；r 表示以连续复利衡量的期限为 T 年的无风险利率。

讨论期货定价的无风险套利法有必要将标的资产分为投资型资产与消费型资产。金融学中的投资型资产是指以赚取价差收益作为投资目的的资产。例如，股票是一种投资型资产，购买股票的目的是期望该股票在未来能提供股息或者价差收益。而铜作为一种有色金属，投资者购买的目的多是用作生产材料，因此一般将其归为消费型资产。我们首先讨论以投资型资产为标的资产的期货定价，这类资产又可细分为无现金收益的资产、支付固定现金收益的资产和支付固定现金收益率的资产。

（一）投资型资产的期货定价

1. 无现金收益投资型资产的期货定价

为确定无现金收益的投资型资产的期货价格，我们可以考虑以下简单套利策略：

（1）投资策略 A。持有购买一单位资产的期限为 T 年的期货合约，价格为 F_0；同时，以无风险利率借入资金 $e^{-rT}F_0$，并将其全部投资于无风险资产。

（2）投资策略 B。按价格 S_0 购入一单位现货资产股票。

投资策略 A 下的资金将在时间 T 增长到 F_0，用该笔资金交割资产可以确保在时间 T 获得一单位资产。这样，上述两个投资策略在时间 T 都使投资者获得一单位的资产。因此，无论未来的经济状况如何，这两个投资策略均为投资者提供了相同的回报。为排除套利机会，按照投资策略 A 和投资策略 B 在时间 T 获取一单位资产的成本必须相等。这样，我们就得出无现金收益的投资型资产的期货价格为：

$$e^{-rT}F_0=S_0 \text{ 或 } F_0=e^{rT}S_0 \tag{10.1}$$

如果 $F_0>e^{rT}S_0$，投资者将有以下套利机会和无风险利润：

1）时间 0。借入数额为 S_0 的一笔资金，购买一单位的资产；同时，持有卖出一单位资产的期货合约，持有以上资产组合到时间 T。

---

① 从严格意义上讲，当无风险利率波动较小时，期货价格与远期价格可以视为等同，而当无风险利率波动较大时，两者之间存在一定的差异。详尽证明参见：汪昌云. 金融衍生工具. 4 版. 北京：中国人民大学出版社，2020。其中第三章附录有相关介绍。

2）时间 T。将持有的现货资产拿到期货市场交割，结果相当于以 F_0 卖出手中的一单位资产；同时，清偿期初借入的本金加利息共计 $e^{rT}S_0$，投资获得的无风险利润为 $F_0-e^{rT}S_0$。

如果 $F_0<e^{rT}S_0$，投资者有如下套利机会和无风险利润：

1）时间 0。该投资者立即卖空一单位的现货资产，卖空收益为 S_0，并将其投资于无风险资产；同时持有买入一单位资产的期货合约。

2）时间 T。套现手中的无风险资产，付出 F_0 在期货市场上交割期货合约；对卖空头寸进行平仓。该投资获得的无风险利润为 $e^{rT}S_0-F_0$。

上述套利策略表明，如果式（10.1）不成立，投资者可获得无风险利润。

2. 支付固定现金收益投资型资产的期货定价

假设某投资型资产在时间 $t(t<T)$ 使持有者获得金额为 D 的现金收益。在无风险条件下，该现金收益的现值为 $I=e^{-rT}D$。为确定支付固定现金收益投资型资产的期货价格，可考虑构造以下两种投资策略：

（1）投资策略 C。持有购买一单位资产的期货合约，其价格为 F_0；借入数额为 $e^{-rT}F_0$ 的资金，将其投资于无风险资产，并在时间 T 交割期货合约。

（2）投资策略 D。以无风险利率借入数额为 S_0 的现金，购买一单位资产并持有该资产 T 年。利用在时间 T 以一单位资产获得的现金收益偿还该笔借款。

在时间 T，通过投资策略 C 和投资策略 D 都拥有一单位资产。我们可以使用前述的套利原则：如果两个投资策略提供相同的未来收益，那么这两个投资策略导致的现时成本必须相等。投资策略 C 导致的成本为 $e^{-rT}F_0$；投资策略 D 导致的成本为 S_0-I。所以支付固定现金收益投资型资产的期货价格为：

$$S_0-I=e^{-rT}F_0 \text{ 或 } F_0=(S_0-I)e^{rT} \tag{10.2}$$

3. 支付固定现金收益率投资型资产的期货定价

与利率一样，这里的现金收益率以连续复利衡量。考虑构造以下两个投资策略，就可以确定支付已知现金收益率投资型资产的期货价格：

（1）投资策略 E。持有购买一单位资产的期货合约，其价格为 F_0；借入数额为 $e^{-rT}F_0$ 的资金，将其投资于无风险资产，并在时间 T 交割该期货合约。

（2）投资策略 F。借入数额为 $e^{-qT}S_0$ 的现金，购买 e^{-qT} 单位的资产；将未来收到的现金收益立即再次全部投资于购买该资产以形成连续投资。q 为该资产以连续复利计算的已知收益率。

在时间 T，投资策略 E 和投资策略 F 都使投资者拥有一单位的资产，因此支付已知现金收益率投资型资产的期货价格为：

$$e^{-qT}S_0=e^{-rT}F_0 \text{ 或 } F_0=S_0e^{(r-q)T} \tag{10.3}$$

支付固定现金收益率投资型资产的期货定价有广泛的应用，如股指期货、外汇期货以及其他收益或费用可以用收益率表示的资产期货。在股指期货中，q 是连续复利下的股票指数资产组合的股利率，而在外汇期货中 q 等于连续复利下的外国无风险收益率，通常以 r_f 表示。

（二）消费型资产的期货定价

在前述假设前提下，无风险套利法可以给出投资型资产期货价格的恒等式。然而，无风险套利法只能确定消费型资产期货价格的上限，即

$$F_0 \leqslant S_0 e^{rT} \tag{10.4}$$

下面，我们简要证明不等式（10.4）。首先假设 $F_0 > S_0 e^{rT}$。在时间 0，套利者借入数额为 S_0 的资金，购买一单位消费型资产；同时，持有卖出一单位该资产的期货合约。在时间 T，该套利者以手中的现货交割期货合约，偿还借入的本金和利息，所得无风险利润为$F_0 - S_0 e^{rT} > 0$。由于不存在无风险利润，我们可以推断 $F_0 > S_0 e^{rT}$ 不成立。

现在，我们假设 $F_0 \leqslant S_0 e^{rT}$。套利者为获取无风险利润，在卖空一单位现货的同时持有买入一单位该资产的期货合约。对于消费型资产，这种套利机会的存在有时无法使套利者获得利润。原因是消费型资产主要是满足厂商或个人的消费性需求，在资产供给趋紧时，卖空现货资产受到限制。因此，即使 $F_0 \leqslant S_0 e^{rT}$，套利者有时也不能获取套利利润，所以对于消费型资产的期货价格，一般只能以不等式（10.4）表示。

（三）持有成本理论

上面讨论的期货价格与现货价格的关系可以用持有成本来归纳，持有成本涉及购买资产的融资利息、资产提供的收益以及存储成本（可以理解为该资产提供的负现金收益），即持有成本＝存储成本＋融资利息成本－标的资产提供的收益。

例如，若以无风险利率 r 借入资金来买入一单位现货标的资产，对于不支付现金收益的投资型资产，持有成本是 r；对于支付固定现金收益率的投资型资产，持有成本为 $r-q$；对于不支付现金收益、需要支付存储成本（设连续复利下的存储成本为 u）的投资型资产，持有成本为 $r+u$ 等。记所有持有成本为 c，消费型资产的便利收益率为 y，投资型资产和消费型资产的期货价格可由下式表示：

$$F_0 = S_0 e^{(c-y)T} \tag{10.5}$$

如果 $y=0$，$F_0 = S_0 e^{cT}$，这就是投资型资产的期货价格。由式（10.5）表示的以无风险套利法确定的期货定价法通称为持有成本理论。[①]

二、期权定价

虽然期货定价与期权定价的基本方法相同，都是无风险套利法，但期权定价相对复杂，此处只做简要介绍。本小节首先介绍影响期权价格的一般因素，然后讨论两种常见的期权定价方法，即离散时间下的二叉树期权定价模型和连续时间下的布莱克-斯科尔斯期权定价模型。在讨论期权定价方法之前，我们首先分析影响期权价格的一般因素。

---

① 持有消费型现货资产所获的收益，包括从现货商品短缺中所获得的收益和维持生产运营所获得的收益等。

(一) 影响期权价格的因素

我们以股票期权为例介绍影响期权价格的因素。在完全和完善的市场下，影响股票期权价格的因素有六个：

(1) 标的股票的现价 S。

(2) 执行价格 X。

(3) 期权的期限 T。

(4) 标的股票价格的波动率 σ。

(5) 无风险利率 r。

(6) 预期发放的股利 D。

下面简单分析假设其他因素不变时，某个因素的变化如何影响期权价格。

1. 标的股票的现价

对于看涨期权，执行期权的收益为股票价格和执行价格之差，因此当其他因素不变时，随着标的股票价格的提高，期权的内在价值将会提高，进而期权价格也会提高。看跌期权恰好相反。随着标的股票价格的提高，期权的内在价值会降低，进而期权价格也会降低。

虽然标的股票的价格与期权的内在价值之间的关系是线性的，但是标的股票的价格与期权价格之间却呈现出非线性关系。可见，标的股票的价格还对期权的时间价值产生影响。

2. 执行价格

在期权处于实值状态时，执行价格越高，看涨期权的内在价值就越低，期权价格就越低。对于看跌期权，可以得到正好相反的结论，即执行价格越高，期权的内在价值就越高，期权价格就越高。但是，执行价格与期权价格的关系不是线性的。

3. 期权的期限

当期权的期限增加时，美式看涨期权和美式看跌期权的价格都会上涨。考虑其他条件都相同只是到期日不同的两项期权，期限长的美式期权的行权机会较期限短的美式期权更多，因此期限长的美式期权的价格总是大于或等于期限短的美式期权的价格。

但是，对于只能在到期日选择行权与否的欧式期权来说，上述关系可能并不成立，因为还要考虑标的股票发放股利的影响。如果在两项欧式看涨期权的到期日之间公司将支付一大笔股利，那么这也有可能会使得期限较短的欧式看涨期权的价格高于期限较长的欧式看涨期权的价格。

还有一点需要注意，我们是在其他条件相同的情况下讨论期权的期限与期权价格的关系。在现实中，我们有时会看到期限长的期权价格反而低于期限短的期权价格，这是因为期权价格还受到标的股票价格波动性的影响。在两个不同的有效期内，标的股票价格的预期波动性可能是不同的。当短期的预期波动性大于长期的预期波动性时，就可能出现期限短的期权价格超过期限长的期权价格的情形。

4. 标的股票价格的波动率

通常我们用股票的波动率（volatility）来衡量股票价格变动的不确定性。股票的波动率越高，股价上升到很高水平或下降到很低水平的可能性就越大。对于看涨期权的持有者来说，由于期权损益结构的不对称性（即股价上升带来的获利可以是无限的，而在股价下跌时只需承受有限的损失），波动率较大对看涨期权的持有者更加有利，因为当股价上升的概率提高时，未来获得的期望收益会提高。因此，购买期权的投资者愿意为这类期权支付更高的价格，即波动率越大，看涨期权的价值就越大；同样的道理对看跌期权也是成立的。

5. 无风险利率

当整个经济中的利率提高时，股票价格的预期增长率也倾向于提高，即预期未来的股票价格会更高，从而将提高看涨期权的价值、降低看跌期权的价值。但与此同时，对于看涨期权或看跌期权的持有者而言，他只会在未来对自己有利的情况下执行期权，也就是在执行期权时，看涨期权或看跌期权的持有者都会有正的现金流入，而利率的提高会使未来收益的现值降低，从而降低看涨期权或看跌期权的价值。期权有效期内的无风险利率对看跌期权价值的两方面影响都是负向的，因此总的影响也是负向的，即无风险利率越高，看跌期权的价格就越低；无风险利率对看涨期权价值的影响有正有负，不过可以证明正向影响是主要的，因此无风险利率越高，看涨期权的价格就越高。

6. 预期发放的股利

股利的发放会降低股票的价格，因此看涨期权的价格与预期股利的大小呈反向变动，而看跌期权的价格与预期股利的大小呈正向变动。

（二）二叉树期权定价模型

二叉树期权定价模型，即通过假设标的股票的价格在期权有效期内服从二项式分布(binominal distribution)①，构建包含标的股票及期权头寸的无风险资产组合，进而确定期权价格。我们先通过一个简单的例子来说明如何应用二叉树模型对期权进行定价。

案例分析 10－1　　期权定价实例

假设某股票的当前价格为每股 100 元，3 个月为一期，且已知 3 个月后的价格可能为每股 120 元或者 80 元。假设股票不支付股利，无风险年利率为 12%（连续复利），我们要对一项 3 个月后可以以 110 元的执行价格买入股票的欧式看涨期权进行定价。若到期时股票价格为每股 120 元，则期权的价值将是 10 元；若到期时股票价格为每股 80 元，则期权的价值将是 0 元，如图 10－1 所示。

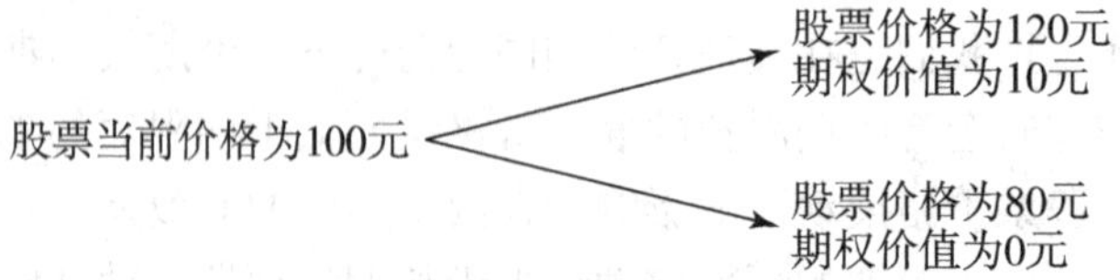

图 10－1　单时段二叉树模型中的股票价格和期权价值变动

① 布莱克-斯科尔斯期权定价模型虽然有许多优点，但它的推导过程难以为人们所接受。在 1979 年，罗斯等人使用一种比较浅显的方法设计出一种期权定价模型，称为二项式模型（binominal model）或二叉树法，主要用于计算美式期权的价格。

根据上述模型，假设市场中不存在无风险套利机会，因此投资者无法利用期权和股票的组合来套利。也就是说，我们可以利用期权和股票来构造一个无风险资产组合，使其在3个月后的价值是确定的。这样，由于该组合无风险，它的收益率一定等于无风险收益率，而它在期末的价值是已知的，所以我们可以反推得出构造该组合所需的成本，从而得出该期权的价格。

那么，这个无风险资产组合应如何构建？我们考虑这样一个组合——包含Δ股股票多头和一份看涨期权空头，则该资产组合到期时的总收益如下所示：

股票价格状态	无风险资产组合损益状态
上升到120元	120Δ－10
下跌到80元	80Δ

由于是无风险资产组合，因此无论股票价格出现哪种情况，组合的到期收益都应是一样的，即

$$120\Delta-10=80\Delta$$

解得：

$$\Delta=0.25$$

因此，一个无风险资产组合应由0.25股股票多头以及一份看涨期权空头构成。

如果股票价格上升到120元，该组合的价值为：

$$120\times0.25-10=20(\text{元})$$

如果股票价格下跌到80元，该组合的价值为：

$$80\times0.25=20(\text{元})$$

无论股票价格是上升还是下降，期权到期时该组合的价值总是20元。而我们假设对投资者而言不存在无风险套利机会，故这个无风险资产组合的收益率必定等于无风险利率。

因此，由

$$(100\times0.25-f)\times e^{0.12\times0.25}=20(\text{元})$$

可得：

$$f=5.6$$

即期权的当期价格为5.6元。

我们将上述例子拓展到一般情况。假设一只无股利支付的股票的当前价格为S，无风险年利率为r（连续复利），该股票的一项执行价格为X的期权的当前价格为f，期权的期限为T。根据假设，期末时股票价格要么上涨到S_u，上升的比率为$1+u$，此时的期权

价值（即期权收益）为 f_u，要么下跌到 S_d，下跌的比率为 $1-d$，此时的期权价值（即期权收益）为 f_d，如图 10-2 所示。

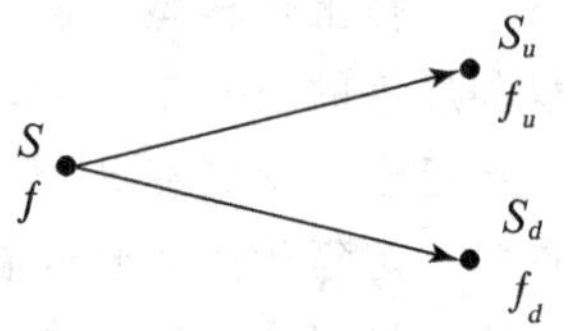

图 10-2　一般情况的单时段二叉树模型中的股票价格和期权价值变动

在案例分析 10-1 中，$S_u=120$，$u=1.2$，$S_d=80$，$d=0.8$，$f_u=10$，$f_d=0$。

值得注意的是，无风险利率 r 必须满足条件：$u>e^{rT}>d$，即投资于无风险债券的收益率必须介于股票价格上升的收益率和股票价格下跌的收益率之间，这样才能保证不存在无风险套利机会。假如无论股价上升还是下跌，债券收益率均高于股票收益率，即 $e^{rT}>u>d$，那么投资者可以卖空 1 元的股票，再将所获资金投资于债券，此举将获得收益 e^{rT}，无风险净收益为 $e^{rT}-u$ 或者 $e^{rT}-d$，两者均为正。同理，若 $u>d>e^{rT}$，我们也可通过相似的方法获得无风险净收益。

如图 10-2 所示，我们构造一个由 Δ 股股票多头和一份该股票的期权空头构成的无风险资产组合，其损益状态如下：

（1）股票价格上升，股票价格为 S_u，期权的价值为 f_u，组合的价值为 ΔS_u-f_u。

（2）股票价格下降，股票价格为 S_d，期权的价值为 f_d，组合的价值为 ΔS_d-f_d。

因为在两种情况下组合的价值相等，故有

$$\Delta S_u-f_u=\Delta S_d-f_d$$

解得：

$$\Delta=\frac{f_u-f_d}{S_u-S_d} \tag{10.6}$$

式（10.6）说明，当股票价格在两个结点之间变动时，Δ 是期权价值变化与股票价格变化之比。Δ 也被称为对冲比率，因此我们构造无风险资产组合的策略也被称为 delta 对冲，这一组合被称为 delta 中性头寸。

由于该组合的收益率必等于无风险收益率 e^{rT}，故该组合期末收益的现值为 $(\Delta S_u-f_u)e^{-rT}$，而构造该组合所需的成本为 $\Delta S-f$，故

$$(\Delta S_u-f_u)e^{-rT}=\Delta S-f$$

从而求得该期权的价格为：

$$f=e^{-rT}[pf_u+(1-p)f_d] \tag{10.7}$$

其中

$$p=\frac{e^{rT}-d}{u-d}$$

二叉树定价模型的优势是它既适用于欧式期权定价，又适用于美式期权定价。上述单时段二叉树期权定价的原理同样适用于多时段二叉树期权定价。仔细分析单时段二叉树期权定价公式，我们可得出如下结论：

(1) 期权的价格不依赖于股票价格上升或下跌的概率，即股票价格在未来涨跌的概率不影响期权价格。尽管这与我们的直觉相违背，但通过公式可以发现，期权价格只与股票当前价格及其上升或下跌的幅度、执行价格以及无风险利率有关。这是因为股票价格是决定期权价值的唯一随机变量，而股票价格未来上升和下跌的概率已反映在股票当前价格中。

(2) 期权的价格与投资者的风险偏好无关。

(三) 布莱克-斯科尔斯期权定价模型

布莱克-斯科尔斯期权定价模型又称布莱克-斯科尔斯-默顿（Black-Scholes-Merton）期权定价模型，是由这三位金融学者在 20 世纪 70 年代初提出的。由于在期权领域的突出贡献，斯科尔斯和默顿获得了 1997 年的诺贝尔经济学奖。

专栏 10－2　斯科尔斯和默顿获 1997 年诺贝尔经济学奖

1997 年 10 月 10 日，哈佛商学院教授罗伯特·默顿（Robert Merton）和斯坦福大学教授迈伦·斯科尔斯（Myron Scholes）荣获诺贝尔经济学奖。他们创立和发展的布莱克-斯科尔斯期权定价模型（Black-Scholes option pricing model）为基于股票、债券、货币、商品等价格变动的衍生金融工具的合理定价奠定了基础。

这一复杂的期权定价公式主要由斯科尔斯与他的同事、已故的数学家费希尔·布莱克（Fischer Black）在 20 世纪 70 年代初合作研究得出；默顿也发现了同样的公式及许多其他有关期权的有用结论。结果，两篇论文几乎同时在不同刊物上发表。所以，布莱克-斯科尔斯期权定价模型亦被称为布莱克-斯科尔斯-默顿期权定价模型。默顿扩展了原模型的内涵，使之适用于许多其他形式的金融交易。瑞典皇家科学院赞誉他们在期权定价方面的研究成果是经济科学领域 25 年中最杰出的贡献。

布莱克-斯科尔斯期权定价模型是在一系列假设下成立的，这些假设往往和现实中的情况不一致。布莱克-斯科尔斯期权定价公式出现以后，很多学者致力于研究如何放松这些假设，使拓展后的模型适用于对更普遍的经济环境中更广泛的金融衍生工具进行定价。

布莱克-斯科尔斯期权定价模型的基本假设有：

(1) 股票价格的变化服从几何布朗运动：

$$dS=\mu S dt+\sigma S dz$$

其中，μ、σ 都为常数。股票价格（S_T）服从对数正态分布，这意味着对数股票价格即股票连续复利的收益率（η）服从正态分布。

$$S_T=S_0 e^{\eta T}$$

$$\eta=\frac{1}{T}\ln\frac{S_T}{S_0}\sim N\left(\mu-\frac{\sigma^2}{2},\ \frac{\sigma}{\sqrt{T}}\right)$$

（2）无卖空限制。卖空交易是指投资者出售自己并不拥有的证券的行为。由于布莱克-斯科尔斯期权定价公式是基于套利定价原则推导出来的，所以套利能够实现是布莱克-斯科尔斯期权定价公式有效的必要条件，这就要求股票及其衍生品市场对卖空都是没有限制的。只有这样，人们的不同预期才能通过双向操作充分反映出来。举例说明，若认为看涨期权价格相对于当前股票价格被高估，交易者可以通过买入股票、卖出期权进行无风险套利，使得期权供给增加、价格下降，也使得股票需求增加、价格上涨；而认为看涨期权价格相对于当前股票价格被低估的交易者，可以通过卖空股票、买入期权的操作进行无风险套利，结果是期权需求增加、价格上涨，股票供给增加、价格下降。交易者努力寻找套利机会并进行套利的行为会修正价格偏差，使得套利机会消失，从而使原生品和衍生品之间的价格联系得以维持。

（3）没有交易费用和税收，即市场是无摩擦的。这和现实中的情况也是不符的。但随着电子交易方式的普及以及经纪商之间竞争的加剧，交易费用和佣金逐渐降低；而且相较于利息收入，各国对资本利得的课税均相对较轻，所以市场无摩擦的假设虽然在现实中不能完全满足，但也在逐渐接近。

（4）证券可无限细分。这意味着可以买卖少于 1 股的股票或少于一份合约的衍生品，做出这个假设是为了数学推导上的方便，但相对于越来越庞大的交易量，不满足这个假设的影响并不大。在期权存续期间，标的股票没有股利发放。在现实中分红、除权现象时有发生，假设并不满足。后来，默顿通过一种连续分红方案解决了标的股票支付股利的期权定价问题。

（5）不存在无风险套利机会。无风险套利是指交易者付出零成本、承担零风险，却能获得正的收益。前面在介绍无套利限制假设时讲到交易者会研究、发现并利用无风险套利机会进行套利活动，套利的结果是价格回归正常水平，套利机会消失。而现代金融市场的交易速度极快，套利机会一旦出现就会被立即利用，因此价格会立即恢复，价格总是反映了当前时刻各种可获得的信息和投资者的全部预期，从而无风险套利机会是不存在的。

（6）无风险利率是已知的，并且不会发生变化，即为常数 r。实际情况是收益率在期权有效期内随机波动。默顿为放松这个假设对模型进行了修正，提出了更贴近现实的可变利率模型。

（7）布莱克-斯科尔斯期权定价公式针对的是欧式期权，它只能在到期日执行，不会被提前执行。欧式期权只能在到期日执行，分析起来较为简单；而美式期权则不同，有时候到期执行是有利的，此时的美式期权就和欧式期权一样，可以用布莱克-斯科尔斯期权定价公式进行定价，但有时提前执行更有利，这时的分析更复杂一些，我们可以选择其他方法来对美式期权进行定价，比如二叉树。

由于期权等衍生品的衍生性质，它们和原生品受到同样的不确定因素的影响，因此在价格上有紧密的联系。我们可以通过对原生品和衍生品进行适当的组合来消除不确定性，构造无风险组合。该组合在未来各种可能状况下的现金流是恒定的，不存在不确定性。因此，该组合的收益率应该和无风险资产的收益率相同，即为无风险收益率。

假设 f 是以股票为标的资产的衍生品的价格，则 f 是 S 和 t 的一个函数。由伊藤引理，可以推出：

$$df=\left(\frac{\partial f}{\partial S}\times\mu S+\frac{\partial f}{\partial t}+\frac{1}{2}\times\frac{\partial^2 f}{\partial S^2}\times\sigma^2 S^2\right)dt+\frac{\partial f}{\partial S}\times\sigma S dz$$

其离散形式为：

$$\Delta S=\mu S\Delta t+\sigma S\Delta z \tag{10.8}$$

$$\Delta f=\left(\frac{\partial f}{\partial S}\times\mu S+\frac{\partial f}{\partial t}+\frac{1}{2}\times\frac{\partial^2 f}{\partial S^2}\times\sigma^2 S^2\right)\Delta t+\frac{\partial f}{\partial S}\times\sigma S\Delta z \tag{10.9}$$

其中，ΔS、Δf 分别是在 Δt 时间内，股票和衍生品价格的变化。

从伊藤引理可知，股票和衍生品的价格受到同样的不确定因素的影响（Δz），所以我们可以选择一个适当的由股票和衍生品构成的资产组合来抵消这种不确定性的影响。

为了抵消不确定性的影响，这个合适的比例为卖出 1 份衍生品、买入$\frac{\partial f}{\partial S}$股股票。设 π 表示该组合的价值，则有

$$\pi=-f+\frac{\partial f}{\partial S}\times S \tag{10.10}$$

由式（10.8）和式（10.9）可知，该组合在 Δt 时间内的价值变化为：

$$\Delta\pi=-\Delta f+\frac{\partial f}{\partial S}\times\Delta S=\left(-\frac{\partial f}{\partial t}-\frac{1}{2}\times\frac{\partial^2 f}{\partial S^2}\times\sigma^2 S^2\right)\Delta t \tag{10.11}$$

由于式（10.11）不含 Δz 项，所以这个组合在 Δt 时间内是无风险的。由无套利原则可知，该组合的收益率必定等于同时期的无风险收益率，否则就会存在无风险套利机会。若该组合的收益率高于无风险收益率，套利者就会买入该组合，卖出无风险资产，在时期 0 获得无风险收益，到期时以该组合的收益偿还无风险资产。若该组合的收益率低于无风险收益率，套利者就会卖出该组合，买入无风险资产，在时期 0 获得无风险收益，到期时以无风险资产的收益偿还该组合，即

$$\Delta\pi=r\pi\Delta t \tag{10.12}$$

其中，r 是无风险收益率。

由式（10.10）、式（10.11）和式（10.12）可知：

$$\frac{\partial f}{\partial t}+\frac{\partial f}{\partial S}\times rS+\frac{1}{2}\times\frac{\partial^2 f}{\partial S^2}\times\sigma^2 S^2=rf \tag{10.13}$$

式（10.13）就是著名的布莱克-斯科尔斯-默顿微分方程。

对于不同的衍生品来说，其价格和原生品价格的约束关系不同，对应的微分方程的解也是多样的。对于一个欧式看涨期权来说，有

$$f=\max(S_T-X, 0)$$

可以解出布莱克-斯科尔斯欧式看涨期权定价公式：

$$C=S_0N(d_1)-Xe^{-rT}N(d_2) \tag{10.14}$$

其中

$$d_1=\frac{\ln(S_0/X)+(r+\sigma^2/2)T}{\sigma\sqrt{T}}$$

$$d_2=\frac{\ln(S_0/X)+(r-\sigma^2/2)T}{\sigma\sqrt{T}}$$

同理，对于一个欧式看跌期权来说，期权价格和股票价格的关系为：

$$f=\max(X-S_T,\ 0)$$

解得：

$$P=Xe^{-rT}N(-d_2)-S_0N(-d_1) \tag{10.15}$$

其中，d_1、d_2 的定义同上；$N(x)$ 为标准正态分布的累积分布函数。

对于布莱克-斯科尔斯期权定价公式，在估计出相应的参数后很容易计算出欧式看涨期权和欧式看跌期权的价格。

案例分析 10－2　应用布莱克-斯科尔斯期权定价公式的实例

假定以下条件已知：

股票价格：$S_0=100$ 元

执行价格：$X=95$ 元

利率：$r=0.10$(每年 10%)

期限：$T=0.25$(3 个月或一个季度)

标准差：$\sigma=0.50$(年化 50%)

首先计算 d_1 和 d_2。

$$d_1=\frac{\ln(100/95)+(0.10+0.50^2/2)\times 0.25}{0.50\times\sqrt{0.25}}=0.43$$

$$d_2=\frac{\ln(100/95)+(0.10-0.50^2/2)\times 0.25}{0.50\times\sqrt{0.25}}=0.18$$

接下来计算 $N(d_1)$ 和 $N(d_2)$。在 Excel 中，利用 NORMSDIST 函数可计算出 $N(d)$。利用 Excel 我们可得到：

$$N(0.43)=0.666\ 4$$

$$N(0.18)=0.571\ 4$$

于是，看涨期权的价格为

$$C=100\times 0.666\ 4-95e^{-0.10\times 0.25}\times 0.571\ 4=66.64-52.94=13.70(\text{元})$$

第三节 金融衍生工具市场的经济功能

衍生工具市场几乎是从一开始形成就遭到非议。批评者认为衍生工具的杠杆过高，风险过大。例如，期货交易者只需存入一笔交易保证金就可以进行放大金额10倍甚至50倍的交易，在瞬间就可赢取巨额财富，同理，财富也可在瞬间灰飞烟灭。然而，期货市场并不像钢铁公司那样生产钢铁，也不像银行那样提供金融服务。期货市场遭到强烈批评还因为它天生就与市场操纵联系在一起。在19世纪下半期到20世纪30年代的美国期货市场上，操纵事件频繁发生。早期的期货市场发展史实际上是市场操纵史。市场操纵行为引致美国的期货立法。1921年出台的美国第一个联邦交易法可以说是市场操纵事件频发的一个直接结果。期货市场运行中更让人难以接受的是，即便是事后，监管者也很难用可以观察到的期货现货交易数据来确定是否存在市场操纵行为，这给执法带来了一定的难度和较高的成本。① 一谈到期权市场，人们就不禁联想到荷兰的郁金香泡沫，以至在之后的数个世纪中，期权或类似于期权的交易都被视为纯投机行为而为法律所明令禁止。

尽管衍生工具产生了诸多负面影响，但现代衍生工具市场在全世界还是快速发展，且这种发展趋势至今也没有停步的迹象。这是因为衍生工具市场有两项重要的经济功能：风险管理与价格发现。下面就这两种经济功能进行简要分析。

一、风险管理

金融衍生工具的重要功能之一是为套期保值者提供一种有效的风险管理手段。衍生工具之所以能够产生和发展，主要原因在于其具有对冲风险的功能。任何一种衍生工具，如果不具备对冲风险的功能，都将一定是短命的。

我们用期货合约为例说明对冲风险的含义和操作。假设现在是2024年4月12日，一家广东的电器公司（M）从法国巴黎的一家电子仪器供应商（F）进口价值100万欧元的仪器设备。当时人民币与欧元的汇率为1欧元＝7.3元人民币。M公司与F公司在订货协议中约定M公司必须在2024年6月30日前付给F公司100万欧元的货款。M公司面临着汇率风险：如果欧元在未来的2个月内升值，就必须支付更多的以人民币结算的货款。现假设M公司选择香港交易所6月到期的欧元/人民币期货合约来对冲汇率风险。假设当时欧元的人民币期货价格为7.35元人民币/欧元。香港交易所的欧元/人民币期货合约规模为50 000欧元/份。我们这里的讨论忽略佣金和其他交易成本。

M公司在订货协议签订的同时购买6月到期的价值为100万欧元的期货合约（即20份合约）。M公司的20份多头头寸期货合约实际上将其进货成本锁定在735万元人民币。

---

① 著名的案例如印第安纳农业合作协会案（1982—1984年）和Cox案（1985—1987年）有助于理解。法院对这些期货操纵案的判决表明，市场交易数据不足以判断被告是否操纵市场。要判断被告是否操纵市场，需要研究当时市场的总供给和总需求状况以及推断被告交易期货的目的。这在实际操作过程中困难重重。

也就是说，无论在未来的2个月欧元是升值还是贬值，M公司都需支付相当于735万元人民币的欧元给F公司。

表10－2总结了M公司的对冲策略。但要注意的是，M公司进行风险对冲的目的是锁定进货成本。假定6月底的汇率变为7.2元人民币/欧元，若M公司不进行风险对冲，它实际支付的进货成本为720万元人民币，比锁定的进货成本735万元人民币少15万元人民币。这一例子说明，对冲可以锁定在未来一定时期支付的成本或获得的收益，但不能确保对冲后的结果一定优于不对冲情况下的结果。这一点对理解现代风险管理相当重要。

表10－2 期货市场风险对冲

4月的市场情况：M公司在6月底必须支付给法国F公司进口货款100万欧元。汇率：
即期汇率：1欧元＝7.3元人民币 6月到期的香港交易所欧元/人民币期货价格：1欧元＝7.35元人民币
M公司的对冲策略： 购买20份欧元/人民币期货合约
M公司的风险对冲结果： 锁定汇率为7.35元人民币/欧元，即固定进货成本为735万元人民币

然而，利用衍生工具进行套期保值犹如一把双刃剑，操作不当也可能带来巨额亏损甚至使企业倒闭。不过，学术界和业界的基本共识是企业进行套期保值带来的亏损并非衍生工具之过。

专栏10－3 应该给套期保值正名

2009年初，市场上接连传出中资公司从事套期保值出现巨额浮亏的消息，其中中国东方航空公司（简称东航）2008年的浮亏额度几乎相当于国务院国有资产监督管理委员会（简称国资委）前不久批准的70亿元注资额。这些消息既打击了投资者的信心，又使套期保值这个控制风险的手段变成了风险的同义词。

如果企业从此对套期保值避而远之，从长远来说那才是真正的风险。在经济学和金融学中，“风险”意味着“不确定性”。套期保值就是通过一些衍生工具来固定成本或者锁定利润，以消除或者减少这种不确定性。在进行套期保值后，不管市场如何波动，公司将来的成本都是可预知的，从而公司可据此进行经营规划。套期保值相当于保险，虽然它并没有保险那么精确。

东航、中国国际航空公司（简称国航）和中国远洋控股股份有限公司等公司从事套期保值出现浮亏的主要原因在于套期保值操作不当，它们将套期保值变成了投机。虽然两者看起来很难区分，但它们有一个本质的区别，即有没有什么东西要“保”。比如航空公司的套期保值，保的对象是燃油成本，要防止它上涨。如果用期权进行套期保值，那么最好的方式就是做期权的买方，但是国航、东航以及香港国泰航空公司在买入看涨期权的同时，还卖出看跌期权，以获取有限的期权费，承担燃油成本下跌的风险。

这就变成了投机：押注价格走势以图获利。假设 2008 年油价没有暴跌，而是如一些国际投行所预言的那样扶摇直上，那么这些公司就会赚钱。但那也只是运气好的结果。

真正考验套期保值的是，没有投机仍然出现了浮亏。2008 年，美国联合航空公司、大陆航空公司和德尔塔航空公司等大型航空公司都将油价锁定在 80 美元或者 90 美元以上。在油价跌到 40 美元的低水平时，它们不得不按照合约支付高价，导致公司亏损。

联合证券衍生品分析师杨戈说："这种情况不能归咎于套期保值本身，因为当初合约价格是公司认为可以接受的成本，与公司经营规划相联系。只要达到了锁定成本或利润的目的，就不能视为错误。最后交割成本高于现货价格，是市场变化太快造成的。"

在全球许多航空公司套期保值或投机亏损之际，美国西南航空公司成为一个少有的亮点。这家公司在 2003 年油价处于低位的时候就进行燃油成本套期保值，几年来获得收益 40 亿美元，2008 年它支付的燃油平均成本为每桶 51 美元。相比之下，其他公司都是在油价急剧上涨的时候匆匆签下套期保值合约。

与东航等相反，中国南方航空公司（简称南航）在 2008 年通过套期保值赚了钱，因为该公司在年中合约到期后决定不再进行套期保值。赚了钱是好事，但南航的做法并不足以为范。第一，南航到期的合约与东航、国航一样，有投机性质；第二，决定不再进行套期保值就要承担燃油价格波动的风险。

据报道，美国西南航空公司的董事长兼 CEO 盖里·克利 2008 年 12 月在一次分析师网络会议上说，西南航空公司将套期保值看成保险，而不是"今年进，明年出"的交易，从长远来说套期保值利大于弊。

的确，既然是保险，套期保值就应该着眼于长远，而不是一时的盈亏。

资料来源：谭新木.应该给套期保值正名.华尔街日报，2009-01-21.

二、价格发现

金融衍生工具的另外一个主要经济功能是价格发现，即提供关于未来价格信息的能力。衍生工具尤其是期货的交易是在有组织的交易所进行的。各交易所有明确的交易规则，将交易价格等相关信息及时传递给所有交易者和对该价格感兴趣的各方，而且每一个交易者指令都必须传递到交易所的指定交易池进行公开、集中的竞价成交。一般来说，建立在某一标的资产基础上的期货、期权合约，只有几个期限不同的合约同时交易，期限一般从 1 个月到 12 个月不等。这样通过公开竞价，在任一时点就都有期限从 1 个月到 12 个月不等的期货或期权价格。

这些期货、期权价格是公开、公平竞争的结果，它们反映出标的资产目前以及将来一定时间内的供给和需求关系或基本价值。例如，期限为 6 个月的当前期货价格反映的是现在所有交易预期的 6 个月后该标的资产的供给和需求状况。期货市场形成这些均衡价格并及时将它们向外界发布的过程就是期货市场的价格发现功能。可以从下面两种关系的讨论中更好地理解期货市场的价格发现功能。

（1）现货价格与衍生工具价格的关系。某种商品或资产的现货交易通常是买卖双方根据当时当地供给和需求状况确立的价格进行。不同的交易地点、不同质量品种和交易规模的商品或资产，其现货价格也会有异。衍生工具市场的存在对现货价格的确定起到两个方面的作用：1）衍生工具价格尤其是期货价格为现货交易提供有效的参考价格（reference price）。例如伦敦金属交易所的金属期货价格在过去相当长的一段时间内成为全球基础金属交易的参考价格。这种参考价格可以减少各交易方的搜寻成本（search cost），提高资源配置效率。2）衍生工具价格与现货价格之间的套利关系为确立合理的现货价格提供依据。如果相对于期货价格来说，现货价格过低，套利者可以在买入现货的同时卖出期货合约，从而获取无风险利润。这种套利活动使期货价格和现货价格之间保持某种相对固定的关系。而且，在不同地点的现货市场上，现货价格也必须维持一定的关系，它们的价差不能超过将标的物从价格较低的地点运输到价格较高的地点所发生的成本。这样，期货市场的存在使得现货价格与期货价格之间、不同地点的现货价格之间都保持着某种确定的关系。

（2）衍生工具价格与预期的未来现货价格的关系。这种价格发现功能很直观地体现在期货市场中。因为任何时点上都有期限不同的期货合约同时交易，期货市场的价格发现功能因此还表现在期货市场带来有效的跨期价格上。这些期货价格反映的是目前市场对未来某时点标的物现货价格的预期，或者对其未来供给与需求状况的预期。现时的期货价格高于现时的现货价格表明市场预期在未来某商品供给相对不足；相反，如果现时的期货价格低于现时的现货价格，则说明市场预期在未来商品供不应求的情况相对于目前来说趋缓。这样，期货市场实际上就是通过交易将所有市场参与者对未来商品供求状况的信息或预期反映在期货价格上。期权市场也有类似的功能。

期货、期权价格尤其是期货价格提供关于未来现货价格的预期这一点有十分重要的价值。这主要表现在两个方面：（1）对于可存储商品而言，期货价格为公司或个人的存储决策提供重要数据。例如，较高的期货价格提示有必要增加存储量，而较低的期货价格提示有必要减少目前的存储量。例如，在期货价格很高时，可以减少目前的商品供给，增加存储量以增加未来的商品供给。这样，存储决策的变化实际上改变了商品在现在和未来不同时点上的相对供给，从而平滑商品供给曲线，避免供给过剩或供给不足的状况。（2）期货价格影响厂商的生产决策和消费决策，进而从根本上平滑未来商品的供给和需求。过高的期货价格说明在未来一段时间商品供给相对不足，厂商可以增加产量，产量的增加又相对缓解了商品供给不足的状况；期货价格太低，说明未来供给过剩，厂商可以减产以避免过大的损失。同理，期货价格较低时，消费者（厂商）可以延迟消费（延迟购置原材料，例如延迟进货时间）等。这也影响商品的跨期供给与需求关系。因此，期货价格反映了未来对商品的供给和需求，进而影响存储、生产和消费决策，实现商品供给和需求的跨期调整。

本章小结

基本金融衍生工具包括期货合约、远期合约、期权合约以及互换合约。期货合约和远期合约都是指买卖双方签订的在未来一个确定时间按确定的价格购买或出售某项标的资产的协议。期货合约和远期合约的差异主要表现在期货合约是在交易所交易的标准化合约，远期合约是在场外市场交易的非标准化合约。互换也称掉期，是指双方达成的在未来一定期限内交换一定数量现金流的一项协议。期权又称选择权，同样是交易双方之间签订的协议，该协议给予期权持有人在未来特定的时间以确定的价格，按事先规定的数量买进或卖出标的资产的权利。目前有两种常见的期权：看涨期权和看跌期权。

金融衍生工具定价的常用方法是套利定价法。期货价格可以表述为同一时点标的资产的价格加上持有成本，期货价格偏离这种关系便产生无风险套利机会，这种期货定价方法被称为持有成本理论。期权定价相对复杂，但定价原理同样是无风险套利。布莱克和斯科尔斯利用上述原理在一定假设条件下推导出了精确的欧式期权定价公式，即布莱克-斯科尔斯-默顿期权定价公式。在离散时间下，期权价格可由二叉树期权定价模型给出。二叉树期权定价模型适用于欧式期权、美式期权以及其他非标准期权的定价，因此在业界的应用很普遍。

金融衍生工具市场的主要经济功能是风险管理和价格发现。衍生工具市场为满足公司和个人的风险对冲需求而产生和发展。

问题与应用

1. 简述无风险套利的前提并举例说明。

2. 简述持有成本理论的基本内涵以及缺陷。

3. 简述你对持有成本理论的理解以及扩展。

4. 布莱克-斯科尔斯期权定价模型的基本假设有哪些？

5. 影响期权价格的因素有哪些？它们对期权价格会产生什么影响？

6. “假如在某个欧式期权的有效期内，股价变动符合两期二叉树变动模式，则股票和期权组合的头寸在期权的整个有效期内不可能一直是无风险的。”这一说法是否正确？为什么？

7. 假设现有一期限为 4 个月的期货合约，价格为 4 020 元。现在，其标的资产的价格为 4 000 元，该股票指数的现金股利率为 1.5%。假设市场上无风险收益率为 3%。试问现货市场与期货市场之间有无套利机会？如何执行该套利交易？

8. 某不分红的美式看跌期权的期限为 3 个月，股票市价与执行价格均为 60 元，无风险年利率为 10%，股票的年波动率为 45%。试构造时间间隔为 1 个月的二叉树模型来为该期权定价。

9. 假设西门子股票的当前价格为 80 美元，3 个月后将有一次股利发放，金额为每股 1 美元，该股票的年波动率为 20%，6 个月无风险利率（年化）为 9%，求半年期的执行价格为 85 美元的欧式看跌期权的价格。

10. 试解释为什么持有一家公司的债券相当于卖出一份该公司的看跌期权。

11. 上市公司高管薪酬计划规定，当公司利润超过一定水平时，管理层将从每 1 000 元的利润中提取 1 元的奖金。这种薪酬计划与哪类期权类似？试画出利润图。

12. 试分析签订购买远期价格为每吨 50 000 元的铜锭远期合约和建立成交价格为每吨

50 000 元的铜多头期货合约之间的异同。

13. 芝加哥商品交易所交易标的资产为长期国债的期货合约。试分析什么样的投资者会使用这种期货合约。

14. 请解释下面这句话："一远期合约的多头等于一欧式看涨期权的多头和一欧式期权的空头。"

15. 中航油（新加坡）2004 年底公告由于衍生品投机损失 5.5 亿美元。了解中航油（新加坡）的衍生品投机情况，分析衍生品交易的风险控制机制到底出了什么问题。这对国有企业进行风险管理有何启示？（可在网上找到相关资料。）

参考文献

[1] 赫尔. 期权与期货市场基本原理：原书第 8 版. 北京：机械工业出版社，2016.

[2] 汪昌云. 金融衍生工具. 4 版. 北京：中国人民大学出版社，2020.

[3] Black，F.，and Scholes，M. (1973)，"The Pricing of Options and Corporate Liabilities，" *Journal of Political Economy*，81（3），637－654.

[4] Cox，J. C.，Ross，S. A.，and Rubinstein，M. (1979)，"Option Pricing：A Simplified Approach，" *Journal of Financial Economics*，7（3），229－263.

第十一章

从有效市场假说到行为金融学

学习目标

1. 深入理解有效市场假说这一理论的发展史、内涵以及成立的前提。
2. 充分了解行为金融学的基本框架。

第一节　市场有效性的含义与形式

一、有关市场有效性的研究历史

所谓“市场有效性”，是指资产价格在任何时候都能充分反映市场中所有决定资产价格的信息。或者，从另一个角度来讲，市场有效性就是指资产的价格总是能够对市场信息做出及时、准确的反应。人们对市场有效性的研究最早是从研究资产价格的可预测性开始的。1900 年，法国数学家巴契里耶在他的博士学位论文《投机理论》中，从数学的角度研究了股票价格的变化规律。他提出，在某个特定时点资产的每个成交价都反映了买方和卖方不同的观点，买方认为价格会上涨，卖方认为价格会下跌。因此，买卖双方都没有价格信息优势，他们的输赢概率各为 50%，“其数学期望值等于零”。只有当市场基于某些理由不再认同原先的价格，价格才会发生变动。但是没有人知道市场何时会变，会朝什么方向变。因此，市场永远存在着 50%的上涨概率、50%的下跌概率。巴契里耶率先将概率论引入对股票收益的预测，他关于股价不可预测，市场已经反映过去、现在和未来各种事件的观点与有效市场理论有许多暗合之处。

巴契里耶在金融经济学领域做出了多项开创性的贡献，然而，遗憾的是他的研究无论在数学界还是在经济学界都没有引起足够的重视。在巴契里耶的著作问世之后的数十年里，大量统计学家和经济学家对这一问题展开了持续的研究。例如，考尔斯（Cowles，1933）在他创办的《计量经济学》杂志上发表了题为《股市预测者能够预测吗?》的文章。在这篇文章中，考尔斯对16家金融机构推荐的股票、20家保险公司的交易股票、《华尔街日报》在1904年到1929年间对股市的预测，以及24个金融机构在其投资通讯中对股票市场的预测信息进行了统计，结果表明这些“股市预测者”的预测能力是“值得怀疑的”。十年之后，考尔斯（1944）对15年内将近7 000个预测数据进行的分析再次表明“没有任何证据能够证实，人们能够成功预测股市的未来走势”。

与考尔斯几乎是同一时期，沃金（1934）分析了长期商品期货价格的波动情况。他一方面记录下期货交易的每一笔价格，并画出价格变动图；另一方面从扑克牌中随机抽取，并记录下相应结果。他发现不仅他无法区别价格变动图和随机抽取扑克牌构成的乱数的变动图，就算是芝加哥商品交易所的交易员也识别不出哪个是商品价格变动图。

1953年，莫里斯·肯德尔（Maurice Kendall）在《皇家统计学会杂志》这本历史最悠久的统计学杂志上发表了《经济的时间序列分析：价格》。这篇文章分析了1928—1938年间19个行业股票的周均价格、1883—1934年间芝加哥商品交易所小麦期货的月均价格以及1816—1951年间纽约商品交易所棉花期货的价格变化。按照古典经济学思想，价格是由供给和需求决定的，在此基础上通过蛛网模型刻画的价格动态变化就会有着明确的模式。肯德尔的初衷也是希望借助问世不久的电子计算机对资产价格运行规律进行总结，然而，数据处理结果却显示价格序列的变化没有任何模式可循，“机会精灵”每次任选一个随机数加到股票的当前价格上去，形成下一时刻的股票价格，价格几乎遵循一种随机游走（random walk）的规律。

以上研究有两个特点：一是这些研究大多数是由统计学家完成的，而其研究目的是寻找资产价格的变化规律，从而对价格的未来走势进行预测。二是这些研究通过观察发现价格遵循随机游走过程，因此，他们便把市场有效性与价格随机游走等同起来。然而，人们发现价格随机游走是一个比市场有效性更强的假设。

经济学家对市场有效性的研究要从保罗·萨缪尔森开始。1954年，萨缪尔森偶然间从图书馆找到了巴契里耶的那本著作。萨缪尔森在一次采访中称：“当我翻开它时，感觉就像一个全新的世界在我面前展开。事实上，我当时就想一定要将这本著作翻译成英文，让大家都来欣赏这颗熠熠生辉的学术珍珠。”至此，被湮没了半个世纪的市场投机理论才真正进入世人的视野。尽管萨缪尔森对巴契里耶的研究大加赞赏，但是他不同意股价上涨与下跌的概率相等且其数学期望值等于零的结论。他认为资产价格上升的空间是无限的，但下跌至多到零。他还认为投资者真正重视的应是股价变动的百分比，而不是股价绝对水平。1957年，萨缪尔森发文指出股票的真实价值是其“影子价格”，而对“影子价格”的最佳估计值是股票在市场中的成交价格。萨缪尔森指出了信息对市场价格形成的重要性。他强调没有信息就没有投资决策，市场会一片死寂。一丁点儿的信息都会导致市场的涟漪不断。然而，信息在什么时间、以何种方式呈现却是无法预测的，因此，股价呈现出随机波动的特征。

对有效市场假说的形成做出关键贡献的学者是法马。1965年，博士刚刚毕业的法马在《商业杂志》上全文发表了其博士学位论文《股市价格行为》。这篇70多页的长文，运用序列相关性检验、游程检验等多种统计方法对资产价格的随机游走特征进行了验证，并给出了直觉性的经济解释：影响资产价格的关键是投资者的预期，而影响预期的则是信息，因为信息是以不可预见的方式到达市场，所以价格是随机变动的。法马总结道：随机游走假说在观察上的确认“与‘有效’证券市场的存在是一致的，有效市场是指在给定的信息下，任何时点的真实价格都很好地估计了内在价值”。1970 年，法马总结了当时众多学者的研究成果，发表了一篇综述性文章——《有效资本市场：理论与经验研究综述》。在这篇文章中，法马进一步把有效市场总结为“一个价格始终充分反映所有可得信息的市场”。法马把预期、信息这些关键概念引入资产价格的形成，从而形成了金融经济学领域经典的“有效市场假说”。

二、有效市场的形式

哈里·罗伯茨（1967）在芝加哥大学的一次证券价格讨论会上根据股票价格对相关信息的反映范围差异，将市场效率分为三类。法马（1970）在罗伯茨的基础上进行了总结，并给出了有效市场的比较准确的定义。按照价格对不同层次信息的反映状况，他将市场有效性分成三个层次：

（一）弱式有效

如果证券价格反映了所有的历史信息，那么就称该市场是弱式有效的。这里，所谓的历史信息是指证券的历史成交价格、成交量以及量价之间的配合关系。而所谓的价格反映了所有的历史信息，指的是历史信息中能够对证券定价发挥作用的因素都在当前价格中得到了反映。

（二）半强式有效

如果市场中的证券价格反映了所有的公开信息，那么就称该市场是半强式有效的。这里的公开信息是指所有的、通过公开渠道能够获得的信息。它一方面包含了上面所说的历史信息，另一方面包括了公司的生产经营信息、财务信息、公司所处行业的信息以及宏观信息。在半强式有效市场中，任何与公司价值相关的事件只要公布出来，证券价格就会迅速做出反应。

（三）强式有效

如果市场中的证券价格反映了所有的信息，那么就称该市场是强式有效的。这里，所有的信息既包含半强式有效市场提到的公开信息，又包含上市公司未进行披露的内幕信息或者投资者关于上市公司的私人信息。如果市场是强式有效的，那么即便是公司尚未公开的内幕信息所体现出的公司价值，也将在证券价格中得到反映。

图 11－1 给出了不同有效性层次的市场反映在资产价格中的信息种类。

三、关于有效市场假说的若干说明

1. 市场有效性实现的机制

从根源上讲，市场有效性的实现得益于投资者对超额收益的追逐。由于投资者试图获

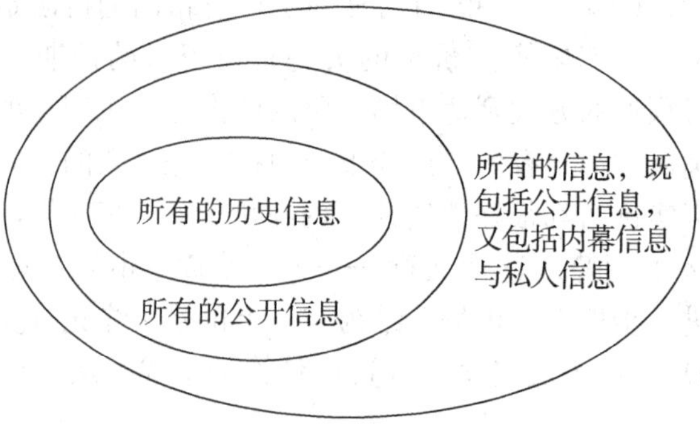

图 11-1 反映在资产价格中的信息种类

得超过应得收益的超额收益，所以他们会挖掘那些还没有在资产价格中得到体现的信息，以期寻找被市场低估或高估的资产，进而获得超额收益。一旦投资者发现这种投资机会，他们就会通过买入或者卖出（卖空）操作改变对资产的供给或需求，进而推动资产价格发生变化，此时，信息也就反映在了资产价格当中。

如果市场是完全信息有效的，价格充分反映了所有信息，那么主动搜集信息的投资者将无利可图，人们也将丧失挖掘信息的动力。因此，在现实经济中，市场必须存在一定的无效性才能保证有足够多的投资者参与信息的搜集工作，从而保证信息的充分性和有效性。这也正是格罗斯曼和诺贝尔经济学奖得主斯蒂格利茨提出的著名的有效市场悖论。

2. 有效市场的推论

市场有效意味着什么？首先，从法马（1965）关于有效市场的定义可以看出，市场有效意味着资产定价是正确的，也就是说，资产价格能够准确反映资产的内在价值。其次，根据法马（1970）的综述，市场有效意味着信息能够及时、准确地在价格中得到体现。事实上，这两种表述可以认为是从不同角度对市场有效性的一致解读。因为，当影响资产价值的所有信息都已经准确反映在现时价格中时，人们对资产内在价值的最优估计就应该是该资产当前的价格。从上面两个定义我们还可以进一步得出如下推论：

一方面，如果市场有效，资产准确定价，资产价格就不存在被高估或被低估的情形。此时，资产只能根据自身的系统性风险产生正常回报，超额收益等于零。这也就是人们通常说的“无法战胜市场”。更进一步，如果市场有效，投资者应该实施消极的投资策略，也就是说，投资者应该根据自己愿意承担的系统性风险大小选择相应资产（或者市场组合），以期获得与系统性风险相匹配的风险补偿。

另一方面，如果市场有效，当前价格已经完全反映所有信息，此时，利用现有信息就无法预测资产的未来价格，相关的证券分析也将失效。更进一步，如果市场弱式有效，那么资产的历史信息已在价格中充分体现，此时，技术分析人员依赖资产的历史信息对资产价格未来走势进行预测就会是徒劳的。但在这种情况下，由于证券基本面信息还没有在价格中得到充分体现，因此投资者可以通过基本面信息对未来价格走势进行预测。如果市场半强式有效，那么资产当前的价格已经反映了跟公司价值相关的所有公开信息，此时，利用基本面信息就无法对资产未来价格走势进行预测，但基于内幕信息的预测是有效的。如果市场强式有效，那么，关于公司的公开信息和非公开信息都在价格中得到了充分体现，此时，即便利用内幕信息也无法获得超额收益。

3. 影响信息效率的因素

信息效率是指资产价格对信息反应的及时性和准确性。信息是驱动资产价格变化的主要因素，并通过价格的变化引导资源的配置方向和效率。因此，信息效率的高低是市场发展质量的重要体现。

从理论上讲，信息的产生、信息的传播以及投资者对信息的解读能力都会影响信息效率水平。然而，在短期内，信息传播技术和投资者结构（主要体现为机构投资者和个人投资者的比例）相对稳定，因此，信息的产生就成为影响信息效率的关键。一般来说，信息主要有三个来源：一是上市公司信息披露；二是分析师调研和分析报告；三是媒体报道。

上市公司信息披露是信息最主要的来源，也是整个资本市场赖以运转的基础。上市公司有责任就影响公司价值判断的关键信息以及可能影响公司盈利水平的各种风险点进行披露和解释，从而使投资者能够在做出投资决策之前尽可能全面准确地获取公司信息。至于投资者会据此对公司价值做何判断，则应交给市场来完成。在上市公司进行信息披露的过程中，准确和公平是两个基本的要求。准确性要求上市公司披露的信息不能是虚假的、对市场造成扭曲的信息。公平性则要求上市公司对所有投资者一视同仁，公司要么向全部投资者公开披露信息，要么干脆不进行信息披露。2000 年美国证券交易委员会开始正式实施公平披露规则，中国沪深两市的证券交易所也在 2012 年之后逐渐要求上市公司披露投资机构赴公司调研的相关信息，目的都是降低不同投资者之间的信息差异，维护信息公平。

分析师调研和分析报告是信息的第二个重要来源。分析师在证券市场中扮演着重要的信息中介作用，他们通过搜集和分析公司相关信息，对公司未来盈利能力进行预测，进而为投资者提供投资建议。在这一过程中，他们增加了股票价格的信息含量，并成为市场对公司进行估值的重要环节。以往的研究表明，与简单地根据历史数据得出的时间序列模型预测值相比，分析师给出的盈余预测值更加精确。这一方面固然与他们的专业能力密不可分，另一方面，实地调研也为分析师带来了一定的信息优势。

媒体是信息的另一个重要的挖掘者和传播者，它们在提高信息质量、减少信息不对称方面发挥的作用主要体现在三个方面：一是媒体通过对信息的挖掘，帮助市场参与者获取更多的公司经营管理、行业和宏观信息，进而增加了价格的信息含量。大量研究表明，媒体关注度低的公司往往存在一定的溢价。二是媒体对信息的传播能够有效地吸引投资者关注，增大投资者在决策过程中能够获得的信息集，进而影响他们对资产价值的判断以及具体的交易行为（巴伯和奥丁，2008）。三是媒体报道的情绪会对资产价格产生直接的影响。

专栏 11－1　信息能够很快地在价格中得到体现吗？

休伯曼和雷格夫（Huberman & Regev，2001）研究了一个案例，目标公司

EntreMed 是一家生物科技公司，1998 年 5 月 3 日，《纽约时报》周日版在封面报道了该公司在癌症领域的最新创新成果，而且还大力赞扬该公司是一家很有前景的公司。第二天，也就是 5 月 4 日，星期一，EntreMed 的股票价格从上周五收盘时的 12 美元急剧上升，并在当天收盘时达到 52 美元。

然而，值得关注的是，《纽约时报》报道的并非一个新消息。早在 5 个月之前，也就是 1997 年 11 月，一份科学杂志——《自然杂志》就已经对此事进行了报道，其他大众媒体之前也对此事进行过报道（甚至包括《纽约时报》本身，只不过不是在显眼的版面报道）。之前的报道对 EntreMed 的股票价格和交易量都产生了正面的影响，但是远远没有《纽约时报》周日版的封面报道的影响强烈。

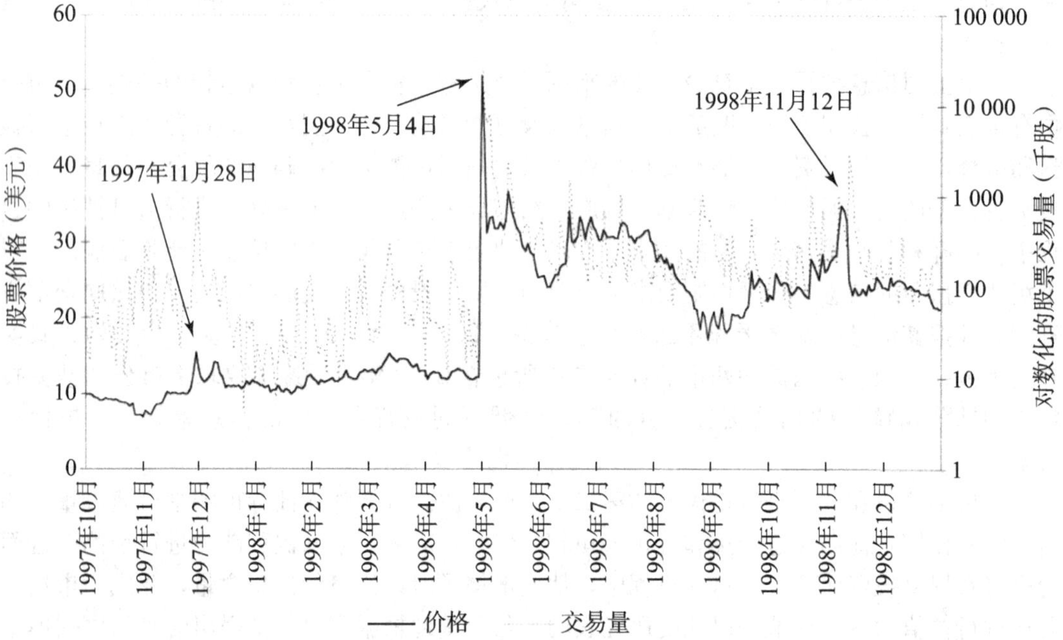

图 11－2　EntreMed 公司股票收盘价和交易量（1997 年 10 月 1 日至 1998 年 12 月 30 日）

四、市场有效性的检验

在有效市场假说被提出之后，一个重要的问题就是如何对这一假说在现实市场中的正确性进行验证。按照有效市场的定义，这一检验是要判断资产的市场价格是否等于其内在价值。然而，由于资产内在价值需要通过某种定价模型进行测算，而定价模型本身是否正确又需要将模型测算结果与真实的市场价格进行对比才能确定，这样一来，对市场有效性的检验就变成了同时验证资产定价模型正确性和验证市场价格等于内在价值这样一个联合假设检验问题。而这在实际操作中是无法完成的。事实上，关于市场有效与否的检验更多的是从价格对信息的反应效率这一角度展开的。

1. 弱式有效市场检验

对弱式有效市场的检验在于回答证券的历史收益率是否能够在某种程度上预测未来收益率。其基本假设是：如果市场是弱式有效的，那么当前的资产价格完全反映了所有的历史信息，因此，利用历史信息（包括历史收益率、交易量等）无法预测未来价格变化。

早期的弱式有效市场检验方法包括序列相关检验、滤子检验、分布检验等。例如，法马（1965）对纽约证券交易所股票价格变化率的序列相关性进行了检验。他选取了 1957 年底至 1962 年 9 月道琼斯工业指数 30 只股票的日数据作为样本，考察了 t 期的价格变化率与滞后 1 天、4 天、9 天和 16 天的价格变化率之间的关系。结果发现，序列相关性是存在的。但是，历史价格变动只能解释当前价格变动的 0.36%，这在统计意义上是不显著的。如果考虑到交易成本，那么这种相关性就无法帮助投资者谋取超额收益。

2. 半强式有效市场检验

半强式有效市场检验关心的是资产价格是否能够及时准确地反映所有的公开信息。其基本逻辑是：当市场上有新的、影响公司价值的事件发生或者信息公布时，考察公司股票价格是否能够在很短的时间内做出反应。对半强式有效市场的检验一般是利用事件研究法。其具体步骤大体如下：

（1）确定待研究的某类事件，例如公司财务公告、定向增发、股票分拆、并购、资产重组、CEO 更换等。

（2）选取样本。将某一考察期内所有发生过上述事件的公司作为研究样本。

（3）确定事件窗。我们关心事件发生日前后若干个交易日内，资产收益率的异常变化。我们通常把这个考察期称作“事件窗”。

（4）设定正常收益率模型。事件研究法本质上是在考察事件对资产价格的影响大小。由于我们观察到的是事件发生后资产的实际收益率，为了测算出事件的影响，我们还需要知道“假如事件不发生，资产的正常收益率水平”。这一数值往往是通过设定一个正常收益率模型来计算。例如，我们可以假设资产收益率是在某一常数 $\bar{\mu}_i$ 的基础上加上一个随机扰动项 $\tilde{\varepsilon}_{it}$：

$$\tilde{r}_{it}=\bar{\mu}_i+\tilde{\varepsilon}_{it}$$

当然，在文献中大家更多地假设资产收益率与市场组合收益率之间存在某种稳定的关系。例如

$$\tilde{r}_{it}=\alpha_i+\beta_i\tilde{r}_{mt}+\tilde{\varepsilon}_{it}$$

（5）确定估计窗。为了确定正常收益模型中的参数，我们往往会在事件窗之前选择一段时间，然后利用这段时间内的资产收益率和市场组合收益率数据估计出 $\hat{\alpha}_i$、$\hat{\beta}_i$ 等参数。

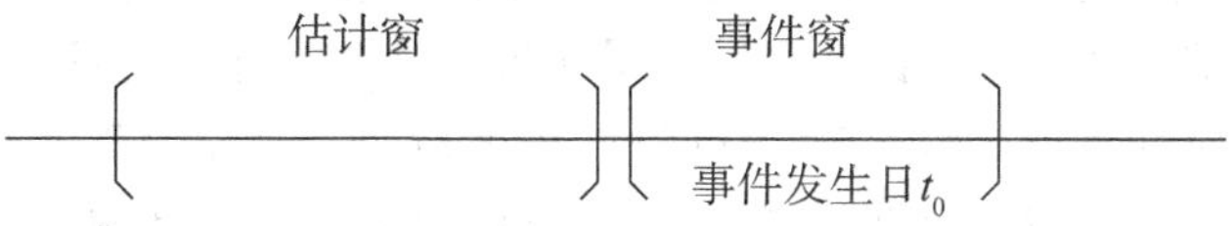

（6）计算事件窗内资产的异常收益率（abnormal return，AR）。利用资产 i 和市场组

合在事件窗内每个交易日的实际收益率 r_{it} 和 r_{mt}，计算资产 i 在事件窗的每个交易日的异常收益率

$$AR_{it}=r_{it}-(\hat{\alpha}_i+\hat{\beta}_i r_{mt})$$

（7）计算事件窗内资产的累计异常收益率（cumulative abnormal return，CAR）。价格对事件的反应可能会在多个交易日内结束，因此，如果想要测度事件对价格的整体影响，就需要对事件窗内多个交易日的异常收益率进行加总，也就是计算累计异常收益率

$$CAR_i(t_1, t_2)=\sum_{t=t_1}^{t_2} AR_{it}$$

（8）对资产的累计异常收益率进行统计检验。在计算出每个事件发生前后资产价格的累计异常变化之后，接下来就要对累计异常收益率进行统计检验。在事件研究法中，原假设（H0）是事件对资产价格没有造成显著影响。为了对这一原假设进行统计检验，我们需要对事件特点以及异常收益率分布做如下假定：一是假设事件的发生是相互独立的。例如，公司 A 的并购事件与公司 B 的并购事件相互独立。二是假设异常收益率服从正态分布，即

$$AR_{it}\sim N(0, \sigma^2(AR_i))$$

这样一来，累计异常收益率同样服从正态分布

$$CAR_i(t_1, t_2)\sim N(0, (t_2-t_1+1)\sigma_{\varepsilon_i}^2)$$

给定样本中的 N 个事件，可以计算出 N 个事件所导致累计异常收益率的均值

$$\overline{CAR_i}(t_1, t_2)=\frac{1}{N}\sum_{i=1}^{N} CAR_i(t_1, t_2)=\frac{1}{N}\sum_{t=t_1}^{t_2}\sum_{i=1}^{N} AR_{it}$$

它同样服从正态分布

$$\overline{CAR}(t_1, t_2)\sim N\left(0, \frac{1}{N^2}\sum_{i=1}^{N}\mathrm{Var}(CAR_i(t_1, t_2))\right)$$

这样一来，可以构造如下检验指标

$$\theta_1=\frac{\overline{CAR}(t_1, t_2)}{\sqrt{\mathrm{Var}(\overline{CAR}(t_1, t_2))}}\sim N(0,1)$$

最后，利用 t 检验就可以判断累计异常收益率的均值在统计意义上是否显著异于零。如果我们发现在某事件发生之后，累计异常收益率的均值显著异于零，那就意味着该事件对价格有显著影响。价格反应的及时性程度则体现在事件发生日股价的异常变动占事件发生后若干交易日股价异常变动总量的比例上。如果股价主要在事件发生日异常变动，那就说明市场对信息做出反应的速度较快，市场有效性程度较高。如果在事件发生后很长的时间内，股价还存在异常反应，那就说明市场对信息做出反应的速度较慢，市场有效性程度较低。

3. 强式有效市场检验

强式有效市场假设认为市场价格反映了公司尚未公开的内幕信息，因此，关于强式有效市场的检验是要回答拥有内幕信息是否能够在市场上获得超额收益。早期的强式有效市场检验通常利用基金经理的投资数据考察基金经理是否能够利用私人信息获得超额收益。例如，詹森（1968）利用1955—1964年的数据，考察了115种共同基金的超额收益，结果发现，在扣除研究成本、管理费用和佣金等交易成本后，10年内115种共同基金经市场风险调整后的超额收益平均为－1.1%，共同基金未能很好地预测证券价格，也无法战胜市场。贾菲（Jaffe，1974）从美国证券交易委员会发布的《证券交易与持有的摘要》中收集了内幕交易的相关信息，并发现在861个观测事件中，超额收益在集中交易后8个月的时间内大于5%，这表明内幕信息能够帮助相关投资者获得超额收益。芬纳蒂（Finnerty，1976）研究了美国从1969年1月到1972年12月发生的内幕交易，结果发现，不管是出售还是购买股票，内幕交易都可以获得超额收益，进而战胜市场。

第二节 对市场有效性的质疑

一、市场有效性成立的前提

市场在什么时候是有效的？法马（1965）对市场有效性得以实现的充分条件进行了归纳：

（1）所有市场参与者都是理性的。

（2）在证券交易过程中无交易费用或者其他市场摩擦。

（3）市场参与者获得信息不需要支付成本。

（4）所有参与者对当前价格以及其他信息拥有相同的预期。

可以预见，在上述条件都满足的情况下，资产价格将“充分反映”所有可获得的信息。然而，这些条件无疑太苛刻。在现实经济中几乎不可能出现完全满足上述条件的金融市场。因此，在过去几十年的时间里，金融学理论不断放松上述假设，试图找到有效市场假说成立的最弱条件。施莱弗（2000）认为，如果以下三个条件中的任何一个成立，那么市场有效性就能实现：

（1）市场中所有的投资者都是理性的，从而能够理性地为证券定价。

（2）市场中有部分投资者是非理性的，但这些非理性投资者的交易行为是随机的。这样一来，他们的交易活动对资产价格的扭曲就会相互抵消，而价格依然是由理性投资者决定。

（3）市场中有部分投资者是非理性的，而且他们的非理性行为有某种系统的一致性。但是，市场中存在理性的套利者，他们通过套利交易纠正非理性投资者对价格造成的扭曲。此时，市场价格依然是正确的。

可以看到，以上三个条件的强度是依次递减的。只要市场能够满足第三个条件，市场有效性就能得到保证。事实上，我们可以从反面来理解这一条件，也就是说，我们可以看一看什么时候市场是非有效的。答案就是，投资者的行为具有一致的非理性偏差，同时套利行为在市场中是受到限制或者制约的，理性人难以通过套利准确地纠正价格。

事实上，早在1974年，卡尼曼（Kahneman）、特沃斯基（Tversky）等实验经济学家一系列的实验研究就表明，非理性是普遍存在的，而且非理性偏差具有系统的一致性。我们将在本章第三节系统地介绍这一内容。此外，在现实中，套利是受到限制的。换句话说，即便在市场中证券价格出现了对证券价值的背离，套利者可能也依然无法实施套利行为，从而使证券价格回归价值水平。之所以出现套利受限的现象，除了在现实中套利存在执行成本之外，还有两个关键的原因。

一是套利的实施可能会面临基本面发生变化的风险。例如，某证券当前的真实价值为10元，市场定价为11元，即价值被高估了。如果套利者发现这一定价错误进而对该证券进行卖空操作，那么，卖空之后套利者就将面临证券价值上涨的风险。换句话说，如果证券价值出现上涨（如提高到12元），即便价格回归价值水平，套利者也将被迫在较高的价位买回证券进行平仓。而要避免出现这一情况，套利者就需要对该证券的基本面风险进行对冲。例如，找到与该证券基本面完全一样但定价正确的另外一只证券，在卖空前者的同时买入后者。这样一来，基本面的变化对资产组合的整体影响就会相互抵消。但是，在现实中我们很难找到满足上述条件的可用来对冲风险的资产。

二是套利在实施过程中可能会面临噪声交易者情绪波动带来的风险。噪声交易者就是前面提到的非理性投资者，他们的投资行为会受到自身情绪的影响。随着噪声交易者自身情绪的波动，他们对证券价格就会产生乐观或悲观的看法。这种看法会影响他们的买入或者卖出决策，进而影响证券价格。由于对理性投资者而言，噪声交易者情绪的波动是不可预期的，因此，即便套利者能够找到一种证券来对冲另一种证券的基本面风险，噪声交易风险的存在也可能使得证券价格偏离证券价值的程度在短期内出现持续扩大的情况。此时，只要套利者的投资期限不是无穷期，他们就有可能在短期内面临投资亏损的境况。

例如，证券A当前的价格为10元，受噪声交易者乐观情绪的影响，市场对该证券总体的需求增加，从而导致其市场价格升至11元。假定此时套利者发现这一定价错误，并且在市场上找到了证券B来对冲证券A的基本面风险，套利者采取买入证券B的同时卖空证券A的操作，那么套利者在投资期初能够获得1元的投资收益。如果套利者的投资期限是无穷期，那么无论未来证券A和证券B的基本面情况如何变化，二者的价格最终都还是会回归相同水平。届时套利者卖掉持有的证券B，并用获得的资金对卖空操作进行平仓。在这种情况下，套利者就能不支付任何成本且不承担任何风险而获得1元的期初收益。然而，如果套利者的投资期限不是无穷期，那么情况可能就会出现很大的不同。例如，在套利者实施买入证券B、卖空证券A的操作之后，噪声交易者情绪继续高涨，进而使证券A的价格进一步偏离其价值（如价格升至12元），而此时受到投资期限的限制，套利者被迫结束投资（卖出证券B，用获得的资金买入证券A进行平仓），那么期末的时候投资者将面临2元的亏损。这事实上就意味着即便套利者能够找到一种证券来对冲另一种证券的基本面风险，套利行为也会受到噪声交易风险的影响。而这种风险势必会在套利发生前被套利者考虑，进而影响套利的实际发生。

事实上，无论是套利发生时需要的执行成本，还是对冲基本面风险资产的获得，抑或是套利时可能面临的噪声交易风险，都会对套利行为产生制约作用。这会使得即便证券价格偏离了真实价值，套利者可能也无法利用这种定价错误实施套利。这样一来，价格偏差就可能会持续下去，有效市场假说也就可能无法成立。

投资者的非理性和套利行为受到限制这两个问题对有效市场假说造成了巨大的威胁。而这恰恰是我们在后面所介绍的行为金融学得以存在和发展的两个基础。但是，在介绍行为金融学之前，我们先来了解市场中存在的一些异常现象，并进一步认识这些异常现象究竟是如何与传统的金融学理论相违背的。

专栏 11－2　噪声交易者与套利

皇家荷兰（Royal Dutch）和壳牌运输（Shell Transport）是两家独立的公司。前者的股票主要在美国和新西兰市场上流通，而后者的股票主要在英国市场上流通。1907 年，这两家公司达成协议，二者在保留各自独立性的情况下合并。按照协议，皇家荷兰的股东将获得合并后总利润的 60%，壳牌运输的股东将获得剩余 40%的利润。由于在这种制度安排下无论两家公司各自的经营状况是好还是坏，股东获得的利润比都是 6∶4，因此，皇家荷兰的股价应该一直是壳牌运输股价的 1.5 倍。然而，实际情况却并非如此。

弗鲁特和德博拉（Froot & Dabora，1999）的研究显示，两家公司的股价比与有效市场情况下的股价比（即 1.5）的比值的对数值呈现出剧烈的波动（见图 11－3）。这表明，市场出现了持续的非理性状态。而且，我们还可以看到，两家公司的股价比对基准值的偏离程度并不小。皇家荷兰最低时比基准值低估 35%左右，最高时比基准值高估 15%左右。

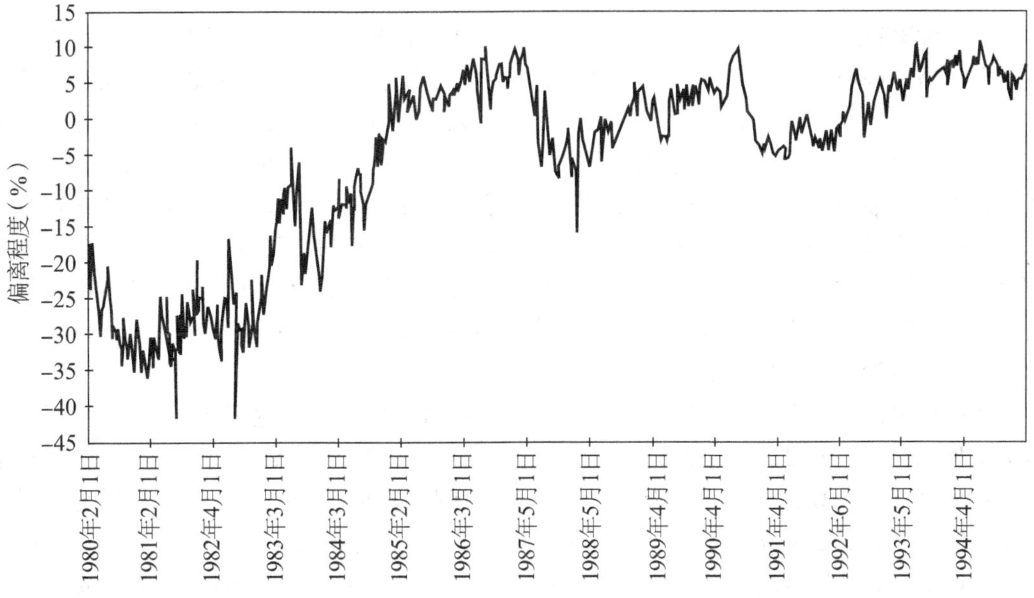

图 11－3　皇家荷兰和壳牌运输的股价比对 1.5 的偏离程度的对数值

由于无论两家公司的基本面出现什么问题，皇家荷兰的股东都将获得是壳牌运输股东1.5倍的红利，因此，两家公司的股票是可完全相互替代的。换句话说，只要公司股票定价错误，我们就可以构造出一个套利组合，而且不需要承担任何基本面风险。然而，错误的价格持续了很长时间，这从侧面反映出套利并没有得到很好的实施，或者说在市场中套利受到了限制。而在这个案例中，套利受限的原因就在于噪声交易风险。试想，如果一个套利者在1983年3月的时候买入了被低估10%的皇家荷兰的股票，并卖空壳牌运输的股票，那么在持有这一套利组合6个月之后，他会发现皇家荷兰的股价进一步被低估了。如果该套利者的投资期限只有6个月，那么他将被迫在对自己不利的情况下平仓接受损失。

二、市场异象

现代金融学体系是基于投资者是“理性”的这一假设发展起来的。这里，理性的含义有两层：一是当经济个体获得新的信息时，他们会按照贝叶斯法则更新自己对事物的看法；二是给定经济个体的看法，他们的选择会最大化自己的主观期望效用（Barberis & Thaler，2003）。然而，问题在于，人们在经济活动中的真实行为往往与理论模型预测的最优结果存在偏差。在这种情况下，金融市场中很多现象就难以用现代金融学的理论模型进行解释。从20世纪70年代开始，人们就陆续发现金融市场中的很多价格现象在有效市场框架下是难以解释的，这些现象被称为金融市场中的异象（anomalies）。随着金融市场收益异象被系统地发掘出来，学者们开始从不同的角度做出解释。

1. 股权溢价之谜

梅拉和普雷斯科特（Mehra & Prescott，1985）发现，在1889—1978年间，美国资本市场中短期国债的年均实际收益率为0.8%，而同期标准普尔500指数的年均实际收益率则高达6.98%。如果把短期国债的收益率视为无风险资产收益率，上述收益率之差就意味着在这段时间内，美国年均股权溢价达到6.18%。这种风险溢价可以视为投资者因为购买股票承担了额外的风险而获得的风险补偿。然而，给定股票的风险水平，在股票指数能够提供这么高风险补偿的情况下，市场中依然有大量投资者购买无风险的短期国债，那意味着这些投资者的风险厌恶程度异常高。梅拉和普雷斯科特认为，如果要在传统的资产定价框架下解释6.18%的风险溢价水平，投资者的相对风险规避系数需要达到30～40。而合理的相对风险规避系数通常在10以下。

我们也可以从一个更加直观的角度看一看相对风险规避系数达到30～40的投资者的行为是什么样的。假设有一个赌局，参与者有50%的可能使自己的财富翻倍，有50%的可能使自己的财富减少一半。对于一个相对风险规避系数为30的人来说，他愿意支付自己财富的49%来避免损失一半财富的可能。然而，从现实生活的经验来看，人们的风险规避程度远没有达到这种地步。因此，股权溢价之谜表明，传统的基于理性预期的资产定价模型很难解释历史数据显示出的一些价格特征。而衡量模型优劣的一个标准就是看模型是否能够很好地解释现实生活中的一些典型事实（stylized facts）。这是对传统资产定价模型的一个挑战。

2. 价格的反转与惯性

按照有效市场假说，即便市场是弱式有效的，投资者也无法利用历史股价对未来股价进行预测。然而，德邦特和塞勒（DeBondt & Thaler，1985）发现，在一段时间内，表现最好的股票在接下来的一段时间内会表现较差。实证结果显示，如果根据过去 3 年（36 个月）股票的市场表现进行排序并分组，那么在这 3 年中市场表现最差的股票组合在随后 3 年的平均累计异常收益率要比在这 3 年中市场表现最好的股票组合的平均累计异常收益率高出 25%，见图 11-4。企业本身的经营业绩并没有提高多少，股价却上升不少。这就是所谓的股票价格在长期存在反转的现象。

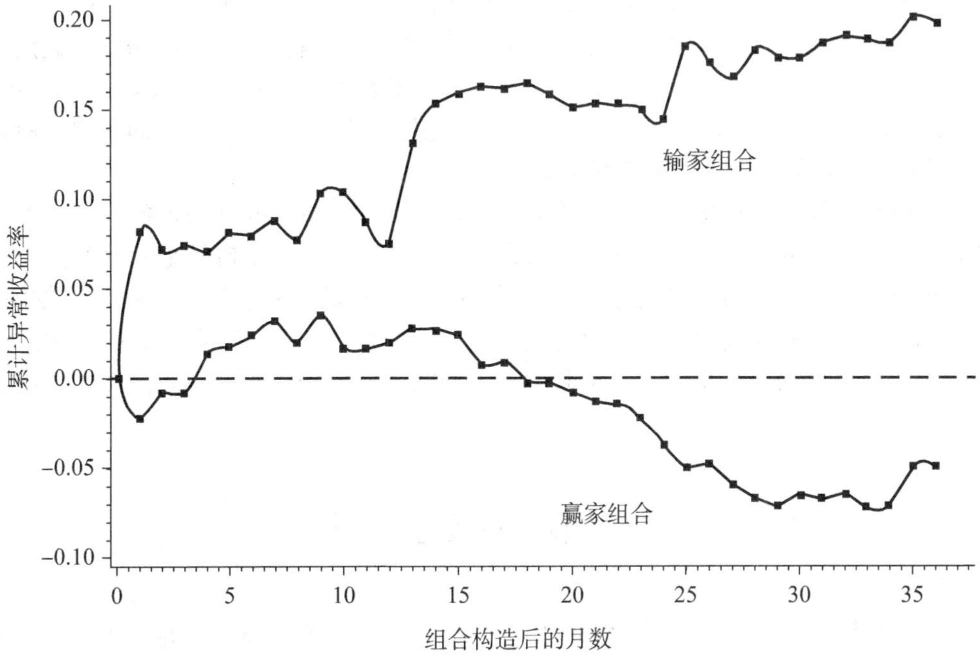

图 11-4 "赢家组合"与"输家组合"在组合构造后 1～36 个月内的累计异常收益率水平

注：根据股票在前 36 个月的收益分组，自 1933 年到 1980 年共划分为 16 个测试区间，在各个区间投资组合的平均收益如图所示。

另外，杰格迪什和迪特曼（Jegadeesh & Titman，1993）用 1963 年 1 月至 1989 年 12 月纽约证券交易所的数据进行研究发现，在过去 6 个月平均收益率排在前 10%的股票组合，在随后 6 个月的表现要比在过去 6 个月平均收益率排在后 10%的股票组合高出 10%。这表明股票价格在中期存在惯性。然而，无论股票价格是存在长期反转还是中期惯性，这都与有效市场假说中无法利用历史信息预测未来价格的推论相违背。

3. 规模溢价之谜

1981 年，班茨（Banz）对所有在纽约证券交易所上市的股票的收益情况进行了研究。他将公司按市值大小分成五组，发现市值规模最小组的资产组合平均年化收益率比市值规模最大组的资产组合要高19.8%。根据资本资产定价模型，应得收益率的差异是由不同资产的系统性风险的差异造成的。早期，人们对系统性风险的认识主要是市场风险，对系统性风险的度量也主要使用β值。然而，班茨发现，即便是在控制β值之后，小公司股票的平均收益率依然远超大公司。换句话说，小公司和大公司在β值上的差异不足以解释它们股票平均收益率的差异。人们称这一现象为小公司效应（small-firm effect）或者规模溢价之谜（size premium puzzle）。

4. 盈利公告后漂移

1968年，鲍尔和布朗（Ball & Brown）发现，如果公司公告的盈利水平超过市场预期（好消息），在公告发布后数月内股票价格会持续上涨；如果公司公告的盈利水平不及市场预期（坏消息），在公告发布后数月内股票价格会持续下跌。然而，按照有效市场假说，如果市场是半强式有效的，股票价格应该在盈利公告发布后很短的时间内立刻上涨（或下跌）来反映公告信息，而不是缓慢变化。因此，这一现象与有效市场假说显然是矛盾的。在鲍尔和布朗之后，大量学者围绕盈利公告后漂移（post earnings announcement drift，PEAD）进行了研究，结果发现PEAD效应广泛存在于各个样本区间和多个股票市场，这意味着该异象不大可能是数据挖掘的结果。

金融市场异象还有很多，对于这些与有效市场假说相违背的市场现象，有两种可能的解释：一是市场异象意味着有效市场假说不成立，或者佐证了市场是无效的。二是市场异象可能是由某种未被发现的系统性风险导致的。随着对系统性风险的认识的深入，经风险调整后的超额收益会消失。但无论如何，即便是在今天，市场有效性依然是资产定价领域一个重要的研究主题，它不断丰富人们对金融市场资产价格运行规律的理解和认识。

第三节　行为金融学

理性是传统金融理论对经济个体的基础假设。这意味着两方面：一是当投资者收到新的信息时，他们会根据贝叶斯法则更新自己对事物的看法。二是投资者会按照（期望）效用最大化的方式做出决策。然而，研究发现，在现实生活中，人们并不是严格按照上述标准行事。

首先，特沃斯基和卡尼曼（1974）认为经济个体在一些不确定环境下进行较为复杂的决策时，往往根据直觉或者经验法则，而不是像理性假设那样严格根据贝叶斯法则形成或者更新自己对事物的看法。这种直觉本质上是使用一些简化的方法代替复杂的信念形成过程，从而降低信念形成的复杂性。但是，这种简化在有些时候会导致信念出现严重的系统性偏差。其次，关于偏好和效用问题，卡尼曼和特沃斯基（1979）提出了前景理论。该理论认为经济个体在面对不确定性时的选择行为往往与期望效用理论的基本框架相违背。这两篇文章提出了与现代金融学理性假设相反的两种理论，进而成为行为金融学发展的心理学基础。接下来，我们就从信念和偏好两个角度简要介绍经济个体普遍存在的心理偏差。

一、信念——直觉驱动偏差

直觉驱动偏差（heuristics-driven bias）是行为金融学关于信念形成的理论基础。这一概念是指在复杂的不确定环境下进行决策时，经济个体往往会根据经验法则（rules of thumb）对问题进行简化处理，或者根据直觉判断行事，而不是按照贝叶斯法则形成观点和看法（Tversky & Kahneman，1974）。我们先来看一个简单的例子。

例 11-1 假设我们已知如下信息：

- 患癌概率是 1%；
- 一个癌症患者被检查出来的概率是 90%；
- 一个健康的人被误诊患癌的概率是 10%。

如果某人被检查出患有癌症，那么他真正患有癌症的概率最接近下面哪个值？

A. 88%　　　　　　B. 8%

在这个例子中，很多人都选择了 A 选项。然而，如果我们改变一下叙述方式，结果可能就会有很大的不同。

例 11-2 假设我们已知如下信息：

- 平均每 1 000 个人中有 10 人会患癌（等同于患癌概率为 1%）；
- 在这 10 位癌症患者中，有 9 人可以被正确诊断出来（等同于癌症患者被检查出来的概率是 90%）；
- 在剩下的 990 个健康人士中，有 99 人会被误诊患癌（等同于有 10%的概率发生误诊）。

如果某人被检查出患有癌症，那么他真正患有癌症的概率是多少？

大家会发现，在用频率的方式给出信息的时候，我们很容易就得到在 1 000 个人中，会有 108 个人被诊断患癌，其中 9 人是正确诊断，99 人是误诊。因此，如果一个人被诊断出患癌，那么他真正患癌的概率是 9/108，约等于 8.33%。正确选项应该是 B。从这个例子可以看出，绝大多数人还是不习惯用贝叶斯法则来思考问题，因而在用概率方式给出信息时凭直觉选择了 A 选项。

在生活中，直觉驱动导致的决策错误还有很多，在这里我们举几个例子简单说明。

1. 代表性直观推断

特沃斯基和卡尼曼（1974）发现，人们在判断 A 有多大可能性是由 B 产生的或者 A 有多大可能性属于集合 B 时，往往会根据 A 和 B 的相似程度来做出判断。为说明这一现象，特沃斯基和卡尼曼对一位名为琳达的女士进行了描述：

> 琳达 31 岁，单身，个性坦率，性格乐观。她主修哲学，在学生时代就非常关注歧视和社会公平问题，而且参加了反核武器游行。

根据描述，特沃斯基和卡尼曼给出了琳达的两种身份：

身份 A：琳达是一位银行发言人。

身份 B：琳达是一位银行发言人，她热衷于女权运动。

当人们被问到上述两个身份更可能是哪一个的时候，他们普遍选择了身份 B。人们选择身份 B 的原因在于对琳达的描述看起来与对一位女权运动家的描述非常相似。然而，如果我们稍微对概率有所了解就会发现事情并非如此。

我们假设社会中所有女权运动家构成的群体由圆形表示（即等于 $Y+Z$），社会中所有符合琳达描述的群体由椭圆形表示（即等于 $X+Y$）（见图 11－5）。根据人们的印象，女权运动家是符合描述的，换句话说，$\frac{Y}{Y+Z}$是一个比较大的数值。在当前这个问题中，我们需要判断的是“在符合描述的人群中，有多大比例的人会是女权运动家”。如果这个比例比较大，我们可以认为琳达有比较大的概率是女权运动家，进而选择 B；如果这个比例比较小，琳达是女权运动家的概率就比较小。然而，符合描述的人是女权运动家的比例等于$\frac{Y}{X+Y}$，这是一个与$\frac{Y}{Y+Z}$没有任何关系的数值。在对这一问题缺乏信息的情况下，我们用相似性替代概率进行了决策。

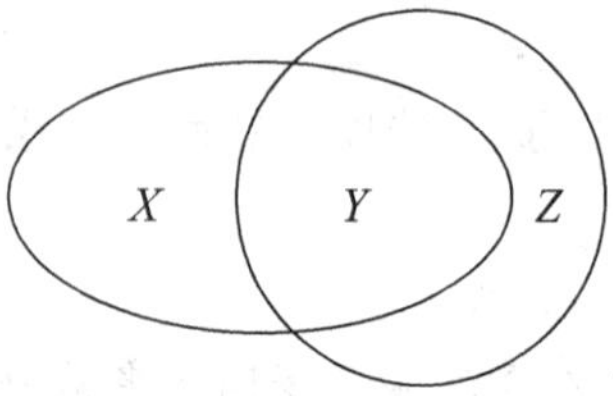

图 11－5

代表性直观推断导致的第二个偏差是人们对样本大小的忽视。当人们根据总体的一个样本对某一特定结论发生的概率进行估计时，往往会忽视样本的大小，而仅仅用总体的参数值对样本出现某一结果的概率进行估计。人们往往期盼在小样本里获得的概率分布与大样本是一样的。为说明这一问题，特沃斯基和卡尼曼讲述了下面的实验：

> 在一个城镇中有一大一小两个医院，大医院每天有 45 个婴儿出生，小医院每天有 15 个婴儿出生。如果总体上出生婴儿是男孩的概率等于 50%，那么在一年的时间内，男孩出生比例超过 60%的天数在哪个医院更高？
>
> A. 大医院
>
> B. 小医院
>
> C. 两个医院近似相等

在上述三个备选答案中，有超过 55%的本科生选择了最后一个答案。但事实上，对于大医院来说，由于它每天出生的婴儿数目更多，样本量更大，因此，用这个样本得到的统计值应该更接近总体的参数值。换句话说，在大医院每天出生的婴儿是男孩的概率应该更接近 50%。因此，大医院每天出生的婴儿是男孩的比例超过 60%的概率要比小医院小。

一方面，忽略样本大小意味着当人们不清楚数据产生过程的时候，他们通常会根据较小样本很快地对结论做出推断。例如，他们会将一个连续四次选出上涨股票的分析师视为一个天才分析师，因为连续四次荐股成功不是一个低劣或者普通分析师的代表性特征。另外，这一偏差也会产生所谓的“热手”（hot hand）现象。即一些球迷通常认为如果一个篮球运动员连续三次将球投入篮筐，那么就意味着这个球员目前手很“热”，下一次投篮他还是很有可能投中。然而，从大样本数据看这一结论并无根据。人们认为小样本也能反映总体特征的这种信念通常被称为“小数法则”（law of small number）（Rabin，2002）。

另一方面，如果人们事先知道数据产生过程，此时小数法则会导致赌博者形成错误的推论。例如，如果我们事先知道一枚均质的硬币连续出现了5次正面，这时人们会说“下一次应该出现反面了”。因为他们认为即便是在小样本情况下也应该出现掷均质硬币会出现的代表性特征（正、反面出现的概率各为50%），因此，为了使结果平衡，后面出现反面的次数应该会高一些。而实际情况是，如果硬币是均质的，那么无论前面掷出的结果如何，后面出现正面和反面的概率依然是相等的。

2. 锚定

特沃斯基和卡尼曼（1974）认为，当人们对某一事物进行估计的时候，通常会从某个（可能是随意产生的）初始值出发，然后在这个值的基础上进行调整。但是，实验表明，这种调整往往并不充分。换个角度说，就是人们在初始值上“锚定”得太多了。

在一个实验中，卡尼曼和特沃斯基从俄勒冈大学招募了一些学生，并要求他们估计联合国中有多大比例的国家来自非洲。但是，在回答问题之前，他们制作了一个标记有10和65两个数字的轮盘，转动轮盘后，指针会随机地停在某个数字上。他们让学生记下轮盘停下时指针指向的数字，然后问了学生两个问题：

A. 你刚才写下的关于非洲国家占联合国（所有成员国）的百分比的数字是大还是小？

B. 你认为联合国中非洲国家所占的比例最有可能是多少？

虽然实验的参与者都很清楚轮盘停下时指针指向的数字是随机的，在回答问题的时候完全不应该受这个数字的影响，但结果却显示，那些被要求将自己的答案与10%进行比较的人平均给出的估计值是25%；而被要求将自己的答案与60%进行比较的参与者，平均给出的估计值是45%。大家还是受到了初始值（即便没有任何参考价值）的影响。

锚定效应会导致投资者对新信息反应不足，造成过度保守的错误。例如，我们对公司未来盈利的预期通常会锚定在该公司过去几个季度的平均盈利水平上，或者锚定在多数分析师给出的预期上。在每个季度新的财务公告发布出来之后，我们有了新的盈利信息，应该利用新的信息修正我们对公司未来盈利的判断。但在实际投资过程中，由于我们的预期被锚定在历史信息上，导致对新信息的反应不足，从而导致所谓的“盈利公告后漂移”现象。

3. 可得性启发

关于可得性启发的理论研究的是人们如何对某类事件发生的概率做出估计。我们可以考虑下面两个问题：

A. 你认为，在人类死亡的原因中，被谋杀和中风的比例各是多少？

B. 你认为，在美国枪支致死案件中，用枪谋杀致死和用枪自杀致死的比例各是多少？

在对美国人的一项调查中，很多人认为被谋杀死亡和中风死亡之比差不多是1∶1；在枪支致死案中，被谋杀的比例远远高于自杀的比例。然而，实际情况是，被谋杀死亡和中风死亡之比在1∶11左右；而在枪支致死案中，被谋杀和自杀之比在1∶2左右。造成人们的估计出现巨大偏差的原因在于，在日常生活中，被谋杀死亡要比中风死亡或自杀死亡更容易受到媒体关注和报道，因此在回答上述问题的时候，大家就很容易回想起一桩桩谋杀案，进而高估这类事件发生的概率。

研究表明，人们会通过“实例呈现在大脑中的轻松程度”来判断事件发生的概率。一般而言，突出事件更容易让人轻松地回想起来；一个大事件会暂时提高此类事件的可得性；亲身经历、生动图片和鲜活例子比发生在别人身上的事情、单纯的文字或者统计数据更容易让人回想起来。如果我们很容易搜寻到某个实例，我们就会认为这类事件发生的概率很大，这就是所谓的“可得性启发”偏差。

4. 过度自信

所谓过度自信，是指人们对某件事情的判断过于肯定（Lichtenstein et al.，1982），或者说人们缩小对某一现象后验分布的判断范围。德邦特和泰勒（1994）认为“在心理学领域有关个人判断的研究成果中，最稳健的（robust）结论可能就是人们过度自信”。过度自信首先体现为人们对自己知识的精确程度过于高估（Alpert & Raiffa，1982；Fischhoof，Slovic & Lichtenstein，1977），这种现象在临床心理医生、工程师、银行家、医生和护士、律师、企业家、谈判专家以及职业经理等人员身上都得到了证实。

过度自信的另外一个重要的表现在于人们往往对自己有不切实际的正面的自我评价。大多数人都认为自己比平均水平要高，而且对自己的评价要高于别人对自己的评价。斯文森（Svenson，1981）和库珀等（Cooper et al.，1988）做了有趣的实验，前者的实验对象是美国的一些学生，调查人员让他们对自己驾车的安全水平进行评价，结果82%的学生认为自己驾车的安全性处于该组前30%的水平；后者的实验对象是2 994位新成立公司的企业主，调查发现，他们当中有81%的人认为自己的公司有超过70%的可能性获得成功，仅有39%的人认为同类企业有同样的概率获得成功。类似的研究还有很多，例如鲍姆哈特（Baumhart，1968）对个人对自己道德水平的评价的考察，以及拉伍德和惠特克（Larwood & Whittaker，1977）对管理才能的考察，温斯坦（Weinstein，1980）对健康状况的考察。这些研究都得到了近乎一致的结论。

当然，过度自信还表现在其他许多方面。例如，人们会高估他们做好一件事情的能力，而且高估的程度随着该事情对个体重要程度的增加而增加（Frank，1935）；人们常常对未来的事情抱有不切实际的乐观，他们往往认为好事会发生在自己身上而不是自己同伴身上（Weinstein，1980；Kunda，1987）；如果人们期待某个结果发生，而后来这一结果真的出现了，那么人们通常就会夸大自己在这一过程中的作用（Miller & Ross，1975）。

在金融市场中，过度自信会影响投资者对信息精确程度的估计，从而影响他们对未来价格的预期。举例来说，如果根据目前市场上出现的信息，某只股票明天的价格有70%的概率落在6～10元，那么过度自信的人就会缩小这一判断的价格区间，认为价格有70%的概率落在7～9元，从另一个角度说就是他们认为价格有80%的概率落在6～10元。图11-6将过度自信投资者和理性投资者对未来价格预测的概率分布进行了对比。其中曲线A为过度自信投资者认知中的概率分布，曲线B为理性投资者认知中的概率分布。从图11-6中可以看出过度自信的人高估了自己信息的精确度。

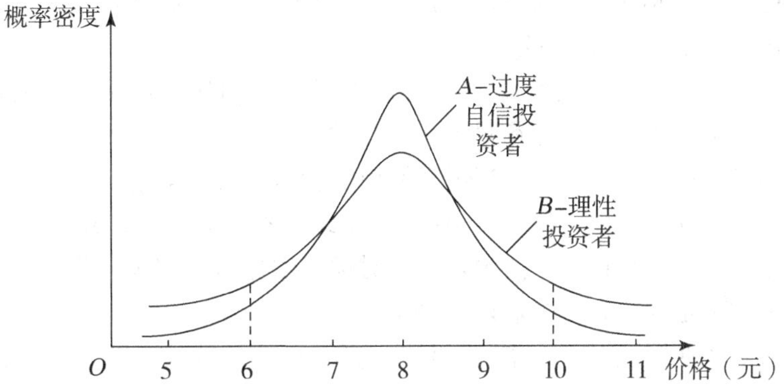

图 11-6 理性投资者和过度自信投资者对价格分布的不同观点

值得注意的一点是，过度自信和过度乐观既有联系又有不同。从对价格均值的预测来看，过度乐观的人提高好的结果出现的概率，降低坏的结果出现的概率。而过度自信的人是同时降低好的结果和坏的结果出现的概率，而提高了中间结果出现的概率。这就意味着过度自信投资者对价格方差的预测过低，从这个意义上可以认为他们过度乐观了。

二、偏好

投资者的决策过程其实是在一定信念之下，根据自己的偏好（preference）对各种方案进行评价和选择。因此，无论是对资产定价还是对个体交易行为进行研究，事先都要对投资者的偏好进行假定。关于偏好，现代金融学基本沿袭了冯·诺依曼和摩根斯坦（von Neumann & Morgenstern，1944）的定义，以及据此推导出的期望效用理论。然而，研究发现，人们在从事风险活动的时候往往会系统地违反期望效用理论。因此，在 20 世纪七八十年代出现了许多所谓的非期望效用理论（non-expected utility theory）。在这些理论当中，对金融学领域影响最大的当属卡尼曼和特沃斯基（1979）的“前景理论”。这一理论完全放弃了期望效用理论既要对理性选择行为进行规范又要对经济个体的真实选择进行描述的双重目标，把模型重点放在了解释经济个体的真实选择行为上。下面我们简单介绍前景理论以及由此引出的消费者偏好方面的非理性现象。

1. 前景理论

在实验研究以及对现实经济中个体真实选择行为进行观察的基础上，卡尼曼和特沃斯基（1979）提出了前景理论（prospect theory）。这一理论用价值函数（value function）取代了传统的期望效用函数，对经济个体在不确定情况下的偏好进行刻画。下面我们简要介绍价值函数的定义与特征。

假定经济个体面临不确定的收益，他有 p 的概率得到 x，有 q 的概率得到 y。其中，$x\leqslant 0\leqslant y$ 或者 $y\leqslant 0\leqslant x$，下面就用 $(x, p; y, q)$ 来刻画这种不确定的收益。对于经济个体来说，这一不确定收益的价值可以用如下函数表示：

$$V(x, p; y, q)=\pi(p)v(x)+\pi(q)v(y)$$

其中，$v(x)$ 是经济个体的价值函数；$\pi(p)$ 是一个概率转换函数，在这里作为决策的权重。$v(x)$ 和 $\pi(p)$ 有如下几个特征：

第一，价值函数定义为经济个体的财富对参照点（reference point）的偏离程度，而不是财富的绝对水平。用财富变化衡量效用变化并不是卡尼曼和特沃斯基最先提出的，早在 20 多年前，马科维茨（1952）就已经开始使用这种形式的函数。而且，在很多研究中，人们也用财富的变化来测度效用（Davidson，Suppes & Siegel，1957；Mosteller & Nogee，1951）。更一般地，在日常生活中，很多时候我们也是仅仅关注指标的相对变化，而不考虑绝对水平究竟是什么，例如温度、亮度等。

第二，价值函数在财富增加阶段是凹的，在财富减少阶段是凸的，即：如果 $x>0$，$v''(x)<0$；如果 $x<0$，$v''(x)>0$。这一特征背后的心理学依据在于，人们对某一物理变化程度的心理反应是凹的。例如，室温从 3 ℃到 6 ℃的变化带给人们的感觉差异要大于室温从 13 ℃到 16 ℃的变化导致的感觉差异。同样，收益从 10 元到 20 元的变化带给人们的感觉差异也要大于收益从 110 元到 120 元的变化导致的感觉差异。这一特征描述了人们在面对财富增加的时候倾向于规避风险，从而获得确定的收入；而在面对财富损失的时候倾向于冒险，从而避免确定的收入降低。例如，在以 50%的概率获得 1 000 元和以 100%的概率获得 500 元之间，多数人会倾向于选择后者，从而使收入“落袋为安”；而在以 50%的概率损失 1 000 元和以 100%的概率损失 500 元之间，人们又会倾向于选择前者，从而使自己有机会不发生任何损失。

第三，价值函数在财富增加阶段的斜率要小于在财富减少阶段的斜率，换句话说，在参照点左侧价值函数更为陡峭。从心理学的角度看，这种函数特征反映了人们对财富减少的敏感度高于对财富增加的敏感度。价值函数的第二和第三个特征体现了经济个体损失规避（loss aversion）的心理，它有助于我们理解人们为什么不愿意参加一个（10，0.5；−10，0.5）的赌博。因为根据雷宾（Rabin，2000）以及雷宾和泰勒（2001），如果一个目标是期望效用最大化的个体在任何财富水平上都拒绝一个（10，0.5；−10，0.5）的赌博，那么他就会拒绝一个（20 000 000，0.5；−1 000，0.5）的赌博。这就意味着，在金额较小的赌博中被认为合理的风险规避程度在金额较大的赌博中被认为是极度不合理的风险规避程度。之所以出现这种结果，原因在于对一个定义在财富绝对水平上的平滑、递增、凹的效用函数来说，如果它在较大财富范围内的任何一个局部都足够凹［例如，拒绝参加一个（11，0.5；−10，0.5）的赌博］，那么从全局来看这个效用函数就会是一个异常凹的函数，这意味着经济个体在金额较大的赌博中表现出极度不合理的风险规避程度。然而，这种不合理性在前景理论中就不再存在。由于经济个体存在损失规避的心理，一定量财富的增加带来的价值增加在数值上要低于财富的等量减少带来的价值降低，因此，整体来看，一个（10，0.5；−10，0.5）的赌博带来的价值变化是负的。经济个体自然会拒绝参与这种赌博。

第四，决策权重是主观概率 p 的函数，即 $\pi(p)$。这一函数有下面几个性质：首先，我们忽略不可能发生的事件，同时要将权重函数单位化，也就是说，$\pi(0)=0$，$\pi(1)=1$。其次，在决策时，小概率事件的重要性被放大了，也就是说，当 p 值较小时，$\pi(p)>p$。这意味着人们常常会在以 0.001 的概率获得 5 000 元收入和以 1 的概率获得 5 元收入之间选择前者；而在以 0.001 的概率损失 5 000 元和以 1 的概率损失 5 元之间又往往会选择后者。决策权重的这一特征解释了为什么在生活中有些人会在购买彩票的同时进行保险。最后，对于所有的 $0<p，q，r\leqslant 1$，$\pi(pq)/\pi(p)\geqslant\pi(pqr)/\pi(pr)$。这意味着，如果两件事发生的主观概率之比是既定的（也就是 q 既定），那么当这两件事发生的概率比较低时，人们对这两件事重视程度的差别也就比较小。例如，$\pi(0.2)/\pi(0.1)<\pi(1)/\pi(0.5)$，其含义就是主观概率从 0.5 上升到 1（一倍的升幅）要比主观概率从 0.1 上升到 0.2（也是一倍的升幅）更能引起人们的注意。

在前景理论中价值函数和决策权重的上述特征可以用图 11－7 来刻画。

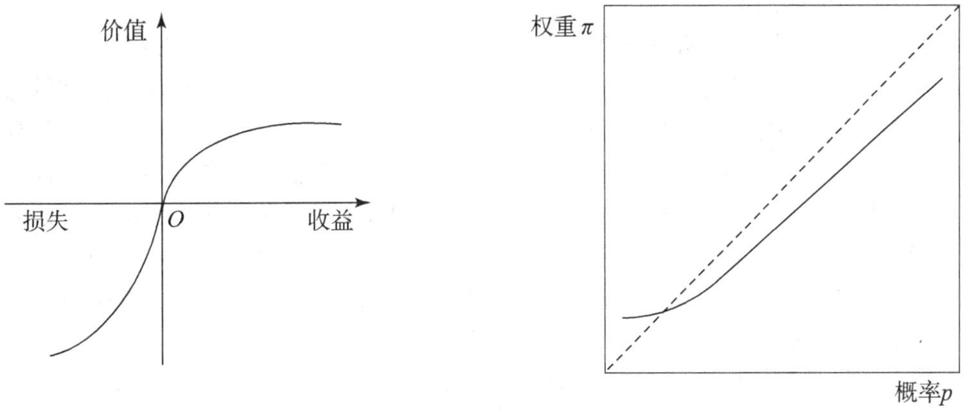

图 11－7　卡尼曼和特沃斯基（1979）中的价值函数和概率转换函数

2. 景框理论

在冯·诺依曼和摩根斯坦（1944）对个体偏好的描述中，一个重要的假设是备选方案陈述角度的变化不会改变人们对备选方案的偏好和选择。然而，研究发现人们在现实中的许多选择与这一假设是相违背的。在许多实验中，大约 30%～40%的偏好变化是由对问题描述角度的变化引起的。在景框理论（framing theory）中，有这么一个例子经常被引用（Belsky & Gilovich，1999）：

> 假设你是一场战役的指挥官，带领 600 名士兵开赴目的地。现在有两条行军路线可供选择。下面是从不同的角度对选择路线后军队伤亡情况的描述。
>
> 表述 1：
>
> 如果选择路线 A，会有 200 名士兵存活下来；如果选择路线 B，有 1/3 的概率全部士兵都能存活，有 2/3 的概率没有一名士兵能够存活下来。
>
> 表述 2：
>
> 如果选择路线 A，会有 400 名士兵死亡；如果选择路线 B，有 1/3 的概率全部士兵都不会死亡，有 2/3 的概率全部士兵都会死亡。

上面两个对伤亡的表述本质上是一样的，只不过表述 1 是从能够获得的收益角度进行描述，表述 2 则是从可能造成的损失角度进行描述。然而，当面对表述 1 的时候，大多数人倾向于选择路线 A；当面对表述 2 的时候，大多数人倾向于选择路线 B。这就意味着，描述角度或者景框（frame）的变化影响了人们的选择。类似的实验还有很多，这些实验结果都反映出一个共同的问题：当从损失的角度对备选方案进行描述时，人们倾向于选择有风险的方案；当从收益的角度对备选方案进行描述时，人们倾向于选择确定的方案。

景框的作用使得人们在进行决策的时候通常会割裂当前的问题与未来可能面临的问题之间的关系，或者在考虑当前问题的时候忽视未来可能面临类似问题的可能性。换句话说，人们在对一个不确定性事件进行评估的时候往往把这个事件看作他们面临的唯一一个不确定性事件，而不是将该事件与以往或者未来可能发生的事件结合起来，然后在一个整体的框架下考虑如何对当前事件进行决策。这也就是决策过程中经常出现的所谓“狭窄的景框”（narrow frames）。

关于“狭窄的景框”，瑞德麦尔和特沃斯基（Redelmeier & Tversky，1992）进行了一个直观的实验。他们提供了一个（2 000，0.5；−500，0.5）的赌博机会，也就是说，参与者有50%的概率获得2 000美元，有50%的概率损失500美元。当参与者被问到是否愿意参加一次这种赌博的时候，57%的人拒绝了。当参与者被要求在参加5次这种赌博和参加6次这种赌博两者之间进行选择的时候，70%的人选择参加6次这种赌博。最后，参与者被问到“假设你已经参加了5次上述赌博，但是不知道赌博的结果，这个时候你是否愿意再参加一次这种赌博”，结果60%的人选择了拒绝。这与第二种情况下参与者的偏好（30%的人拒绝）是相反的，而与第一种情况下参与者的偏好（57%的人拒绝）是一致的。

造成上述结果的原因在于，人们看问题的视角太窄，他们在处理当前问题的时候没有考虑到未来面临类似问题的可能性。而这种孤立的选择行为往往会给经济个体带来财富的损失。特沃斯基和卡尼曼（1986）描述了下面这个著名的实验。

假设你同时面临如下两个不确定性问题，在每个问题中都要从两个备选方案中选择自己偏好的一个：

问题1：
A. 有100%的概率获得240美元。(84%)
B. 有25%的概率获得1 000美元，有75%的概率得不到任何东西。(16%)
问题2：
C. 有100%的概率损失750美元。(13%)
D. 有75%的概率损失1 000美元，有25%的概率什么都不损失。(87%)

括号中的数字是参加实验的人员对两个方案的选择比例。看起来都没有什么问题：在面临收益时人们倾向于风险规避；在面临损失时人们倾向于风险偏好。然而，由于上面两个决策是同时进行的，因此这就意味着A、D的组合要优于B、C的组合。利用简单的概率论知识，我们可以得到：

A和D：有25%的概率获得240美元，有75%的概率损失760美元。
B和C：有25%的概率获得250美元，有75%的概率损失750美元。

这就意味着，如果一个经济个体在某些情况下是风险规避的，在某些情况下是风险偏好的，那么他就会在某些时候为规避风险支付溢价，在另外一些时候为追求风险支付溢价。

“心理账户”（mental accounting）是“狭窄的景框”的另一个体现。研究表明，人的头脑里有一个心理账户，把实际上客观等价的支出或收益在心理上划分到不同的账户中。心理账户的存在影响着人们以不同的态度对待不同的支出和收益，从而做出不同的决策。例如，人们会把工资划归到靠“勤劳致富”账户中；把奖金视为一种额外的恩赐，放到“奖励”账户中；将赌博赢来的钱放到“天上掉下的馅饼”账户中。而且大家对不同账户财富的态度也是不同的。例如，如果某天在工资收入之外意外地获得了一小笔财富，那么人们更加倾向于把它花掉而不是像工资收入一样储蓄起来。

专栏 11－3　　传奇睡袍男

有一对新婚夫妇到赌城拉斯维加斯度蜜月。他们花 1 000 美元在赌场里玩了一天，结果如大部分来到拉斯维加斯的人一样，他们输掉了全部的赌本。晚上，他们回到酒店准备休息，丈夫发现自己的裤兜里还有一枚价值 5 美元的筹码，上面莫名其妙地贴着一张纸条，纸条上面写着数字“17”。丈夫认为这是神对他的某种启示，衣服都顾不上换，穿着睡袍就跑到了楼下的赌场，将这枚筹码压在了数字 17 上。结果，他果真获得了胜利，赔率是 1∶35，他获得了 175 美元；他又将这 175 美元压到 17 上，结果他又赢了，获得了 6 125 美元；接下来，这名男子如有神助，不断将赌注下在数字 17 上，不断获得胜利。几局之后，他的赌金积累到了 2.6 亿美元。然而，当他将全部赌资再次压到 17 上时，幸运女神却悄悄离开了他，赌局的结果是 18，他输掉了所有的钱。于是，他悻悻然地回到房间。焦急等待他的妻子问他去哪里了，他回答：“我又去赌了几把。”妻子问：“结果怎么样？”他回答：“没怎么样，我输了 5 美元。”在这个例子中，丈夫显然是将自己原有的钱与赌博赢得的钱划分到不同的心理账户中了。

本章小结

本章介绍了有效市场假说的发展史、定义以及遭遇的挑战，进而引入行为金融学的基本概念和框架。如果在市场上资产价格能够迅速反映资产价值，市场就是有效的。市场有效性有三种形式：如果在市场上资产价格能够反映所有的历史信息，那么就称市场是弱式有效的。如果在市场上资产价格能够反映所有的公开信息，那么就称市场是半强式有效的。如果在市场上资产价格能够反映所有的公开和非公开信息，那么就称市场是强式有效的。

市场有效性得以实现的条件包括：

（1）所有的投资者都是理性的，从而能够理性地为证券定价。

（2）有部分投资者是非理性的，但他们的交易行为是随机的，这样，他们的交易活动对资产价格的扭曲就会相互抵消，而价格依然是由理性投资者决定。

（3）有部分投资者是非理性的，而且他们的非理性行为有某种系统的一致性，但是市场中存在理性的套利者。套利者通过套利交易纠正非理性投资者对价格造成的扭曲。

行为金融学的发展有两个基础：投资者的非理性和套利受限。

问题与应用

1. 如果市场是弱式有效的，利用下面哪些信息可能获得超额收益？

（1）上海证券交易所的交易记录显示，公司A出现单笔1万手的买单。

（2）深圳证券交易所披露，公司B的高管集体增持公司1 000万股股票。

（3）公司C今年财务报告的复印本。

（4）公司D即将进行定向增发。

2. 以下哪些情况与市场弱式有效结论是相违背的？

（1）量化投资利用复杂的计算机程序对过去的股票价格进行分析，从而发现股票价格运行规律，获得超额收益。

（2）有人发现，如果前一天的股票收盘价的最后一位数是6或者8，那么第二天股票价格会上涨。

（3）对《纽约时报》头条新闻字号的大小与下一天股票指数变化的大小进行比较，发现二者之间存在正相关关系。

（4）持续对100位基金经理进行问卷调查，询问他们对股市未来走势的看法，结果发现基金经理们的判断与股市未来走势之间有显著的负相关关系。

3. 有效市场假说预示着长期来看投资者的超额收益应该等于零。而在现实中我们发现巴菲特能够长期战胜市场。这一现象是否意味着市场不是有效的？

4. 如果某个基金经理在某一年通过对市场的分析使得自己的投资收益比当年指数的收益高出0.2%，那么这是否意味着证券分析是有效的？

推荐阅读材料、网站

［1］行为金融学文献网站：http://www.behaviouralfinance.net。

［2］行为金融学文献综述："A Survey of Behavioral Finance," http://www.nber.org/papers/w9222。

参考文献

［1］Alpert, M, and Raiffa, H. (1982), "A Progress Report on the Training of Probability Assessors," in Kahneman, D., Slovic, P., and Tversky, A. (eds), *Judgment under Uncertainty: Heuristics and Biases*, Cambridge: Cambridge University Press.

［2］Ball, R., and Brown, P. (1968), "An Empirical Evaluation of Accounting Income Numbers," *Journal of Accounting Research*, 6 (2), 159 - 178.

［3］Banz, R. W. (1981), "The Relationship between Return and Market Value of Common Stocks," *Journal of Financial Economics*, 9 (1), 3 - 18.

［4］Barber, B. M., and Odean, T. (2008), "All That Glitters: The Effect of Attention and News on the Buying Behavior of Individual and Institutional Investors," *The Review of Financial Studies*, 21 (2), 785–818.

[5] Barberis, N., and Thaler, R. (2003), "A Survey of Behavioral Finance," *Handbook of the Economics of Finance*, 1, 1053–1128.

[6] Baumhart, R. C. (1968), *An Honest Profit: What Businessmen Say about Ethics in Business*, New York: Holt, Rinehart & Winston.

[7] Belsky, G., and Gilovich, T. (1999), *Why Smart People Make Big Money Mistakes and How to Correct Them: Lessons from the New Science of Behavioral Economics*, New York: Simon and Schuster.

[8] Cooper, A. C., Woo, C. Y., and Dunkelberg, W. C. (1988), "Entrepreneurs' Perceived Chances for Success," *Journal of Business Venturing*, 3 (2), 97–108.

[9] Cowles, A. (1933), "Can Stock Market Forecasters Forecast?" *Econometrica*, 1 (3), 309–324.

[10] Cowles, A. (1944), "Stock Market Forecasting," *Econometrica*, 12 (3), 206–214.

[11] Davidson, D., Suppes, P., and Siegel, S. (1957), *Decision Making: An Experimental Approach*, Palo Alto: Standford University Press.

[12] De Bondt, W. F., and Thaler, R. H. (1985), "Does the Stock Market Overreact?" *The Journal of Finance*, 40 (3), 793–805.

[13] De Bondt, W. F., and Thaler, R. H. (1995), "Financial Decision-making in Markets and Firms: A Behavioral Perspective," *Handbooks in Operations Research and Management Science*, 9, 385–410.

[14] Fama, E. F. (1965), "The Behavior of Stock-Market Prices," *The Journal of Business*, 38 (1), 34–105.

[15] Fama, E. F. (1970), "Efficient Capital Markets: A Review of Theory and Empirical Work," *The Journal of Finance*, 25 (2), 383–417.

[16] Fama, E. F., and French, K. R. (1992), "The Cross-Section of Expected Stock Returns," *The Journal of Finance*, 47 (2), 427–465.

[17] Finnerty, J. E. (1976), "Insiders and Market Efficiency," *The Journal of Finance*, 31 (4), 1141–1148.

[18] Fischhoff, B., Slovic, P., and Lichtenstein, S. (1977), "Knowing with Certainty: The Appropriateness of Extreme Confidence," *Journal of Experimental Psychology: Human Perception and Performance*, 3 (4), 552–564.

[19] Frank, J. D. (1935), "Individual Differences in Certain Aspects of the Level of Aspiration," *The American Journal of Psychology*, 47 (1), 119–128.

[20] Froot, K. A., and Dabora, E. M. (1999), "How Are Stock Prices Affected by the Location of Trade?" *Journal of Financial Economics*, 53 (2), 189–216.

[21] Grossman, S. J., and Stiglitz, J. E. (1980), "On the Impossibility of Informa-

tionally Efficient Markets," *The American Economic Review*, 70 (3), 393 - 408.

[22] Huberman, G., and Regev, T. (2001), "Contagious Speculation and a Cure for Cancer: A Nonevent that Made Stock Prices Soar," *The Journal of Finance*, 56 (1), 387 -396.

[23] Jaffe, J. F. (1974), "Special Information and Insider Trading," *The Journal of Business*, 47 (3), 410 - 428.

[24] Jegadeesh, N., and Titman, S. (1993), "Returns to Buying Winners and Selling Losers: Implications for Stock Market Efficiency," *The Journal of Finance*, 48 (1), 65 - 91.

[25] Jensen, M. C. (1968), "The Performance of Mutual Funds in the Period 1945 - 1964," *The Journal of Finance*, 23 (2), 389 - 416.

[26] Kahneman, D., and Tversky, A. (1979), "Prospect Theory: An Analysis of Decision Making under Risk," *Econometrica*, 47 (2), 263 - 292.

[27] Kendall, M. G. (1945), "On the Analysis of Oscillatory Time-Series," *Journal of the Royal Statistical Society*, 108 (1/2), 93 - 141.

[28] Kunda, Z. (1987), "Motivated Inference: Self-serving Generation and Evaluation of Causal Theories," *Journal of Personality and Social Psychology*, 53 (4), 636 - 647.

[29] Larwood, L., and Whittaker, W. (1977), "Managerial Myopia: Self-serving Biases in Organizational Planning," *Journal of Applied Psychology*, 62 (2), 194 - 198.

[30] Markowitz, H. (1952), "The Utility of Wealth," *Journal of Political Economy*, 60 (2), 151 - 158.

[31] Mehra, R., and Prescott, E. C. (1985), "The Equity Premium: A Puzzle," *Journal of Monetary Economics*, 15 (2), 145 - 161.

[32] Miller, D. T., and Ross, M. (1975), "Self-serving Biases in the Attribution of Causality: Fact or Fiction?" *Psychological Bulletin*, 82 (2), 213 - 225.

[33] Mosteller, F., and Nogee, P. (1951), "An Experimental Measurement of Utility," *Journal of Political Economy*, 59 (5), 371 - 404.

[34] Rabin, M. (2000), "Diminishing Marginal Utility of Wealth Cannot Explain Risk Aversion," in Kahneman, D., and Tversky, A. (eds.), *Choices, Values, and Frames*, New York: Cambridge University Press.

[35] Rabin, M. (2002), "Inference by Believers in the Law of Small Numbers," *The Quarterly Journal of Economics*, 117 (3), 775 - 816.

[36] Rabin, M., and Thaler, R. H. (2001), "Anomalies: Risk Aversion," *Journal of Economic Perspectives*, 15 (1), 219 - 232.

[37] Redelmeier, D. A., and Tversky, A. (1992), "On the Framing of Multiple Prospects," *Psychological Science*, 3 (3), 191 - 193.

[38] Shleifer, A. (2003), *Inefficient Markets: An Introduction to Behavioral Finance*, Oxford: Oxford University Press.

[39] Svenson, O. (1981), "Are We All Less Risky and More Skillful Than Our Fellow Drivers?" *Acta Psychologica*, 47 (2), 143 - 148.

[40] Tversky, A., and Kahneman, D. (1974), "Judgment under Uncertainty: Heuristics and Biases: Biases in Judgments Reveal Some Heuristics of Thinking under Uncertainty," *Science*, 185 (4157), 1124 - 1131.

[41] Tversky, A., and Kahneman, D. (1986), "The Framing of Decisions and the Evaluation of Prospects," *Studies in Logic and the Foundations of Mathematics*, 14, 503 - 520.

[42] von Neumann, J., and Morgenstern, O. (1944), *Theory of Games and Economic Behavior*, Princeton: Princeton University Press.

[43] Weinstein, N. D. (1980), "Unrealistic Optimism about Future Life Events," *Journal of Personality and Social Psychology*, 39 (5), 806 - 820.

[44] Working, H. (1934), "A Random-difference Series for Use in the Analysis of Time Series," *Journal of the American Statistical Association*, 29 (185), 11 - 24.

第四篇　开放金融理论与政策

第十二章
汇率决定与汇率制度选择

学习目标

1. 掌握汇率决定的主要因素以及汇率变动的经济影响。
2. 熟悉汇率制度选择的依据和影响。
3. 全面了解国际货币体系的历史沿革与人民币国际化的战略意义。

第一节　汇率决定与汇率变动

一、典型金本位制度下的汇率决定

1816年英国颁布《金本位制度法案》，标志着金本位制度最早在英国诞生。此后，德国等欧洲国家和美国也陆续实行金本位制度。金本位制度具体包括金铸币本位制、金块本位制和金汇兑本位制三种形式，其中金铸币本位制是典型的金本位制度，后两种是削弱了的、变形的金本位制度。

典型金本位制度的特点是：各国货币均以黄金铸成，金币有一定的重量和成色，有法定含金量；金币可以自由流通、自由铸造、自由输出入，具有无限清偿能力；辅币和银行券可以按票面价值自由兑换为金币。

（一）铸币平价决定汇率基础

在这种制度下，各国货币均以黄金作为统一的币材、统一的价值衡量标准，尽管它们在重量、成色等方面有不同的规定，但在国际结算和国际汇兑领域都可以按各自的含金量加以比较，从而确定货币比价。因此，在金本位制度下两种货币的含金量之比，即铸币平价（mint par），就成为决定两种货币汇率的基础。

以英美两国为例。在1929年以前，英国规定1英镑含金量为113.001 6格令，美国规定1美元含金量为23.22格令，所以英镑与美元的铸币平价即各自含金量之比等于4.866 6。这就是英镑与美元之间汇率的决定基础，它建立在两国货币法定含金量的基础上，而法定含金量一经确定通常不会轻易改变，因此，作为汇率基础的铸币平价是比较稳定的。

（二）外汇供求造成汇率在黄金输送点间有限波动

铸币平价未必等于汇率，因为汇率水平还会受到外汇供求关系等多种因素的影响。正如商品价格取决于商品价值，供求关系会使价格围绕价值上下波动一样，在外汇市场上，汇率也是以铸币平价为中心，在外汇供求关系的作用下上下波动。当某种货币供不应求时，其汇价会上涨，超过铸币平价；当某种货币供大于求时，其汇价会下跌，低于铸币平价。

在金本位制度下，外汇供求关系变化主要是由于国际贸易所引起的债权债务清偿。如果国际贸易以出口方货币结算，那么当一国出现大量贸易顺差时，在外汇市场上对该国货币的需求旺盛，外汇供给增加，导致本币升值；当一国出现大量贸易逆差时，在外汇市场上对外汇的需求增加，本币供给增加，导致本币贬值。

值得注意的是，在金本位制度下由供求关系变化造成的汇率变动并不是无限制地上涨或下跌，而是被界定在铸币平价上下一定范围内。上下临界汇率就是黄金输送点（gold point），上限为黄金输出点，下限为黄金输入点。在金本位制度下黄金可以自由熔化、自由铸造和自由输出入，使得黄金可以代替货币、外汇汇票等支付手段用于国际债务清偿。所以当某种货币的汇率超过黄金输送点时，在外汇市场上买卖外汇还不如直接运送黄金到贸易对手国，因为后者的成本会更低。黄金输出（入）点等于铸币平价加上（减去）两国之间运输黄金所需的运输费、保险费、包装费以及改铸费等额外费用。

由此可见，在金本位制度下，由于黄金输送点的制约，在外汇市场上汇率的波动总是被限制在一定范围内，最高不超过黄金输出点，最低不低于黄金输入点。因此，由供求关系变化导致的汇率波动是有限度的，汇率制度也是相对稳定的。

二、信用货币制度下的汇率决定

在不兑换银行券制度逐渐取代金属货币制度之后，全球外汇市场上的汇率表现变幻莫测，汇率决定问题更加复杂，对其作用机制的理论描述也越来越多样化。西方主流汇率决定理论试图从不同角度对信用货币制度下汇率如何决定以及汇率因何变动等关键问题做出合理解释。

（一）对价格、利率与汇率关系的探求

黄金因其内在价值而能够流通，纸币却只在流通中才有价值。随着典型金本位制度在第一次世界大战期间被迫终止，铸币平价无法再充当汇率决定的基础，于是代表货币价值的购买力就成为汇率决定理论关注的重点。

1. 购买力平价说

购买力平价说（theory of purchasing power parity）是一种比较古老的学说，其思想

萌芽甚至可以追溯到16世纪中期。当时西班牙萨拉曼卡学派提出，本币供给量增加引起国内价格上涨进而导致本币对外贬值。但真正对这一理论做出系统性阐述并使之成为最重要汇率决定理论之一的是20世纪初的瑞典学派。1922年斯德哥尔摩大学经济学教授古斯塔夫·卡塞尔（Custav Cassel）出版《1914年以后的货币与外汇》一书，以较成熟的形式提出了汇率如何决定的购买力平价理论。

该理论假定一价定律成立，即在忽略交易成本（如运输费用）和市场摩擦（如贸易壁垒、关税等）的完全市场上，同样的货物无论是在哪个国家，以同一种货币计量的出售价格都应该相同［见式（12.1）］。因此，购买力平价说认为，在一定时点上两种货币的均衡汇率取决于两国货币各自所具有的购买力之比［即绝对购买力平价说，见式（12.2）］；汇率变动取决于两国货币购买力的变动或者理解为由两国通货膨胀的差异决定［即相对购买力平价说，见式（12.3）］。

若P表示商品价格，下标h代表以本国货币计价，下标f代表以外国货币计价，S为用直接标价法表示的两国汇率，那么一价定律成立意味着对任意商品k均有：

$$P_h^k=S\times P_f^k \tag{12.1}$$

把任一种商品的价格替换成能够反映两国货币一般购买力的商品篮子的价格水平，即可得到汇率决定的绝对购买力平价公式：

$$S=\frac{P_h}{P_f} \tag{12.2}$$

但在现实中很难找到具有同样结构和权重的理想化商品篮子，所以绝对购买力平价几乎没有可操作性。第一次世界大战结束后，各国普遍经历了通货膨胀，外汇市场上的汇率水平也不断波动。于是，经济学家修正绝对购买力平价，提出了相对购买力平价——当两国都发生通货膨胀时，两个时点的名义汇率之比等于两国一般物价指数之比。

若p_h表示考察期内本国物价上涨百分比，p_f表示考察期内外国物价上涨百分比，下标t代表距离基期的时间长度，则相对购买力平价可以表示为：

$$\frac{S_t}{S_0}=\frac{1+p_h}{1+p_f} \tag{12.3}$$

购买力平价说从货币所代表的价值角度来分析汇率决定，直指问题的本质，可看作均衡汇率决定理论。它将汇率水平与物价指数联系起来，与“货币的对内价值决定其对外价值”的一般研究思路相吻合，符合逻辑，说服力强。它为长期汇率预测提供了较好的方法，因为从长期看汇率走势与购买力平价趋势基本一致。

但是购买力平价说以货币数量论为理论基础，将汇率变动完全归因于购买力的变化。这便忽视了国际资本流动、贸易条件、生产成本等其他因素对汇率的影响，甚至也忽视了汇率变动对购买力的反作用。此外，在物价指数选择上也始终存在难题。以至于有学者认为该理论在统计学上具有欺骗性，人们可以通过精心选择所用的商品来获得对某国有利或不利的结果。

2. 费雪效应和国际费雪效应

费雪效应最早在1930年由美国经济学家欧文·费雪提出，反映了一国名义利率、实际利率和通货膨胀率之间的关系，即当预期通货膨胀率上升时，名义利率也将上升。若用 i 表示名义利率，用 r 表示实际利率，用 p 表示通货膨胀率，则费雪效应可用公式表示为：

$$1+i=(1+r)\times(1+p) \tag{12.4}$$

现在把分析框架拓展到开放经济条件下。已知在一价定律条件下，在没有政府干预的完全市场上，相对购买力平价［式（12.3）］成立；同时，一价定律成立表明国内外实际利率相等，即 $r_h=r_f$。于是得到以下推导过程：

$$\frac{S_t}{S_0}=\frac{1+p_h}{1+p_f}=\frac{(1+p_h)\times(1+r_h)}{(1+p_f)\times(1+r_f)}$$

$$\frac{S_t}{S_0}=\frac{1+i_h}{1+i_f} \tag{12.5}$$

由费雪效应可知，式（12.5）与式（12.3）是等价的。因为当一价定律成立时，两国名义利率之差等于两国通货膨胀率之差。因此，可以利用两国的利率差异来预测浮动汇率制度下的即期汇率，这被称作国际费雪效应（international Fisher effect）［式（12.5）］。

与购买力平价说一样，国际费雪效应也更适用于预测长期汇率的变动方向，在短期预测上则会与实际数据形成较大偏差。这可能是因为引起短期汇率变动的因素更加多样，或者是因为交易成本存在或套汇行为扭曲等的影响。在多数情况下汇率变动幅度会大于两国利率之差。

3. 利率平价说

利率平价说（theory of interest rate parity）的思想起源可以追溯到19世纪60年代。1923年凯恩斯在其著作《论货币改革》中第一次系统地阐述了利率与汇率之间的关系，初步建立了古典利率平价理论框架。凯恩斯把汇率决定的研究视角从实物经济部门转向货币经济部门，认为汇率本质上是由两国货币资产的相对价格决定的。两国间的利差导致了国际资本流动，从而对汇率特别是短期汇率变动具有决定性作用，远期汇率则取决于两国间的利差并向利差自动调整。因此，该理论也被称作远期汇率决定理论。

在凯恩斯之后，英国经济学家艾因齐格（Einzig，1937）在《远期外汇理论》一书中提出利率平价理论的“互交原理”，揭示了即期汇率、远期汇率、利率、国际资本流动之间的相互影响，从动态的角度考察了利率与远期汇率的关系，使得古典利率平价体系真正建立了起来。

从20世纪50年代开始，很多西方学者在古典利率平价理论的基础上，结合国际金融市场新格局，对远期汇率决定进行了更加系统的研究，并对利率平价理论进行了新的补充和完善，形成了现代利率平价理论，包括抛补利率平价（covered interest rate parity）和无抛补利率平价（uncovered interest rate parity）两个方面。

（1）抛补利率平价说。

若以 i_h、i_f 分别表示国内外相似资产的收益率，用 F 表示直接标价法下的远期汇率，则当在国际金融市场上一价定律成立时，得到抛补利率平价公式：

$$\frac{F}{S}=\frac{1+i_h}{1+i_f} \tag{12.6}$$

由该式可知，若国内利率高于国外利率，则远期汇率升水；若国内利率低于国外利率，则远期汇率贴水。在抛补套利活动中，套利与掉期交易（通过即期外汇交易实现资本从低利率国家流向高利率国家，同时通过远期外汇交易兑换回原货币）相结合可以规避外汇风险。只有当远期汇率升贴水幅度等于两国利率之差时，抛补套利活动才会停止。

（2）无抛补利率平价说。

如果在套利活动中不采用掉期交易规避风险，那么在套利期满兑换回原货币时将使用未来某个时点的即期汇率。若用 S_t^e 表示预期的未来即期汇率，则得到无抛补利率平价公式：

$$\frac{S_t^e}{S_0}=\frac{1+i_h}{1+i_f} \tag{12.7}$$

其含义是本国货币的预期贬值（升值）幅度（或者预期的汇率变化率）等于本国利率高于（低于）外国利率的水平。这无论是在形式上还是在实质上都几乎完全等同于国际费雪效应［式（12.5）］。

利率平价理论从资本流动的角度考察汇率与利率之间的密切关系，贴近外汇市场上现实的汇率形成机制，因此具有较大的实践价值。但由于忽略外汇交易成本，并假定国际资本完全流动、套利资本规模无限、套利者只追求短期投资收益等，利率平价理论仍与现实世界存在较大出入。

（二）从国际借贷说到国际收支说

信用货币制度下的汇率无论是固定的还是浮动的，都失去了保持汇率稳定的基础，而且外汇市场上的汇率波动也不再受黄金输送点的制约。所以，任何能够引起外汇供求关系变化的因素都会造成汇率行情的变动。从外汇供求关系角度讨论汇率决定的理论渊源可以追溯到 14 世纪，而比较系统的阐述应属出现并盛行于金本位制时期的国际借贷说以及后来在布雷顿森林体系实行期间形成的国际收支说。

国际借贷说被视为国际收支说的早期形式，在 1861 年由英国学者葛逊（George Goschen）提出。该理论认为汇率作为外汇的价格，取决于外汇供求流量，而外汇供求流量来自国际收支，但是并没有指出影响外汇供求和国际收支的具体因素。

第二次世界大战后，随着凯恩斯主义宏观经济分析被广泛运用，很多学者利用凯恩斯模型来说明影响国际收支的主要因素，分析这些因素如何通过国际收支作用于汇率，从而形成国际收支说的现代形式。弹性分析法、吸收分析法、蒙代尔-弗莱明模型等都从国际收支平衡角度讨论了汇率决定问题。

国际收支平衡的条件是经常账户差额等于资本账户差额。国内外居民收入、价格水平、利率以及人们对未来汇率的预期等因素正是通过影响进出口及国际资本流动，进而影响国际收支平衡以及均衡汇率水平（见图 12－1）。

例如，本国居民收入增长将增加进口，引起本国国际收支赤字，使外汇市场出现超额外汇需求，本币趋于贬值；外国居民收入增加，使得本国的出口增加，引起本国国际收支

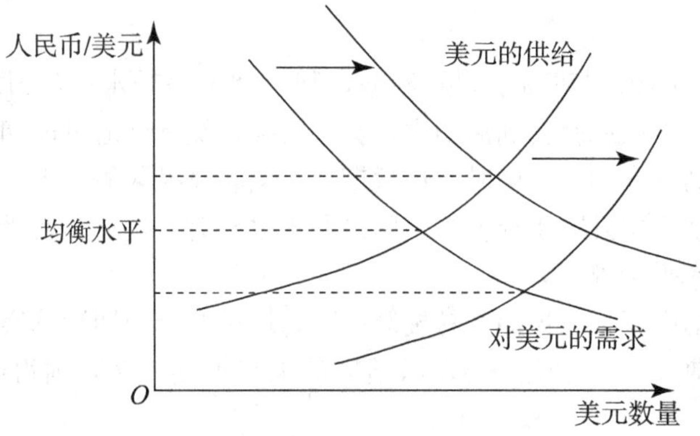

图 12-1 外汇供求决定均衡汇率水平

盈余，本币趋于升值。本国物价水平相对于外国物价水平上升将提高本国商品相对于外国商品的价格，引起本国出口减少，进口增加，导致本币贬值。本国利率相对于外国利率上升会刺激外资流入增加，本国资金流出减少，本币升值。当人们预期外币未来走势上涨时，就会在外汇市场上抛出本币、买入外币，使外币升值。

国际收支说是关于汇率决定的流量理论，指出了汇率与国际收支之间存在的密切关系，尤其对分析短期汇率变动具有实际意义。但国际收支说并没有对影响国际收支的众多变量之间的关系及其与汇率之间的关系进行深入分析，进而得出具有明确因果关系的结论。

（三）资产市场说

资产市场说是 20 世纪 70 年代中期以后发展起来的西方主流汇率决定理论。由于该理论是在国际资本流动不断增加的背景下产生的，因此特别重视资产市场存量均衡对汇率的影响。资产市场说将商品市场、货币市场和证券市场结合起来进行汇率决定的一般均衡分析。所谓均衡汇率，是指两国资产市场供求存量保持均衡时两国货币之间的相对价格。根据假设的不同，具体包括多种模型（见图 12-2）。

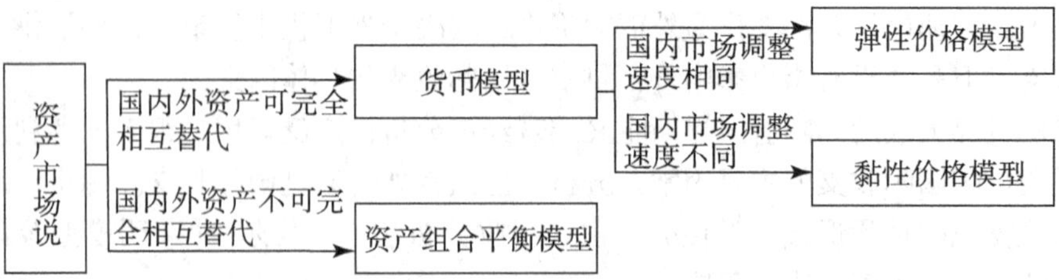

图 12-2 汇率决定的资产市场说

1. 弹性价格模型

该模型假定所有商品的价格具有完全的弹性、国内外资产可完全相互替代、在商品套购过程中一价定律成立、购买力平价连续存在，所以货币市场失衡引起价格变化，进而影响汇率。基本模型可以由卡甘（Cagan）的货币需求函数（M^d）、货币市场均衡条件以及购买力平价公式推导得出［式（12.8）］，说明两国的国民收入水平（Y）、利率水平（i）和货币供给水平（M^s）通过对各自国内物价水平的影响最终决定了汇率水平。

$$\begin{cases}\dfrac{M^d}{P}=L(Y,\ i)\\ M^s=M^d\\ S=\dfrac{P_h}{P_f}\end{cases}\tag{12.8}$$

其中，P_h、P_f 分别代表国内外的物价水平。

弹性价格模型强调均衡汇率实际上是由两国货币市场的供求决定的，从而实现外汇市场与货币市场的同时均衡。但由于两国资产可完全相互替代、商品价格具有完全的弹性等假设过于严格，所以很难得到实证支持。

2. 黏性价格模型

黏性价格模型也称汇率超调（overshooting）模型，1976 年由美国经济学家多恩布什（Dornbusch）对弹性价格模型加以修正后提出。他假定资本市场完全流动、资产可完全相互替代、在短期内商品价格不具备完全的弹性，因而购买力平价只有在长期内才会成立，在短期内汇率会偏离长期均衡水平，偏离程度受市场首先是货币市场失衡和预期等因素的影响。

图 12-3 刻画了本币永久性增加后各经济变量动态变动的时间路径，直观地说明了当价格在短期内具有黏性时，在预期因素的作用下，汇率达到长期均衡之前会出现短期超调现象。由图 12-3 可知，本国中央银行在 t_0 时刻一次永久性地增加一定量的货币供给，即名义货币供应量从 M_1^s 瞬间增加到 M_2^s。由于是永久性增加，货币供应量将长期保持在 M_2^s 的水平。与此同时，本国利率水平会从 R_1 立即下降到 R_2。随着时间的推移和物价水平的调整，货币供应量增加对利率的影响被逐渐抵消，利率将逐渐上升，直到回归初始水平 R_1。经典货币理论认为，金融市场或货币市场对经济变量的反应一般会快于商品市场。所以，货币供给的增加首先冲击的是利率，而后随着时间的推移才会出现商品价格上涨，直到价格水平和名义货币供给量同比例上升，即保证 M_2^s/P_2 等于 M_1^s/P_1 时为止。在上述作用下，汇率在短期内会从 E_1 跳到 E_2，出现超调，随后才慢慢回归长期均衡水平 E_3，但在预期作用下仍将高于初始水平。

汇率超调模型的意义在于，它较好地解释了短期汇率偏离由购买力平价决定的长期均衡水平的现象。但这种分析把汇率变动归因于货币市场失衡，否认商品市场冲击对汇率的影响，并且在多数情况下对现实汇率的预测和解释仍显得偏差过大。

3. 资产组合平衡模型

1977 年布朗森（Branson）提出汇率决定的资产组合平衡模型，凯南（Kenen）、多恩布什等也都做了进一步的研究。该模型放松货币模型的假设，认为各种资产之间不可完全相互替代，至少存在收益上的差别。理性投资者将根据个人投资偏好，按照风险-收益原则，将自己拥有的财富配置到各种可供选择的资产上，形成最佳资产组合。当资产组合达到稳定状态时，国内外资产市场供求均衡，汇率也相应得以确定。当资产持有偏好、两国

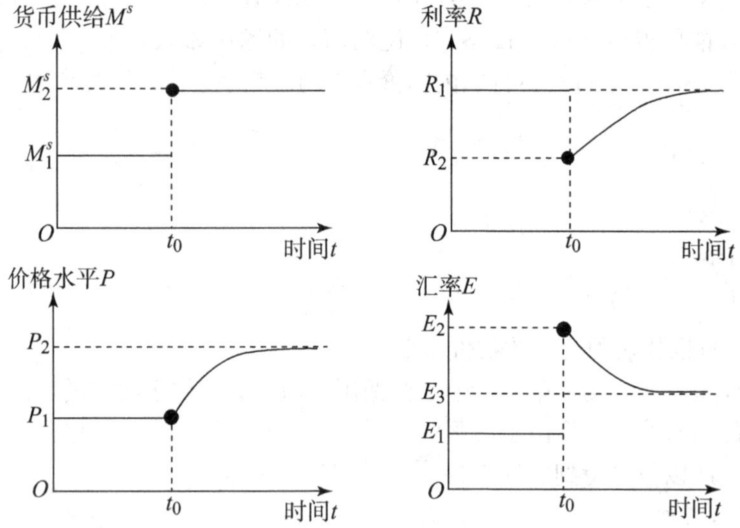

图 12-3 汇率超调

利率差异、未来汇率变动预期、两国通货膨胀率差异等因素发生变化时，投资者将调整资产组合，从而产生大量本币与外币之间的交易，引起汇率的短期变化。

图 12-4 中 MM、BB、FF 三条曲线分别代表本国货币市场均衡、本国债券市场均衡和外币资产市场均衡。当三个市场同时达到均衡时，整个经济系统将会处于均衡状态。此时的汇率和利率即为均衡汇率和均衡利率。由于假设价格具有黏性，所以该模型提供的仍然是一个短期分析框架，于是这种一般均衡状态也被称作资产市场的短期均衡。

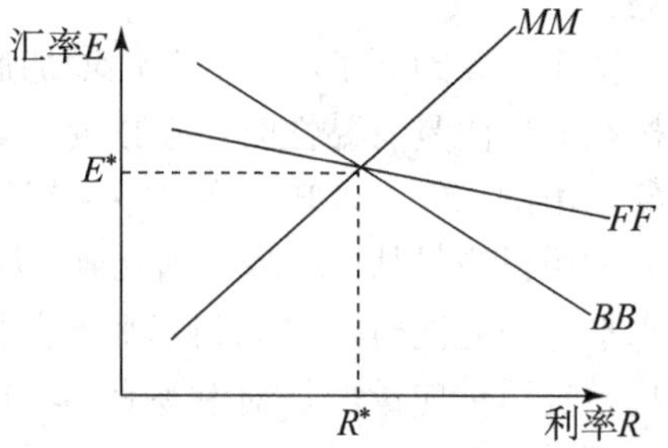

图 12-4 资产组合平衡理论下的均衡汇率

在以上三个市场中，不同资产供求的不平衡都会带来相应变量（主要是该国利率与汇率）的调整。只有当三个市场都处于均衡状态时，该国的资产市场整体上才处于均衡状态。这样，在短期内，由于各种资产的供给是既定的，资产市场的均衡会确定该国的利率与汇率水平。在长期内，对于既定的货币供给与债券供给，经常账户失衡会导致该国持有的外国债券总量的变动，这一变动又会引起资产市场的调整。因此，在长期内，该国资产市场的均衡还要求经常账户处于平衡状态。

由于将资产总量直接引入了模型，该国资产总量直接制约对各种资产的持有量，而经常账户的变动会对资产总量造成影响，于是，这一模型将流量因素与存量因素结合了起来，着眼于资产组合和财富（资产）总量二者对汇率的影响。资产组合平衡模型被提出后产生了很大的反响，在此基础上发展出不少拓展模型——引入商品市场均衡和调整过程，考虑货币替代影响，引入理性预期条件，等等。

（四）汇率决定的新近解释

20 世纪 80 年代以来，很多学者不断寻求对传统理论的突破，将汇率决定理论的发展推向一个新的阶段。大量实证研究表明，资产市场说的相关模型对浮动汇率制度下汇率变动的解释力和预测力都不够理想。有学者对这些理论的重要前提——外汇市场有效性——大胆质疑，并以此为突破口取得了更大的进展。汇率决定的新闻模型（Ito & Riley，1990）、理性投机泡沫模型（Blanchard，1979）的相继提出在学术界引起了广泛的反响，对“比索问题”“风险补贴”等问题的解释（Frenkel，1982）也在一定程度上弥补了汇率决定理论远离现实的缺陷。

20 世纪 90 年代以后，一些经济学家开始关注原有汇率决定理论未曾考虑的宏观经济关系的微观基础，从而形成了具有微观基础的汇率宏观经济分析方法（Obstfeld & Rogoff，1995，2000）。与此同时，基于对理性预期的批判，从外汇市场微观结构研究出发的汇率决定的微观结构理论（Evans，2001）和从市场参与者异质性导致汇率混沌运动思想出发的汇率决定的混沌分析方法（De Grauwe et al.，1993）也登上了理论发展的历史舞台。这三个方向共同演绎了当前汇率决定理论的最新突破和发展。

此外，学者们也不断地把现代经济学的最新成果运用到汇率决定和汇率变动问题上，借助动态随机一般均衡（DSGE）模型、博弈论、行为经济学等分析工具从更多的角度尝试对信用货币制度下复杂的汇率问题做出解释，以期更加符合实际情况。

三、汇率变化的经济影响

汇率作为沟通国内经济和国际经济的重要纽带，与多种经济因素有着密切的联系。汇率的不断变化对各种经济因素具有不同程度、不同形式的作用和影响，使其发生相应的变化。尤其是在浮动汇率制度下，汇率变化频繁对各国经济产生的冲击日益深刻。

（一）汇率变化对贸易收支的影响

汇率变化的一个最为直接也最为重要的影响就是对国际贸易的影响，这种影响有微观和宏观两个方面：从微观上讲，汇率变化会改变进出口企业的成本、利润核算；从宏观上讲，汇率变化因对商品进出口产生影响而使贸易收支差额以至国际收支差额发生变化。

汇率变化对国际贸易产生的影响一般表现为：一国货币对外贬值后，有利于本国商品的出口，贸易逆差缩小或贸易顺差扩大；一国货币对外升值后，有利于进口外国商品，不利于本国商品的出口，贸易逆差扩大或贸易顺差缩小。

1. 马歇尔-勒纳条件

马歇尔-勒纳条件指进口和出口的需求弹性之和大于 1。只有满足这个条件，本币贬值才会改善本国贸易逆差。当然，这一理论是以本币贬值时其他条件不变，而且所有有关产品的供给弹性极大为前提推导出来的。这一理论被提出后一直受到西方经济学家的广泛关注，但在现实应用中关于需求、供给弹性等具体问题的统计计算还有一定的技术困难和缺陷。

2. 外汇倾销

外汇倾销是指在发生通货膨胀的国家中，货币当局通过促使本币对外贬值，且本币对外贬值程度大于对内贬值程度，从而以低于原来在国际市场上的销售价格倾销商品，达到提高商品的海外竞争力、扩大出口、增加外汇收入的效果，并最终改善本国的贸易状况。

在这里，外汇倾销的手段严格来讲是本币对外贬值，但需具备的条件是本币对外贬值程度大于对内贬值程度。也就是说，国内通货膨胀引起的货币购买力的下降程度不能超过汇率下降幅度，这样才能达到实际的贬值，否则外汇倾销便无效。

假设A国向B国出口染料，染料的国内价格为4元/桶，在B国售价为1单位外币/桶，汇价为$E_B=4E_A$。由于A国发生通货膨胀，每桶染料的价格由4元上升到6元，出口成本提高，出口受到限制。在这种情况下，A国货币当局宣布调整本币对B国货币的汇价，由$E_B=4E_A$调至$E_B=8E_A$，即本币对外贬值50%(=1－4/8)，而同时因国内物价上涨50%，本币对内贬值33.3%(=1－100/150)，A国货币对外贬值程度大于对内贬值程度，便形成了外汇倾销的条件。在这种条件下，A国出口商品有三种可能的选择：

(1) 在国外仍按原价销售，每桶1单位外币。由于汇价的变化，出口商所得的利润比原来高，1单位外币所兑换的8元本币高于国内售价6元/桶，每桶有2元的净利润，出口积极性提高，出口规模扩大。

(2) 出口商降低国外售价，由每桶1单位外币降至0.75单位外币。出口商国外每桶销售所得与国内销售价格相等（0.75×8=6），但价格下降会导致在国际市场上对A国染料的需求增加，因而出口规模会扩大。

(3) 在B国以每桶低于1单位外币、高于0.75单位外币的价格销售。这既会使出口商的利润有一定的增加，又会使国际市场需求增加，同样会促使A国的出口规模扩大。

无论是上述哪一种情况发生，如果最终结果是A国出口量增加带来的外汇收入增加超过降低价格造成的外汇收入减少，那么A国外汇收入就会净增加，从而贸易差额会得到改善。

需要注意的是，一国具备外汇倾销条件并开始实施外汇倾销，要达到预期目标还需一个长达6个月到9个月的收效期。在这个收效期内，外汇倾销可能受到其他因素的干扰而失效。主要有两方面的因素：一方面是来自国内的干扰。如果国内通货膨胀日益严重，使货币对内贬值加剧，且对内贬值的幅度超过对外贬值的幅度，越来越不满足外汇倾销条件，最终导致外汇倾销失效。另一方面是来自国外的干扰。外汇倾销会使本国商品冲击对方国家市场，并抢占其他国家在国外市场的地位，因而很容易遭到对方国家和其他有关国家的反对，它们会相应地采取反倾销措施，从而导致外汇倾销失效。

3. J曲线效应

汇率变化所导致的进出口贸易变化不管是在理论中还是在实践中都可以得到证实。但在现实中本币贬值导致本国贸易状况得到改善需要一个收效期，收效期的长短取决于供求反应速度的快慢，并且在收效期内会出现短期的国际收支恶化现象（见图12-5）。

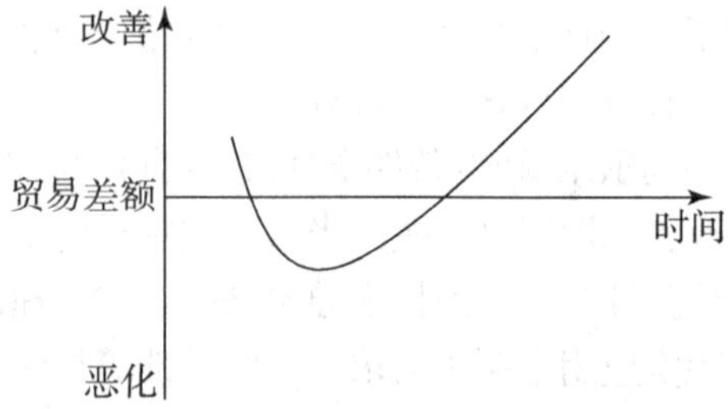

图12-5 J曲线效应

收效期大约为9个月至12个月，即汇率变化后要半年以上的时间才能对贸易状况产生影响。如果在这个期限内马歇尔-勒纳条件得不到满足，或者在这个期限内国内通货膨胀幅度赶上甚至超过本币对外贬值程度，则国际收支状况非但得不到改善，还有可能出现进一步的恶化。

（二）汇率变化对资本流动的影响

汇率变化不仅受到资本流动的影响，而且是影响资本流动的直接因素。当一国外汇市场上出现本币贬值的预期时，会造成大量抛售本币、抢购外币的现象，资本加速外流（外逃）。而当本币确实发生贬值时，情况刚好相反。本币贬值后，1 单位外币可折合的本币更多，会促使资本流入增加、资本流出减少。由此可知，当一国外汇市场上出现本币升值预期的时候，会造成大量销售外币、抢购本币的现象，使资本流入持续增加。当本币升值后，1 单位外币可折合的本币更少，资本流入减少，资本流出增加。

汇率变化对资本流动既有流向上又有流量上的影响，影响程度有多大则主要取决于一国政府的资本管制。资本管制严的国家，汇率变动对资本流动的影响较小，资本管制松的国家，汇率变动对资本流动的影响较大。除此之外，资本投资的安全性也是一个决定汇率变动对资本流动影响程度的重要因素。如果一国货币贬值使资本流入有利可图，但同时该国投资安全性较差，那么资本流入也不会成为现实。

（三）汇率变化对外汇储备的影响

外汇储备是一国国际储备中的主要内容，由本国对外贸易及结算中的主要货币构成。在第二次世界大战后的布雷顿森林体系下，美元是各国外汇储备的主要币种。20 世纪 70 年代以来，各国外汇储备走向多元化，日元、英镑、德国马克等西方主要货币在各国外汇储备中所占的比重逐渐增大。不论是以单一的美元为储备还是以多元化的货币为储备，储备货币汇率的变化都会直接影响一国外汇储备的价值。

在以美元为主要储备货币的时期，外汇储备的稳定性和价值高低完全取决于美元汇率的变化。美元升值，一国外汇储备相应升值；美元贬值，一国外汇储备相应贬值。在 20 世纪 70 年代，美元持续贬值对许多国家尤其是发展中国家的外汇储备造成了不同程度的影响。

随着欧元的出现、日元的崛起，特别是近年来人民币被多个货币当局接受为储备货币，全球外汇储备呈现出多元化趋势。但值得注意的是，美元仍然占官方外汇储备近六成（见表 12－1）。因此各国必须密切关注美元等主要国际货币的汇率变化，及时调整储备货币的结构。

表 12－1　全球官方外汇储备的币种结构（%）

	2021 年		2022 年	
	第 3 季度	第 4 季度	第 1 季度	第 2 季度
可划分币种的外汇储备	100	100	100	100
美元	59.25	58.81	58.86	59.55
欧元	20.52	20.60	20.05	19.76
人民币	2.68	2.80	2.87	2.86
日元	5.68	5.52	5.39	5.17
英镑	4.67	4.81	4.90	4.85
澳元	1.79	1.84	1.90	1.88

续表

	2021年		2022年	
	第3季度	第4季度	第1季度	第2季度
加元	2.21	2.38	2.46	2.49
瑞士法郎	0.20	0.17	0.25	0.25
其他币种	3.00	3.07	3.31	3.20

资料来源：国际货币基金组织的COFER数据库。

在外汇储备多元化时期，汇率变化的影响较为复杂，对此，需要从多方面进行分析。在明确构成一国外汇储备的币种的基础上，需要将各储备货币分成升值和贬值两种，分别计算升值和贬值的幅度。然后根据构成外汇储备币种的不同权重，衡量一定时期内储备货币汇率变化对一国外汇储备的综合影响。此外，还需要考虑储备货币中软硬货币的利息差异，与汇率涨跌相比较，从而得出一定时期内不同货币汇率变化及利率变化对一国外汇储备总体影响的分析结论。

由于储备货币的多元化，汇率变化对外汇储备的影响呈现出多样化。有时虽然汇率波动较大，但因储备货币中升值、贬值货币的力量均等，外汇储备就不会受到影响；有时虽然多种货币汇率下跌，但所占比重较大的储备货币汇率上升，外汇储备总价值则有可能保持稳定甚至有所上升。外汇储备的多元化加之汇率变化的复杂化，使外汇储备的管理难度加大，各国货币当局应随时注意外汇市场的行情变化，相应地进行储备货币的结构调整，以避免汇率波动对外汇储备造成损失。

专栏12－1 人民币加入特别提款权货币篮子

2015年11月30日，国际货币基金组织（IMF）执董会完成了特别提款权（SDR）货币篮子组成的审查工作，认为人民币符合所有现有标准，决定将其作为第五种货币纳入SDR货币篮子，权重设定为10.92%。为确保IMF、各成员以及其他SDR使用方有充足时间进行调整以适应新的变化，由美元、欧元、人民币、日元和英镑构成的SDR新货币篮子于2016年10月1日正式生效。①

从程序上看，人民币被纳入SDR货币篮子经过了两道关口。第一关是工作人员的技术评估与建议。第二关是执董会的政策判断。由于IMF严格按照既定程序和既定标准通过了人民币入篮决议，这意味着其对人民币“可自由使用”的判定是严格的、不打折扣的。这相当于IMF为人民币在国际市场的广泛使用和广泛支付进行了官方背书。

人民币加入SDR货币篮子，对世界和中国是双赢的结果。正如时任IMF总裁的拉加德女士所说：“将人民币纳入SDR货币篮子的决定是中国经济融入全球金融体系的一个重要里程碑。它是对中国当局过去多年来在改革其货币和

① 2022年5月，IMF公布了最新的SDR定值审查结果，将人民币的比重上调到12.28%。

金融体系方面取得的成就的认可。中国在这一领域的持续推进和深化将推动建立一个更加充满活力的国际货币和金融体系。这又会支持中国和全球经济的发展和稳定。”

SDR是由IMF创设的一种超主权货币。在1969年创设之初，SDR被用于解决布雷顿森林体系下黄金和美元两种储备资产不足的问题。布雷顿森林体系崩溃以后，IMF将SDR的作用界定为：第一，各成员的补充性储备资产；第二，IMF及其他一些国际组织的记账单位。

2008年全球金融危机引起了人们对现行国际货币体系可持续性的严肃思考。人们发现，现在的美国仍然是通过贸易逆差来提供全球流动性供给，这与半个世纪前几乎一样。美国实体经济总量目前占全球的份额大约是五分之一，贸易份额下滑到十分之一左右，而美元在各国官方储备资产中拥有大约三分之二的份额，是当之无愧的超级货币。由于没有了黄金约束，全球范围的流动性过剩问题十分明显。因为以贸易逆差来支撑美元的超级地位只会导致美国国内流动性泛滥、美元资产泡沫、美国次贷危机扩大成为全球危机、美国货币政策溢出冲击全球经济这样一些现实问题，广大发展中国家对当前国际货币体系深感忧虑。因为虽然这些国家的经济总量和对外贸易增长迅速，但是货币错配严重，因此频繁遭到投机资本攻击，经常发生国际金融危机。为了抵御危机，这些国家积累了更多的外汇储备，但是又受到“美元陷阱”的困扰，不得不为其他国家的经济金融危机买单。国际货币体系又到了亟须改革的重要关口，这一次改革的呼声主要来自广大发展中国家。

SDR货币篮子与国际货币格局关系密切，主要国际货币都在其中。货币篮子调整本身也反映出国际货币体系改革的方向。人民币以一种新兴国际货币的身份出现在国际市场，这是一个从无到有的变化。当人民币国际化程度由低而高，这就是实实在在的国际货币格局正在变迁的最好证据。因此，在SDR货币篮子中增加人民币，既可提高SDR的代表性和吸引力，又对提高IMF的公信力具有积极影响。

资料来源：中国人民大学国际货币研究所.人民币国际化报告（2016）.北京：中国人民大学出版社，2016.

（四）汇率变化对物价水平的影响

汇率变化对物价水平的影响主要体现在两个方面：一是贸易品的价格，包括进口商品和出口商品；二是非贸易品的价格，非贸易品是指由于成本原因不能进入国际市场进行交易的商品。

一般情况下，汇率水平的变动会直接对贸易品的价格产生影响。本币升值以后，进口商品和出口商品的国内价格都会有所下降。其中，出口商品国内价格的下降主要体现在出口利润的损失上，因此本币升值会对出口产生限制作用。相比而言，进口商品本币价格的降低则会增加国内消费者对进口商品的消费需求，所以本国的进口规模扩大。进口规模扩大了的商品价格较低，尽管会对国内市场产生一定程度的冲击，但不会对总物价水平产生上涨的压力。

本币对外贬值时产生的作用刚好相反。本币贬值后，进口商品和出口商品的国内价格都会有所提高；出口商品本币价格的提高主要体现为利润的增加，不会对国内物价水平产生很大的影响。但是，如果本国对进口商品的数量没有实行有效的控制，且进口商品在商品总额中占有较大的比重，则进口商品本币价格的提升会对国内物价水平上涨产生较大的压力。这种压力不仅表现在进口制成品价格水平的提高上，更表现在以进口商品作为原料或中间产品的商品的生产成本的增加上。因此，当一国出现本币对外贬值时必须实行一定力度的进口限制措施，以保持国内物价水平的稳定。

汇率变化除了通过贸易品对物价水平产生直接影响外，还会间接使得非贸易品的价格发生变动。如果一国商品可以自由贸易，资源要素可以在各个部门间转移并且不会受到限制，那么汇率变化造成的贸易品价格变动会传导到非贸易品的价格上。总的来说，非贸易品可以划分为三类：第一类是随着价格变化可以随时转变成出口商品的国内商品，第二类是随着价格变化可以随时替代进口商品的国内商品，第三类是不论价格如何变化都不能进入国际市场或者进行替代的国内商品。以本币贬值为例，如上所述，本币贬值后贸易品的价格上升，这会导致以下结果：

（1）随价格变化可以随时转变成出口商品的国内商品转到国际市场，即由非贸易品转为贸易品，从而使得国内相应非贸易品的供给减少，需求相对增加，价格上升。

（2）本国商品无法替代的进口商品的价格提高以后，会引起以进口商品为原料或者辅料的国内最终产品的价格上涨。

（3）本国商品可以替代的进口商品会因价格走高而受到一定程度的限制，并由第二类非贸易品的扩大来补充。这样，进口商品本币价格的上涨就不会全部变成事实，第二类非贸易品的增加在一定程度上抵消了进口商品价格的上升，但并不能完全抵消。一般情况下，随着国内消费者对第二类非贸易品需求的上升，其价格也会开始上涨。

（4）随着贸易品价格的上涨以及出口利润的提高，完全不能进入国际市场或者进行替代的国内非贸易品的生产商会要求相同的利润回报，提高销售价格并促使总物价水平上升。

汇率和价格之间有着千丝万缕的联系，在信用货币制度下，用物价指数衡量的货币实际购买力是决定一国汇率的主要因素，而汇率又会反过来作用于物价水平。实际上，当一国发生通货膨胀时会导致本币对外贬值，而后者又会对物价上涨产生压力。因此，如果有关当局不能有效地制定政策并加以控制，则会陷入一个恶性循环，并最终导致严重的通货膨胀，国内经济进入滞胀期，甚至可能诱发经济危机。

通过上述理论分析，可以想象，一国货币升值时会通过同时作用于贸易品和非贸易品的价格使得国内总物价水平有所下降，并引起通货紧缩，但现实往往不是这样的。菜单成本、工会议价等因素引起的价格刚性会在一定程度上抵消本币升值对物价下跌产生的压力，但我们无法通过理论分析得出总物价水平最终的变动方向。

（五）汇率变化对微观经济活动的影响

在浮动汇率制度下，汇率频繁变动会使企业进出口贸易的计价结算风险有所增加。对进口商或外债债务方来说，外币升值于己不利，应力争使用软货币；对出口商或外债债权方来说，外币贬值于己不利，应力争使用硬货币。但是，软、硬货币只是相对而言的，而且汇率变化会使其不断地发生转变，这就要求企业能够对汇率变化有一个较为准确的预测，否则汇率变化的风险随时可能转化为现实的损失。因此，外汇风险的预测及防范已经成为微观经济管理不可缺少的内容。

（六）汇率变化对国际经济关系的影响

如果一国实行以促进出口、改善贸易逆差为目的的外汇倾销，则会使对方国家货币相对升值，出口竞争力下降，甚至会引起对方国家和其他利益相关国家的反抗和报复，这些国家会采取针锋相对的措施，"汇率战"由此而生。货币竞相贬值造成不同国家之间的利益分歧和政策摩擦层出不穷，从而造成国际经济关系的复杂化。

不仅如此，西方金融市场上某些货币的汇率持续坚挺也同样会引起国际经济矛盾。例如，20 世纪 90 年代初德国马克凭借本国强大的经济实力和高利率持续升值，对整个欧洲货币体系造成了巨大压力，其他国家货币在其强势之下大幅贬值，西欧联合浮动汇率机制终于坚持不住而扩大浮动范围。这一切都使欧洲共同体（简称欧共体）各成员之间原有的经济矛盾进一步加深，欧洲经济货币联盟的一体化进程更加艰难。

第二节　汇率制度选择和国际货币体系

汇率制度，又称汇率安排，是一国货币当局对本国汇率的形成和变动机制所做出的一系列安排和规定。其中以固定汇率制度和浮动汇率制度为典型代表，在现实中还存在着大量居中汇率安排或其他选择。主要国家的汇率制度选择也影响国际货币体系的变迁，因为国际汇率安排是国际货币体系的核心。

一、固定汇率与浮动汇率之争

固定汇率是指某一国货币与另一国货币的兑换比率固定。这种制度规定汇率只能在一定范围内波动，并由货币当局实施干预来保证汇率的稳定。在极端时期，比如本国货币出现大幅贬值，由于外汇储备有限，当货币当局无法通过买卖本国货币和外汇储备的方式来稳定汇率时，固定汇率制度也就宣告失败。在 19 世纪初到 20 世纪 30 年代的金本位制时期、在第二次世界大战后到 20 世纪 70 年代初以美元为中心的国际货币体系下，固定汇率制度在全世界范围内得到了实行。

浮动汇率是固定汇率的对称，指根据市场供求关系自由波动，货币当局不进行干涉的汇率。就浮动形式而言，如果政府不对汇率波动加以干预，完全由供求关系决定汇率，称为自由浮动。但是，各国政府为了维持汇率的稳定或出于某种政治及经济目的，都或多或少地对汇率的波动采取干预措施，国际上将这种浮动通称为有管理的浮动。1973 年布雷顿森林体系瓦解后，西方国家普遍实行浮动汇率制度。1994 年外汇管理体制大幅度改革之后，我国也开始实行有管理的浮动汇率制度。

由于两种汇率制度对经济效率、经济稳定以及货币政策自主性的影响存在显著差异，各自的优缺点也显而易见（见表 12－2），所以选择一个最优的汇率制度对任何国家来说都是一件困难的事情。

表 12－2　固定汇率制度与浮动汇率制度的比较

	固定汇率制度	浮动汇率制度
优点	1. 有利于国际贸易和投资活动 2. 有利于抑制国内通货膨胀 3. 有利于防止外汇投机，稳定外汇市场 4. 作为外部约束，有利于防止不正当竞争危害世界经济	1. 汇率反映国际经济交往的真实情况 2. 外部均衡自动实现，不引起国内经济波动 3. 自动调节短期资金移动，预防投机冲击 4. 增强本国货币政策的自主性 5. 避免通货膨胀的跨国传播
缺点	1. 容易输入国外通货膨胀 2. 货币政策丧失自足性 3. 容易出现内外均衡冲突	1. 增大不确定性和外汇风险的危害 2. 外汇市场动荡，容易引致资金频繁移动和投机 3. 容易导致滥用汇率政策

（一）固定汇率制度的利弊分析

固定汇率制度的优点表现在：首先，固定汇率消除了微观经济主体在从事对外经济活动中可能面临的汇率风险。在这种制度下，微观经济主体不必投入大量资金进行套期保值活动，在一定程度上提高了经济效率，对国际贸易和国际投资的发展起到了促进作用。其次，货币当局干预外汇市场、维持固定汇率的义务，为所有市场交易主体的汇率预测提供了一个心理上的“名义锚”，从而降低了交易的不确定性。健康的国内经济、充足的外汇储备以及货币当局恪守承诺、负责任的国际形象，对防止外汇投机有非常重要的作用。再次，汇率固定承诺作为政府政策行为的一种外部约束机制，有效防止了各国通过汇率战、货币战等恶性竞争破坏正常的国际经济秩序。最后，固定汇率使得一些有可能陷入高通货膨胀或者屈服于通货膨胀压力的政府施行较为保守的通货膨胀策略，抑制国内物价上涨，使得货币政策摆脱国内政治的压力。

然而，在固定汇率制度的批评者看来，正是上述优点造成了固定汇率制度无法避免的缺陷。首先，固定汇率并不意味着汇率水平永久不变。相对于浮动汇率制度下的连续微调，固定汇率制度往往要等问题积累到一定程度时才进行一次大幅度的调整，这种调整对经济的震动与危害通常都比较大。货币当局调整本币目标价值使得固定汇率制度下的汇率变动更加难以预测，也就是说，几乎所有跨国合约都将因为没有进行套期保值而面临巨大的汇率风险。其次，固定汇率制度虽然降低了微观经济主体的汇率风险，但却可能损害整个国家的金融安全。未能及时调整的僵化的固定汇率一旦背离国内外实际经济状况，就会成为投机资本的攻击对象。最后，以汇率目标替代货币目标之后，本国不仅丧失了货币政策自足性，而且不可避免地自动输入国外的通货膨胀，甚至可能出现内外均衡冲突。

专栏 12－2　　人民币汇率市场化改革大事记

● 外汇管理体制重大改革（1994 年 1 月 1 日）。由此确立现行的人民币汇率制度——以市场供求为基础、单一的、有管理的浮动汇率制度。实行了汇率并轨和银行结售汇制，建立了银行间外汇交易市场，改进了汇率形成机制。

● 汇率形成机制改革（2005 年 7 月 21 日）。开始实行以市场供求为基础、参考一篮子货币进行调节、有管理的浮动汇率制度。以市场供求为基础的汇率浮动，发挥汇率的价格信号作用；根据经常项目主要是贸易平衡状况动态调节汇率浮动幅度，发挥“有管理”的优势；参考一篮子货币，即从一篮子货币的角度看汇率，不片面地关注人民币与单一货币的双边汇率。

● 汇率中间价变动幅度扩大（2010 年 6 月至 2014 年 3 月）。进一步推进人民币汇率形成机制改革，增强人民币汇率弹性。银行间即期外汇市场交易价变动幅度恢复到中间价±5‰(2010 年 6 月 19 日)，扩大到中间价±1%(2012 年 4 月 16 日)，再扩大到中间价±2%(2014 年 3 月 17 日)。

● 完善汇率中间价形成机制（2015 年 8 月 11 日）。也即“8·11”汇改，提高人民币汇率中间价的市场化程度及基准性。规定做市商在每日银行间外汇市场开盘前，参考上一日的收盘汇率，综合考虑外汇供求情况以及国际主要货币汇率变化向中国外汇交易中心提供中间价报价。

● 继续完善汇率中间价形成机制。2015 年 12 月 11 日，中国外汇交易中心发布人民币汇率指数，初步形成“收盘价＋一篮子货币汇率变化”的人民币兑美元汇率中间价形成机制。2017 年 5 月 26 日，中国人民银行表示人民币兑美元汇率中间价报价模型引入逆周期因子，适当对冲外汇供求中的非理性因素。自 2018 年以来，逆周期因子在实践中曾出现调至中性、重启等调整。

（二）浮动汇率制度的利弊分析

浮动汇率制度的优点表现在：首先，汇率水平是一国对外经济交往情况的真实反映。国际收支出现不平衡后的恢复具有自动调节机制。依靠汇率自发性的持续微调在一定程度上有利于提高经济效率。其次，浮动汇率制度为货币当局追求内外均衡目标准备了充足且有效的政策工具。在这种制度下，一国的货币政策从对汇率目标的依附中解脱出来，从而实现了让汇率自发调节实现外部均衡、以货币政策和财政政策专注于实现内部均衡的新格局。再次，浮动汇率制度还将外国的通货膨胀隔绝在外，阻止通货膨胀和经济周期的跨国传播，有利于本国经济的稳定。最后，由于汇率随时调整，投机资金不容易找到汇率明显高估或者低估的机会，从而对投机活动形成了限制，并起到了防范投机冲击的作用。

不过，浮动汇率制度也同样存在各种各样的问题和缺陷。第一，在经济全球化和金融自由化的发展趋势下，国际资本流动的规模越来越大，速度也越来越快，造成外汇市场上频繁且剧烈的汇率波动。如此严重的相对价格不确定性给国际贸易和国际投资带来了极大的危害。为了应对潜在的汇率风险，大量的套期保值交易增加了投资成本。更为现实的是，大多数发展中国家的金融市场尚不发达，可以提供的避险工具十分有限，所以是否实行浮动汇率制度对它们而言是个很大的挑战，必须审慎对待。第二，浮动汇率制度很容易引起外汇市场动荡，从而引起资金频繁移动和投机现象。经验研究表明，在浮动汇率制度下，外汇市场上非理性的投机活动很容易造成汇率错位或汇率超调。第三，浮动汇率制度容易引发滥用汇率政策的问题。即便不是直接引起币值变化，但由于采用浮动汇率制度的国家可以更加自主地推行扩张性货币政策而不必担心外汇储备外流，所以还是会间接造成本币贬值。

二、现实汇率制度选择

通过上述讨论不难发现，固定汇率制度和浮动汇率制度孰优至今仍无定论。两种制度各有长处，也各有不足。从本质上看，对两种汇率制度的比较和选择，实际上就是各国货币当局对汇率安排"可信度"与"灵活性"的权衡。图 12－6 给出了 IMF 成员事实上的汇率制度选择，可见在 190 个成员中，更多成员事实上选择了介于固定汇率制度与浮动汇率制度之间的居中安排。这或许可以从另一个角度说明，汇率制度本身并不存在绝对的优劣，只有适合与不适合的区别。而对于追求内外均衡目标的各国货币当局来说，经济效率和经济稳定不仅取决于选择适合本国经济条件的汇率制度，还取决于恰当的宏观经济政策及其实施情况。

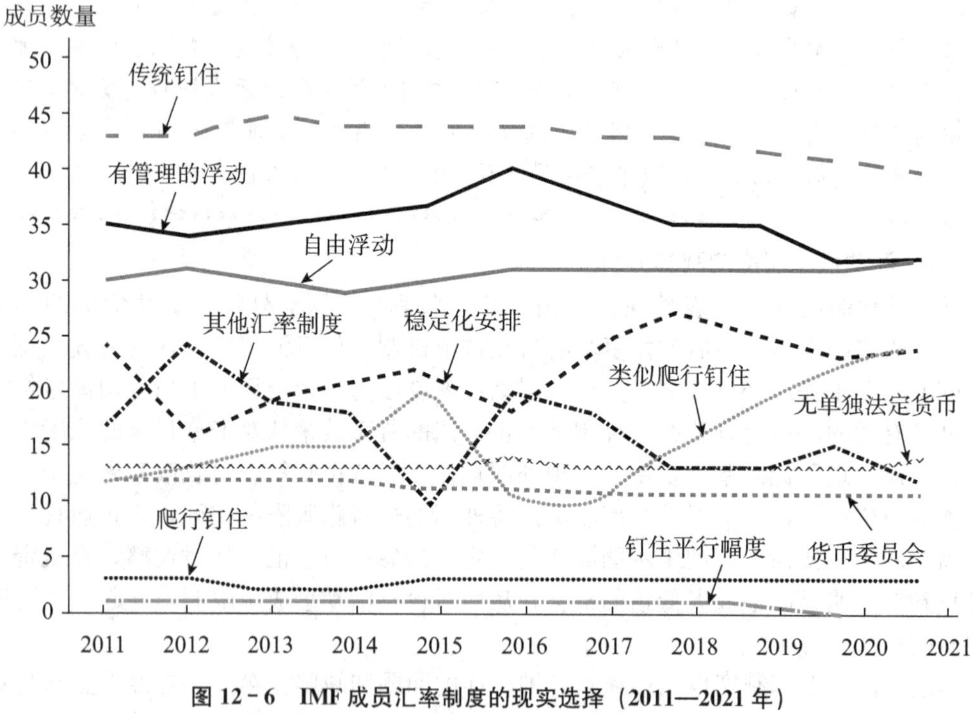

图 12－6 IMF 成员汇率制度的现实选择（2011—2021 年）

资料来源：国际货币基金组织的 AREAER 数据库。

关于新兴市场国家的汇率制度选择，"害怕浮动"和"中间制度消失论"的观点一度盛行。

所谓"害怕浮动"，是指一些被归为实行弹性汇率制度的国家将本币兑换另一种货币（通常是美元）的汇率变动幅度维持在狭小的范围内，反映出这些国家害怕汇率大幅度波动的心理（Reinhart，2000）。新兴市场国家利率往往偏高，波动性也大；它们在国际金融市场上缺乏竞争力，难以获得国际信贷；政府和企业的对外债务多以美元计价；中央银行难以有效履行最后贷款人职责——导致这些国家的政策可信度较低。所以，它们既害怕贬值的紧缩效应，又害怕升值可能对其国际竞争力及出口努力造成伤害。当然，政治因素在其中也有一定的影响。对于“害怕浮动”的新兴市场国家的主要政策建议是：作为小型经济体，如果的确有汇率不适合浮动的结构性原因，不如选择完全美元化的汇率安排。由于“害怕浮动”现象在全球确实普遍存在，甚至在一部分发达国家也存在，所以这一理论目前在国际学术界很受重视。

“中间制度消失论”又称“中空汇率制度论”，认为只有浮动汇率制度或者具有非常强的承诺机制的固定汇率制度（包括货币同盟、货币局制度等）才是可持久的汇率制度，而介于二者之间的居中安排——钉住平行幅度、爬行钉住、汇率目标区和有管理的浮动等——正在消失或应当消失（Eichengreen，2000）。有学者曾用“可验证性”构建该论点的理论基础：如果市场参与者根据观察到的信息验证了实际运行的汇率制度就是政府宣布的制度，则该制度具有“可验证性”从而是可信的；任何居中的汇率安排都比较复杂，不方便“验证”，所以可信度会低于简单的完全钉住制度或者独立浮动制度。反对者们主要通过经验证据对此进行反驳：比如证明对于那些制度不健全的发展中国家，中间汇率制度可以促进贸易、降低融资成本、拉动投资和经济增长。虽然的确有不少新兴市场国家在金融危机后纷纷放弃了原来的居中汇率安排，但也有学者提出，不能只是从防范金融危机的角度出发选择汇率制度，还必须考虑到维持国内经济增长、稳定物价和就业、发展对外贸易等多重目标。所以中间汇率制度并非绝对不可行，需视国情做出具体安排。换言之，中间汇率制度仍将是国际货币体系中重要的汇率制度形式。

三、三元悖论中的汇率制度选择

三元悖论认为，货币政策独立性、汇率稳定性和资本自由流动性这三个政策目标不可能同时实现，只能三者取其二。这充分反映了开放经济条件下宏观政策制定者必须在相互交织的多重目标中有所取舍，同时也为资本流动情形下货币政策与汇率政策的协调提供了分析框架。即在资本完全流动的情况下，汇率制度选择将成为关键问题：如果实行严格的固定汇率制度，则需放弃货币政策的完全独立，比如参考欧元区成员国的情形；如果要维护货币政策的完全独立，则必须放弃固定汇率制度，比如布雷顿森林体系解体后主要西方国家进入浮动汇率时代的情形。

新近的一些研究发现，新兴市场国家试图通过持有大量国际储备来维持某种有管理的、具有一定汇率弹性的中间汇率制度，与此同时保持中等水平的货币政策独立性和金融开放程度（Aizenman et al.，2013）。显然，当前我国的政策选择实践也不支持三元悖论。此外，还有学者提出在资本自由流动的情况下，即使是采用浮动汇率制度的国家，其货币政策独立性实际上也难以实现。原因在于美国的货币政策会通过全球金融市场而对其他国家的经济运行以及政策效果产生影响。也就是说，美国的货币政策导致出现全球金融周期现象，使得三元悖论变为二元悖论（Rey，2015）：无论汇率制度如何，各国在开放经济条件下进行政策选择时，都需要在资本账户开放和货币政策独立之间二选一。

专栏 12-3　　欧元诞生

1999年1月1日，欧洲单一货币——欧元正式启动。欧元的货币符号为€，作为储备、投资、计价和结算货币，开始在货币市场、银行间同业拆借市场的所有经济活动中享有与信用卡、支票、电子货币等同的功能。欧洲中央银行总部设在法兰克福，从1999年开始运行，负责维护欧元稳定、统一管理主导利率和货币储备及货币发行等，制定统一的货币政策，建立和完善货币政策规则。与此同时，各成员国中央银行自动成为欧洲中央银行的执行机构，不再单独制定货币政策。

2002年1月1日，欧元纸币和硬币正式进入流通领域。各成员国货币经过半年时间的混合流通后宣布退出历史舞台。从2002年7月1日起，欧元成为欧元区市场流通中的唯一法定货币。①

截至目前，欧元区国家共有20个：奥地利、比利时、芬兰、法国、德国、希腊、爱尔兰、意大利、卢森堡、荷兰、葡萄牙、西班牙、斯洛文尼亚、斯洛伐克、爱沙尼亚、塞浦路斯、马耳他、拉脱维亚、立陶宛和克罗地亚。其中，2022年7月欧洲中央银行发布公告称，欧盟理事会已正式批准克罗地亚于2023年1月1日加入欧元区。

欧元的诞生是欧洲实现联合自强和区域经济一体化的需要，是欧洲货币体系的发展成果。但是，随着欧元在国际经济领域的地位逐渐提升，其内在的缺陷也逐渐表现出来。现实中统一的货币政策与分散的财政政策之间始终难以协调，欧债危机、难民危机、疫情冲击、俄乌冲突等各种困难挑战纷至沓来，令欧元的发展前景扑朔迷离，充满了不确定性。

究竟是最优货币区理论有缺陷还是欧元区政策实践出现了偏差，这的确是一个值得研究的好问题！

四、国际货币体系

国际金融体系是一个复杂的整体，其构成要素几乎覆盖了整个国际金融领域，如国际资本流动、国际汇率安排、国际收支调节、国际金融组织等。从狭义上讲，国际金融体系主要是指国际货币体系，即国际上的汇率安排，也就是国际资本流动及货币往来所引起的货币兑换关系，以及相应的国际规则或惯例构成的有机整体。

广义的国际金融体系则是由核心层、紧密层和松散层构成（见图12-7）。国际金融体系的核心层是国际汇率制度，它代表整个体系的基本特征，核心层的变化决定整个体系的

① 在欧元正式流通前加入欧元区的国家有12个：包括1999年加入的德国、法国、意大利、荷兰、比利时、卢森堡、爱尔兰、西班牙、葡萄牙、奥地利和芬兰，以及2001年加入的希腊。

发展与存亡。国际金融体系的紧密层是国际收支和国际储备。无论是哪一种国际金融体系，都应该为全球贸易提供必要的清偿手段，保障正常的国际经济交往；由于国际收支失衡和官方储备变动将直接导致汇率波动，进而影响整个国际金融体系的稳定，所以每一种国际金融体系也就必然包括解决国际收支不平衡的原则、规章及途径。由此可见，紧密层对核心层起着不可低估的催化作用。国际金融体系的松散层指国际经济政策。虽然松散层要通过一定的传导机制和较长的时滞才能间接引起核心层的变动，但是由于在国际上宏观经济政策存在溢出效应，所以加强各国经济政策的合作与协调已经成为维护国际金融体系的重要保障。

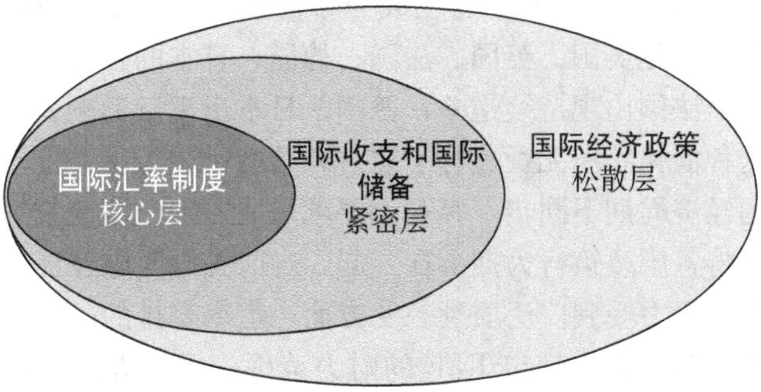

图 12-7 国际金融体系的内容框架

理想的国际金融体系，应该既可以实现稳定的汇率安排，又能够保证充足的清偿手段，具有中性的国际收支调整办法和有效的经济政策协调机制，为国际交往和经济长远发展提供保障。然而，完全满足理论需要的国际金融体系根本不存在。历史上任何阶段的国际汇率安排都是在特定历史时期、特定经济发展水平、特定国际政治经济形势下各国相互妥协的客观产物。因此，了解国际汇率安排的演变过程并总结其中的经验教训，对未来的国际金融体系改革无疑有着指导性的意义。

（一）国际货币体系的历史演变

1. 国际金本位制度

这被视为最接近理想状态的现实选择，直到今天还不断有学者提出恢复国际金本位制度的改革建议。应当看到，虽然导致国际金本位制度结束的直接原因是第一次世界大战后各国相继禁止本币与黄金的自由兑换以及黄金的跨国自由流动，但并不等于说若没有战争这一国际货币体系就可以永远持续下去。

国际金本位制度的内在缺陷主要表现在两个方面：(1) 黄金增长速度远远赶不上世界经济和贸易增长速度。国际清偿手段严重不足，不仅制约了经济增长，而且限制了金融发展。(2) 带有明显的“无组织—无纪律—无保障”的恶性循环特征。作为一种松散的国际货币体系，既没有正式的主权国家行动准则，又不存在超越国家主权的监督机构，结果必然是各国都无须严格遵守国际收支自动调节机制，而可以经常利用国际信贷、利率及公开市场业务等手段解决国际收支困难。相应地，各国也都会尽量把黄金储备留在本国。于是，在自由贸易主张与贸易保护主义此消彼长的反复之中，国与国之间的经济和政治矛盾不断积累，直至爆发。

2. 布雷顿森林体系

这是在很大程度上吸取了国际金本位制度的失败教训，创新建立的“可调整的钉住汇率制度”，意在既保持汇率稳定对国际经济和贸易的积极作用，同时又要实现浮动汇率制度赋予各国的独立的财政与货币政策之优势。更重要的是，布雷顿森林体系开辟了国际货币体系制度化、规范化运行的先例，由此建立起来的IMF等国际金融组织，在协调各国经济政策行为、保障国际货币体系正常运转等方面发挥了重要作用。

布雷顿森林体系的主要缺陷有：(1) 由汇兑平价体系的中心货币美元充当单一的国际储备货币，无法解决“特里芬难题”。这也成为布雷顿森林体系致命的弱点。(2) 汇兑平价调整次数非常有限，但是美国、英国、法国、德国、日本的经济实力和地位发生了巨大的变化。美国、英国、法国出现持续逆差，德国、日本出现巨额顺差，却无法通过汇率变化调整相对价格。这种僵化状态无疑违背了“可调整的钉住汇率制度”的初衷。此外，第二次世界大战后各国经济周期不同步，客观上要求采取差别经济政策来促进本国的经济发展，但固定汇率制度将各国政策行为捆绑在一起，难以独立实施经济政策。(3) IMF协调解决国际收支不平衡的能力受到广泛质疑。一方面，汇率安排的内在矛盾导致各国国际收支问题严重，对贷款的需求大大超出IMF的财力范围；另一方面，贷款的条件性要求对发展中国家普遍不利，从而限制了IMF更好地发挥作为全球最后贷款人的作用。

3. 牙买加体系

由于不存在统一的或主要的汇率安排，牙买加体系被讥讽为“没有制度的体系”。但尽管如此，20世纪70年代以来的国际货币体系演变还是在一定程度上汲取了历史教训，并做出了新的有益探索。客观地讲，牙买加体系所取得的成就和暴露出的问题几乎同样突出。

(1) 实现了国际储备多元化。然而就国际储备的未来发展而言，在金融开放和金融全球化的推动下，可自由兑换的国际货币在不断增加，但是区域经济和货币合作的进展有可能使得国际储备货币种类先增加后减少，所以长远来看仍然存在较大的变数。

(2) 汇率安排从集中接受人为的制度设计恢复为分散进行自由选择，从而呈现出浮动汇率制度、固定汇率制度以及介于二者之间的各种居中安排并存的复杂局面，由此产生了一系列关于汇率制度的崭新课题。

1) 当各国货币当局真的可以自行选择汇率制度时，反而容易陷入更大的困惑之中。特别是对广大发展中国家来说，汇率制度选择已经成为经济开放之后最大的政策难题之一：首先，浮动汇率制度和固定汇率制度孰优无论在理论上还是在实践中都还没有定论；其次，兼顾“可信度”和“灵活性”的居中安排往往可能招致外来投机性冲击而导致金融危机；最后，汇率制度选择又与资本账户开放、货币政策独立性、内外均衡冲突乃至国家经济安全等问题相互纠缠从而更加难以取舍。

2) 发达国家的汇率制度选择表现出两种极端的情形。一是美元、日元、英镑等主要货币选择独立浮动汇率制度，结果是相互之间的兑换比率经常出现巨幅波动。比如，20世纪80年代中期以来，美元与日元之间的汇率波动幅度一直居高不下。二是在区域内部实行稳定的汇率机制，经过长期摸索，历史上第一种区域共同货币——欧元成功诞生并投入使用，同时极大地激励着东亚、西非等其他地区的货币合作计划。已经有人大胆预言，在有限数量区域共同货币成功运行的基础上，未来极有可能实现全球单一货币的壮观景象——至少在理论上这一设想完全符合交易成本不断降低的货币形式演进规律。然而，消除差异性是否真的意味着效率提高？这一问题仍然有待争论。由于汇率安排是国际货币体系的核心，所以，各国在汇率制度选择上的进退维谷以及国际汇率制度未来发展方向的不确定，也从侧面映射出了国际货币体系改革的艰难与曲折。

(3) 依赖国际金融市场和国际政策协调解决国际收支问题。在牙买加体系下，国际金融市场迅猛发展，一方面为各国解决国际收支不平衡提供了更多的金融工具；另一方面也大大提高了国际资本流动的规模和速度，使得国与国之间的经济联系和相互依赖性空前增强，导致各国的宏观经济政策不可避免地具有外部效应。国际上的多边谈判与政策磋商，在缺乏规则协调机制的背景下，成功地确立了相机抉择的国际协调机制。这不仅为各国解决国际收支问题提供了新的方案，而且有助于实现全球经济和金融的稳定发展。

(4) IMF 承担了更多的职责，在国际金融领域的地位和作用明显提高。汇率剧烈波动所产生的巨大外汇风险、金融市场一体化所隐含的投机性货币冲击和各国经济政策的外部负效应，导致在牙买加体系下金融危机的爆发频率和危害性远远超过以往任何时候。除了依靠国际协调机制以外，IMF 等国际金融组织被赋予更多维护全球金融稳定的责任。或许正因为如此，IMF 经常成为人们批评现行国际货币体系或讨论未来改革的焦点。

(二) 国际储备货币

国际储备是一国货币当局为弥补国际收支逆差、维持本国货币汇率的稳定以及应对各种紧急支付而持有的、为世界各国所普遍接受的资产。要想成为国际储备货币，必须具备下列条件：能自由兑换成其他国际储备货币；在国际货币体系中占有重要地位；购买力必须具有稳定性。而这些条件是以该国的经济实力为基础。

最早充当国际储备货币的是英镑。20 世纪 30 年代后，由于美国经济实力的上升，英镑和美元共同成为国际储备货币。第二次世界大战后，美国的经济实力和国际影响力空前膨胀，成为世界头号强国。在 1944 年，以美元为中心的国际货币体系——布雷顿森林体系得以确立，美元取代英镑成为最重要的国际储备货币。

布雷顿森林体系是以美元和黄金为基础的金汇兑本位制，又称美元-黄金本位制。实质是建立一种以美元为中心的国际货币体系。以美元为中心的国际货币体系能在较长时间内运转与美国强大的经济实力和世界话语权是密不可分的。但是看似完美的布雷顿森林体系也有不可避免的内在缺陷，那就是最终导致布雷顿森林体系走向解体的“特里芬难题”。

20 世纪 70 年代初期爆发美元危机，美国被迫宣布停止向各国政府或中央银行按官价兑换黄金。这实际上意味着 1 盎司黄金等于 35 美元的黄金官价失效——美元与黄金脱钩。在这种情况下，一些国家不再钉住美元转而实行浮动汇率制度，从而动摇了第二次世界大战后建立的以美元为中心的固定汇率制度。1973 年国际金融市场又一次爆发美元危机，掀起抛售美元而抢购德国马克、日元和黄金的风潮，从而西方主要国家的货币对美元的汇率都开始实行浮动汇率制度。由此，以美元为中心的固定汇率制度让位于浮动汇率制度。

同时，美元汇率的经常性波动使得其他国家逐渐对美元价值失去信心，而国际资本市场的迅速发展和国际清偿力的不断扩大则要求有相对稳定的国际储备作为支持。多元化的国际储备满足了国际贸易和资本流动的广大需求，解决了储备资产供不应求的问题，同时各种国际储备货币的收益与风险之间的关系也使得国际储备更加分散，为国际储备货币的结构管理提供了一个有力的手段。

人民币的国际使用始于跨境贸易人民币结算，该业务于2009年开始在上海等地试点，于2011年推广到全国范围，标志着人民币国际化正式拉开序幕。当时人民币在国际市场上几乎完全空白；经过十年左右的发展，目前人民币已经成长为主要的国际货币之一（见图12-8）。

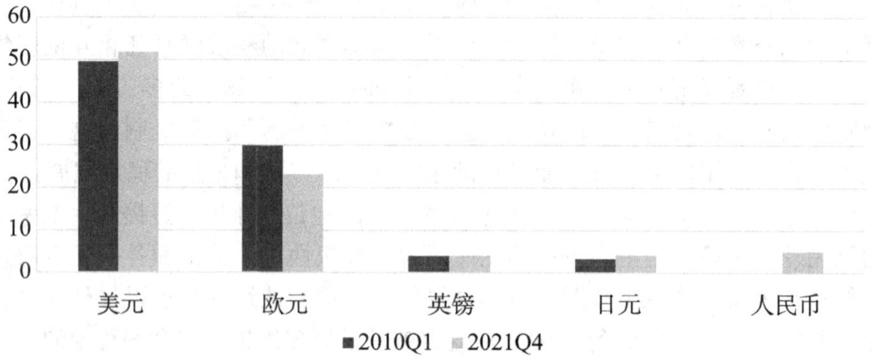

图12-8 世界主要货币的国际化指数①

资料来源：中国人民大学国际货币研究所。

专栏12-4 人民币国际化

中国共产党第二十次全国代表大会吹响了迈上全面建设社会主义现代化国家新征程、向第二个百年奋斗目标进军的号角。党的二十大报告明确提出“加快构建新发展格局，着力推动高质量发展”“有序推进人民币国际化”等具体要求。

人民币国际化，是指人民币在对外经济往来中发挥国际货币职能，若干年后发展成为国际贸易和国际投融资的主要计价结算货币以及重要的国际储备货币。静态来看，它是人民币作为国际货币使用的一种状态和结果；动态来看，它涉及人民币发展成为主要国际货币的整个过程。人民币国际化不仅是中国应对现行国际货币体系下国际金融危机威胁的系统性解决方案，更是向广大发展中国家提供全球公共产品、为全球金融治理体系增添稳定性因素的有效途径。

加快构建以国内大循环为主体、国内国际双循环相互促进的新发展格局，将为人民币国际化再上新台阶创造重大历史机遇。畅通的国内大循环可以保障人民币资产的盈利性和安全性，不断提升人民币的吸引力，从根本上创造居民和非居民持续旺盛的对人民币的需求。畅通的国际大循环可以满足人民币流动性的充分供给，不断提高人民币资产的可获得性和使用便利性。构建国内大循环与国际大

① 中国人民大学国际货币研究所编制的货币国际化指数是一个综合量化指标，可以客观描述主要货币在贸易、金融交易、外汇储备等各方面的国际使用程度。根据设定，所有货币的国际化指数之和为100。

循环相互促进的经济发展格局，可以大大增加人民币国际使用的场景和黏性，让广大居民和非居民使用和持有人民币成为一种习惯。

构建双循环新发展格局，是关系我国现代化建设全局的战略部署，将推动经济高质量发展，全方位增强人民币的硬实力与软实力。当代中国的高质量发展是富有效率的，要通过技术进步、市场竞争、金融支持等多方力量，不断降低成本、提高经济发展效率；高质量发展是稳健有序的，在发展过程中平衡好效率与稳健的关系，坚守住不发生系统性金融危机的底线，实现可持续健康发展；高质量发展是包容共享的，发展方式是开放平衡的，发展效果要落实到全社会、全人类的获得感和幸福感。

高质量发展决定着人民币国际化的未来。一方面，高质量发展能够增强国家整体经济实力，有效化解内外冲击，稳定市场信心。高水平的国内大循环占主体，为人民币国际化提供坚实的基础和持久的动力，构成人民币的硬实力，为人民币国际化行稳致远保驾护航。另一方面，高水平的国际大循环将高质量发展的内涵输出到全球范围。中国主导的国际大循环，不是血腥的殖民路径或者居高临下的霸权模式，而是将国内庞大市场和宝贵发展机会分享给全世界，追求共商共建共享共治的全面合作。中国在全球化过程中表现出博大精深的文化底蕴，始终践行多边主义的和平发展道路，遵循互相尊重、美美与共、人类命运共同体的价值理念，不断提高人民币的亲和力和感召力，构成重要的软性竞争力。中国展现给世界的这种大国担当和平等姿态，必然会为人民币国际化赢得机会。

获得与中国的经济地位、贸易地位相匹配的货币地位，是人民币国际化的终极目标。就目前来看，人民币国际化需要从以下三个方向寻求突破。首先，要推动中国经济的可持续高质量发展，继续巩固中国的经济大国和贸易强国地位，稳住人民币贸易结算基本盘。其次，要深化中国金融改革与开放，支持人民币尽早实现从一般结算货币向战略性商品计价和结算货币的跨越。最后，要致力于建设多边主义的新型区域合作关系，进一步丰富人民币的应用场景，全面增强其国际货币职能，为促成人民币货币区创造条件。

在愈演愈烈的国际货币竞争中，人民币国际化注定要经历一个漫长而曲折的过程。虽然外部喧嚣纷扰困难重重，但只要我们做好自己的事，构建双循环新发展格局，推动高质量发展，人民币国际化的更高目标就一定能够实现!

人民币国际化任重道远，但时间和道义皆于我有利。

本章小结

只要有货币兑换，就必然涉及汇率相关问题。汇率决定在典型金本位制度下并不复杂，由铸币平价决定汇率基础，同时外汇供求的变化引起汇率水平在黄金输送点之间小幅波动。所以金本位制度对应固定汇率制度。但是在信用货币制度取代金属货币制度后，汇率波动性大大提高，汇率决定机制变得更加复杂，针对汇率决定的理论研究也越来越丰富。一类研究关注汇率决定的基础，在一价定律和完全市场等假设下提出购买力平价说和利率平价说，对价格、利率与汇率之间的联系展开全面探求。另一类研究注重从外汇供求影响因素着手讨论汇率频繁变动的作用机制，这当中侧重于从实体经济的流量角度解释汇率决定的理论以国际收支说为代表，侧重于从资产市场供求存量均衡角度解释汇率决定的理论以资产市场说为代表。20 世纪 90 年代以来，关于汇率决定又有学者陆续提出了具有微观基础的汇率宏观经济分析方法、汇率决定的微观结构理论和汇率决定的混沌分析方法等。虽然大家在汇率决定问题上莫衷一是，但是对汇率变动的广泛影响却几乎没有什么异议。本章还简要概括了汇率变动对贸易收支、资本流动、外汇储备、物价水平、微观经济活动、国际经济关系等产生的各种可能影响，并以此证明了汇率制度选择的重要性。

汇率制度是一国货币当局对本国汇率的形成和变动机制所做出的一系列安排和规定，以固定汇率制度和浮动汇率制度为典型代表。由于两种汇率制度各有利弊，理论上迄今也没有分出优劣，而现实中还存在大量居中汇率安排或者类似区域共同货币等其他选择。主要国家的汇率制度选择会影响国际货币体系的变迁。在“国际金本位制度—布雷顿森林体系—牙买加体系”这一演变过程中，国际汇率安排和国际储备货币是国际货币体系改革最重要的研究议题。近年来明显提速的人民币国际化进程则被看作中国政府应对 2008 年全球金融危机的一项战略调整，也必然成为未来国际金融领域的重大关切。

问题与应用

1. 典型金本位制度和信用货币制度下的汇率决定机制有什么不同？为什么会存在差异？

2. 选择任意两个国家 5 年间的价格、利率和汇率数据，验证购买力平价、抛补利率平价和国际费雪效应是否成立，并尝试说明原因。

3. 你认为国际收支说和资产市场说哪一个在解释汇率的决定与变动上更有说服力？试举例说明。

4. 美国政府曾多次向中国施压，要求人民币升值以改变自身庞大的对华贸易逆差。请搜集相关数据并回答问题：(1) 人民币升值是否扭转了美国对中国的贸易逆差？(2) 汇率变动对贸易收支产生影响可能会受到哪些因素制约？请结合本例加以说明。

5. 汇率与国内价格水平怎样相互影响？试着解释其中的作用机制。

6. 你认为对现阶段的中国来说怎样的汇率安排才是合适的？为什么？

7. 为什么新兴市场国家容易出现“害怕浮动”问题？实行固定汇率制度又有什么风险？

8. 布雷顿森林体系为什么会解体？你认为历史上推动国际货币体系演变的根本力量是什么？

9. 你认为现行国际货币体系是否公正公平？试举例说明。

10. 你怎么看待人民币国际化？

推荐阅读材料、网站

[1] 中国人民大学国际货币研究所. 人民币国际化报告 (2012). 北京：中国人民大学

出版社，2012. 另外还可参见2013—2022年的报告。

[2] 国际货币基金组织，http://www.imf.org。

[3] 中国人民银行，http://www.pbc.gov.cn。

[4] 中国外汇交易中心，http://www.chinamoney.com.cn。

参考文献

[1] 陈雨露，汪昌云. 金融学文献通论·宏观金融卷. 2版. 北京：中国人民大学出版社，2021.

[2] 陈雨露. 国际金融. 7版. 北京：中国人民大学出版社，2023.

[3] 窦尔翔，乔奇兵，等. 新体系国际金融学. 北京：经济科学出版社，2011.

[4] 姜波克，陆前进. 国际金融学. 上海：上海人民出版社，2003.

[5] 科普兰. 汇率与国际金融：原书第5版. 北京：机械工业出版社，2011.

[6] Aizenman, J., Chinn, M. D., and Ito, H. (2013), "The 'Impossible Trinity' Hypothesis in an Era of Global Imbalances: Measurement and Testing," *Review of International Economics*, 21 (3), 447-458.

[7] Carbaugh, R. J. (2011), *International Finance* (13th Edition), New York: Cengage Learning Asia Pte. Ltd.

[8] Eichengreen, B. (2000), *International Monetary Arrangements for the 21st Century*, Washington D. C.: Brookings Institution Press.

[9] Horst, F. (2013), "Exchange Rate Regimes and Unemployment," *Open Economies Review*, 24 (3), 537-553.

[10] Krugman, P. R., Obstfeld, M., and Melitz, M. J. (2017), *International Finance: Theory and Policy* (11th Edition), New York: Pearson.

[11] Obstfeld, M., and Rogoff, K. (1995), "The Mirage of Fixed Exchange Rates," *Journal of Economic Perspectives*, 9 (4), 73-96.

[12] Reinhart, C. M. (2000), "The Mirage of Floating Exchange Rates," *American Economic Review*, 90 (2), 65-70.

[13] Rey, H. (2015), "Dilemma not Trilemma: The Global Financial Cycle and Monetary Policy Independence," National Bureau of Economic Research, No. w21162.

第十三章

开放条件下的宏观经济均衡与汇率政策

学习目标

1. 了解开放经济的基本概念和特征、经济开放度衡量指标，以及实现经济内外均衡的重要意义。

2. 学习蒙代尔-弗莱明模型，掌握宏观政策变化对内外均衡的影响机制。

3. 客观分析经济全球化的利弊，了解政策溢出效应及其影响路径；掌握宏观政策组合原理。

4. 学习均衡汇率及其形成机制；掌握汇率政策类型及对经济均衡的影响。

第一节　开放条件下的宏观经济均衡

一、开放经济

（一）封闭经济与开放经济的概念

开放经济是与封闭经济相对的概念。受到自然环境、交通工具和政治制度的限制，在前资本主义时代人类社会的经济活动具有封闭特征。生产、流通、消费局限于本国境内，几乎不与外国进行商品或生产要素的交易。封闭经济在经济学中又称为“三部门经济”，即经济活动主体由居民、厂商和政府构成，经济运行在国内形成闭环。依靠资本这一流动性、增值欲强的重要力量，资本主义冲破了国界和区域界限，打破了封闭经济，人类社会逐渐转向开放经济。

开放经济是经济活动包括跨境交易往来的经济状态。开放经济在经济学中又称为“四部门经济”，即经济活动主体由居民、厂商、政府和外国部门构成，经济运行在国内、国际两个市场间循环。

相较于封闭经济，开放经济能够获得更多的比较优势利益，增加国民福祉。首先，利用资源禀赋优势，在要素投入规模不变的条件下获得更高的生产效率，增加国民收入；其次，融入国际经济，参与国际分工，扩大市场范围，有利于实现规模经济，提高投入产出率；再次，获得直接投资的技术溢出效应，以较低的成本引进、获得先进技术，实现产业升级；最后，在国际市场与高手竞争，优胜劣汰，鞭策市场主体创新进取、建立更高效的经营模式，有利于增强经济活力。

20 世纪 80 年代，开放经济进入全球化新阶段。各国经济发展对国际市场的依赖度大幅提高，资源要素大规模跨境流动，跨国公司成为国际经济的组织者，推动国际分工深化细化，从传统的商品分工深入到全产业链分工，细化到零部件、生产环节分工。经济全球化加速了世界范围内的科技进步，推动世界经济和国民收入长足发展，发展中国家受益更多。根据世界银行的统计，1980 年全球人均收入为 2 614 美元，2021 年全球人均收入达到 12 070 美元，提高了近 4 倍（见表 13－1）。其中，经济合作与发展组织（OECD）成员的人均收入年均增长 3.8%，中低收入国家的人均收入年均增长 5.2%。发展中国家获得新的发展机遇，就经济总量而言与发达国家平分秋色，带来世界经济格局百年未有之大变局。中国将改革开放作为基本国策，充分发挥自身的制度、劳动力和巨大市场优势，2010 年超过日本成为世界第二大经济体，人均收入从 1980 年的 220 美元增长到 2021 年的 11 890 美元，增长了 53 倍，年均增速高达 10.2%。

表 13－1　开放经济下全球人均收入比较

	1980 年（美元）	2021 年（美元）	年均增速（%）
全球	2 614	12 070	3.8
OECD 成员	9 071	42 095	3.8
中低收入国家	667	5 298	5.2
中国	220	11 890	10.2

资料来源：世界银行。

需要用辩证法思维来看待开放经济。经济全球化是一把双刃剑，在全方位优化资源配置、加速世界经济增长的同时，也会带来意想不到的危害和风险，因为开放经济“拆除”了国内、国际两个市场之间的“防火墙”，将差异极大的更多国家、更多群体纳入国际分工。经济全球化令人诟病的弊端在于：第一，加剧了极化效应，导致全人类财富向更少数富人集中，导致国家之间、国家内部的贫富差距扩大，社会矛盾和冲突激化。第二，产业链供应链过细过长，对外依赖度提高，经济变得更加脆弱，可持续发展风险上升。第三，外部冲击畅通无阻，风险传染效应增强，经济金融危机频发。例如，在 2008 年美国雷曼兄弟破产掀起金融海啸，不少国家陷入经济金融危机，各国财产损失累计超过 4 万亿美元。2022 年俄乌冲突爆发，西方国家对俄罗斯进行制裁，严重冲击能源、粮食供应链，推高大宗商品价格，美国、欧盟国家创下 40 多年来的通货膨胀新高，而非洲面临饥饿威胁的人口达 3 亿多。鉴于一些国家认为经济全球化是弊大于利的事情，近年来，以美国为首，掀起了一股逆全球化思潮，经济全球化面临单边主义和保护主义的重大挑战。

（二）开放经济的特征

经济全球化使孤岛英雄鲁滨逊[①]一去不复返，各国经济优势互补、相辅相成，逐渐形成关系紧密的命运共同体。开放经济具有四个特征：第一，国际贸易和投资成为国民经济的有机组成部分。第二，所有资源都参与国际分工，通过国内、国际两个市场进行优化配置。第三，除了实体经济，本国金融市场与国际金融市场连接，货币可兑换，资本跨境流动较少受到限制。第四，国际组织在发挥重要作用，规范和管理国际经济活动，各国遵守共同的国际规则。在开放经济中各国扮演的角色不同，大国往往处于国际经济的中心，占据支配地位，是市场价格制定者，小国则处于外围和附属地位，是市场价格接受者。

（三）衡量经济开放度的指标

通常使用两个指标来衡量经济开放度：一个是对外贸易总额与经济总量（GDP）的比率，反映一国经济增长对外国商品与服务的需求比例，衡量实际生产部门对外国资源投入的依赖度。该比率越高，经济开放度就越高。另一个是经常项目差额与经济总量（GDP）的比率，反映一国经济增长对经常发生的国际收支净值的依赖度，衡量实体经济对外部供给和需求的依赖水平。经常项目逆差意味着需要外部供给，经常项目顺差意味着需要外部需求。同样，该比率越高，经济开放度就越高。

（四）经济开放度的国际比较

经济开放度是一国政治、经济、历史、文化共同作用的结果。收入水平较高、经济市场化水平较高、资本市场开放的国家，具有更强的全球资源配置能力，贸易和资本流动规模较大，因而经济开放度较高。相反，收入水平较低、市场经济欠发达、外汇和资本市场管制盛行的国家，国际竞争力较弱，参与国际经济的动力不足，因而经济开放度较低。

改革开放之前，中国实行计划经济，资源要素由政府主导配置，加上在冷战格局下西方国家进行封锁，对外贸易总额与经济总量的比率很低，经济开放度极低，几乎是封闭经济。党的十一届三中全会以后，中国采取渐进式开放模式，从货物贸易到服务贸易，从商品市场到资本市场，对外开放的大门越开越大。中国全面融入全球经济，成为世界加工厂。2021 年，中国的对外贸易总额达 6.64 万亿美元，经常项目顺差达 3 157 亿美元，GDP 达 17.73 万亿美元，用上述两个经济开放度指标衡量，中国对外贸易总额与 GDP 的比率为 37.5%，经常项目顺差与 GDP 的比率为 1.8%。初步形成了以国内大循环为主体、国内国际双循环相互促进的新发展格局。

二十国集团（G20）的经济总量占全球的 85%左右。以对外贸易总额与 GDP 的比率这一指标来衡量经济开放度，G20 中经济开放度最高的国家是德国，开放度最低的是美国。2021 年德国、美国的对外贸易总额与 GDP 的比率分别为 89.48%、25.78%（见图 13－1）。由于美国的经济总量很大，尽管其对外贸易规模（2021 年为 5.93 万亿美元）仅次于中国位居世界第二，但美国经济更多的是依靠本国的消费驱动，对进出口的依赖度并不高。在 5 个金砖国家中，中国的开放度为 37.44%，低于南非（56.06%）、俄罗斯

---

① 鲁滨逊是英国作家丹尼尔·笛福（Daniel Defoe）1917 年出版的小说《鲁滨逊漂流记》中的主人公。在一次海难中他被海浪带到一座荒无人烟的孤岛，依靠捕鱼、打猎、种植，在岛上生活了二十几年，最后有幸被一艘船带回英国。

(52.21%)、印度(43.43%)和巴西(38.61%)。

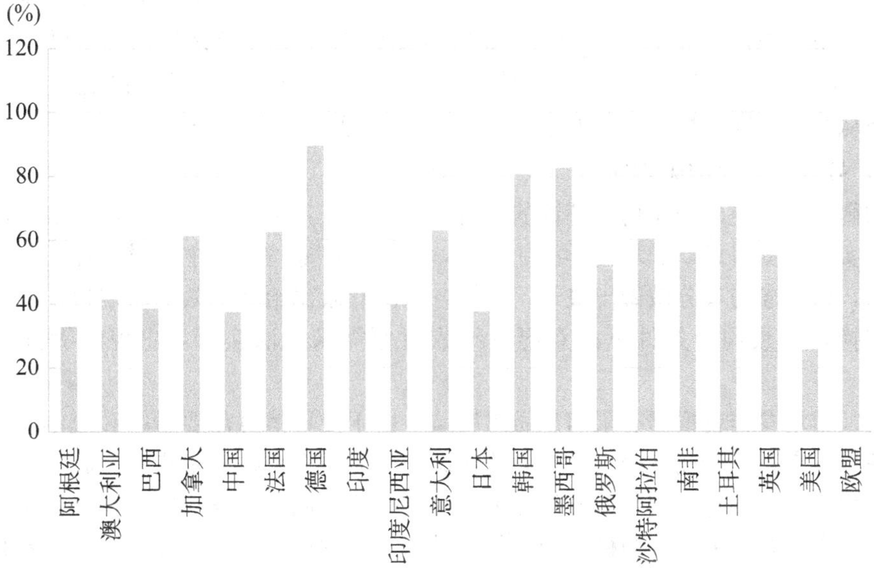

图 13-1 2021 年经济开放度(对外贸易总额/GDP)的国际比较

资料来源:世界银行。

二、经济均衡

(一)经济均衡与经济非均衡

均衡即平衡,指不同作用力或不同影响因素势均力敌,处于平衡状态,其综合变动趋势为零。均衡这一概念在经济学中被广泛运用,成为分析经济活动中要素组合的供求关系达到相对静止状态并决定价格的理论框架。

最早提出一般均衡的是 19 世纪末的法国经济学家里昂·瓦尔拉斯①。消费者追求消费效用最大化,生产者追求生产利润最大化,在价格这只“看不见的手”的指挥下,市场竞争推动商品供给、需求及价格保持特定的数量平衡,后人称之为瓦尔拉斯均衡。瓦尔拉斯揭示了市场主体在理性经济人假设前提下的行为方式,价格信号会自动调节供求,使之达到平衡。进入 20 世纪以来,经济学进一步吸收了信息学、心理学、互联网、人工智能的研究成果,揭示了消费者和生产者在非理性、大数据下依靠预期进行决策的行为方式,通过一系列复杂的价格调整,供求仍可实现均衡。

早在 3 000 多年前,中国儒家经典《周易》中的“为道也屡迁,变动不居,周流六虚,上下无常,刚柔相易”揭示了均衡状态的短暂性和相对性。宏观经济学的鼻祖凯恩斯在 1936 年出版的《就业、利息和货币通论》中分析了经济非均衡的原因。有效需求不足,

① 里昂·瓦尔拉斯(Léon Walras,1834—1910 年)。法国经济学家,曾经被约瑟夫·熊彼特(Joseph Schumpeter)认为是“所有经济学家当中最伟大的一位”。他开创了一般均衡理论,是一位数理经济学家、边际革命领导人、洛桑学派创始人。

商品市场价格黏性，均阻碍价格信号引导供求达到均衡。大量非自愿失业者的存在证明市场要素并没有在“看不见的手”的引导下自动实现供求平衡。因此，政府必须进行宏观干预，这样经济才能摆脱非均衡，达到理想的均衡状态。1972 年诺贝尔经济学奖得主、英国经济学家约翰·希克斯引入计划、预期等概念，进一步突破了经济均衡思想的禁锢，论述了经济从均衡走向非均衡[①]的机制，为政府干预、实现宏观经济均衡提供了理论依据。

（二）导致经济非均衡的原因

非均衡概念的提出和非均衡理论的分析方法和观点，推动了经济学的发展，使经济学更贴近现实。根据凯恩斯非均衡学派的观点，导致经济非均衡的主要原因有三个：

第一，市场参与者分散做出决策，依据各自的有效供给和有效需求定价，存在非均衡的自愿交换，导致均衡条件下的意愿供给或意愿需求无法实现，出现超额供给或超额需求。

第二，市场参与者根据有限信息做出决策，由于搜集信息需要时间和成本，许多决策只能在信息不完备的情况下做出，致使价格调整不能完全反映供求变化。此外，包括工资在内的价格在短期内存在刚性，不能根据供求变化迅速调整，导致经济处于非均衡状态。

第三，市场参与者的行为模式导致价格黏滞，对供求变动的理性反应是调整数量而非价格。存量调节通过预期影响有效需求和有效供给，加剧了价格失灵，在短期内经济处于非均衡状态。

（三）社会主义经济非均衡

社会主义在经济制度、生产关系、资源配置方式上与资本主义存在巨大的差异。进行有计划的经济发展，政府发挥积极的引导作用，更主动地规划产业、优化资源要素配置，促进关系国计民生的重要产业、重要市场、重要技术发展，打破低水平均衡，推动经济不断向高水平均衡发展。在计划经济时代，匈牙利经济学家亚诺什·科内尔（János Kornai）在其名著《短缺经济学》中分析了企业生产资料和个人生活资料短缺的原因，认为短缺、非均衡是社会主义经济运行的正常状态。20 世纪 80 年代，中国实行改革开放，从计划经济向市场经济转型。经济学家厉以宁在《非均衡的中国经济》中指出，造成中国经济非均衡的原因包括宏观、微观两个方面，市场不完善、价格不灵活导致总需求大于总供给，企业不能自主经营、自负盈亏的经营方式直接造成非均衡。在社会主义市场经济建设过程中，中国将计划与市场有机结合，探索出一条具有中国特色的社会主义市场经济道路，既发挥政府的计划、引导、管理作用，又发挥市场在资源要素配置中的基础性进而决定性作用，实现了世界经济发展史上罕见的持续 40 多年的高速增长，创造了举世瞩目的“中国奇迹”。根据中国国情，实行经济非均衡发展战略，集中精力干大事，这是中国经济发展成功的一个重要经验。中国改革开放的总设计师邓小平提出“让一部分人先富起来”“先富带后富，最终实现共同富裕”，这深刻阐明了中国非均衡发展的智慧和策略。将有限的资源集中到经济基础较好、交通便捷、劳动生产率较高的地区和产业，依托沿海地区、特大城市打造经济中心和经济“增长极”，培育经济增长的动力源，不断夯实和壮大经济可持续发展的基础。然后向周边区域扩散，解决经济不平衡问题。简言之，就是先做大蛋

① 参见约翰·希克斯在 1939 年出版的《价值与资本》一书中的动态部分。

糕，然后创造条件公平地分配蛋糕。

（四）强调经济均衡的重要意义

越来越多的经济学家认为，非均衡是一个远比均衡丰富、更为贴近现实的观念。非均衡理论的进一步发展，将会引起经济学研究的重大变革。[①] 既然非均衡是现代经济的一种常态，那么为什么"经济均衡"概念充斥经济学教科书？为什么经济政策总是以追求"经济均衡"为目标？

从哲学上看，存在是发展的基础。存在是人类认识事物、厘清概念并把握事物运动规律的先决条件，事物只有在均衡的状态下才能相对静止、相对稳定，其性质才能被认识、被分析、被总结。出于认知经济、管理经济和发展经济的需要，经济均衡是一个不可或缺的重要概念。离开经济均衡，经济研究将失去立足点，容易迷失方向。

在运用经济均衡概念时，需要坚持两个原则：第一，经济均衡不是绝对的，而是相对的。经济均衡有多个维度，可分为宏观均衡与微观均衡，总体均衡与局部均衡，内部均衡与外部均衡，具有复杂性和相对性。例如，宏观经济均衡体现了在一定的物价水平下总供给与总需求相等，但是构成总供给或总需求的各产品、各市场内部的供求并不一定相等。第二，经济均衡不是静止的，而是动态发展的。经济发展本身就是不断打破一个又一个均衡、增加国民收入和财富的过程，是平衡与失衡不断交替、实现经济发展目标的进程。

均衡不仅是经济问题，而且是政治问题。国与国之间、一国内部区域之间、一国居民之间，或经济过度失衡，或收入差距过大，容易引起矛盾、摩擦和冲突，甚至爆发战争。因此，各国政府十分重视经济均衡发展。党的十九大报告将"人民日益增长的美好生活需要和不平衡不充分的发展之间的矛盾"作为新时期中国社会的主要矛盾，强调不断深化供给侧改革，调整产业结构和空间布局，更好地满足人民发展变化的需求，从总量上、结构上实现供给与需求的动态平衡。

三、在开放经济下要追求宏观经济均衡的原因

（一）开放经济下的宏观经济均衡及其表现

各国国情不同，资源禀赋、国际竞争力存在差异，经济开放的影响和利弊也不相同。一些国家获利较多，一些国家获利较少甚至受到损害。由于历史原因，国际贸易、投资规则大多是由发达国家主导制定，通常包含许多有利于发达国家的条款。例如，长期以来，国际贸易中工农业产品的价格剪刀差现象一直存在，而且具有扩大的趋势。根据制度经济学家纲纳·缪尔达尔（Gunner Myrdal）的"循环累积因果"理论[②]，这种影响会循环累积，成为压制工业化程度较低的发展中国家的制度性力量。当然，在互惠互利的贸易条件下，外部影响的循环累积过程将加速各国的经济发展。

---

① 张卓元. 政治经济学大辞典. 北京：经济科学出版社，1998：253－254.

② 瑞典经济学家、1974年诺贝尔经济学奖获得者缪尔达尔认为，经济是一个动态的过程，各种经济因素相互联系、相互影响并互为因果，一种因素的变化必然引起另一种因素的变化，而且后者的变化反过来又推动前者发生更大的变化。因此，各经济因素总是以循环的方式运动着，这种循环具有累积效应而非简单的重复，推动经济向上或向下发展。

开放经济下的宏观经济均衡包括内部经济均衡和外部经济均衡两个部分。内部经济均衡的标志是：国内总供给与国内总需求平衡，表现为物价稳定和充分就业。外部经济均衡的标志是：外部供给与外部需求平衡，表现为进出口贸易收支相等，实物形态的国际收支平衡。从国民经济恒等式看，外部经济均衡与内部经济均衡之间具有内在关联，二者体量相等，方向相反，表现为三种状态（见表 13－2）：

第一，内部经济均衡＋外部经济均衡，表现为物价稳定、充分就业、国际收支平衡。

第二，内部经济失衡＋国际收支逆差，内部存在超额需求和通货膨胀，需要通过进口来增加供给，导致外部经济失衡和国际收支逆差。

第三，内部经济失衡＋国际收支顺差，内部存在超额供给和失业，需要通过出口来增加需求，导致外部经济失衡和国际收支顺差。

表 13－2　内外部经济均衡、失衡的表现

经济状态	内部表现	外部表现
均衡	总供给＝总需求 物价稳定＋充分就业	进口＝出口 国际收支平衡
失衡	总供给＞总需求 失业	进口＜出口 国际收支顺差
	总供给＜总需求 通货膨胀	进口＞出口 国际收支逆差

（二）开放经济下非均衡发展的必要性

开放经济引入外国部门，打破了国内储蓄对投资的约束，一国可以在国内国际两个市场上实现供给和需求的平衡。借助外部资源和外部市场，弥补国内储蓄或投资不足的短板，获得更高的产出与收入增长。

当居民储蓄率较低、消费需求较高时，国内供不应求，采取国际收支逆差策略，增加外部供给，能够有效满足居民的消费需求。消费是经济增长的重要推动力，是促进有效投资的手段，对增加就业和收入有积极的作用。根据投资乘数原理，边际消费倾向较高的国家，新增投资具有较大的产出效应。因此，依靠扩大进口，维持国际收支逆差，一国可以超越国内供给能力不足的限制，支持超前消费，进而提高就业水平。例如，美国在 2021 年之前一直是世界最大进口国、最大逆差国。自 1971 年布雷顿森林体系开始崩溃以来，美国主要通过贸易逆差方式向其他国家提供美元流动性，逆差越来越大。2021 年美国的贸易逆差高达 8 613.95 亿美元，依靠贸易逆差，美国居民保持不足 20％的储蓄率，形成超前消费的增长模式。强有力的消费一方面拉动了投资，为各种产品创新提供了广阔的空间，使得美国在研发、技术创新方面占据了全球的制高点；另一方面也让美国控制了市场定价权，有更大的机会获得物美价廉的产品，在名义收入不变的条件下进一步提高了居民的实际收入水平。

当居民储蓄率较高、消费需求较低时，国内供过于求，采取国际收支顺差策略，增加外部需求，能够让产品在市场上实现马克思所形容的“惊险的一跃”，维持再生产和就业。出口是拉动经济增长的三驾马车之一，通过扩大出口并维持国际收支顺差，一国可以超越国内需求能力不足的限制，扩大投资和生产规模，获得更高的产出和收入。例如，中国充分发挥高储蓄率传统和劳动力优势，持续大规模引进外资，融入国际分工，保持强大的出口竞争力，2009 年中国超过德国成为世界最大出口国。除了 1993 年出现过一次贸易逆差，改革开放以来中国一直维持较高的贸易顺差，不断扩大的外部需求和转移收入，有助于中国增加投资、推动产业升级，为中国经济创造 40 多年高速增长的奇迹做出了贡献。

（三）利用外资是发展中经济体经济崛起的必由之路

尽管开放经济促进了世界经济增长，但是高收入经济体和低收入经济体之间的巨大鸿沟依然存在。2021 年 81 个高收入经济体的人均收入超过 12 695 美元，而 34 个低收入经济体的人均收入不足 1 046 美元，103 个中等收入经济体的人均收入在 1 046～12 695 美元徘徊，不少国家在“中等收入陷阱”[①] 中挣扎了数十年。

发展中经济体具有收入低、储蓄率低、投资不足的特点，如果没有外资注入，就会陷入“贫困恶性循环”，应验“马太效应”[②] 的诅咒。因此，利用外资、负债发展是发展中经济体脱贫致富的捷径。20 世纪六七十年代，韩国、新加坡、中国台湾、中国香港进入经济起飞阶段，人均收入年增长率接近 20%，创下亚洲奇迹，被世界冠以亚洲“四小龙”的美誉。“四小龙”成功的关键在于积极利用外资，实行出口导向型经济发展模式。先后三次承接以美国、日本为主的发达国家的产业转移，以满足国际市场的产品、技术需求为目标规划产业，在不同的经济阶段运用国际收支逆差或顺差的不平衡发展策略，推动产业结构从劳动密集型递次向资本密集型、资本与技术密集型过渡，大大提高了经济效率和国际竞争力，成功实现经济的跨越式进步，晋升到高收入经济体行列。

利用外资本质上是弥补本国的储蓄缺口，打破低储蓄对扩大投资的刚性约束，获得更快、更高的经济增长。然而，能否实现这一预期目标取决于如何利用外资。利用外资有两种主要形式，即直接投资、举借外债。对于那些营商环境较差、难以吸引直接投资或是不愿失去经济自主权的国家而言，举借外债是利用外资的主要途径。如果将外债用于非生产的消费领域，或者效率较低或创汇能力较差的生产领域，缺乏足够的清偿能力就容易发生债务危机，损害国家信用，给经济发展带来灾难。例如，20 世纪 80 年代，巴西、墨西哥、阿根廷等国家曾大规模借入外债，不少外资流入了消费领域，用来改善民生。在美国，里根总统实行“三高政策”[③]，美元大幅升值而且美元利率一路提高到 23%。拉美国家债台高筑，严重丧失清偿能力，不得不宣布违约，爆发了债务危机。欲速则不达，拉美国家普遍陷入政治、社会动荡，经济负增长，付出了“失去的十年”的惨痛代价。

---

① 中等收入陷阱（middle income trap）概念最早出现在世界银行发布的《东亚经济发展报告（2006）》中，指中等收入经济体很少能够成功地跻身高收入经济体行列，它们往往长期陷入经济增长的停滞期，既无法在工资方面与低收入经济体竞争，又无法在尖端技术研制方面与高收入经济体竞争。

② 马太效应（Matthew effect）指强者愈强、弱者愈弱的现象，广泛应用于社会心理学、教育、金融以及科学等众多领域。马太效应源自《圣经·新约·马太福音》：“凡有的，还要加给他叫他多余；没有的，连他所有的也要夺过来。”

③ 1981 年演员出身的共和党人里根当选美国总统后，实行货币学派政策，紧缩银根、遏制通货膨胀，利率一度上升到 23%，同时大幅度减税，财政赤字达到上万亿美元。高利率导致大量资金流入美国，美国由债权国变成了债务国，美元汇率无比坚挺。因此，经济学家将在里根经济学主导下美国出现的高利率、高赤字、高汇率称为“三高政策”。

直接投资是经济效益更高的外资利用方式，因为能够带来技术溢出效应。直接投资除了会增加资金，还会带来先进的机器设备、管理技术和国际市场营销网络，给当地企业以“示范效应”，促使其在“干中学”，可有效提高当地的技术水平和全要素生产率。经济学家林毅夫发现，亚洲国家通过大规模引进外资，节约了高昂的创新沉没成本，技术进步的步伐加快了十多年，有效缩短了与发达国家的收入差距。实际上，中国始终将吸引外资与引进技术相结合，遵循“以市场换技术”的原则，采取土地、税收等优惠政策，加大引进外资的力度，同时加大研发投入，将创新作为第一生产力，提高进入本国市场的技术门槛，不断提高对引进外资的治理，增强了经济的国际竞争力。

（四）外部经济过度失衡的烦恼

早在 2 500 年前，古代先贤就提出了适度和均衡发展的思想。儒家学派创始人孔子十分重视适度发展，认为“过犹不及”，只有实行不偏不倚的“中庸”之道，才有利于安身立命、生存和发展。尽管经济非均衡是常态，但失衡必须适度，过度的失衡必然会带来诸多问题和烦恼。

经济增长过度依靠国际收支逆差，意味着本国储蓄和生产不足，需要通过引进外资、扩大进口来满足投资和消费需求，必须利用高利率或者税收、土地、信贷优惠等手段吸引外资，支撑消费品和资本品进口。然而，长期维持这种经济增长的代价是巨大的，甚至是得不偿失的。因为外债规模过大，若在偿债高峰期遇到借新还旧困难，债务链条的突然中断必然引发本国的金融危机和经济危机，经济发展将严重倒退。20 世纪 80 年代爆发的拉美债务危机就是一个很好的佐证。或者外商直接投资规模过大，本国的经济命脉落入外资之手，成为跨国公司的附庸，丧失经济独立性和自主性，更糟糕的是增加了政治风险。外资可能支持特定的利益集团，扶持政治代言人，制造政治分裂和社会不稳定。部分非洲和拉美国家就出现过这样的现象。如果外资以证券投资方式存在，资本市场的高度流动性和杠杆效应容易制造股市、楼市泡沫，而资产泡沫破灭必然引发金融、经济危机。1997 年亚洲金融危机爆发的根本原因就是泰国、马来西亚、菲律宾、印度尼西亚亚洲“四小虎”过早开放资本项目，利用高利率大量吸引以证券投资方式为主的外资，维持上百亿美元的贸易逆差，迅速推动产业升级。但是，以“金融大鳄”索罗斯为首的国际基金，抓住了亚洲“四小虎”资本市场不成熟的缺陷，聚集大规模游资，在股市、楼市、汇市之间联动套利，令这些国家顾此失彼，不得不将本币大幅贬值，吞下政权更换、经济倒退十年的恶果，而投机者则赚得盆满钵满。

经济增长过度依靠国际收支顺差，意味着本国储蓄和生产过剩，需要通过对外投资、扩大出口来增加投资和消费需求，必须利用本币贬值、外汇倾销、出口补贴等手段来提高出口竞争力，扩大外部需求。然而，过度出口增加了本国经济的对外依赖性，一旦外部需求因经济危机、政策变化或自然灾害而减少，本国经济的正常运行就会中断，导致出口企业倒闭，失业增加。此外，过高的国际收支顺差容易引发贸易战。逆差国总是将行业衰退、经济下滑、失业增加等问题归咎于顺差国，理所当然地实行保护主义，冠冕堂皇地采取惩罚性关税、反倾销、反补贴等措施。在民主选举制度下，逆差国进行换届大选之前，顺差国通常会成为其国内政治斗争的牺牲品，成为竞选双方转移国内矛盾和视线的替罪羊，“躺着中枪”的现象屡见不鲜。国际上有一个流行的观点，即如果顺差超过一国贸易总额的25%，贸易顺差就会从一个单纯的经济问题变成一个棘手的政治问题。20世纪80年代，日本是美国的最大贸易顺差国，对美顺差占贸易总额的比例超过40%。里根总统上台后，对日本的纺织品、彩电、汽车、钢铁行业发起了一轮接一轮的贸易战，迫使日本与美国签订大约20个自动限制出口协议。2008年全球金融危机后，欧美发达国家陷入二战后最严重的经济危机，对它们有较大贸易顺差的中国成为备受攻击的对象。美国政府专门设置贸易执行部门，对中国等所谓的不公平贸易国家进行日常调查、裁定和处置。2012年9月，美国对中国光伏产品的“双反调查”做出最终裁决，对中国光伏电池及组件征收的惩罚性反倾销税率最高为249.96%，反补贴税率为15.97%。欧盟更是打着绿色环保之名行贸易保护之实，限制中国部分产品进口。2012年9月欧盟启动对华光伏产品的“反倾销”调查，涉案金额高达史无前例的200亿美元。2018年3月，美国总统特朗普签署对华贸易备忘录，分两批次对价值600亿美元、3 000亿美元的中国出口商品强征高额关税，税率分别达到25%和30%，试图达到减少美国对华贸易逆差、促进制造业回流、增加就业岗位的目的。由于欧美发达国家实行保护主义，贸易战越演越烈，中国成为世贸组织（WTO）贸易争端解决机制涉案最多、应诉最多的国家。

专栏 13－1 保持国际收支平衡，中国致力于构建新发展格局

在开放经济条件下，国内均衡和对外均衡之间存在着密切的相互决定、相互影响的关系。国际上将经常项目差额与GDP之比控制在4%以内视为国际收支平衡的重要指标，国际收支失衡的国家容易招致国际舆论谴责以及相关国家的联手报复。

2001年中国加入WTO后，以巨大的市场潜力和廉价的劳动力优势，吸引了大量的外国投资者。连续5年，外资流入的增长速度超过30%，在跨国公司的推动下，中国的加工贸易快速增长。国际上，美国在“9·11”恐怖袭击事件后，为了提振市场信心，连续下调利率，G7其他成员也跟随降息，大幅增加了国际流动性，催生出较大的房地产和金融泡沫。财富效应进一步推动超前消费，全球经济增长加快，全球贸易顺差及美国贸易逆差均出现大幅增长。受到国内外有利环境的影响，中国每年都有数百亿美元的贸易顺差，出口成为拉动经济增长的主要力量。随着经济增速高达两位数的“黄金时代”的到来，2005年，中国经常项目顺差与GDP之比一举跃过4%的国际标准线，达到5.9%，并在2007年一度升至10%以上，国际收支失衡程度也创下历史纪录。国际社会对中国的国际收支状况表示强烈不满。日本首先发难，认为巨额顺差是由人民币低估造成的，要求中国调整汇率，美国、欧盟、澳大利亚等也以中国的国际收支失衡为由，操纵国际舆论，向中国联合施压。2005年7月21日，中国宣布进行人民币汇率制度改革，扩大人民币波动弹性，推动人民币缓慢升值，鼓励更多地进口。

美国次贷危机的爆发进而引发2008年的国际金融海啸，中国的外部需求锐减，出口增幅下降超过50%。中国及时采取扩大内需的政策，实施4万亿元经济刺激计划，加大进口和对外投资，经常项目顺差与GDP之比逐年下降，2010年这一比率回落至4%以内，实现了国际收支平衡。2012年党的十八大以来，中国确立了新发

展理念，转变经济增长模式，降低经济增长的外部依赖度，增强经济发展的自主可控性，加速构建以国内大循环为主体、国内国际循环相互促进的新发展格局。中国国家外汇管理局公布的《2021 年中国国际收支报告》显示，2021 年中国经常项目顺差达 3 173 亿美元，与 GDP 之比为 1.8%，继续处于合理均衡区间。

国家外汇管理局表示，自 2008 年以来，中国经常项目顺差与 GDP 之比逐步降至国际公认的合理区间，既体现了国内经济发展方式转变、涉外经济政策调整的成效，又反映了国外经济金融形势的变化，还显示了人民币汇率正逐渐趋于合理均衡水平。

第二节 宏观经济均衡分析框架：蒙代尔-弗莱明模型

随着国内国际经济形势变化，宏观经济不断在失衡、平衡、再失衡、再平衡中循环发展，宏观经济政策是促进经济增长、调节经济失衡的主要手段。20 世纪 60 年代，美国经济学家罗伯特·蒙代尔（Robert A. Mundell）和马库斯·弗莱明（J. Marcus Fleming）提出了开放经济条件下的蒙代尔-弗莱明模型（Mundell-Fleming model，简称 M－F 模型），用来分析一国宏观经济政策效应。此后，该模型逐渐成为开放经济条件下研究一国宏观经济政策效应的理论框架。

一、M－F 模型及其经济学含义

（一）M－F 模型的假设前提

任何经济学模型都是在一定假设前提下对某一经济现象中存在的规律的概括与总结，M－F 模型也不例外。该模型有四个假设前提：

（1）商品价格具有一定的黏滞性，在短期内不变。

（2）经济中的产出完全由总需求决定。

（3）货币是非中性的，收入与实际利率变化会改变货币需求。

（4）商品和资本自由流动，套利会消除国内外市场的利率差别。

在 M－F 模型中，利率和产出是在一国经济同时实现商品市场均衡、货币市场均衡和国际收支平衡时决定的。在这四个假设前提下，如果财政政策或货币政策发生变化，导致投资和消费需求增加或减少，必然会改变利率和产出水平。受到商品价格黏滞的影响，利率变化将先于价格变化，资本流动导致金融市场较快实现出清，加剧利率波动，引发内部失衡和外部失衡。国际收支顺差（或逆差）将推动本币升值（或贬值），促使进出口或资本流动进行调整，并在经济重新实现内外均衡时形成一个新的均衡汇率。

（二）M－F 模型中的均衡与失衡

M－F 模型由 *IS*、*LM*、*BP* 曲线组合构成，分析了利率和产出的变化对商品市场均衡、货币市场均衡和国际收支平衡的影响。如果有一个利率与产出的组合同时满足商品市场均衡与货币市场均衡的条件，使得 IS、LM 曲线相交，宏观经济就会实现内部均衡，既无失业又无通货膨胀。如果又同时满足国际收支平衡，使得 IS、LM、BP 三条曲线相交，宏观经济就会实现内外均衡，达到理想的均衡状态。实际上，只有唯一的利率（i_0）和产出（Y_0）的组合使得 IS、LM、BP 曲线相交于 A 点（见图 13-2）。

商品市场均衡线（IS）是商品市场总供给等于总需求的各点的集合。IS 曲线向右下方倾斜，降低利率将刺激消费品和资本品需求增加，推动产出增加以满足额外的商品需求。IS 曲线右上方的各点代表总需求小于总供给，失衡状态为失业。IS 曲线左下方的各点代表总需求大于总供给，失衡状态为通货膨胀。

货币市场均衡线（LM）是实际货币供给（M/P）① 等于货币需求的各点的集合。LM 曲线向右上方倾斜，增加产出将刺激货币需求增加，在货币供给不变的情况下，推动利率提高以消除额外的货币需求。LM 曲线左上方的各点代表货币需求小于货币供给，失衡状态为通货膨胀，LM 曲线右下方的各点代表货币需求大于货币供给，失衡状态为失业。

BP 曲线是国际交易收入等于支出的各点的集合，表现为经常项目差额与资本项目差额之和等于零。BP 曲线向右上方倾斜，表明产出增加刺激进口增加，导致经常项目逆差，需要提高利率来吸引资本流入，带来资本项目顺差，从而实现国际收支平衡。BP 曲线左上方各点代表资本项目顺差大于经常项目逆差，失衡状态为国际收支顺差，BP 曲线右下方各点代表资本项目顺差小于经常项目逆差，失衡状态为国际收支逆差。

在 M-F 模型中，以均衡点 A 为中心，IS、LM、BP 三条曲线形成六个区域，分别代表了不同的内外失衡状态（见图 13-2）。中国长期保持国际收支顺差，因此在图 13-2 中通常落在 BP 曲线左边的三个区域。中国人口众多，还处在工业化、信息化、城镇化进程中，尚未实现充分就业。因此，在大多数情况下中国位于“顺差＋失业”或者“顺差＋结构性失业”区域。在后一个区域，货币市场供过于求，商品市场需求不足，意味着某些地区或某些行业出现了流动性过剩，产出增加而且发生通货膨胀，其他地区或行业则出现流动性不足，货币需求得不到满足，产出减少并伴随着失业。当然，在某些年份，例如 2006—2007 年，中国的国际收支顺差创历史新高，强劲的外部需求和资本流入导致中国处于“顺差＋通货膨胀”区域。

（三）开放经济下的宏观经济常态

充分就业和物价稳定是宏观经济管理的重要目标，也是决定人民对政府满意度的重要因素。各国政府，尤其是实行选举制的政府，具有优先实现内部均衡目标的强烈动机。一些国家甚至不惜以国际收支失衡为代价来追求国内经济目标。开放经济为各国利用国外资源优先实现内部均衡创造了条件，国际收支逆差可增加国内的商品供给，有利于控制通货膨胀；国际收支顺差可增加国内的商品需求，有利于缓解失业。因此，在开放经济下，一国宏观经济的常态很少是内外均衡，基本上是内部均衡＋国际收支顺差（见图 13-3a），或者是内部均衡＋国际收支逆差（见图 13-3b）。内部均衡点 A_1 与内外均衡点 A_0 相比，有更高的产出。

① 这里，M 代表货币数量，P 代表价格水平。

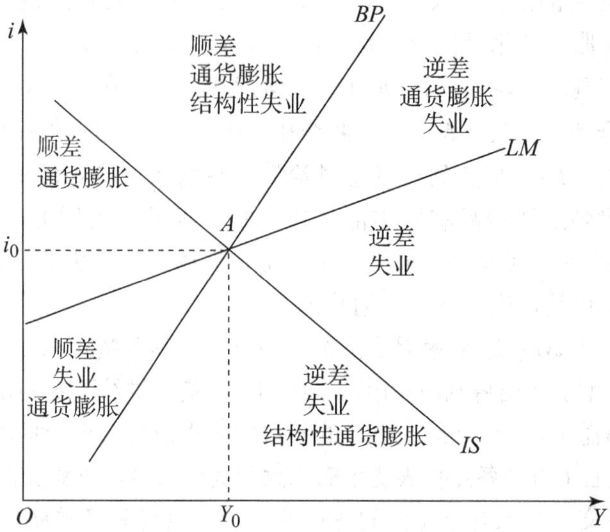

图 13-2 ***IS-LM-BP*** 模型下的宏观经济均衡

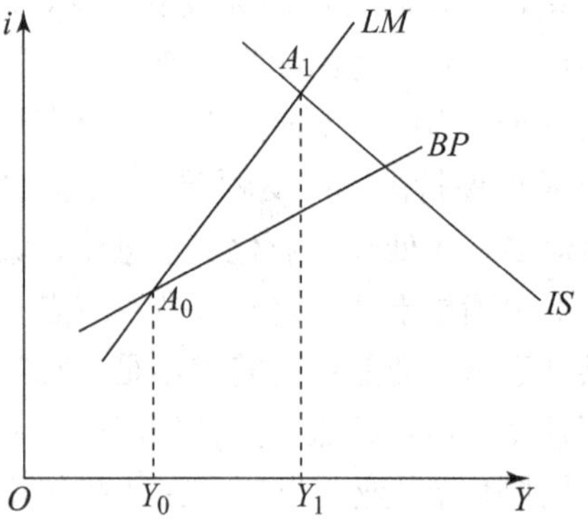

图 13-3a ***IS-LM-BP*** 模型下的内部均衡+国际收支顺差

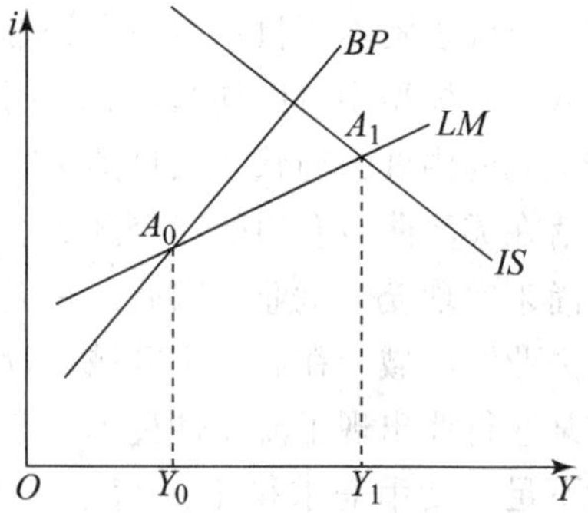

图 13-3b ***IS-LM-BP*** 模型下的内部均衡+国际收支逆差

国际收支出现一定程度的失衡具有客观性。国际社会公认的国际收支平衡标准是国际收支差额/经济总量≤3%。如果超过这一界限，就被认为是国际收支失衡，容易引发贸易摩擦或制裁。在这种情况下，政府必须运用宏观经济政策来调节国际收支，推动 *IS*、*LM*、*BP* 曲线，达到内外均衡。

二、影响宏观经济均衡的主要变量及政策

实现宏观经济均衡的必要条件是内外均衡，凡是决定商品市场均衡、货币市场均衡、国际收支平衡的力量，都会影响宏观均衡状态。因此，使得 *IS*、*LM*、*BP* 曲线移动的主要因素，无疑是影响宏观经济均衡的主要力量。

(一) 影响商品市场均衡的变量与政策

总供给和总需求是决定商品市场均衡的基本力量。总供给由本国产出（Y）决定，总需求由本国财政支出（G）、私人投资与消费、出口决定。投资是利率的函数，与利率（i）负相关；消费是产出的函数，与产出水平正相关；出口取决于外国消费，因而与外国产出（Y_f）、汇率（e）[①] 正相关。商品市场达到均衡时有如下公式：

$$Y=a_1e-a_2i+a_3G+a_4Y_f \tag{13.1}$$

如果要获得更多的产出 Y，并保持商品市场均衡，就必须增加需求，具体的途径包括：(1) 本币贬值，促使汇率上升，增加出口；(2) 降低利率，刺激私人投资和消费；(3) 增加政府的支出，在私人投资、消费意愿较低时，扩大政府支出是非常有效的增加总需求的途径；(4) 外国产出增加，主要贸易伙伴的产出增加会带来正的溢出效应，因为外国产出增加会带来更多的外部需求，刺激本国出口与产出增加。

对于本国而言，外国产出是一个不可控的因素，因此汇率、利率、财政支出才是商品市场均衡的决定因素。如果货币供给、国际收支等其他因素不变，利率提高（或降低），将引起需求减少（或增加），从而导致产出减少（或增加），商品市场均衡点将沿着 IS 曲线移动。如果利率不变，汇率上升（或下降），或者财政支出增加（或减少），则会推动 IS 曲线向右上方（左下方）移动，同时产出会增加（或减少）。在图 13-4 中，如果利率由 i_0 升到 i_1，导致投资与消费减少，要保持商品市场均衡，均衡点将由 A 点移至 B 点，产出由 Y_0 减少至 Y_1。相反，如果利率由 i_0 降到 i_2，商品市场均衡点将由 A 点移至 C 点，需求增加导致产出由 Y_0 增加至 Y_2。如果利率不变，将 IS 曲线平行移至 IS_1 或 IS_2，在与 LM 曲线相交的内部均衡点也能收到同样的产出调整效果。

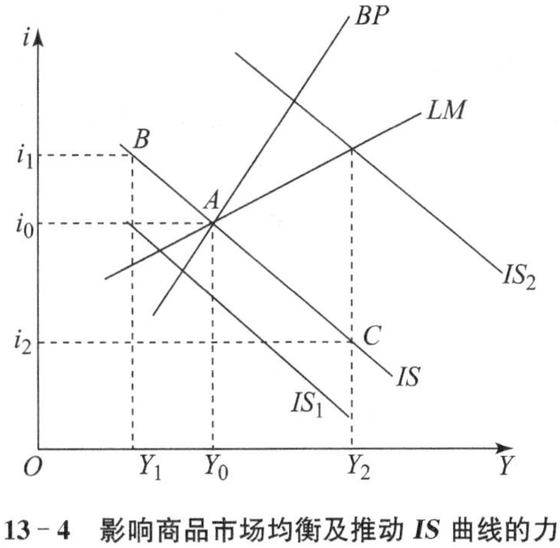

图 13-4 影响商品市场均衡及推动 *IS* 曲线的力量

干预外汇市场使得本币贬值、增加货币发行以降低利率、扩大政府赤字成为政府实现商品市场均衡的主要手段。换言之，政府可以同时使用货币政策、财政政策以及汇率政策

---

① 汇率是指一定单位的外币折合若干单位的本币，即直接标价法下的汇率。

来影响、调整商品市场均衡状况。实行固定汇率制度的国家，在汇率不变的情况下，政府主要运用财政政策来推动 *IS* 曲线。

（二）影响货币市场均衡的变量与政策

决定货币市场实际供给的因素为货币数量和物价，货币实际供给与货币数量（M）正相关，与物价（P）负相关。根据货币需求理论，货币需求分为交易需求和投资需求，与产出（Y）正相关，与利率（i）负相关。货币市场均衡状态可表示为如下公式：

$$M/P=b_1Y-b_2i \tag{13.2}$$

同理，如果要获得更多的产出，并保持货币市场均衡，就必须增加货币供给或者调整货币需求结构，具体的途径包括：(1) 在利率不变的情况下，增加货币供应量，提高贷款的可获得性，刺激更多的投资和消费，使得产出增加；(2) 在货币供给不变的情况下，提高利率，提高持币的机会成本，降低债券投资的货币需求，这样的调整有利于增加购买商品的货币需求，带来产出增加。

决定货币供给一方面靠中央银行的货币投放，另一方面靠金融市场的效率，即货币流通速度。决定利率的因素较多，货币需求、可贷资金规模、投资者心理预期都对利率有重要影响。

货币政策是决定货币供给的主要手段，扩张（或紧缩）的货币政策直接增加（减少）货币供给，推动 *LM* 曲线向右下方（或左上方）移动，使得产出增加（或减少），并实现货币市场均衡。财政政策则影响货币需求和投资者心理，使得货币的交易需求和投资需求发生改变，进而改变货币供求关系，促使利率提高或下降。如果货币数量不变，利率提高（或下降）将导致货币需求以及产出增加（或减少），货币市场均衡点将沿着 *LM* 曲线移动。

在图 13-5 中，如果商品市场供求、国际收支不变，利率由 i_0 升到 i_1，意味着有更多的货币需求，要保持货币市场均衡，均衡点将由 A 点移至 D 点，需求增加推动产出由 Y_0 增加至 Y_1。相反，如果利率由 i_0 降到 i_2，货币市场均衡点将由 A 点移至 E 点，相应地，产出由 Y_0 减少到 Y_2。如果利率不变，将 *LM* 曲线平行移至 LM_1 或 LM_2，在与 *IS* 曲线相交的内部均衡点也能收到同样的产出调整效果。

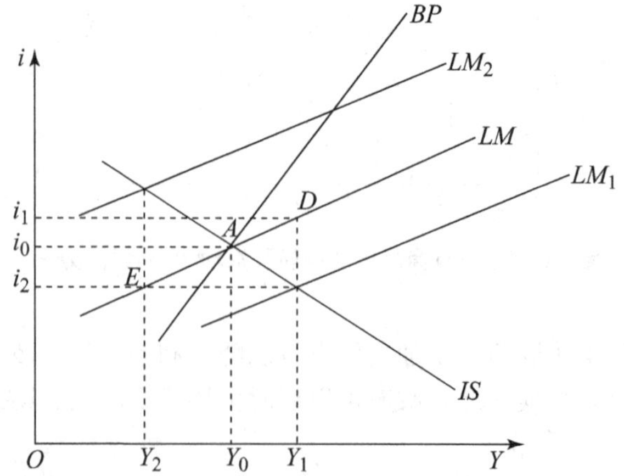

图 13-5　影响货币市场均衡及推动 *LM* 曲线的力量

（三）影响国际收支平衡的变量与政策

经常项目差额＝出口－进口，其中出口与汇率（e）和外国产出（Y_f）正相关，进口则随着本国的产出增加而增加，与本国产出水平（Y）正相关。资本项目差额＝资本流入－资本流出，其中资本流入与本国利率（i）正相关，资本流出与外国利率（i_f）正相关。当国际收支平衡时，即当经常项目差额＝－资本项目差额时，可得到如下公式：

$$c_1e+c_2(Y_f-Y)=-c_3(i-i_f) \tag{13.3}$$

汇率、本国相对于外国的产出、本国相对于外国的利率是决定国际收支平衡的主要因素。本国如果要在保持国际收支平衡的条件下获得更多的产出，有以下几个途径：(1) 本币贬值，促使汇率上升，通过增加出口来增加产出；(2) 提高本国利率，吸引外国资本流入本国，同时增加货币供给与投资需求，推动产出增加；(3) 外国利率下降，促使外国资本流入本国或者本国资本减少流出，扩大货币供给与投资需求，带来更多产出；(4) 外国产出增加，对本国的出口需求上升，更多的出口带来更多的产出。

在固定汇率制度下，增加产出主要靠提高利率，宽松的财政政策或者紧缩的货币政策都是切实可行的手段。而在浮动汇率制度下，财政政策和货币政策除了改变利率外，还可以改变汇率，使 BP 曲线移动，具有更大的实现国际收支平衡的效力。

不考虑外国因素，提高（或降低）利率，将增加（或减少）货币供给和商品市场需求，导致产出增加（或减少），国际收支均衡点将沿着 BP 曲线移动。在利率不变的情况下，本币贬值（或升值），将增强（或减弱）本国的出口竞争力，促使商品市场需求增加（或减少），导致产出增加（或减少），使 IS、LM 曲线移动。

在图 13-6 中，如果商品市场、货币市场均衡不变，利率由 i_0 升到 i_1，意味着有更多的资本流入，需要提高产出、扩大进口来平衡国际收支，因此国际收支均衡点将由 A 点移至 F 点，产出由 Y_0 增加至 Y_1。相反，如果利率由 i_0 降到 i_2，国际收支均衡点将由 A 点移至 G 点，产出则由 Y_0 减少到 Y_2。如果利率不变，通过汇率调整将使 BP 曲线平行移至 BP_1 或 BP_2，在与 IS 曲线相交的商品市场和国际收支均衡点也能收到同样的产出调整效果。

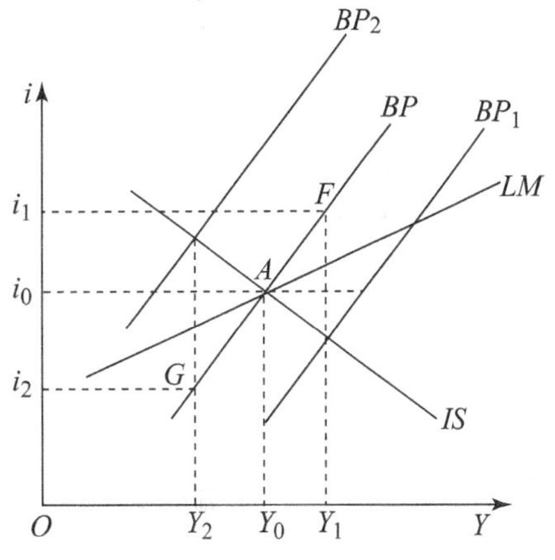

图 13-6　影响国际收支平衡及推动 BP 曲线的力量

（四）资本流动性对国际收支平衡的影响

资本流动具有规模大、迅速、投机性强、不易控制的特点，几乎在所有的国际金融危机中都有热钱的身影。为了维护本国经济安全，绝大多数发展中国家都采取资本管制措施，在一定范围、一定程度上限制资本跨境流动，短期资本、证券类资本则是限制的重点。例如，中国对 IMF 列出的 47 类资本项目中的 1/3 进行限制。证券类资本流动必须采取 QFII[①] 和 QDII[②] 的方式，其规模和范围都受到严格的控制。由于存在资本管制，各国资本的流动性表现出较大的差异。在没有资本管制的国家，资本流动性较大，资本管制程度越高，资本流动性就越小。资本流动性的差异决定了 *BP* 曲线的斜率。

在本国的产出水平一定即经常项目差额一定的情况下，资本流动性越大，吸引资本流出、流入以实现国际收支平衡所需的利率变化就越小；相反，资本流动性越小，吸引足以让国际收支差额等于零的资本流动所需的利率变化就越大。因此，资本流动性越大，*BP* 曲线的弹性就越大，斜率也就越小。反之则相反。图 13－7 直观地反映了资本流动性与 *BP* 曲线斜率之间的关系。在资本完全不流动的情况下，*BP* 曲线的斜率为 1，*BP* 曲线是一条与纵轴平行的直线，而在资本完全流动的情形下，*BP* 曲线是与横轴平行的一条直线。

在现实生活中，这两种极端情况几乎不存在，图 13－7 中的图（b）和图（c）是常态。在资本管制较多的国家，*BP* 曲线表现为图（b），在资本管制较少或名义上不管制的国家，*BP* 曲线表现为图（c）。目前，根据资本管制及资本流动性状况判断，中国应该与图（b）情形一致。

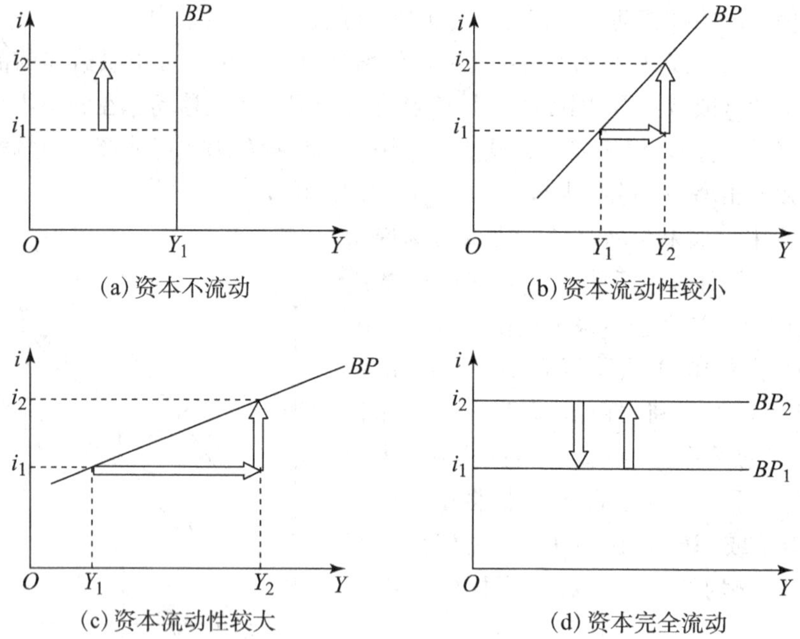

图 13－7　资本流动性与 *BP* 曲线的斜率

---

① QFII（qualified foreign institutional investors）是合格境外机构投资者的英文缩写，QFII 机制是指外国专业投资机构到境内投资的资格认定制度。

② QDII（qualified domestic institutional investors）是合格境内机构投资者的英文缩写，是指在人民币资本项下不可兑换、资本市场未开放的条件下，在一国境内设立，经该国有关部门批准，有控制地允许境内机构投资境外资本市场的股票、债券等有价证券的一项制度安排。

BP 曲线的斜率对政府的宏观经济政策效果有一定的影响。为了实现国际收支平衡、产出增长的目标，如果一国政府采取提高利率、诱导外国资本流入的政策手段，在资本流动性较小、*BP* 曲线相对陡峭的情况下，效果就比较差；在资本流动性较大、*BP* 曲线相对平坦的情况下，效果就会非常理想。因此，政府在制定政策时，必须充分考虑资本流动性、*BP* 曲线对政策效果的约束。

三、政策溢出效应对宏观经济均衡的影响

（一）政策溢出效应

在开放经济下，用于实现本国经济目标的宏观经济政策，如货币政策、财政政策、产业政策、汇率政策等，会导致本国产出或利率发生变化，并影响他国经济，这种现象称为政策溢出效应。对他国而言，政策溢出效应的影响可能是正面、积极的，也可能是负面、消极的。

政策溢出效应对宏观经济均衡的影响机制如下：本国实行扩张或紧缩的政策，需求变化将刺激产出增加（或减少），引起进口增加（或减少），导致他国出口增加（或减少），带来他国产出增加（或减少），进而导致货币市场、商品市场以及国际收支发生变化。换言之，本国调节产出的经济政策经过贸易渠道，将政策效果扩散到了他国，改善或者恶化了后者的经济失衡状态。如果他国的产出增加，则称本国政策溢出产生了输出效应；如果他国的产出减少，则称本国政策溢出产生了以邻为壑效应。由于各国经贸联系紧密，他国产出因本国政策溢出效应而发生变化，随着时间的推移，又会影响他国进口，反过来导致本国的出口减少（或增加），引发本国经济进行第二轮调整，这种现象被称为政策回溢效应。通常，若实行以邻为壑的政策，本国经济很可能会遭到“反噬”，付出一定的代价。

客观上，开放经济大国的宏观经济政策更容易产生政策溢出效应。许多学者的研究表明，美国的货币政策通过贸易、资本流动、汇率、市场预期等多个渠道，对其贸易伙伴产生明显的政策溢出效应，与美国经济结构相近的 G7 其他成员受到的影响更大。值得注意的是，政策回溢效应会部分抵消本国的宏观经济政策效果，导致达不到预期的政策目标。例如，2022 年 2 月俄乌冲突爆发以来，能源和粮食供应链受到严重冲击，引起大宗商品涨价，美国 CPI 同比涨幅在 6 月达到 9.1%，创下 40 多年来的新高。为了将通货膨胀率控制在 2%以内，美联储 7 次大幅加息，利率累计提升 425 个基点，着力抑制投资和消费需求。然而，美元加息虽然打击了美国的投资和消费，推高了美元指数，但是其溢出效应导致他国产出下降，避险情绪上升，进而减少对美国的进口，短期资本大量流入美国。这种回溢效应使得美国出口下降，就业压力增加，尤其是来自国外的货币供给不断增加，货币仍旧供过于求，11 月美国 CPI 继续保持在 7%以上的高位，没有达到预期的控制通货膨胀的政策目标。

（二）财政政策的溢出效应

图 13－8 描述了实行固定汇率制度的国家实施扩张性财政政策的溢出效应及其对宏观经济均衡的影响。图（a）反映了本国政策变化及其回溢效应对本国经济的影响，图（b）则反映了本国政策溢出效应对他国的影响。首先，扩张性财政政策推动本国 *IS* 曲线向右移动，均衡点从 *A* 点移至 *B* 点，使本国产出和利率上升，吸引大量资本流入本国，出现

国际收支顺差，本币存在升值压力。

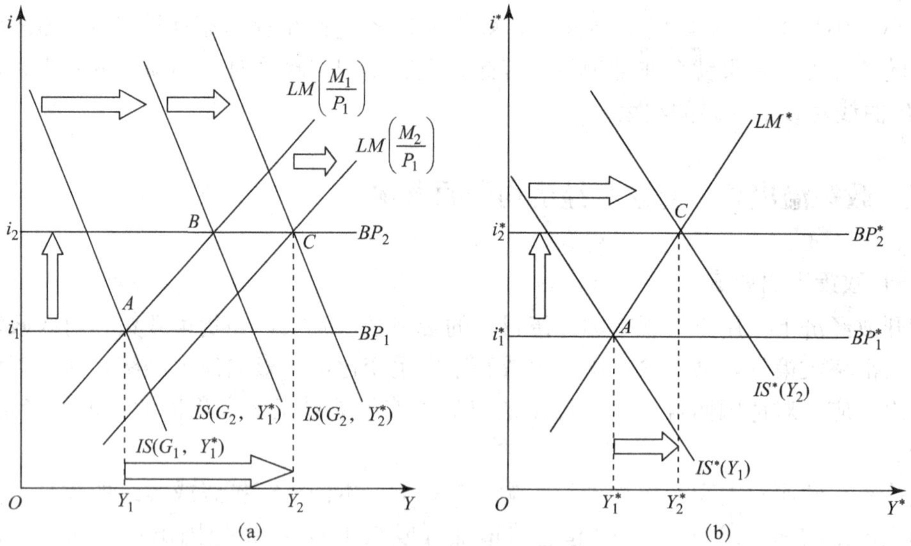

图 13－8　固定汇率制度下本国扩张性财政政策的溢出效应

为维持固定汇率，本国中央银行需在外汇市场上买入外汇、卖出本币。如果不采取冲销政策，国内货币供给增加将使本国 LM 曲线向右移动，使均衡利率回落。与此同时，本国产出增加会带动他国出口增加，使其 IS 曲线向右移动，使其均衡利率和均衡产出上升；而他国产出增加反过来又带动本国出口增加，使本国 IS 曲线进一步右移，最终在 C 点恢复国际收支平衡，并实现与他国相同的利率水平。所以，实行固定汇率制度的国家采取扩张性财政政策，在提高本国产出的同时也增加了他国产出，政策溢出具有输出效应，而且政策回溢效应还会带来更多的本国产出。相反，如果本国实行紧缩性财政政策，会对他国产生以邻为壑效应，导致其产出减少。

同理，可以用上述框架分析固定汇率制度下实施扩张性货币政策的溢出效应及其对宏观经济均衡的影响。由于受到维护汇率稳定的刚性约束，使用货币政策来调节产出将导致无功而返，也不会产生政策溢出效应。

（三）货币政策的溢出效应

图 13－9 描述了实行浮动汇率制度的国家实施扩张性货币政策的溢出效应及其对宏观经济均衡的影响。本国实施扩张性货币政策推动 LM 曲线右移，使国内利率水平降到 i'，本国经济从初始均衡点 A 点沿 IS 曲线移至 B 点，因资本外流而出现国际收支逆差。国际收支逆差导致本币贬值，汇率由 e_1 升到 e_2，进而刺激出口增加，使 IS 曲线向右移动，提高本国利率和产出。本国出口增加导致他国产出减少，使其 IS 曲线向左移动，降低其利率和产出。本国产出增加到 Y_2 后会增加进口，受此影响他国的出口增长，推动其 IS 曲线右移，使其利率和产出略有回升，而他国产出增加反过来也会增加本国的出口，推动本国 IS 曲线进一步右移，这种溢出与回溢效应将持续到 C 点，两国恢复国际收支平衡且达到相同的利率水平。所以，在资本完全流动和浮动汇率制度下，本国实行扩张性货币政策对

增加产出而言效果显著，对他国则会产生以邻为壑效应，使其产出水平下降。相反，如果本国实行紧缩性货币政策，则会对他国产生一定的输出效应，使其产出水平提高。

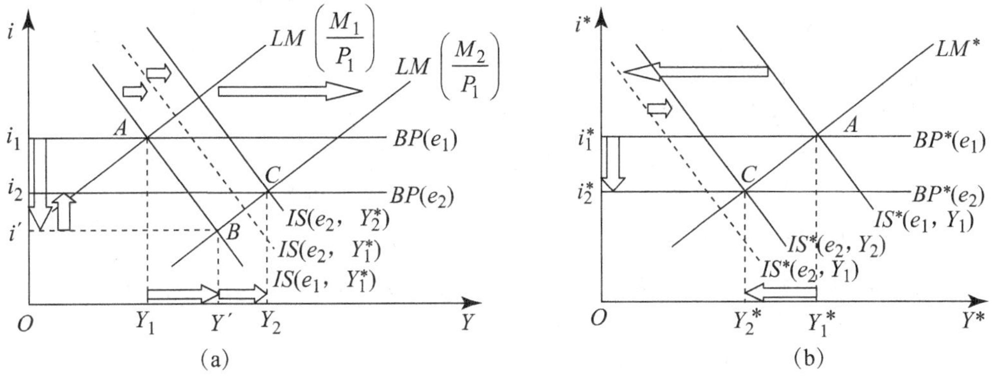

图 13-9 浮动汇率制度下本国扩张性货币政策的溢出效应

用同样的框架可以分析浮动汇率制度下本国实施扩张性财政政策的溢出效应。由于扩张性财政政策提高了利率，导致资本流入和国际收支顺差，促使本币升值，有利于刺激他国出口增加，使其产出增加，因此，扩张性财政政策在提高本国产出的同时，对他国产生输出效应。相反，紧缩性财政政策对他国产生以邻为壑效应。

通常，开放经济大国和贸易大国的政策溢出效应较大，回溢效应也较大。美国的经济体量较大，另外还有美元的国际霸权，其政策溢出效应不容小觑。其他国家都需要关注并研究美国的政策变化，及时采取应对措施，减轻美国政策溢出效应的负面影响。

专栏 13-2　美国退出量化宽松政策加剧全球经济衰退

2020 年 3 月，美联储为了应对新冠疫情，宣布实行无限量化宽松政策，维持零利率，大幅扩张其资产负债表。在美元大水漫灌下，美国经济快速复苏，2021 年 GDP 增长率高达 5.7%，创下 1984 年以来的新高。然而，量化宽松政策也产生了副作用，过旺的需求一路推高物价，通货膨胀也创下 40 多年的新高。拜登政府为了赢得 2022 年的中期选举，自 2021 年 11 月起，美联储宣布正式进入新一轮量化宽松退出阶段。美联储本轮退出量化宽松节奏更快、力度更大。缩减购债用时不到 5 个月，而 2014 年用时 10 个月。缩减购债结束仅 2 个月后就于 2022 年 6 月开始缩表，而上一次是在 2017 年，即缩减购债结束近 3 年后才开始缩表。此外，加息密度大、力度大。美联储于 2022 年 3 月、5 月、6 月、7 月、9 月、11 月、12 月共加息七次，分别为 25 BP、50 BP、75 BP、75 BP、75 BP、75 BP、50 BP，累计 425 个基点，与上一轮相比，利率走势更加陡峭。鉴于美元在国际储备货币中有重要地位，美联储是全球最大的中央银行，美国激进加息无疑会产生较大的政策溢出效应。

首先，美联储激进加息带来以邻为壑效应。大多数国家被迫提高利率，以避免资本流出和本币大幅贬值，付出了抑制投资、消费需求的巨大代价。雪上加霜的是，供给端受疫情以及俄乌冲突的影响难以恢复。欧洲央行行长拉加德当时指出，高度不确定性、收紧的金融状况和疲软的全球需求，正在拖累经济增长，预计欧元区经济在2022年的剩余时间里和2023年初将继续走弱。全球大多数经济体将随美欧经济陷入滞胀泥潭，进入低增长、高通胀状态。

其次，加剧全球金融市场投机和动荡。美联储加息导致国际资本大规模从新兴市场国家流向美国，一些经济金融较为脆弱的发展中国家发生了货币金融危机。美元激进加息引爆了斯里兰卡、萨尔瓦多、埃塞俄比亚、加纳等国的债务危机，巴基斯坦、埃及、阿根廷等国主权信用违约互换（CDS）价格也上升到非常高的水平，债务危机随时可能爆发。IMF总裁格奥尔基耶娃认为，美国加息对背负高额美元债务的低收入国家影响更大，致使三分之二的国家陷入“债务困境”，增加了发展中国家的债务危机风险。

最后，加大政策不确定性和国际协调难度。美联储在短期内超常规的加息，令其他国家的宏观经济政策面临更多困难。因欧元区和英国加息力度比美国小，欧元与英镑汇率跌至历史低位，经济遭受巨大冲击。部分新兴市场国家也出现了货币危机。更严峻的是，美联储快速加息极可能导致美国经济硬着陆，促使美联储降息刺激经济。这种政策转向的不确定性，将对世界经济产生更多不利冲击，加剧金融市场的投机活动，加大金融市场的波动幅度，不利于实体经济的投资和贸易活动。

四、最佳政策组合

行为心理学揭示了条件反射、适应性对市场主体行为的心理影响，宏观经济政策通过改变信息、营商条件、社会心理，影响投资者和消费者的心理，进而改变其行为。在宏观经济出现严重的失衡时，政府可运用适当的政策进行干预和规范。宏观经济政策是实现经济均衡的主要手段。

（一）蒙代尔的有效市场分类原则

尽管财政政策和货币政策都是需求管理政策，但是诺贝尔经济学奖得主、美国经济学家蒙代尔认为二者的调控对象和作用机制不同，同方向的财政政策和货币政策对利率的影响截然相反，对国际收支的影响也大相径庭。例如，紧缩性财政政策导致需求下降，使得利率降低和资本流出；而紧缩性货币政策导致货币供给减少，使得利率上升和资本流入。因此，财政政策和货币政策应该被视为两种独立的政策。通过财政政策和货币政策的合理搭配，实行固定汇率制度的国家可以有效避免“米德冲突”，即内外均衡目标之间的冲突。

在蒙代尔的分析框架中（见图13－10），横轴表示预算盈余，代表财政政策；纵轴表示利率水平，代表货币政策。沿预算盈余轴向右延伸，表示盈余增加、政府支出减少，代表紧缩性财政政策，向左延伸代表扩张性财政政策。沿利率轴向上，表示利率提高，代表紧缩性货币政策，向下代表扩张性货币政策。*IB*为内部均衡曲线，线上任意一点代表国内经济处于均衡状态。*IB*曲线左边的经济状态为通货膨胀，右边的经济状态为衰退和失业。EB 为外部均衡曲线，由于考虑了资本流动因素，所以这里的外部均衡被视为国际收支基本平衡。EB 曲线上方的经济状态为国际收支顺差，下方的经济状态为国际收支逆差。如果政府实行扩张性财政政策，减少预算盈余，则投资需求、进口都会相应增加，只有提高利率水平来遏制投资并吸引资本流入，才能维持内部均衡和外部均衡，因此 IB 曲线和 EB 曲线都向右下方倾斜。IB 曲线较 EB 曲线更加陡峭，是因为蒙代尔假设政府支出对国民收入、就业等国内经济变量的影响更大，而利率对国际收支的影响更大。

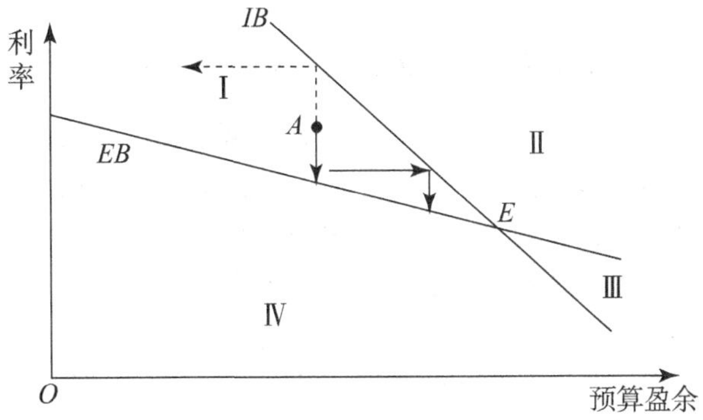

图 13-10　蒙代尔市场分类原则下的政策搭配

根据比较优势原理，当一项政策目标可以通过多种政策工具来实现时，考虑到不同政策的作用机制和效果，每种政策工具都应当施用于最具影响力的政策目标。这就是蒙代尔的有效市场分类原则。

（二）调节宏观经济失衡的最佳政策组合

财政政策主要通过刺激需求来调节产出，要对利率和国际收支产生影响有一定的时滞；货币政策则通过改变货币供给来影响货币需求、调节产出，对利率和国际收支的影响往往立竿见影。因此，货币政策调节国际收支的效力超过财政政策。以财政政策实现内部均衡、以货币政策实现外部均衡的做法，是蒙代尔有效市场分类原则下的最佳实践。例如，在图 13-10 中，在“通货膨胀＋国际收支顺差”的经济失衡点 A，按照实线箭头方向所示，使用扩张性货币政策引导资本流出，实现外部均衡，同时使用紧缩性财政政策来降低商品市场需求，遏制通货膨胀，实现内部均衡。通过扩张性货币政策＋紧缩性财政政策的搭配，经济将逐渐从 A 点向内外均衡的 E 点靠拢。如果用紧缩性货币政策来治理通货膨胀，实现内部均衡，同时用扩张性财政政策来增加进口，实现外部均衡，即如果用图中虚线箭头所示的扩张性财政政策＋紧缩性货币政策来调整失衡，经济将大幅震荡，而且会越来越偏离均衡点 E。经济失衡状态下的财政政策与货币政策搭配具体见表 13-3。

表 13-3　经济失衡状态下的财政政策与货币政策搭配

区域	经济失衡状态	最佳政策搭配方式
I	通货膨胀＋国际收支顺差	紧缩性财政政策＋扩张性货币政策
II	失业＋国际收支顺差	扩张性财政政策＋扩张性货币政策

续表

区域	经济失衡状态	最佳政策搭配方式
Ⅲ	失业+国际收支逆差	扩张性财政政策+紧缩性货币政策
Ⅳ	通货膨胀+国际收支逆差	紧缩性财政政策+紧缩性货币政策

专栏 13－3　中国抵御 2008 年国际金融危机的政策组合拳

由于国内经济失衡、金融创新过度、金融监管不力、国际经济失衡等多种因素共同作用，2007 年美国发生了次贷危机，之后蔓延至全球并形成国际金融危机。为了阻断金融危机的蔓延，我国果断把宏观调控的着力点转到防止经济增速过快下滑上来，实施积极的财政政策和适度宽松的货币政策，为顺利实施一揽子经济刺激计划提供了重要的资金保障和政策支撑，有效提振了市场信心。

积极的财政政策主要体现在三个方面。第一，扩大政府投资和优化投资结构。2008 年国务院常务会议确定了进一步扩大内需、促进经济增长的十项措施，投资总额达 4 万亿元，在民生工程、基础设施建设、节能减排重点工程、企业技术改造和兼并重组、灾区恢复重建等多个领域扩大投资。4 万亿元经济刺激计划极大地拉动了内需，促进了战略性新兴产业发展，为稳经济奠定了基础。第二，结构性减税。提高出口退税率，降低出口企业成本，为稳外需创造条件。进行增值税改革，将生产型增值税转为消费型增值税，调动生产者的积极性。第三，优化财政支出结构。重点是“三农”、教育、医疗卫生、保障性安居工程，为扩大内需免除后顾之忧。

适度宽松的货币政策包括：第一，通过公开市场业务投放货币。2009 年年初，货币 M1 供应量仅为 16.5 万亿元，年末增至 21.2 万亿元。第二，实行降息政策。截至 2008 年年底，中国人民银行 5 次下调金融机构存贷款基准利率，一年期存款基准利率累计下调 1.89 个百分点，一年期贷款基准利率累计下调 2.16 个百分点，同时下调再贷款、再贴现利率。第三，降低法定存款准备金率。自 2008 年 9 月以来，中国人民银行 4 次下调法定存款准备金率，从 17.5%下调到 15.5%。第四，调整信贷政策，重点支持中小企业。8 月中旬，中国人民银行将劳动密集型中小企业小额贷款的最高额度从 100 万元提高到 200 万元；9 月下调中小金融机构人民币存款准备金率，解决中小企业流动资金短缺问题。

中国的宏观政策组合拳取得了显著的成效，率先实现了国民经济总体回升。2009 年我国国内生产总值为 33.53 万亿元，同比增长 8.7%；2010 年为 39.8 万亿元，同比增长 10.3%①。这些使得我国对世界经济增长的贡献率超过 30%，成为世界经济增长的新引擎，大大提升了我国的国际地位。

① 国内生产总值按现价计算，增长速度按不变价格计算。

第三节 汇率政策对宏观经济均衡的影响机制

一、M－F 模型中的均衡汇率

均衡汇率是使得外汇市场上的供给与需求相等、国际收支平衡的汇率。在 M－F 模型中，代表商品市场均衡、货币市场均衡以及国际收支平衡的 *IS*、*LM*、*BP* 曲线相交于一点，*A* 点对应的是均衡产出（Y_0）和均衡利率（i_0）。实际上，内外均衡点 *A* 也决定了均衡汇率（e_0）。

（一）*ER* 曲线

ER 曲线是满足内外均衡的汇率与利率组合的集合。将国际收支平衡公式（13.3）中的产出和利率定义为实现内外均衡的产出和利率，对该公式进行变形，可推导出 *ER* 曲线对应的公式。

$$e_0=d_1(Y_0-Y_f)+d_2(i_f-i_0) \tag{13.4}$$

式（13.4）表明，如果外国因素不变，均衡汇率是由均衡产出和均衡利率共同决定的。均衡汇率与均衡产出正相关，而与均衡利率负相关。产出增加推动汇率上升，而利率提高则推动汇率下降。如果本国的产出与利率不变，均衡汇率与外国产出负相关，而与外国利率正相关。

图 13－11 反映了 M－F 模型中经济均衡所对应的 *ER* 曲线。图（a）是 M－F 模型中的经济均衡，图（b）是由经济均衡决定的 *ER* 曲线。位于 *ER* 曲线之外的各点对应的汇率都不是均衡汇率。在 *ER* 曲线的右上方，实际汇率高于均衡汇率，存在本币低估现象，实际产出高于均衡产出。相反，在 *ER* 曲线的左下方，实际汇率低于均衡汇率，存在本币高估现象，实际产出低于均衡产出。

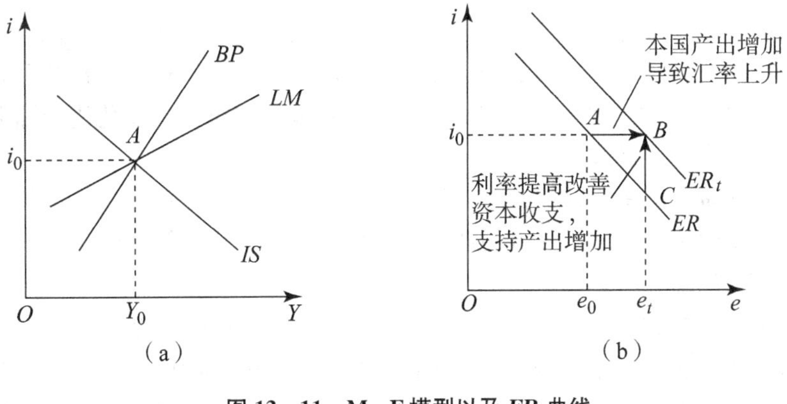

图 13－11 M－F 模型以及 *ER* 曲线

（二）影响 *ER* 曲线移动的力量

如果利率不变，增加产出意味着收入提高，收入提高则刺激进口需求增加，为了维持国际收支平衡，必须通过本币贬值来刺激出口，所以，增加产出会使 ER 曲线向右上方移动至 ER_t，均衡点由 A 点平移至 B 点，均衡汇率相应地由 e_0 上升至 e_t。相反，减少产出导致 ER 曲线向左下方移动，均衡汇率则下降。

如果汇率不变，提高利率将刺激资本流入，资本收支得到改善。为了维持国际收支平衡，必须通过增加产出来刺激进口，因此，提高利率通过使产出增加而使 ER 曲线向右上方移动至 ER_t，均衡点由 C 点上移至 B 点，均衡利率相应地上升至 i_0，对应更多的产出。相反，降低利率通过使产出减少导致 ER 曲线向左下方移动，对应的是产出减少。

由此可知，实行固定汇率制度的国家倾向于使用紧缩性货币政策和扩张性财政政策，或者直接进行利率管制，以便将利率维持在较高的水平，获得更高的均衡产出。实行浮动汇率制度的国家则有更大的灵活性，既可以运用货币政策、财政政策来提高利率，也可以运用汇率政策或外汇市场干预来调节汇率，使得本币贬值，以获得更高的均衡产出。

二、汇率政策对宏观经济均衡的影响

汇率变化既是外汇供求关系变化的结果，也是影响未来外汇供求关系的价格杠杆。汇率变化对国际收支平衡、货币市场均衡、商品市场均衡都会产生影响。因此，汇率和利率、税率一样，是政府进行宏观经济管理的重要政策工具。对于实行浮动汇率制度的国家而言，实现宏观经济均衡目标多了一个汇率政策工具，意味着进行宏观经济管理的灵活性、柔韧性更强，效率更高。

（一）汇率政策概述

汇率政策是指一国政府为了达到一定的经济目标，促使汇率调整的措施。汇率政策从属于货币政策，作为一种重要的宏观经济管理手段，政策目标也是实现经济增长、充分就业、物价稳定、国际收支平衡。汇率是本币与外币之间进行交换的价格，直接影响国内外商品与劳务的相对价格，调节贸易和投资，因此，汇率政策在实现国际收支平衡、维护金融市场稳定方面具有优势和影响力。

汇率政策的制定同样遵守相机抉择原则，在不同的经济发展阶段，一国价格水平和国际竞争力有很大的差异，本国货币的强弱或者汇率的高低对经济运行的影响往往有天壤之别，这就要求一国政府审时度势，制定科学的汇率政策，并对汇率变化进行监测和适当的干预，以确保实现宏观经济政策目标。

汇率政策旨在调节汇率，政府采取直接干预或间接干预的措施，将汇率维持在一个合意的水平上。汇率政策分为三类：升值政策、贬值政策、稳定政策。

（二）升值政策

升值政策也称本币高估政策（strong home currency policy），是指政府采取措施故意提高本币的对外价值，将汇率[①]维持在均衡水平之下。本币高估使得用本币表示的外国商品价格更便宜，有利于进口，同时用外币表示的本国商品价格更昂贵，不利于出口。当经济处于以下状态时，可实行升值政策：（1）需要实行进口替代战略来发展经济。高估本币

① 这是直接标价法下的汇率，一单位外币折合若干本币。

能够实现以比较便宜的价格购买国外的先进设备、技术和中间产品，提高本国生产进口替代品的能力，从而达到促进本国进口替代产业升级、增加就业的目的。（2）需求超过供给、通货膨胀压力较大。高估本币可以直接降低进口品的本币价格，并将部分对本国产品的需求转移到外国产品上，有助于降低国内竞争性产品的价格。当本国经济对进口品依赖度较高时，高估本币遏制通货膨胀的效果更加明显。（3）拥有技术或劳动生产率优势，有较强的国际竞争力。高估本币可以增加出口收入，改善贸易条件，用相同的本国产品交换更多的外国产品，使得本国获得额外的国际比较利益。

（三）贬值政策

贬值政策也称本币低估政策（weak home currency policy），是指政府采取措施故意降低本币的对外价值，将汇率维持在均衡水平之上。本币低估使得用外币表示的本国商品价格更便宜，有利于出口；同时用本币表示的外国商品价格更昂贵，不利于进口。

当一国经济处于以下状态时，可实行贬值政策：（1）实行出口替代战略来发展经济。低估本币可以提高本国出口商品的市场竞争力，扩大其在国外市场上的份额，增加出口收入。然后用增加的收入购买先进设备和技术，达到提升出口品的结构、用高附加值出口品替代低附加值出口品的目的。（2）需求不足、失业比较严重。采取本币低估的汇率政策，可以刺激国外需求转移到本国产品上来，使生产得以维持，缓解本国的就业压力。因此，本币低估政策经常与外汇倾销挂钩，被称作“输出失业”或“以邻为壑”的政策，容易引起对方国家的不满，甚至遭到对方国家的反倾销报复。（3）储蓄不足，存在储蓄缺口。收入较低、居民储蓄不能满足投资需求、存在储蓄缺口的国家，以及经济繁荣、投资旺盛、储蓄相对不足或者居民的储蓄倾向较低的国家，为了吸引外资、提高本国的产值和收入，通常会采取本币低估政策，向外资让渡部分超额回报。

（四）稳定政策

稳定政策也称中性政策，是指政府采取政策措施稳定本币的对外价值，使其维持在均衡汇率左右，汇率既不高估又不低估。稳定政策的目标是使汇率在国际收支平衡水平下处于稳定状态。这一方面便于进出口贸易企业、直接投资者进行成本核算，形成确定性收入预期，另一方面可实现外汇资源的最优配置。

当一国经济处于以下状态时，可实行稳定政策：（1）进出口规模较大，国际收支基本平衡，不需要通过特定的汇率变化来刺激出口或进口。（2）信奉市场经济原则，将汇率的决定权交给市场，除非发生重大风险，否则政府不干预外汇市场，人为引导汇率变化，愿意承担一定的汇率波动代价。（3）深度融入国际经济，在国际分工和供应链上占据重要位置，需要保持汇率稳定来稳定进出口价格，更好地获取国际贸易的比较利益。

三、干预外汇市场

（一）政府干预外汇市场的必要性

干预外汇市场是指一国政府根据本国宏观经济和外汇市场稳健发展要求，为了将汇率及其变动控制在政策目标范围内而对外汇市场实施直接或间接的干预。干预外汇市场是汇率政策的主要形式，可引导市场改变汇率预期和交易行为，达到调节汇率水平的目的。在开放经济中，参与外汇交易的主体较多、较复杂，进出口商、商业银行、投资基金、非金融机构和政府的经济活动特点不同，外汇买卖动机差异较大。尤其是，金融证券化、金融数字化加速了资本跨境流动，短期资本的非理性流动存在监管难问题，容易造成汇率偏离均衡水平大幅波动，甚至引发货币危机，严重威胁经济均衡和金融安全，政府干预外汇市场非常有必要。事实上，不仅实行固定汇率制度的经济体坚持干预外汇市场，将汇率波动维持在较小的范围内，就连实行浮动汇率制度的发达经济体，例如，美国、日本、欧盟，也在宏观经济政策需要时对外汇市场进行干预。日本政府通常直接干预，而美国和欧盟大多采取间接干预的方式。

（二）直接干预和间接干预

直接干预是指政府在外汇市场上进行外汇买卖，通过增加外汇供给或需求来调节汇率。多数国家的外汇市场干预由中央银行负责，中央银行的公开市场操作机构进行具体的汇率买卖操作；在少数国家由财政部负责实施汇率干预活动，或者由外汇平准基金专门负责维持汇率水平。政府是外汇市场上的特殊交易者，具有交易规模大、出其不意、影响大等特点。目的是影响或改变汇率变化趋势，促使汇率回到均衡水平或者政策预期水平。按照外汇买卖方向，直接干预可分为买入干预和卖出干预。如果汇率偏低，政府将进行买入干预，用本币买入外汇，增加外汇需求，抬高汇价；如果汇率偏高，政府将进行卖出干预，用外汇储备或者专门的外汇平准基金卖出外汇，增加外汇供给，压低汇价。

直接干预的成效取决于两个方面：一是干预资金规模。干预资金规模越大，干预力度越强，改变外汇供求关系的速度就越快；二是对市场预期的影响。外汇交易建立在主观预期的基础上，汇率干预无疑向市场发出了一个明确的信号，表明政府对当前汇率变化的支持或反对态度。如果政府的公信力较高，市场主体将沿着政府引导的方向进行交易，汇率干预就可以收到四两拨千斤的预期效果。如果政府向来言而无信，缺乏公信力，市场主体将不在乎政府发出的信号，依然我行我素，政府的汇率干预活动就会收效甚微。

例如，2010 年 5 月，中国经济连续 2 个季度出现负增长，出口由两位数的增长下降到个位数的增长，国际社会掀起一股“唱空”中国的浪潮。受此影响，短期资本开始大量流出中国，造成当月的美元兑人民币汇率从 6.31 上升到 6.37，升幅达到 1%。为了阻止热钱的投机性冲击，中国人民银行进行了适度的汇率干预，在外汇市场上投放美元，增加对美元的供给，减轻人民币贬值的压力，结果，6 月美元兑人民币汇率的升幅遭到抵消，仅为 0.6%。同年 9 月，欧洲主权债务危机形势不断恶化，促使欧洲债券市场上的投资者大规模撤离欧元区，避险资金流入美国、金砖国家[①]和黄金市场，当月流入中国的热钱超过 1 000 亿美元，欧元兑人民币汇率从 8 月 30 日的 9.17 降至 9 月 30 日的 8.54，仅仅一个月的跌幅就高达 6.9%左右，市场上出现了强烈的人民币升值预期。为了阻止人民币对欧元过快升值，中国人民银行通过中国外汇交易中心频繁干预汇率，大规模购买欧元，促使欧元兑人民币汇率回升。随着欧元区救助机制的实施以及各国就执行更加严格的财政政策达

① 2001 年高盛的吉姆·奥尼尔（Jim O'neil）首次提出“金砖四国”这一概念。巴西、俄罗斯、印度和中国的英文首字母组合（BRIC）与英文中的砖（brick）类似，因此被称为“金砖四国”。后来南非加入，“金砖四国”改称“金砖国家”（BRICS）。根据 2003 年 10 月高盛发布的名为《与 BRICS 一起梦想：通往 2050 年的道路》的全球经济报告，世界经济格局将重新洗牌，2050 年全球六大经济体将变成中国、美国、印度、日本、巴西、俄罗斯。

成一致，市场对欧元的信心有所增加，10 月 30 日欧元兑人民币汇率回升到 8.81，与 9 月相比升幅大约为 3.2%。中国政府进行汇率干预的操作可直观地表现为图 13－12。

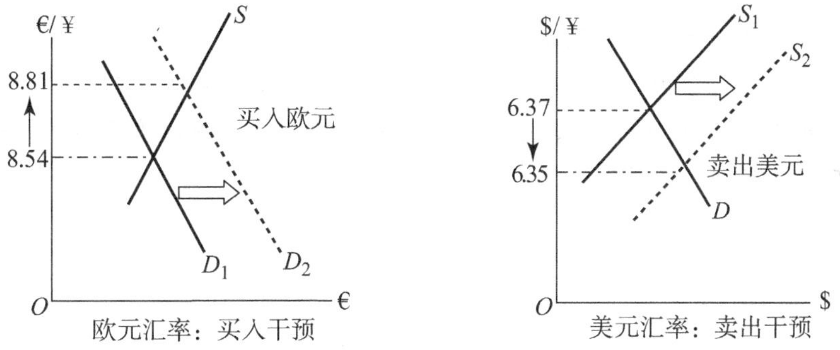

图 13－12　中国人民银行直接干预汇率

间接干预是指政府运用财政、货币等政策，引导短期资本流动，增加外汇供给或需求，进而调节汇率。常用的货币政策手段是存款准备金率、再贴现率、公开市场业务，财政政策手段主要是财政支出和税收。

如果汇率偏低，意味着外汇供过于求，政府可采取以下货币政策措施间接调节汇率：(1) 降低存款准备金率，(2) 降低再贴现率，(3) 在公开市场上买入债券。这些措施可增加本币供给，促使利率下降：一方面增加投资和消费需求，扩大进口；另一方面刺激短期资本流出，从经常项目和资本项目两个方面增加外汇需求，推高汇率。相反，如果汇率偏高，表明外汇供不应求，则应采取提高存款准备金率、提高再贴现率、在公开市场上卖出债券等措施，提高利率，刺激出口和资本流入，通过增加外汇供给来压低汇率。

扩张的财政政策有利于进口和资本流入，紧缩的财政政策则有利于出口和资本流出，也会对外汇市场的供求关系产生影响。尤其是，调整关税、资本跨境流动交易税对外汇市场供求关系的影响较大。可与货币政策协调配合，形成合力，发挥更大的间接调节汇率的作用。

我国的人民币汇率政策随着汇率制度的改革而变化。在 1994 年外汇管理体制改革之前，我国实行固定汇率制度，需要中国人民银行经常对外汇市场进行直接干预，维护官方汇率。1994 年以后，我国实行以市场供求为基础的、有管理的浮动汇率制度，直接干预逐渐减少。在亚洲金融危机、美国次贷危机期间，为了降低不确定性，中国实行钉住汇率制度，加强直接干预。2015 年“8·11”汇改进一步健全了人民币汇率形成机制，除非出现带来系统性风险的重大事件或重大冲击，否则政府基本上不再进行直接干预，更多的是运用间接手段、通过政策组合拳来影响人民币汇率。

专栏 13－4　央行创新政策手段，守住“破 7”的心理关口

2017 年 1 月 20 日，美国总统特朗普宣誓就职，推行“美国优先”政策，市场预期中美之间很可能爆发贸易战，中国对美顺差将大幅减少。其实，就在大选结果公布的第 2 天，人民币便对美元贬值，突破 6.8 的关口；2017 年 1 月 4 日跌

至6.95（见图13-13）。中国必然会采取应对措施，贸易战的未来走势充满不确定性，但是中美贸易关系恶化是确定无疑的，市场普遍认为人民币将继续下跌并很快突破“破7”的心理大关。当时香港离岸市场人民币存款有1万多亿元，成为做空人民币的主要战场。如果听任市场一边倒做空人民币，汇率就会大幅偏离均衡水平，引导更多的投机资本流动，严重扰乱金融市场和经济发展的正常秩序。为了守住“7”这个市场心理关口，中国人民银行找准政策着力点，创新政策工具和干预手段，引导和改变了市场预期。

图13-13 美元兑人民币汇率走势

一是在离岸市场进行直接干预。2016年10月至2017年1月，我国央行在离岸市场卖出折合近万亿元人民币的外汇储备（见图13-14），短时间内大规模增加美元供给，改变人民币与美元的供需关系，让空头投机者血本无归，打击投机风潮，有效缓解了人民币贬值的压力。2017年1月13日将人民币汇率拉回6.89。

二是引入逆周期因子。金融具有顺周期特性，经济下行时资产定价较低。尽管2017年初我国实行了一系列稳外贸政策，积极扩大与一带一路国家的贸易，获得了一定的成效，但是市场对经济下行风险较为担心，悲观情绪较浓。2017年5月28日，为了适度对冲市场情绪的顺周期波动，全国外汇市场自律机制汇率工作组对人民币汇率形成机制进行了修正，在人民币汇率中间价报价模型中引入逆周期因子。人民币汇率中间价报价模型由原来的“收盘价＋一篮子货币汇率变化”调整为“收盘价＋一篮子货币汇率变化＋逆周期因子”。引入逆周期因子部分对冲了一篮子货币汇率变化，使得人民币汇率预期更加理性，企业结汇率提高、售汇率下降，外汇供求和资本跨境流动形势改善，人民币贬值压力大幅下降。

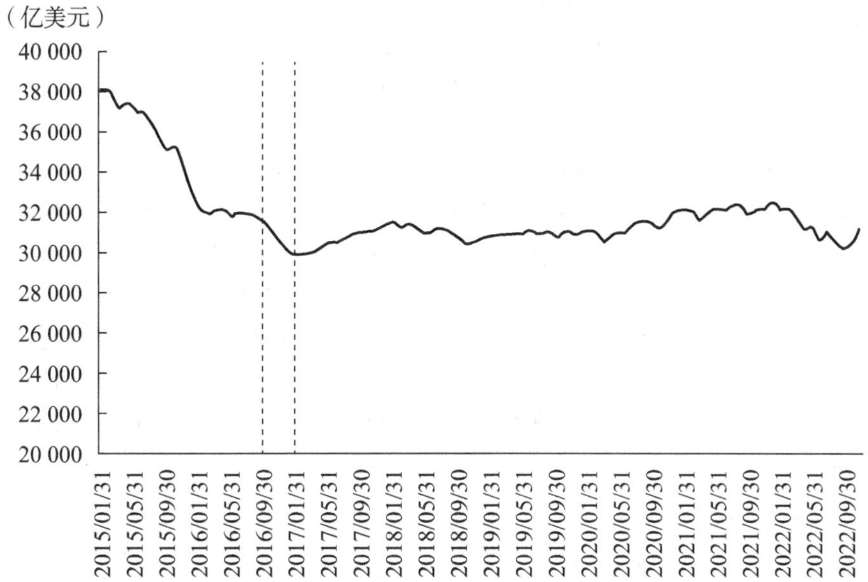

图 13－14　我国官方外汇储备规模

（三）非中和干预与中和干预

中央银行的汇率干预一般通过商业银行在中央银行的存款准备金账户进行，中央银行买卖外汇将改变其资产负债表的结构，并直接影响基础货币的投放（见表 13－4）。买入（或卖出）干预使得中央银行作为资产项目的黄金外汇储备增加（或减少），作为负债和资本项目的商业银行等金融机构存款增加（或减少），也就是增加了现代银行体系中的基础货币。在银行派生存款机制的作用下，本币的供给将按照法定存款准备金率决定的派生存款倍数增加（或减少），使得货币供给相对于实际的货币需求过剩（或不足），可能引发通货膨胀（或通货紧缩），对投资、消费造成不利的冲击，干扰本国经济的正常运行。这种导致本币供给发生变化的外汇市场干预被称为非中和干预（nonsterilized intervention）。

表 13－4　汇率干预对中央银行资产负债表的影响

资产项目	负债和资本项目
贴现及放款	流通中货币
各种证券及财政借款	各项存款
黄金外汇储备	商业银行等金融机构存款
（1）＋1 000 000 美元	＋6 340 000 元
（2）－1 000 000 美元	－6 340 000 元
	政府和公共机构存款
	其他负债
其他资产	资本金

注：（1）为买入干预情况；（2）为卖出干预情况；汇率为 100 美元＝634.00 元人民币。

对外汇市场进行干预的目的在于调节汇率，不应改变本国货币市场供求关系、干扰国内投资和消费。为了抵消汇率干预对本币供给的冲击，一国中央银行往往采取一定的冲销措施，确保本币的供给不增加或不减少。这种同时运用公开市场操作冲销措施、不改变本币供给的外汇市场干预被称为中和干预（sterilized intervention）。

图 13-15 反映了中国人民银行为了稳定人民币汇率而对外汇市场进行干预的两种不同的操作方式。假设人民币汇率为 100 美元兑换 634 元人民币，图 13-15 的上半部分是在外汇市场供过于求、人民币有升值压力的情况下，通过外汇市场干预促使美元升值的操作过程；下半部分是在外汇市场供不应求、人民币有贬值压力的情况下，通过汇率干预促使美元贬值的操作过程。图 13-15 的左边是非中和干预的操作过程，右边是中和干预的操作过程。与非中和干预的结果相比，中和干预增加了在全国银行间同业拆借市场进行的反方向冲销交易，因此，在美元币值发生同样的升降变化时，金融机构手中的人民币数量不会增加或减少。

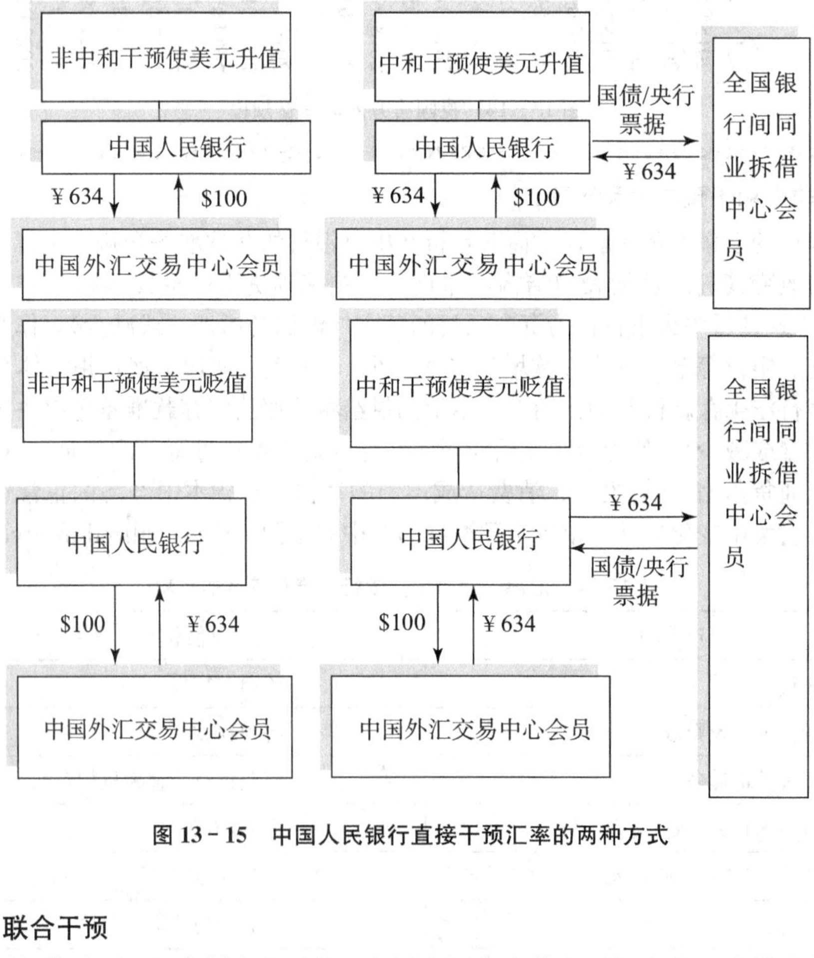

图 13-15　中国人民银行直接干预汇率的两种方式

（四）联合干预

在牙买加体系下，汇率制度多元化，各国在汇率安排上更加自由。这就造成了国际金融市场上汇率波动幅度加大，特别是主要国际货币之间的汇率波动大起大落，对国际贸易和世界经济发展造成了冲击和干扰，使得一些国家不容易从经济危机中复苏，宏观经济管理政策的效力也因为汇率波动而遭到削弱。在金融全球化下各国金融市场之间的联系非常紧密，一国外汇市场出现的供求变化和价格波动往往会对其他国家的外汇市场产生溢出效应，意味着一国政府的干预行为也会造成相关货币发行国的金融市场波动，给其他国家带来外部冲击，从一定程度上讲，汇率干预不再单纯地是一国政府的事情。

国际外汇市场是高度一体化的市场，投机力量来自四面八方，外汇市场每日的交易规模超过 3 万亿美元，一国政府仅靠自己的实力难以对抗有排山倒海之势的国际炒家。单独进行汇率干预无异于用胳膊拧大腿，很难达到预期的目的。这就促使主要国家在面对共同的经济发展困境和挑战时，选择加强经济政策协调和合作，从而在世界经济和国际金融治理中发挥更重要的作用。

如果多个国家的政府采取行动进行联合干预，就会对市场预期产生更强烈的影响，更迅速地改变外汇市场上的供求关系，收到更显著的汇率干预效果。自 20 世纪 80 年代以来，五国集团（G5）以及后来扩大的七国集团（G7）成为主要国家之间进行政治经济合作的有效机制。在各国政府进行的汇率干预中，G5 或 G7 联合干预总是能够收到神奇的效果。

专栏 13－5　G7 联手阻止投机者发日本的灾难财

2011 年 3 月 11 日，日本东北部海域发生里氏 9 级强震并引发海啸等次生灾难，受此影响，日元汇率出现剧烈波动。3 月 10 日，美元兑日元汇率为 83.00。地震发生后，由于日本的海外资金大规模调回国内参加救援，日元需求增加，导致日元大幅升值。3 月 17 日美元兑日元汇率降至 76.51，突破 1995 年 4 月创下的历史纪录（79.75），达到第二次世界大战以来的最低水平。日本是世界上最大的债权国，日元急剧升值不仅会打击日本的出口，加大震后重建工作的难度，而且还会加重日元偿债负担，给刚刚从全球金融危机中恢复过来的世界经济蒙上新的阴影。抑制投机性交易，阻止日元升值，不仅是日本经济震后复兴的需要，而且是保持世界经济发展和国际金融市场秩序稳定的需要。3 月 18 日，应日本政府的紧急请求，G7 召开电话会议。经过两个小时的讨论后，日本、英国、德国、法国、意大利、加拿大和美国的中央银行行长及财政部长发表联合声明，宣布 G7 将联合干预外汇市场、阻止日元升值。从 3 月 18 日上午 9 时起，日本政府抛售 2 万亿日元买入美元，美联储在纽约早盘时段买入 5 000 万美元，其他国家也采取了相应的干预行动。美元兑日元汇率从开盘时的 78.89 升至收盘时的 81.94，日元贬值了约 4%，G7 的联合干预收到了预期的效果。

本章小结

开放经济是经济活动包括跨境交易往来的经济状态，通常用对外贸易总额与经济总量（GDP）的比率、经常项目差额与经济总量（GDP）的比率来衡量经济开放度。收入水平较高、市场经济较发达、国际竞争力较强的国家，经济开放度一般较高。得益于经济开放度的提高，发展中国家出现了较快的经济增长。

开放经济下的宏观经济均衡包括内部经济均衡和外部经济均衡两个部分。内部经济均衡是国内总供给与国内总需求平衡，表现为物价稳定和充分就业。外部经济均衡是外部供给与外部需求平衡，表现为进出口贸易收支相等，实物形态的国际收支平衡。需要注意的是，经济均衡不是绝对的，而是相对的；经济均衡也不是静态的，而是动态的。开放经济引入外国部门，打破了国内储蓄对投资的约束，一国可以借助外部资源和外部市场，弥补国内储蓄或投资不足的短板，获得更高的产出与收入增长。当居民储蓄率较低、消费需求较高时，国内供不应求，采取国际收支逆差策略，增加外部供给，能够有效满足居民的消费需求；当居民储蓄率较高、消费需求较低时，国内供过于求，采取国际收支顺差策略，增加外部需求，能够让产品在市场上实现马克思所形容的“惊险的一跃”，维持再生产和就业。经济失衡是常态，但必须适度，过度的失衡必然会带来诸多问题和烦恼。

蒙代尔-弗莱明模型是常用的分析开放经济条件下一国宏观经济政策效应的理论框架。实现宏观经济均衡的必要条件是内外均衡，凡是决定商品市场均衡、货币市场均衡、国际收支平衡的力量，都会影响宏观经济均衡。因此，使得 *IS*、*LM*、*BP* 曲线移动的主要因素，都是影响宏观经济均衡的主要力量。在开放经济下，用于实现本国经济目标的宏观政策，如货币政策、财政政策、产业政策、汇率政策等，会导致本国产出或利率发生变化，并影响他国经济，这种现象称为政策溢出效应。产生正面影响的称为输出效应，产生负面影响的称为以邻为壑效应。资本流动性的差异决定了 *BP* 曲线的斜率，*BP* 曲线的斜率对一国的宏观经济政策效应有一定的影响。

在固定汇率制度下，汇率政策失效，实现宏观经济均衡只能依靠财政政策和货币政策。尽管财政政策和货币政策都是需求管理政策，但蒙代尔认为二者的调控对象和作用机制不同，同方向的财政政策和货币政策对利率的影响截然相反，对国际收支的影响也大相径庭，因此二者应该被视为两种独立的政策。对此，蒙代尔区分了财政政策与货币政策的不同特征，提出了有效市场分类原则，主张最佳的政策组合是用财政政策来实现内部均衡，用货币政策来实现外部均衡。

M-F 模型没有直接体现汇率变化对宏观经济均衡的影响。由于宏观经济均衡同时决定了均衡汇率，由此可以推导出 *ER* 曲线，将其作为理论工具来分析汇率变化、本币高估或低估对宏观经济均衡的影响。*ER* 曲线是满足内外均衡的汇率与利率组合的集合。如果外国因素不变，均衡汇率是由均衡产出和均衡利率共同决定的。均衡汇率与均衡产出正相关，而与均衡利率负相关。

汇率政策是指一国政府为了达到一定的经济目标，促使汇率调整的措施。汇率是本币与外币之间进行交换的价格，直接影响国内外商品与劳务的相对价格，调节贸易和投资，因此汇率政策在实现国际收支平衡、维护金融市场稳定方面具有优势和影响力。通过本币升值、贬值政策，可以在短期内获得产出增加的成效，更好、更快地解决失业或通货膨胀问题。

在短期资本流动影响力较大的情况下，政府对外汇市场进行干预十分有必要。干预外汇市场是指一国政府根据本国宏观经济和外汇市场稳健发展要求，为了将汇率及其变动控制在政策目标范围内而对外汇市场实施直接或间接的干预。直接干预的成效取决于干预资金规模、对市场预期的影响。如果政府的公信力较高，市场主体将沿着政府引导的方向进行交易，汇率干预就可以收到四两拨千斤的良好效果。反之则相反。间接干预是指政府运用财政、货币等政策，引导短期资本流动，增加外汇供给或需求，进而调节汇率。常用的货币政策手段是存款准备金率、再贴现率、公开市场业务，财政政策手段主要是财政支出和税收。实行浮动汇率制度的国家在通常情况下主要使用间接干预手段来引导汇率，但是在外汇市场受到重大冲击、对金融稳定形成重大威胁时也会进行直接干预。

外汇市场每日的交易规模庞大，一国仅凭自己的力量干预汇率往往很难收到预期的效果，联合干预逐渐成为一种共识，各国更加重视政治经济合作。

问题与应用

1. 开放经济具有怎样的特征？是否经济开放度越高，经济就越发达？

2. 开放经济下的宏观经济失衡有哪几种表现形式？

3. 中国社会主义经济为什么应该非均衡发展？

4. 强调宏观经济均衡发展有何意义？

5. 为什么各国政府倾向于优先考虑内部均衡？

6. 亚洲“四小龙”和亚洲“四小虎”都选择了外向型经济模式，在固定汇率制度下，这种模式容易造成什么样的经济失衡？

7. 在20世纪80年代拉美国家利用外资发展经济为什么会发生债务危机？

8. 放任外部经济失衡有什么害处？为什么中国成为WTO贸易争端涉案最多的国家？

9. 在M-F模型中，使*IS*、*LM*和*BP*曲线移动的因素是什么？

10. 如果一个实行浮动汇率制度的国家处于“失业+国际收支逆差”的失衡状态，那么它应该如何制定政策组合来实现经济均衡？请运用M-F模型进行分析。

11. 在开放经济下宏观经济的常态是什么？运用IMF的统计数据进行分析，说明2021年金砖国家的宏观经济状态。

12. 2008年全球金融危机爆发后，中国经济出现了什么样的失衡？中国政府使用了哪些政策来实现经济平稳发展？请运用M-F模型进行分析。

13. 资本流动性对财政政策和货币政策的效力有何种影响？如果在中国资本账户完全不受管制，中国实行宽松的财政政策还是货币政策能够取得更好的经济增长效果？

14. 根据蒙代尔有效市场分类原则，出现通货膨胀+国际收支顺差的国家应该采取什么样的政策组合才能取得最佳的政策效果？

15. 推动*ER*曲线的因素有哪些？如果外国政府实行宽松的货币政策，本国的国际收支将出现怎样的变化？*ER*曲线将怎样移动？

16. 如何判断一国汇率是不是均衡汇率？本币升值和贬值对宏观经济有何影响？

17. 汇率政策包括哪些政策工具？

18. 为什么有的国家耗费不少外汇储备来干预汇率却收不到预期的成效？

19. 请分析2012—2021年我国国际收支、美元兑人民币汇率的变化。汇率波动与我国经常项目顺差之间有什么关系？中国人民银行有哪些稳定汇率的政策手段？为什么我国要保持均衡合理水平上的人民币汇率稳定?

20. 运用M－F模型、IMF的IFS数据库，分析2022年美国为了遏制通货膨胀实行的激进加息政策对欧盟、中国造成的政策溢出效应。对此，中国应该如何进行政策应对以实现内外均衡?

推荐阅读材料、网站

[1] 国际货币网，http://imi.ruc.edu.cn。

[2] 国际货币基金组织，http://www.imf.org。

[3] 国家外汇管理局，http://www.safe.gov.cn。

[4] 世界银行，http://www.worldbank.org。

[5] 中国人民银行，http://www.pbc.gov.cn。

参考文献

[1] 阿尔贝尔.资本主义反对资本主义.北京：社会科学文献出版社，1999.

[2] 伯南克.行动的勇气：金融风暴及其余波回忆录.北京：中信出版社，2016.

[3] 陈雨露，涂永红.国际收支均衡分析.北京：中国金融出版社，1998.

[4] 厉以宁.经济学的伦理问题.北京：三联书店，1995.

[5] 米德.国际经济政策理论：第一卷：国际收支.北京：首都经济贸易大学出版社，2001.

[6] 缪兰德克.美国货币政策与金融市场.北京：中国金融出版社，1995.

[7] 彭志文.全球失衡与中国开放经济宏观动态.北京：中国人民大学出版社，2011.

[8] 王传纶.资本主义财政.北京：商务印书馆，2022.

[9] 习近平.高举中国特色社会主义伟大旗帜 为全面建设社会主义现代化国家而团结奋斗——在中国共产党第二十次全国代表大会上的报告.中国人大，2022 (21)：6－21.

[10] 朱镕基.朱镕基讲话实录：第1～4卷.北京：人民出版社，2011.

[11] 邹宏元，何泽荣.中国转型期国际收支研究.北京：中国金融出版社，2006.

第五篇　金融监管理论与政策

第十四章

金融风险与金融危机

学习目标

1. 掌握金融风险特殊性、金融风险类型及金融风险形成的微观机理和决定因素，把握金融风险的一般理论。

2. 了解微观金融风险扩展为宏观金融风险的条件和过程，以及系统性金融风险转化为金融危机的内在机制。

3. 能够运用金融风险与金融危机理论分析历史上主要金融危机发生的原因与教训，总结金融风险管理与金融危机预警理论模型的发展方向，以及金融危机管理政策。

第一节　金融风险的一般理论

金融风险发生在金融系统内，与金融机构的特殊性和金融市场的波动性有关，但其形成又与企业等微观经济主体自身的运营、政府的财政和货币政策等宏观经济政策密不可分。习近平总书记指出：“金融是实体经济的血脉，为实体经济服务是金融的天职，是金融的宗旨，也是防范金融风险的根本举措。”党的二十大报告指出：“深化金融体制改革，建设现代中央银行制度，加强和完善现代金融监管，强化金融稳定保障体系，依法将各类金融活动全部纳入监管，守住不发生系统性风险底线。”因此，从理论上梳理总结金融风险形成机制对政策实践具有重要意义。

拓展阅读

新时代中国金融发展的根本遵循（深入学习贯彻习近平新时代中国特色社会主义思想）

一、金融机构的特殊性与金融机构面临的风险

（一）金融机构的特殊性

在社会经济部门中，金融机构是资金流转配置的中心，在动员储蓄、转化资本、传导政策、促进稳定等方面都发挥着重要作用。尽管金融机构的类型各异，但其发挥的功能基本可以概括为两类：经纪人功能与资产转换功能。发挥经纪人功能的机构主要有提供全面服务的证券公司、保险公司和基金公司等。发挥资产转换功能的机构主要有银行、影子银行[①]等。金融机构的功能决定了其具有如下特殊性：在发挥经纪人功能的过程中，金融机构具有节约信息成本、交易成本的规模经济优势，降低了各经济主体的交易与信息成本，促进了储蓄率的提高；在资产转换过程中，金融机构利用规模效应来组合资产，分散风险；金融机构是配置信用的主要渠道甚至是唯一渠道[②]，提供清算支付服务，发挥代际转移财产与集合投资的作用；金融机构还是货币政策的传导中介，在宏观调控中发挥基础机制作用。正是这些特殊性决定了金融机构会面临信用风险、资产与负债的期限不匹配风险以及流动性风险等。

（二）金融机构面临的风险

金融机构的资产转换功能造成其资产期限和负债期限不匹配，当利率变动时，资产和负债价值面临利率风险（interest rate risk）。金融机构在市场上频繁交易各类金融工具，持有敞口或未对冲的债券、股票和外汇，以及衍生工具多头或空头头寸，当价格的变动方向与预期相反时，就会面临市场风险（market risk）。而信用风险（credit risk）的产生，是因为金融机构持有的金融债权承诺的现金流完全或部分未能支付。当金融机构的债权人如存款人、保单持有人要求对其债权立即兑现，或者金融机构表外的贷款承诺（信贷额度）的客户突然要求执行贷款，金融机构就会面临流动性风险（liquidity risk）。现代金融创新使金融机构表外业务快速发展，由此引发的表外风险（off-balance-sheet risk）迅速增加。如备用信用证担保形成的或有负债可能由于借款人违约而成为资产负债表上真实的负债。表外业务引发的重大损失有可能导致金融机构破产。由金融机构管理不完善或有问题的内部程序、人员以及系统或者外部事件直接或间接造成损失的风险是操作风险（operational risk）。操作风险与技术风险（technology risk）存在一定的联系，只要技术失灵，或后台支持系统发生故障，就有可能引发操作风险。在全球化潮流中，金融机构开展国际业务不可避免地要承受外汇风险（foreign exchange risk），包含汇率风险和外币利率风险两部分。金融机构只有在外汇的数额与期限都匹配时才能对冲外汇风险。在国际业务中，金融机构还面临国家或主权风险（country/sovereign risk），这是由债务人所在国家因外汇短缺而终止支付或限制支付到期债务所带来的损失。例如，在 1982 年，墨西哥和巴西政府宣布对西方债权国家延期偿还债务，当时花旗银行不得不增加呆账损失准备来弥补向南美国家贷款的损失。上述风险单独或者共同作用可能使金融机构面临破产风险（insolvency risk），金融机构所有者的资本或股东权益不足以弥补风险损失时就会破产。

---

① 辛乔利. 影子银行：揭秘一个鲜为人知的金融黑洞. 北京：中国经济出版社，2010.

② 对于中小企业、农户等特殊经济主体，金融机构是唯一正规的信用融资渠道。

专栏 14-1 **包商银行严重信用风险事件**

2019年5月，曾经的“明星”银行包商银行，因出现严重信用风险，被中国人民银行、中国银保监会联合接管。包商银行的大量资金被大股东——明天集团违规占用，形成逾期，导致其出现严重的信用危机。股权问题引发了经营风险，包商银行的各项经营指标显著承压，2017年第三季度末，其净利润同比增速下降13.9%，资本充足率为9.5%，无法满足10.5%的监管要求。2020年8月，包商银行因严重资不抵债提出破产申请；2020年11月，中国银保监会“原则上同意包商银行进入破产程序”。

中国银行“原油宝”事件

2020年4月20日晚间，美国WTI原油期货5月合约上演史诗级崩盘，一夜暴跌超305%，收盘价格竟为−37.63美元/桶。在这次原油价格暴跌中，中国银行“原油宝”(即个人账户原油业务)产品的投资者资金遭“血洗”，甚至出现“穿仓”——保证金赔光的同时还需要向银行“倒贴”两倍的资金。该产品涉及期货合约，原油期货风险较高。一般来说，为防止期货合约在最后一个交易日发生大波动，在到期之前应该进行移仓处理。而由于产品设计存在漏洞，缺乏严密的强制平仓机制，“原油宝”暴雷让投资者遭受巨额损失，也让中国银行受到处罚。

二、金融市场运行中风险的形成与扩展

金融机构是金融市场最重要的参与主体，金融市场运行中价格的波动性给市场各类主体带来了风险。其中，资本市场和金融衍生品市场是价格波动最为剧烈的市场，是市场风险的重要源头，加剧了整个金融体系的脆弱性。

(一) 货币市场中金融风险的形成

货币市场是短期资金拆借市场，为金融机构和有资格参与市场的非金融机构提供了管理流动性的场所。货币市场的风险以流动性风险为主，而流动性风险的形成通常是由于突发事件引起资金供求双方心理失衡，导致交易行为失常，表现为市场恐慌，引发市场利率大幅波动。如2013年6月发生的“钱荒”事件是一个典型的流动性风险事件。从2013年5月开始，上海银行间同业拆放利率(Shibor)便呈现出不断上升的势头。6月7日，市场传闻光大银行对兴业银行的同业拆借因到期时资金紧张毁约。光大银行、兴业银行虽然双双辟谣，但受此影响，银行间同业拆放利率全线飙升。2013年6月20日当天隔夜Shibor飙升578.40个基点，首次超过10%，升至13.444%的历史最高点。“钱荒”事件反映了银行的流动性管理和业务结构的缺陷，暴露出商业银行潜在的流动性风险。

(二) 资本市场中金融风险的形成

资本市场的融资功能服务于企业，交易功能服务于各类投资者或投机者。一级市场与

现实生产的联系直接，两者有较强的一致性，发挥资金融通和资本配置的功能；二级市场与现实生产只有间接联系，市场上的交易型货币资本形成了与现实生产相脱离的独立运动形态。货币资本独立运动的无序性、逐利性，推动资本市场价格频繁波动。资本市场的价格可以数倍于它们所代表的实际资产价值，也可以远远低于实际资产价值。这一内在特征与运动规律导致资本市场“泡沫”形成、膨胀与破裂，泡沫的破裂虽然不会直接减少实际资产的价值，但会冲击实体经济，使企业的投资与生产下降、财务风险上升。

(三) 金融衍生品市场风险的扩展与放大

资本市场与衍生品市场通过金融创新联系在一起，资本市场风险通过衍生品市场扩展并放大。由资产证券化产生的信用衍生品是更高层次的虚拟资本形态。资产证券化是将一些低信用级别的资产或证券组合起来，以其产生的未来现金流为抵押，发行新的证券。资产或权益抵押证券并不代表物化资产，基础证券代表的物化资产价值会逐年减少，而据此发行的证券却保持增值的预期，这种增值以收入流为基础，与借款人的收入或还款能力有关。借款人的还款能力受多重因素影响，具有很大的不确定性，决定了信用衍生品价格的脆弱性。美国次贷危机正是信用衍生品过度创新推动的泡沫在紧缩性货币政策下破裂导致的。基本机制是，利率提高导致低信用级别的债务偿还困难，信用衍生品价格暴跌，系统性风险集中爆发。

除了信用衍生品外，期货、期权等其他形式的衍生品也是虚拟资本的典型形态，衍生品的交易推动虚拟资本的积累，其速度与规模远超现实资本。金融衍生品交易具有高杠杆属性，可以将交易资本数十倍放大为虚拟资本，由此引起的金融泡沫远比虚拟资本原始形态大得多。据国际清算银行（BIS）统计，在2008年金融危机中，全球衍生品的价值达到649.8万亿美元，股票市值为33.3万亿美元，债券余额为83.5万亿美元，而实体经济规模（GDP）只有60.9万亿美元。在虚拟资本膨胀的过程中，各类风险被放大数倍。

(四) 资产泡沫的形成机制与破裂

资本市场与房地产市场最容易形成泡沫。泡沫的形成离不开货币供给与信用制度的支持。货币供应量增加推动了虚拟资本的增值，使其远超所代表的实际价值，从而产生泡沫。信用制度的发展为泡沫经济的形成和发展提供了现实的基础。在经济繁荣时期，由于房地产价格上升，银行持有的抵押资产升值，银行往往过于乐观，进而放松贷款条件。

在资产价格上涨过程中，证券和房地产投机者向银行申请的贷款量越来越大。如果银行超额放款，准备金出现不足，信贷结构失衡，那么一旦遇到外来的冲击，就极易出现信用危机。资产市场吸收了大量资金，生产领域所需的资金不足，必然使生产萎缩，失业率上升，进出口贸易失衡。这些信息反过来会动摇投资者的信心，资产价格难以维持，最终泡沫破裂。总之，如果泡沫经济的增长速度远远高于实体经济的增长速度，一定会在某个时点改变市场投机预期，导致泡沫经济领域扩张的突然中断，泡沫破裂，危机爆发。

三、实体经济运行与金融风险

(一) 金融风险的微观来源：商品价值实现风险与企业财务风险

市场供求关系决定了商品价值能否实现，如果生产过剩，商品难以有效实现其价值就会引起企业财务结构的恶化，形成企业财务风险。财务结构是由企业的产品市场竞争环境、产业生命周期和企业控制权的安排等诸多因素决定的，财务结构的稳健性一般用负债水平的高低来评判。当企业的负债水平远远超过其财务风险承受力和到期支付能力时，财务结构就是脆弱的。企业财务风险与企业经营风险密切相关，各种各样的企业经营风险都可能转化为企业财务风险，普遍的企业财务风险可能演变为金融机构的信用风险，甚至转化为系统性金融风险。

从全局角度看，企业的资产负债结构随着经济环境的变化会形成不同的风险状态。净现金流量为正值的企业，一般不会发生财务支付困难。而净现金流量为负值的高负债企业，存在比较大的财务风险。在经济周期的上行阶段，由于企业利润会持续增长，金融市场融资条件宽松，企业纷纷借入流动性来提高财务杠杆率。而当经济步入下降期与衰退期时，企业利润减少，金融市场融资条件收紧，靠借入流动性维持经营难以为继，出现大面积财务风险，银行债务偿付困难，在资本市场上股票和公司债券价格大幅缩水，形成系统性金融风险。

专栏 14－2　　恒大集团财务风险

恒大集团旗下有恒大地产、恒大新能源汽车、恒大冰泉等八大产业。恒大集团在发展过程中采取了多元化战略，先后涉足旅游、体育、金融、文化、健康、快消品、高科技等产业。但恒大集团的多元化投资效果并不如意，例如投资额约 60 亿元的矿泉水业务三年亏损 40 余亿元后在 2016 年以 18 亿元售出。2021 年半年报显示，资产总额为 2.38 万亿元，负债总额为 1.97 万亿元，资产负债率为 82%。2021 年下半年，恒大集团出现票据逾期等问题。2021 年 12 月 6 日，恒大集团公告称，考虑到集团面临经营和财务上的挑战，公司董事会决议设立风险化解委员会。

（二）社会总资本运动与宏观金融风险的形成

随着信用的发展，金融工具多样化，金融机构多元化，委托代理链条越来越复杂，内生性金融风险超越交易双方的微观范畴，上升为宏观金融风险。从宏观金融风险生成的原因来看，既有一般性经济、金融风险积累因素，又有金融体系、金融制度的缺陷以及宏观政策失误等因素，还有国际金融体系的不合理等因素。从影响面来看，宏观金融风险影响的是整个国民经济乃至世界经济，一旦风险变成现实的损失，整个经济中的所有经济主体就会不同程度地受到损害。从风险防范的角度来看，对于宏观金融风险的防范，必须通过整个金融体系的改革、金融政策的调整、宏观经济矛盾的化解甚至国际合作方能生效。

宏观金融风险发生的客观必然性源于社会总资本运动的内在矛盾，具体表现形式有经济波动、通货膨胀与失业等。由于社会生产基本处于自发状态，社会总产品价值的实现较为困难，经济周期性波动是对社会产品生产与价值实现失衡的矫正。高通货膨胀必然激化社会矛盾，本身就是一种风险。通货膨胀往往与股市、房地产泡沫相伴而生，相互作用，加剧金融市场风险。在开放经济中，通货膨胀还可能损害本国的出口竞争力，导致国际收支失衡。失业严重必然伴随经济萎缩、信用紧缩，金融风险积聚。

（三）产业结构转换与金融风险

在经济全球化时代，任何一个国家均只有把握住结构转换的方向，最大限度地提升产业和企业的竞争力，才能有效地降低投资失败和金融风险发生的概率。如果一个国家的产业结构转换迟缓，企业盈利能力和国际竞争力比较差，出口创汇能力比较弱，那么就容易出现贸易赤字和经常项目逆差。企业盈利能力差，投资收益率低，贷款的平均风险程度自然会提高，形成不良贷款的概率上升。企业的内部积累能力比较差，对外部资金的依赖性就比较强。在经济高速发展时期，企业投资需求不能由国内储蓄完全满足，若依赖对外借款，国家就容易累积外债，债务风险加大。因此，调整产业结构，提高企业盈利能力，是规避金融风险的基础。

专栏 14-3　　泰国金融危机的根源：结构失衡

20 世纪 80 年代中期到 90 年代中期，泰国经济的高速增长主要是靠出口推动的。据统计，1991—1995 年，泰国的出口年均增长率为 18.17%。然而，由于出口产品结构单一，主要是劳动密集型产品如电子产品和服装，随着经济的增长，工资成本显著上升，1995 年泰国最低工资增长了 23%，促使劳动力成本比邻国高出 2～3 倍，使产品出口竞争力下降，再加上国际市场需求减弱和其他国家同类产品的竞争，导致出口萎缩。1996 年，出口增长率大幅度下降为 0.1%，进口却有所扩大，导致贸易赤字剧增，经常项目赤字累计达到 162 亿美元，与 GDP 之比为 8.3%。同时，僵化的汇率制度难以适应贸易调整的需要，金融风险积聚，最终于 1997 年 7 月爆发金融危机。

（四）“脱实向虚”与金融风险

经济“脱实向虚”是我国经济发展面临的严峻问题，在宏观层面表现为资金不断流出实体经济，实体经济有效投资不足；在微观层面是指企业金融化，即非金融企业增加金融资产投资而减少生产性投资的现象。虚拟经济膨胀引发的金融风险可能导致严重的经济危机。早在 2015 年底的中央经济工作会议上，习近平总书记就曾对我国的经济现实做出判断，认为“大量资金流向虚拟经济，使资产泡沫膨胀，金融风险逐步显现，社会再生产中的生产、流通、分配、消费整体循环不畅”。党的二十大报告指出，要依法将各类金融活动纳入监管，守住不发生系统性风险底线。金融本质在于服务实体经济，让金融回归主业和实体，这样才能有效避免“脱实向虚”，降低金融风险。

拓展阅读

“脱实向虚”补充阅读

四、财政政策、货币政策与金融风险

经济周期是社会总资本运动内在矛盾的体现，通过财政政策与货币政策来调节总需求、干预社会总资本的运动，固然可以缓解社会总资本运动过程中的矛盾，但是难免导致产生新的金融风险，而政策失误可能进一步扩大这种风险。

(一) 财政政策与金融风险

在经济复苏阶段过度依赖财政扩张，必然会增加财政赤字。赤字的弥补大多数时候依赖货币化，货币化过程必然加剧宏观金融风险。因为政府透支或发行国债来融资直接或间接增加了基础货币投放，通货膨胀风险增加。政府债务规模膨胀又会引发偿付危机，直接加剧金融市场的不稳定。在开放经济中，政府借债引起利率上升，导致外资流入，本币升值，股市价格大涨。本币升值使出口减少，恶化贸易收支。当出口降到使原来失衡的社会总供求趋于均衡时，利率就会下降，本币贬值在所难免，股市价格下跌。在经济复苏机会出现后，如果财政政策转换的时机、节奏与力度把握不当，就会使经济增长势头难以维持。政府支出收缩或企业、居民税负加重所引起的投资、消费支出减少，通过负的乘数效应会降低社会总需求和经济增长率，企业财务风险增加，银行不良贷款率必然会上升，从而加剧金融风险。

专栏 14-4　希腊债务危机：财政面临困难，赤字融资难以为继

希腊经济存在结构性问题，内需高，出口少，储蓄率低，劳动力市场僵化，竞争力弱，借债消费。财政支出较高，主要用于社会保障和公共部门雇员支出。随着人口老龄化的发展，社会保障支出越来越多；公共部门雇员工资增速也快于生产率增速。在财政收入管理方面存在漏洞，偷税、漏税严重。据估计，每年损失的税收至少相当于GDP的4%。居民储蓄率低，财政缺口主要由外债弥补。欧元利率较低，降低了希腊的融资成本，刺激了房地产市场的发展。美国次贷危机引发全球金融危机后，希腊房地产泡沫破灭，借债消费的方式不可持续，经济萎缩，不足以支撑庞大的财政支出。最终，希腊于2009年12月爆发债务危机。

(二) 货币政策与金融风险

自从货币这种特殊商品从普通商品世界分离出来而充当一般等价物，货币运动就表现为一种相对独立的价值运动形式。现代信用货币制度建立后，货币当局在货币发行量的掌握上具有了更大的灵活性，可根据某种政策目标来决定货币发行量。而一旦货币发行量超过经济发展的实际货币需要量，就可能造成经济过热、货币贬值和通货膨胀，催生泡沫经济，形成宏观金融风险。当货币发行量低于经济发展的实际货币需要量，就可能导致需求萎缩和通货紧缩，企业普遍性财务风险上升，形成系统性金融风险。货币政策与产业政策相结合，引导货币的产业或行业流向，会对一国的经济结构产生重要的影响。如果出现政策失误，就会加剧结构矛盾，引发金融风险。

专栏 14-5　货币政策与次贷危机

在经过一年多的加息、科技股泡沫在2000年破裂后，美联储开始迅速降低联邦基金利率。2001 年 1 月 3 日，美联储彻底调整货币政策立场，宣布自 1998 年以来的首次降息，并且一下子就降低了 50 个基点。“9·11” 事件又使美联储在降息空间本已有限的情况下再度降息。2001 年，美联储连续 11 次降息，累计降息 4.75 个百分点，创下了 1981 年以来 “最为猛烈的降息轮次”。2002 年 11 月，美联储再度将联邦基金利率下调 0.5 个百分点，降至 1.25%，并维持这一低利率直至 2004 年 6 月再度加息。在 2003 年 7 月到 2004 年 6 月的经济增长过程中，美联储不恰当地把联邦短期贷款利率保持在 1%的水平，随后缓慢地每次加息 25 个基点，直到 2006 年 7 月把联邦基金利率提升到 5.25%。低利率政策在推动美国经济强劲增长的同时，还催生了房地产泡沫。由于居民住宅的价格持续大幅上涨，尽管债务融资占比较大，房产价值中居民拥有的部分仍在增加。格林斯潘的货币政策在美国经济和金融体系中埋下了危机的种子。2007 年，美国次贷危机爆发。

五、金融风险理论：不同视角的阐释

（一）金融不稳定假说：经济主体角度

明斯基（Minsky）的“金融不稳定假说”[①] 从经济主体角度分析金融的不稳定性问题。该理论按“债务-收入”关系将依靠债务融资进行投资的经济主体分为三类：抵补型、投机型和庞氏型。抵补型经济主体每个时期的收入都足以偿还债务，具有很强的冲击吸收能力来应对现金流方面未来的变化，是融资最谨慎、最安全的类型。投机型经济主体在短期内无法以收入偿还债务，但预计在长期能够获得足够的收入来偿还债务。这类经济主体需要靠债务滚动（借新还旧）来维持，投机型经济主体的冲击吸收能力较弱。滚动发行债务的政府、企业以及银行是典型的投机型经济主体。庞氏型经济主体不能靠收入来偿还债务本金，甚至不能偿还债务利息，只能通过变卖资产或者不断增加未到期的债务来偿还到期债务。庞氏型经济主体不具备冲击吸收能力。投机型经济主体和庞氏型经济主体对现金流的变化很敏感，如果这两类经济主体占比过高，经济将处于脆弱的状态。如果抵补型融资行为占主导地位，经济将趋于均衡；相反，投机型和庞氏型融资行为的比重越大，经济就越有可能处于不断背离均衡的状态。经过一个时期的货币繁荣之后，经济趋于从抵补型经济主体占主导地位的融资结构转向投机型和庞氏型经济主体占主导地位的融资结构。如果投机型经济主体占主导地位的经济处于通货膨胀状态，货币当局通过紧缩货币来抑制通货膨胀，则投机型经济主体将变为庞氏型经济主体，而先前的庞氏型经济主体的净资产则很快蒸发掉。经济陷入费雪所称的“债务-通货紧缩”境地。[②]

金融不稳定假说的第一定理是，经济在一些融资机制下是稳定的，在另一些融资机制

① Minsky, H. P. (1977), “The Financial Instability Hypothesis: An Interpretation of Keynes and an Alternative to ‘Standard’ Theory,” *Challenge*, 20 (1), 20 - 27.

② Fisher, I. (1933), “The Debt-Deflation Theory of Great Depressions,” *Econometrica*, 1 (4), 337 - 357.

下是不稳定的。金融不稳定假说的第二定理是，经过一段时间的繁荣，经济会从有助于稳定系统的金融关系转向不利于稳定系统的金融关系。

（二）金融资产价格波动性理论：市场角度

奈特将不确定性因素引入经济分析。[①] 凯恩斯吸收并发展了奈特的思想，认为大多数经济决策都是在不确定的条件下做出的。金融市场的不确定性首先来自金融资产未来收入流量的不确定性，这种不确定性又来自生产性投资自身的风险。凯恩斯认为，投资取决于投资者对未来市场前景的心理预期，而这一预期又因投资者对未来模糊的、不确定的、缺乏可靠基础的认知偏差而发生剧烈的波动。金融市场的脆弱性往往是从价格波动的角度来显现的。金融资产价格的不正常波动或过度波动会积累大量的金融风险，极易爆发危机。

金德尔伯格认为，市场集体行为非理性导致的过度投机对资产价格有巨大的影响，因此过度投机足以引起股市的过度波动。[②] 凯恩斯将经济繁荣时推动资产价格上升的现象描绘成“乐队车效应”，即当经济繁荣推动股价上升时，幼稚的投资者开始涌向价格的“乐队车”，使股价上升得更快，以至达到完全无法用基础经济因素来解释的水平。由于脱离了基础经济因素，市场预期最终会发生逆转，导致股市崩溃。

汇率的波动性增加了金融市场的脆弱性，多恩布什在汇率超调理论中指出，在浮动汇率制度下，汇率剧烈波动和错位的主要原因在于面对某种初始的外部冲击，市场预期会引起汇率的大幅波动。[③] 在金融市场中，预期是投机资本运动的心理基础，投机是在预期指导下的现实行为。对未来预期的微小变化都会导致汇率的大幅变化。

（三）信息不对称理论：信息角度

信息不对称是金融风险产生的主要原因。信息不对称是指当事人都有一些只有自己知道的私人信息。由于社会分工和专业化的存在，从事交易活动的各方对交易对象以及环境状态的认识是很难相同的。不对称信息大致可以分为两类：第一类是外生的信息，它是先天的、先定的，不是由当事人的行为造成的，一般出现在合同签订之前；第二类是内生的信息，取决于当事人的行为，出现在合同签订之后。第一类信息将导致逆向选择（adverse selection），第二类信息将产生道德风险（moral hazard）。这两种情况在金融市场上的出现会降低市场机制的运行效率，影响资本的有效配置，从而造成金融风险。(1) 逆向选择与金融风险。在间接融资的资本市场上，银行贷款的收益取决于利率和企业还款可能性，而企业还款的可能性在很大程度上与企业的经营活动有关。在借贷市场上各企业的风险程度各不相同，当银行不能观察到项目投资风险所在或确定投资风险成本太高时，只能根据企业的平均风险状况来决定贷款利率。但如此一来，低风险企业会由于借贷成本高于预期水平而退出借贷市场，而余下的愿意支付高利率的企业都是高风险企业，因为从事高风险甚至投机性交易才能获得超额利润来偿付高利息。这时贷款的平均风险水平提高，银行收益就可能降低，呆账增多，金融风险必然增加。(2) 道德风险与金融风险。虽然在交易双

---

① Knight, F. H. (1921), *Risk, Uncertainty, and Profit* (Vol. 31), Houghton Mifflin.

② 金德尔伯格. 疯狂、惊恐和崩溃：金融危机史：第四版. 北京：中国金融出版社，2007.

③ Dornbusch, R. (1976), "Expectations and Exchange Rate Dynamics," *Journal of Political Economy*, 84 (6), 1161-1176.

方达成合同时信息可能是对称的，但在合同执行中一方缺乏另一方的行动信息，这时，拥有私人信息的一方就可以利用这种信息优势，做出使自身利益最大化但损害另一方利益的行为。道德风险普遍存在于以信用为基础的各种金融业务关系中，是造成金融风险的主要原因。在银行与企业达成借贷协议后，企业在贷款执行过程中可能出于机会主义动机，隐藏有关资金使用的真实信息，采取不负责任的态度，从而酿成金融风险。

（四）金融自由化与金融脆弱性理论：宏观政策角度

金融自由化政策包括实现利率市场化（也称作利率自由化）、允许金融混业经营、推动金融创新与开放资本账户等。金融自由化对金融脆弱性的影响主要表现在以下几个方面：

（1）利率自由化与金融脆弱性。利率自由化主要通过两种途径加大商业银行的风险：一是利率自由化后，利率水平显著升高会影响宏观金融稳定；二是利率自由化后，利率水平变动不定，长期在管制状态下生存的商业银行还来不及发展金融工具来规避利率风险。赫尔曼、默多克和斯蒂格利茨（Hellmann，Murdock & Stiglitz）指出，金融自由化引发银行部门脆弱化的重要通道是利率上限取消，以及降低进入壁垒所引起的银行特许权价值降低，这将导致银行部门的风险管理行为扭曲，从而导致金融体系的内在不稳定。①

（2）混业经营与金融脆弱性。金融自由化使得金融混业经营成为主流。在商业银行和投资银行日益融合的情况下，为竞争证券发行的承销权，双方通过各自的信贷、投资等部门向产业资本渗透，资本的高度集中会形成某些垄断因素，金融业的波动性加大，极易造成泡沫化。在资本市场不发达国家，银行资金雄厚，但过度介入证券市场，加剧证券市场的波动，导致泡沫形成。银行间并购也是银行扩大业务范围的一种方式。但银行间并购也存在风险，一旦投资失败，即使是资本实力雄厚的大银行也难逃厄运。

（3）金融创新和金融脆弱性。金融创新从根本上改变了金融业的面貌，随着新市场和新技术的不断开发，许多传统风险和新增风险往往被创新掩盖。明斯基认为，仅仅是金融层次的增多以及新金融工具的不断发明就足以证明金融体系脆弱性在增加。区块链、云计算、人工智能等前沿技术创新传统金融业所提供的产品和服务，改变金融体系自身的风险特征，增加数据风险、技术风险、运营风险等。金融衍生品具有极大的渗透性，风险更具有系统性。同时，由于金融衍生品本质上是跨国界的，系统性风险将更多地呈现出全球化特征。

（4）资本自由流动和金融脆弱性。金融自由化伴随着对资本管制的解除，本国银行从国际资金市场上借入外币资金，并将它贷给本国借款者时，就承担了外汇风险。金德尔伯格强调，短期资本的流入国通过增加在国外的短期净资产或减少在国外的短期净负债，使得经济膨胀；反之，短期资本的流出国通过增加在国外的短期净负债或减少在国外的短期净资产，使得经济收缩。游资引发的主要后果是经济泡沫化、汇率无规则波动、货币政策失灵以及传播扩散效应，也是整个国际金融体系脆弱性增加的根源之一。

---

① Hellmann，T. F.，Murdock，K. C.，and Stiglitz，J. E.（2000），“Liberalization，Moral Hazard in Banking，and Prudential Regulation：Are Capital Requirements Enough?” *The American Economic Review*，90（1），147－165.

第二节 系统性金融风险与金融危机的形成

金融危机的形成是系统性金融风险积累的结果。为了弄清楚金融危机的形成过程，必须首先了解什么是系统性金融风险以及系统性金融风险转化为金融危机的机制。

一、系统性金融风险的概念与传导途径

拓展阅读

“系统性金融风险”补充阅读

（一）系统性金融风险的概念

国际清算银行对系统性金融风险的定义是，金融活动的一个参与者不能履行其合同责任，由此产生连锁反应，进而引起其他参与者违约，导致广泛金融困难的可能性。系统性金融风险的实质在于整个金融系统功能受损乃至失灵的可能性。如果系统性金融风险得不到控制，则可能会转化为金融危机。

（二）系统性金融风险的传导途径

金融风险常常首先在某一市场发生，然后经过传染机制的作用向其他市场传导，以致形成整个金融系统的风险。普遍违约是系统性金融风险的最终表现，源头是利率风险。利率风险可能引起资产价格泡沫破裂，转化为资本市场、房地产市场的风险；同时，利率风险会传递到外汇市场，形成汇率风险，汇率波动或形成的市场预期会引起资本跨境流动，冲击国内资产市场；利率变化也可能引发通货膨胀或通货紧缩，同样会传递给汇率。资本跨境流动引起国内商品价格波动、资产价格起落，转化为信用风险。金融系统各个部分、各个元素之间相互作用、彼此交织，联系紧密，牵一发而动全身。同时，实体经济元素与金融系统元素也是彼此渗透、相互影响的（如图 14-1 所示）。

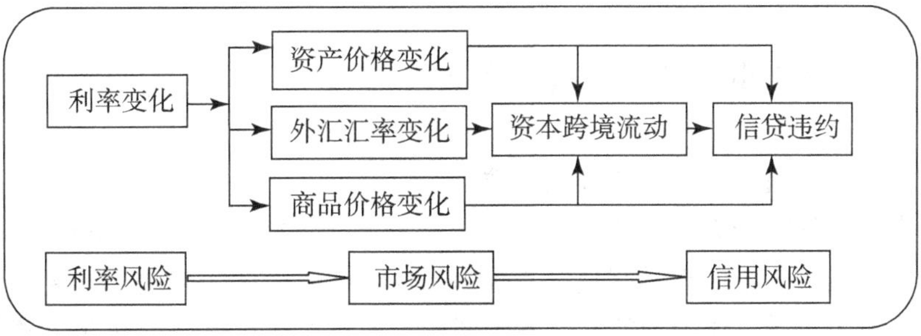

图 14-1 系统性金融风险的传导途径

二、系统性金融风险转化为金融危机

系统性金融风险与金融危机之间没有什么不可逾越的鸿沟。系统性金融风险的发生会在一定程度上削弱金融系统功能，如果不能及时控制并加以化解，就不可避免地会使整个

金融系统的功能遭到破坏，实体经济运行严重受挫，这是金融危机的实质。金融危机表现为普遍违约，挤兑蔓延，银行接连倒闭，证券价格急跌，货币严重贬值，支付和偿债机制严重受阻，投资者信心丧失，资本大量外逃，等等。这些征兆或同时出现，或相继出现，引起整个金融和经济系统的严重振荡（如图 14－2 所示）。

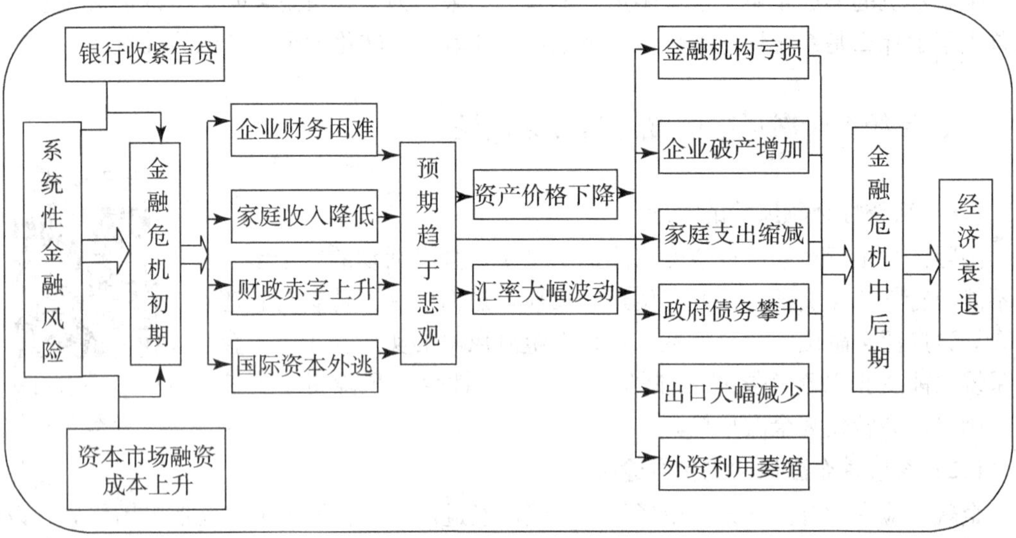

图 14－2　金融危机的演变过程

金融危机常常从某一局部爆发，如货币市场、外汇市场、证券市场、房地产市场的大幅波动，或银行发生挤兑，金融机构、政府偿债困难，然后波及整个系统，成为全面的危机。按照危机爆发的领域，金融危机可分为货币（汇率）危机、银行危机、债务危机等。例如，20 世纪 70—80 年代美国银行和储蓄与贷款协会危机属于银行危机，1997 年亚洲金融危机属于货币（汇率）危机，2009 年欧债危机是典型的债务危机。

三、历史上几次重大金融危机的概况

（一）20 世纪 20 年代以前的几次金融危机

历史上有记载的有较大影响的投机泡沫当数 1637 年的荷兰“郁金香泡沫”，虽然它不是标准的金融危机形态，但却具有金融危机的属性，类似于远期或期货过度投机引发的危机。之后又出现了英国“南海泡沫”和法国“密西西比泡沫”。“南海泡沫”和“密西西比泡沫”的发生时间基本一致，出现在 1719—1720 年间，是典型的股票投机引发的泡沫危机。到 1837 年，美国发生了土地投机泡沫破裂导致的金融恐慌，与美国第二银行解散导致货币发行分散而引发的金币本位制度危机交织在一起，成为金融投机、金融过度发展、货币发行混乱导致的典型危机形态。1857 年美国再度出现的金融危机起源于俄亥俄人寿保险与信托公司的破产，引起股市上的恐慌性抛售，迫使银行停止了黄金兑换，给金融市场以致命打击，形成了券商的破产倒闭风潮。1873 年、1893 年和 1907 年，美国又相继出现银行危机、股市危机和信托业危机。这些危机大多是由金融过度发展、股市过度投机、货币制度不合理和金融政策失误引起的，充分表明了金融的内在不稳定性和脆弱性。

随着1913年美联储的建立，货币集中发行使得金本位制度获得了一个稳定发展期，但是，金融自身的脆弱性是无法消除的，过度繁荣往往孕育着大危机。20世纪20年代末，大危机最终出现，进而波及实体经济，形成了资本主义世界的“大萧条”。

（二）20世纪20年代以来的主要金融危机

现代中央银行制度建立以后，金本位制度并未退出历史舞台，但黄金已蜕变成银行券发行的基础，中央银行被金融稳定与宏观经济的多重目标所干扰，货币发行的约束并没有想象的那么强大。这就为银行过度放贷、资产泡沫和金融危机的形成创造了条件。20世纪20年代以来，平均不到10年出现一次大型金融危机的事实就说明了现代金融体系的脆弱性和无法通过制度政策克服金融内生性风险的缺陷。

1929—1933年的金融“大崩溃”转化为世界性经济危机。1929年10月，道琼斯工业指数经历10年大繁荣后开始走向“大崩溃”，其中10月24日、28日和29日，是美国投资者的黑色星期四、黑色星期一和黑色星期二，股市连续暴跌。随着股市的崩溃，美国经济很快陷入毁灭性的灾难之中：疯狂挤兑、银行倒闭、工厂关门、工人失业等。大危机导致了持续四年的大萧条。危机也很快从美国蔓延到其他国家，发展成为资本主义世界的经济危机。

第二次世界大战后，布雷顿森林体系确立，为国际经济与贸易创造了20年左右的黄金时代。但由于美国战后的资本输出政策以及在亚洲发动的战争，美国的黄金储备逐步枯竭，难以维持美元与黄金之间的平价。从20世纪60年代开始，美元危机持续不断。虽然IMF等国际机构做出了努力，但还是难以解决深层次矛盾。到1971年8月，美元本位的国际货币体系开始崩溃。

20世纪70年代末，波兰的债务危机预示了发展中国家的债务问题。1981年美联储将利率提高到20%，导致衰退。1982年8月，墨西哥宣布无法偿还到期的约268.3亿美元外债本息，引发债务危机。之后，巴西、委内瑞拉、阿根廷、秘鲁和智利等国也相继宣布终止或推迟偿还外债。到1986年底，拉美发展中国家债务总额飙升到10 350亿美元，近40个发展中国家要求重新安排债务。在90年代债务危机一直持续，90年代也成为拉美“失去的十年”。

1990年10月德国统一后面临比较严峻的通货膨胀压力，利率水平上升。高利率导致德国马克对英镑升值，英镑兑德国马克汇率低于汇率机制中的下限，迫使英格兰银行提高利率，实施与经济衰退不符的紧缩性货币政策，引起国际投机者对英镑的攻击，大肆沽空。1992年9月英格兰银行在损失数十亿美元的储备后放弃抵抗，英镑被迫退出欧洲汇率机制，允许对德国马克贬值10%。国际投机者对其他货币的攻击使西班牙比塞塔贬值5%，爱尔兰镑贬值10%，葡萄牙埃斯库多贬值6.5%，意大利里拉贬值15%，意大利里拉也被迫退出欧洲汇率机制。

欧洲货币危机后不久，国际投机者将攻击目标转向南美。1994年12月，墨西哥政府突然对外宣布本国货币比索贬值15%，在市场上引起极大的恐慌。短短的三天时间，墨西哥比索兑美元的汇价就暴跌了42.17%。外国投资者大量撤走资金，墨西哥的外汇储备锐减，金融市场一片混乱。为帮助墨西哥政府渡过难关，美国政府和国际货币基金组织等国际金融机构决定提供巨额贷款，支持墨西哥经济拯救计划，以稳定汇率、股市和投资者的信心。墨西哥金融危机于 1995 年上半年趋于平息。

与墨西哥金融危机类似，1997 年 7 月，泰国宣布放弃固定汇率制度，实行浮动汇率制度，引发了一场波及亚洲的金融危机。在泰铢贬值的影响下，菲律宾比索、印度尼西亚盾、马来西亚林吉特相继遭到国际游资的攻击而出现不同程度的贬值。不久，韩国也爆发金融危机并波及日本，日本的一大批银行和证券公司相继破产。1998 年初，金融危机再度爆发，各国货币又一次贬值。之后，危机扩散到俄罗斯、巴西、哥伦比亚等国家。当年 9 月 2 日，俄罗斯卢布贬值 70%，债券市场关闭。在巴西资金大量外逃，哥伦比亚比索大幅贬值，全球金融市场剧烈震荡，世界经济增长速度放慢。直到 21 世纪初，经济才从亚洲金融危机的阴影中走出。

2007 年 2 月美国新世纪金融公司发出盈利预警，4 月初申请破产保护。当年 8 月，美国住房抵押贷款投资公司也申请破产保护。接着，第五大投行贝尔斯登宣布旗下两只基金倒闭，花旗集团因“次贷”损失 7 亿美元，股价下跌近 70%，引发全球股市震荡。美联储、欧洲央行、日本银行、英格兰银行等全球主要的中央银行联手向市场注入流动性。10 月美国财政部长宣布成立超级基金，购买金融机构的问题债券。年底，美国楼市全面恶化，美联储、加拿大央行、欧洲央行、英格兰银行和瑞士央行等五大央行宣布再次联手救市。2008 年上半年，危机进一步扩散，美国、英国、德国等国家部分采取金融机构国有化政策。8 月，通用汽车走到破产边缘，9 月雷曼兄弟申请破产保护，更严重的金融危机来临。10 月全球主要经济体的各大央行再度向市场注入流动性，基准利率经过多次下调降到历史低点。2009 年上半年，随着美国国际集团（AIG）爆出历史性亏损，金融危机转化为经济危机。在量化宽松政策和各国的共同努力下，到 2009 年下半年，金融危机趋于缓和。

美国次贷危机引发的全球金融与经济危机刚刚有所缓解，欧洲债务危机就接踵而至。2009 年 12 月全球三大评级机构下调希腊主权信用级别，引起金融市场的动荡。从 2010 年起葡萄牙、意大利、爱尔兰、希腊、西班牙陷入危机。欧洲央行、国际货币基金组织等开始致力于为希腊债务危机寻求解决办法，但欧元区内部协调机制运作不畅，致使救助希腊的计划迟迟不能出台，导致危机持续恶化。德国与法国等欧元区主要国家也受拖累。2011 年 6 月，希腊议会通过了为期 5 年的财政紧缩方案，这为欧元区出台新一轮救助方案奠定了坚实的基础。2011 年下半年，匈牙利、奥地利、德国、法国、荷兰的主权债务也在不同程度上出现了问题，被评级机构下调了主权信用级别。最终，欧盟委员会、欧元区成员国、国际货币基金组织达成 7 500 亿欧元的救助基金计划，欧洲债务危机得以缓和，但危机对欧洲各国乃至世界经济的影响是深远的。

（三）金融危机的教训

从历史上发生的大型金融危机中可以总结出一些共性问题。首先，金融市场的过度投机与信用货币的无节制供给有深层的内在联系。从荷兰“郁金香泡沫”、英国“南海泡沫”、法国“密西西比泡沫”、美国历次银行与资本市场危机的成因看，无不与过度投机有关。由于银行、信托公司等机构为投机创造了不受约束的流动性，致使资产泡沫快速膨胀，最终破裂。其次，汇率安排与内外均衡之间的不协调性积聚了大量的货币风险，致使一国币值高估或低估；在国际投机资本的冲击下，外汇市场风险加剧。当一国的国际储备不足以支撑失衡的僵化汇率时，脆弱的链条会很快断裂。1994 年墨西哥金融危机、1997 年亚洲金融危机爆发的原因就在于此。再次，经济主体的过度负债加剧了金融风险，无论是居民家庭、企业单位还是政府财政，过度负债的结果都必然是债务危机。拉美债务危机是发展中国家企业、政府过度依赖外债发展经济最终无法履约导致的，美国次贷危机根源于居民家庭在住房消费上的过度负债，欧洲债务危机是由欧元区政府债务规模过大而出现偿债困难引发的。保持适度的债务规模，避免陷入“庞氏”融资游戏是防范债务危机的关键。最后，金融自由化过快、金融创新过度是泡沫经济的推手，强化了金融的脆弱性。2007 年美国次贷危机在 2008 年演化为全球性金融危机，正是金融自由化、全球化提供的危机扩散机制，以及过度的金融创新推动的。因此，金融危机对世界各国的启示是，汇率安排应与金融经济发展状况相协调，避免政策僵化；必须规范金融市场行为，控制过度投机；控制经济主体的财务杠杆率，避免过度负债；稳健推进金融自由化，在风险可控范围内推动金融创新。

第三节 金融风险与金融危机管理

一、金融风险管理的目标与手段

（一）金融风险管理的概念

金融风险管理是指以消除或减少金融风险及其不利影响为目的，通过实施一系列的政策和措施来控制金融风险的行为。对金融风险进行管理是一整套系统性、完整性的管理决策、手段和行为，包括对金融风险的预测、识别、度量、评估和对策选择等内容。

根据涉及的范围不同，金融风险管理可分为微观金融风险管理和宏观金融风险管理。微观金融风险管理是以个人、企业、金融机构等为主体进行相应的风险管理，而宏观金融风险管理是以金融当局、监管部门、政府决策部门为主体进行的风险管理，包括许多的单个经济主体，风险管理行为更为复杂、多变，要求管理者具有战略性、全局性、前瞻性、动态性和开放性的管理视野和管理理念。

（二）金融风险管理的目标

微观金融风险管理的目标是采用合理、经济的方法将微观经济主体的风险损失降到最低，分为风险控制目标和损失控制目标。风险控制目标是指经济主体将风险控制在既定的范围之内，一些定量指标可以反映出对风险的控制效果，如资本充足率不低于 8%、不良贷款率不超过 3%等是银行管理风险时重要的目标。损失控制是经济主体进行金融风险管理的最终目标，经济主体可以通过转嫁、保值等方式将损失降到最低限度。

宏观金融风险管理的目标是从国家或地区层面，保持整个金融系统的稳定性，避免出现金融危机，维护社会公众的利益。这主要体现在两个方面：第一，稳定性目标，即保持金融市场的稳定性，保持经济主体对国家金融体系的信心；第二，促进性目标，即促进金融市场有序、高效率地发展，促进各经济主体健康稳健地经营。

（三）金融风险管理的手段

微观金融风险管理手段具有较强的针对性，包括法律法规、管理体制和约束措施。法律法规手段涉及法律法规、内部规章制度和工作细则等。管理体制手段分为决策、执行、监督责任制，组织结构和内部控制体系。管理体制手段主要在于明确决策人员的决策责任、执行人员的执行责任和监督人员的监督责任。有效的组织结构和内部控制体系包括按工作特征和各项要求合理地设置工作岗位，明确工作任务，赋予各个岗位相应的权力，完善相互配合、监督、制衡的内部控制制度。约束措施通常表现为经济主体在日常交易中所要签订的、具有法律效力的合同或者协议，通过合同或协议的形式来规定交易双方各自的权利和义务，防止各种纠纷以及信用风险的产生。具体管理手段则是在管理体制统领下的管理措施的细化，是具体业务开展过程中的程式约束与规定，含有实务规程操作的意义。

宏观金融风险管理手段包括健全维护市场稳健运行的法规体系、制定合理的政策、监督和约束市场行为、提供市场保护机制等。（1）就法规体系而言，首先是关于经济主体经营范围的法规，如商业银行法、公司法等，主要对从事经济金融交易的各类主体的性质、地位、职能和业务等进行界定。其次是关于市场运行的法规，如票据法、合同法、担保法，以及相关的收费标准等，这些为各种金融活动的开展提供了依据、标准和规则。最后是关于经济主体内部的某些规定和指导原则，如企业会计准则、金融机构内部控制指导原则等，这些使经济主体的经营管理得以强化，经营透明度得以提高，内部的经营风险得以有效控制。（2）制定合理的政策以避免政策失误引发风险。金融风险有时产生于不合理的政策，例如，对商业银行信贷资金的配额限制，规定借贷利率浮动幅度等。政策必须适应市场规则，消除或减轻对市场的冲击。（3）监督和约束市场行为是宏观金融风险管理的重要方面。监管部门对市场行为进行监督和约束时，主要是对各经济主体的合规、稳健经营进行考察，防止不合格以及出现严重经营问题的机构对市场造成危害。（4）货币当局要提供必要的市场保护机制。例如：充当“最后贷款人”的角色，保证商业银行的日常偿付能力；建立存款保险制度，降低金融机构破产引发的社会不稳定；处理好各种金融问题，降低金融体系的风险。

二、金融风险的识别与度量

（一）金融风险的识别

金融风险的识别是指经济主体对所面临的各种金融风险进行系统的、连续的甄别和归类，对金融风险的诱因进行判别，从而为做出金融风险防范决策提供依据。金融风险的种类有很多，造成金融风险的因素又各有不同的特征，因此，在识别金融风险时，就要求及时、准确，防止金融风险造成重大损失。金融风险的识别是一项系统性工程，涉及多种不同的业务。因此，在对金融风险进行识别时，必须既全面、深入，又综合考虑影响风险的多种因素，进行全面综合分析。金融风险的识别途径主要有两个：一是经济主体借助外部力量，利用外界的风险信息和资料来识别；二是经济主体依靠自身力量、内部信息及数据来识别。

（二）金融风险的度量

金融风险的度量是指对风险存在及发生的可能性、风险损失的范围与程度进行估计和衡量，基本内容为运用概率统计方法对风险发生及其后果加以估计，得出一个比较准确的概率水平，为风险管理奠定可靠的数学基础。风险度量的具体内容包括确定风险事件在一定时间内发生的概率，估计可能造成的损失；根据风险事件发生的概率及损失的严重程度估计总体损失的大小；依据上述估计，预测这些风险事件的发生次数及后果，为决策提供依据。风险度量包括风险分析与风险评估两部分。

风险分析的具体方法主要有以下三种：（1）风险逻辑法。该方法是从最直接的风险开始，层层深入地分析导致风险产生的原因和条件。（2）指标体系法。该方法是指财务报表中科目之间的比率、国民经济增长指标、资金流动指标等都以图表形式，把需要分析的内容、指标的计算和含义集中表达出来。（3）风险清单法。该方法是指尽可能全面地列出金融机构所有的资产和负债、所处环境、每一项资产或负债的有关风险，找出导致风险发生的所有潜在因素及其风险程度。

风险评估的内容包括两个方面：给出风险发生的概率和预测风险结果。发生概率分析有主观概率法、时间序列分析法、累积频率分析法三种。主观概率法是指对既无确定性规律又无统计性规律的风险，由专家或管理者根据主观判断来分析和估计概率；时间序列分析法是利用风险环境变动的规律性和趋势性来估计未来风险因素的最可能范围和相应概率，利用移动平均法、回归法等都能对有规律的波动或者趋势性变动进行预测；累积频率分析法是利用大数法则，通过对原始资料的分析，依次画出风险发生的直方图来估计累积频率分布。

对金融风险的管理，不仅是要认识、度量已经存在的金融风险，并对这些风险进行防范和监控，更重要的是预测风险。这要求管理者能够在特定的环境下分析各类要素，运用一定的分析方法预测未来的风险，做到防患于未然。

三、金融危机理论的发展

（一）货币危机理论

货币危机理论是金融危机理论中最成熟的理论，已经发展出四代货币危机理论。第一代货币危机理论以克鲁格曼（Krugman，1979）[①] 为代表，该理论认为货币危机的根源在于内部经济均衡和外部经济均衡的冲突，如果一国外汇储备不足，财政赤字持续货币化会导致固定汇率制度的崩溃并最终引发货币危机。第二代货币危机理论以奥伯斯法尔德（Obstfeld，1994）为代表[②]。该理论认为，多重目标导致多重均衡，政府既有维持汇率稳定的动机，又有放弃稳定汇率的动机。在外汇市场上，中央银行和投资者根据对方的行为和掌握的信息，不断修正自己的行为选择。这种修正又影响对方的下一次修正，形成一种

---

① Krugman, P. (1979), "A Model of Balance-of-Payments Crises," *Journal of Money, Credit and Banking*, 11 (3), 311-325.

② Obstfeld, M. (1994), "*The Logic of Currency Crises*," NBER Working Paper, No. 4640.

自我实现。当公众的预期和信心的偏差不断累积从而使得维持汇率稳定的成本大于放弃稳定汇率的收益时，中央银行就会选择放弃，货币危机就会发生。第三代货币危机理论[①]强调，在发展中国家，由于政府对企业和金融机构的隐性担保，以及政府同这些企业、机构的裙带关系，道德风险普遍存在，表现为经济发展过程中的投资膨胀和不谨慎，大量资金流向股票和房地产市场，形成了金融过度（financial excess），导致了经济泡沫。当泡沫破裂、资本外逃时，货币危机必然爆发。第四代货币危机理论[②]认为，本国企业部门的外债水平越高，资产负债表效应越大，出现危机的可能性就越大。企业持有大量外债会导致外国债权人对债务国经济产生悲观预期，会减少对债务国企业的贷款，使债务国货币贬值，进而使企业的价值下降，全社会投资规模萎缩，经济陷入萧条。第四代货币危机理论尚不成熟，有待进一步完善。

（二）银行危机理论

银行危机理论主要从货币政策、银行体系功能、存款人心理和道德风险角度阐释危机爆发的原因。弗里德曼的货币政策失误理论[③]认为，造成金融体系具有内在脆弱性的原因是货币政策的失误和过多的货币供给，正是货币政策的失误导致了金融风险的产生和积累，微小的和个别的金融问题可能演变为剧烈的金融动荡，进而演变成金融机构相继破产的银行危机。托宾（Tobin，1982）的银行体系关键论[④]认为，银行在金融危机中起着关键作用。在企业过度负债的状态下，如果银行能提供贷款，就可以避免债务-通货紧缩过程。但在经济、金融扩张中过度负债积累起来的风险增大，银行可能遭受企业违约导致的损失，甚至破产。为了控制风险，银行必然减少贷款，致使企业投资减少，直接影响经济发展。为偿还债务，企业被迫出售资产，造成资产价格下降，不足以偿还债务，银行危机发生。戴蒙德和迪布维格（Diamond & Dybvig，1983）提出了银行挤兑理论（D-D模型）[⑤]。其基本思想是：银行的重要功能是将存款人的非流动性资产转化为流动性资产，以短贷长，实现资产增值。在正常情况下，依据大数法则，所有存款人不会在同一时间取款。但是当经济中发生某些突发事件（如银行破产或经济丑闻）时，就会发生银行挤兑，导致银行危机。麦金农（McKinnon，1997）认为[⑥]，一方面，存款保险制度的存在，以及对政府和金融监管部门在关键时候扮演“最后贷款人”角色的预期，会使银行产生道德风险，进行具有更高风险的投资，增加存款人受损的可能性；另一方面，存款人没有对银行实施监督的积极性，埋下了银行危机的隐患。

（三）债务危机理论

债务危机理论主要从企业债务融资、经济周期与国家外债负担的关系角度解释危机的

---

① 代表性人物是麦金农和克鲁格曼。

② 代表性人物是克鲁格曼和阿洪。

③ 弗里德曼，施瓦茨. 美国货币史（1867—1960）. 北京：北京大学出版社，2009.

④ Tobin，J.（1982），“Money and Finance in the Macroeconomic Process”，*Journal of Money，Credit and Banking*，14（2），171-204.

⑤ Diamond，D. W.，and Dybvig，P. H.（1983），“Bank Runs，Deposit Insurance，and Liquidity，” *Journal of Political Economy*，91（3），401-419.

⑥ McKinnon，R. I.，and Pill，H.（1997），“Credible Economic Liberalizations and Overborrowing，” *The American Economic Review*，87（2），189-193.

成因。费雪（Fisher，1932）的“债务-通货紧缩”理论[①]认为，企业在经济上升时期为追逐利润“过度负债”，当经济陷入衰退时，盈利能力减弱，逐渐丧失偿债能力，引起连锁反应，导致货币紧缩，形成恶性循环，金融危机就此爆发。苏特（Suter，1989）从经济周期角度提出的综合性国家债务理论[②]认为：随着经济的繁荣，国际借贷规模扩张，来自资本充裕的发达国家的资本为追求更高回报流向资本不足的边缘国家，边缘国家的外债增多；债务的大量积累导致债务国的偿债负担加重，当经济周期进入低谷时，边缘国家赖以还债的初级产品出口收入下降导致其逐渐丧失偿债能力，最终爆发债务危机。

四、金融危机预警模型

金融危机预警模型从宏观层面对一国范围内金融危机的发生做出预测和发出警报，是建立在正确理解金融危机发生原因和形成过程的经济理论基础上的。金融危机预警模型基本上采用指标预测法，代表性模型有 KLR 货币危机预警模型、银行危机预测模型和 IMF 货币危机风险系数模型。[③]

（一）KLR 货币危机预警模型

卡明斯基、利佐多和莱因哈特（Kaminsky，Lizondo & Reinhart，1998）提出了信号指标模型（KLR 模型）[④]，它是通过一系列指标在货币危机前后的变动规律来预测货币危机发生的可能性。一个指标偏离均值的程度超过阈值（threshold level）时，则称发出了一个信号。指标具有预测危机的能力的时期被称为信号水平时期，定为 24 个月。一个信号若发出后 24 个月内发生了金融危机，则称为一个好信号；一个信号若发出后 24 个月内未发生危机，则称为一个坏信号或噪声。噪声-信号比率等于实际发出的坏信号比例除以实际发出的好信号比例。有预测力的指标包括实际汇率、出口增长率、股价、M2/国际储备、产出增长率、“过度”的 M1 余额、国际储备增长率、M2 乘数增长率、国内信贷增长率、实际利率、贸易条件增长率和实际利率差异共 12 个指标，只要每月计算出 12 个指标值，并将指标的走势与 12 条预警规则对照，就可以知道哪些指标处于预警状态，并依据处于预警状态的指标多寡来推断货币危机发生的概率。

（二）银行危机预测模型

德特拉贾凯和德米尔古克-肯特（Detragiache & Demirguc-Kunt，1997）的银行危机预测模型[⑤]构建的理论与 KLR 模型相同；样本选取与 KLR 模型相似；观察期与 KLR 模型不同，为危机爆发当月和前后 36 个月，共 73 个月；指标体系的选取也与 KLR 模型有

---

① Fisher，I.（1933），“The Debt-Deflation Theory of Great Depressions，” *Econometrica*，1（4），337－357.

② Suter，C.（1989），“Long Waves in the International Financial System：Debt-Default Cycles of Sovereign Borrowers，” *Review*（*Fernand Braudel Center*），12（1），1－49.

③ 还有弗兰克尔（Frankel）和罗斯的概率单位模型（probit model）、萨克斯（Sachs）等人的横截面回归方法（STV 方法）以及刘遵义的主观概率法。

④ Kaminsky，G.，Lizondo，S.，and Reinhart，C. M.（1998），“Leading Indicators of Currency Crises，” *Staff Papers*，45（1），1－48.

⑤ Enrica Detragiache，M. E.，and Demirguc-Kunt，A.（1997），“The Determinants of Banking Crises：Evidence from Developing and Developed Countries，” IMF Working Paper，106.

所区别，主要是对银行业有较大影响的指标，包括 GDP、投资/GDP、财政收支差额、年通货膨胀率、M2/M1 等 12 个指标；指标数据处理方法与 KLR 模型相同。

（三）IMF 货币危机风险系数模型

IMF 货币危机风险系数模型是 IMF 于 1998 年依据亚洲金融危机研究开发的，主要用于预测新兴市场国家的货币危机。模型指标选取少，计算方法简单，可操作性较强。样本国只选取了泰国、马来西亚、印度尼西亚、菲律宾、新加坡和韩国六国，指标选取了本币实际利率、信贷总额、M2/外汇储备三个，观察期为 1993 年 1 月至 1997 年 11 月。按此模型，某国特定时期（第 t 期）的风险系数计算方法为：首先计算三个指标在观察期内的平均值、方差和方差加权平均数（权数由这三个指标在同一时期的标准差倒数比决定）。方差加权平均数即为该国在第 t 期的风险系数，其上升和下降体现了金融风险程度的上升和下降。一旦突破对比平均期风险系数设定的阈值，就可以认为发出了金融危机预警信号。该模型预测的准确性高，具有较强的实际应用价值。

五、金融危机管理政策

金融危机管理的任务是及时察觉金融危机的苗头，及早采取措施防止金融危机的发生，而一旦发生危机，就要采取适当的对策，最大限度地减轻金融和经济震荡的强度，避免导致危机的各种矛盾进一步激化，把危机造成的损害控制在最低限度。金融危机管理政策包括汇率政策、货币政策、财政政策、资本管制政策和重组政策等。

（一）金融危机管理中的汇率政策

在金融危机管理中汇率政策要处理的问题是，在危机可能发生的迹象露出端倪时如何防止汇率急剧下跌，在危机已经爆发后，如何阻止汇率的惯性下跌。不同汇率制度之间尽管存在不可忽视的区别，但在导致危机的基本因素已经酿成的情况下，企图通过改变汇率制度来摆脱危机可能会适得其反。在汇率开始受到冲击时，央行入市投放外汇以稳定货币市场是通常的做法，这种做法实际上意味着被动应战。从拉美和亚洲国家在危机期间的经历来看，这种挽救汇率的努力往往以失败告终。要获得成功，必要条件是国际社会的支持。如墨西哥，因为同美国关系密切，在危机来临时得到了美国的资金支持，这对其较快走出危机起到了重要作用。对大国或较强的国家而言，拥有与其经济规模相适应的外汇储备使它们在与国际投机资本的较量中有更大的回旋余地，但是这种干预的真正作用也许仅在于为消除或缓解导致危机的矛盾、转变投资者的不良预期争取时间。1992 年英镑危机就是实力较强的发达国家央行的汇市干预未能摆脱危机的典型案例。因此，通过汇市干预直接支持汇率的政策事实上已经无力扭转汇率持续大幅下跌的走势，还需依赖货币政策、财政政策的配合，以及债务重组、银行重组与国际社会的支持。

（二）金融危机管理中的货币政策

金融危机管理中的货币政策主要是利率政策。利率是影响汇率的重要经济变量，其他因素不变，当汇率趋于下降时，通过提高利率来抵消汇率下降预期对资本预期收益率的影响，可以起到抑制资本流出和稳定汇率的作用。拉美国家 20 世纪 90 年代中期金融危机发生时，提高利率就曾作为稳定汇率的一项重要措施，对较快止住汇率的下跌发挥了积极作用。但是，利率的提高虽然会对汇率产生正面的直接影响，但也会对外部均衡产生负面的间接影响，因为利率的大幅升高将强化信贷紧缩，大大提高企业的破产概率和违约风险，导致资本流出加剧。提高利率产生的间接负作用可能超过其直接的正作用，对汇率下降而言是雪上加霜，亚洲金融危机发生时的情况正是如此。在货币危机时期，利率政策面临两难选择，提高利率固然有利于吸引逐利资本，然而却会给已陷于衰退的经济以更加沉重的打击，进一步瓦解汇率稳定的基础；降低利率本身是刺激经济复苏的手段，然而利率的降低会直接推动资本更大规模外逃，不仅会加速汇率的下跌，而且会使实体经济受到更严重的伤害。因此，在货币危机发生后，货币政策并不是摆脱危机的理想路径。

（三）金融危机管理中的财政政策

金融危机管理中的财政政策有两种截然相反的选择：一是实行紧缩性财政政策，压缩预算支出，提高税收，借以降低财政赤字和经常项目赤字，控制通货膨胀，扭转国际收支的失衡。二是实施扩张性财政政策，提高预算支出，扩大基础设施建设和公共投资，增加失业补贴等社会保障支出，通过乘数效应带动私人投资和消费；同时降低税收，以刺激内需，并通过财政的贴息和扶持，推动出口的扩大等。政策选择取决于不同的初始条件，如果危机发生前已出现大规模财政赤字，而且财政政策过度扩张导致经济过热、通货膨胀和国际收支逆差以致汇率下降，那么，实行紧缩性财政政策对金融危机而言是釜底抽薪的治本之策。拉美国家在 20 世纪 80 年代和 90 年代的情况便是如此。相反，如果危机发生前并无严重的财政赤字，而是财政收支大体平衡，甚至略有盈余，实行紧缩性财政政策则不利于经济恢复。1997 年后亚洲国家的情况就是如此。政策选择还取决于危机的进程，当危机还在酝酿中且经济处于过热状态时，紧缩财政有助于阻止危机爆发或降低将爆发的危机的强度。而当金融危机已经发生并迅速冲击实体经济，使其陷入衰退，促进经济复苏成为稳定汇率、货币的重要条件时，实行适当的财政扩张是摆脱危机的必要选择。

专栏 14－6　美国政府应对次贷危机的财政与货币政策

自 2007 年美国次贷危机爆发以来，美联储、财政部等部门相继采取了令人眼花缭乱的应对措施，包括传统的政策手段、创新的流动性管理工具、经济刺激方案、金融监管体系改革、《住房和经济恢复法案》的出台等。2007 年 8 月联邦住房管理局（FHA）推出再贷款计划（FHA Secure Program），为陷入困境的房主提供由 FHA 担保的融资。10 月重组了由贷款公司、投资者等参与的希望联盟（HOPE NOW Alliance），寻求通过各方协调、条款修正等方式增加抵押贷款融资。美联储使用传统的货币政策工具以及相应的政策手段对金融市场进行了全面的干预。（1）频繁使用公开市场操作，注入和收回流动性。除通常采用的隔夜回购交易外，根据需要还多次使用 14 日回购交易等满足市场的持续流动性需求。（2）降低联邦基金利率和贴现率。（3）在 2007 年 12 月之后，相继推出了期限拍卖便利（TAF）、一级交易商信贷便利（PDCF）、定期证券借贷便利（TSLF）三种新型流动性管理工具。（4）2007 年 12 月，美国财政部牵头提出了市场救助计划。（5）2008 年 2 月美国政府联合美国银行、花旗银行、摩根大通等 6 家机构推出了"生命线工程"(Project Lifeline)。(6) 2008 年 7 月，美国财政部紧急宣布对"两房"的救助计划，包括提高房利美和房地美的信用额度、买进两家机构的股票以及改进监管等内容。(7) 2008 年 9 月，美国财政部长保尔森宣布接管美国两大房屋贷款融资机构房利美和房地美，并由新创建的联邦住房金融署负责管理这两家机构。

(四) 金融危机管理中的资本管制政策

在危机已经发生的情况下，运用利率政策面临的两难选择严重制约该政策的有效性。在其他手段都不能阻止危机深化的情况下，控制资本流出便成为不得已而为之的政策选择。马来西亚在应对亚洲金融危机期间采取资本管制政策取得了良好的效果。当然，资本流动控制取得成功需要具备一定的条件，包括：外汇与资本流动控制政策透明，合理的外汇需求能够得到满足，央行拥有相当数量的外汇储备；对经常项目和资本项目、短期资本流动和长期资本流动区别对待，把政策目标明确地界定在控制短期资本流动上；明确规定政策的时限，让投资者和公众理解推行这种政策的出发点；央行要关注市场对政策的反应，根据市场反应和情况变化适时对控制措施进行灵活调整。

(五) 金融危机管理中的重组政策

金融危机中的债务重组政策是缓解危机的重要手段。缓解流动性短缺要求进行债务重组和提供新的融资。债务重组通过多方债权人和债务人集中谈判实现，经过谈判达成延长还款时间、提供必要的滚动贷款的协议。通过债务重组缓解流动性短缺，有助于经济复苏和债务人恢复偿付能力，保障债务的偿还，实现债权人、债务人的共赢。

金融危机管理中的银行重组政策包括补充商业银行资本，清理不良资产。国家应向面临破产威胁的银行注入公共资金，以形成正的资产净值。要对银行的不良资产进行清理，设立国有的或私人的资产管理公司，由它们进行银行不良资产的收购，使银行的呆滞资产变为可运作资金。有些银行还需要暂时改变其所有权，转变为公共机构所有，以维持生存，待情况有所好转后再邀请国内外投资者出资，转变为私人经营，在美国次贷危机期间，"两房"被国有化就是一例。与此同时，要运用公共资金建立银行存款保险，IMF 提供的贷款可作为建立存款保险所需的基本资金，以恢复公众对银行的信心。

本章小结

金融机构的特殊性决定了其会面临信用风险、利率风险、流动性风险等多种风险，金融市场运行中价格的波动性增加了金融的脆弱性，衍生品交易的高杠杆性放大了金融风险。企业财务结构决定企业财务风险的大小，商品价值实现矛盾是企业财务风险的根源，普遍的企业财务风险可能演变为金融机构的信用风险，甚至转化为系统性金融风险。宏观经济政策失误同样会加剧社会总产品价值实现的矛盾，成为宏观金融风险产生的原因。金融风险理论从经济主体、市场、信息、宏观政策等角度阐释风险形成机制。系统性金融风险转化为金融危机是金融系统均衡被打破的结果，历史上的金融危机揭示出金融市场过度投机、金融创新过度、金融自由化过快的危害。金融风险管理要从微观和宏观两个角度控制和消除金融风险的不利影响，对金融风险进行有效的识别和度量。

金融危机理论结合货币危机、银行危机和债务危机实际向前发展。金融危机预警模型在实践中不断改进和发展，提高了预测危机的效果。金融危机管理要依靠国际合作，综合运用汇率政策、货币政策、财政政策、资本管制政策和重组政策等，方能取得比较好的效果。

问题与应用

1. 包商银行事件反映出我国中小银行在发展过程中会面临哪些风险？应该如何突围？
2. 金融脆弱性是如何产生的？它与金融风险有何联系？
3. 局部金融风险如何扩展为系统性金融风险？系统性金融风险如何转化为金融危机？
4. 金融风险管理与金融危机管理的内容有何差别？
5. 宏观经济政策对金融风险的形成有何影响？管理金融危机应采用哪些政策？
6. 结合有关资料梳理金融危机理论的发展脉络，分析对中国的启示。
7. 美联储与美国财政部为应对次贷危机冲击采取了一系列政策，评价这些政策的实施是否得当，对缓解危机是否有效。
8. 金融科技快速发展将对金融风险产生何种影响？
9. 我国利率市场化改革对企业、金融机构、居民部门会产生怎样的影响？不同经济主体管理利率风险的策略有何差异？
10. 结合地方政府融资平台状况分析我国财政风险与金融风险的关系。

推荐阅读材料、网站

[1] 中国人民银行发布的《中国金融稳定报告》，见 http://www.pbc.gov.cn。

[2] 国际货币基金组织发布的《全球金融稳定报告》，见 http://www.imf.org。

[3] 国际清算银行，http://www.bis.org。

[4] 欧洲中央银行，http://www.ecb.int。

[5] 美联储，http://www.federalreserve.gov。

参考文献

[1] 弗雷克萨斯，莱文，佩德罗.系统性风险、危机与宏观审慎监管.北京：中国金融出版社，2017.

[2] 弗里德曼，施瓦茨.美国货币史（1867—1960).北京：北京大学出版社，2009.

[3] 高伟.国际金融危机40年解析.北京：中国发展出版社，2018.

[4] 廖君沛，等.宏观与开放视角下的金融风险.北京：高等教育出版社，2009.

[5] 米廖雷利，德赛尔蒂纳.可持续发展与金融风险：气候变化、环境恶化和社会不平等对金融市场的影响.北京：中国金融出版社，2022.

[6] 米什金.货币金融学：第十二版.北京：中国人民大学出版社，2021.

[7] 明斯基.稳定不稳定的经济：一种金融不稳定视角.北京：清华大学出版社，2010.

［8］桑德斯，科尼特. 金融风险管理：第 5 版. 北京：人民邮电出版社，2012.
［9］托马斯. 金融危机和美联储政策. 北京：中国金融出版社，2012.
［10］汪大海，等. 世界 14 次重大金融危机透视. 北京：中国传媒大学出版社，2011.
［11］王道平，范小云，方意. 中国系统性金融风险：测度与宏观审慎监管. 北京：经济管理出版社，2017.
［12］辛乔利. 影子银行：揭秘一个鲜为人知的金融黑洞. 北京：中国经济出版社，2010.
［13］张金清. 金融风险管理. 2 版. 上海：复旦大学出版社，2011.
［14］中国人民银行西安分行. 结构变革与金融危机. 北京：经济科学出版社，2009.
［15］朱淑珍，李成龙，吉余峰. 金融风险管理：第 4 版. 北京：北京大学出版社，2020.

第十五章

金融监管

学习目标

1. 理解金融监管理论和金融监管成本及管制边界，通过对不同金融监管模式及其监管效力的比较，对各国的金融监管模式做出评价。

2. 重点学习《巴塞尔协议Ⅲ》新规，通过与《巴塞尔协议Ⅰ》及《巴塞尔协议Ⅱ》的比较，掌握国际通用的银行业监管规则。

3. 了解我国的金融监管体系，结合国际经验，对我国的金融监管改革与发展进行思考。

第一节　金融监管的一般理论

伴随着金融业的发展，金融监管理论也迅速发展，且内容在不断丰富。当前，金融监管理论涉及的领域越来越广，几乎涵盖了经济学、管理学和社会学等学科，如制度经济学、信息经济学、控制论、博弈论、系统论、宏观经济学、微观经济学等，一些分支理论，如证券监管理论、银行监管理论也在迅速发展，并在实践中发挥着越来越重要的作用。

一、金融监管的理论依据

（一）金融监管理论与政府管制理论

尽管金融监管本身并不等同于一般性的政府管制，但是金融监管理论得到了政府管制理论的强力支持。金融监管理论是在政府管制理论的基础上，结合对金融业特殊性的分析发展和完善起来的。在金融市场中存在着信息不对称性和不完全竞争，金融业处于市场经济的中心环节，面临着比一般行业更大的风险。从某种意义上说，金融体系的稳定可以看作一种“公共产品”，这也就成为政府进行监管的依据。金融监管也可以理解为政府为弥补市场机制内在缺陷而进行的一种制度安排。

1. 政府管制理论的类型

政府管制理论有社会利益论、管制的俘获论、管制的供求论以及管制的寻租论等。

（1）社会利益论。

社会利益论是影响金融监管理论的一种理论。该理论认为自由竞争和市场机制不能实现资源的最优配置，甚至会造成资源的浪费和损失。市场经济的缺陷要求代表社会利益的政府在一定程度上介入经济生活，通过管制来纠正或消除市场的缺陷。20 世纪 30 年代美国经济危机之后，人们对存款机构和货币失去了信心，要求政府通过金融监管恢复金融稳定，提高金融效率，因此，社会利益论应运而生。

该理论认为，现代社会并不存在纯粹的市场经济。自由竞争的市场机制不仅不能完全保证资源的最优配置，有时还会造成资源的浪费和社会福利的损失。按照经济学的一般原理，当某一经济主体的经济活动存在某种外部性时，其所追求的利益目标就有可能与社会利益发生冲突。这就需要代表社会利益的国家对其活动进行必要的干预，使其行为尽量符合社会利益。

历史经验表明，单个金融机构的行为往往存在一定的负外部性。例如，在其他条件不变的情况下，一家银行可以通过扩大资产与资本之比来增强盈利能力。这会增加风险，但由于并非由该银行承担全部的风险，而是由整个金融体系乃至整个社会经济体系来承担，这就会使该银行具有足够的动力通过增加风险来提高盈利水平。如果不对其实施监管和必要的限制，社会利益就有很大可能受到损害。同时，金融体系的公共产品特性还使其具有明显的正外部性。这就决定了要么在政府主导下构建金融体系，要么以私人部门为基础构建金融体系，但政府要通过限制过度竞争的制度安排给予私人部门适当的保护。在当前市场经济国家由私人部门构建金融体系的情况下，包含市场准入限制的金融监管就可以起到限制金融业过度竞争和在私人部门形成一定的监管利益，从而达到对金融业进行间接补贴、稳定金融体系的作用。①

（2）管制的俘获论。

与社会利益论相比，管制的俘获论认为管制与公共利益无关，管制机构不过是被管制者的猎物或俘虏而已。对管制的俘获论有不同的解释。

一种最简单的解释基于一个三段推论：①大企业或大资本家控制资本主义制度；②管制是资本主义制度的一部分；③所以，大企业或大资本家必然控制管制。

另一种有影响力的解释认为，管制措施在实施之初可能是有效的，但随着时间的推移，当被管制的行业“变得对立法和行政程序极其熟悉时”，情况就变了，管制机构会逐渐被它所管制的行业控制和主导，被后者利用来提高自己的收入。因此，一般来说，“管制机构的生命循环始于有力地保护消费者，而止于僵化地保护生产者”。

① 黄达，张杰. 金融学. 5 版. 北京：中国人民大学出版社，2020：731.

对于第二种解释，经济学家波斯纳认为它缺乏理论基础，充其量只是一种假说。他认为第二种解释的基本点虽然也在“俘获”二字上，但实际上并未与社会利益论划清界限。这种解释所描述的管制过程可能更像是被管制者与管制机构之间的谈判或讨价还价，而不是谁俘获谁。波斯纳认为没有理由说被管制者是唯一可以影响管制机构的利益集体，也没有理由说一个行业只能俘获现有的机构，而不能设法创造一家管制机构来增进自己的利益。

如果说社会利益论的主要不足是没有给出一种将公共利益转化为立法行动的机制，那么，管制的俘获论虽然试图找到这种机制，但却不够准确和清晰。

（3）管制的供求论。

西方经济学家认为，经济管制可以看作一种产品，因为政府的强制力量可给特定的个人或集体带来收益，所以，管制可以看作是由政府供给、为特定个人与集体所需的产品，它同样受供求规律的支配，现行的管制安排是供求两种力量相互作用的结果。

被认为是“管制经济学”创始人的诺贝尔经济学奖得主斯蒂格勒最早将公共选择理论用于研究政府管制。

在需求方面，斯蒂格勒讨论了影响政府管制需求的主要因素，即管制可以提供多种收益，包括直接的货币补贴、控制新的竞争者进入、干预替代品和补充品的生产、实行固定价格等。金融领域的例子有对市场准入的管制、对业务活动的限制、对利率上下限的规定等。

在供给方面，斯蒂格勒指出，政府部门提供一种管制产品时并非如社会利益论所认为的那样是毫无成本、毫不犹豫地按照社会利益来提供。在民主政治的决策过程中，“谋求政治权力的产业必须寻找合适的‘卖主’，那就是政党”。政党在决定是否支持某项管制行动时要考虑这一行动是否有助于自己当选或再当选。因此，需要管制产品的产业必须有政党需要的两种东西：选票和资源。资源包括竞选经费、筹集经费的服务以及比较间接的方式，比如为政党雇用工作人员，通过一些开支很大的项目来训练、说服该产业和其他有关产业的人员，使支持票增加、反对票减少。

最后究竟是否采取某种管制政策，管制的范围有多大、程度有多深，取决于需求与供给两方面的互动。由于有着最高有效需求的集团往往是生产者集团，因此人们认为斯蒂格勒在一定程度上也持有管制的俘获观：他认为管制政策通常是由需求者自己争取来的，它的设计和实施主要是为受管制产业的利益服务的。

（4）管制的寻租论。

这里的寻租是指寻求政府干预以谋求私利的行为。一般来说，只要政府对资源的配置存在影响，对私人部门而言，就相当于有租可寻，就会产生对政府管制的需求。相应地，政府在面对这种需求时就成了供给一方。在早期寻租理论中，政府还可能出于公共利益考虑提供哪些以及提供多少管制商品。后来有学者指出，政府往往乐于人为地创租、设租，主动地提供管制商品。早期寻租理论的基本结论是，管制更可能使生产者而不是消费者获益，这一结论应该说与俘获理论相同，但寻租理论更多地考虑消费者群体在寻租活动中的力量，亦即寻求阻止政府授予厂商垄断权，不让厂商将本属于消费者的福利拿走。但无论是消费者还是生产者，寻租行为本身都没有任何创造性，只是消耗社会资源。因此，寻租活动越猖獗，社会付出的代价也就越大。

考虑这一新的理论背景，虽然管制的寻租论实际上与斯蒂格勒一派有相同的出发点和结论，即都从供求分析入手，结论也都有两种可能性，并且从倾向性上看，两者都倾向于认为生产者能够更有力地左右政策的制定，但是之所以没有将管制的寻租论列于管制的供求论这一大标题下，主要是由于寻租理论更侧重于揭示这一过程所产生的社会成本，或者说更加强调在供求作用过程中必然发生的社会效率损失，即寻租成本。

2. 管制失灵及对策

前面介绍的对管制的后三种理论解释，可以看作是对社会利益论的平衡，它们是管制失灵理论。如果从公共部门一般理论的角度来看，它们也可以说是政府失灵理论。正如市场失灵的一般理论有助于理解金融市场的失灵一样，政府失灵的一般理论同样有助于理解金融监管的失灵。

与市场失灵的主要表现相对应，政府活动的内在特点决定了政府也可能出现种种失灵。其一，政府活动有可能引起新的外部效应，即可能产生预料之内和预料之外两种副作用。其二，政府活动本身具有某种内部性，这很可能导致过分回避风险。所谓内部性是指政府活动的目标并不是或并不仅仅是公共利益的最大化，政府各部门都有自己的组织目标。其三，政府部门同样面临信息不对称问题。其四，政府活动是不完全竞争的，政府部门之间乃至不同官僚之间，在很大程度上其职能是不可相互替代的，这意味着政府提供的公共服务往往是垄断性的，斯蒂格利茨称之为真正的自然垄断。

政府失灵的主要表现加上前面提到的几种管制经济理论，已经足以使我们提出一个严肃的问题，那就是，既然政府管制可能不尽如人意，那就有必要对监管部门进行监管，既要防止管制过度，又要防止管制松懈。①

专栏 15-1　　管制失灵的一个例子

20 世纪 30 年代美国经济处于大萧条时期，美国政府建立了在“命令与控制”理念基础上的一套管制制度。随着战后经济的高速增长、产业结构的升级和管制的僵化，市场与管制之间发生了冲突。当时的管制机构同时拥有半立法权力、半行政权力和半司法权力，这种“三位一体”的管制模式导致管制机构膨胀和管制过于泛滥；到 20 世纪 70 年代，美国联邦管制机构平均每年发布规章 7 000 多项，管制成本平均每年为 6 400 多亿美元，造成了市场扭曲和低效率。除此之外，寻租和腐败现象也非常猖獗。

（二）金融监管的其他理论依据

1. 金融风险论

该理论主要从关注金融风险的角度论述了对金融业实施监管的必要性。

首先，金融业是一个特殊的高风险行业。与一般行业不同，金融业高负债率的特点表明金融业的资金主要来源于外部，而且金融机构为获取更高收益而盲目扩充资产的冲动，

① 郭田勇. 金融监管学. 4 版. 北京：中国金融出版社，2020：51-55.

加剧了金融业的高风险性和内在不稳定性。

其次，金融业具有发生支付危机的连锁效应。在市场经济条件下，各种金融工具的存在以信用为纽带，社会各阶层以及国民经济各部门通过债权债务关系紧密联系在一起，因此，对于作为整个国民经济中枢的金融体系而言，其中任一环节出问题都会引起牵一发而动全身的后果。

最后，金融体系的风险直接影响货币制度和宏观经济的稳定。

金融风险的内在特性决定了必须有一个权威机构来对金融业实施适当的监管，以确保整个金融体系的安全与稳定。

2. 投资者利益保护论

在完全竞争的市场中，价格可以反映所有的信息，但是在现实中存在大量的信息不对称情形。

信息不对称会导致交易的不公平。在信息不对称或信息不完全的情况下，拥有信息优势的一方可能利用这一优势来损害信息劣势方的利益。如证券机构员工和外部投资者相比具有明显的信息优势，特别是他们会比一般的投资者掌握更充分的市场动态信息。同样，对于银行和保险公司的经营管理者来说，他们对自己所在金融机构的风险会比存款人和投保人更加了解，他们很可能会利用这一信息优势为自己谋取利益，而将风险或损失转嫁给存款人和投保人。

保护投资者的利益对整个金融体系的健康发展至关重要，这是显而易见的。这就提出了以下监管要求，即有必要对信息优势方（主要是金融机构）的行为加以规范和约束，以为投资者创造公平、公正的投资环境。①

二、金融监管成本和管制边界

经济学的基本原则之一提醒我们必须考虑资源约束，即必须认识到实施监管也是需要消耗资源的。这首先存在一种可能性：实施监管可能是不合算的，即在实施监管的过程中所耗费的资源成本可能大于实现监管目标后的收益，或者运用机会成本的概念，所耗费的资源原本有更大的、更合算的用处，能够带来更大的收益。由于存在这种可能性，在追求理想的监管目标时就必须考虑成本因素。

一般而言，金融监管成本可以分为两大类：一是直接的资源成本，包括在监管过程中所耗费的资源与被监管者因遵守要求而耗费的资源；二是间接的效率损失，主要指被监管者改变原来的行为方式所造成的福利损失。

（一）直接的资源成本

直接的资源成本可分为由政府负担的成本和由被监管者负担的成本两部分，前者可以被称为行政成本，后者可以被称为奉行成本。政府设立监管部门来专门负责制定和实施有关条例和细则，这一过程需要耗费人力、物力，即行政成本；而从被监管者一方来看，需要付出的奉行成本包括很多方面，如为按照规定保存记录而雇用专人的费用，提供办公设

① 黄达，张杰. 金融学. 5版. 北京：中国人民大学出版社，2020：733.

施和材料等方面的费用，聘用专门律师的费用，以及按照规定缴纳的各种费用；等等。

被监管者承担的监管成本与行政成本大不一样，在此提出两点：第一，让被监管者承担一定数量的成本正是金融监管借以实现监管目标的主要手段之一；第二，被监管者有可能通过提高金融服务价格将自己承担的成本转嫁给客户。监管部门在制定和实施监管规定时，有必要对这些情况予以考虑，以保证监管效果。

在20世纪70年代的美国，各类监管机构的运行成本一直在上升。在1971—1979财政年度，按1970年不变美元价格计算，美国57个监管机构的行政费用增长了1.5倍左右，由1971年的12亿美元上升到1979年的30亿美元。其中，金融业监管机构的行政费用由1971年的1亿美元上升到1979年的3亿美元。[①] 为了满足1986年《金融服务法》的要求，英国金融机构至少多支出了1亿英镑，金融监管的奉行成本实际上是监管当局"强加"给金融机构的。

直接成本的一个主要特点是，被监管者的行为方式并未因监管的实施而改变，而是承担了这种新的外部施加的成本，无论是自己消化还是转嫁出去。除了直接成本，监管还会产生改变被监管者行为方式的效果，引发一些新的成本，这类成本可以被称为间接的效率损失。

（二）间接的效率损失

所谓间接的效率损失，是指这种成本不易观察到，它不表现在政府预算支出上，也不表现在被监管者的支出上，但是整个社会的福利水平由于监管的事实降低了。在税收经济学中经常用英国历史上曾一度课征的"窗户税"来解释这类效率损失，也可称之为超额负担。在课征这种税之后，人们纷纷将窗户封死以回避税收，结果是政府没有征到税，而个人的福利水平却下降了。这类因政府的某种行动而造成的公私双方的福利较采取行动前降低的水平可以被看作政府行动所导致的效率损失。

专栏 15-2　　英国的"窗户税"

英国的窗户税是1697年威廉三世在位期间，政府通过制定《解决削边钱币不足法案》而开征的税项，用意是希望通过税收来铸造充足的钱币。窗户税最初设立时共分两部分：第一部分是对每座楼宇统一收取固定的2先令税款；第二部分的税款则按楼宇窗户数目的多寡而定。按当初的规定，一座楼宇凡拥有10扇或以上窗户的，都要交第二部分的税款：拥有10～20扇窗户的楼宇要交4先令，多于20扇窗户的要交8先令。在1766年，政府修订了相关规定，拥有7扇或以上窗户的楼宇都要缴纳第二部分的税款，这个下限后来又于1825年上调为8扇窗户；而第一部分的楼宇固定税率后来亦于1778年改为浮动税率，并按物业的价值征税。

窗户税在1697年开征首年就为英国政府带来了120万英镑的收入。在1747—1808年，税率上调至少6次，后来于1823年下调。在1850年与1851年

① 克拉克森，米勒. 产业组织：理论、证据和公共政策. 上海：上海三联书店，1989：680-681。

之交的冬天期间，英国舆论强烈要求政府废除窗户税，最终促使政府在 1851 年 7 月 24 日正式废除了窗户税，取而代之的是房产税，对住人的房屋开征。

金融监管有可能通过以下途径导致效率损失：

第一，有可能存在经济学家所称的道德风险。比如，监管可能会导致私人部门改变行为，或者有意去冒更大的风险以谋求利益，或者是虽无意主动冒险却疏于防范，使损失发生的可能性增大。

第二，有可能削弱竞争，导致静态低效率。监管本身的特点就是限制金融机构的行动，从市场准入限制到进入以后的业务范围和收费标准规定等，都有可能人为地抑制金融机构之间的竞争。

第三，有可能妨碍金融中介的创新，导致动态低效率。一些规定可能在它们出台之际是合适的，比如可能是按照当时的最佳惯例制定实施的，但是金融领域的形势发展很可能会使得原有的最佳惯例不再是最佳的，这就需要顺应形势的最新发展改变相应过时的规定。

第四，监管过于严厉。过严的监管会促使金融机构考虑重新选址，以使自身的奉行成本最小化。

（三）管制边界

既然监管会引起种种成本，从经济学的基本原则出发，在追求金融监管理想目标时就不应无视这些成本，无论它们是明显的还是暗含的。如果成本过高，就意味着存在管制边界，若超过这一边界，即使在技术上可行也不应一味强求。当然，这并不意味着一定要放弃原有的理想目标，而是应该设法找到降低成本的方法。

判断成本合理性的原则性方法是进行成本-收益分析，找到加强金融监管带来的边际社会收益刚好等于它引致的边际社会成本的那一点，即管制边界。不过，在公共产品的问题上，难以评估公共产品的收益是它有别于私人产品的基本特点之一。一种替代性的决策思路是进行成本有效性分析，即在无法确定某公共项目具体收益的大小时，可以用目标的达成程度取而代之，并计算出它与所付出成本之比。如果能够同样有效地达成目标，那么成本较低的方案无疑要优于成本较高的方案。金融监管的社会效益是难以量化的，但总体上还是能够判断金融监管是不是成功，比如发生危机的金融机构的数目是否比以往减少，是否及时遏制了系统性风险，对金融机构的投诉是否比往年减少，等等。

第二节　金融监管模式及体制

一、金融监管模式的划分

（一）机构型监管和功能型监管

1. 机构型监管

机构型监管是指按照金融机构的类型设立监管机构，不同的监管机构分别管理不同的金融机构，某一类型金融机构的监管机构无权监管其他类型金融机构的金融活动。各监管机构的监管高度专业化，职能划分只根据金融机构的性质（银行、证券公司、保险公司），而不论金融机构从事何种（混合）业务。

2. 功能型监管

功能型监管是指依据金融体系的基本功能设计金融监管体制。即一类给定的金融活动由同一个监管者进行监管，而不论这类活动是由哪一类型金融机构开展的。功能型监管的概念主要来自有关金融体系的“功能观点”学说。该学说的创始人诺贝尔经济学奖得主默顿和博迪（1993）提出两个假设：金融功能比金融机构更稳定，金融功能优于组织结构。他们将金融体系的功能分为以下六种：（1）跨越时间和空间转移资源；（2）管理风险；（3）清算和支付结算；（4）归集资源和分割股份；（5）提供信息；（6）解决激励问题。基于这些功能，他们提出了功能型监管的设想。

（二）统一监管、分业监管和不完全统一监管

1. 统一监管

典型的统一监管是指不同的金融行业、金融机构和金融业务均由一个统一的监管机构负责监管。也就是说，由单一机构对银行业、证券业及保险业实施综合监管。监管主体可以是中央银行，也可以是其他机构。目前世界上大多数国家都采取这种模式，日本和韩国是典型代表。

2. 分业监管

分业监管就是对银行、证券和保险三个业务领域分别设立一个专职的监管机构，负责各行业的审慎监管和业务监管。实行分业监管较为典型的国家有德国、波兰等。目前我国也属于分业监管模式。

3. 不完全统一监管

这是随着金融业混业经营体制的发展，对完全统一监管和完全分业监管的一种改进型模式。这种模式可按监管机构不完全统一和监管目标不完全统一划分。具体形式有：

（1）牵头监管。这是指在实行分业监管的同时，随着金融业混业经营体制的发展，可能存在一些业务处于监管真空或相互交叉的情况，为此几个主要监管机构建立及时磋商协调机制来相互交换信息，为了防止监管机构之间发生冲突，指定某一监管机构为主或作为牵头者，负责协调工作。巴西实施的是较典型的牵头监管模式，其中国家货币委员会是牵头者，负责协调中央银行、证券和外汇管理委员会、私营保险监理署和补充养老金秘书局，分别对商业银行、证券公司和保险公司进行监管。

（2）“双峰式”监管。这是指根据监管目标设立两类监管机构：一类负责对所有的金融机构进行审慎监管，控制金融体系的系统性风险；另一类负责对不同金融业务的经营进行监管。澳大利亚是“双峰式”监管模式的典型。澳大利亚在历史上由中央银行负责银行业的审慎监管，从1998年开始不完全统一监管模式的改革，新成立的审慎监管局负责对所有金融机构进行审慎监管，证券投资委员会负责对证券业、银行业、保险业的业务经营进行监管。

（3）“伞式”＋功能监管。由“伞式”监管机构负责金融控股公司的综合监管，金融控股公司又按所经营业务的种类接受不同行业主要功能监管机构的监管。美国的就属于这种监管模式。

二、不同监管模式的监管效力比较

（一）机构型监管与功能型监管的监管效力比较

机构型监管由于关注单个机构的状况，因而特别适用于审慎监管；由于每家金融机构只由一家监管机构负责，因而还可以避免不必要的交叉监管。但是，随着金融业混业经营和各部门之间的界限日益模糊，其不足之处也显而易见：(1) 机构型监管无法解决各类金融机构之间的公平竞争问题。如果提供类似金融服务和产品的各金融机构受不同监管当局监管，那么它们所面临的监管程度及相关的服从成本就可能存在很大的差异，使某些特定的金融机构享有特殊的竞争优势。(2) 金融集团还可以利用其业务分散化、多样化的特点，进行“监管套利”活动，即将某项特定业务或产品安排到服从成本最低或受强制性监管最少的部门或子公司。(3) 由于每一家监管机构都要对监管对象所从事的众多业务进行监管，它们就必须针对每一类金融业务（银行、证券和保险业务）分别制定并实施监管规则，这实际上浪费了社会资源（Goodhart et al.，2013）。

默顿和博迪（1993）认为，基于功能观点的金融体系比基于机构观点的金融体系更便于政府的监管。这是因为：(1) 功能观点着重于预测在未来实现中介功能的机构的组织结构，有了这些预测，政府就能够针对机构的必然变化设计政策和监管方案，而不是试图保持现有的机构形式。这样的监管方案更具灵活性，更能适应不同国家的需要。(2) 交易技术的发展和交易成本的降低推动了金融市场的发展，模糊了不同金融机构提供的产品和服务的界限，降低了进入该行业的门槛。尽管金融产品种类繁多，但从功能的角度看却是同质的，并且在长时间内是相对稳定的。因此，从功能的角度从事监管法规的制定与执行会更有效。(3) 从功能的角度从事监管还降低了机构进行“监管套利”的可能性。(4) 从功能的角度从事监管有利于促进金融机构组织必要的变革。

（二）统一监管、分业监管和不完全统一监管的监管效力比较

统一监管的优势包括：(1) 成本优势。节约人力和技术投入，降低信息成本，提高监管质量，获得规模经济效益。(2) 改善监管环境。避免不同的金融机构面临不同的监管约束，避免重复监管，降低消费者的投诉成本和信息搜寻成本。(3) 适应性强。能迅速适应新的金融业务，避免监管真空，避免由金融创新带来的系统性风险。(4) 监管责任明确。缺点是缺乏监管竞争，容易导致官僚主义。

分业监管的优势包括：(1) 监管专业化。每家机构只负责相关事务，有利于细分每项监管工作，突出监管重点。(2) 存在监管竞争。不同监管机构之间存在竞争压力，在竞争中提高效率。缺点是各监管机构之间的协调性差，容易出现监管真空和重复监管，不可避免地产生摩擦，而且从整体上看，机构庞大，监管成本较高。

不完全统一监管在一定程度上兼具统一监管和分业监管的优势，并克服了两者的部分劣势。牵头监管的优势是监管目标明确，可通过监管合作提高监管效率，缺点是无法明确整个金融体系的风险由谁来控制。“双峰式”监管的优势是：第一，与分业监管相比，降低了监管机构之间相互协调的成本和难度，同时，在审慎监管和业务监管两个层面内部避免了监管真空和监管交叉；第二，与统一监管相比，在一定程度上保留了监管机构之间的

竞争和制约关系；第三，在不同领域保证了监管规则的一致性。

三、发达国家的金融监管模式及其变迁

（一）美国的金融监管模式

美国的金融监管体制大体经历了两个发展阶段。1999 年以前，美国对银行体系的监管主要依据 1933 年出台的《格拉斯-斯蒂格尔法案》，由联邦与州各级金融监管机构联合管理。其中联邦级监管机构有美联储、联邦存款保险公司、货币监理署、储蓄机构监理署、国家信用合作社管理局等。除货币监理署和储蓄机构监理署在行政上隶属联邦财政部外，其余 3 家为独立的联邦政府机构。此外，由于美国实行双轨银行制，每个州又都设有自己的银行监管部门。20 世纪 80 年代，全球金融自由化加剧，金融业混业经营趋势不断发展。1999 年美国推出《金融服务现代化法案》，以此取代《格拉斯-斯蒂格尔法案》，允许银行、证券公司、保险公司和其他金融服务提供者联合经营，保留和扩展金融监管机构并加强金融监管，确立了“伞式”＋功能监管模式。次贷危机后，美国政府对现行金融监管体制进行反思并着手金融监管体制改革。2010 年 7 月，《多德-弗兰克华尔街改革与消费者保护法案》（以下简称《多德-弗兰克法案》）获得签署。该法案开启了美国自大萧条以来最彻底的金融监管体制改革，美国重新进入加强宏观审慎监管的时代。

《多德-弗兰克法案》的立法宗旨是完善美国金融系统的问责制并提高其透明度，结束“大而不能倒”的现象，保护消费者，避免消费者落入潜在金融服务陷阱等。其主要内容有：

1. 机构改革

在机构设立方面，《多德-弗兰克法案》规定新设 7 个机构，包括新设金融稳定监督委员会、消费者金融保护局等。其中，金融稳定监督委员会由 10 名有投票权的成员和 5 名无投票权的成员组成，负有指定系统性风险机构、发现并应对金融体系中的系统性风险、进行监管协调等职能。消费者金融保护局在美联储系统内，是一个独立的消费者金融保护机构，并对向消费者提供信用卡、按揭贷款等金融产品或服务的银行或非银行机构进行监管，从而大大加强了对消费者的保护。

在职能协调方面，2011 年 7 月，储蓄机构监理署正式将职能向美联储、货币监理署、联邦存款保险公司转交。其中，美联储负责对储蓄和贷款控股公司进行监管，货币监理署负责对联邦储蓄银行进行监管，联邦存款保险公司负责对州储蓄银行进行监管。2012 年 5 月，美联储、联邦存款保险公司、消费者金融保护局、货币监理署和国家信用合作社管理局五大金融监管机构签署监管备忘录，并根据《多德-弗兰克法案》协调各部门的监管行为，提高监管的一致性和效率。

2. 提高宏观审慎监管标准

根据《多德-弗兰克法案》的要求，美联储公布了一系列新的银行业监管规则，以加强对大型银行控股公司和系统重要性非银行金融机构的监管。这些规则在风险资本、杠杆率、流动性、单一对手方信贷限额和早期修复方面都做出了更为严格的限制。

3. 改变“大而不能倒”的状况

《多德-弗兰克法案》设置了严厉的“沃尔克规则”。“沃尔克规则”以美联储前主席保

罗·沃尔克命名，指吸收存款的银行必须剥离各自的衍生品业务，以减少银行活动风险，确保受联邦政府担保的资金不被用于高风险活动。法案限制具有联邦存款保险的大银行进行投机性自营业务，试图在传统银行业务和投行业务之间建立“防火墙”。法案要求大银行在数年内剥离大部分对冲基金和私募股权部门，并建立新体制以拆分经营不善的系统重要性银行。此外，法案要求财政部、联邦存款保险公司和美联储将倒闭的金融机构纳入有序清算程序，以降低金融机构倒闭给金融系统带来的危害。

4. 加强对金融衍生品的监管

《多德-弗兰克法案》要求证券交易委员会和商品期货交易委员会对场外交易衍生品进行监管，标准衍生品必须在第三方交易所和清算中心进行清算，非标准或定制的衍生品必须提高透明度并将相关数据集中到交易中心等。

5. 加强对信用评级机构的监管

根据《多德-弗兰克法案》，证券交易委员会成立了信用评级办公室，后者有权对信用评级机构处以罚款。同时，信用评级机构被要求进行更为充分的信息披露；为防止利益冲突，法案要求信用评级机构建立内部“防火墙”并保持独立性。

6. 加强对对冲基金的监管

虽然对冲基金未被认为是金融危机产生的主要原因，但由于其重要性和影响越来越明显，因此被认为是引发系统性风险的重要因素。《多德-弗兰克法案》规定，资产规模达到1.5亿美元的对冲基金、私募股权基金要在证券交易委员会登记，提供交易信息和头寸信息并接受证券交易委员会的检查和系统性风险评估。

（二）日本的金融监管模式

日本的金融监管体制始终在效仿美国的，因此也经历了从分散到集中统一的改革过程。日本最早是在第二次世界大战结束后效仿美国的《格拉斯-斯蒂格尔法案》，建立了自己的金融监管体制。1947年，日本公布的《证券交易法》规定了银行业务与证券业务分离。1954年，大藏省将兼营信托业务的银行分为以办理信托业务为主的信托银行和以办理银行业务为主的普通银行。20世纪80年代以来，在金融自由化和全球化浪潮的冲击下，日本的分散监管体制出现松动。1981年，日本修改《银行法》，允许银行经办有价证券业务，特别是银行可以经营公共债券的买卖业务，办理新公共债券的募集等业务，这成为日本进入集中统一监管时代的一个重要标志。1993年4月实施的《金融制度改革法》允许银行、证券、信托三种不同形态的金融机构以“异业子公司”方式相互渗透，实行业务交叉。[①] 1996年10月，日本经济审议行动计划委员会下设的金融工作小组公布了主题为“搞活日本金融系统”的报告，拉开了全面金融改革的序幕。1998年以前，日本的金融监管主体是大藏省，集金融行政权和金融监管权于一身。1998年6月，日本政府决定将金融监管权从大藏省分离出来，成立金融厅。同年12月，日本政府又决定成立金融重建委员会，该委员会与大藏省平级。2001年1月，日本行政机构改革正式开始，金融重建委员会解散，其职能划归重新整合后的金融厅。大藏省一分为二，变成财务省与金融厅，二者分别执掌金融行政和金融监督职能。

---

① 张忠军. 金融监管法论：以银行法为中心的研究. 北京：法律出版社，1998：183.

日本现阶段形成了集中统一监管的金融监管体制，金融监管的最高权力机构是金融厅，除政策性金融机构由财务省负责监管以外，银行、证券、保险等商业性金融机构均由金融厅独立监管或与相关专业部门共同监管。金融厅为内阁的外设局，主要负责检查和监督金融机构、做出金融制度改革的重大决策、制定与民间金融机构的国际业务相关的金融制度（含金融破产处置制度和危机管理制度）、检查企业财务制度等。财务省以及厚生劳动省、农林水产省等行政部门作为金融监管的协作机构，根据金融厅授权或相关法律规定对相关金融机构实施监管。日本银行和存款保险机构可依据交易合同对与其有交易行为的金融机构进行财务检查。

（三）德国的金融监管模式

德国是最早建立独立的综合金融监管机构的国家。早在 1961 年，德国就通过了《银行法》，授权建立联邦银行监督局（银监局）。银监局直接隶属德国财政部，被授权在银行监管中发挥中心作用，同时《银行法》要求银监局在监管中与德意志联邦银行（中央银行）和联邦证券交易监督局（证监局）合作。2000 年以来，德国政府冲破重重阻力，坚决推进金融监管体制改革。2002 年《统一金融服务监管法》通过以后，正式组建联邦金融监督管理局，设置了三个专业部门，分别监管银行、保险、证券业务，三个业务交叉部门专门负责处理交叉领域的问题。2008 年金融危机后，德意志联邦银行的金融监管权得到进一步强化。2013 年，德国还通过了《金融稳定法》，由金融稳定委员会（FSC）承担宏观审慎管理职能。

德国的银行监管体系包括行业监管机构的监管以及审计部门的稽核监督，前者主要是指德国联邦金融监督管理局的监管，后者包括德国联邦审计院的政府审计监督、经济审计公司的社会审计监督、行业协会的自律性检查以及银行内部审计部门的稽核监督。

（四）英国的金融监管模式

英国政府在 1997 年提出了改革金融监管体制的方案，将英格兰银行的监管权力剥离出去，银行监管的责任机构由英格兰银行变为证券投资委员会，并进一步将证券投资委员会改组为新的金融服务监管局，使之成为集银行、证券、保险三大监管责任于一身的多元化金融监管机构。1997 年 10 月金融服务监管局成立，标志着英国集中监管体制的形成。

2009 年 7 月，英国财政部发布《改革金融市场》白皮书，提出金融危机爆发的主要原因是银行经营活动不负责而非监管体制失败，因此，改革方案维持了既有监管体制，并将重点放在建立正式合作机制以及扩大金融服务监管局的职权上。2010 年 4 月，《2010 年金融服务法》被紧急通过，金融稳定被明确规定为金融服务监管局的法定监管目标，其规则制定权也大大扩展。

但是随着新一届政府上台，政党交替使英国监管改革方案发生了根本性逆转。2010 年 7 月至 2011 年 6 月，英国政府相继发布《金融监管新方案：判断、焦点和稳定》《金融监管新方案：建立更强大的体系》《金融监管新方案：改革蓝图》等监管新方案，全面阐述了政府的监管改革设想。2012 年 12 月通过《2012 年金融服务法案》，新的监管体制于 2013 年 4 月开始运作。新体制取消了金融服务监管局，并将其职能移交给英格兰银行下的三家机构，分别为金融政策委员会、审慎监管局和金融行为监管局。此时，英国金融监管模式既不是单一监管模式，也不是基于机构型监管或功能型监管理念的多头监管模式，而是更加接近按照不同监管目标（如审慎目标和消费者保护目标）来相应设立监管机构和划分监管权限的“双峰”模式。但是，在审慎监管局和金融行为监管局之上还有总体监管者——英格兰银行——统领全局，并且英国财政部保留了最后时刻否决权。

经过改革，英国已经基本形成以英格兰银行为核心的相对集中的金融监管模式，根据《2016 年英格兰银行和金融服务法》，英格兰银行内部组织架构以货币政策委员会、金融政策委员会和审慎监管委员会三个部门为主，分别负责货币政策、宏观审慎和微观审慎监管，审慎监管委员会下设审慎监管局。在英格兰银行之外还设立金融行为监管局（向财政部、议会负责），审慎监管局与金融行为监管局构成所谓的“双峰监管”。

第三节　金融危机后的金融监管改革

一、金融危机后金融监管改革的必要性

金融危机使全球金融体系受到严重冲击，以往的金融监管也越来越跟不上金融发展的步伐，因此进行金融监管改革迫在眉睫，其必要性如下：

第一，金融监管滞后于金融创新。金融危机的爆发暴露出一直以来国际金融监管存在的一个基本问题，即监管主体与监管对象的不匹配。监管机构对金融创新的管制过于松散，尤其是金融业混业经营、金融全球化的大趋势早已使得一国的金融活动范围超越国界，金融机构在全球范围内开展业务活动，在更广阔的范围内配置资源和提供服务，传统的分业监管、机构型监管已不能适应现实需求。同时，现有的“出现监管漏洞—采取补救措施—再出现监管漏洞—再采取补救措施”的监管模式带来监管框架发展滞后、监管空白、监管重复、监管错位和监管力量失衡等问题。应该采取主动的监管模式，提高监管当局的预测性和前瞻性，对可能发生的危机提前采取措施，防患于未然，从而降低金融危机发生的概率，为世界经济的发展创造一个良好的运行环境。

第二，过度重视微观审慎监管，忽视了系统性金融风险。在金融危机之前，《巴塞尔协议Ⅰ》和《巴塞尔协议Ⅱ》的核心是微观审慎监管，强调监管当局对单家金融机构进行监管。从风险产生机理角度来看，微观审慎监管认为金融风险是外生的，单家金融机构稳健经营能够确保整个金融体系稳健安全。由于经济金融各部分之间紧密联系和相互作用，金融机构风险承担的顺周期性和金融风险的传染特征是造成金融体系脆弱性的关键原因，从而引发系统性金融风险和金融危机。从监管目标、思路和方式角度来看，微观审慎监管是金融机构个体设置信用、流动性、资本等监管指标，采取自下而上的方式来监测金融机构的风险承担水平，忽视了金融机构之间的关联性、个体和整体之间的关系。而宏观审慎监管的目标是维护金融体系的稳定，强调“宏观、逆周期、防传染、动态调整”，根据金融机构的业务种类及规模等特征来甄别系统重要性或系统脆弱性机构，监测风险跨机构、跨行业、跨市场的传染，从而促进金融稳定。因此，在金融危机之后，各国监管当局更加强调系统思维，重视宏观审慎监管，并逐步建立微观审慎和宏观审慎协调并重的监管框架。

第三，各国联系加强对监管政策协调提出更高要求。根据监管中的外部性模型①、哈马达模型②以及国际机制理论③可知，在金融全球化的大背景下，仅仅依靠一国对金融机构进行监管远远不够。各个国家监管体制和监管框架的巨大差异，导致国际监管难以协调，大大降低了监管的有效性，监管对象的国际化和监管者的国别化必然会导致国际监管领域存在大量监管空白，从而埋下安全隐患。因此，现阶段的金融监管具有国际化趋势，迫切需要各国之间的合作与协调，这既有利于本国利益的提高，又有助于全球系统性风险的防范以及全球经济体整体效益的改善。

二、欧美的金融监管改革

美国的次贷危机表面上是一场由房地产市场引发的金融危机，但是追根溯源，更大的原因是各家金融机构以金融创新为掩护，借助金融自由化产生的监管漏洞，通过采取各种逃避金融管制的投机行为追求自身利益的最大化，最终导致金融体系崩溃。这次危机不仅对金融市场本身造成重创，而且对全球的实体经济都造成了严重的冲击。因此，各国开始纷纷反思金融自由化潮流，重申对金融市场进行干预的必要性，并且提出了各自的金融监管改革方案。

（一）美国的金融监管改革方案

在后危机时代，美国的金融监管改革可分为两个阶段：奥巴马政府强化监管阶段和特朗普政府放松监管阶段。

1. 奥巴马政府强化监管阶段

2007 年爆发的次贷危机造成全球金融市场剧烈动荡，同时暴露出美国金融监管体制的诸多缺陷，奥巴马政府希望通过一系列金融监管改革来解决金融监管体制的弊端，同时为更好地应对将来可能发生的金融危机打下坚实的基础。主要监管措施如下：

(1)《现代化金融监管体系蓝图》明确监管改革方向。

2008 年 3 月，美国财政部发布《现代化金融监管体系蓝图》(以下简称《蓝图》)。《蓝图》比较系统地阐述了美国金融监管存在的问题以及改革的方向，提出了从规则导向监管向目标导向监管、从机构导向监管向业务导向监管、从监管局部性风险向监管系统性风险的转变，并在此基础上提出了短期、中期和长期最理想的监管体系三阶段的改革建议，为新一轮美国金融监管改革奠定了基础。《蓝图》最突出的特点是谋求建立一个统一综合的、对系统性风险能保持高度警惕的功能导向型监管体系。

(2)《金融监管改革——新基础：重建金融监管》重塑监管框架。

2009 年 6 月，美国开始新一轮的金融监管改革，颁布了《金融监管改革——新基础：重建金融监管》。该文件主要包括五部分内容：金融机构监管、金融市场监管、消费者和投资者权益保护、政府危机处置权、建立国际监管标准。其中最核心的两项分别为：一是

---

① Dell'Ariccia，G.，and Marquez，R. (2001)，“Competition among Regulators，” IMF Working Paper.

② 朱孟楠. 金融监管的国际协调与合作. 北京：中国金融出版社，2003：54－56.

③ 王杰. 国际机制论. 北京：新华出版社，2002：3－7.

强化美联储的权力，全面加强对大金融机构的监管，授权美联储对系统重要性金融公司实行统一的监管；二是建立新的消费者保护署，赋予其超越目前监管机构的权力。《金融监管改革——新基础：重建金融监管》强调“无盲区、无缝隙”的全面监管理念，加强对系统重要性金融机构的监管，着力解决金融监管机构之间的协调与制衡问题，构建更为完整的投资者和消费者保护体系，并且确立了政府在危机处理中的核心地位，努力提高国际监管标准并促进国际合作。①

（3）《多德-弗兰克法案》强化宏观审慎监管。

《多德-弗兰克法案》在防范系统性风险方面做出了严厉的规定，其核心理念主要体现在：一是重构监管体系，统筹兼顾宏观审慎监管和微观审慎监管。改变目前超级金融机构“大而不能倒”的局面，重点围绕系统性风险处置，统筹推进建设一个跨行业的监管协调机制。二是完善金融监管体制和组织架构。成立金融稳定监督委员会和金融研究办公室，解决系统性风险问题；同时，赋予美联储更多的职责，即美联储整合7个具有消费者保护性质的部门成立金融消费者保护局，局长由总统直接任命，具有独立的监管权。三是保护金融市场中的弱势群体，避免金融消费者受到欺诈。美国政府在证券交易委员会下设投资者顾问委员会和投资者保护办公室，创设消费者金融保护局，加强对消费者权益的保护。四是填补监管空白。规范金融市场，加强对场外衍生品、对冲基金和信用评级机构的监管，强化银行的风险控制，还加强跨境机构资本金监管与合规经营。五是引入“沃尔克规则”，限制大型金融机构的投机性交易等高风险业务，加强对金融衍生品的监管；要求银行的首席执行官承担更多责任，对银行高管的薪酬进行监督，从而遏制管理层的投机动机。

2. 特朗普政府放松监管阶段

随着《多德-弗兰克法案》等落地和实施，涌现出新的争议和问题：多头监管使得部分监管主体权力过大、监管对象和职责不清晰；“沃尔克规则”的实施成本过高，实际上对风险的降低作用并不大；中小银行的监管负担过重，盈利能力下滑，出现被兼并或倒闭情况。特朗普政府通过行政和法律手段进行监管改革，总体特征表现为监管放松。

（1）《经济增长、放松监管和消费者保护法案》

该法案于2017年11月提出，在坚持对系统重要性金融机构进行审慎监管的同时强调放松对中型金融机构的审慎监管标准，对自营交易、中小银行特别是社区银行及其业务拓展、资本市场等的监管也有不同程度的放松，这有利于促进资本形成和经济增长。该法案大力放松了对中小银行类金融机构的监管标准，强化了中小银行的服务功能，保护了消费者权益。

（2）《沃尔克规则修正案》

由于自营交易及对冲基金能够为美国金融体系带来丰厚的利润，原沃尔克规则触及了美国金融体系的核心利益。2019年10月，美国通过《沃尔克规则修正案》，修正案的核心逻辑是按照交易的资产和负债规模来削减不必要的规制，放松对商业银行自营交易等的监管，主要内容集中在六个方面：一是基于金融机构交易的资产和负债规模来实施合规要求，对交易规模最大的交易活动实施最严格的监管。二是对交易账户的界定进行完善。三

① 李扬，胡滨. 金融危机背景下的全球金融监管改革. 北京：社会科学文献出版社，2010：33.

是对规则允许的做市交易和承销活动进行明确的规定，并施加内部风险限制。四是简化银行主体依靠自营交易进行对冲的监管豁免标准。五是限制沃尔克规则对外资银行在国外活动的影响范围。六是简化银行主体提交交易活动信息的要求。

总体而言，从强化监管到放松监管，为金融机构带来活力的同时，往往也让金融机构主动或者被动地承担更多风险。同时，监管标准放松也便于金融机构推出更多类型的金融产品和参与不同的金融市场业务，提高了业务关联的广泛性和复杂性。

除以上监管改革之外，由于近年来飞速发展的金融科技正在改变经济和金融格局，在促进金融发展、提高包容性和效率的同时也增加了潜在的风险，给金融稳定带来了挑战。美国建立关于金融科技的法律体系并适时进行动态调整，逐步将金融科技纳入原有监管体系。在法律规制方面，美国通过制定《消费者金融保护局创新细则》、发布关于评估金融科技与监管科技产品的指引，来促进企业利用科技主动适应监管体系。2017 年美国颁布了《金融科技白皮书》，为监管机构评估金融科技提供基本原则。其中，怀俄明州于 2019 年通过了《金融科技沙盒法案》，为金融科技创新提供相对宽松的监管环境。在组织架构方面，美国金融稳定监督委员会等机构成立工作组负责金融科技监管，金融和银行信息基础设施委员会推动金融监管信息共享和跨部门沟通协调。

（二）英国的金融监管改革方案

英国作为全球重要的金融中心，在 2008 年金融危机中受到了重创，为了避免今后金融危机对自身金融系统的严重影响，英国政府积极进行金融监管改革。

以布朗为首的政府的金融监管改革成果主要体现在《2009 年银行法》和《2010 年金融服务法》这两部法律中，而以卡梅伦为代表的新一届政府的改革设想则主要反映在《金融监管新方案：改革蓝图》白皮书中。

《2009 年银行法》的主要内容有：强化金融稳定目标，强化英格兰银行对支付系统的监管，建立特别处理机制（SRR），加强对金融消费者的保护。

《2010 年金融服务法》的颁布意在对金融监管体制进行强化和改进。法案重视对系统性风险的监管，要求建立新的消费者金融教育机构，扩大金融服务监管局的职责和权力，包括增加“金融稳定”作为金融服务监管局的新目标、披露薪酬、赋予金融服务监管局要求特定获授权机构准备复苏计划和生存遗嘱的权力以及处理卖空交易的权力等。

《金融监管新方案：改革蓝图》[①] 对英国金融监管体制进行的不是小修补，而是大手术。简言之，三方监管体制（英格兰银行、金融服务监管局和财政部）将告终，取而代之的是“准双峰”模式。具体来说，英格兰银行下新设金融政策委员会，作为宏观审慎监管机构，负责监控和应对系统性风险；新设审慎监管局，负责对各类金融机构进行审慎监管；新设金融行为监管局，负责监管各类金融机构的业务行为，促进金融市场竞争，并保护消费者（见图 15-1）。金融服务监管局的审慎监管职能和行为监管职能分别由新设立的审慎监管局和金融行为监管局承继，两者在与宏观审慎监管有关的方面都接受金融政策委员会的指导。

① 廖凡，张怡. 英国金融监管体制改革的最新发展及其启示. 金融监管研究，2012 (2)：88-102.

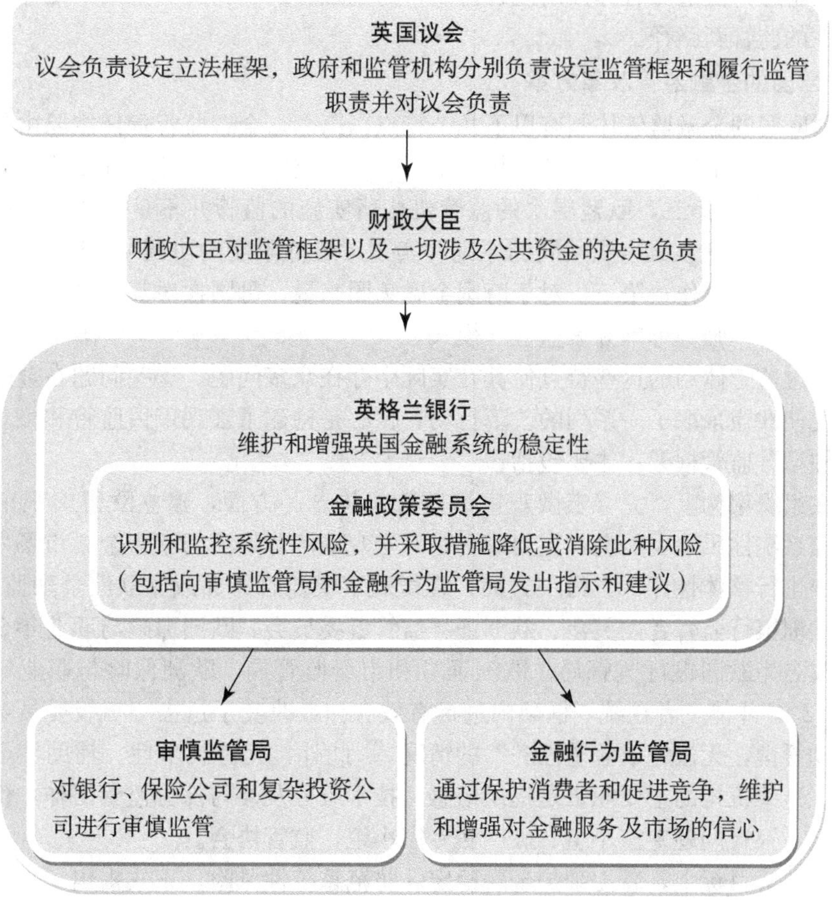

图 15-1 《金融监管新方案：改革蓝图》构建的金融监管体制

除进行监管体制改革之外，英国还进行了银行业结构性改革。由于在金融危机之前，银行过多参与金融市场交易，银行之间的相互联系加强，加剧了系统性风险在金融机构内部及金融机构之间的传染。为加强银行业的宏观审慎监管，英国维克斯委员会于 2011 年 9 月向英国政府提交《维克斯委员会报告》，提出对英国银行业进行改革的三大建议：一是制定“围栏法则”，隔离零售银行与投资银行。二是提高银行资本要求，即系统重要性银行以及大型受隔离的银行，其资本充足率必须达到一定的标准。三是促进银行业竞争。总而言之，英国的银行业结构性改革并不是完全隔离，采用“集团综合经营，机构分业经营”原则，而只是在集团内部对零售银行业务、批发和投资银行业务进行经营主体的划分。这种改革不仅使银行能够继续获得综合化、多样化的收益，还能有效削弱风险的传染性和危机导致的风险损失。

在金融科技监管方面，英国实施以监管沙盒为代表的主动型监管，于 2015 年首次提出监管沙盒计划，旨在建立一个为金融创新提供制度保障的监管框架。监管沙盒是沿用金融科技逻辑构建的监管机制，以柔性监管为理念，以保护消费者权益为前提，通过提供有时限和边界的风险可控的真实市场空间，支持金融机构对创新产品进行探索实践、及时发现产品风险隐患，打造更有弹性的监管机制，为金融科技创新提供空间，是一种具有前瞻性和能动性的监管新路径。

（三）欧盟的金融监管改革方案

危机前欧盟的金融监管体制有以下几个特点：第一，金融监管责任主要由各成员国承担，其他机构只是辅助性和咨询性机构，主要以国别监管为主要特征和主要原则，即采用“平行监管”模式；第二，欧盟层次的监管机构所实施的监管并不是一种实体性监管，而只是推动各国在监管领域达成共同的原则和实现“最低限度的协调”，使东道国和母国在监管中实现分工与合作；第三，对于跨国金融集团来说，母国在对其监管中发挥绝对的支配作用，是一种“强势母国并表监管”模式。

欧盟金融监管体制的这些特点使其在实际中存在众多问题。这些问题在金融危机中的集中爆发促使欧盟采取了一系列的改革行动，核心是构建了宏观审慎监管和微观审慎监管的“双支柱型”监管框架。主要包括：

（1）在组织架构上，完善宏微观审慎监管机构。一方面，建立欧盟宏观审慎监管机构——欧洲系统性风险委员会，主要职责是对宏观经济背景下的欧盟金融市场发展、金融体系的稳定进行整体性评估。另一方面，在微观审慎监管方面成立欧洲金融监管者体系，将过去的欧洲银行监管者委员会、欧洲证券监管者委员会、欧洲保险与职业年金监管者委员会分别改名为欧洲银行监管局、欧洲证券和市场监管局、欧洲保险与职业年金监管局（见图 15 - 2），并使三者在统一框架内进行有效合作，改变了过去“三级委员会缺乏权力资源、行动缓慢，无法完成繁重任务”的情况。① 此外，完善技术性、辅助性金融监管机构的建设。这些机构的主要职责是提供信息、技术服务及参与部分监管工作，例如欧洲金融稳定基金、银行问题专家小组、破产法专家小组、监管协会。

（2）在监管目标上，着力维护金融稳定，防范系统性风险。正式提出了《关于赋予欧洲中央银行在欧洲系统性风险委员会中的特定任务》的提案，明确了欧洲中央银行在宏观审慎监管方面的特殊作用以及在金融稳定中的重要作用。此次金融监管改革强调宏观审慎监管在监管体系中的重要性，并单独设立欧洲系统性风险委员会来监控和评估整个金融体系中威胁金融稳定的风险。

（3）在监管策略上，优化监管方式和思路，降低金融监管的顺周期性。金融监管的顺周期性在危机爆发和蔓延过程中往往扮演推波助澜的角色。为了克服金融监管的顺周期性，欧盟酝酿引入前瞻性会计标准，发展坏账准备动态模型；建立逆周期资本缓冲；推动对公允价值会计准则的修改；敦促各成员国贯彻欧盟委员会关于金融机构报酬激励机制的建议，防止激励制度的短期行为性。

（4）在监管力度上，全面加强以银行为主的金融机构风险管理。欧盟认为，混业经营的银行体系脱离了实体经济发展需要的自我膨胀，是引致 2008 年金融危机的主要原因。危机之后欧盟开始致力于加强金融机构风险管理方面的改革。主要体现在：提出修改《资本金要求指令》，强化对银行的风险约束；提出关于流动性风险管理的 30 项原则性建议；提出加强信用评级机构权威性和监管的方案；提出关于投资基金管理人的欧盟监管框架

① 参见《德拉鲁西埃报告》。

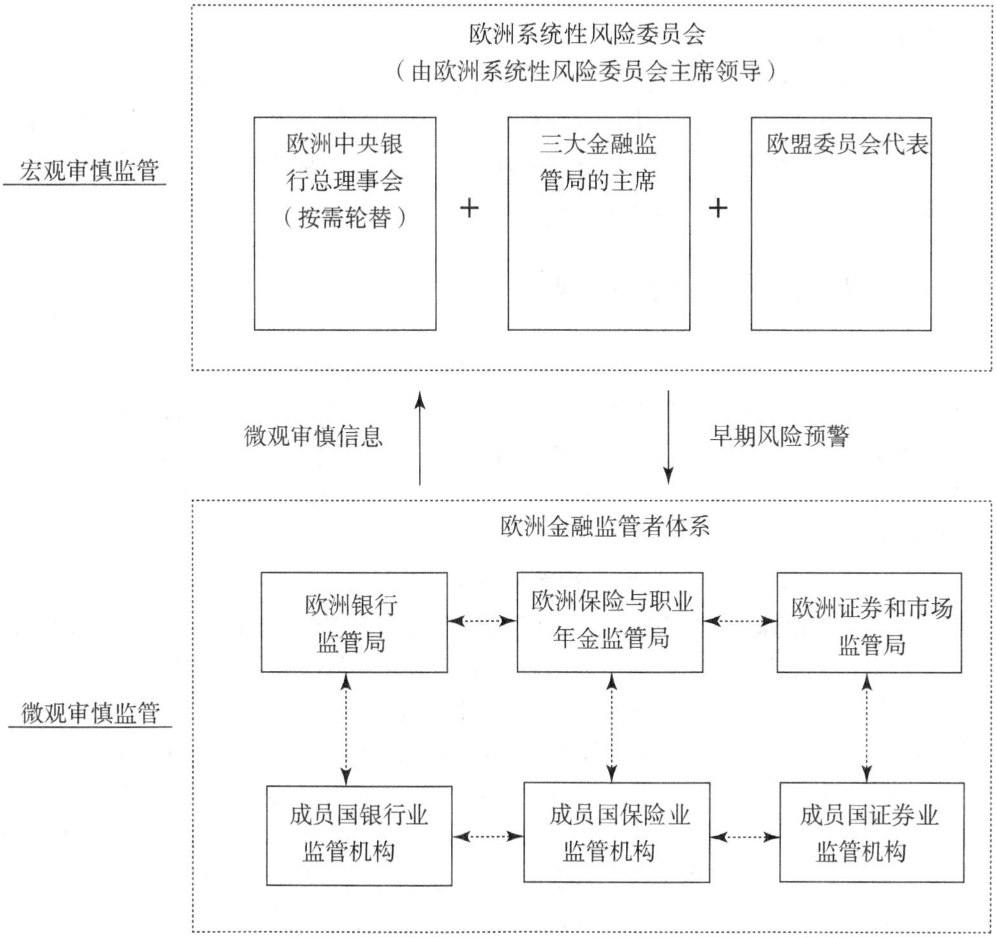

图 15－2　欧盟新的金融监管体制

资料来源：欧盟委员会官网。

指令方案；修改《存款保险计划指令》，以保护投资者的利益、维护金融市场的稳定；加强欧盟成员国之间应对危机的金融监管合作，就公共资源的分配原则和成立跨国稳定小组的问题达成协议。

（5）在监管协调上，设立单一监管机制。随着欧债危机的不断演变，欧元区部分国家的财政状况不断恶化，影响了国内银行的盈利性和清偿能力。由于信贷机构之间存在着广泛的联系，银行危机突破了国界，因此，从欧洲层面对银行业进行监管变得非常重要。欧洲央行被赋予最为广泛的监管权力，从 2014 年开始对欧元区成员国近 6 000 家银行行使监管权。根据银行的系统重要性程度，欧洲央行负责对所有的重要银行进行直接监管；非重要银行则主要由各国监管当局直接进行监管，但各国监管当局要按照欧洲央行总的指导原则进行监管。

（6）在监管科技上，承袭了审慎监管、行为监管等传统金融监管模式，同时，欧盟也根据金融科技特征进行了监管理念、监管体系以及监管模式的创新。由于欧盟各国的金融科技创新与发展成熟度差异明显，导致欧盟的金融科技监管政策制定难以统一标准，因此，欧盟在2016年成立了金融技术工作组以及针对政策执行的事后影响评估专家小组，负责审查相关监管政策对金融科技企业的影响，并出台了《2018金融科技行动计划》《单一数字市场战略》《支付服务指令》《电子货币指令》《通用数据保护条例》等一系列法律规范，以应对新技术所带来的风险挑战、确保市场公平竞争、扩大监管范围、打击平台垄断行为以及保护消费者权益。此外，欧盟利用技术优势，将监管科技融入监管体系，推出监管沙盒，通过监管科技升级实现金融科技创新发展。

三、国际层面上的金融监管改革

2008年金融危机在美国发生之后迅速蔓延到全球。为应对此次危机，也是为了防范下一次危机，国际层面上也有许多监管改革方案出台。相对于各经济体各自实施的金融监管改革，国际层面上的改革方案具有更广泛的适用性。下面主要针对国际货币体系改革、《巴塞尔协议Ⅲ》新规、系统重要性金融机构监管、国际跨境资本流动管理、去杠杆化等问题进行介绍。

（一）国际货币体系改革——特别提款权体系改革

2008年金融危机爆发后，国际社会开始更多地关注国际货币体系。在当时的国际货币体系下，由于主权信用货币作为主要国际储备货币，发行国的货币政策目标与各国对储备货币的要求经常产生矛盾，“特里芬难题”依旧存在。

周小川[①]认为，作为国际储备货币的货币，其币值应有一个稳定的基准和明确的发行规则以保证供给的有序；其供给总量可及时、灵活地根据需求的变化进行增减调节，且这种调节必须超脱于任何一国的经济状况和经济利益。为此，创造一种与主权国家脱钩并能保持币值长期稳定的国际储备货币（超主权储备货币），从而避免主权信用货币作为储备货币的内在缺陷，为调节全球流动性提供可能，是国际货币体系改革的理想目标。

国际货币基金组织于1969年创设了具有超主权储备货币特征的特别提款权（SDR）[②]，由于分配机制和使用范围上的限制，SDR的作用至今没有得到充分发挥。

周小川提议拓宽SDR的使用范围，从而真正满足各国对储备货币的要求。具体来说：第一，建立SDR与其他货币之间的清算关系，促使其成为国际贸易和金融交易公认的支付手段；第二，积极推动在国际贸易、大宗商品定价、投资和企业记账中使用SDR计价；第三，积极推动创立以SDR计值的资产，增强其吸引力；第四，以SDR定值的一篮子货币范围应扩大到世界主要经济大国；第五，由国际货币基金组织集中管理成员的部分储备。

（二）《巴塞尔协议Ⅲ》新规

在金融危机之前，全球资本监管制度正处于从1988年资本协议（即《巴塞尔协议Ⅰ》）

---

① 周小川. 关于改革国际货币体系的思考. 中国人民银行网站，2009-03-23.

② 特别提款权（special drawing right，SDR）是国际货币基金组织创设的一种储备资产和记账单位，亦称“纸黄金”（paper gold）。它是国际货币基金组织分配给成员的一种使用资金的权利。某成员可用它向国际货币基金组织指定的其他成员换取外汇，以应对国际收支逆差或偿还国际货币基金组织的贷款，还可与黄金、自由兑换货币一样充当国际储备。SDR只是一种记账单位，使用时必须先换成其他货币，不能直接用于贸易或非贸易支付。

向新资本协议（即《巴塞尔协议Ⅱ》）过渡的期间。金融危机暴露出现行资本监管制度存在明显缺陷。基于金融危机的教训，巴塞尔委员会对现行银行监管国际规则进行了重大改革，并发布了一系列国际银行业监管新标准，最终版本即《巴塞尔协议Ⅲ》。

《巴塞尔协议Ⅲ》相比之前的两个版本，监管要求和监管标准进一步提高，按照资本监管和流动性监管并重、资本数量和质量同步提高、资本充足率与杠杆率并行的总体要求，体现了微观审慎监管与宏观审慎监管有机结合的监管新思维，确立了国际银行业监管的新标杆。

对于以《巴塞尔协议Ⅱ》为基础的监管框架，《巴塞尔协议Ⅲ》新规根据金融危机所暴露出来的问题对原标准进行了修正，主要内容包括以下三个方面：一是强化了现行的资本充足率监管标准；二是着力建立一个流动性监管框架；三是针对金融业“大而不能倒”的问题，加强了对系统重要性银行的监管。

新协议从四个方面对原有的资本充足率监管框架进行了强化。

首先，一级资本充足率下限从原来的4%提升到6%，核心一级资本占风险资产比例的下限从2%提高到4.5%，包含二级资本即附属资本在内的资本充足率不得低于8%，同时设立2.5%的防护缓冲资本。根据新协议初步安排的进程，商业银行可用8年时间的过渡期分阶段实现这个标准。

其次，风险计量的范围得到扩展。在旧的框架下，银行通过将大量的风险资产转移到表外以逃脱资本监管约束，致使风险被严重低估。新规则将银行表外资产以及证券化资产按照一定的转换系数换算为等价信贷资产，使得资本要求提高数倍。

再次，规定了上限为2.5%的反周期准备资本计提，以应对资本充足率监管的顺周期缺陷问题。银行监管部门可以根据对经济周期的判断，以及对单个银行运行状况的评估，要求银行增持缓冲资本。按照巴塞尔委员会的建议，缓冲资本要求实施期间为2016—2018年。从2016年开始每年增加0.625%，到2019年1月1日最终达到2.5%。

最后，在风险资本框架之外，引入与风险无关的杠杠率监管指标，以降低由于风险计量的顺周期性而可能产生的各种问题。新协议规定了最低3%的权益资产比指标，以控制银行的杠杆融资规模。不过，由于银行经营模式的不同，杠杆率指标与资本充足率指标之间可能会存在一定的冲突，为此，巴塞尔委员会建议各国监管部门从2011年1月1日起开始对杠杆率指标进行监控，以观察其与资本充足率框架的契合情况。

不同于资本充足率监管框架，新规引入的流动性监管框架着重解决金融危机中凸显的资本流动性问题。这主要涉及两个指标，即流动性覆盖率（liquidity coverage ratio）和净稳定融资率（net stable funding ratio），两个比率的计算都涉及对不同类型的资金来源进行分类、分层，然后在此基础上进行统一的换算，以更为准确地反映银行资产负债表的流动性情况。

专栏 15-3　从《巴塞尔协议Ⅰ》到《巴塞尔协议Ⅲ》

为促进世界各国公平竞争，并增强国际金融体系的安全性，1988年，西方12国中央银行在瑞士巴塞尔达成了《关于统一国际银行资本衡量和资本标准的协议》(《巴塞尔协议Ⅰ》)。《巴塞尔协议Ⅰ》对银行资本衡量采用了全新的方法,将资本分为两部分:一级资本和二级资本。一级资本由普通股股本、资本盈余、留存收益等组成,二级资本由未公开储备、重估储备、普通贷款准备和包括次级债在内的混合性债务工具组成。《巴塞尔协议Ⅰ》还将银行资产负债表内的资产分为五类,并分别对各类资产规定风险权数,据以计算风险资产;同时将银行资产负债表外的资产纳入监管范围,规定了不同的转换系数,据此折算成表内风险资产。《巴塞尔协议Ⅰ》规定总资本与风险资产的比率不得低于8%,一级资本与风险资产的比率不得低于4%。《巴塞尔协议Ⅰ》是以防范信用风险为主的跨国规范,没有考虑市场风险等其他风险,过于简单的信用风险权数的区分扭曲了银行的真实风险,因此,该协议难以衡量国际大银行的风险承受能力。2001 年,巴塞尔委员会根据 1999 年公布的新的资本充足率框架提出了《巴塞尔协议Ⅱ》。《巴塞尔协议Ⅱ》采用了之前的信用风险评估标准,加入了操作风险的参数,将信用风险、市场风险和操作风险纳入银行资本集体考量,以规范银行的风险承受能力。相比于《巴塞尔协议Ⅰ》,《巴塞尔协议Ⅱ》进一步强调对银行资本的要求,强调监管约束和市场约束的作用。2008 年的金融危机迫使巴塞尔委员会对《巴塞尔协议Ⅱ》进行修订,提出了《巴塞尔协议Ⅲ》。《巴塞尔协议Ⅲ》的主要变化在于大幅提高了对银行以及资本充足率的要求,设立了资本防护缓冲基金,采用了长达 8 年的过渡期以避免短期内对商业银行的冲击。《巴塞尔协议Ⅲ》的实施使得商业银行为进一步提高资本金而面临融资压力。

资料来源:戴国强.商业银行经营学.6 版.北京:高等教育出版社,2022:46-51.

(三)系统重要性金融机构监管

"大而不能倒"问题在银行业早就存在。2008 年金融海啸来袭,一些系统重要性金融机构的倒闭,如雷曼兄弟,对危机的扩散和升级无疑起到了提速的作用。而各国政府对陷入困境的大型金融机构也大都采取直接伸出援手的救助措施,这无疑对监管的有效性提出了更大的挑战。为缓解这一问题,新协议建议通过追加资本要求、或有资本以及债务保证等多种工具来加强对系统重要性银行的监管。

2009 年设立的金融稳定理事会每年都会公布年度的系统重要性金融机构,包括全球系统重要性银行(G-SIBs)和全球系统重要性保险公司(G-SIIs)。所谓系统重要性金融机构,是指业务规模较大、业务复杂程度较高、一旦发生风险事件将给地区或全球金融体系带来冲击的金融机构。凡是被列入系统重要性金融机构名单的银行都将被迫持有更多资本,原因是其对全球金融体系而言十分重要。

金融稳定理事会将系统重要性金融机构的额外核心一级资本充足率要求划分为五个级别,分别为 1%、1.5%、2%、2.5%和 3.5%。系统重要性金融机构的重要性越高,则面临的额外核心一级资本充足率要求也就越高。2011 年公布的《全球系统重要性银行:评估方法及附加的损失吸收要求》明确了全球系统重要性银行的评估指标体系,该体系包含跨经济体的活跃程度、规模、关联度、可替代性(金融基础设施)和复杂性五个一级指标。

（四）国际跨境资本流动管理①

2008年下半年，国际金融危机的集中爆发严重冲击了全球经济及国际金融市场。为防止危机蔓延，稳定国内金融机构和金融市场，一些国家在刺激经济、注入流动性、开展金融救助等的同时，采取了一些针对跨境资本的管理措施，主要包括限制资本流出、鼓励资本流入。

限制资本流出的措施包括：选择性金融救助，确保国内机构和资金优先；鼓励被救助金融机构开展国内业务，确保资金用于国内；临时性外汇配给和汇兑限制，防止资本流出；中央银行加大对外汇市场的干预力度，防止资金外流；等等。

鼓励资本流入的措施包括：强化监管，迫使跨国金融机构收缩海外业务和抽回海外资产；政府为新的融资安排提供担保；通过强化税收监管和打击避税天堂鼓励资本流入；降低外资审批标准，鼓励外国直接投资；等等。然而，在鼓励资本流入的同时，有些国家并没有放松对外资进入金融、能源、高新科技以及与国家安全相关的行业等领域的严格限制。

（五）去杠杆化

杠杆是指通过负债实现以较小的资本金控制较大的资产规模，从而提高盈利能力。杠杆化率是指资产与风险资本的比率。金融业本质上是一个高杠杆行业，无论是商业银行还是投资银行，都具有高负债率，这是由金融企业所经营产品的特性决定的。普通工商企业的杠杆化率平均在2倍左右，而在次贷危机发生的2007年，美国存款货币银行的平均杠杆化率为10倍，投资银行更是高达30倍。运用高杠杆化率在税前盈余不变的情况下可以提高金融企业的股权回报，然而高杠杆化率意味着经营上的高风险。高杠杆化率对风险估算提出了更高的要求，一旦金融机构低估风险，导致拨备不足，就很容易使单一业务的风险在20倍甚至30倍的杠杆作用下放大至整个集团层面，甚至传导至整个市场。金融去杠杆化是一个过程，是指通过降低金融机构的负债率来达到避免金融机构规模盲目扩张、金融投机盛行的目的。去杠杆化主要有三个途径：一是通过缩小资产规模来降低资产权益比率；二是通过增加资本来降低资产权益比率；三是通过转化风险为良性来实现去杠杆化。《巴塞尔协议Ⅲ》规定商业银行的资本充足率需达到8%，核心一级资本充足率需达到4.5%。中国出台的《商业银行资本管理办法》规定商业银行资本充足率需达到8%，核心一级资本充足率需达到5%。

四、中国的金融监管体系现状及完善

（一）中国的金融监管体系

2003年3月，关于组建中国银监会的方案由第十届全国人大一次会议审议通过，4月中国银监会正式挂牌运作。它标志着中国金融业“一行三会”分业监管体制的正式形成。在此监管框架下，中国人民银行主要负责制定和执行货币政策，对货币市场和外汇市场进行监管。中国银监会负责统一监管全国银行、金融资产管理公司、信托投资公

① 潘宏胜，伍桂．国际跨境资本流动管理的新动向及主要特点．中国货币市场，2009（11）：8-11.

司及其他存款类金融机构。中国证监会依照法律、法规和国务院授权，统一监管全国证券期货市场，维护证券期货市场秩序，保障其合法运行。中国保监会根据国务院授权履行行政管理职能，依照法律、法规统一监管全国保险市场，维护保险业的合法、稳健运行。

2008 年全球金融危机后，随着金融全球化、自由化和金融创新的迅猛发展，金融业混业经营趋势日渐明朗，但监管机制发展相对滞后，明显不适应金融发展形势的要求。2017 年 11 月，国务院金融稳定发展委员会成立，旨在加强金融监管协调、补齐监管短板。无论是在机构定位还是在职责定位上，国务院金融稳定发展委员会都高于“一行三会”，发挥统筹协调金融改革发展与监管的作用，“一行三会”也从分业监管逐步进入协调监管阶段。2018 年 3 月，第十三届全国人大一次会议表决通过了关于国务院机构改革方案的决定，其中对金融监管体制改革做出了重大部署。根据该方案，将中国银监会和中国保监会的职责整合，组建中国银保监会。同时，将中国银监会和中国保监会拟订银行业、保险业重要法律法规草案和审慎监管基本制度的职责划入中国人民银行。中国银保监会和中国证监会专职于微观监管，包括金融机构的微观审慎监管以及消费者保护等行为监管。而宏观与微观之间，以及“一行两会”与其他有关部门之间的协调则由国务院金融稳定发展委员会负责，共同构成“一委一行两会”的金融监管体系。2023 年 3 月，第十四届全国人大一次会议表决通过了关于国务院机构改革方案的决定，开启了新一轮的金融监管机构改革。根据该方案，国家金融监督管理总局在中国银保监会的基础上组建，统一负责除证券业之外的金融业监管，强化机构监管、行为监管、功能监管、穿透式监管、持续监管，统筹负责金融消费者权益保护，加强风险管理和防范处置，依法查处违法违规行为，作为国务院直属机构。中国人民银行对金融控股公司等金融集团的日常监管职责、对金融消费者的保护职责，中国证监会的投资者保护职责一并划入国家金融监督管理总局，不再保留中国银保监会。中国证监会由国务院直属事业单位调整为国务院直属机构，强化资本市场监管职责，国家发展和改革委员会的企业债券发行审核职责划入中国证监会，由中国证监会统一负责公司（企业）债券发行审核工作。统筹推进中国人民银行分支机构改革，撤销中国人民银行大区分行及分行营业管理部、总行直属营业管理部和省会城市中心支行，在 31 个省（自治区、直辖市）设立省级分行，在深圳、大连、宁波、青岛、厦门设立计划单列市分行。2023 年 5 月，国家金融监督管理总局正式揭牌，标志着我国金融监管体系从“一行两会”迈入“一行一总局一会”的新格局。

（二）中国版的巴塞尔协议——《商业银行资本管理办法》

中国银监会 2012 年 6 月发布《商业银行资本管理办法（试行）》。该文件将《巴塞尔协议Ⅱ》与《巴塞尔协议Ⅲ》统筹推进，自 2013 年 1 月 1 日起实施，商业银行应于 2018 年底前全面达标。2023 年 11 月，国家金融监督管理总局公布《商业银行资本管理办法》。该办法旨在进一步完善商业银行资本监管规则，推动银行强化风险管理水平，自 2024 年 1 月 1 日起施行。

《商业银行资本管理办法（试行）》整合了《巴塞尔协议Ⅱ》和《巴塞尔协议Ⅲ》在风险加权资产计算方面的核心要求，扩大了风险覆盖范围，提高了监管资本的风险敏感度，合理设计各类资产的风险权重体系，允许符合条件的银行采取内部评级法计量信用风险的资本要求，同时要求所有银行必须计提市场风险和操作风险的资本要求。另外，还明确了商业银行内部资本充足评估程序、资本充足率监管检查等内容，规定中国银监会有权增加对高风险资产组合和高风险银行的资本要求，并依据资本充足率水平对商业银行实施分类监管，采取一整套具有针对性和操作性的差异化监管措施。

《商业银行资本管理办法》则从构建差异化资本监管体系、全面修订风险加权资产计量规则、确保风险权重的适用性和审慎性、强化监督检查、提高信息披露标准等五方面提出要求。

《商业银行资本管理办法》规定商业银行各级资本充足率不得低于如下最低要求：核心一级资本充足率不得低于5%；一级资本充足率不得低于6%；资本充足率不得低于8%。该办法提出，商业银行的杠杆率不得低于4%。系统重要性银行在满足最低杠杆率要求的基础上，还应满足附加杠杆率要求。国内系统重要性银行的附加杠杆率要求由中国人民银行会同国家金融监督管理总局另行规定。根据该办法，按照银行规模和业务复杂程度，商业银行被划分为三个档次，匹配不同的资本监管方案。其中，规模较大或跨境业务较多的银行，划为第一档，对标资本监管国际规则；规模较小、跨境业务较少的银行纳入第二档，实施相对简化的监管规则；第三档主要是规模更小且无跨境业务的银行，进一步简化资本计量要求，引导其聚焦县域和小微金融服务。多层次的监管资本要求既符合《巴塞尔协议Ⅲ》确定的资本监管新要求，又增强了资本监管的审慎性和灵活性，有利于确保资本充分覆盖国内银行面临的系统性风险和个体风险。

（三）中国金融监管体系的完善

金融危机后，各主要经济体的监管部门都在加强系统性风险防范，致力于建立健全宏观审慎监管体系。我国货币政策与宏观审慎政策双支柱调控框架也逐步完善。在双支柱调控框架下，宏观审慎政策主要针对系统性金融风险、维护金融稳定，货币政策将重点放在经济增长和物价稳定等方面。金融监管在宏观审慎政策和金融稳定两方面不断完善。2021年12月，中国人民银行发布《宏观审慎政策指引（试行）》（以下简称《指引》）。《指引》从我国实际出发，明确了建立健全我国宏观审慎政策框架的要素。主要包括：一是界定了宏观审慎政策相关概念，包括宏观审慎政策框架、系统性金融风险、宏观审慎管理工作机制等；二是阐述了宏观审慎政策框架的主要内容，包括宏观审慎政策目标、系统性金融风险评估、宏观审慎政策工具、传导机制和治理机制等；三是提出了实施好宏观审慎政策所需的支持保障和政策协调要求。2022年4月，中国人民银行发布《中华人民共和国金融稳定法（草案征求意见稿）》，明确维护金融稳定的目标是保障金融机构、金融市场和金融基础设施持续发挥关键功能，不断提高金融体系抵御风险和服务实体经济的能力，防止单体局部风险演化为系统性全局性风险，守住不发生系统性金融风险的底线。

作为宏观审慎政策的重要组成部分，我国先后出台了一系列关于系统重要性金融机构的监管政策：2018年11月，《关于完善系统重要性金融机构监管的指导意见》正式发布，明确了我国银行业、保险业、证券业系统重要性金融机构评估识别、附加监管和恢复处置的总体政策框架。2020年12月，《关于印发〈系统重要性银行评估办法〉的通知》正式发布，明确了我国系统重要性银行认定的基本规则、评估流程与方法。2021年9月，《系统重要性银行附加监管规定（试行）》正式发布，对系统重要性银行提出更高的资本和杠杆率要求，要求系统重要性银行预先筹划重大风险情形下的应对预案，促进系统重要性银行稳健经营和健康发展。

专栏 15－4　　中国宏观审慎评估体系

2011 年以来实施的差别准备金动态调整和合意贷款管理机制，在加强宏观审慎管理、促进货币信贷平稳增长、维护金融稳定方面发挥了重要作用。为进一步完善宏观审慎政策框架，更加有效地防范系统性风险，发挥逆周期调节作用，并适应资产多元化的趋势，中国人民银行从 2016 年起将差别准备金动态调整和合意贷款管理机制“升级”为宏观审慎评估（macro prudential assessment，MPA）体系。

MPA 体系既保持了宏观审慎政策框架的连续性、稳定性，又有以下改进：一是 MPA 体系更为全面、系统，重点考虑资本和杠杆情况、资产负债情况、流动性、定价行为、资产质量、外债风险、信贷政策执行等七大方面，通过综合评估加强逆周期调节和系统性金融风险防范。二是宏观审慎资本充足率是评估体系的核心，资本水平是金融机构增强损失吸收能力的重要途径，资产扩张受资本约束的要求必须坚持，这是对原有合意贷款管理模式的继承。三是从以往的关注狭义贷款转向关注广义信贷，将债券投资、股权及其他投资、买入返售资产等纳入其中，有利于引导金融机构减少各类腾挪资产、规避信贷调控的做法。四是利率定价行为是重要考察方面，以促进金融机构提高自主定价能力和风险管理水平，约束非理性定价行为，避免恶性竞争，维护良好的市场竞争环境，有利于降低融资成本。五是 MPA 体系更加灵活、有弹性，按每季度的数据进行事后评估，同时按月进行事中事后监测和引导，在操作上更多地发挥了金融机构本身和自律机制的自我约束作用。六是 MPA 体系既借鉴国际经验，又考虑了我国利率市场化进程、结构调整任务重等现实情况，有利于促进金融改革和结构调整。

资料来源：中国人民银行官网。

本章小结

金融监管的理论依据有社会利益论、管制的俘获论、管制的供求论、管制的寻租论等。金融监管存在直接的资源成本和间接的效率损失，因此存在管制边界。金融监管模式可以分为机构型监管和功能型监管，也可以分为统一监管、分业监管和不完全统一监管，不同监管模式的监管效力不同。随着金融环境的变化，美国、日本、英国、德国等的金融监管模式不断变化，形成当前的监管模式。金融危机后，金融改革的必要性凸显，各国根据自身发展情况提出了不同的金融监管改革方案。在国际层面，《巴塞尔协议Ⅲ》是金融监管改革的重要内容之一。随着我国金融业的不断发展，我国金融监管体系也在不断改革完善，形成了当前“一行一总局一会”的新金融监管格局。

问题与应用

1. 简述社会利益论、管制的俘获论、管制的供求论、管制的寻租论并说明这些理论之间的联系。

2. 金融监管的成本有哪些？如何确定管制边界？

3. 金融监管模式都有哪些？结合不同监管模式的特点分析不同监管模式的监管效力。

4. 结合具体的历史，分析各国金融监管模式变迁的原因。

5. 说明金融危机下金融监管改革的必要性。

6. 结合《巴塞尔协议Ⅲ》新规，思考我国《商业银行资本管理办法》对商业银行监管的重要意义。

7. 思考我国历次金融监管机构改革的原因与重要意义。

推荐阅读材料、网站

[1] 国际货币基金组织，http://www.imf.org。

[2] 欧洲中央银行，http://ww.ecb.int。

[3] 美联储，http://www.federalreserve.gov。

[4] 国家金融监督管理总局，http://www.cbirc.gov.cn。

[5] 中国证监会，http://www.csrc.gov.cn。

参考文献

[1] 次贷危机研究课题组. 次贷危机正在改变世界. 北京：中国金融出版社，2009.

[2] 戴国强. 商业银行经营管理. 6版. 北京：高等教育出版社，2022.

[3] 恩诺克，格林. 银行业的稳健与货币政策. 北京：中国金融出版社，1999.

[4] 郭际. 英国金融监管体制的变革之路. 中国普法网，2005.

[5] 郭田勇. 后危机时代我国金融宏观审慎监管问题的思考. 中国市场，2010（24）：65-68.

[6] 郭田勇. 金融监管学. 4版. 北京：中国金融出版社，2020.

[7] 黄达，张杰. 金融学. 5版. 北京：中国人民大学出版社，2020.

[8] 李扬，胡滨. 金融危机背景下的全球金融监管改革. 北京：社会科学文献出版社，2010.

[9] 李扬，王国刚，何德旭. 中国金融理论前沿Ⅱ. 北京：社会科学文献出版社，2001.

[10] 林俊国. 金融监管的国际合作机制. 北京：社会科学文献出版社，2007.

[11] 王广谦. 中央银行学. 4版. 北京：高等教育出版社，2017.

[12] 王永利，等. 金融危机全景透视. 北京：中国金融出版社，2009.

[13] 伍巧芳.《2010年华尔街改革和消费者保护法》述评. 法学，2010（8）：109-117.

[14] 姚淑梅. 国际金融危机的演变与中国的应对. 北京：人民出版社，2010.

[15] 张忠军. 金融监管法论：以银行法为中心的研究. 北京：法律出版社，1998.

[16] Board，F. S.（2009），"Guidance to Assess the Systemic Importance of Financial

Institutions, Markets and Instruments: Initial Considerations," Report to the G20 Finance Ministers and Central Bank Governors.

[17] Bodie, Z., and Merton, R. C. (1993), "Pension Benefit Guarantees in the United States: A Functional Analysis," in Schmitt, R. (ed.), *The Future of Pensions in the United States*, Philadelphia: University of Pennsylvania Press.

[18] Dell'Ariccia, G., and Marquez, R. (2001), "Competition Among Regulators," IMF Working Paper.

[19] Goodhart, C., Hartmann, P., Llewellyn, D. T., Rojas-Suarez, L., and Weisbrod, S. (2013), *Financial Regulation: Why, How and Where Now?* London: Routledge.

后 记

根据全国金融专业学位研究生教育指导委员会的工作安排和多年教学实践情况，《金融理论与政策》教材编写组于 2022 年 10 月 27 日在中国人民大学召开了本教材的修订研讨会。主编吴晓求、王广谦主持修订研讨会，汪昌云、郭田勇、谭松涛、王芳、黄继承、方明浩线下参会；李建军、范祚军、应展宇、汤珂、贾玉革、涂永红线上参会；瞿强、马亚、许荣委派他人参会。中国人民大学出版社崔惠玲编审，全国金融专业学位研究生教育指导委员会秘书处办公室主任刘庭竹博士列席修订研讨会。

修订研讨会强调《金融理论与政策》(第二版) 应体现以下新要求：贯彻落实二十大精神；充分体现近十年来现代金融理论的新发展；新增近十年来中国金融改革和发展的新内容、新元素；对教材中相关数据、专栏、参考文献进行全面更新；新增二维码链接，方便读者。

第二版各章的编写者或修订者是：导论，中国人民大学吴晓求教授；第一章，中央财经大学贾玉革教授；第二章，广西大学范祚军教授；第三章，中央财经大学马亚副教授；第四章，中国人民大学瞿强教授；第五章，中国人民大学许荣教授；第六章，中央财经大学应展宇教授；第七章，中央财经大学应展宇教授、安徽财经大学文忠桥教授；第八章，中国人民大学黄继承教授（修订者）；第九章，清华大学汤珂教授；第十章，中国人民大学汪昌云教授；第十一章，中国人民大学谭松涛教授；第十二章，中国人民大学王芳教授；第十三章，中国人民大学涂永红教授；第十四章，中央财经大学李建军教授；第十五章，中央财经大学郭田勇教授。中国人民大学许荣教授、方明浩博士后参加了导论内容的修订；中国人民大学闫永佳博士参加了第四章的修订。

全国金融专业学位研究生教育指导委员会秘书处办公室主任刘庭竹博士、中国人民大学中国资本市场研究院赵振玲女士、中国人民大学出版社崔惠玲编审和策划编辑韩冰女士为本教材的修订、出版做了大量工作，谨致谢意！

中国人民大学　吴晓求

中央财经大学　王广谦

2023 年 8 月 10 日

图书在版编目（CIP）数据

金融理论与政策/吴晓求，王广谦主编. -- 2 版
. -- 北京：中国人民大学出版社，2024. 6
全国金融硕士核心课程系列教材
ISBN 978-7-300-32434-0

Ⅰ. ①金… Ⅱ. ①吴… ②王… Ⅲ. ①金融学-研究生-教材 ②金融政策-研究生-教材 Ⅳ. ①F830 ②F831. 0

中国国家版本馆 CIP 数据核字（2024）第 016370 号

全国金融专业学位研究生教育指导委员会组织编写
全国金融硕士核心课程系列教材
金融理论与政策（第二版）
吴晓求　王广谦　主编
Jinrong Lilun yu Zhengce

出版发行	中国人民大学出版社		
社　　址	北京中关村大街 31 号	**邮政编码**	100080
电　　话	010 - 62511242（总编室）		010 - 62511770（质管部）
	010 - 82501766（邮购部）		010 - 62514148（门市部）
	010 - 62515195（发行公司）		010 - 62515275（盗版举报）
网　　址	http://www. crup. com. cn		
经　　销	新华书店		
印　　刷	固安县铭成印刷有限公司	**版　　次**	2013 年 8 月第 1 版
开　　本	787 mm×1092 mm　1/16		2024 年 6 月第 2 版
印　　张	30. 25 插页 1	**印　　次**	2024 年 6 月第 1 次印刷
字　　数	702 000	**定　　价**	69. 00 元

教学支持说明

1. 教辅资源获取方式

为秉承中国人民大学出版社对教材类产品一贯的教学支持，我们将向采纳本书作为教材的教师免费提供丰富的教辅资源。您可直接到中国人民大学出版社官网的教师服务中心注册下载——http://www.crup.com.cn/Teacher。

如遇到注册、搜索等技术问题，可咨询网页右下角在线 QQ 客服，周一到周五工作时间有专人负责处理。

注册成为我社教师会员后，您可长期根据您所属的课程类别申请纸质样书、电子样书和教辅资源，自行完成免费下载。您也可登录我社官网的"教师服务中心"，我们经常举办赠送纸质样书、赠送电子样书、线上直播、资源下载、全国各专业培训及会议信息共享等网上教材进校园活动，期待您的积极参与！

2. 高校教师可加入下述学科教师 QQ 交流群，获取更多教学服务

经济类教师交流群：781029042

财政金融教师交流群：766895628

国际贸易教师交流群：162921240

税收教师交流群：119667851

3. 购书联系方式

网上书店咨询电话：010－82501766

邮购咨询电话：010－62515351

团购咨询电话：010－62513136

中国人民大学出版社经济分社

地址：北京市海淀区中关村大街甲 59 号文化大厦 1506 室　100872

电话：010－62513572　010－62515803

传真：010－62514775

E-mail：jjfs@crup.com.cn